AF470361

L. BRUNO

RÉSUMÉS

DU

NOTARIAT

PARIS

LE BOUCHER, Jeune, Libraire-Éditeur

Rue de Médicis, 13

NOVEMBRE 1868

Paris, le 28 novembre 1868.

A M. Bruno, Membre des Sociétés pour l'Instruction populaire.

Monsieur et ancien Confrère,

C'est avec un véritable intérêt que j'ai lu et attentivement examiné tout ce qui compose la 2ᵉ édition de vos *Résumés du Notariat*.

C'est avec la plus entière conviction de leur utilité parfaite que je les approuve et que je crois devoir les recommander tant à mes élèves qu'à tous les clercs-aspirants, pour lesquels ils remplissent la tâche que vous vous êtes proposée : les diriger dans l'étude sérieuse et finie de la digne profession à laquelle nous eûmes l'un et l'autre l'honneur d'appartenir, et que nous n'avons pas cessé d'aimer.

Les Notaires, appréciant ce que vous avez fait pour l'instruction des clercs, vous témoigneront leur suffrage en donnant à ceux-ci votre livre que je considère comme un service rendu.

Veuillez agréer, Monsieur et ancien Confrère,
l'assurance de mon estime et de mon entier dévoûment,

GANTHIER,
Ancien Notaire, Directeur de l'École de Notariat de Paris.

NOTE COMPLÉMENTAIRE.

LE DOYEN DES NOTAIRES DE FRANCE

La gracieuse obligeance de M. Piogey, chef du bureau du Notariat au Ministère de la Justice, et de M. d'Aubenas, administrateur du *Journal des Notaires et des Avocats*, nous a mis à même de connaître enfin le doyen des notaires de l'Empire.

Disons d'abord (comme suite à la note 8ᵉ de la 4ᵉ partie) que **M. Garnier**, reçu notaire à Auxonne (arrondissement de Dijon), en 1810, est notaire honoraire depuis le 2 octobre 1863.

Avaient exercé avant lui :

M. Cadroy, à Lanux (arrond. de Mirande), nommé le 30 frimaire an 12 (22 déc. 1803), décédé le 4 sept. 1860 ;

M. Huguet, à Billom (arrond. de Clermont-Ferrand), nommé le 12 germ. an 12 (2 av. 1804), décédé le 23 sept. 1806 ;

M. Tramond, à Bar (arrond. de Tulle), nommé le 23 mai 1806, décédé le 14 avril 1866.

Le notaire-doyen est Maître **Cuisset,** Charles, à la résidence de Faulx, canton de Nomény (arr. de Nancy), nommé par ordonnance du 9 janvier 1818. — Il compte, à cette heure, 50 ans et 10 mois de fonctions comme notaire, et 50 années, sans interruption, comme maire de la commune de Faulx. Né à Nomény le 28 janvier 1789, Mᵉ Cuisset touche à sa 80ᵉ année; son écriture est ferme et très-nette.

Cet attachement pour la profession, cette constance dans le travail sont un admirable exemple.

Au dessus des fébriles ambitions si communes aujourd'hui — si dangereuses cependant — ces respectables vieillards ont suivi paisiblement le chemin le plus long mais aussi le plus sûr qui conduit à la prospérité : celle qui fait honneur, parce qu'elle est irréprochable, parce que ses moyens constituent le véritable enseignement.

ASSOCIATION DE PRÉVOYANCE DU NOTARIAT DE FRANCE

De la masse des indifférents, du milieu des inutiles *prétentieux* et des *espèces nuisibles*, — se détachent des hommes distingués par le cœur et la volonté.

Éclairés de cette vérité, que le mérite ne procède ni du rang ni de la fortune, mais exclusivement du *bien*, — ces hommes l'embrassent pour ne plus le quitter; ils l'accomplissent sans s'arrêter aux difficultés, sans voir l'ingratitude.

Ce dévoûment est le contrepoids du *mal*, — c'est la puissance qui le domine.

Au regard de la corporation du Notariat (et elle ne devait pas rester en arrière des sociétés coopératives qui honorent notre époque), nous avons à mentionner ici, à montrer à la nouvelle génération des Clercs l'œuvre de l'honorable **Mᵉ Michot**, notaire à Coulommiers. — A lui revient l'initiative de la fondation d'une caisse de secours pour les notaires et anciens notaires, et aussi pour leurs femmes, veuves et enfants.

Projetée en 1864, cette Société de bienfaisance s'est trouvée constituée en mai 1866 : elle avait alors 285 adhérants ; aujourd'hui le nombre s'élève à 1,100. — Son siége est à Paris, sa durée illimitée. — Elle est fort encouragée; elle grandit et sera reconnue un jour à titre d'utilité publique.

32 compagnies de notaires ont versé 3,939 fr. en 1867; les cotisations individuelles ont produit 2,360 fr. ; M. Emile Paultre, directeur de la *Revue du Notariat*, a donné 200 fr. — Il a été distribué, durant le 1ᵉʳ trimestre 1868, une somme de 1,140 fr.

Aux termes des statuts : — la cotisation est de 12 fr. par an ; — l'apport des membres honoraires est facultatif; — les fonds sont placés conformément au décret du 26 mars 1852 sur les Sociétés de secours mutuels; — un état de situation et un compte rendu sont produits annuellement aux sociétaires. — Ceux-ci sont admis en assemblée générale, au scrutin secret et à la majorité. Les membres honoraires peuvent assister aux assemblées et faire partie du conseil d'administration, lequel est ainsi composé : un président nommé par l'Empereur; un secrétaire; un trésorier; et dix administrateurs nommés par l'assemblée générale qui a lieu au moins une fois par an.

La deuxième assemblée s'est tenue le 27 mars dernier.

L'administration de l'*Association de prévoyance du Notariat de France* est ainsi représentée aujourd'hui :

Président : Mᵉ **Michot**; — Secrétaire-trésorier : Mᵉ **Pissot**, notaire à Doulevant-le-Château.

Membres : MMᵉˢ **Antony**, à Bordeaux ; **Baudoin**, à Montréal; **Bernier**, à Orléans; **Billuart**, à Buzancy; **Binart**, à Braine; **Brault**, à Montfort-Lamaury; **Bellamy**, à Brest; **Cosquin**, à Vitry-le-Français; **Dujardin**, à Mulhouse; **Dupuis**, à Château-Thierry; **Huvelin**, à Etain; **Labbé**, à Montmirail ; **Menet**, à Valence; **Rozier**, à Béziers.

A la pauvre veuve dont la quiétude et le bien-être dépendaient de la position et du travail de son mari, — vous créez, Messieurs, les premières ressources allégeant le fardeau de ses peines ;

Pour les enfants encore dans le jeune âge qu'a pu laisser le fonctionnaire souvent surpris au moment le plus prospère de sa carrière, — vous vous préoccupez (tout en faisant leur part dans le don actuel) de l'avenir auquel, généralement, les parents ne songent pas assez.

Les membres de cette famille, qui ne se réchaufferont plus aux côtés du chef, sont ainsi préservés, par votre intelligente sollicitude, des sombres soucis, des malheurs que le malheur appelle.

Maître Michot, soyez loué !

I — LÉGISLATION

ACTES ET CONTRATS

10ᵐᵉ tablette bis { Lisez : Forme intrinsèque au lieu de Forme extrinsèque / Ajoutez : Actes de société. — Loi du 24-29 juillet 1867 (1)

ENREGISTREMENT

19ᵐᵉ tablette, note : Loi du budget du 2-9 août 1868 — Cette loi est pour l'année 1868, le seul document législatif concernant le notariat

Son art. 5 porte : { « La perception du demi-décime établie par le § 1ᵉʳ de l'art. 3 de la loi du 8 juin 1864, continuera d'être effectuée pour l'exercice 1869 sur tous les droits et produits dont le recouvrement est confié à l'administration de l'enregistrement autres que ceux mentionnés au § 1ᵉʳ de l'art. 3 de la loi de Finances du 18 juillet 1866

DÉLAIS DES FORMALITÉS

33ᵐᵉ tablette — au délai de 3 jours ajoutez : { à partir de l'inhumation ou de l'apposition des scellés pour faire inventaire — C. pr., art. 928

II — JURISPRUDENCE

Décisions omises ou survenues durant l'impression

ACTES ET CONTRATS

ACTE SOUS SEING PRIVÉ (2)
(63ᵐᵉ tablette)

N'est pas remplie { l'obligation de faire les actes synallagmatiques en autant d'originaux qu'il y a de parties / si tous ces originaux sont restés dans les mains d'un seul des contractants } C. Paris, 25 fév. 1859

— Et l'acte est nul comme s'il n'existait qu'un seul original

La mention { faite dans un acte s. s. p. / qu'il a été dressé en autant d'originaux qu'il y a de parties contractantes / ne peut être attaquée que par l'inscription de faux } C. Douai, 1ᵉʳ mai 1866

L'acte non fait double peut { servir de commencement de preuve écrite / pour faire admettre la preuve testimoniale de la transaction } Cass., 28 novembre 1864

— Mais cette preuve ne peut être opposée { au mineur ni / à la femme non autorisée } qui l'ont souscrit

ACTE NOTARIÉ
(64ᵐᵉ tablette)

Note pour la 1ʳᵉ proposition :

Avant le 15ᵉ siècle, on rédigeait tous les actes en latin. — François 1ᵉʳ abolit { *par une ordonnance de 1539 l'ancien usage de* { *plaider, juger, contracter,* } *en latin*

BAIL
(69ᵐᵉ tablette)

La clause { interdisant à un locataire — par son bail — d'exercer { dans les lieux loués / toute autre industrie que celle déterminée } Trib. Seine, 30 sept. 1868 / établit implicitement pour le propriétaire l'obligation corrélative de ne pas louer pour une industrie similaire dans la même maison

CAPTATION ET SUGGESTION
(71ᵐᵉ tablette)

Lorsque les tribunaux { saisis d'une demande en nullité de testament fondée sur la suggestion et la captation / déclarent en fait que le testateur était sain d'esprit au moment du testament }

— Cette déclaration suffit pour faire écarter le moyen tiré de la captation et de la suggestion . . . . .

La captation et la suggestion ne sont d'ailleurs un moyen de nullité que lorsqu'elles sont accompagnées de dol et de fraude

La captation et la suggestion ne sont { une cause de nullité des dispositions testamentaires / qu'autant qu'elles résultent de manœuvres frauduleuses / ayant porté atteinte à la liberté d'esprit du testateur } Cass., 31 juillet 1868

CONTRAT DE MARIAGE

74ᵐᵉ tab. La nullité { du contrat de mariage d'un mineur / résultant du défaut d'assistance des parents dont le consentement était nécessaire pour la validité de mariage / est absolue et d'ordre public } Cass., 13 juill., 1857 / n'est pas { à la différence de celle de mariage lui-même / susceptible de ratification pendant le mariage, aux termes de l'art. 1395 C. N. }

80ᵐᵉ tab. La femme dotale n'est pas tenue { après séparation de biens — de faire emploi de sa dot mobilière / si la condition d'emploi n'a pas été stipulée dans le contrat }

La séparation de bien { n'apporte aucune modification au régime dotal sous lequel est mariée la femme / ne fait point, notamment cesser le principe d'après lequel / n'est pas dotal { l'immeuble acquis avec des deniers dotaux / lorsque le contrat de mariage de prescrit pas l'emploi } } C. Paris, 1ᵉʳ mai 1868

79ᵐᵉ et 80ᵐᵉ tablettes. — Note : *M. Saint-Pé, lauréat de l'Académie de législation de Toulouse, vient de publier une intéressante dissertation sur la clause d'emploi et de remploi sous le régime dotal et celui de la communauté, dans le n° du 10 novembre 1868 de l'Étude (revue consultative des jeunes Notaires et des Clercs stagiaires).*

DONATION
(85ᵐᵉ tablette) (Capacité)
(87ᵐᵉ tablette)

L'enfant naturel reconnu peut { comme un étranger / recevoir des libéralités de son aïeul naturel } C. Rouen, 10 mars 1851

Le juge { lorsqu'il y a lieu de rechercher s'il y a libéralité déguisée / peut former sa conviction par tous les genres de preuves } Cass., 20 juillet 1868

FEMME MARIÉE
(88ᵐᵉ tablette)

La femme séparée de corps et de biens { au cas de refus du mari / ne peut être autorisée par la Justice à faire le commerce } Trib. de la Seine, 8 octobre 1868

HYPOTHÈQUE LÉGALE
(89ᵐᵉ tablette)

L'hypothèque légale { du mineur ou de la femme / qui n'a pas été inscrite dans le délai d'une année / ne peut plus l'être depuis le jugement déclaratif de la faillite de l'ex-tuteur ou du mari } Cass., 17 août 1868

La femme { qui paie les dettes de son mari / peut se faire colloquer en vertu de son hypothèque légale sur le prix des biens de celui-ci }

— Et un arrêt n'a pu { se refuser à admettre cette collocation / en se fondant sur ce que { les dettes étaient personnelles au mari / la femme les aurait volontairement acquittées } } Cass., 11 nov. 1868

---

(1) *L'administration du Journal des Notaires et des Avocats a publié les formules d'actes de société : brochure in 8°, à 2 fr.*

(2) *L'authenticité peut être attribuée à des actes sous seing privé par le dépôt qui en est fait en l'étude d'un notaire, pourvu que les diverses parties contractantes concourent au dépôt et reconnaissent leurs signatures (Ed. Clerc).*

II — JURISPRUDENCE

ACTES ET CONTRATS (suite)

LIQUIDATION (**92**me tablette)

L'héritier — qui veut contraindre son cohéritier au rapport d'une somme prêtée n'a pas besoin d'une preuve littérale pour justifier la créance — peut { recourir à la preuve par témoins — ou s'en tenir aux présomptions, pourvu qu'elles soient graves, précises et concordantes } — C. Bordeaux, 3 mars 1868

Les reprises du mari ne sont pas comprises dans les dettes dont { aux termes de l'art. 1483 du C. Napoléon la femme commune est tenue *ultra vires emolumenti*, à défaut d'inventaire }

— En conséquence { même en l'absence d'inventaire — les reprises de la femme survivante { en ce qui concerne les reprises des époux — s'exercent { avant celle du mari conform. à l'art. 1471 C. Nap. } } } — Cass., 16 nov. 1868

PARTAGE D'ASCENDANT (**98**me tablette)

Est nul { tout partage d'ascendant par acte entre-vifs dans lequel tout l'avoir immobilier est attribué en nature à l'un des enfants : les autres ne recevant que des valeurs mobilières — s'il n'est pas établi en fait que les immeubles étaient impartageables }

Pour apprécier { s'il y a eu ou non lésion dans un partage d'ascendant — es biens doivent être estimés { non au jour du partage, — mais au jour du décès de l'ascendant } } — Cass., 24 juin 1868

Pour apprécier { s'il y a eu ou non lésion dans un partage d'ascendant les biens doivent être estimés au jour du partage } — C. Angers, 8 juillet 1868

SÉPARATION DE CORPS (**104**me tablette bis)

La règle { que le mari est tuteur de droit de sa femme interdite n'est point applicable au cas de séparation de corps } — C. Dijon, 18 mars 1857

VENTE (**117**me tablette)

En cas d'annulation de vente — La restitution { du prix et des intérêts — doit être ordonnée par le Juge { comme conséquence de la restitution de l'immeuble et des fruits de l'immeuble même sans qu'il y ait eu besoin d'y conclure } } — Cass., 17 novembre 1868

DÉPOT ET GARDE DES MINUTES

Quand deux notaires sont appelés par plusieurs parties ayant un même intérêt

— La minute de l'acte appartient à l'ancien { lors même que l'acte devrait être dressé par le plus jeune — cette règle générale étant la même dans le cas où il y a deux minutes } — Sol. Journ. Not., n° 1317

La première minute { c'est-à-dire celle qui donne le droit de délivrer des grosses — ce qui doit être mentionné — appartient au notaire le plus ancien }

Le droit { de désigner le notaire dépositaire des minutes d'un notaire décédé — appartient à la famille de ce notaire }

Le président du Trib. ne peut { contrairement à la volonté formellement exprimée dans la requête à lui présentée par la famille — nommer un notaire autre que celui choisi par elle } — C. Grenoble, 26 août 1867

On peut faire en double minute toute espèce d'actes lorsque les parties le demandent | Sol. J. N., art. 370 (1)

Un notaire est tenu — sous peine d'amende — de rédiger acte du dépôt { fait à son étude — par un autre notaire de la double minute d'un acte passé devant ce dernier } — Déc. min., 19 juin 1846

ENREGISTREMENT

125me tablette (6e proposition) — Ajoutez : . . . remise qui doit être constatée par une attestation du maire, datée et signée, en marge de l'arrêté

HYPOTHÈQUES

LES CONSERVATEURS (**137**me tablette)

n'étant pas autorisés à apprécier la valeur légale des inscriptions doivent comprendre dans leurs états mêmes les inscriptions prises depuis la transcription sur des immeubles vendus par le débiteur — Trib. de la Seine, 2 juin 1868

ne sont pas fondés à refuser la délivrance d'un certificat de non renouvellement d'inscription hypothécaire — Trib. de Blanc, 2 juin 1868

RESPONSABILITÉ

149me tablette (à la 1re proposition), ajoutez :

La faute ne saurait résulter de l'insuffisance du gage hypothécaire

Si le notaire a pu croire { sans témérité ni impéritie à la suffisance de ce gage, eu égard à sa valeur apparente au moment du contrat }

et si d'ailleurs le prêteur { ayant pu apprécier par lui-même cette valeur a volontairement assumé les risques du contrat } . . . . .

III — FORMULAIRE

14me tablette — Titre. — Au lieu d'Autorisation, lisez Obligation.

---

(1) *Les doubles minutes ont été interdites par une délibération des notaires de Paris du 10 décembre 1775, et par un arrêt de règlement du 17 mars 1783 des chambres de province en proscrivent aussi l'usage; le tout attendu : 1° que les deux minutes pouvant ne pas être identiques, on ne sait à laquelle accorder foi; 2° que les deux notaires ne pouvant pas délivrer grosse de l'acte, on ne sait pas davantage lequel a ce droit (Ed. Clerc).*

ERRATA

89e *Tablette.* — Hypothèque légale. — *Ce paragraphe devait être réuni à hypothèques, 131e tablette.* — 90e *Tablette.* — Inscription hypothécaire. — *Cette page devait occuper la place de la 133e tablette.* — 103e *Tablette.* — Privilége. — *Ce paragraphe devait être la 132e tablette.* — Purge légale. — *Ce paragraphe devait être réuni au § 2 de la 136e tablette.*

I

LÉGISLATION

*« La nature des lois humaines est d'être soumise
à tous les accidents qui arrivent, et de varier à mesure
que les volontés des hommes changent. »*

(Montesquieu.)

SOMMAIRE-TABLE

ORGANISATION

Les principaux traités du Notariat en ont établi l'origine et fait l'historique.

Notons seulement — afin de rappeler l'importance de cette institution — qu'elle remonte jusqu'aux premiers temps où les hommes ont fait entre eux des conventions, pour tout ce qui en exige dans les divers rapports de la vie sociale.

Au cinquième siècle, certains notaires sont appelés référendaires : leur chef avait la garde de l'anneau ou sceau royal. — A la fin du huitième siècle, ce titre est remplacé par celui de chancelier.

Les chapelains des rois furent les premiers à remplir les fonctions de notaire, de secrétaire et de chancelier.

L'Edit du mois d'août 1673 donnait aux notaires de Paris la qualité de conseillers du roi, qui les annoblissait.

Le Notariat — autrefois confondu avec la juridiction contentieuse, divisé en diverses catégories sous différents titres, ayant certains priviléges, principalement à Paris, — est aujourd'hui un corps distinct, constitué uniformément.

Il est placé dans les attributions du ministère de la Justice, par la loi du 19 brumaire an 4.

FONCTIONS, RESSORT, NOMBRE ET ATTRIBUTIONS DES NOTAIRES.

LES NOTAIRES

sont
- les fonctionnaires publics établis pour : recevoir tous les actes et contrats auxquels les parties doivent ou veulent donner le caractère d'authenticité attaché aux actes de l'autorité publique — en assurer la date — en conserver le dépôt — en délivrer des grosses et expéditions
- institués à vie
- tenus de prêter leur ministère — lorsqu'ils en sont requis (1)

doivent résider au lieu fixé par le Gouvernement — sous peine d'être considérés comme démissionnaires

exercent leurs fonctions, savoir :
- ceux des villes où est le tribunal d'appel
- — — — un tribunal de première instance } dans l'étendue du ressort de chacun de ces tribunaux
- ceux des autres communes — dans l'étendue du ressort du tribunal de paix

ne peuvent
- instrumenter hors de leur ressort — à peine de : suspension pendant trois mois ; destitution en cas de récidive ; tous dommages-intérêts
- par incompatibilité de leurs fonctions être : juges ; procureurs impériaux ni substituts ; greffiers — avoués — huissiers ; préposés à la recette des contributions directes et indirectes (2) ; commissaires de police ; commissaires-priseurs (ord. 31 juillet 1822)

représentent la justice dans le cas et pour les actes déterminés — C. N. 826 et S. C. pr. 976 et S.

peuvent être nommés membres des bureaux d'assistance judiciaire — L. 22 janvier 1851

sont
- appelés, comme le président du tribunal, les juges de paix, à certifier : en matière civile — par leur visa ; l'identité de la signature des personnes voulant faire usage de la correspondance télégraphique privée. } L. 17 juin 1852.
- au nombre des officiers publics qui ont qualité pour : certifier l'identité des personnes et donner en conséquence les légalisations demandées dans les administrations. } L. 28 floréal an 7 ; L. 27 prairial an 10 ; L. 31 mai 1838, art. 174
- ont la faculté de présenter des successeurs : excepté dans les cas de destitution ; pourvu que ces successeurs réunissent les qualités exigées par les lois } L. 28 avril 1816 art. 91.

LOI DU 25 VENTOSE AN 11.

Le nombre — Le placement — La résidence des notaires sont déterminés de manière qu'il y ait :
- 1° dans les villes de cent mille habitants et au-dessus : un notaire au plus par six mille habitants
- 2° dans les autres villes, bourgs, villages : 2 notaires au moins, 5 — au plus par chaque arrondissement de justice de paix (3)

pour la Savoie — par le décret du 1er décembre 1860
pour l'arrondissement de Nice — par le décret du 5 du même mois

Les places ne sont supprimées ou réduites quand il y a lieu que dans le cas de : mort, démission, destitution (4)

L'outrage par paroles, gestes ou menaces envers les officiers ministériels, à l'occasion ou dans l'exercice de leurs fonctions, est punie d'amende de 16 à 200 fr. } C. pén. art. 224 (5)

Toute attaque, résistance avec violence et voie de fait, envers les officiers ministériels agissant pour l'exécution des lois, est qualifiée selon les circonstances crime ou rébellion et punie en conséquence C. pén. art. 209 et suiv.

Les Notaires ont pour patron saint Nicolas. (6)

L. 25 VENT. AN 11. V. C. N. art. 107.

---

(1) *Cette obligation comprend la signature en second ; et un notaire ne peut refuser son contre-seing à un acte même ordinaire qui lui est présenté par un confrère de sa résidence : c'est un service que les notaires se doivent réciproquement. — Sol. Journal du Not. n° du 13 juillet 1856.*

(2) *Les fonctions notariales sont aussi incompatibles avec celles de — conservateurs des hypothèques (L. 9 messidor an 3) — sous-préfets (arr. 3 thermidor an 12) — conseillers de préfecture (av. 10 messidor an 13) — avocats (D. 14 décembre 1810, Ord. 21 novembre 1822) — receveurs de l'enregistrement (L. 21 germinal an 5) — secrétaires de préfecture ou de sous-préfecture (L. 24 vendémiaire an 8) — mais les notaires peuvent être — juges suppléants des tribunaux de paix (Lett. min. 22 janvier 1827) — et de 1re instance s'ils réunissent les conditions (Rég. 3 janvier 1822) — maires ou adjoints — conseillers généraux et d'arrondissement.*

(3) *Le nombre et le placement des études ont été déterminés par des ordonnances de 1810 et années postérieures ; — mais le gouvernement n'en conserve pas moins le droit d'augmenter ce nombre par des créations effectuées dans les limites de la loi, et suivant le besoin des populations. (V. notamment la loi du 25 juin 1841, art. 12).*

(4) *Le droit de réduction du nombre des notaires est confirmé par l'art. 91 de la loi du 28 avril 1816.*

(5) *L'officier insulté doit dresser procès-verbal de rébellion. (Arg. C. pr. art. 555) — V. C. pén. art. 227, lequel sans être abrogé ne reçoit plus d'application.*

(6) *On ne voit pas les motifs de ce patronage et il semblerait plus rationnel que ce fût saint Louis, à cause de ses bienfaits pour l'institution.*

ORGANISATION [1]

STAGE

les aspirants au notariat **doivent** :

- se pourvoir d'un certificat { du notaire chez lequel ils travaillent constatant le grade qu'ils y occupent }
- faire inscrire leur stage { au secrétariat de la chambre / dans les trois mois du certificat } sur la production { dudit certificat et de leur acte de naissance } { qui demeurent déposés }
- signer ces inscriptions au registre — avec le secrétaire de la chambre
- demander l'autorisation de la chambre pour l'inscription des grades inférieurs à celui de quatrième clerc (2)
- avoir dix-sept ans accomplis — pour être admis à l'inscription (3)
- déclarer { dans les mêmes forme et délai et en produisant le certificat } { leurs changements de grade et d'étude }

(marge : Ord. 4 janv. 1843)

CONDITIONS D'ADMISSION (4)

Il faut :

1º Jouir de l'exercice des droits de citoyen
2º Avoir satisfait aux lois sur la conscription militaire (3 bis)
3º Etre âgé de vingt-cinq ans accomplis
4º Justifier du temps de travail ou stage prescrit

« Le temps de travail ou stage sera, sauf les exceptions ci-après, de six années entières et non interrompues, dont une des deux » dernières au moins, en qualité de premier clerc chez un notaire d'une classe égale à celle où se trouvera la place à remplir.

» Le temps de travail pourra n'être que de quatre années, lorsqu'il en aura été employé trois dans l'étude d'un notaire de classe » supérieure à la place qui devra être remplie, et lorsque, pendant la quatrième, l'aspirant aura travaillé en qualité de premier clerc » chez un notaire d'une classe supérieure ou égale à celle où se trouvera la place pour laquelle il se présentera.

» Le notaire déjà reçu, et exerçant depuis un an dans une classe inférieure, sera dispensé de toute justification de stage, pour être » admis à une place de notaire vacante dans une classe immédiatement supérieure.

» L'aspirant qui aura travaillé pendant quatre ans sans interruption chez un notaire de première ou de seconde classe, et qui aura » été, pendant deux ans au moins, défenseur ou avoué près d'un tribunal civil, pourra être admis dans une des classes où il aura fait » son stage, pourvu que, pendant l'une des deux dernières années de son stage, il ait travaillé en qualité de premier clerc chez un » notaire de classe égale à celle où se trouvera la place à remplir.

» Le temps de travail exigé par les art. précédents devra être d'un tiers en sus toutes les fois que l'aspirant, ayant travaillé chez un » notaire d'une classe inférieure, se présentera pour remplir une place d'une classe immédiatement supérieure.

» Pour être admis à exercer dans la troisième classe de notaires, il suffira que l'aspirant ait travaillé, pendant trois années, chez un » notaire de première ou de seconde classe, ou qu'il ait exercé comme défenseur ou avoué, pendant l'espace de deux années, auprès du » tribunal d'appel ou de première instance, et qu'en outre, il ait travaillé pendant un an chez un notaire.

» Le Gouvernement pourra dispenser de la justification du temps d'étude les individus qui auront exercé des fonctions administra- » tives ou judiciaires.

(marge : Loi du 25 ventôse an 11)

TRAITÉ

L'aspirant :

- produit :
  - les pièces justifiant qu'il est dans les conditions prescrites
  - le traité { constaté par écrit / énonçant un prix fidèle et préalablement enregistré } { de l'office acquis }
  - la démission et présentation par le titulaire
- demande { à la chambre de discipline du ressort dans lequel il doit exercer } un certificat { de moralité et de capacité }

(marge : LL. 25 ventôse an 11 — 25 juin 1841 — (5))

EXAMEN

La Chambre :

- a, bien entendu, le droit d'imposer { au candidat l'épreuve de l'examen } { pour s'assurer de sa capacité (6) } — *Déc. min. 29 mai 1837*
- peut :
  - ne pas employer l'examen qui { n'est point prescrit / est seulement permis } (7)
  - l'exiger de tout candidat — et même { du notaire qui change de ressort / de la personne qui a exercé des fonctions judiciaires } — *Déc. min. 9 juin 1838*
- doit { en cas de refus du certificat — donner un avis motivé / dans tous les cas — communiquer — au procureur impérial — la délibération prise } — *L. de ventôse*
- a la faculté de révoquer le certificat qu'elle aurait délivré à un aspirant qui n'en était pas digne | *Joye. — Roll. de Vill.*

L'examen :

- est presque toujours oral
- peut avoir lieu sur des questions écrites { quelques chambres procèdent ainsi — les aspirants sont admis à le demander }
- comprend tout ce qui concerne les devoirs et fonctions des notaires
- doit s'étendre { au droit civil et à la jurisprudence } { dans ce qui a rapport } { au notariat et à la rédaction des actes }

(marge : Roll. de Vill. — Dalloz)

---

(1) *Les travaux d'une étude de notaire consistent en :*

Conférences — consultations — démarches
Notes préparatoires et rédaction des actes
Tenue { des répertoires / de la table des minutes / de la comptabilité }

Correspondance
Expéditions, extraits, mentions, copies
Bordereaux, réquisitions, états divers, affiches et insertions
Collation
Recherche et classement

Les notariats sont un lieu d'enseignement et de travail pour le stage des { huissiers / commissaires-priseurs / greffiers, etc. }

Le repos des fonctionnaires publics était fixé au dimanche par le concordat (loi 18 germinal an 11). Il a paru à ce sujet, en 1867, une brochure in-8o de l'abbé Cloet, ayant pour titre : « Le repos du dimanche considéré au point de vue de la légalité, de l'harmonie sociale, de l'économie, de l'hygiène, de la dignité humaine, de la religion, de la famille. »

Sur la tenue des études de notaires ⇒ V. le bel ouvrage de M. Charles Fournier, président de la chambre des notaires de la Rochelle, 1 vol. gr. in-8o — 1854.

(2) *La chambre refuse l'autorisation de cette inscription, lorsque le nombre de clercs demandé est évidemment hors de proportion avec l'importance de l'étude — le même grade ne peut être conféré concurremment à deux ou plusieurs clercs dans la même étude (Ord. précitée).*

(3) *Les inscriptions à l'Ecole de Droit peuvent se prendre à 16 ans (D. 21 septembre 1804). — (3 bis). V. la loi du 8 février 1868.*

(4) *Les notaires de Paris n'ont à remplir que les conditions communes d'aptitude ; nous disons cela parce que beaucoup de monde en province croit qu'ils sont obligés à la licence en droit. — Un mandement du 1er avril 1312 portait défense de recevoir comme notaires, dans une sénéchaussée, « ceux qui n'y étaient pas nés ou qui n'y avaient pas fait longue résidence et qui n'y étaient pas trouvés « de bonne heure et suffisans. »*

(5) *Les aspirants ont beaucoup de peine pour cette production de pièces. Le défaut de cadres et formules uniformes, que pourrait arrêter l'administration, les vues et appréciations différant, par suite, d'un ressort à un autre et même entre les parquets du même ressort, occasionnent des inconvénients, des lenteurs, souvent préjudiciables. — V. 44me tablette.*

(6) *C'était d'usage dans l'ancien droit, d'après l'ordonnance d'octobre 1535 (A. Dalloz).*

(7) *Considérant, a dit le ministre, que les moyens d'appréciation de la capacité de l'aspirant sont laissés par la loi à la conscience des chambres qui sont moralement responsables envers la société de la bonté des choix du gouvernement qu'elles sont appelées à éclairer.*

ORGANISATION

NOMINATION ET INSTALLATION — CAUTIONNEMENT
HONORARIAT

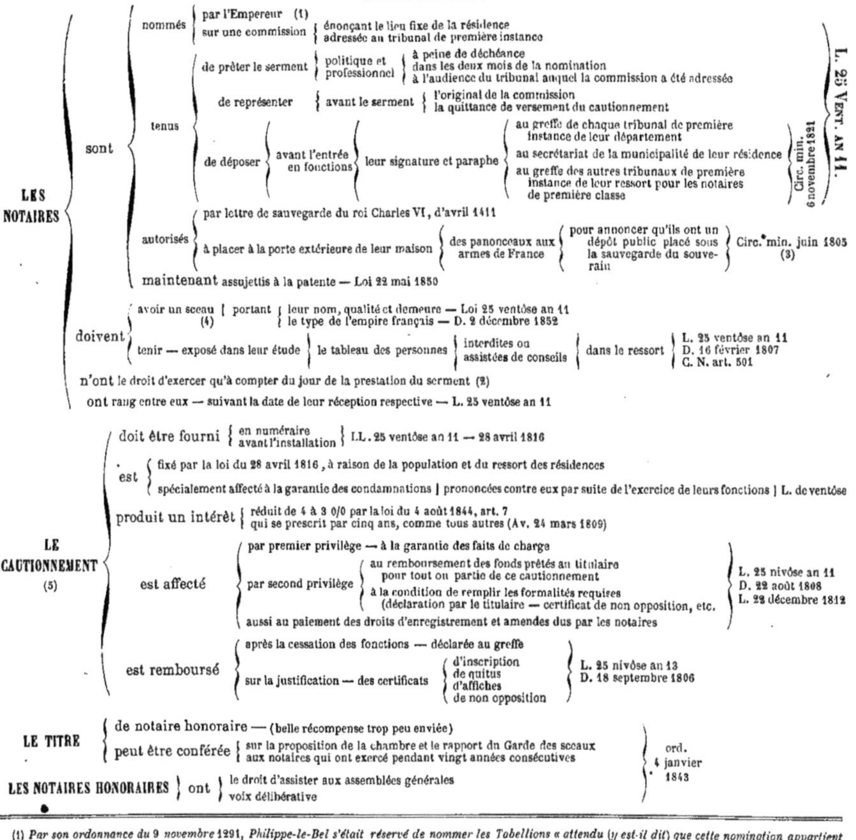

LES NOTAIRES

- **sont**
  - **nommés**
    - par l'Empereur (1)
    - sur une commission — énonçant le lieu fixe de la résidence / adressée au tribunal de première instance
  - **tenus**
    - de prêter le serment — politique et professionnel — à peine de déchéance / dans les deux mois de la nomination / à l'audience du tribunal auquel la commission a été adressée
    - de représenter — avant le serment — l'original de la commission / la quittance de versement du cautionnement
    - de déposer — avant l'entrée en fonctions — leur signature et paraphe —
      - au greffe de chaque tribunal de première instance de leur département
      - au secrétariat de la municipalité de leur résidence
      - au greffe des autres tribunaux de première instance de leur ressort pour les notaires de première classe

      (Circ. min. 6 novembre 1821)
  - **autorisés**
    - par lettre de sauvegarde du roi Charles VI, d'avril 1411
    - à placer à la porte extérieure de leur maison — des panonceaux aux armes de France — pour annoncer qu'ils ont un dépôt public placé sous la sauvegarde du souverain — Circ. min. juin 1805 (3)
  - **maintenant** assujettis à la patente — Loi 22 mai 1850

  (L. 25 VENT. AN 11.)

- **doivent**
  - avoir un sceau (4) — portant — leur nom, qualité et demeure — Loi 25 ventôse an 11 / le type de l'empire français — D. 2 décembre 1852
  - tenir — exposé dans leur étude — le tableau des personnes — interdites ou assistées de conseils — dans le ressort — L. 25 ventôse an 11 / D. 16 février 1807 / C. N. art. 501

- **n'ont** le droit d'exercer qu'à compter du jour de la prestation du serment (2)
- **ont** rang entre eux — suivant la date de leur réception respective — L. 25 ventôse an 11

LE CAUTIONNEMENT (5)

- **doit être fourni** — en numéraire avant l'installation — LL. 25 ventôse an 11 — 28 avril 1816
- **est**
  - fixé par la loi du 28 avril 1816, à raison de la population et du ressort des résidences
  - spécialement affecté à la garantie des condamnations | prononcées contre eux par suite de l'exercice de leurs fonctions | L. de ventôse
- **produit un intérêt** — réduit de 4 à 3 0/0 par la loi du 4 août 1844, art. 7 / qui se prescrit par cinq ans, comme tous autres (Av. 24 mars 1809)
- **est affecté**
  - par premier privilège — à la garantie des faits de charge
  - par second privilège —
    - au remboursement des fonds prêtés au titulaire pour tout ou partie de ce cautionnement
    - à la condition de remplir les formalités requises (déclaration par le titulaire — certificat de non opposition, etc.)
  - aussi au paiement des droits d'enregistrement et amendes dus par les notaires

  (L. 25 nivôse an 11 / D. 22 août 1808 / L. 22 décembre 1812)
- **est remboursé**
  - après la cessation des fonctions — déclarée au greffe
  - sur la justification — des certificats — d'inscription / de quitus / d'affiches / de non opposition

  (L. 25 nivôse an 13 / D. 18 septembre 1806)

LE TITRE

- de notaire honoraire — (belle récompense trop peu enviée)
- peut être conférée — sur la proposition de la chambre et le rapport du Garde des sceaux / aux notaires qui ont exercé pendant vingt années consécutives

  (ord. 4 janvier 1843)

LES NOTAIRES HONORAIRES ont — le droit d'assister aux assemblées générales / voix délibérative

---

(1) *Par son ordonnance du 9 novembre 1291, Philippe-le-Bel s'était réservé de nommer les Tabellions « attendu (y est-il dit) que cette nomination appartient exclusivement à notre dignité royale. »*

(2) *Le refus ou le défaut de serment est considéré comme une démission (D. 8 mars 1852).*

Le Code pénal, art. 196, dispose que tout fonctionnaire public qui est entré en fonctions sans avoir prêté serment, peut être poursuivi et puni d'une amende de 16 à 150 francs.

Les décrets spéciaux (5 avril 1852) relatifs à la prestation de serment des fonctionnaires publics, veulent que le serment politique et professionnel soient prêtés à la suite l'un de l'autre.

La formule entière pour les notaires est celle-ci : « Je jure obéissance à la Constitution et fidélité à l'Empereur (Constitution art. 14). « Je jure et promets aussi de remplir mes fonctions avec exactitude et probité. » (L. de ventôse art. 47.)

La réception des notaires, a dit Loyseau, consiste dans la prestation de serment, réception solennelle qui leur transfère la puissance publique, l'ordre et le caractère d'officier.

Autrefois les notaires prêtaient sur l'Evangile un serment particulier dans l'intérieur de leur compagnie (Roll. de Vill.).

(3) *Le nombre des panonceaux, pour chaque étude, doit être de 2 au moins et 4 au plus (arrêté de la chambre des notaires de Paris, du 7 juillet 1812).*

Le type actuel des panonceaux est déterminé par le décret précité du 2 décembre 1852.

(4) *L'ordonnance du même jour 9 novembre 1291 portait : « que nul n'ajoute foi aux actes de nos tabellions établis ou à établir s'ils ne sont revêtus du scel authentique... » — Au mois de février 1320 Philippe-le-Bel ordonnait que le sceleur du chastelet y demeurât dans une chambre, là où l'on scellait habituellement « pour mieux délivrer les bonnes gens »; qu'une certaine bonne et loyale personne fût sceleur et qu'elle eût — « cinq sols parisis de gaiges par jour... ».*

(5) *Le mandement royal du 1er avril 1312, énoncé à la tablette précédente, assujettissait déjà les notaires au cautionnement. — Voir à la page suivante le tableau des sommes à verser selon les résidences.*

ORGANISATION

TABLEAU DES CAUTIONNEMENTS DES NOTAIRES

(Loi du 28 avril 1816)

RÉSIDENCE DES COURS IMPÉRIALES		RÉSIDENCE DES TRIBUNAUX DE 1re INSTANCE		RÉSIDENCE DES JUSTICES DE PAIX	
POPULATION	SOMME	POPULATION	SOMME	POPULATION	SOMME
5000 habitants et au-dessous	4.000	2000 habitants et au-dessous	3.000	2000 habitants et au-dessous	1.800
5001 — à 6000	4.500	2001 — à 2500	3.200	2001 — à 2500	1.900
6001 — à 7000	5.000	2501 — à 3000	3.400	2501 — à 3000	2.000
7001 — à 8000	5.500	3001 — à 3500	3.600	3001 — à 3500	2.100
8001 — à 9000	6.000	3501 — à 4000	3.800	3501 — à 4000	2.200
9001 — à 10000	6.500	4001 — à 4500	4.000	4001 — à 4500	2.300
10001 — à 12000	7.000	4501 — à 5000	4.200	4501 — à 5000	2.400
12001 — à 14000	7.500	5001 — à 5500	4.400	5001 — à 5500	2.500
14001 — à 16000	8.000	5501 — à 6000	4.600	5501 — à 6000	2.600
16001 — à 18000	8.500	6001 — à 6500	4.800	6001 — à 6500	2.700
18001 — à 20000	9.000	6501 — à 7000	5.000	6501 — à 7000	2.800
20001 — à 22000	9.500	7001 — à 7500	5.200	7001 — à 7500	2.900
22001 — à 24000	10.000	7501 — à 8000	5.400	7501 — à 8000	3.000
24001 — à 26000	10.500	8001 — à 8500	5.600	8001 — à 8500	3.100
26001 — à 28000	11.000	8501 — à 9000	5.800	8501 — à 9000	3.200
28001 — à 30000	11.500	9001 — à 9500	6.000	9001 — à 9500	3.300
30001 — à 32000	12.000	9501 — à 10000	6.200	9501 — à 10000	3.400
32001 — à 34000	12.500	10001 — à 11000	6.400	10001 — à 11000	3.500
34001 — à 36000	13.000	11001 — à 12000	6.600	11001 — à 12000	3.600
36001 — à 38000	13.500	12001 — à 13000	6.800	12001 — à 13000	3.700
38001 — à 42000	14.000	13001 — à 14000	7.000	13001 — à 14000	3.800
42001 — à 46000	14.500	14001 — à 15000	7.200	14001 — à 15000	3.900
46001 — à 50000	15.000	15001 — à 16000	7.400	15001 — à 16000	4.000
50000 — à 55000	15.500	16001 — à 17000	7.600	16001 — à 17000	4.100
55001 — à 60000	16.000	17001 — à 18000	7.800	17001 — à 18000	4.200
60001 — à 65000	16.500	18001 — à 19000	8.000	18001 — à 19000	4.300
65001 — à 70000	17.000	19001 — à 20000	8.200	19001 — à 20000	4.400
70001 — à 75000	17.500	20001 — à 25000	8.400	20001 — à 25000	4.500
75001 — à 80000	18.000	25001 — à 30000	8.600	25001 — à 30000	4.600
80001 — à 85000	18.500	30001 — à 35000	8 800	30001 — à 35000	4.700
85001 — à 90000	19.000	35001 — à 40000	9.000	35001 — à 40000	4.800
90001 — à 95000	19.500	40001 — à 50000	9.200	40001 — à 50000	4.900
95001 — à 100000	20.000	50001 — à 60000	9.400	50001 — à 60000	5.000
100000 et au-dessus	25.000	60001 — à 70000	9.600	60001 — à 70000	5.100
à Paris	50.000	70000 et au-dessus	12.000	70000 et au-dessus.	5.200

Les intérêts du cautionnement { courrent de la date du versement — L. 24 germinal an 8 / échoient au 1er janvier et sont payés annuellement / ne sont payés qu'au vu de la quittance du versement — même loi

Le paiement en est constaté par l'apposition { d'estampilles différentes / au dos des inscriptions ou du duplicata

DISCIPLINE
CHAMBRES DES NOTAIRES

LES CHAMBRES

sont
- instituées | par la loi organique du 25 ventôse an 11
- établies | par l'ordonnance du 4 janvier 1843 (1) / auprès de chaque tribunal de première instance, et dans la ville où il siège
- chargées | du maintien de la discipline parmi les notaires de l'arrondissement
- composées :
  - à Paris — de dix-neuf membres
  - dans les arrondissements ayant plus de cinquante notaires — de neuf membres
  - dans les autres arrondissements . . . . — de sept —

  { Ces nombres peuvent être réduits ou augmentés par décision du gouvernement }

ont
- un président qui
  - a voix prépondérante en cas de partage d'opinions
  - convoque la chambre
  - a la police de la chambre
- un syndic qui (2)
  - est partie poursuivante contre les notaires inculpés
  - a le droit de convoquer la chambre comme le président
  - agit pour la chambre et poursuit l'exécution de ses délibérations
- un rapporteur qui | recueille et rapporte tous les renseignements sur les faits imputés aux notaires
- un secrétaire qui
  - rédige les délibérations
  - est gardien des archives
  - délivre les expéditions

  tient le registre | coté et paraphé par le président pour l'inscription du stage des clercs aspirants
- un trésorier qui (3)
  - fait les recettes et dépenses autorisées
  - en rend compte sur décharge de la chambre

  { Officiers que les membres choisissent entr'eux et qui ne peuvent refuser }

ne peuvent délibérer valablement { qu'autant que les membres présents et votants } sont au moins de
- 12 pour Paris
- 7 — les chambres composées de 9 membres
- 5 — les autres chambres

ont pour attribution
- 1° | de prononcer ou de provoquer | suivant les cas | l'application de toutes les dispositions de discipline
- 2°
  - de prévenir ou concilier — tous différents entre notaires
  - d'émettre leur opinion — par simple avis — en cas de non conciliation
- 3° de
  - prévenir ou concilier toutes plaintes ou réclamations { de la part des tiers contre les notaires } à raison de leurs fonctions
  - donner simplement leur avis sur les dommages-intérêts qui pourraient être dûs
  - réprimer | par voie de censure et autres décisions de discipline | toutes infractions qui en seraient l'objet (4)
- 4° de donner leur avis { sur
  - les difficultés de règlement des honoraires et vacations des notaires
  - tous différends soumis à cet égard au tribunal civil }
- 5° de
  - délivrer ou refuser | tous certificats de bonnes mœurs et capacité | à elles demandées par les aspirants
  - prendre — à ce sujet toutes délibérations
  - donner — tous avis motivés, les adresser et communiquer à qui de droit
- 6° de recevoir en dépôt les États des minutes dépendant des études de notaires supprimées
- 7° de représenter tous les notaires de l'arrondissement, collectivement sous le rapport de { leurs droits et intérêts communs }

doivent
- exercer une surveillance générale sur la conduite des aspirants du ressort (et peuvent, suivant les circonstances, prononcer contre eux soit le rappel à l'ordre, soit la censure, soit enfin la suppression du stage pendant un temps qui ne pourra excéder une année.)
- procéder contre eux comme à l'égard des notaires { sauf l'inapplication de { la suspension / la destitution } à entendre les notaires leurs patrons
- inscrire { sur un registre coté et paraphé par le président de la chambre / toutes leurs décisions et délibérations
- communiquer ce registre au ministère public, à sa première réquisition
- tenir leurs assemblées { en un local à ce destiné / dans la ville où est établie la Chambre
- tenir chaque année deux assemblées générales
  - auxquelles tous les notaires du ressort sont invités
  - soit { pour nommer les membres de la chambre / pour se concerter sur ce qui intéresse l'exercice de leurs fonctions }
- avoir la présence du tiers des notaires de l'arrondissement { non compris les membres / pour la validité des délibérations et élections
- faire approuver par le Ministre de la Justice { leurs règlements et / le rôle de la bourse commune
- avoir une bourse commune (5) pour les dépenses de la communauté, votées par l'assemblée générale (6)

ORDONNANCE DU 4 JANVIER 1843.

---

(1) *Les Chambres de discipline sont un tribunal de famille qui doit exercer sur ses Membres une autorité paternelle (Dict. not.)*
Elles existaient déjà en vertu d'un arrêté du 2 nivôse an 12, lequel, reconnu insuffisant, se trouve abrogé par cette ordonnance de 1843.
L'exercice et la discipline du Notariat, en Algérie, sont régis par un arrêté du Ministre de la guerre, du 30 décembre 1842.
(2) *Le nombre des syndics peut être porté à trois pour Paris et à deux pour les Chambres dont le ressort comprend plus de cinquante notaires (Ord. précitée.)*
(3) *Un archiviste est en outre attaché aux Chambres et tient les écritures dont est chargé le secrétaire : c'est un usage général.*
(4) *Sans préjudice de l'action des tribunaux, s'il y a lieu (Ord. précitée).*
(5) *L'ordonnance de Philippe-le-Bel, du 5 juin 1300, contient les premières règles sur la bourse commune.*
(6) *Dans les dépenses, les Compagnies des notaires de Paris, Versailles, Lyon et beaucoup d'autres arrondissements, comprennent les frais de fabrication de jetons qu'elles se distribuent aux séances (ces jetons n'étant pas d'un prix élevé, puisqu'ils peuvent ne revenir qu'à 2 fr 50) : le J. N. en recommande l'usage à toutes les Chambres comme moyen honorable de récompenser l'assiduité, et comme souvenir durable, pour la famille des notaires, des fonctions exercées. Il observe que l'usage des jetons était en pleine vigueur dans le Notariat en 1681. V. art. 14822.*

DISCIPLINE

CHAMBRES — PROHIBITIONS — PEINES

LES MEMBRES DE LA CHAMBRE — sont

- nommés par l'assemblée générale des notaires, convoquée à cet effet (1)
- choisis — pour la moitié au moins — dans les plus anciens formant les deux-tiers
- élus { à la majorité absolue des voix / au scrutin secret et / par bulletin de liste
- renouvelés { chaque année par tiers ou portion approchante / sans pouvoir rester en fonctions plus de 3 ans consécutifs

Le notaire, élu membre, ne peut en refuser les fonctions qu'autant que ce refus est agréé

LES NOTAIRES — ne peuvent — *par eux-mêmes ou par personnes interposées*

- 1° se livrer à aucune { spéculation ou opération } de { bourse / commerce / banque / escompte / courtage
- 2° s'immiscer dans l'administration d'aucune { société / entreprise / compagnie } { de finance / de commerce / d'industrie
- 3° faire des spéculations relatives { à l'acquisition et revente d'immeubles / à la cession { de créances / de droits successifs / d'actions industrielles / d'autres droits incorporels }   **V. C. N. 1597**
- 4° s'intéresser dans aucune affaire pour laquelle ils prêtent leur ministère
- 5° placer en leur nom personnel { des fonds qu'ils auraient reçus / même à la condition d'en servir l'intérêt
- 6° se constituer { garants ou cautions / à quelque titre que ce soit } { des prêts { faits par leur intermédiaire ou / constatés par eux, en acte public ou privé
- 7° servir de prête nom { en aucune circonstance — même / pour des actes autres que ceux sus-désignés

conserver des sommes de nature à être versées dans la caisse de consignation { Ord. 3 juill. 1816 art. 10 — sous peine de provocation de la révocation sans préjudice aux autres peines

s'associer pour l'exploitation de leurs offices (arrêt de règlement, 7 février 1612 — Déc. min. 13 juin 1835)

hors les cas où la loi les y oblige — donner connaissance { à d'autres qu'aux personnes qui y ont droit / des actes confiés à leur garde (L. 25 ventôse an 11)

révéler les secrets dont ils sont dépositaires par leur état (C. pén. art. 378) (2)

recevoir d'actes en contravention au décret du 7 vendemiaire an 4 — art. 9, 10 et 11

doivent — s'opposer aux simulations des parties vis-à-vis de l'enregistrement

LA CHAMBRE DE DISCIPLINE (5)

pourra prononcer contre les notaires (3)

- le rappel à l'ordre
- la censure simple par la décision même
- la censure avec réprimande par le président { aux notaires en personne / dans la chambre assemblée
- la privation de voie délibérative dans l'assemblée générale
- l'interdiction de l'entrée de la chambre, { pendant un espace de temps { qui ne pourra excéder trois ans pour la première fois / qui pourra s'étendre à six ans pour récidive

si l'inculpation paraît assez grave pour mériter la suspension ou la destitution

- s'adjoint par la voie du sort { d'autres notaires de l'arrondissement { À Paris — dix notaires / ailleurs — un nombre inférieur de deux à celui de leurs membres
- émet { par forme de simple avis / à la majorité absolue des voix / au scrutin secret, par *oui* ou *non* } son opinion { sur la suspension et sa durée / ou / sur la destitution
- ne peut former son avis qu'en présence de deux tiers au moins des membres appelés
- au cas d'avis affirmatif — fait remettre (4) { au greffe du tribunal / et / au procureur impérial } expédition de la délibération

Les délibérations

- sont motivées et signées par le président et le secrétaire { à la séance même où elles sont prises
- contiennent les noms des membres présents
- se notifient quand il y a lieu

ORDONNANCE DU 4 JANVIER 1843.

ORDONNANCE DU 4 JANVIER 1843.

(1) *Dans l'usage, la plupart des Chambres ne se réunissent en assemblée générale qu'une fois par an, dans la première quinzaine de mai, époque et délai fixés par l'ordonnance, pour l'élection des membres de la Chambre. — Des décisions antérieures avaient fixé diverses dates de réunion, mais elles sont devenues sans autorité.*

Il est question des statuts de la Confrairie des notaires de Paris (arrêtés devant le prevost) dans des lettres d'homologation de ces statuts datées à Paris, du mois d'octobre 1300 ; à Fontainebleau, du mois de décembre 1308 ; à Vincennes, du mois de janvier 1814, et à Paris encore, du mois de février 1316. — Ces lettres furent confirmées en septembre 1330, par Philippe-de-Valois.

(2) *Comme les médecins, pharmaciens, sages-femmes, etc. — C'est donc un devoir d'état, ainsi que le dit Garnier Deschesnes.*

(3) *Les art. 17 à 20 de l'ordonnance sont relatifs à la dénonciation par le syndic des faits de discipline — au mode de citation et de comparution devant la chambre — et à l'exclusion des Membres parents au degré prohibé.*

(4) *Dans une critique insérée au journ. not. — 1275 — Me Lefebvre fait remarquer que le notaire condamné par la Chambre n'a pas le droit de se pourvoir, tandis que le ministère public peut agir de nouveau contre lui (V. J. N. art. 9531, 10057.)*

(5) *Les chambres, organe de la corporation des notaires, ont leur origine, ou du moins leur précédent, dans la Basoche, dont je crois devoir fournir une note explicative pour les jeunes clercs entrant dans la carrière. — Instituée par Philippe-le-Bel — la Basoche daterait des 1res années du 14e siècle. — C'était l'association des clercs du Parlement de Paris ; — et le Parlement était une juridiction connaissant, tout à la fois, des affaires appartenant directement à son ressort, et, à titre d'appel, des décisions rendues dans la même circonscription, par les sénéchaussées, bailliages et autres juridictions inférieures ; les édits et ordonnances royales s'enregistraient au Parlement — le Parlement de Paris, les Parlements de province, étaient au fond ce que sont aujourd'hui nos Cours impériales, et celles-ci, ont, pour la plupart, le même siège que les anciens Parlements. — (La suite à la tablette 7me.)*

DISCIPLINE

POURSUITES — PEINES

Les { contraventions aux prohibitions qui précèdent et autres infractions à la discipline (1) } sont { poursuivies et punies } selon la gravité des cas — Ord. 4 janvier 1843

Toutes { suspensions destitutions — condamnations { d'amendes et en dommages-intérêts } } sont prononcées (2) { contre les notaires par le tribunal civil } { à la poursuite des parties ou à la diligence du procureur impérial } Loi de vent. art 53 — C. Inst. crim. 22

Les jugements seront { sujets à l'appel et exécutoires par provision excepté quant aux condamnations pécuniaires } L. de ventôse art. 53

Tout notaire { suspendu destitué ou remplacé } devra { aussitôt après la notification } { cesser l'exercice de son état } à peine { de tous dommages-intérêts des autres condamnations légales } L. de vent. art. 5 — suspendu, ne peut — sous les mêmes peines — reprendre ses fonctions qu'après le temps de la suspension

Les peines de suspension, destitution et remplacement prévues par la loi de ventôse et le Code de commerce, ont lieu dans les cas suivants :
Défaut de résidence dans le lieu fixé par le gouvernement — remplacement — art. 4.
Instrumentation hors du ressort — suspension pendant 3 mois ; destitution en cas de récidive — art. 6.
Fraude dans les surcharges, interlignes, additions, ou dans la rature des mois — destitution — art. 16.
Expédition ou communication des actes, sans ordonnance, à d'autres qu'aux personnes intéressées — suspension de 3 mois pour la récidive — art. 23.
Délivrance de seconde grosse, sans ordonnance du président du tribunal — destitution — art. 26.
Cautionnement entamé { jusqu'au rétablissement intégral — suspension / non rétabli dans les six mois — remplacement } art. 33.
Collusion dans le défaut du dépôt des contrats de mariage des commerçants — Destitution — art. 68 du C. com.
Copie de protêts non laissées — protêts non répertoriés régulièrement — Destitution — art. 176 du C. com.
{ LOI DE VENTÔSE. }

Le notaire { qui procède à l'inventaire après décès du titulaire d'un majorat / doit donner { préalablement à l'autorité avis de ce décès sous peine d'interdiction } } D. 4 mai 1809 art. 12

Celui { dont le cautionnement a été employé par suite de condamnation est suspendu de ses fonctions jusqu'à ce qu'il l'ait rétabli ou complété } L. de vent. art. 33 — qui tient son répertoire sur papier libre et ne régularise { qu'au moment du visa le répertoire officiel } encourt une peine disciplinaire — Trib. Chateaudun. 5 décemb. 1856

L'officier { qui procède aux ventes de fruits et récoltes pourra être suspendu ou destitué — pour { perception illicite d'honoraire abonnement ou modification prohibés } } D. 5 novembre 1851

Les notaires destitués { peuvent être relevés des déchéances et incapacités résultant de leur destitution

Toutes les dispositions { du code d'instruction criminelle relative à la réhabilitation des condamnés { à une peine correctionnelle } sont déclarées applicables aux demandes formées en vertu de l'art. 1er

Le délai de 3 ans { fixé par le dernier § de l'art. 620 du code d'inst. crim. court du jour de la cessation des fonctions } Loi 19 mars 1864

Le notaire { qui relate | une fausse mention ou une fausse quittance | d'enregistrement / est passible de l'action criminelle | contre le faux } L. du 22 frimaire art. 46 — C. pén. art. 145

Les procureurs généraux | ont la surveillance de tous les officiers ministériels de leur ressort | L. 20 avril 1810 art. 45

La Basoche était établie dans le palais de la cité (le Paris primitif).

Les Basochiens avaient un chef qu'ils appelaient roi, titre donné dans d'autres corporations du même temps. — Les autres dignitaires de la Basoche étaient le chancelier, le grand audiencier, le procureur général, le procureur de la communauté, l'avocat du roi, le trésorier, 4 notaires, un greffier, les huissiers et l'aumônier.

La Basoche avait un but sérieux : — La discipline des clercs de procureur du Parlement de Paris ; elle décidait souverainement des conflits entre clercs, elle délivrait les certificats d'aptitude à ceux qui se destinaient aux fonctions de procureurs (les avoués d'aujourd'hui). — Elle avait son aspect plaisant, burlesque, qui ne nuisait pas à son autorité dans l'opinion : les divertissements publics, les représentations de farces et moralités contribuèrent ainsi à sa célébrité.

Quelques villes de province eurent aussi leur Basoche.

A Paris, on distinguait celle du chatelet, fondée après et d'après celle du Parlement ; elle était composée de tous les clercs du chatelet (autre juridiction connaissant, en 1re instance, des affaires civiles et criminelles). Les notaires, greffiers, commissaires enquêteurs etc., relevaient du chatelet comme les procureurs. Ayant les mêmes attributions et usages, la basoche du chatelet (ainsi formée de tous les clercs de ces divers fonctionnaires ou officiers publics) chercha à s'affranchir de la dépendance de la Basoche du Parlement.

Les Basochiens avaient un éclatant costume, des armes, un drapeau.

(1) *Voir la tablette précédente.*

(2) *Le notaire est donc intéressé à la plus parfaite conduite ; il n'est point d'ailleurs de route plus sûre pour aller à la fortune que celle de la probité ; en d'autres termes, la ligne droite est toujours la plus courte. (Garnier Deschesnes.) — Les hommes, quelque emploi qu'ils exercent, n'obtiennent jamais la confiance s'ils ne sont justes et éclairés (Voltaire).*

ACTES ET CONTRATS
FORME EXTRINSÈQUE

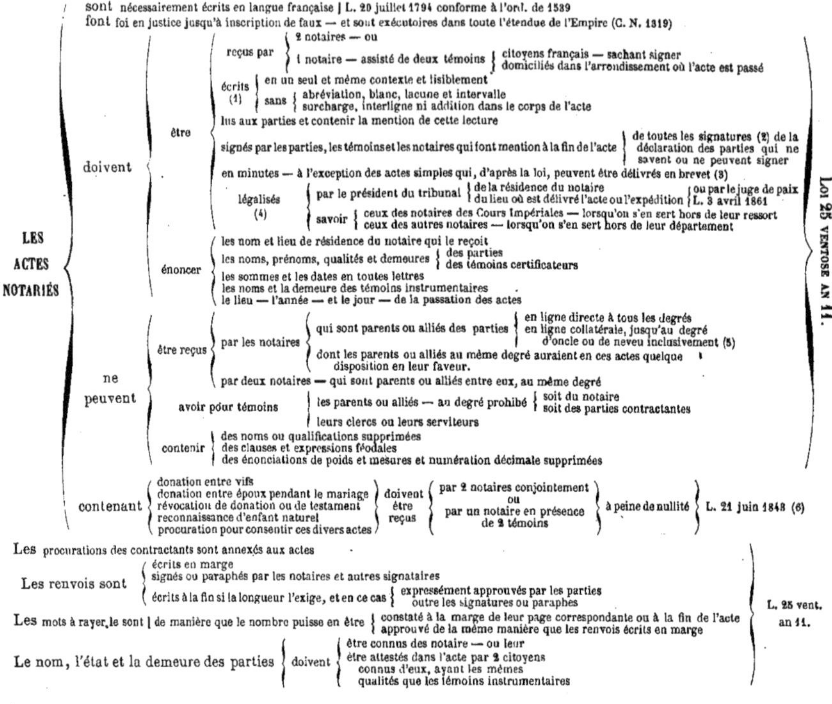

LES ACTES NOTARIÉS

sont nécessairement écrits en langue française | L. 20 juillet 1794 conforme à l'ord. de 1539

font foi en justice jusqu'à inscription de faux — et sont exécutoires dans toute l'étendue de l'Empire (C. N. 1319)

doivent

être
- reçus par : 2 notaires — ou — 1 notaire — assisté de deux témoins { citoyens français — sachant signer, domiciliés dans l'arrondissement où l'acte est passé
- écrits (1) : en un seul et même contexte et lisiblement — sans { abréviation, blanc, lacune et intervalle ; surcharge, interligne ni addition dans le corps de l'acte
- lus aux parties et contenir la mention de cette lecture
- signés par les parties, les témoins et les notaires qui font mention à la fin de l'acte { de toutes les signatures (2) de la déclaration des parties qui ne savent ou ne peuvent signer
- en minutes — à l'exception des actes simples qui, d'après la loi, peuvent être délivrés en brevet (3)
- légalisés (4) : par le président du tribunal { de la résidence du notaire ; du lieu où est délivré l'acte ou l'expédition { ou par le juge de paix — L. 3 avril 1861 — savoir { ceux des notaires des Cours Impériales — lorsqu'on s'en sert hors de leur ressort ; ceux des autres notaires — lorsqu'on s'en sert hors de leur département

énoncer
- les nom et lieu de résidence du notaire qui le reçoit
- les noms, prénoms, qualités et demeures { des parties ; des témoins certificateurs
- les sommes et les dates en toutes lettres
- les noms et la demeure des témoins instrumentaires
- le lieu — l'année — et le jour — de la passation des actes

ne peuvent

être reçus
- par les notaires — qui sont parents ou alliés des parties { en ligne directe à tous les degrés ; en ligne collatérale, jusqu'au degré d'oncle ou de neveu inclusivement (5) — dont les parents ou alliés au même degré auraient en ces actes quelque disposition en leur faveur.
- par deux notaires — qui sont parents ou alliés entre eux, au même degré

avoir pour témoins
- les parents ou alliés — au degré prohibé { soit du notaire ; soit des parties contractantes
- leurs clercs ou leurs serviteurs

contenir
- des noms ou qualifications supprimées
- des clauses et expressions féodales
- des énonciations de poids et mesures et numération décimale supprimées

contenant { donation entre vifs ; donation entre époux pendant le mariage ; révocation de donation ou de testament ; reconnaissance d'enfant naturel ; procuration pour consentir ces divers actes } **doivent être reçus** { par 2 notaires conjointement ou par un notaire en présence de 2 témoins } à peine de nullité { L. 21 juin 1843 (6)

Les procurations des contractants sont annexés aux actes

Les renvois sont { écrits en marge ; signés ou paraphés par les notaires et autres signataires — écrits à la fin si la longueur l'exige, et en ce cas { expressément approuvés par les parties outre les signatures ou paraphes

Les mots à rayer le sont | de manière que le nombre puisse en être { constaté à la marge de leur page correspondante ou à la fin de l'acte ; approuvé de la même manière que les renvois écrits en marge

Le nom, l'état et la demeure des parties doivent { être connus des notaire — ou leur ; être attestés dans l'acte par 2 citoyens connus d'eux, ayant les mêmes qualités que les témoins instrumentaires

L. 25 vent. an 11.

---

(1) *Pour Nice et Savoie, V. le décret du 22 avril 1860 sur l'application des lois civiles et de procédure.*

*D'après les lettres patentes de François I*er*, du 1*er* septembre 1541, les notaires de Paris, et implicitement tous les autres, sont dispensés d'écrire eux-mêmes leurs contrats et peuvent les faire écrire et grossoyer par leurs clercs. — On entend par seul et même contexte : 1° l'unité d'action dans la confection des actes, c'est-à-dire qu'un acte (à la différence des procès-verbaux) ne peut se faire en différents temps et que le libellé ne doit pas être entravé par des clauses étrangères à l'affaire qui s'y traite ; 2° une écriture de caractères uniformes et une disposition régulière des lignes.*

(2) *On fait parapher le recto des rôles des minutes quand il y a plusieurs feuilles (pour garantir qu'il n'en sera point substitué d'autres).*

Après les parties, le notaire en second ou les témoins signent à gauche ; le notaire en premier signe à droite.

Les témoins honoraires et les conseils des parties, quand il y en a, ne font que signer la clôture de l'acte ; leurs paraphes sont inutiles sous les renvois et les approbations des ratures (usage adopté par les notaires de Paris et suivi partout). — C'est l'ordonnance de Charles IX qui enjoignit à tous les notaires de faire signer leurs actes aux parties et témoins, ou de faire mention qu'ils n'avaient su signer (Toullier).

(3) *Il doit être gardé minute des obligations excédant 300 fr. (Déclaration 5 décembre 1730 — Ord. 7 décembre 1823).*

(4) *Observation du J. N. — Les actes destinés à être envoyés en PAYS ÉTRANGERS doivent être rédigés sur un timbre suffisant pour recevoir les légalisations des ministères français et de la légation étrangère, par la raison que l'on refuse de légaliser lorsque la formalité ne peut avoir lieu qu'en posant la légalisation sur le corps de l'acte. — Il faut donc qu'il reste des marges entières ou un blanc suffisant à la suite.*

Tous les actes, sans distinction, destinés à être envoyés dans les pays étrangers et dans les colonies ou provenant des colonies et de l'étranger, doivent être légalisés à Paris par les autorités compétentes.

(V. la suite à la tablette 9me).

(5) *Cette défense est applicable aux parents naturels ou adoptifs, comme aux parents légitimes —jusqu'aux mêmes degrés (Loret. Roll. Vill.)*

Un notaire ne peut recevoir un acte dans lequel figure un fondé de procuration qui lui est parent au degré prohibé (Let. min. 5 février 1823).

(6) *D'où la division des actes notariés en deux grandes catégories : — Les actes simples, qui peuvent continuer à être contresignés après coup par le second notaire ou les témoins : — et les actes solennels ci-dessus spécifiés, pour lesquels la présence du notaire en second ou des témoins est exigée au moment de la lecture par le notaire et de la signature par les parties (Ed. Clerc).*

ACTES ET CONTRATS [1]

PRÉVUS PAR LES TROIS PREMIERS CODES.
FORME INTRINSÈQUE

I

Le Code Napoléon pose les définitions et règles générales des Contrats et Conventions.

Il trace la forme des plus fréquents et principaux Actes que les Notaires sont appelés à recevoir :

LES ACTES

- de consentements divers (ou adhésions)
- de confirmation ou ratification
- respectueux et les notifications
- de prêt et de crédit (2)
- d'antichrèse
- de cautionnement
- de nantissement et gage
- de dépôt et sequestre
- d'ordre et distribution amiables (2 bis)
- de liquidation et partage
- de notoriété (V. L. du 28 frimaire an 5)
- d'offres réelles
- de reconnaissance d'enfant naturel
- de constitution et restriction d'hypothèque
- de ratification et acceptation
- de désaveu de paternité
- de prorogation et de libération
- de transport et subrogation
- de délégation et indication de paiement
- de nomination de tuteur et de conseil de tutelle
- de constitution de rentes

LES CONTRATS DE

- mariage (V. art. 67, 68, C. com. pour les commerçants et loi 19 juillet 1850 (3))
- rétablissement de communauté dissoute
- louage d'ouvrage et d'industrie
- rente viagère et perpétuelle
- société civile
- vente et licitation
- échange
- rachat ou réméré

LES

- donations (V. notamment art. 463 et 1339)
- testaments (4)
- baux divers
- délivrance des legs
- cession et abandon de biens
- transactions
- désistements
- mandats et autorisations
- devis et marchés
- déclarations et certificats
- titres nouvels et remboursements de rentes (5)
- révocations : de donation / de testament / de procuration
- retraits : d'indivision / successoraux / de droits litigieux
- mains levées : d'inscription et subrogation / de saisie / d'opposition
- divers comptes amiables
- contre-lettres, conventions diverses et actes innommés : licites à tous égards
- Comptes et décharges : dans les cas de : mandats / bénéfice d'inventaire / tutelle / exécution testamentaire / toutes charges et gestions

---

Suite de la note sur les légalisations :

Actes français pour l'étranger. — *Les actes des notaires et tous les actes des autorités de France et d'Algérie qui ont été légalisés par les présidents des tribunaux de première instance, reçoivent à Paris la légalisation des ministres de la justice et des affaires étrangères, de plus celle de l'ambassadeur ou agent diplomatique ou consulaire du pays dans lequel il doit en être fait usage.*

Actes pour les colonies. — *Légalisation du ministre compétent et du ministre de la marine.*

Actes venant des colonies. — *Légalisation du ministre de la marine.*

Actes et titres émanant des ambassadeurs et agents français. — *Légalisation par le ministre des affaires étrangères.*

Actes provenant d'autorités étrangères sans être revêtus de la légalisation des agents français. — *Légalisation par l'ambassadeur étranger résidant à Paris, et légalisation par le ministre des affaires étrangères.*

Droits perçus pour les légalisations. — *Les actes concernant les Français, reçus par un notaire ou par une autorité française, sont légalisés gratis par tous les ministres. — Il est perçu un droit de un franc par le ministre des affaires étrangères pour tous les actes qui concernent les étrangers, par quels que fonctionnaire, ambassadeur, agent diplomatique ou autre qu'ils aient été reçus.*

Les ambassadeurs et agents diplomatiques résidant à Paris perçoivent par chaque pièce soumise à la légalisation, savoir :

Amérique centrale, » fr. — Autriche, 5 fr. — Bade, 6 fr. — Bavière, 6 f. — Belgique, 6 fr. — Bolivie, » fr. — Brésil, 5 fr. 50. — Brunswick, 5 f. — Chili, 10 f. — Confédération argentine, 10 fr. — Costa-Rica, » fr. — Danemarck, 6 f. — Deux-Siciles, 5 f. — Espagne, 6 f. — États-Romains, 5 f. — États-Unis, 10 f. 70. — Grande-Bretagne, 5 f. 50. — Grèce, néant. — Haïti, néant. — Hanovre, 6 f. — Hesse électorale, néant. — Hesse (grand-Duché de), 6 f. — Mecklembourg-Schwerin, » f. — Mecklembourg-Strelitz, » f. — Mexique, 10 f. — Nassau, 1 f. — Nicaragua, » f. — Nouvelle-Grenade, » f. — Oldenbourg, » f. — Parme (Duché de), 5 f. — Pays-Bas, 1 f. — Pérou, 5 f. 50. — Portugal, 10 f. — Prusse, 6 f. — Russie, 5 f. — Sardaigne, 5 f. — Saxe, 6 f. — Saxe-Weimar, » f. — Suède et Norvège, 5 f. — Suisse, 5 f. — Toscane, 5 f. — Turquie, 3 f. 50 — Uruguay, 5 f. 50. — Venezuéla, » f. — Villes-Libres, néant. — Wurtemberg, néant.

(1) *Se rappeler toujours — comme base essentielle — les quatre conditions voulues par le Code Napoléon pour la validité des conventions (art. 1108).*

(2) *Le prêt à intérêt était prohibé et considéré comme un larcin dans l'antiquité. — On se rappelle ce précepte de Moïse : « Tu ne prêteras à intérêt à ton frère ni vivre, ni argent, ni quoi que ce soit... » — Lactance disait : « Celui qui exige un intérêt viole la justice, puisqu'il exige plus qu'il n'a prêté. » — Le prêt à intérêt fut défendu par les décrets ecclésiastiques, dans les conciles tenus de l'an 325 à l'année 1590. — Mais la loi civile finit par admettre la légitimité de l'intérêt.* (*V. la suite à la tablette 10me).*

(2 bis) *Pour les projets de l'ordre amiable qui devrait toujours être fait ou renvoyé devant notaire. V. J. du Not. no 1137.*

(3) *V. l'instruction du 17 décembre 1843 — sur les contrats de mariage des officiers, rapportée avec les motifs au J. N. no 1289. V. C. N. art. 511.*

(4) *Afin d'éviter toute influence, les notaires ont pour habitude, au moment de la lecture de cet acte, d'écarter toutes les personnes présentes, excepté les gardes-malades, si leurs soins sont indispensables.*

(5) *D'après la loi du 18 décembre 1790, le décompte du capital des anciennes rentes foncières s'établit ainsi :*

TITRE 2 — ART. 3. — *Le rachat des rentes et redevances foncières originairement créées irrachetable et sans aucune évaluation du capital, seront remboursables, savoir :*

Celles en argent, sur le pied du denier vingt, et celles en nature de grains, volailles, denrées, fruits de récoltes, etc., au denier vingt-cinq de leur produit annuel, suivant l'évaluation qui en sera faite.

Il sera ajouté un 10me aux dits capitaux à l'égard des rentes qui auront été créées sous la condition de non retenue des 10es, 20es et autres impositions royales.

Exemple d'une rente d'un hectolitre de blé, à non retenue.

La pancarte (ou mercuriale), donne pour prix moyen, on suppose, 20 fr.

Le capital au denier 25 est de 500.
Ajoutant le 10e . . . . . . 50.
Il sera dû pour le rachat. . 550.

Cette évaluation s'opère par le relevé des mercuriales (du marché du domicile des débiteurs, ou du créancier si la rente est portable).

Ce relevé comprend les 14 dernières années ; on en retire les 2 plus fortes et les 2 plus faibles ; — et le prix commun est formé sur le total des 10 autres années, en le divisant bien entendu par 10.

C'est ainsi que se délivre aux Mairies, les extraits pour les denrées de toutes sortes, susceptibles d'être vendues aux marchés comme la volaille, etc.

Les rentes perpétuelles créées depuis cette loi sont rachetables au denier 20 (C. Paris, 5 août 1851), quand le taux du rachat n'a pas été fixé pour le contrat constitutif de la rente.

ACTES ET CONTRATS

PRÉVUS PAR LES TROIS PREMIERS CODES.
FORME INTRINSÈQUE

II

Le Code de procédure civile indique les formalités des actes de la catégorie suivante :

Les procès-verbaux { de délivrance de seconde grosse / de compulsoire — (V. L. de ventôse, art. 24) / d'inventaire (1) C. N. 126, 451, 769, 1058, 1456)

LES {
ordres amiables (art. 749 et s.)
partages et licitations / comptes / ventes d'immeubles } judiciaires } renvoyés devant notaire
acquiescements { à demandes judiciaires / à jugements
désistements (ou renonciations)
compromis — les actes relatifs au bornage (V. C. N. et L. du 7 juillet 1819)

III

Le Code de Commerce traite des actes ci-après :

LES ACTES {
des mineurs émancipés / des femmes marchandes } autorisés pour le commerce .
de société (et leurs publications)
de { charte-partie / affrètement / nolissement } { ou lonage de vaisseaux / dont le prix est appelé / frêt ou nolis
de connaissance : { reconnaissance } { fournie par le capitaine / des marchandises dont il se charge
de prêt à la grosse | sur objets exposés aux risques maritimes
d'assurance maritime } contre les { pertes / dommages / avaries } { de mer et / de force majeure

LES {
délaissements : { abandon } { après le sinistre / pour l'assuré à l'assureur / de ce qui reste des choses assurées
concordats et atermoiements
contrats d'union
adhésions
ventes des meubles et immeubles des faillis
ventes volontaires de navires
billets à ordre et lettres de change
acceptation, endossements, avals
cessions d'actions
protêts { faute { d'acceptation / de paiement } } V. art. 176 C. com.
actes de perquisition

Suite de la note sur le prêt à intérêt :

A une époque très-éloignée, le taux était au denier dix ou à 10 pour cent par an.

Il fut ainsi déterminé dans la suite :

Par l'édit de mars 1576, au denier douze, environ 8 33 0/0
— — — juillet 1601, — seize , — 6 25 0/0
— — — mars 1634, — dix-huit, — 5 50 0/0
— — — déc. 1665, — vingt (comme aujourd'hui)
— — — juin 1766, — trente ou 3 33 0/0
— — — juin 1766, — vingt-cinq ou 4 0/0

Un édit de février 1790 avait déjà fixé le taux de l'intérêt conventionnel à 5 0/0 en matière civile et à 6 0/0 en matière commerciale, c'est-à-dire tel qu'il est déterminé aujourd'hui en vertu de la loi du 3 septembre 1807.

Le Code Napoléon a consacré le prêt à intérêt, en distinguant l'intérêt légal et l'intérêt conventionnel (art. 1907).

La loi du 19 décembre 1850 édicte les peines applicables au délit d'usure, contre lequel fut rendue, en juillet 1311 ; l'ordonnance suivante :

Personne, sous peine de perdre corps et biens, ne pourra, hors des foires de champagne, prester à usure au delà d'un denier pour livre par semaine, de quatre deniers par mois, et de quatre sols par année.

Tous contracts simulés contre vérité, pour marchandises ou autres faits en fraude, pour exiger des usures, sont également défendus et ceux qui les feront seront punis de perte de corps et de biens comme dessus. Et tous créanciers, qui, sous couleurs d'intérêt ou de peine, exigeront un plus grand profit que celui qui vient d'être marqué, subiront la mesme peine.

Nul créancier, en faisant renouveler son obligation, ne pourra faire accumuler l'intérest, avec le principal, sous la mesme peine.

Toute dette sera payée en la même monoie qui avait cours au temps du contract.

Les dispositions contre l'usure furent souvent renouvelées, Philippe-le-Bel disait qu'il voulait purger son royaume de la mauvaistié d'usure.

(1) Le mode de constater les vacations dans les inventaires, ventes publiques, etc., est tracé par le décret du 10 brum. an 14 (1er nov. 1805).

ACTES ET CONTRATS [1]

PRÉVUS PAR LES LOIS SPÉCIALES ET AUTRES.
FORME EXTRINSÈQUE

Restent les actes gouvernés par des dispositions particulières. — Ce sont :

Le bail emphytéotique qui { tient ses principes de l'ancien droit — L. 18 septembre 1790. / n'a point été abrogé par le Code Napoléon — J. N. art. 3888. } a une nature immobilière reconnue par la loi { 9 messidor an 8 / 11 brumaire an 7

Les baux | de chasse et de pêche. | LL. 30 avril 1790 — 15 avril 1829 — 15 nov. 1830

Les certificats de vie [3] / pour les rentiers et pensionnaires de l'Etat { dont la délivrance { peut être faite par tous les notaires de France — Ord. 6 juin 1839 / est réglée par une Instruction ministérielle du 27 juin 1839 [2] / a lieu moyennant une rétribution modifiée par le Déc. du 6 nov. 1853 } à produire { soit pour l'inscription des rentes viagères de la vieillesse / soit pour le paiement des arrérages de la dite rente } qui peuvent être délivrés { soit par le notaire / soit par le maire de la résidence du rentier } D. 18 août 1853

Les certificats de propriété [4] dont les formalités sont prescrites par : { la Loi du 28 floréal an 7, art. 6 (V. L. 7 mai 1858) / le Décret du 18 septembre 1806 / un Arrêté du gouvernement du 15 floréal an 11 / une Ordonnance du 16 octobre 1822 / un Arrêté de la cour des comptes du 24 juin 1835 / les Déc. ministérielles des { 17 mai 1817 / 1ᵉʳ août 1821

Les tuteurs et curateurs { des mineurs et interdits peuvent vendre { sans autorisation du conseil de famille / les rentes de 50 fr. et au-dessous } L. 24 mars 1806

Les héritiers bénéficiaires { ne peuvent transférer } { sans cette autorisation / les inscriptions de rente de 50 fr. et au-dessus } Avis, 11 juin 1806

Les déclarations de privilége de second ordre pour lesquelles il faut observer { la Loi du 25 nivôse an 13 / le Décret du 28 août 1808 / le Décret du 22 décembre 1812

Les cessions de propriété littéraire Dispositions à consulter : { Décret 19 juillet 1793 / Décret 1ᵉʳ germinal an 13 / Décret 5 février 1810 / Loi 3 août 1844 } V. Code pénal, art. 425 à 429

Les cessions d'offices Lois relatives : { LL. 28 avril 1816, art. 91 — 25 juin 1841 / Déc. min. { 16 oct. 1828 — 28 avr. 1829 — 27 mai 1830 / 13 juin, 8 juill., 2 nov. 1835 — 12 mars 1836 / 11 sept. 1837 — 31 juill. et 10 oct. 1843

Les ventes de meubles aux enchères Lois relatives : { LL. 16 et 23 messidor an 3, 7 vendemiaire an 4 — sur les grains en vert / Décret 19 brumaire an 6 | sur le contrôle et poinçonnage des ouvrages d'or et d'argent / Circulaire 18 juin 1828 / L. 22 pluviôse an 7, 26 juillet 1790 / L. 28 avril 1816, 17 sept. 1793 / Ord. { 1ᵉʳ mai / 26 juin / 3 juillet } 1816 / Ord. 2 juillet 1817 / L. 16 juin 1824 / D. 14 juin 1813 (huissiers) — Avis { 13 novembre 1788 / 21 octobre 1809 } Déc. min. { 26 mai / 9 juin / 30 mars 1815 / 8 février 1830 } 1812 — V. C. N. 452, 796, 805, 1062 — V. C. pr., art. { 617 / 945 } et suiv. / Instr. minist. 23 déc. 1824 { sur les { ustensiles d'imprimerie / livres immoraux ou condamnés / L. 25 juin 1841, 3 juillet 1861, 29 août 1863 | sur les | marchandises

Ventes publiques et volontaires { de fruits et récoltes pendants par racines / de coupes de bois taillés } L. 5 juin 1851

Les baux des biens des { communes (4 bis.) / fabriques / hospices / autres établissements publics / de bienfaisance ou d'instruction publique } { LL. 11 fév. 1791, 16 mess. an 7, 15 mai 1818, 25 mai 1835, 18 juill. 1837 / Ord. 7 octobre 1818, 31 octobre 1821 / Décr. 7 germ. an 9, 12 août 1807, 30 décembre 1809, 6 nov. 1813 / Arr. 7 thermidor an 11, 14 vent. an 11 / Déc. min. 26 nov. 1811, 22 févr. 1830

Les baux et autres actes intéressant les aliénés non interdits (L. 30 juin 1838, art. 31 et s.)

Les donations et testaments au profit des { hospices / communes / établissements { publics / religieux } { LL. 2 janv. 1817, 24 mai 1825, 18 janv. 1837 / Ord. 2 avril 1817, 14 janv. 1831, 25 mai 1844 / Circ. 18 janv. 1836 / Avis 5 juill. 1833, 4 juin 1840

Les ventes de brevets d'invention / **Les cessions d'imprimeries et lithographies** / **Les contrats d'apprentissage** } régis par { L. du 5 juillet 1844 / Régl. 28 fév. 1723 — D. 2 fév. 1811 / L. du 22 février 1851

Le consentement à l'ordination — D. 28 février 1810

---

(1) *Le premier devoir des notaires, à l'égard des actes, est de diriger les parties, de les éclairer sur leurs droits, de les avertir des conséquences des engagements qu'elles vont contracter.*

(2) *L'art. 23 de cette Instruction enjoint à tout notaire de tenir constamment affiché, dans l'endroit le plus apparent de son étude, un avis conforme au modèle qui a pour objet de porter à la connaissance des pensionnaires les conséquences auxquelles ils s'exposent en enfreignant les lois prohibitives du cumul. V. J. N. 10527.*

(3) *Les certificats de vie à produire pour toucher des rentes ou pensions sur particuliers doivent être délivrés dans la forme ordinaire des actes notariés (Ed. Clerc.)*

(4) *V. Instruction J. N., année 1835, p. 322. art. 907.*

(4 bis) *Une loi du 5 novembre 1790 porte que le ministère des notaires n'est pas nécessaire pour les baux des biens nationaux et les autres actes administratifs.*

ACTES ET CONTRATS [1]

LES NOTAIRES

Commis à cet effet — sont tenus de représenter :
- à la levée des scellés et à l'inventaire } les intéressés à une succession, domiciliés à plus de 5 myriam. | C. pr. 931
- les présumés absents — et les aliénés non interdits } dans les inventaires comptes liquidations partages | C. N. art. 113 — L. 30 juin 1838, art 36
- procèdent aux comptes, liquidations et partages judiciaires | C. N. 828 et s. C. pr. 976

Sont dispensés | maintenant d'énoncer les patentes dans les actes qu'ils reçoivent — L. 18 mai 1850

Certifient | D. 14 juillet 1851
- dans le cas de demande en autorisation } de sociétés de secours mutuels comme établissements d'utilité publique
- l'état nominatif des sociétaires qui ont adhéré aux statuts
- ces statuts doivent dans le même cas, être contenus en un acte notarié

peuvent faire
- les procès verbaux d'offres — ne contenant pas assignation
- des prisées de meubles tout aussi bien que des ventes } dans les communes où il n'y a pas de commissaire priseur } L. 17 septembre 1793 (non abrogée par celle du 28 avril 1816) — Lettre min. { 29 frimaire / 14 nivôse } an 13

ont seuls droit
- de procéder aux inventaires après décès — même en matière criminelle } L. 16 mars 1791 — Arr. de règlement 10 février 1822
- à l'exclusion des juges de paix et de leurs greffiers { qui n'y peuvent procéder à peine de nullité (Déc. min. 6 thermidor an 5) / auxquels il est aussi défendu (hors le cas de litige réel) } de recevoir acte des engagements des parties sous forme de procès-verbaux de conciliation } Déc. min. 29 brum. an 5

ne peuvent
- stipuler hors les cas formellement déterminés par la loi — la contrainte par corps dans leurs actes (C. N. 2063) [2]
- recevoir des actes de la juridiction contentieuse, comme les protêts, inventaires et actes respectueux } les jours de dimanche et de fête légale [3] } Arg. art. 63 C. pr. — V. art. 1030 et 1037
- procéder aux adjudications publiques à faire hors de l'étude } dans les mairies ou salles d'école { qu'il est recommandé de mettre à leur disposition } Lett. min. [4] d'avril 1855
- employer un interprète { choisi amiablement entre les parties — sinon / nommé par le président du tribunal — au bas de la requête } quand { des parties étrangères n'entendent point le français / le notaire ou les témoins ne savent pas la langue de ces étrangers } Arr. 24 prairial an 11 — Lett. min. 24 thermidor an 12 [5]

doivent
- à l'égard des parties qui ne comprennent pas le français } rédiger l'acte en français et le faire traduire dans leur langue } Arr. 24 prairial an 11 — Lett. 24 thermidor an 12 [6]
- transmettre par lettres adressées au ministre de l'intérieur } l'avis des actes { dont ils sont rédacteurs ou dépositaires / contenant dons ou legs à des établissements de bienfaisance } Arr. 4 pluv. an 12 — Ord. 2 avril 1817 — Déc. min. mai 1855
- transmettre au Préfet { sans délai — après l'ouverture du testament dont ils sont dépositaires / un état sommaire de l'ensemble des dispositions des legs y contenus au profit des communes, des pauvres, des établissements publics ou d'utilité publique des associations religieuses, et des titulaires énumérés dans l'article 1er de l'ordonnance royale du 2 avril 1817 / indépendamment de l'avis qu'ils sont tenus de donner en exécution de cette ordonnance } D. 30 juill. 1863
- recevoir leurs actes { sur des feuilles isolées, l'ancien usage des registres ne pouvant plus être suivi (ce qui n'interdit pas de les faire relier en volumes par années ou semestres.) } Déc. min. 15 fév. 1869
- dresser actes de tous dépôts de pièces faits à leur étude. — L. 22 frimaire an 7, art. 43
- dans l'intérêt du service et par esprit de confraternité } se substituer { réciproquement pour la réception des actes dans les cas d'empêchement (absence, maladie) autres que ceux ayant pour cause la parenté ou l'intérêt personnel du confrère } ancien usage faisant loi — Déc. min. 1869 et 1819

d'Algérie — ont à observer } les règles spéciales à l'aliénation des terres domaniales en Algérie pour la vente à prix fixe — les adjudications — la vente amiable — l'échange } D. 25 juillet 1860

---

(1) *Le J. N. signalait, par son art. 13729 qui en rapporte la formule, l'acte d'abdication du roi de Sardaigne, reçu en Espagne par un notaire le 3 avril 1849. « Nous consignons cet acte (dit le J. N.) comme un témoignage de l'importance qu'ont dans tous les pays les fonctions notariales. Jamais le notariat n'avait été appelé à remplir une mission plus grave et plus solennelle. »*

(2) *Loi du 22 juillet 1867, art. 1er. « La contrainte par corps est supprimée en matière commerciale, civile et contre les étrangers. »*

(3) *Les fêtes légales sont : { Le 1er Janvier } Avis, 13 mars 1810. — L'Ascension — L'Assomption } Loi 18 germinal an 10. — La Toussaint } Arr. 29 germinal an 10. — Noël*

Il n'est point reconnu d'autre fête nationale que l'anniversaire du 15 août. — D. 16 février 1852.

On sait que c'est un édit de Charles IX qui obligea de prendre le 1er janvier pour jour initial de l'année. — En Normandie et en Bretagne, on commençait l'année à Noël. — Dans les autres provinces, on la commençait le plus généralement à Pâques, et toutes les années n'étaient pas de même durée.

(4) *V. J. N. art. 15537.*

(5) *Conformément à l'opinion de Pardoux, Duprat, Roll., Toullier, Ferrière, etc., V. J. N. 1884-3464.*

(6) — — *Ferrière, Toullier, Dalloz, Roll.*

RÉPERTOIRES (1)

FORMALITÉS — TENUE — VISA

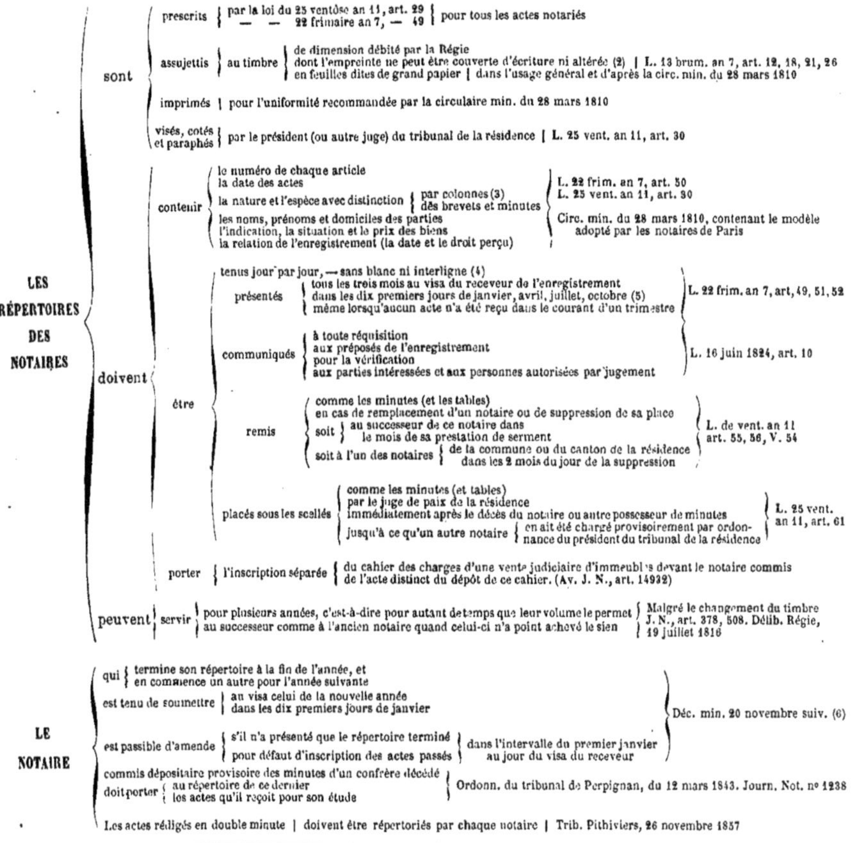

LES RÉPERTOIRES DES NOTAIRES

sont

- prescrits { par la loi du 25 ventôse an 11, art. 29 / — — 22 frimaire an 7, — 49 } pour tous les actes notariés
- assujettis { au timbre { de dimension débité par la Régie / dont l'empreinte ne peut être couverte d'écriture ni altérée (2) | L. 13 brum. an 7, art. 12, 18, 21, 26 / en feuilles dites de grand papier | dans l'usage général et d'après la circ. min. du 28 mars 1810
- imprimés | pour l'uniformité recommandée par la circulaire min. du 28 mars 1810
- visés, cotés et paraphés { par le président (ou autre juge) du tribunal de la résidence | L. 25 vent. an 11, art. 30

doivent

- contenir { le numéro de chaque article / la date des actes / la nature et l'espèce avec distinction { par colonnes (3) / dès brevets et minutes / les noms, prénoms et domiciles des parties / l'indication, la situation et le prix des biens / la relation de l'enregistrement (la date et le droit perçu) — L. 22 frim. an 7, art. 50 / L. 25 vent. an 11, art. 30 / Circ. min. du 28 mars 1810, contenant le modèle adopté par les notaires de Paris
- être
  - tenus jour par jour, — sans blanc ni interligne (4)
  - présentés { tous les trois mois au visa du receveur de l'enregistrement / dans les dix premiers jours de janvier, avril, juillet, octobre (5) / même lorsqu'aucun acte n'a été reçu dans le courant d'un trimestre } L. 22 frim. an 7, art. 49, 51, 52
  - communiqués { à toute réquisition / aux préposés de l'enregistrement / pour la vérification / aux parties intéressées et aux personnes autorisées par jugement } L. 16 juin 1824, art. 10
  - remis { comme les minutes (et les tables) / en cas de remplacement d'un notaire ou de suppression de sa place / soit { au successeur de ce notaire dans le mois de sa prestation de serment / soit à l'un des notaires { de la commune ou du canton de la résidence dans les 2 mois du jour de la suppression } L. de vent. an 11 art. 55, 56, V. 54
  - placés sous les scellés { comme les minutes (et tables) / par le juge de paix de la résidence / immédiatement après le décès du notaire ou autre possesseur de minutes / jusqu'à ce qu'un autre notaire { en ait été chargé provisoirement par ordonnance du président du tribunal de la résidence } L. 25 vent. an 11, art. 61
- porter { l'inscription séparée { du cahier des charges d'une vente judiciaire d'immeubles devant le notaire commis / de l'acte distinct du dépôt de ce cahier. (Av. J. N., art. 14932)

peuvent | servir { pour plusieurs années, c'est-à-dire pour autant de temps que leur volume le permet / au successeur comme à l'ancien notaire quand celui-ci n'a point achevé le sien } Malgré le changement du timbre J. N., art. 378, 508. Délib. Régie, 19 juillet 1816

LE NOTAIRE

- qui { termine son répertoire à la fin de l'année, et / en commence un autre pour l'année suivante
- est tenu de soumettre { au visa celui de la nouvelle année / dans les dix premiers jours de janvier } Déc. min. 20 novembre suiv. (6)
- est passible d'amende { s'il n'a présenté que le répertoire terminé / pour défaut d'inscription des actes passés } dans l'intervalle du premier janvier au jour du visa du receveur
- commis dépositaire provisoire des minutes d'un confrère décédé / doit porter { au répertoire de ce dernier / les actes qu'il reçoit pour son étude } Ordonn. du tribunal de Perpignan, du 12 mars 1843. Journ. Not. n° 1238

Les actes rédigés en double minute | doivent être répertoriés par chaque notaire | Trib. Pithiviers, 26 novembre 1857

---

(1) *Les dispositions étant très-restreintes sur cette matière, nous avons, pour la présenter dans son ensemble et éviter un renvoi à la partie jurisprudence réuni les décisions ministérielles, etc., aux textes de loi.*

A ce propos, observons aussi que si la législation se trouve partout ailleurs généralement distincte de la jurisprudence, c'est afin de mieux démontrer aux commençants et de pouvoir ajouter aux tableaux de jurisprudence, durant le cours de leur préparation, les plus récents arrêts ou jugements ; ce qui n'eût pas été possible (avec la réunion de la législation) sans déranger l'ordre, l'enchaînement des paragraphes.

(2) *On peut, sans contravention, écrire sur le verso du timbre. (Déc. min., 16 juin 1807 ;) et quand les colonnes des répertoires sont imprimées, il n'y a pas non plus contravention quoique le timbre soit couvert par l'impression, même au recto. (Déc. min. 26 mai 1820.)*

(3) *On entend par la nature de l'acte, si c'est une vente, une quittance, etc.; et par l'espèce de l'acte, s'il est en minute ou en brevet (Dalloz.)*

(4) *Il n'est pas dû d'amende pour les ratures et surcharges, pourvu que la série des numéros ne soit pas interrompue. (Délibération de la Régie du 6 mars 1824.)*

(5) *Quand le dixième jour est un jour férié, la présentation peut, sans contravention, n'avoir lieu que le lendemain. (Sol., 2 septembre 1814 ; 30 juillet 1835.)*
Le receveur doit apposer le visa le jour même de la présentation. — Ce visa ne peut pas influer sur les actes qui auraient été reçus ce jour-là. — Le receveur ne peut retenir les répertoires plus de 24 heures. (Let. d'administr., 8 avril 1812.)

(6) *Le J. N. est d'avis contraire. — Mais le tribunal de Thionville a jugé conformément à cette décision, le 16 août 1827.*

Dans la pratique, des receveurs exigent la présentation des deux répertoires ; d'autres se contentent de viser celui de l'année expirée : On doit donc s'entendre avec le receveur et se conformer à ses vues.

RÉPERTOIRES ET TABLES

LES RÉPERTOIRES DES NOTAIRES

— **doivent relater** :

- à la dernière date — les actes qui en portent plusieurs (excepté les inventaires) | Délib. 22 mars 1823 (1)
- à la première vacation seulement — les inventaires et procès-verbaux qui exigent plusieurs séances — en rappelant { à la suite et dans le même contexte de l'article / la date successive des autres vacations } | Décision min. 18 août 1812
- les testaments olographes — qu'il y ait ou non acte de dépôt | Décis. minist. 9 septembre 1812
- les testaments mystiques — (l'acte de suscription étant assujetti en général aux formalités de la loi de ventôse) | Arg. de cette Loi
- les copies collationnées de pièces. | Déc. min. 15 juillet 1804 (2)
- les protêts — nonobstant la tenue du registre spécial de ces actes | Déc. min. 9 mars 1809
- les actes reçus par substitution d'un confrère | Inst. 11 nov. 1819 (3)
- les procès-verbaux de visites de lieux, faits par un notaire en vertu d'ordonnance du président | Déc. min. 24 octobre 1817

— **sont tenus en double annuel** :

copie fidèle —

- sur laquelle on transcrit — à leurs dates — les mentions des visa apposés à l'original | Pratique
- qui doit être { certifié par le notaire — et / déposée { avant le 1er mars de chaque année / au greffe du tribunal civil de sa résidence } } | L. 16 floréal an 4, art. 1er
- assujettie au timbre comme le répertoire original | Décision ministérielle 14 vendémiaire an 7 — ordinairement imprimée comme lui et sur le même format | D'après l'usage
- qui n'a pas besoin { d'être remplacée par le dépôt d'un certificat négatif, / quand les notaires n'ont reçu aucun acte dans le cours de l'année } | Déc. min. des 2 et 4 juillet 1812
- dont le dépôt est constaté par l'acte que doivent dresser les greffiers. | Déc. min. 27 juin 1808
- (Il faut autant d'actes qu'il y a de notaire déposants — ceux-ci ne peuvent être obligés à lever expédition de ces actes) | Déc. min. { 20 mars 1810 / 24 juin 1812 / 11 janvier 1816 }

— **comprennent** :

1° le registre spécial

- qui doit être { coté, paraphé et visé (sur timbre) dans la forme ordinaire, par un juge du tribunal de commerce, ou par le maire ou adjoint ; et conservé pendant dix années } | Code de commerce art. 11, 79, 84
- sur lequel il faut transcrire { les polices d'assurances maritimes faites par les notaires / jour par jour — par ordre de dates — / sans ratures, interlignes, transpositions, abréviations } | L. 5 juin 1850, art. 47
- qui est soumis { au visa des préposés de l'enregistrement / toutes les fois qu'ils le requièrent }

2° le registre particulier

- qui doit être { coté et paraphé (sur timbre) — et / tenu dans les formes prescrites pour les répertoires }
- sur lequel { les notaires — quand ils font des protêts, / doivent les inscrire { en entier, jour par jour, et / par ordre de dates (4) } } | Code de commerce art. 176

Les Ordonnances des Notaires { quand ils sont commis { par justice ou même par les parties / pour procéder à une liquidation, licitation, etc. } / doivent être inscrits au répertoire (5) } | Trib. Vesoul, 8 décembre 1851

L'état de compte et liquidation { que dresse un notaire commis, hors la présence des parties / est soumis à l'inscription spéciale sur le répertoire } | Trib. Evreux, 16 février 1841

Les certificats { de vie | délivrés aux pensionnaires de l'Etat / de propriété | pour le transfert des inscriptions sur le grand livre de la dette publique } { sont les seuls actes qui ne doivent pas être enregistrés et répertoriés } | Trib. Epinay, 8 juin 1855 (6)

TABLES

Aucun texte de Loi ou de Règlement ne paraît avoir prescrit la tenue des Tables alphabétiques servant à la prompte recherche des actes
Le terme TABLES est employé dans le titre II, section IV, de la Loi de ventôse ; mais il s'agit des Tables analytiques des minutes, c'est-à-dire des répertoires
Ce n'est donc que l'usage qui commande cette mesure d'ordre et de facilité, qui doit être suivie dans toutes les Etudes

---

(1) *Il n'y a pas contravention à inscrire un acte à sa première date (Délib., 11 novemb. 1834.)*

(2) *Conformément à un jugement du Tribunal de Castel-Sarrazin, du 29 août 1842.*

(3) *C'est-à-dire que ces actes doivent être portés sur le répertoire du notaire substituant, comme sur celui du notaire substitué.*

(4) *Ce registre n'est point soumis au visa du receveur. (Déc. min. 9 mars 1809.)*

Les notaires qui ne sont pas dans l'usage de faire des protêts, ne sont pas assujettis à tenir un registre sur lequel ils n'auraient aucun acte à inscrire. — Ils ont la faculté de n'ouvrir ce registre qu'au moment où ils auront à rédiger un acte de cette nature, ou après qu'ils l'auront reçu. (Déc. min., 6 juin 1829.)

Il en est de même, dans la pratique, à l'égard du registre des polices d'assurances.

(5) *Sont dispensés de l'inscription au répertoire : — les certificats de vie non sujets à l'enregistrement, et qui se délivrent par un seul notaire. (Déc. min. 2 août 1808, 8 février 1822 ;) — les certificats de propriété (Déc. min. 1er août 1821.)*

(6) *V. Certificat de propriété, n° 133, 4e édition du Dict. Not.*

DÉPOT ET GARDE DES MINUTES

LES NOTAIRES

sont tenus
- de garder minutes de tous les actes qu'ils reçoivent / à l'exception de ceux qui peuvent être délivrés en brevet (1) | L. 25 vent. an 11, art. 1 et 20
- de garder minute des obligations excédant 300 fr. | Déclaration 5 décembre 1730. Ord. 7 décembre 1823

ne peuvent
- se dessaisir d'aucune minute — si ce n'est | dans les cas prévus par la loi / en vertu de jugement / après la substitution, à la minute, d'une copie figurée et en forme | L. 25 vent. an 11, art. 22 ; C. inst. crim., art. 452 et suiv. ; C. pr. art. 200 et suiv.
- sans l'ord. du président | donner connaissance des actes | à d'autres qu'aux | personnes intéressées en nom direct (2) / héritiers ou ayant-cause | L. 25 vent. an 11, art. 23

sont
- contraignables | par corps | pour la représentation ordonnée de leurs minutes et pièces (3) | C. inst. crim., art. 452 et 454 ; C. pr. 201 et s., 221 et s. ; C. N. art. 2060
- punissables | des travaux forcés à temps, pour | destruction / soustraction / détournement | des actes et des titres à eux confiés en leur qualité (4) | C. pén. art. 173, 235
- d'emprisonnement et amende — négligence dans la garde de ces actes | C. pén. art. 254
- autorisés | à compulser les registres de l'enregistrement / pour faire les extraits de leurs actes qui ont été incendiés (ou autrement détruits par événement) / à requérir l'enregistrement gratuit de ces extraits | Arg. de la loi du 16 août 1793

Ils ont d'ailleurs | pour le remplacement des minutes, le renvoi / aux expéditions délivrées (sauf autorisation)

ne répondent pas des accidents purement fortuits | arrivés aux minutes | Rolland de Villargues

doivent
- ranger et classer | les minutes dont ils sont dépositaires / dans le plus grand ordre, en un lieu convenable et sûr / pour leur dignité comme pour leur responsabilité | (5)
- donner connaissance des actes | aux personnes intéressées en nom direct / à leurs héritiers ou ayants droit | L. 25 vent. an 11, art 23

LES MINUTES

sont
- un dépôt public placé sous le sauvegarde du souverain / comme le constatent les lettres-patentes données par Charles VI, et / comme l'annoncent les panonceaux, signe de cette royale protection | Lett. d'avril 1411
- gardées | par le notaire substitué, quand il l'est pour cause d'absence ou de maladie | Dalloz. — Augan
- par le notaire substituant, quand la substitution a lieu pour d'autres causes | Déc. min. 18 janv. 1809
- en cas de concours de deux notaires | par celui | qui est plus ancien ou / que désigne l'usage | selon | la nature des actes / les qualités des parties | V. J. N. (6)
- tenues à l'abri | principalement | des dangers d'inondation, d'incendie, d'humidité
- mises sous les scellés par le juge de paix de la résidence | avec les répertoires et tous autres papiers / après le décès du notaire ou autres possesseurs des minutes | L. de vent. art. 61

doivent être remises
- dans les formes et délais prescrits / sous la surveillance du procureur impérial / sur un état sommaire (7) | signé du notaire qui s'en est chargé et dont un double est déposé à la chambre de discipline | L. 25 vent. an 11, art. 54

---

(1) *Cette disposition est renouvelée d'une ordonnance de Philippe-le-Bel, de l'an 1304, qui ne faisait que consacrer un usage déjà établi. — La minute d'un testament notarié ne peut plus être retirée par le testateur (Av. du Conseil d'État du 7 avril 1821), contrairement à l'ancien Édit de mars 1693, qui lui en permettait le retrait quand bon lui semblait.*
Donc, en principe, il doit être gardé minute de tous les actes notariés. — Sont exceptés par le même article 20 : nominativement les certificats de vie, procurations, actes de notoriété, quittances de fermages, de loyers, de salaires, arrérages de pensions et rentes; et généralement les autres actes simples qui, d'après les lois, peuvent être délivrés en brevet.
Il faut, comme toujours, suivre la règle quand l'exception est douteuse; d'autant plus ici, que si un acte qui doit rester en minute était mis en brevet, il serait nul en tant qu'acte authentique, tandis au contraire que si un acte pouvant être en brevet est gardé comme minute, il n'y a pas d'inconvénient et le notaire étant seul juge en ce cas, n'est point répréhensible. — Voici, d'après Ed. Clerc, les distinctions qui doivent guider l'appréciation : — Il doit être gardé minute :
1° De tous les actes synallagmatiques; 2° de ceux qui contiennent quelques dispositions au profit de tiers ou que ceux-ci peuvent invoquer ; 3° tous ceux dont l'effet est perpétuel et se transmet des parties contractantes à leurs héritiers ou ayant cause (Merlin, Loret). Et les actes simples peuvent être délivrés en brevet sont les actes unilatéraux, les consentements, mandats et décharges qui ne renferment pas de stipulation que les tiers puissent invoquer et n'ont pas un caractère permanent, à quelques sommes que les obligations puissent monter.
(2) *Cette défense résultait déjà d'une ordonnance d'août 1539.*
(3) *Voir le décret du 13 décembre 1848. — La contrainte par corps, à cette fin, résultait déjà d'un arrêt de règlement du 27 juin 1716. — Les notaires ne répondent pas des accidents purement fortuits qui peuvent arriver aux minutes. (Roll. de Vill.).*
(4) *Les clercs qui se rendent coupables de la soustraction sont soumis à la même peine (même art., § 2.).*
(5) *Les minutes ne peuvent être ailleurs que dans la maison où se tient l'étude. Ecoutez l'honorable Me Suin, notaire à Soissons, membre de la Société historique et archéologique de cette ville :*
« Le minutier d'un notaire ne doit plus être ce petit grenier solitaire, encombré de paperasses jetées çà et là, chargées de poussière, abandonnées aux souris qui en mangent à discrétion. Le minutier doit avoir dans nos maisons une place honorable ; il doit être tenu avec soin, avec respect, comme le dépôt des archives de nos ancêtres, comme nous rappelant tant de générations qui ont laissé dans ces archives des traces de leur passage sur la terre, comme nous donnant la preuve évidente des progrès, du bien-être et de l'égalité que préparaient pour nous, en acquérant, à la sueur de leurs fronts, et la terre et la richesse, ces bourgeois, ces paysans économes et laborieux dont nous sommes les descendants... »
(6) *En principe, la minute doit être laissée au notaire de la partie qui est la plus intéressée à la conservation (Dalloz.)*
Le droit de préférence entre notaires, pour la réception des actes et la garde des minutes, n'est et n'a pu être établi par aucune loi légale. — Cependant beaucoup de chambres de discipline ont établi à cet égard des règles qui doivent être observées par tous les notaires de l'arrondissement. — V. Tablettes suivantes.
V. J. N. 1847, p. 184. — Ed. Clerc, 3e édition, 2e vol., p. 89 et 338. — Dict. not., 4e édition, lettres M. et P.
(7) *Cet État se fait (sur timbre) sans frais et sous signatures privées, — par recolement et appel des actes sur les répertoires, — en distinguant les exercices et constatant les minutes manquant sous chacun.*

DÉPOT ET GARDE DES MINUTES

RÈGLEMENT DES NOTAIRES DE BAR-SUR-AUBE
DU 27 JUIN 1843

Principales dispositions relatives au droit de préférence pour la réception des Actes et la conservation des Minutes à consulter comme étant d'usage à peu près général dans les cas de concurrence entre confrères.

§. Ier — DROIT DE CONCOURS.

Quand il se présente plus de deux notaires pour coopérer au même acte } les deux plus anciens en exercice } excluent les autres sauf les exceptions ci-après :

Les notaires } appelés par les parties ayant un même intérêt / ne peuvent exclure le notaire plus jeune choisi par d'autres parties ayant un intérêt différent / l'acte est reçu par les deux plus anciens notaires pris dans les intérêts opposés

En cas de concours de plusieurs notaires appelés pour procéder } à un inventaire — à un recolement et / à tous autres actes tendant à la liquidation et au partage } d'une communauté ou d'une succession,

La préférence appartient dans l'ordre suivant :
1° au notaire de l'époux survivant, commun en biens ou marié sous le régime dotal, ou en société d'acquêts
2° au notaire de l'exécuteur testamentaire ayant la saisine
3° au notaire qui sera en possession de la clientèle du défunt — ou en cas d'incertitude à cet égard, au notaire des ayants droit à une succession, qui auront la plus grande somme d'intérêt
4° au plus ancien des notaires appelés par les héritiers en réunion
5° au plus ancien des notaires des légataires universels
6° — — — des héritiers non réservataires
7° — — — des légataires à titre universel
8° — — — appelés par les enfants naturels légalement reconnus

Est réglé dans le même ordre que ci-dessus } le droit de concourir aux } licitations / liquidations / comptes et partages amiables } et autres actes entre } co-héritiers / co-donataires / co-légataires

Le notaire } choisi par l'exécuteur testamentaire — lorsqu'il est admis à concourir / ne peut exercer son droit de concours qu'à l'égard des actes pour la validité desquels la présence de l'exécuteur est légitime et nécessaire

Quant aux autres actes — ils seront faits } 1° par le notaire qui aura procédé avec celui de l'exécuteur testamentaire / 2° et par le notaire que les parties pourront nommer, en suivant les présentes règles

Lorsque } par suite d'arrangements quelconques / l'une des parties n'aura plus aucun intérêt dans les opérations subséquentes

qu'il } ait ou non les minutes de l'inventaire et autres actes qui en sont la suite / son notaire n'aura plus droit de concours dans les actes ultérieurs

et l'on appliquera } pour ces actes / les règles ci-dessus et ci-après

Dans les inventaires et recolements, le droit de préférence } pour le concours comme pour la rétention des minutes / est définitivement fixé quand l'intitulé de la première vacation est terminé et signé par les parties

Si la première vacation a été faite par un seul notaire / Et qu'il en survienne un autre aux vacations suivantes } ce dernier aura le droit d'y concourir ; mais la minute demeurera à celui qui aura procédé à cette vacation.

Si la veuve n'a d'intérêts que comme } légataire et créancière } son notaire n'a pas plus de préférence que celui de tous les autres créanciers et légataires

Le droit } d'appeler leur notaire à l'inventaire et au recolement ne pourra, en aucun cas, être exercé par ceux-ci après :
1° le subrogé-tuteur des mineurs
2° les héritiers présomptifs réservataires qui sont dessaisis par l'effet des donations, testaments authentiques ou testaments olographes ou mystiques, suivis d'envoi en possession.
3° les créanciers — à moins que l'inventaire ou recolement ne soit fait à leur seule requête
4° les donataires et légataires à titre particulier

Le droit de concours n'existe jamais — en faveur du notaire d'un adjudicataire

En cas de difficulté } sur le lieu des réunions — lorsque deux notaires opéreront ensemble / ces réunions devront avoir lieu dans l'étude de celui qui conserve la minute

L'acte } si l'un des notaires est d'une classe inférieure à l'autre / doit être passé dans un lieu où ce notaire puisse exercer en sa qualité

Les honoraires de la minute } toutes les fois qu'il y aura dans un acte concours de deux notaires } seront partagés } dans la proportion des droits et intérêts de leurs clients / sans néanmoins que le notaire qui garde la minute puisse avoir moins de moitié des honoraires

Les droits } de grosses, expéditions ou extraits des actes de toute nature / appartiendront au notaire détenteur de la minute

DÉPOT ET GARDE DES MINUTES

RÈGLEMENT DES NOTAIRES DE BAR-SUR-AUBE

§. II. ATTRIBUTION DES MINUTES.

Le droit de retenir la minute appartient { en principe — au notaire de la partie ayant la plus grande somme d'intérêts / en cas d'égalité d'intérêts — au notaire le plus ancien

La conservation de la minute des inventaires et leur rédaction demeurent réservés dans l'ordre suivant :

Dans les inventaires après décès :
1° au notaire de l'époux survivant, commun en biens ou marié { sous le régime dotal / avec société d'acquêts
2° au notaire qui sera en possession de la clientèle du défunt.
3° au notaire des héritiers réservataires.
4° au notaire du légataire universel.
5° au notaire des héritiers non réservataires.
6° au notaire du légataire à titre universel.
7° au notaire de l'exécuteur testamentaire { ayant ou non la saisine
8° au notaire de l'enfant naturel reconnu.
9° au notaire des légataires à titre particulier.
10° au notaire des créanciers.

Après absence :
1° au notaire du conjoint présent commun en biens ou marié { sous le régime dotal / avec société d'acquêts
2° au notaire des envoyés en possession

Après interdiction :
1° au notaire du conjoint commun en biens ou marié { sous le régime dotal / avec société d'acquêts
2° au notaire du tuteur.

Dans les inventaires pour raison de l'exercice de la tutelle { Particulièrement au notaire du tuteur en exercice ou entrant en fonctions à moins que le notaire du défunt ne soit appelé par le subrogé-tuteur, cas auquel ce dernier a la minute.

Dans les inventaires par suite de séparation judiciaire : | Au notaire de la femme.

Dans les inventaires après séparation de corps : | Au notaire de l'époux qui a obtenu la séparation.

En ces deux derniers cas { si chacun des deux époux séparés de biens appelle un notaire pour la confection de l'invent. d'une succession échue à la femme, / la minute appartient au notaire de cette dernière.

La garde { de la minute de licitation, liquidation, partage et autres actes de succession / appartient { au notaire possesseur de la minute | de l'inventaire ou du recolement / sauf le cas et la conséquence d'arrangement quelconque comme est dit ci-dessus pour le droit de concours.

Dans les cas autres que ceux prévus ci-dessus, les minutes des actes ci-après appartiennent, savoir :

1° Affectation hypothécaire	au notaire du créancier.
2° Antichrèse	— *id.*
3° Bail à rente	— de l'acquéreur.
4° Bail à ferme ou à loyer	— du bailleur.
5° Bail à vie	— *id.*
6° Brevet d'apprentissage	— de l'apprenti.
7° Cautionnement	— créancier.
8° Cession de bail avec le concours du bailleur.	— du bailleur.
— Sans ce concours	— du cédant.
9° Cession volontaire de biens	— *id.*
10° Compte de tutelle et autres	— du rendant-compte.
11° Concordat	— du failli.
12° Constitution de rente perpétuelle ou viagère.	— du créancier.
13° Contrat de mariage	— de la future épouse.
14° Délégation et transport	— du cessionnaire.
15° Devis et marché	— de la personne qui fait faire l'entreprise.
16° Donation et actes qui en sont le complément	— du donateur.
17° Echange avec soulte	— de l'échangiste qui fait soulte.
18° Main-levée d'inscription sans paiement	au notaire du créancier.
19° Nantissement	— *id.*
20° Obligation :	
portant créance en pleine propriété	— *id.*
portant créance en usufruit au profit d'un individu et en nu-propriété au profit d'un autre	— du nu-propriétaire.
21° Ordre amiable et distribution	— du débiteur.
22° Ouverture de crédit	— du créancier.
23° Procès-verbaux de comparution et autres	— du requérant.
24° Quittance avec subrogation	— du bailleur de fonds.
— sans subrogation	— du débiteur.
25° Ratification	— de la partie à laquelle elle profite.
26° Réméré (exercice du droit de)	— de la partie qui l'exerce.
27° Résiliation	— de la partie à laquelle la chose retourne.
28° Retrait successoral	— de l'héritier.
29° Titre nouvel	— du créancier.
30° Vente — en toute propriété	— de l'acquéreur.
en usufruit à l'un et en nu-propriété à l'autre	— du nu-propriétaire.

GROSSES ET EXPÉDITIONS
FORME ET DÉLIVRANCE

doivent être la copie fidèle des minutes, sauf les styles ou modifications et additions d'usage (Éd. Clerc.)

LES GROSSES ET EXPÉDITIONS

ne peuvent
- être refusées à qui de droit — C. pr. art. 839 et 840 { C. pr. art. 846 et s.
- être délivrées
  - qu'aux parties, leurs héritiers ou ayants-droit | s'il y a ordonnance ou compulsoire { L. de ventôse art. 23
  - que par le notaire possesseur de la minute ou dépositaire de l'acte | L. 25 ventôse an 11 art. 21
  - qu'après l'enregistrement de la minute | L. 22 frimaire an 7, art. 42
  - sans la transcription littérale de la quittance des droits | L. de frimaire art. 44
  - sur papier d'un timbre inférieur à 1 fr. 50 c. | L. 22 brumaire an 7 art. 19 — L. 28 avril 1816 art. 63
  - à la suite d'une autre expédition sur le même timbre | L. 13 brumaire an 7 art. 23 (1)
- contenir
  - plus de 25 lignes à la page | L. 13 brumaire an 7, art. 20
  - moins de quinze syllabes à la page | Tarif, 16 février 1807, art. 174 } (Il en est de même des extraits et copies)

sont légalisées :
- celles des notaires de première classe | lorsqu'on s'en sert hors de leur ressort { L. 25 ventôse an 11,
- celles des autres notaires | quand on s'en sert hors de leur département } art. 28

doivent
- porter l'empreinte { du sceau aux armes de France { prescrit par l'art. 27 de la loi du 25 ventôse an 11 / dont le type est déterminé par le décret du 2 décembre 1852 (2)
- être collationnées | pour assurer l'exactitude de la copie
- avoir des barres | remplissant jusqu'au bout de la ligne les blancs de chaque alinéa } pratique

peuvent être écrites par les clercs des notaires — Let. min. 1er septembre 1541

indiquent { par une mention marginale placée à la fin / le nombre des rôles, des renvois, des mots rayés — ou qu'il n'y a ni renvois ni mots nuls | L. de ventôse — arg. art. 14 et s.

ne sont signées que par le notaire possesseur de la minute } qui { signe { les renvois / la mention marginale / paraphe au bas du recto de chaque rôle } C. Paris 25 janvier 1834 / Arr. Cham. not. de Paris 25 j. 1834

Quand une créance résultant d'un même acte se divise entre plusieurs créanciers, chacun d'eux a le droit de se faire délivrer { Arg. art. 26 de la loi de v. / par le notaire une grosse séparée ; mais dans ce cas la grosse doit mentionner qu'elle est délivrée à tel créancier pour telle somme

Les grosses et ampliations

sont
- seules — délivrées en forme exécutoire (3) { L. 25 ventôse art. 25
- intitulées et terminées dans la même forme que les jugements (4) } D. 12 juin 1860 pour Nice et la Savoie
- délivrées { une seule fois | à moins d'ordonnances du président / après mention de cette délivrance { faite sur la minute (et paraphée par le notaire) } Même loi art. 26 / C. pr. art. 844

peuvent être
- comme quand il s'agit des actes non exécutoires
- délivrées par extrait | usage général qui n'est contraire à aucun texte de loi (5) { Doctrine

Les extraits sont autorisés par la loi — arg. C. pr. art. 816, 983 — C. com. 42, 67, etc.

UN NOTAIRE

peut
- délivrer { des grosses ou expéditions de la copie substituée à la minute / dans le cas de l'art. 22 de la loi du 25 ventôse an 11 } C. pr. art. 203
- en faisant mention { dans ces grosses et expéditions / du procès-verbal qui a certifié la copie } C. Inst. crim. art. 455
- être substitué { par un confrère pour la délivrance d'expéditions (6) / en cas d'empêchement par maladie ou / pour une cause autre que la parenté / sans qu'il soit besoin de commission du tribunal } Roll. de Vill.
- délivrer copie d'un acte qui lui a été déposé pour minute — L. 25 ventôse an 11, art. 21

ne peut délivrer (7) { ni grosses ni expéditions d'un contrat de mariage modifié / sans transcrire à la suite le changement ou la contre-lettre } C. N. art. 1397

En cas de décès
- le président désigne le notaire qui { jusqu'au remplacement / doit délivrer les expéditions
- le notaire { désigné à cet effet / est toujours celui qu'on charge du dépôt provisoire des minutes } V. L. de ventôse art. 60

Les parties peuvent
- exiger la communication des minutes — à l'effet de { Arg. de l'art. 1334 C. N.
- collationner elles-mêmes les expéditions qui leur sont délivrées } Duranton, Dalloz, Carré. — V. C. pr. art. 852

Les copies collationnées

c'est-à-dire d'une pièce dont le notaire n'est pas dépositaire et qui lui est seulement représentée / ne peuvent être considérées que comme simples renseignements | C. N. art. 1335

doivent être
- délivrées par deux notaires ou un notaire et deux témoins | L. 22 frimaire an 7 art. 68
- datées — enregistrées — répertoriées } Déc. min. { 9 prairial et 26 messidor an 12
- attendu que ce sont { des certificats de collation / de véritables actes notariés } Ed. Clerc.

peuvent se délivrer sur papier timbré de toute dimension

Les règles { sur la foi { due aux grosses, expéditions et copies des actes / sont tracées par les art. 1334, 1335, 1336 du C. N. (8)

---

(1) *Sauf les exceptions prévues par la même loi. — V. Nouvelle loi sur le timbre.*

(2) *Les Sceaux, dont l'usage remonte aux premiers temps de la monarchie, ont été gravés aux armes de France depuis Philippe V. — Ord. de 1319.*

(3) *Une circ. min. du 1er mars 1825 porte que la forme de grosse (dont on faisait souvent abus) ne doit être employée que pour les actes emportant exécution parée. — V. C. pr. art. 545, 551.*

(4) *V. C. pr. art. 545. La formule actuelle est donnée par le D. du 2 décembre 1852, conformément à l'art. 7 de la constitution.*

(5) *Mais pour éviter les difficultés qui pourraient, en certains cas, naître de l'insuffisance de ces titres, M. Ed. Clerc conseille d'insérer dans l'acte le consentement des parties, et d'en faire mention dans la grosse par extrait. — Deux sortes d'extraits : l'extrait littéral qui, reproduisant le texte de l'acte, a plus d'autorité et doit être employé pour les dispositions testamentaires et les actes sujets aux formalités hypothécaires ; l'extrait analytique qui convient aux actes renfermant de longs détails, de nombreuses charges et explications qu'on ne doit rendre que relativement à certains intéressés, comme dans les partages, actes de société, procuration, etc.*

(6) *Quand il a été fait une double minute, le droit d'en délivrer expédition est commun aux deux notaires. (Dalloz.)*

(7) *Le notaire possesseur d'actes qui l'intéressent personnellement, ou dans lesquels ses parents ou alliés au degré prohibé sont parties, peut en délivrer lui-même des expéditions : la loi ne prononçant d'interdiction, dans ces cas, que pour la réception des actes. (Ed. Clerc.)*

(8) *Pour les légalisations, voir la 8e tablette.*

TIMBRE [1]

est une contribution établie sur tous les papiers destinés aux actes civils et judiciaires

LE TIMBRE

est de dimension pour

- tous actes et contrats / les copies et écritures — publics ou privés
  - demi-feuille de petit papier . . . . . . » 50 c.
  - feuille . . . . 1 »»
  - feuille de moyen papier 1 50
  - — de grand papier . . . . 2 »»
  - feuille de dimension supérieure . . . . 3 »»
- le registre portant transcription des assurances maritimes
- les affiches { qui doivent être { sur papier de couleur (2) { 5, 10, 15 et 20 c. selon le format

est proportionnel pour

- les effets négociables ou non, les actions dans les sociétés
- les obligations négociables { des départements, communes / des établissements publics et compagnies

le tout { d'un même format et au prix fixé sur les capitaux à 5 cent. par chaque somme de 100 fr. (4)

LL. 9 vend. an 6.
13 brum. an 7.
6 prairial an 7.
28 avril 1816.
25 mars 1817.
15 mai 1818.
5 juin 1850.
2 juillet 1862.
18 juillet et
14 décemb.} 1866
(3)

doit rester intact dans son empreinte qui ne peut être ni altérée ni couverte d'écriture

employé
- à un acte quelconque | ne peut plus servir pour un autre, quand même le premier n'aurait pas été achevé
- aux expéditions | ne peut contenir plus de 25 lignes par page, compensation faite d'une feuille à l'autre

SONT

timbrés à l'extraordinaire avant d'en faire usage : (5)
- les papiers présentés par les particuliers eux-mêmes
- les actes venant { soit de l'étranger / soit des colonies
— 13 brumaire an 7 art. 7

exempts de timbre
- les expéditions des projets de contrats de mariage pour les officiers — Inst. 17 décembre 1843
- les copies ou expéditions d'actes notariés à faire approuver aux préfets — Circ. min. 6 sept. 1853
- les actes ayant exclusivement pour but la vente des inscriptions provenant de la consolidation des livrets de la Caisse d'Epargne } Inst. 21 novembre 1848
- les procurations des officiers et soldats en retraite, pour toucher leurs pensions — Déc. du 21 décembre 1808
- les déclarations préalables de ventes mobilières aux enchères — Délib. 30 avril 1830.
- les certificats de vie délivrés par les notaires pour { pensions de veuves de militaires / pensions à titre de récompenses nationales
- le registre des pensionnaires de l'Etat — que les notaires doivent tenir en exécution de l'art. 5 du décret du 21 août 1806
- les certificats, actes de notoriété et autres pièces { relatives à l'exécution de la loi sur la caisse de retraite pour la vieillesse } L. 18 juin 1850 / D. 18 août 1853
- tous les actes intéressant les sociétés de secours mutuels — dûment autorisées { L. 15 juillet 1850 / D. 25 mars 1852

visés pour timbre :
- 1° au comptant dans les localités autres qu'au chef-lieu, les papiers susceptibles d'être timbrés à l'extraordinaire.
- 2° en débet ou gratis, les papiers destinés à la rédaction des actes pouvant recevoir de la même manière la formalité de l'enregistrement (6) — notamment les natures d'actes destinés aux indigents (Inst. Régie 13 juin 1854) } L. 25 mars 1817 art. 74, 75
- 3° les effets négociables ou non, pour valeurs au-dessus de 20,000 fr., à raison de 50 c. par mille, sans fractions } L. 13 brum. an 7 art. 11
- 4° tout effet sur papier libre reçu d'un souscripteur (le visa doit avoir lieu dans les quinze jours de la date et dans tous les cas avant négociation) } L. 5 juin 1830 art. 2

applicables
- à la Savoie — et / à l'arrond. de Nice } les lois, décrets et ordonnances relatifs au timbre } D. 25 juin 1860

LES NOTAIRES

doivent
- **employer**
  - pour tous actes, contrats et polices — le timbre de dimension (7)
  - pour toutes expéditions, extraits et copies — le format du moyen papier de 1 fr. 50 c.
- **déclarer expressément**
  - si les effets, certificats d'action, titres, livres, bordereaux, polices d'assurances ou tous autres actes sujets au timbre et non enregistrés, mentionnés dans les actes notariés et qui ne doivent pas être représentés au receveur lors de l'enregistrement de ces actes — sont revêtus du timbre prescrit,
- **énoncer** — le montant du droit de timbre payé (8)

LL. 13 brum. an 7
5 juin 1830
28 avril 1816

ne peuvent
- faire ni expédier deux actes à la suite l'un de l'autre, sur la même feuille de timbre
  - à l'exception des
    - ratifications des actes passés en l'absence des parties
    - quittances { de prix de ventes et de remboursements / de prix de ventes mobilières, mises en marge ou à la suite des procès-verbaux (Avis 7 octobre 1809) / à compte sur la même créance, ou sur un seul terme de fermage ou de loyer
    - inventaires procès-verbaux et autres actes à vacations
    - révocations de procuration et de testament (Déc. 15 juillet 1812)
- agir sur un acte ou effet de commerce non écrit sur timbre prescrit, ou visé pour timbre

---

(1) *L'origine du timbre remonte au règne de Justinien. — V. la suite de cette note à la tablette 21e.*

(2) *L'autorité pouvant seule employer le papier blanc pour les affiches.*

(3) *Le décime par franc n'est point perçu sur les droits du timbre (LL. 28 avril 1816 art. 67 — 14 décembre 1830 art. 2).*

(4) *Les sociétés, les départements, communes, établissements et compagnies doivent être abonnés pour ne payer que 5 c. 0/0.*
Il ne faut pas perdre de vue qu'à l'égard des billets et obligations non négociables l'on doit employer pour 300 fr. et au-dessous, les timbres de 15 c.; pour 300 à 500, ceux de 25 c.; et pour 500 à 1,000, ceux de 50 c.
Pour les sommes excédant 1,000 fr., les timbres deviennent communs aux titres négociables et non négociables.

(5) *Les notaires ont la faculté de faire timbrer ainsi les parchemins employés pour certaines expéditions (L. de brum. art. 19).*

(6) *Voir au tableau de l'enregistrement la désignation de ces actes, qui s'enregistrent gratis ou en débet.*

(7) *A peine :* { *du refus de la formalité d'enregistrement* / *de la confiscation des actes au bureau* } *indépendamment de l'amende — L. de frimaire art. 25 et 31.*
Mais les notaires sont libres de choisir celle des dimensions qui leur convient.

(8) *Voir au tableau des contraventions, les amendes encourues pour inobservations des prescriptions sur le timbre.*

ENREGISTREMENT [1]

LES DROITS D'ENREGISTREMENT [4]

- sont
  - établis par la loi fondamentale du 22 frimaire an 7
  - fixes ou proportionnels — selon la nature des actes
  - dus avant l'enregistrement — sans remise ni modération
  - acquittés par les notaires — pour les actes passés devant eux [2]
  - augmentés de deux décimes de guerre (L. 6 prairial an 7 — D. 14 juillet 1855 — 2 juillet 1862 [3]
- ne peuvent
  - être restitués — lorsqu'ils sont régulièrement perçus — sauf les cas prévus par la loi
- se perçoivent
  - dans tous les bureaux indistinctement { pour les actes { sous seings privés ou passés à l'étranger
  - au bureau de la situation des biens — pour les mutations { d'immeubles par décès
  - au bureau du domicile du décédé — pour les rentes et autres meubles

L. 22 frimaire an 7

- sont au minimum de 25 c. pour les actes et mutations ne produisant 25 c. de droit proportionnel — L. 27 ventôse an 9
- doivent être acquittés avant la formalité
- sont modifiés notamment par les lois des 28 avril 1816 — 16 juin 1824 — 24 mai 1834 — 25 juin 1841 — 18 mai 1850 — 22 février 1851

Le droit fixe

- s'applique aux actes qui ne contiennent
  - ni obligation ni libération
  - ni transport { de propriété d'usufruit ou de jouissance } de biens { meubles ou immeubles

Le droit proportionnel

- est établi pour les
  - obligations — libérations
  - transmissions { de propriété d'usufruit ou de jouissance } de biens meubles ou immeubles soit entre-vifs, soit par décès
- suit les sommes et valeurs de 20 fr. en 20 fr. inclusivement sans fraction — L. 27 ventôse an 9

22 frimaire an 7

Les droits proportionnels

- sont basés sur les sommes et valeurs { déterminées ou déclarées dans les actes ou de celles / résultant des mercuriales ou de l'expertise } selon les cas *L. 22 frimaire an 7 — L. 15 mai 1818*
- sont au minimum de 25 c. sur les actes et mutations qui ne produisent pas ce chiffre | L. 27 ventôse an 9
- se liquident sans fraction de centime. — Au cas de fraction, le centime entier est dû à l'État | L. 22 frimaire an 7

Sont applicables

- aux départements de la Savoie, de la Haute-Savoie et des Alpes-Maritimes
- les lois, ordonnances et décrets concernant les droits d'enregistrements { D. 17 octobre 1860

L'enregistrement

- se fait sur les registres fournis par la Régie { cotés et paraphés par le Directeur arrêtés chaque jour par le Receveur
- doit présenter une analyse de l'acte — Instruction de la Régie
- est mentionné sur les minutes, brevets ou originaux — L. de frim. et de 1816

A défaut

- de sommes et valeurs déterminées dans l'acte | L. 22 frimaire an 7
- les parties y suppléent par une déclaration | certifiée et signée au pied de l'acte

Il est dû un droit particulier — pour chacune des dispositions { indépendantes dans un même acte { L. 22 frimaire an 7

IL Y A PRESCRIPTION

- après deux ans
  - pour la demande
    - d'un droit non perçu sur une disposition particulière d'un acte
    - d'un supplément de perception insuffisamment faite
    - d'une expertise destinée à constater une fausse déclaration
    - des amendes de contravention { à l'enregistrement aux lois sur le timbre — — — les ventes de meubles
  - pour toute demande [en restitution de droits perçus
- après cinq ans, pour omission de biens { autres que les inscriptions de rentes sur l'État } dans une déclaration après décès
- après dix ans, pour les successions non déclarées
- après trente ans { en cas de retard ou d'omission d'inscription des rentes sur l'État dans la déclaration des héritiers légataires ou donateurs

LL. 22 frimaire an 7 — 16 juin 1824 — 18 juin 1850 — 8 juillet 1852

En matière d'enregistrement | la minorité ne suspend pas la prescription — L. 22 frimaire

---

(1) *L'enregistrement remplace l'ancienne formalité du contrôle établi par l'Édit du mois de mars 1693, pour garantir la conservation des minutes, concourir à la certitude des dates des actes et en assurer l'existence légale.*

(2) *Le notaire qui a apposé sa signature sur un acte passé devant lui, ne peut se dispenser de le faire enregistrer, sous le prétexte que les parties ne lui ont pas fait l'avance des droits ; car c'est à lui d'exiger cette avance (Vergé).*

(3) *Le second décime n'est que temporaire ; la loi du 8 juin 1864 l'a réduit de moitié ; la loi du 8 juillet 1866 en a affranchi les baux et échanges d'immeubles, les actes énumérés au § 7 nos 1, 3, 4, 5 et 6 de l'art. 69 de la loi du 22 frimaire an 7 ; les obligations et libérations hypothécaires ; enfin la loi du 9 août 1867 maintient, pour 1868, la perception de ce demi-décime sur les autres produits de l'enregistrement.*

(4) *La perception des droits d'enregistrement se détermine* { *comme de tous impôts en général / d'après la substance des actes et leur forme intrinsèque / abstraction faite des intentions secrètes des parties / doit être rigoureusement restreinte dans les limites fixées par la loi / ne peut être étendue par voie d'interprétation*

Dans le doute d'un droit { *Le juge doit se prononcer* { *contre le fisc / en faveur du contribuable*

La seule existence d'un acte { *suffit* { *pour donner ouverture aux droits d'enregistrement / encore que l'acte soit susceptible d'être annulé pour vice radical* } *Doctrine*

ENREGISTREMENT

LES RECEVEURS (2)

doivent tenir

- leurs bureaux : ouverts au public / tous les jours excepté les dimanches et jours fériés reconnus par la loi / pendant une seule séance, de huit heures du matin à quatre heures de l'après-midi — L. 27 mai 1791 — Déc. min. du 9 mars 1839 (1)
- dans la forme d'un compte ouvert : un registre-carnet sur lequel ils doivent inscrire / 1° les actes qui ne sont point enregistrés immédiatement / 2° les sommes consignées ou payées par les notaires | pour les droits de ces actes — Circ. 14 décembre 1829

doivent donner une quittance des droits indiquant | le lieu et la date de l'enregistrement / le folio et le n° de la case du registre | L. 22 frimaire art. 57

ne peuvent

- donner aucune formalité après l'heure fixée pour la clôture | même déc. du 9 mars 1809
- différer l'enregistrement des actes et mutations dont le droit est consigné au taux voulu (si ce n'est pour les brevets qu'ils ont la faculté de retenir pendant vingt-quatre heures quand les notaires refusent d'en certifier la copie demandée à titre de renseignements) — L. 22 frimaire an 7
- se constituer juges de la validité des actes — Déc. min. 28 mars 1807
- délivrer des extraits de leurs registres | que sur ordonnance du juge de paix / lorsque ces extraits ne sont pas demandés par quelqu'une des parties contractantes ou leurs ayants-cause
- exiger que | un franc pour recherche de chaque année indiquée — et 50 c. pour chaque extrait — outre le papier timbré

LES PRÉPOSÉS

ont à vérifier dans les études et les chambres de discipline :

- 1° l'état, la tenue, le dépôt des répertoires
- 2° tous les actes et expéditions } des notaires } relativement :
  - au timbre / à l'enregistrement (3) / à la forme extrinsèque de rédaction
  - à toutes autres contraventions, notamment sur | les poids et mesures / les expressions féodales / l'exposition du tableau des interdits / le dépôt des contrats de mariage des commerçants

  — sans pouvoir sous aucun prétexte, et pas même du consentement des notaires, déplacer les minutes, à peine de demeurer responsables des événements et dommages-intérêts — Inst. Régie — 15 mars 1831 — 5 juin 1837 — Déc. min. 1er février 1855

qui rapportent un procès-verbal pour contravention aux lois du Notariat | doivent s'abstenir de faire aucune mention marginale | sur les actes argués d'irrégularité | Déc. min. 30 août 1827

LES ACTES NOTARIÉS doivent être enregistrés

- aux bureaux dans l'arrondissement desquels résident les notaires — L. 22 frimaire an 7
  (Les Notaires près les Cours peuvent faire enregistrer les inventaires dans les bureaux où ils instrumentent, excepté la dernière vacation qui doit toujours l'être au bureau de leur résidence (D. 12 thermidor an 12))
- sur chaque minute au bureau respectif | des deux notaires | quand ils sont en double minute | D. 16 août 1808
- aux bureaux où ont été faites les déclarations | pour les procès-verbaux de ventes mobilières publiques | L. 22 pluviôse an 7
- dans les :
  - 10 jours | quand les notaires résident dans la commune où est établi le bureau / 15 jours | quand ils n'y résident pas | pour les actes ordinaires (4) | L. 22 frim. an 7
  - 4 jours | pour les protêts | L. 24 mai 1834
  - 20 jours (6) :
    - pour les | baux, ventes, acquisitions | dans l'intérêt | d'une commune / d'un établissement public (5) | L. 15 mai — Ord. 7 octobre | 1818
    - pour les dons et legs en faveur des établissements de bienfaisance | DD. 27 frimaire an 13 — 9 mai 1817 — 7 avril 1818
  - 3 mois pour les testaments publics (7) à partir du jour du décès | L. 22 frimaire an 7
  - dans le délai de chaque séance — pour les actes à vacation | D. 10 brumaire an 14

Dans les délais de l'enregistrement | ne sont pas comptés | le jour de la date de l'acte / — — — l'ouverture de la succession / le dernier jour | s'il est | un dimanche / une fête légale | L. 22 frimaire an 7

L'acte que le notaire a reçu | peut | être énoncé dans un autre passé également devant lui — et / n'être présenté à l'enregistrement | qu'avec celui contenant cette énonciation / pourvu que le délai soit observé | L. 28 avril 1816 art. 36

L'enregistrement du second ne peut être requis — avant celui du premier — sous les peines de droit

---

(1) *Ces dispositions s'appliquent aux bureaux et formalités du timbre.*

(2) *Les registres des receveurs contenant l'extrait des principales dispositions des actes, surtout de celles qui motivent la perception des droits sont avec les doubles-répertoires déposés aux greffes, une ressource précieuse dans les cas de destruction des minutes ou perte de brevets. — Ces mêmes registres, qui mentionnent les renvois et mots nuls servent encore à révéler les modifications qui seraient faites aux actes.*

(3) *Sont exceptés les testaments et autres libéralités à cause de mort, du vivant des testateurs (L. 22 frimaire an 7, art. 54).*

(4) *Et pour les procès-verbaux d'offres.*

(5) *V. J. N. art. 9570-10156.*

(6) *A partir, savoir :* | *pour les baux, ventes et acquisitions — de la réception à la mairie, de l'approbation du préfet* / *pour les dons et legs — du jour où l'approbation de l'autorité est connue.*

(7) *Auxquels sont assimilées les donations entre époux pendant le mariage ; — même délai de 3 mois pour les testaments déposés chez les notaires et pour les actes sous-seings privés translatifs de propriété ou d'usufruit d'immeubles.*

ENREGISTREMENT [1]

LES NOTAIRES

Sont tenus de communiquer — à toute réquisition — aux préposés de l'enregistrement qui se présentent chez eux les actes dont ils sont dépositaires et leurs répertoires — L. 22 frimaire an 7, art. 52 et 54

Cette communication ne peut être exigée — les dimanches et jours fériés — ni pendant plus de quatre heures par jour — L. 22 frimaire an 7 art. 54

doivent

faire enregistrer — leurs traités d'offices — avant toute demande de nomination — sur la déclaration fidèle du prix de transmission — sauf réduction s'il y a lieu — L. 25 juin 1841

pour éviter le droit proportionnel — faire notifier ou enregistrer — dans les 24 heures les déclarations de command — L. 22 frimaire an 7

déclarer préalablement — au bureau d'enregistrement — toutes les ventes publiques de meubles auxquelles ils sont appelés à procéder (2) — L. 23 frimaire an 7

transcrire littéralement — la quittance des droits d'enregistrement — dans toutes leurs expéditions — pour les actes reçus par eux — L. 22 frimaire an 7 — dans leurs minutes | pour les actes sous seings privés ou passés à l'étranger

s'opposer aux simulations de prix ou de valeurs, base des droits
exiger l'enregistrement immédiat des actes | et

seraient responsables — des droits d'amende dus sur les actes sous seings privés ou passés en pays étranger — lorsqu'ils les énoncent dans leurs actes — les y annexent ou les reçoivent en dépôt avant l'enregistrement — des dommages causés par la perte de la minute chez le Receveur — même du retard de l'enregistrement envers la Régie — L. de frim. — L. 16 juin 1824

ne peuvent

faire ou rédiger un acte, en vertu d'un acte — sous signatures privées ou passé en pays étranger —
l'annexer à leurs minutes, le recevoir en dépôt, en délivrer — extrait copie ou expédition — s'il n'a été préalablement enregistré (3) — L. 22 frimaire an 7
recevoir aucun acte en dépôt | à l'exception des testaments olographes | sans dresser acte du dépôt

peuvent — qui ont fait pour les parties l'avance des droits d'enregistrement — afin de s'en faire rembourser — prendre exécutoire du juge de paix de leur canton — L. 22 frimaire an 7, art. 30

peuvent — faire des actes en vertu et par suite d'actes sous seings privés non enregistrés et les énoncer dans leurs actes, — mais sous la condition : que chacun de ces actes demeure annexé à celui dans lequel il se trouve mentionné; qu'il soit soumis en même temps que lui à l'enregistrement; et que les notaires restent responsables non seulement des droits, mais encore des amendes auxquelles ces actes sous seings privés pourraient être assujettis — L. 16 juin 1824, art. 13 — Délib. de la Régie Janvier et mars 1825

En matière d'enregistrement — comme en matière pénale les dispositions de la loi sont de droit étroit

La Régie a le droit de rechercher le véritable caractère des actes et contrats

Les parties — peuvent réclamer contre la perception des droits d'enregistrement — arg. art. 63 L. de frimaire — doivent faire cette réclamation sur papier timbré — L. 13 brumaire an 7 art. 12 — ne peuvent se pourvoir au conseil d'Etat contre les décisions de l'administration

Ces réclamations — ne sont pas un préliminaire indispensable à l'action judiciaire — n'interrompent pas la prescription édictée par l'art. 61 de la loi de frimaire

L'instance judiciaire — est portée devant le tribunal du bureau de la perception — a son cours sur simples mémoires sans plaidoierie ; et sans que les parties soient obligées d'employer l'avoué qu'elles doivent payer, en tout cas, si elles l'emploient

---

(1) *Suite de la note sur le timbre (18ᵉ tablette) :*

Droit de timbre sur le papier des affiches :
(Loi 18 juillet 1866) art. 4.

Feuille de 12 décimètres et demi carrés et au-dessous . . . . » 05
Au-dessus de 12 centimètres et demi jusqu'à 25 décimètres carrés . . . . » 10
Au-dessus de 25 décimètres jusqu'à 50 décimètres carrés . . . . » 15
Au-delà de cette dernière dimension . . . . » 20

Dans le cas où une affiche contiendrait plusieurs annonces distinctes, le maximum ci-dessus fixé sera toujours exigible. Ce maximum sera doublé si l'affiche contient plus de cinq annonces.

Les affiches peuvent être imprimées sur papier non timbré, pourvu que le timbre y soit apposé avant l'affichage.

Les polices des assurances doivent être rédigées sur timbre de dimension. Les notaires sont tenus, sous peine d'amende de 10 fr., de déclarer expressément que le titre est revêtu du timbre perçu. (L. 5 juin 1850.)

Voir tablette sur les contraventions, les amendes encourues pour inobservation des prescriptions sur l'enregistrement.

(2) *Il n'est pas déterminé de délai pour cette déclaration qui peut même n'être faite que la veille.*

(3) *Pour les exemplaires des journaux annonçant les ventes judiciaires v. J. N. art. 15942, l'examen de la prétention de la Régie qui veut que ces pièces soient enregistrées préalablement.*

ENREGISTREMENT

TARIF.

DROITS FIXES

Un franc :

Bilan. — LL. 22 frimaire an 7, 18 mai 1850
Contrat d'apprentissage (contenant mêmes obligations ou quittances). — LL. 22 février et 20 mars 1851
Certificats de vie et de résidence. — LL. 22 frimaire an 7, 15 mai 1850
Dépôt de sommes chez les particuliers. — L. 22 frimaire an 7
Protêts. — Décret du 23 mars 1848
Taxe faite par le juge, conformément à l'article 701 du C. pr. — L. 22 frimaire an 7
Transcriptions dont le droit proportionnel a été acquitté. — L....

Deux francs :

Acceptations de legs ou communautés. — LL. 22 frimaire an 7, 15 mai 1850
     —   de transports ou délégations
Acte de complément ou d'exécution d'actes antérieurs enregistrés. — LL. 22 frimaire an 7, 15 mai 1850
Actes refaits pour nullité ou autre motif — sans aucun changement. — L. 28 avril 1816, article 43
Actes innommés, non tarifés, ne pouvant donner lieu au droit proportionnel. — LL. 22 frimaire an 7, 15 mai 1850
Acte de notoriété. — L. 28 avril 1816, art. 43 n° 2
Acte respectueux. — L. 22 frimaire an 7, 15 mai 1850
Acquiescement pur et simple, non fait en justice. — L. 28 avril 1816
Adjudication d'immeubles d'une succession — aux héritiers sous bénéfice d'inventaire — LL. 28 avril 1816, 15 mai 1850
Adjudication d'immeubles d'une succession — aux héritiers mineurs. — Circulaire et instruction Régie
Affectation d'hypothèque, par les débiteurs — postérieurement à leur obligation...
Attestations pures et simples. — LL. 22 frimaire an 7, 15 mai 1850
Autorisations pures et simples. — L. 28 avril 1816

Contrat d'assurance maritime. — LL. 16 juin 1824, 18 mai 1850
Cahier des charges — par acte séparé. — L. 18 mai 1850
Collation d'actes et pièces ou extraits. — LL. 22 frimaire an 7, 15 mai 1850
Certificat de caution et de cautionnement. — L. 28 avril 1816
Compulsoire. — L. 28 avril 1816
Compte de bénéfice d'inventaire, etc...
Consentements purs et simples. — L. 28 avril 1816

Déclarations simples en matière civile ou de commerce. — L. 28 avril 1816
Décharge de prix de vente de meubles. — Avis du Conseil d'État, 21 octobre 1809
Décharge de sommes et effets mobiliers déposés chez les officiers publics. — LL. 22 frimaire an 7, 28 avril 1816
Décharge pure et simple et récépissés de pièces. — L. 28 avril 1816
Dépôt d'actes et pièces chez les officiers publics. — L. 28 avril 1816
Dépôt et consignation de sommes et effets mobiliers chez les officiers publics. — L. 28 avril 1816
Délivrance de legs pure et simple. — LL. 22 frimaire an 7, 15 mai 1850
Désistement pur et simple. — L. 28 avril 1816
Devis simples d'ouvrages et d'entreprises. — LL. 22 frimaire an 7, 18 mai 1850
Donations non acceptées par le donataire. — L. 15 mai 1850
Déclaration par les titulaires de cautionnement } en faveur des bailleurs de fonds { L. 15 mai 1850
          } pour le privilège de second ordre {
Désaveu de paternité...
États joints aux donations (comme actes innommés). — L. 15 mai 1850

Inventaire de mobilier, titres et papiers — par chaque vacation. — L. 22 frimaire an 7

Lettres-missives ne contenant ni obligation ni quittance. — L. 28 avril 1816

Main-levée. — D. 17 août 1816, L. 23 décembre 1816
Nomination de Conseil de tutelle. — Nomination de tuteur...
Nomination d'experts. — L. 28 avril 1816

Ordre amiable quand il n'y a pas quittance.
Ouverture de crédit (Le droit proportionnel dû lors de la réalisation). — L. 15 mai 1850

Prisée de meubles. — L. 22 frimaire an 7, 15 mai 1850
Procès-verbal de bornage.
Procès-verbal de délivrance de seconde grosse...
Procurations ou pouvoirs simples. — L. 28 avril 1816

Renonciations à legs ou communauté — pures et simples. — LL. 22 frimaire an 7, 15 mai 1850
Reconnaissance pure et simple. — L. 28 avril 1816
Ratification pure et simple — LL. 22 frimaire an 7, 15 mai 1850
Rétractation et révocation. — L. 28 avril 1816
Résiliement pur et simple dans les 24 heures de l'acte résilié. — L. 28 avril 1816

Transfert de rentes sur l'État. — L. 15 mai 1850
Translation d'hypothèque...

ENREGISTREMENT

TARIF.

DROITS FIXES

Trois francs :

(*Voir la tablette précédente.*)

Actes au greffe du tribunal civil — portant { dépôt, décharge, affirmation de voyage . . . . } L. 22 frimaire an
{ communication de pièces sans déplacement. . . . . } L. 28 avril 1826
{ dépôt de sommes et pièces, tous autres actes { conservatoires et de formalités } }

Adjudication à la folle enchère lorsque le prix n'est pas supérieur à celui de la première vente. — L. 28 avril 1816.
Connaissement ou reconnaissance de chargement par mer. — L. 28 avril 1816
Compromis ne contenant aucune obligation de sommes et valeurs. — L. 28 avril 1816
Concordats ou atermoiements conformes aux art. 507 et suivants Code de commerce. — L. 24 mai 1834.
Déclaration de command. remplissant les conditions prescrites. — L. 28 avril 1816
Réunion de l'usufruit à la propriété — par acte de cession. — L. 28 avril 1816
Titre nouvel et reconnaissance de rente — dont les contrats sont en forme. — L. 28 avril 1816.
Transaction pure et simple. — L. 28 avril 1816 .
Transfert de rente sur l'Etat.
Union et direction de créanciers — pure et simple. — L. 22 frimaire an 7.

Cinq francs :

Abandonnement de biens — pour être vendus en direction. — L. 22 frimaire an 7
Acte de société pure et simple. — L. 28 avril 1816
Contrat de mariage constatant seulement les apports des futurs. — L. 22 frimaire an 7, L. 28 avril 1816
Donation éventuelle ou à cause de mort — L. 28 avril 1816
Donation entr'époux { soumises à l'événement du décès { L. 22 frimaire an 7
{ par contrat de mariage et pendant le mariage { L. 28 avril 1816
Partage de meubles et immeubles — sans soulte. — L. 28 avril 1816
Reconnaissance d'enfants naturels. — L. 28 avril 1816
Testament et autres actes de libéralités soumis à l'évènement du décès. — L. 28 avril 1816

Dix francs :

Actes translatifs de propriété, d'usufruit ou de jouissance de biens immeubles }
situés { soit en pays étranger { L. 16 juin 1824
{ soit dans les colonies françaises où le droit n'est pas établi. }

Quinze francs :

Prestation de serment des notaires, etc. — L. 22 frimaire an 7

Vingt francs :

Dispense d'âge pour le mariage. — L. 28 avril 1816

Quarante francs :

Dispense de parenté pour le mariage. — L. 28 avril 1816

ENREGISTREMENT

TARIF.

DROITS PROPORTIONNELS (par 100 fr.)

10 centimes | cautionnement des baux de toute nature — à durée illimitée. — L. 16 juin 1824

20 centimes
bail à nourriture
bail à ferme ou à loyer — sous-bail, subrogation, cession et rétrocession de baux { L. 16 juin 1824
bail de pâturage et nourriture d'animaux à cheptel, ou reconnaissance de bestiaux

pension alimentaire { et abandon de jouissance d'im. pour en tenir lieu / par les enfants à leurs descendants } Décision de la Régie

25 centimes | lettre de change

50 centimes
atermoiement entre un débiteur et ses créanciers — hors faillite. — L. 22 frimaire an 7
billet à ordre. — L. 22 frimaire an 7
cautionnement de sommes et objets mobiliers. — L. 22 frimaire an 7
contrat d'apprentissage contenant stipulation de sommes ou valeurs. — L. 22 frimaire an 7
quittances de sommes, remboursements de rentes et redevances. — L. 22 frimaire an 7
retrait de réméré dans le délai voulu. — LL. 22 frimaire an 7, 7 août 1850, 16 mai 1855
subrogation légale. — résultant du paiement { par un créancier hypothécaire { L. 7 août 1850 / à un autre créancier qui le prime { L. 16 mai 1855

Un franc
arrêté de compte. — L. 22 frimaire an 7
bail d'ouvrage ou d'industrie.
billet simple. — L. 22 frimaire an 7
donations entre-vifs de meubles et immeubles { à titre de partage anticipé { L. 16 juin 1824 / d'après les art. 1075 et 1076 du C. N. { L. 15 mai 1850
subrogations conventionnelles, ayant l'effet d'un transport de créance. — LL. 22 frimaire an 7, 7 août 1855
obligation de sommes { L. 22 frimaire an 7, 7 août 1850 / promesse de payer
prorogation de délai. — L. 22 frimaire an 7, 18 mai 1850, 7 août 1850
transport ou cession de créance à terme, délégations. — L. 22 frimaire an 7, 16 juin 1824

Un fr. 25
donation { en faveur du mariage et par le contrat { L. 22 frimaire an 7 / de { emportant dessaisissement actuel / meubles et immeubles { par les père et mère et autres ascendants { L. 15 mai 1850

(plus 1 franc 50 sur les immeubles — pour transcription). — L. 28 avril 1816

Un fr. 50
adjudication d'immeubles d'une succession — aux héritiers mineurs
affectation hypothécaire consentie par des tiers. — L. 22 frimaire an 7
contrat d'atermoiement — sur les sommes pour lesquelles le débiteur s'oblige. — L. 22 frimaire an 7
donation entre-vifs, entr'époux par contrat de mariage — biens meubles. — 28 avril 1816, 15 mai 1850
donation entr'époux portant partage anticipé d'immeubles (transcription de la).
réunion d'usufruit à la propriété — par cession, donation ou renonciation (pour droit de transcription). — L. 28 avril 1816
testament contenant un legs à charge de restitution (indépendamment du droit fixe). — L. 28 avril 1816

Deux francs
bail de biens meubles pour un temps illimité. — L. 22 frimaire an 7
constitutions { de rentes, soit perpétuelles, soit viagères { L. 22 frimaire an 7 / de pensions — à titre onéreux
cession d'office. — Loi 25 juin 1841
cession, transport et délégation de rentes de toute nature.
licitation de meubles indivis — sur les parts acquises. — L. 22 frimaire an 7
engagements de biens immeubles. — L. 22 frimaire an 7
retour sur partages de meubles. — L. 22 frimaire an 7
rétrocession de meubles. — L. 22 frimaire an 7
transmission d'office — à titre onéreux ou par décès. — L. 25 juin 1841
vente de marchandises neuves. — L. 22 frimaire an 7
vente, revente, cession, rétrocession, marchés, traités, ou autres actes
translatifs de propriété à titre onéreux { de meubles, de récoltes de l'année sur pied ; / de coupes de bois taillis et haute futaie { L. 22 frimaire an 7 / d'autres objets mobiliers quelconques

Deux fr. 50
échange de meubles — sans retour — sur la valeur d'une part { 22 frimaire an 7
donations entre-vifs de meubles hors contrat de mariage en ligne directe { 28 avril 1816
idem   d'immeubles   idem   idem   plus 1. 50 pour transcription { 15 mai 1850
licitation de meubles indivis — sur les parts acquises. — L. 22 frimaire an 7

ENREGISTREMENT

TARIF.

DROITS PROPORTIONNELS (par 100 fr.)

(Voir tablette précédente.)

Trois francs | donation d'immeubles — entr'époux — par contrat de mariage. — LL. 28 avril 1816, 15 mai 1850

Trois fr. 50 { vente d'immeubles situés en Corse } arrêté 21 prairial an 9 — L. 28 avril 1816

Quatre francs
- baux d'immeubles à durée illimitée, s'ils restent dans les termes d'un louage. — L. 22 frimaire an 7
- baux à vie d'immeubles — restant dans les termes d'un louage. — L. 22 frimaire an 7
- licitation d'immeubles — sur les parts acquises. — L. 22 frimaire an 7
- retour sur partage d'immeubles — L. 22 frimaire an 7

Quatre fr. 50 { donation de meubles et immeubles { en faveur du mariage et par le contrat emportant dessaisissement actuel par frères et sœurs, oncles et tantes, neveux et nièces } L. 21 avril 1832 — L. 15 mai 1850

Cinq francs { donation de meubles et immeubles { en faveur du mariage et par le contrat emportant dessaisissement actuel par { grands oncles et grandes tantes / petits neveux et petites nièces / cousins germains } L. 21 avril 1832 — L. 15 mai 1850

Cinq fr. 50
- adjudications à la folle enchère d'immeubles } sur ce qui excède le prix de la première adjudication si le droit en a été acquitté { L. 22 frimaire an 7 — L. 28 avril 1816
- baux emphythéotiques, cessions ou rétrocessions de ces baux. — LL. 22 frimaire an 7, 28 avril 1816
- baux à rentes perpétuelles de biens immeubles. — LL. 22 frimaire an 7, 28 avril 1816
- donation de meubles et immeubles { en faveur du mariage et par le contrat emportant dessaisissement actuel par parents au-delà du 4e degré jusqu'au 12e } L. 21 avril 1832 — L. 15 mai 1850
- échange d'immeubles — sur le montant de la soulte. — L. 16 juin 1824
- résolution amiable de contrat de vente d'immeubles. — L. 28 avril 1816
- retour sur échange d'immeubles. — LL. 28 avril 1816, 16 juin 1824
- retrait de réméré exercé après le délai voulu. — LL. 22 frimaire an 7, 28 avril 1816
- retrocession d'immeubles. — LL. 22 frimaire an 7, 28 avril 1816
- ventes, reventes, cessions, rétrocessions et autres actes translatifs de propriété ou d'usufruit de biens immeubles à titre onéreux. — LL. 22 frimaire an 7, 28 avril 1816
- (lorsqu'il est compris du mobilier, le désigner et estimer à part, article par article)

Six francs { donation de meubles et immeubles { en faveur du mariage et par le contrat emportant dessaisissement actuel par personnes non parentes } L. 21 avril 1832 — L. 15 mai 1850

Six fr. 50 { donation entre-vifs } hors contrat de mariage — de meubles et immeubles entre frères et sœurs, oncles et tantes, neveux et nièces { LL. 21 avril 1832, 15 mai 1850

Sept francs { même donation } entre { grands oncles et grandes tantes / petits neveux et petites nièces / cousins germains } L. 21 avril 1832 — L. 15 mai 1850

Huit francs { même donation } entre parents au-delà du 4e degré jusqu'au 12e } L. 21 avril 1832 — L. 15 mai 1850

Neuf francs | même donation | entre personnes non parentes. — LL. 21 avril 1832, 15 mai 1850

ENREGISTREMENT

ACTES EXEMPTS — GRATIS — EN DÉBET.

TARIF DES MUTATIONS PAR DÉCÈS

Exempts.

endossements et acquits des billets à ordre et effets négociables. — L. 22 frimaire an 7

expéditions et extraits d'actes. — L. 22 frimaire an 7

les actes de notoriété et procès-verbaux relatifs { à la disparition des militaires / à l'indigence de leurs veuves et orphelins } D. 25 janvier 1824

les pouvoirs, certificats de propriété, intitulés d'inventaires et autres pièces à donner et produire par les porteurs de livrets de Caisses d'Épargne qui veulent vendre leurs inscriptions sur le grand livre } L. 21 novembre 1848

légalisation de signatures d'officiers publics. — L. 22 frimaire an 7

les certificats de vie pour recevoir les rentes ou pensions { sur l'État / sur les tontines dont les fonds sont employés en achats de rentes sur l'État / sur la liste civile / sur la Caisse de retraite de la vieillesse } Circ. 11 messidor an 7 / D. 6 octobre 1812 / D. 17 février 1817 / D. 8 février 1822 / D. 18 août 1853

les délibérations et actes d'administration { d'ordre et de discipline intérieure } des notaires { Ord. 4 janvier 1843

quittance de prix de vente — consentie dans la vente. — L. 22 frimaire an 7

les procurations { des sous-officiers / et / des soldats en retraite } pour toucher leurs pensions | D. 21 décembre 1808

les actes { de notoriété / de consentement / de reconnaissance d'enfants naturels } concernant { le mariage des indigents / la légitimation de leurs enfants / le retrait de ces enfants déposés dans les hospices } LL. 3 juillet 1846 / 10 décembre 1850

Gratis

acquisition et échange par l'État. — L. 22 frimaire an 7, art. 70

actes intéressant les sociétés de secours mutuels. — Décret 26 mars 1852

bail d'immeubles — dont l'État est preneur. — Décisions et instructions 24 juin 1814, 5 décembre 1821, 13 août 1829

contrats, quittances et autres actes pour expropriation d'utilité publique. — L. 3 mai 1841

les certificats, actes de notoriété et autres pièces exclusivement relatives à la loi du 18 juin 1850, créatrice des Caisses de retraite pour la vieillesse } L. 8 mai 1851

partage entre l'État, les particuliers et tous autres. — L. 22 frimaire an 7, art. 70

les quittances et décharges des parties prenantes, au profit de la Caisse des consignations. — D. 4 août 1836

reconnaissance d'enfants naturels par des indigents. — L. 15 mai 1818

les contrats, quittances et autres actes ayant pour objet exclusif l'acquisition de terrains } pour { la construction / l'entretien / la réparation } des chemins vicinaux { D. 17 septembre 1846

En débet | actes pour les parties admises à l'assistance judiciaire. — L. 22 janvier 1851

MUTATIONS PAR DÉCÈS

DROITS DUS TANT SUR LES MEUBLES QUE SUR LES IMMEUBLES

En ligne directe : — un pour cent } L. 22 frimaire an 7, art. 68 / L. 15 mai 1850 — 10

Entr'époux : — trois pour cent } L. 28 avril 1816, art. 53 / L. 15 mai 1850 — 10

En ligne collatérale :

Entre { frères et sœurs / neveux et nièces / oncles et tantes } six fr. 30 pour cent

Entre { grands-oncles, grandes-tantes / petits neveux, petites nièces / cousins germains } sept pour cent — L. 21 avril 1832, art. 33 / L. 18 mai 1850, art. 10

Entre parents { au delà du 4ᵉ degré / et / jusqu'au 12ᵐᵉ } huit pour cent

Entre personnes non parentes

Auxquelles sont assimilées { les enfants naturels appelés à la succession à défaut de parents au degré successible / l'époux appelé à la succession, dans le même cas / les alliés } neuf pour cent { L. 28 avril 1816 / L. 21 avril 1832 / L. 18 mai 1850

HYPOTHÈQUES [1]

LES CONSERVATEURS DES HYPOTHÈQUES

sont

- institués par la loi du 21 ventôse an 7, qui { détermine leurs attributions / fixe leur traitement / établit les droits des formalités } art. 3, 15, 19 et s.
- chargés par la même loi :
  - 1° de l'exécution des formalités civiles prescrites pour { la conservation des hypothèques, etc. / la consolidation des mutations de propriétés immobilières }
  - 2° de la perception des droits établis au profit du trésor | pour chacune de ces formalités
- tenus de délivrer à tout requérant | copie { des actes transcrits sur leur registre / des inscriptions ou certificats négatifs (2) }
- responsables du préjudice résultant { 1° de l'omission des transcriptions et inscriptions / 2° du défaut de mention, aux Etats, des inscriptions existantes }

ne peuvent, en aucun cas, refuser ni retarder { la transcription des actes de mutation / l'inscription des droits hypothécaires (3) / la délivrance des certificats requis }

doivent

- avoir un registre pour inscrire { jour par jour et / par ordre de numéros } les remises { d'actes pour être transcrits / de bordereaux pour être inscrits }
- délivrer au requérant une reconnaissance { sur papier timbré / rappelant le numéro d'inscription de la remise }
- faire { les transcriptions / les inscriptions } { de suite / à la date et / dans l'ordre } des remises à eux faites
- tenir leurs registres { sur timbre / cotés et paraphés par un juge du tribunal / sans blancs ni interlignes }
- arrêter ces registres — chaque jour | comme ceux de l'enregistrement | Déc. min. 6 janvier 1841
- ouvrir leurs bureaux { tous les jours — excepté les dimanches et jours fériés reconnus par la loi / pendant une seule séance, de huit heures du matin à quatre heures du soir } L. 27 mai 1791, art. 11 / Déc. min. 9 mars 1839

le tout à peine { d'amende pour la première contravention / de destitution pour la seconde / de dommages-intérêts envers les parties } C. N. art. 2196 à 2203 inclusivement

C. N. 2196 à 2203

Les réquisitions | de l'article 2196 du Code Napoléon — doivent être faites par écrit

Les avis du Conseil d'État des { 9 mai 1807 { en ajoutant au titre XVIII du Code Napoléon / 5 mai 1812 { complètent le mode de purge des hypothèques légales } C. N. 2193 et s.

Celui du 22 janvier 1808 a déclaré | que l'art. 2154 du Code Napoléon s'applique aux hypothèques légales et toutes autres inscrites | V. cet article

Il est établi { pour le Crédit foncier { D. 28 février 1852, art. 19 et s. / un mode spécial de purge des charges hypothécaires } L. 10 juin 1853

La forme { des inscriptions hypothécaires / est tracée par les art. 2148 et 2150 du Code Napoléon

Les nouvelles et importantes dispositions sur la transcription hypothécaire prescrivent notamment la transcription de tout acte :

- entre-vifs, translatif de propriété immobilière ou de droits réels susceptibles d'hypothèques
- portant renonciation à ces mêmes droits
- constitutif { d'antichrèse / de servitude / d'usage et d'habitation }
- portant renonciation à ces mêmes droits
- contenant bail d'une durée de plus de dix-huit ans
- constatant { quittance ou cession d'une somme équivalente à trois ans de loyer ou fermages non échus }

L. 23 mars 1855 (4)

---

(1) *Les bases du régime hypothécaire ont été établies par la loi du 11 brumaire an 7 — et ce régime a été organisé par la loi du 21 ventôse même année. — V. LL. additionnelles et modificatives (quant aux droits) des 6 messidor an 7, 24 mars 1806, 21 septembre 1810, 28 avril 1816, 16 juin 1824, 18 avril 1831, 10 octobre 1841, 23 mars 1855 (art. 12) — (V. cette dernière loi, art. 51, et le D. du 24 novembre 1855. — V. aussi déc. min. 26 septembre 1809, pour la transcription dans plusieurs bureaux. — Il existe sur les priviléges et hypothèques de nombreuses lois et dispositions spéciales. Elles sont rappelées dans les annotations des codes Bacqua.*

Le décret du 17 juillet 1856, sur le drainage, a déterminé un nouveau privilége (assujetti à l'inscription dans le délai de deux mois) au profit du Trésor public des prêteurs, des syndicats et des entrepreneurs.

(2) *Le conservateur ne doit comprendre dans son état les inscriptions qui ont plus de dix ans, que lorsqu'elles sont conservées par un renouvellement, à peine de restitution des droits perçus pour les inscriptions périmées ; à moins que la réquisition lui en ait été faite (Arg. C. N. art. 2154).*

(3) *Le requérant qui éprouve un refus ou un retard doit en faire dresser procès-verbal par juge de paix, huissier ou notaire (C. N. art. 2199).*

(4) *M. Grenier, dans son Traité des hypothèques, avait exprimé l'avis d'obliger à l'inscription les hypothèques des femmes devenues veuves, des mineurs devenus majeurs, et des interdits relevés de l'interdiction, leurs acquéreurs et représentants, — comme l'ordonne l'article 8 de cette loi.*

Cette nouvelle loi oblige à la plus grande célérité dans l'accomplissement des formalités hypothécaires.

A propos de la transcription, il est bon de rapporter ici l'explication suivante sur les principes de la loi du 23 mars 1855 : « Le but de la nouvelle loi est de « consolider la propriété vis-à-vis des tiers par la transcription. Tant que le nouveau possesseur n'a pas fait transcrire son acte, le précédent possesseur est « toujours réputé propriétaire, il peut aliéner de nouveau l'immeuble et le grever d'hypothèques. La loi est faite au profit de ce second acquéreur et des créan- « ciers à qui ces hypothèques ont été consenties après la première aliénation non transcrite. Le nouveau possesseur doit prendre toutes les précautions contre la « mauvaise foi possible de son cédant ; il doit prévenir les tiers de la mutation qui vient de s'opérer ; s'il ne le fait pas, il est cause de l'erreur qu'ils ont com- « mise, du crédit qu'ils ont accordé au précédent possesseur, il commet une imprudence dont il doit subir les conséquences. » (J. du Not., nos des 26 janvier, 23 février 1856). V. Dissertation de M. de Valroger, professeur à l'École de droit de Paris, nos 1185 et 1186. — D'après une instruction de la Régie du 24 août 1838, la transcription d'un titre peut être divisée. V. Troplong, des Hypothèques, t. IV, n° 911, Grenier, id., t. II, n° 369.

HYPOTHÈQUES

TARIF.

DROITS DU TRÉSOR PUBLIC (1)

Inscription

Un franc
pour mille francs
- sur les créances hypothécaires. — L. 11 brumaire an 7
- par chaque créance, quel que soit le nombre { des créanciers requérants / des débiteurs grévés } L. 21 ventôse an 7

Un franc
fixe
- inscriptions concernant le desséchement des marais pour l'État. — D. 19 décembre 1809

Sans paiement
immédiat
- inscriptions indéfinies pour conserver une simple hypothèque éventuelle — sans créance existante | L. 6 messidor an 7
- — d'hypothèques judiciaires { au cas d'assistance judiciaire / sur jugement n'ayant pas l'autorité de la chose jugée } L. 18 juillet 1853

exemptes
- les inscriptions (d'office. — D. 6 fructidor an 7
- les inscriptions { réparant erreur récente du conservateur / lorsque le bordereau en énonce la cause } Solution 4 juin 1812 — D. 15 mai 1816

Transcription

Un franc 50
par cent francs
- sur les actes de mutation immobilière quand ce droit n'a pas été perçu à l'enregistrement | L. 21 ventôse an 7
- sur les donations — partages { faites { en ligne directe par actes entre-vifs / conformément aux articles 1075 et 1076 C. N. } / qui n'ont payé | que un pour cent à l'enregistrement } L. 16 juin 1824

Un franc
fixe
- pour tous actes enregistrés { à 1. 50 0/0 / d'après les articles 52 et 54. L. 28 avril 1816 } { L. 28 avril 1816 / art. 61 }

exemptes
- les transcriptions d'actes de mutation au nom de l'État { soit à l'amiable / soit par expropriation

SALAIRE DES CONSERVATEURS

25 centimes
- pour l'enregistrement et la reconnaissance des dépôts | d'actes à transcrire — ou de bordereaux à inscrire | D. 21 septembre 1810
- pour chaque duplicata de quittance

50 centimes
- pour chaque déclaration { soit de changement de domicile, soit de subrogation / soit de tous les deux — par le même acte } D. 24 novembre 1855
- pour la transcription (de chaque acte de mutation / par rôle { d'écriture du conservateur / de 30 lignes à la page, 18 syllabes à la ligne } D. 9 juin 1866

Un franc
- pour l'inscription { de chaque droit d'hypothèque ou privilège / quel que soit le nombre des créanciers
- pour chaque (inscription d'office en vertu d'un titre de propriété transcrit / radiation d'inscription / extrait d'inscription ou certificat négatif
- pour chaque certificat de non transcription d'acte de mutation
- pour les copies collationnées { des actes déposés ou transcrits aux hypothèques / par rôle d'écriture du conservateur } D. 21 septembre 1810

Exempt
- l'enregistrement | au registre des dépôts | des demandes { de mention de subrogation / faites en exécution de l'article 9 de / la loi du 23 mars 1855 } Instruction 24 novembre 1855

En cas de
- même créance inscrite — ou / même mutation transcrite } à plusieurs bureaux { le droit est acquitté en totalité dans le 1er | L. 21 ventôse an 7 / il n'est payé { dans les autres / que le simple salaire } Déc. min. 26 septembre 1809

---

(1) *Un décime de guerre est dû en sus d'après la loi du 6 prairial an 7 ; il y a été ajouté, par la loi du 2 juillet 1862, un second décime encore dû par moitié d'après celles des 8 juin 1864 et 9 août 1867.*

GREFFE

Les droits de greffe sont (1)
- établis
  - par la loi fondamentale du 21 ventôse an 7
  - par les lois additionnelles des 22 prairial an 7 / 12 juillet 1808
- perçus par les greffiers des tribunaux | directement mentionnés dans l'enregistrement | ainsi que les remises des greffiers { L. 23 juillet 1820
- applicables aux départements de la Savoie, de la Haute-Savoie et des Alpes maritimes. — D. 17 octobre 1860

Les Greffes des Cours et Tribunaux — doivent être ouverts
- tous les jours excepté les dimanches et fêtes
- aux heures réglées par la Cour ou par le Tribunal
- au moins huit heures par jour
{ D. 30 mars 1808, art. 90

Le droit de rédaction ou de transcription — est fixe ou proportionnel.

Sont soumis aux droits fixes :

A 3 francs | les transcriptions de saisies immobilières

A 1 franc 50
- les radiations de saisies immobilières
- les surenchères faites au greffe

A 1 franc 25
- les acceptations de successions sous bénéfice d'inventaire
- les actes, procès-verbaux et rapports faits ou rédigés par le greffier
- les certificats délivrés par le greffier
- les dépôts de pièces, répertoires, signatures, paraphes, etc.
- les dépôts de contrats devant être affichés conformément à l'article 2194 C. N.
- les insertions au tableau de l'auditoire
  - des contrats de mariages
  - des actes et dissolutions de société
  - de tous autres actes en vertu des Codes

A 50 centimes
- pour droit de recherche des actes et jugements { ayant plus d'une année de date / et dont il n'est pas délivré expédition
- (si la recherche s'étend à plusieurs années, il est dû 50 centimes pour la première et 25 centimes pour les autres

A 25 centimes | pour chaque légalisation d'actes d'officiers publics

Sont soumis aux droits proportionnels :

A 25 centimes p. 0/0
- les bordereaux de collocation
- les mandements sur contribution

Le droit d'expédition est fixé, par chaque rôle :

A 2 francs
A 1 franc 25
A 1 franc
} selon la nature des jugements et actes

Les expéditions ne doivent contenir
- que 20 lignes à la page, et 8 à 10 syllabes à la ligne
- compensation faite des unes avec les autres

Celles des Greffiers de paix
- contiennent 20 lignes à la page, 10 syllabes à la ligne
- sont payées par rôle { à Paris 50 centimes / ailleurs 40 centimes
{ D. 16 février 1807

Les droits des Greffiers de commerce sont fixés { principalement par l'ordonnance du 9 octobre 1825

Il est défendu aux Greffiers { de recevoir } d'autres droits que ceux alloués / aucun droit de prompte expédition { L. 21 ventôse an 7

Il ne leur est dû aucun droit de recherche — pour la délivrance des certificats de non opposition au remboursement des cautionnements.

Les prescriptions
- établies par l'article 64 de la loi du 22 frimaire an 7
- sont applicables aux droits de greffe
{ D. 12 juillet 1808

---

(1) *Un premier décime de guerre est dû en sus d'après la loi du 6 prairial an 7 ; il a été ajouté par la loi du 2 juillet 1862 un second décime encore dû pour moitié d'après celles des 8 juin 1864 et 9 août 1867.*

HONORAIRES
TARIFS LÉGAUX

Les honoraires (1) sont la rétribution accordée à des services rendus.

Pour l'authenticité qu'il confère aux actes, le notaire a droit à des honoraires.

Ces honoraires sont réglés — soit à l'amiable, entre les notaires et les parties — soit par le président du tribunal (2) { pour les actes et droits non tarifés légalement / notamment pour les partages et ventes volontaires / suivant la nature des actes et les difficultés de rédaction / sur les renseignements des notaires et des parties } **L. de ventôse, art. 51 — D. 16 février 1807, art. 173** — soit par les tarifs légaux — pour certains actes et procès-verbaux.

IL EST TAXÉ AUX NOTAIRES :

1o PAR LES TARIFS du 16 février 1807 :

— pour tous les actes indiqués aux Codes Napoléon et de procédure, et pour chaque vacation de trois heures :

1o aux compulsoires faits à l'étude ; 2o devant le juge au cas de transport requis ; 3o à tous actes respectueux ; 4o aux inventaires de séparation entre époux ; 5o aux procès-verbaux dressés pour ces mêmes séparations ; 6o aux inventaires après décès ; 7o en référé devant le président du tribunal ; 8o à tous procès-verbaux dont le temps doit être constaté ; 9o au greffe pour dépôt du procès-verbal de difficultés en matière de partage.

à Paris, Lyon, Bordeaux, Rouen { 9 fr. } dans les autres villes { de Cours impériales et celles excédant trente mille âmes } 8 fr. 10 c. { partout ailleurs } 4 fr. { (sans aucun droit pour les minutes des procès-verb.)

(Il n'est alloué que trois vacations par jour pour les inventaires faits dans le lieu de la résidence ; mais ailleurs il peut en être accordé quatre)

— Pour transport au-delà d'un myriamètre de la résidence :

1o 1/3e de vacation pour chaque myriamètre, d'aller et retour.

2o quatre vacations par chaque journée de cinq myriamètres, aussi d'aller et retour ;

— pour la formation { des comptes de la masse / des lots / des fournissements } en matière de successions : une somme correspondante au nombre des vacations que le juge arbitrera avoir été employées à l'opération

— Pour les expéditions de tous actes et procès-verbaux devant contenir { 25 lignes à la page / 15 syllabes à la ligne : }

à Paris, Lyon, Bordeaux, Rouen { 3 fr. } dans les autres villes { de Cours impériales et celles excédant trente mille âmes } 2 fr. 70 c. { partout ailleurs } 1 fr. 50 c. { (par chaque rôle)

2o PAR LE DÉCRET du 18 juin 1811 :

— Pour dépôt au greffe des pièces de comparaison ou arguées de faux :

1o par chaque vacation de trois heures { aux notaires de Paris. . . . . . 9 f.»» / à ceux des départements . . . . 6 75 } (Voir décret du 16 février 1807, art. 166, et pour la réduction le second décret dudit jour, art. 1 et 2)

2o par chaque myriamètre de transport excédant deux kilomètres. . . . . 2 50 } en allant et en revenant { (3 fr. en novemb., déc., janv., fév.)

3o par chaque journée { de séjour forcé. . . . . 2 »» / de séjour prolongé hors de la résid. { à Paris . . 4 »» / ailleurs 2 ou 2 50 — selon les lieux }

3o PAR L'ORDONNANCE du 10 octobre 1841 — sur les ventes judiciaires d'immeubles :

— pour la grosse du cahier des charges — par rôles contenant { 25 lignes à la page (3) / 12 syllabes à la ligne : }

à Paris, Marseille, Lyon, Bordeaux, Rouen { 2 fr. } dans les autres villes { de Cours impér. et celles excéd. trente mille âmes } 1 fr. 80 { partout ailleurs } 1 50 } sans pouvoir rien exiger pour les minutes des procès-verbaux d'adjudication

— pour droit proportionnel sur le prix des ventes : { 1 0/0 jusqu'à 10,000 fr. / 1/2 0/0 de 10,000 à 50,000 / 1/4 0/0 de 50,000 à 100,000 / 1/8 0/0 de 100,000 et indéfiniment }

(V. pour la taxe du timbre des placards, le décret du 15 janvier 1853, art. 1er) (4)

---

(1) *Ce mot s'emploie principalement lorsqu'il est question de personnes exerçant une profession libérale, comme les médecins, les avocats, les notaires, les avoués, les huissiers. — Une profession ne peut être bien remplie qu'autant que celui qui s'y adonne trouve dans son exercice honnête, intelligent, assidu, des moyens d'existence honorable, pour lui et sa famille. (Considérations sur le Notariat.)*

(2) *On a pétitionné depuis 1831 pour un tarif légal de tous les actes notariés. — Dans la multitude des demandes présentées par les chambres de discipline, celle rédigée à Clermont par Me Fabre, fonctionnaire de la plus haute capacité, mérite d'être distinguée à cause de l'élévation des vues et de la parfaite démonstration des motifs. (V. J. N. art. 12591, 12639, 12641, 12691, 12705, 12737. — V. aussi, à l'art. 15520, le projet de loi proposé par la Cour de cassation. — V. enfin l'art. 15521.)*

Le tarif légal sollicité presque unanimement est retombé dans l'oubli après avoir jeté une lueur d'espoir en 1855.

En l'accordant avec la prescription quinquennale, le Gouvernement exaucerait le double vœu de tous les pétitionnaires.

Fait — uniformément — pour toute la France — sur une moyenne modérée, en ayant égard toutefois à l'augmentation du numéraire et aux besoins de l'époque, — et avec une disposition pénale tant contre les perceptions inférieures que contre celles excédantes, — le tarif légal aurait des avantages précieux et incontestables : — La clientèle n'aurait plus à craindre des réclamations qui peuvent se trouver exagérées parfois. — Les notaires (ceux des campagnes surtout) ne seraient plus marchandés ni soupçonnés par certains clients, à l'égard de leurs taxes amiables, (ce qui n'est que trop fréquent dans le plus grand nombre des départements) ; et tous les confrères entre eux seraient à peu près rassurés sur la concurrence de ceux qui ne se font pas scrupule de recevoir des actes au rabais. — Enfin la Chancellerie aurait une appréciation générale et certaine des produits des études.

(3) *Le cahier des charges n'a pas besoin d'être grossoyé, et ce n'est que pour l'évaluation de l'honoraire de la minute qu'il en est parlé (Circ. min. 20 août, 1842). V. J. N., art. 11147, année 1841 pour les formes de ces ventes.*

(4) *V., pour la taxe des protêts, le décret du 23 mars 1848, qui n'est point analysé ici, attendu la rareté de cette nature d'actes chez les notaires. — Quelques innovateurs ont demandé que les protêts fussent retirés des attributions notariales.*

HONORAIRES [1]

TARIFS LÉGAUX

IL EST TAXÉ AUX NOTAIRES

4° PAR LE DÉCRET du 5 novembre 1851 — sur les adjudications volontaires { de fruits, récoltes et coupes de bois taillis

— Un droit proportionnel sur le prix des ventes (non compris les déboursés et sans que la remise puisse être moindre de 6 francs) { 2 0/0 jusqu'à 10,000 fr. { sans distinction entre les ventes au comptant et celles à terme { (V. les art. 5 et 6 du D.) } 1/4 0/0 sur tout l'excédant

— Pour recouvrement des prix par l'officier public | 1 0/0 sur les sommes recouvrées

— Pour expédition ou extrait du procès-verbal, en cas de réquisition | 1 fr. par rôle de 25 lignes à la page et 15 syllabes à la ligne

— Pour { versement à la Caisse des consignations / paiement des contributions / assistance aux référés } s'il y a lieu { à Paris, Lyon, Bordeaux / Rouen, Toulouse, Marseille } 4 fr. { partout ailleurs } 3 fr.

5° PAR LA LOI du 22 février 1851

— Pour honoraires des Contrats d'apprentissage | 2 fr.

6° PAR LE DÉCRET du 6 novembre 1853

— Pour la délivrance des certificats de vie
et
— Par chaque trimestre à percevoir
{ de 600 fr. et au-dessus » 50 c.
de 600 à 301 . . . . . . » 35
de 300 à 101 . . . . . . » 25
de 100 à 50 . . . . . . » 20
au-dessus de 50 . . . . » 00

7° D'APRÈS LES INSTRUCTIONS MINISTÉRIELLES des 24 décembre 1852 et 28 février 1853, et une décision ministérielle du 14 déc. 1855 (qui ne s'applique qu'aux ventes volontaires)

— Pour les ventes d'objets mobiliers aux enchères publiques

1° 6 0/0 sur le produit de ces ventes (2) { non compris { les déboursés ni la rédaction des placards / les expéditions ou extraits requis, payés à part }

1° une vacation pour { consignation à la Caisse, s'il y a lieu / assistance à l'essai ou au poinçonnage des matières d'or ou d'argent / paiement des contributions (LL. 18 août 1791 — 12 novembre 1808) / arrangement et mise en ordre des objets à vendre | s'il y a réquisition des parties }

Comme aux commissaires-priseurs, en vertu de la loi du 18 juin 1843

Doivent être reçus et délivrés gratuitement { les actes et pièces relatifs aux { caisses de retraite pour la vieillesse / assistances judiciaires (quand il y a ordonnance du juge de paix ou du président) } L. 18 juin 1850 / L. 22 janvier 1851 (3)

Il y a lieu { à la réduction proportionnelle du droit d'expédition pour le second ou subséquent rôle qui n'est écrit qu'en partie { Déc. min. 10 oct. 1835 (contraire à la jurisprudence)

Les vacations { fixées à trois heures par la loi du 27 mars 1791 et le tarif de 1807 / ne peuvent être de plus de quatre heures, aux termes du décret du 10 brumaire an 14

Un arrêt du 15 janvier 1684 défend aux notaires | de se faire souscrire des promesses ou obligations pour leurs honoraires (4)

Les notaires { ont une action solidaire { contre toutes les parties qui contractent / afin de paiement de leurs déboursés et honoraires } Arg. des art. 1999, 2002 du C. N. / peuvent exercer cette action en justice — mais / ne doivent { par dignité et dans leur intérêt y recourir { que dans le cas d'évidente nécessité et / qu'après avoir épuisé la ressource du refus des expéditions

Le moyen { le plus simple et le plus commode à suivre pour faire ordonner le paiement / consiste à { notifier l'état taxé par le président (ou par le tribunal qui a dû juger la fixation faite par celui-ci) / et / assigner le débiteur par le même exploit devant ce tribunal qui en connaît { sans la conciliation préliminaire et / quel que soit le montant des frais } L. de vent., art. 51 / C. pr. art. 60 / 2° décret de 1807

---

(1) *V. sur les peines de la concussion C. pén. art. 174.*

M. Ed. Clerc dit : « Les Notaires doivent comprendre qu'il est de leur dignité et même de leur véritable intérêt d'apporter toujours de la modération dans la fixation de leurs honoraires. » Mais observons que cette même dignité et la bonne confraternité leur interdisent de recevoir des actes au rabais, par une mercantile concurrence.

(2) Un arrêt de la Cour de cassation du 30 mai 1854 a jugé que la loi du 18 juin 1843, qui règle le tarif des commissaires-priseurs, n'est pas applicable aux ventes faites par les notaires ou autres officiers, et que ces ventes doivent être réglées par vacation. — Dans la pratique on suit le tarif des commissaires-priseurs.

(3) Par l'art. 14 de cette dernière loi, il n'y a pour l'assisté que dispense provisoire quant au paiement des droits, émoluments et honoraires dus aux officiers ministériels.

(4) Les notaires, tant qu'ils ne sont point payés de leurs frais et déboursés, peuvent refuser expédition des actes (Arg. C. pr. art. 851).

Ils s'abstiennent, dans l'usage, de faire rémunérer leurs consultations, conférences et démarches ; mais les clients accordent parfois des honoraires particuliers aux notaires, ou des gratifications à leurs clercs pour les soins extraordinaires.

Dans leur intérêt personnel, par la nécessité de l'ordre inséparable de toute bonne gestion, tous les notaires doivent avoir une comptabilité complète, bien établie et régulièrement tenue. — Plusieurs chambres ont adressé des instructions à cet égard ; c'est d'ailleurs un moyen qui concourt à amener la confiance. — V. Eléments de comptabilité par Me Charles Fournier, traité cité aux observations de la..... tablette.

HONORAIRES(1) ET DÉBOURSÉS

Les honoraires

- sont privilégiés
  - pour tout acte ou opération de la juridiction contentieuse — comme
  - pour un inventaire, une vente ou licitation ordonnée en justice, une vente de meubles autorisée par jugement
  - parce que dans ce cas
    - les honoraires sont de véritables frais de justice privilégiés de leur nature
    - les frais de justice ont pour objet la conservation et la liquidation de la chose — Dict. Not.
- de tous autres actes
  - qui n'entrent point dans les frais de justice
  - sont garantis par l'hypothèque judiciaire
    - qu'emporte le jugement qui condamne à les payer sur tous les biens présents et à venir
- des actes auxquels deux notaires ont coopéré
  - ne peuvent pas être plus élevés que s'il y avait un seul notaire { Statuts Not. de Paris, 1681, 1823
  - se partagent également entre eux

Pour qu'il y ait partage par égalité | il faut | que la coopération du second notaire ait été entière et non-seulement accessoire

Le notaire substitué
- pour cause de maladie ou d'empêchement
- a droit à la totalité de l'honoraire (auquel d'ailleurs ne prétend jamais le notaire substituant, attendu que c'est là un service réciproque et de bonne confraternité)

Les notaires ont droit à des émoluments et vacations réglés à l'amiable — pour les
- inscriptions hypothécaires
- subrogations, transcriptions, radiations
- purges légales, demandes de certificats et états
- légalisations, affiches, insertions aux journaux
- dépôts ordinaires de pièces aux Greffes et Chambres

  formalisés par leurs soins

Enfin, un usage général
- consacré par le tarif des Chambres — et qui peut être appuyé sur l'arrêt du Parlement de Paris, du 26 août 1765, qu'on n'a point abrogé
- accorde
  - pour la recherche de tout acte ancien (c'est-à-dire reçu par les prédécesseurs) dont la date précise n'est pas indiquée par les parties
  - un droit fixé ordinairement à
    - 1 fr. 50 dans les dix premières années
    - 3 fr. au-delà de cet intervalle

Les frais d'actes
- sont à la charge des parties
  - à qui la convention profite — ou
  - dans les mains de qui elle forme un titre utile
- se règlent toujours ainsi dans l'usage | à moins de stipulation contraire entre les contractants

Les déboursés
- sont les avances faites pour la régularisation des affaires
- ont ordinairement pour objet :
  - les droits | de timbre et d'enregistrement
  - les frais
    - de transcription des contrats
    - d'inscriptions, subrogations et radiations d'hypothèques
    - de légalisation de pièces
    - d'affiches, annonces et insertions
    - de dépôts d'actes et contrats { aux Greffes / aux Chambres
    - de voyage et de nourriture | en cas de transport
  - les ports | de pièces et de correspondance

Les notaires
- ne peuvent répéter que des avances légales
- doivent éviter de payer pour leurs clients — plus qu'il n'est dû
- doivent avancer
  - sauf leur recours contre les parties
  - les frais de dépôt des mariages des commerçants { Déc. min. 27 juin 1809
- peuvent déférer le serment à la partie qui invoque la présomption de paiement (des déboursés et honoraires)

Il leur est interdit | de faire des avances aux parties à la suite des ventes auxquelles ils ont procédé. — Déc. min. de 1854

Présomption résultant
- de la quittance donnée à raison de frais d'actes | passés postérieurement à ceux dont on réclame le coût
- de toutes autres circonstances

Le titulaire ou ses héritiers et le notaire recevant les minutes aux termes des art. 54 et 56 de la loi du 25 ventôse
- traiteront
  - de gré à gré des recouvrements (3)
  - à raison des actes dont les honoraires seront encore dus et du bénéfice des expéditions
- ne pouvant s'accorder | l'appréciation en sera faite | par 2 notaires | dont les parties conviendront, ou nommés d'office

  Loi de ventôse, art. 59

Les officiers publics leurs héritiers ou ayants-droit — peuvent
- prendre exécutoire du juge de paix
- pour leurs avances des droits d'enregistrement { L. 22 frim., art. 30
- même pour leurs avances de timbre | L. 28 avril 1816

Le notaire démissionnaire
- qui s'est réservé ses recouvrements
- a le droit de se faire délivrer l'exécutoire

---

(1) *On divise les honoraires des notaires en cinq espèces :*
1o Les honoraires proprement dits — appartenant à la rédaction des actes ;
2o Les vacations — rétribution pour le temps employé à la confection d'un procès-verbal ;
3o Les droits de rôles — dus pour la délivrance des grosses, expéditions, extraits et mentions ;
4o Les frais de voyages — indemnité accordée pour instrumentation hors du lieu de la résidence :
5o Les droits divers — qui sont accidentels (comme les recherches) ou s'appliquent à des objets différents ;
D'une autre part, on distingue deux classes d'actes, pour en fixer la rétribution :
A honoraires proportionnels — ceux qui contiennent des valeurs déterminées ou susceptibles de l'être ;
A honoraires fixes — ceux qui, ne présentant aucune valeur, ne laissent considérer que le travail qu'ils exigent.
Les autres bases à considérer — sont : le degré d'utilité des actes, leur importance, les difficultés de rédaction et la responsabilité des notaires ; c'est d'ailleurs ce qui résulte d'une déc. min. du 10 juin 1822.
Règle pour l'appréciation des honoraires proportionnels sur les actes de mutation.
On estime par une moyenne donnée comme générale :
Que le revenu réel des immeubles est représenté par 8 fois le montant de la contribution directe ; que 100 fr. d'impôts représentent une valeur immobilière de 30,000 fr.; que le revenu des immeubles ruraux non bâtis se capitalise par 3 0/0 ; que le revenu des maisons d'habitation en tous lieux se capitalise par 5 0/0.
(2) C'est un point parfaitement établi et conforme à la doctrine comme à la jurisprudence.
(3) La réserve des recouvrements est permise depuis longtemps. — V. jurisprudence.

DÉLAIS DES FORMALITÉS

24 heures :

Pour la déclaration de command ou d'ami et la notification au Receveur de l'enregistrement. — LL. 22 frimaire an 7, 28 avril 1816
Pour le résiliement d'actes — et le bénéfice du droit fixe de 2 fr. — L. 28 avril 1816

3 jours :

Pour la déclaration { par l'avoué dernier enchérisseur (devant le notaire commis) { C. pr. 707
de la personne au nom de laquelle il s'est rendu adjudicataire

4 jours :

Pour l'enregistrement des protêts — par les notaires. — L. 24 mai 1834

10 jours :

Pour l'enregistrement des actes des notaires résidant dans la commune du bureau. — L. 22 frimaire an 7

15 jours :

Pour l'enregistrement des actes de notaires résidant hors la commune du bureau. — L. 22 frimaire an 7

20 jours :

Pour l'enregistrement des actes notariés soumis à l'approbation administrative. — Déc. 4 août 1838 (v. 20e tablette).

45 jours :

Pour l'inscription du privilége du vendeur et du co-partageant. — C. N. art. 2108, 2109. L. 23 mars 1855
Pour la transcription de la vente ou de l'adjudication. — C. N. art. 2108, 2109. L. 21 mai 1858

60 jours :

Pour l'inscription du privilége du co-héritier ou du co-partageant. — C. N. art. 2108, 2109. LL. 23 mars 1855, 21 mai 1858

1 mois :

Pour le dépôt du contrat de mariage des commerçants — C. com. 67. C. pr. 872
Pour purger légalement — à dater de la sommation de payer ou de délaisser. — C. N. 2169, 2183

2 mois :

Pour l'affiche — dans l'auditoire du tribunal — de l'acte translatif de propriété {
Pour l'inscription des hypothèques légales des femmes, mineurs et interdits { en cas de purge { C. N. 2194
Pour la prestation de serment des notaires — à partir de la nomination. — L. 25 ventôse an 11

3 mois :

Pour l'inscription des clercs au stage notarial — à partir de la délivrance du certificat. — Ord. 1843
Pour l'inscription du changement de grade {
Pour l'inventaire — par la veuve commune en biens { C. N. art. 1456
      (Elle a 3 mois 40 jours | à partir du décès de son mari pour renoncer à la communauté. — C. N. 1457
Pour l'enregistrement des testaments déposés chez les notaires ou par eux reçus — L. 22 frimaire an 7

Pour l'enregistrement des actes sous signature privée { contenant { transmission de propriété ou d'usufruit d'immeubles
baux à ferme ou à loyer
sous-baux { cessions et subrogations } de baux
engagement de biens immeubles } L. 22 frimaire an 7

Pour le visa du répertoire original { tous les trimestres dans les 10 premiers jours de { janvier avril juillet octobre } L. 22 frimaire an 7

6 mois :

Pour les déclarations de successions ouvertes en France. — L. 22 frimaire an 7
Pour l'inscription du privilége de séparation du patrimoine | C. N. 878 et 2111

Un an :

Pour le dépôt — au greffe — du double du répertoire — avant le 1er mars. — LL. 16 floréal an 4, 10 juin 1824
Pour l'inscription de l'hypothèque légale { de la veuve du mineur devenu majeur · de l'interdit relevé de l'interdiction } L. 23 mars 1855

2 ans :

Pour la prescription { des demandes en supplément ou en restitution de droits sur les actes des amendes de contravention } L. 22 frimaire an 7

5 ans :

Pour la prescription de l'omission de biens dans une déclaration de succession

10 ans :

Pour le renouvellement des inscriptions hypothécaires. — C. N. 2154
Pour l'action du mineur contre son tuteur — relativement aux faits de la tutelle. — C. N. 475
Pour la prescription des droits d'enregistrement sur une succession non déclarée.

30 ans :

Pour l'action des notaires — en paiement de leurs honoraires
Pour la demande en taxe — par les parties | nonobstant | le réglement et le paiement | C. N. 2262, loi de ventôse, décisions, etc.
Pour la prescription des droits des actes non présentés à l'enregistrement

CONTRAVENTIONS

(AMENDES & NULLITÉS) [1]

SUR LES ACTES ET CONTRATS

Acte reçu
- hors du ressort du notaire
- pour ses parents au degré prohibé
- sans le notaire en second, ou les deux témoins ayant les qualités requises
- avec { notaire en second ou témoins, parents au degré prohibé / témoins qui sont clercs ou serviteurs } du notaire ou des parties
- en brevet | quand il doit être en minute (C. N., art. 931)
- par un notaire suspendu, destitué ou remplacé (après notification)

} nullité — L. 23 ventôse an 11, art. 6, 8, 9, 10, 20, 52, 68

en contravention { à l'art. 63 du Code de procédure civile (protêts, actes respectueux) amende 5 à 100 fr. — C. pr. art. 1030 / à la loi du 25 juin 1841, sur les ventes aux enchères de marchandises neuves | amende de 50 à 3,000 fr.

Abréviation — blanc — lacune — ou intervalle | amende de 20 fr. — L. de ventôse, art. 13 (2)

Surcharge — interligne — addition — ratures non constatées et approuvées | amende de 10 fr. } nullité des mots — L. de ventôse, art. 16.

Défaut
- d'écriture lisible, en un seul et même contexte | amende de 20 fr. — Loi de ventôse, art. 13
- d'annexe des procurations des contractants (3) | amende de 20 fr. — L. de ventôse, art. 13
- des sommes — et dates — en toutes lettres | amende de 20 fr. — L. de ventôse, art. 13
- des nom et lieu de résidence du notaire | amende de 20 fr. — L. de ventôse, art. 12
- des noms, prénoms, qualités et demeures des parties | amende de 20 fr. — L. de ventôse, art. 13
- des signatures ou paraphes des renvois et apostilles en marge des actes / de l'approbation expresse des renvois et apostilles mis à la fin des actes } nullité des renvois. — L. de ventôse, art. 15
- du lieu et date de la passation / des noms et demeures des témoins instrumentaires } nullité. — L. de ventôse, art. 12
- des noms, prénoms, qualités et demeures des témoins certificateurs | amende de 20 fr. — L. de vent., art. 13
- de la mention de la lecture aux parties | amende de 20 fr. (nullité pour les testaments) — L. de ventôse, art. 13
- de signature par les parties, les témoins et notaires / de la mention de cette signature / — — — des déclarations faites par les parties { qui ne savent ou / qui ne peuvent signer } nullité. L. de ventôse, art. 14
- de mention expresse de la présence du notaire en second ou des témoins à la lecture par le notaire et la signature par les parties (ou leur déclaration à cet égard) pour les cinq natures d'actes spécifiés } nullité. — L. 21 juin 1843, art. 22
- de mention { dans les contrats de mariage / de la lecture { aux parties — par le notaire / du dernier alinéa de chacun des articles 1391, 1394 du C. N. } amende de 10 fr. L. du 10 juillet 1850
- de signature et paraphe de pièces arguées de faux | amende de 50 fr. — C. inst. crim. art. 449.
- de publication { dans le mois de leur date / des contrats de mariage des commerçants } amende de 20 fr. — C. de commerce, art. 68

Emploi | de clauses et d'expressions féodales (même dans les expéditions ou copies) | amende de 20 fr. — L. de ventôse, art. 17

Infraction | aux lois et règlements sur les poids et mesures { amende de 20 fr. — L. 4 juillet 1837, art. 5 / — 40 fr. — quand il y a récidive

Communication ou expédition d'actes | à d'autres qu'aux parties intéressées, leurs héritiers ou ayants cause { amende de 20 fr. / L. 25 vent. an 11, art. 23

Révélation des secrets connus à l'occasion des actes des notaires ou de leurs fonctions | amende de 100 à 500 fr. — C. pén., art. 378

SUR LES RÉPER-TOIRES

Par mois de retard de la remise | des minutes et répertoires d'un notaire remplacé | amende de 20 fr. — L. de ventôse, art. 57

Retard de présentation du répertoire | au visa trimestriel (4) | amende de 10 fr. | L. 22 frimaire an 7, art. 51

Omission ou intercalation d'actes sur le répertoire (5) | amende de 5 fr. — L. 22 frimaire an 7, art 49

Défaut — de dépôt { du double du répertoire / quelle que soit la durée du retard } amende de 10 fr. — L. 16 floréal an 4 (6)

---

(1) *V. la théorie sur la nullité des actes et des conventions en tout genre — par M. Solon, 2 vol. in-8°.*
La quotité actuelle des amendes se trouve fixée par la loi du 16 juin 1824, art. 10.
Les amendes sont personnelles et s'éteignent par la mort du délinquant (L. min. 13 juillet 1806).
Une décision ministérielle du 23 novembre 1833, porte qu'il ne sera admis aucune demande en remise ou modération d'amendes de contraventions encourues par les officiers publics.

(2) *Les abréviations emporteraient nullité des mots abrégés, si elles ne permettaient pas de lire un mot essentiel et rendaient par là une clause inintelligible (Ed. Clerc).*

(3) *Cette obligation existe, bien entendu, pour la procuration en minute comme pour celle passée en brevet. — Au premier cas, on annexe l'expédition de cette minute.*
L'art. 13 de la loi du 25 ventôse an 11, n'obligeant pas les notaires à faire mention de l'annexe des procurations, le défaut de cette mention ne peut entraîner amende (Déc. min. 11 avril 1815).

(4) *Il n'est dû qu'une seule amende de 10 fr., quelle que soit la durée du retard (Délib. Régie, 4 mars 1834).*

(5) *N'est assujettie à aucune amende, l'omission d'une partie des énonciations prescrites par la loi pour le libellé des répertoires (Roll. de Vill.).*

(6) *Cette amende est encourue le premier mars (Lett. ou Circ. min. du 17 septembre 1809).*

CONTRAVENTIONS

(AMENDES ET NULLITÉS)

SUR LE TIMBRE

Acte public — sur papier libre (ou timbre hors d'usage) / à la suite d'un autre acte sur la même feuille / sur papier timbré ayant servi à un autre acte inachevé / en conséquence d'actes ou effets de commerce non écrits sur papier timbré du timbre prescrit ou non visés pour timbre — amende de 20 fr. — L. 13 brumaire an 7, art. 12, 22, 23 et 24

Protêts — d'effets négociables ou de commerce non écrits sur papier du timbre prescrit ou non visés pour timbre — amende de 20 fr. L. 24 mai 1834, art. 23

Affiches — non timbrées — ou sur papier blanc — amende de 20 fr. — LL. 28 avril 1816, art. 65 — 25 mars 1817, art. 77 — 15 mai 1818, art. 76

Registre — pour la transcription des polices d'assurances maritimes, en papier non timbré — amende de 50 fr. — L. 5 juin 1850, art. 47

Polices — d'assurances maritimes, expéditions ou extraits d'icelles, sur papier non timbré — amende de 500 fr. / en cas de récidive — — — — — — — — — 1,000 — L. 5 juin 1850, art. 48

Répertoires — non timbrés (original et double) — amende de 20 fr. — L. 13 brumaire an 7, art. 12

Altération — de l'empreinte du timbre — amende de 5 fr. — L. 13 brumaire an 7, art. 21

Expéditions copie, extrait — sur papier d'un timbre inférieur à 1 fr. 25. — amende de 10 fr. — L. 13 brumaire an 7, art. 19 (1) / contenant plus de vingt-cinq lignes à la page — amende de 5 fr. — L. 13 brumaire an 7, art. 20

Défaut de déclaration — que les effets, certificats d'action, titres, bordereaux, polices d'assurances ou tous autres actes sujets au timbre et mentionnés dans les actes publics — sont ou ne sont pas — revêtus du timbre prescrit (2) — amende de 10 fr. L. 5 juin 1850, art. 49

SUR L'ENREGISTREMENT

Acte notarié — non enregistré dans les délais — amende de 10 fr. (3) — L. 22 frimaire an 7, art. 33 / fait en vertu d'acte sous signatures privées — ou passé en pays étranger — non enregistré préalablement (4) — amende de 10 fr. L. 22 frim. an 7, art. 42 / délivré en brevet, copie ou expédition — sans enregistrement — amende de 10 fr. — L. 22 frimaire an 7, art. 41 / fait en conséquence d'un acte public — non enregistré (5) — amende de 10 fr. — L. 22 frimaire an 7, art. 41

Tout acte — sous signature privée, ou passé en pays étranger / déposé — annexé / délivré en copie ou expédition — avant l'enregistrement préalable — amende de 10 fr. L. 22 frimaire an 7, art. 42

Défaut — de rédaction d'acte de dépôt d'un acte déposé — amende de 10 fr. — L. 22 frimaire an 7, art. 43 / de transcription littérale de la mention d'enregistrement : 1° dans les expéditions ; 2° dans les minutes d'actes faits en vertu d'actes sous signatures privées ou passés en pays étranger (6) — amende de 5 fr. — L. 22 frimaire an 7, art. 44 / de déclaration préalable à une vente de meubles aux enchères — amende de 20 fr. — L. 22 pluviôse an 7, art. 7 / de transcription de la déclaration de vente mobilière en tête du procès-verbal — amende de 5 fr. — LL. 22 pluviôse an 7, art. 2 — 16 juin 1824, art. 10 / de mention au procès-verbal d'écriture en toutes lettres de chaque article adjugé — amende de { 20 fr. / 5 fr. } L. 22 pluviôse an 7, art. 7

Altération du prix des articles adjugés — amende de 20 fr. — L. 22 pluviôse an 7, art. 7

Vente publique et aux enchères — d'objets mobiliers — sans ministère d'officier compétent — amende de 50 à 1,000 fr. — même loi

Refus — de communication aux préposés — des répertoires, minutes titres ou registres — amende de 10 fr. — L. 22 frimaire an 7, art. 52 et 54 (sauf les exceptions de ce dernier art.)

Vente — aux enchères — de marchandises neuves — amende de 50 à 3,000 fr. — L. 25 juin 1841, art. 7

Insuffisance d'évaluation / Simulation de prix / Défaut d'enregistrement — en matière de transmission d'office — double droit — L. 25 juin 1841, art. 11, 12, 13

Contre-lettre connue — portant augmentation de prix — triple droit (7) — L. 22 frimaire an 7, art. 40

Deux décimes de guerre — sont imposés sur le montant des amendes par la loi du 6 prairial an 7 et le décret du 14 juillet 1855

Le second décime est réduit à moitié. — LL. 8 juin 1864, 9 août 1867

---

(1) *Et loi du 28 avril 1816, art. 63.*

(2) *On doit, de plus, énoncer le montant du timbre payé (Jurisprudence).*

(3) *Cette amende est pour les actes à droit fixe ; mais elle s'élève au double droit pour ceux qui sont sujets à une perception proportionnelle supérieure à l'amende (L. 22 frimaire an 7, art. 33 et 34).*

(4) *V. L. 16 juin 1824, art. 13. — Cet acte peut n'être enregistré qu'en même temps (Délibérations de la Régie des 5 janvier et 30 mars 1825).*

(5) *V. L. 28 avril 1816, art. 56. — Quand cet acte a été reçu par le notaire qui l'énonce, il peut n'être présenté à l'enregistrement qu'avec celui dans lequel l'énonciation est faite, pourvu que le délai soit observé.*

(6) *A moins que ces actes soient annexés auxdites minutes.*

(7) *En matière de cession d'office, il n'est plus dû qu'un double droit, d'après la loi du 25 juin 1841 et la Jurisprudence. — V. l'avant-dernière proposition de la... tablette.*

NOTA. — *Les notaires qui veulent faire usage de presses pour la copie de leurs lettres, avertissements, affiches, etc., doivent demander l'autorisation préalable du Ministre de l'intérieur (à Paris) et des Préfets (dans les départements), sous peine de six mois d'emprisonnement et 10,000 fr. d'amende (L. 21 octobre 1814, art. 13 — D. 22 mars 1852).*

RESPONSABILITÉ [1]

LA RESPONSABILITÉ DES NOTAIRES EST ENGAGÉE, NOTAMMENT, DANS LES ACTES ET FAITS SUIVANTS :

Dol et fraude — ne se présumant pas et devant être prouvés. — C. N. art. 1116, 2268

Révélation — des secrets connus dans l'exercice de la profession. — C. pén. art. 378

Refus — du ministère — sans motif fondé. — C. N. arg. de l'art. 1382

Fautes — lourdes : { ignorance ou négligence des soins qui préviennent le danger / assimilées au dol par l'oubli du devoir imposé au notaire } — légères : { comprenant tout ce qui n'est pas faute lourde / s'étendant jusqu'aux dernières limites de l'imputabilité } Doctrine

Communication ou expédition sans ordonnance { des actes } à d'autres qu'aux parties, leurs héritiers ou ayants-droit { L. 25 ventôse an 11, art. 23

Délivrance de seconde grosse | sans ordonnance du président du tribunal | L. de vent. art. 26

Nullité des actes et des inscriptions hypot. par { vice de forme extrinsèque et même intrinsèque (2) / inobservation des formalités et de certains délais / défaut des énonciations substantielles ou nécessaires } Doctrine et jurisprudence

Protêts — défaut { de délivrance de copie — et / de la tenue du répertoire particulier } C. com. art. 176

Certificats — de vie — et de propriété. — D. 21 août 1806, art. 9 — Inst. min. 27 juin 1839

Erreur — de droit — quand le droit n'est pas douteux

Individualité des parties dont la constatation { lorsqu'il y a lieu / ne doit pas être négligée (3) } L. 25 ventôse an 11, art. 11

Défaut { d'exposition — dans l'étude — du tableau des interdits. — L. de ventôse, art. 18 / de publication des actes de société — omission dans les extraits à publier. — C. com. art. 42 à 44 — L. du 31 mars 1833

Capacité des témoins dont le notaire doit s'assurer { pour tous ses actes / même les testaments } Toullier, Dalloz, etc.

Contraventions { au § 2 de l'art. 33 et à l'art. 52 de la loi de ventôse / à l'ordonnance du 4 janvier 1843 (titre de la discipline)

Mandat exprès ou tacite { principalement en matière de placement de fonds — et / à l'égard (pour tous actes) des clients illettrés (4) } Doctrine et Jurisprudence

Acquisition | de procès, droits et actions litigieux, de la compétence du tribunal de leur ressort. — C. N. art. 1597

Dépôts de { titres et deniers } dont le défaut de restitution emporte contrainte par corps. { C. N. art. 2060 / L. 13 décembre 1848 } — à la Caisse de consignation — non effectués aux cas spécifiés. — Ord. 3 juillet 1816, art. 10 — de contrats de mariage entre époux dont l'un est commerçant (non effectués) | C. com. art. 67, 68

Actes des clercs | relatifs à leurs faits — comme représentant le notaire patron. — C. N. art. 1384 — Jurisprudence

Notaire en second { est responsable à l'égard des actes qui réclament sa présence réelle / n'est que rarement, et jusqu'à un certain point, responsable des autres actes qu'il ne contre-signe que pour la forme } L. 21 juin 1843 Doctrine

Expéditions ou grosses des contrats de mariage sans transcription à la suite { du changement ou / de la contre-lettre } C. N. art. 1397

Excès du tarif abonnement dans les ventes volontaires de fruits, récoltes et coupes de bois (5) { D. 5 novembre 1831

L'action en responsabilité est { portée au tribunal civil de la résidence du notaire — Droit commun. — L. 25 ventôse an 11, art. 53 / soumise à la prescription { de trente années / à partir de la découverte du fait (6) } — peut être — intentée contre les héritiers du notaire. — C. Inst. crim. art. 2, § 2. — Röll. de Vill.

Toute condamnation — est sujette à l'appel dès que { l'amende ou la réparation civile / excède cinq francs

---

(1) *Voir la belle définition et les développements de la responsabilité notariale, par M. Vergé, docteur en droit.*
La responsabilité est motivée le plus souvent sur l'inépuisable article 1382 du Code Napoléon.
Une déclaration du Roi, du 22 septembre 1722, art. 3, avait déjà déclaré les notaires responsables de la nullité de leurs actes.
(2) *Il y a controverse quant à la responsabilité de la forme intrinsèque des actes ; — mais il est du devoir d'un bon notaire d'apporter tout son savoir et ses soins à la perfection de cette forme.*
L'acte le plus délicat, le plus sujet à recherches, c'est le testament ; — et après lui, les donations, obligations, certificats de propriété.
(3) *V. à la fin de la... tablette.*
(4) *Le mandat tacite est l'écueil le plus subtil, en ce qu'il est souvent difficile d'en reconnaître le caractère, et d'en prévoir toute la conséquence d'après le sens si étendu qu'y donne la jurisprudence.*
(5) *Les abonnements ne sont permis que pour l'État et les établissements publics.*
(6) *Des auteurs pensent que ce délai court du jour où la faute a été commise.*

PRINCIPES DE DROIT [1]

Le Droit est la science des Lois (2).
La Justice est la conformité de nos actions et de notre volonté à la Loi.
La Loi est une règle d'action et de conduite prescrite à tous les citoyens.

§ Ier.

DU DROIT ET DE LA LOI.

On distingue le Droit en trois espèces principales :

LE DROIT NATUREL est la raison humaine en tant qu'elle gouverne tous les hommes : c'est la première et la plus négligée de toutes les sciences.

Appliqué aux affaires de nation à nation, on l'appelle le Droit des gens.

LE DROIT POLITIQUE comprend les lois qui établissent les pouvoirs publics et en règlent les actions sur les membres de la Société.

LE DROIT CIVIL s'entend des lois qui règlent les intérêts privés, c'est-à-dire des particuliers entre eux.

Toute définition du Droit civil est douteuse en ce qu'elle peut toujours être interprétée d'une autre manière.

Est reconnu comme étant de droit commun, tout ce qui n'est pas défendu par la loi.

L'erreur commune fait le droit.

Il n'y a point de droit contre le droit.

Personne n'est présumé renoncer à son droit.

Les droits du sang ne peuvent être détruits par aucune loi civile.

La nécessité est la première de toutes les lois.

Nul n'est censé ignorer la loi (3).

La loi n'a point d'effet rétroactif.

Elle commande, défend, permet et punit.

Elle permet tout ce qu'elle ne défend pas (4).

Il n'est pas permis de suppléer à son silence, ni de distinguer là où elle ne distingue pas.

La loi n'a point d'expressions sacramentelles.

Elle n'abroge la loi antérieure que lorsqu'elle l'exprime formellement, ou renferme des expressions incompatibles avec celles de la loi précédente. — Les dispositions spéciales ne sont pas abrogées par les lois générales et de droit commun.

Les cas de force majeure doivent toujours être exceptés des dispositions générales de la loi.

Les priviléges et toutes les exceptions de la loi sont de droit étroit et ne peuvent être étendus à d'autres cas que ceux pour lesquels ils sont créés. — Les peines, les incapacités, les nullités, les déchéances sont aussi des dispositions de droit étroit qui ne peuvent jamais être suppléées.

Savoir les lois, ce n'est pas en savoir les termes, mais en connaître la force et l'esprit (5)

§ II.

DES ACTES ET CONTRATS.

De règle, les époux ne peuvent contracter ensemble.

Qui s'oblige oblige le sien.

Celui qui fait une erreur ne s'oblige pas.

Payer ce que l'on ne doit pas, c'est donner. .

Il n'y a point de stipulation valable, s'il n'existe point d'intérêt en faveur de celui qui s'oblige.

Il n'est pas permis de faire indirectement ce qu'on ne peut faire directement.

La donation indirecte est nulle quand elle a pour but d'éluder une prohibition légale.

On peut stipuler pour un autre dont on promet la ratification.

Un acte nul ne peut produire aucun effet.

Ce qui abonde ne vicie pas.

Qu'un acte vaille plutôt qu'il ne périsse.

Les obligations se dissolvent de la même manière qu'elles se forment.

Toute obligation de faire ou de ne pas faire se résout en dommages-intérêts, en cas d'inexécution de la part du débiteur.

Nul ne peut transférer à autrui plus de droits qu'il n'en a lui-même.

Est réputé perpétuel tout ce qui est stipulé pour cent ans (6).

C'est la loi du lieu de leur confection qui régit la forme des actes.

La lettre tue l'esprit (des conventions).

---

(1) *La règle de droit est l'énonciation succincte et formulée qui domine toute une matière. — La plupart des règles de droit émanent des jurisconsultes qui, après avoir observé ce qu'il y a de commun à plusieurs cas particuliers, énoncent cette conformité par une maxime générale. — Ainsi la règle est le résumé de plusieurs dispositions de droit : Ce n'est donc pas la règle qui donne lieu à ces dispositions, mais les dispositions à la règle ; et c'est la différence qui existe entre les règles et les principes : ceux-ci, basés sur l'équité, la morale et l'intérêt, président à l'ensemble du droit.*

Utile, en ce qu'elle donne en peu de mots une idée nette du sujet, la règle est fort dangereuse si, au lieu de remonter à son origine, d'examiner quelles sont les dispositions particulières dont elle est extraite, on s'en rapporte aveuglément à sa lettre. — Cependant il est certaines règles qui, soit comme embrassant plusieurs matières, soit par leur importance ou leur fréquente application, méritent d'être distinguées. — Il n'existe pas un seul principe dont on ne puisse faire abus en l'étendant outre mesure à l'aide d'une argumentation trop habile : c'est une vérité générale (Dict. not.)

(2) *Toutes les sciences ont leurs principes, leurs vérités ; — mais toutes aussi ont leurs erreurs, leurs incertitudes infinies.*

(3) *Il y a en France soixante-dix mille lois, décrets, ordonnances, édits, arrêtés, avis du conseil d'Etat, décisions et instructions ministérielles, réglements, etc.*

(4) *La loi permet souvent ce que défend l'honneur (Saurin) — comme l'invocation de la prescription alors qu'on doit.*

(5) *A cet égard et pour les plus profonds développements sur les lois générales et diverses, il faut nécessairement étudier l'esprit des lois de Montesquieu.*

(6) *C'est pourquoi la plus longue durée des concessions et baux emphytéotiques s'arrête à 99 ans.*

PRINCIPES DE DROIT [1]

§ III.

DES JUGEMENTS.

La chose jugée est réputée la vérité.

Nul ne peut être juge ni témoin dans sa propre cause.

L'accessoire suit le sort et la nature du principal.

On ne considère point ce qui est écrit, mais ce qui est fait.

Le fait aide le droit.

Nul ne se forclot lui-même.

On ne peut se prévaloir de sa propre turpitude.

Celui qui veut absolument périr n'est jamais entendu.

La connaissance de la loi l'emporte sur la connaissance de l'homme.

Celui qui se trompe, ne serait-ce que d'une virgule, perd sa cause.

Le crime ne peut jamais améliorer la condition de son auteur.

C'est toujours au demandeur à justifier sa demande.

C'est à celui qui affirme à prouver sa prétention.

Le demandeur ne prouvant pas : le défenseur est absous, lors même qu'il ne présenterait aucune défense.

Le défendeur devient demandeur en opposant une exception.

Il vaut mieux ne pas avoir de titre que d'en avoir un mauvais.

A la même cause le même droit.

Le premier devoir est de restituer au spolié.

En toute chose, l'équité doit être considérée avant tout.

Nul ne peut être distrait de ses juges naturels.

Le fait d'une personne ne peut nuire qu'à elle et non à son adversaire.

Un tiers ne peut profiter ni souffrir d'un acte ou jugement dans lequel il n'a pas été partie.

Point d'intérêt — point d'action.

Le droit à une chose mobilière est mobilier.

La forme emporte le fond.

La superficie cède au sol.

La chose périt pour le propriétaire.

En fait de meubles possession vaut titre.

Qui a terme ne doit rien.

Les obligations doivent s'acquitter au domicile du débiteur.

Lorsqu'il n'y a pas de terme à une obligation, la chose est due incontinent.

Une dette est due, quelque minime qu'elle soit.

Les profits appartiennent à celui qui supporte les charges.

Et qui a les avantages a les charges.

De deux prétentions, dont l'une tend à éviter une perte et l'autre à faire un gain, la première est la plus favorable.

Quand deux personnes prétendent la même chose à titre lucratif, on doit préférer celle dont le titre est antérieur.

En parité de cause la possession doit l'emporter.

Dans le doute [2] il faut toujours se déterminer pour la moindre obligation.

Un service ne doit préjudicier à qui le rend.

Ce qui est nul ne peut produire aucun effet.

L'absent est réputé vivant jusqu'à la 100ᵉ année de son âge.

Nul ne doit s'enrichir au détriment d'autrui.

On n'est pas censé faire tort à celui qui y consent.

La fraude ne se présume pas.

Nul ne peut être contraint de vendre sa chose malgré lui (sauf passage et expropriation pour cause d'utilité publique).

Tout fait quelconque de l'homme qui cause à autrui un dommage, oblige celui par la faute duquel il est arrivé à le réparer.

Nul en France ne plaide par procureur (si ce n'est le chef d'Etat).

——◦❀◦——

§ IV.

SUCCESSIONS.

N'est héritier qui ne veut.

Le mort saisit le vif (transmet sa propriété, ses droits et actions au survivant).

Les legs nuls ou caducs sont censés n'avoir jamais existé.

Il n'est aucune hérédité d'une personne vivante.

Qui prend les biens de la succession jusqu'à concurrence de cinq sous, fait acte d'héritier.

Il n'y a de biens qu'après le paiement des dettes.

Est nul tout pacte sur succession future.

——◦❀◦——

§ V.

POINTS DIVERS.

A l'impossible nul n'est tenu.

Qui peut le plus peut le moins.

Nul ne peut s'enrichir aux dépens d'autrui.

Nul n'est libéral s'il n'est libéré.

L'enfant conçu est réputé né quand il s'agit de ses intérêts.

L'Etat est toujours réputé solvable.

Donner et retenir ne vaut.

Il ne faut pas favoriser la malignité.

Possession vaut titre jusqu'à preuve contraire.

Nul n'est obligé par le conseil qu'il donne.

Il y a plus de sûreté dans la chose que dans la personne.

L'utile découlant même de l'inutile est toujours bon.

Cherchez le tout dans le tout et le tout dans chaque partie du tout.

Le premier en date d'inscription est le premier payé.

La prescription ne court pas contre qui ne peut agir.

Pièces rendues, pièces payées.

Qui épouse la femme épouse les dettes.

Chacun peut user de sa chose comme il lui plaît, à la condition de ne nuire à autrui en aucune manière.

Toutes les choses faites par les anciens sont réputées solennelles.

---

(1) V. pour l'Histoire générale et la philosophie du Droit, M. Lerminier, 3 vol. in-8º, et pour l'histoire du Droit français, M. Laferrière, 6 vol. in-8º, dernière édition; — ou Précis de l'Histoire du Droit Civil en France, par Poncelet, 1 vol. in-8º.

Gibbon partage l'histoire du Droit romain en 4 périodes et cette division a été conservée depuis, sauf quelques légères modifications : — La première part des premiers temps de Rome et va jusqu'à la loi des Douze Tables (300 ans avant J.-C.) ; — la deuxième jusqu'à Cicéron ; — la troisième jusqu'à Alexandre Sévère ; — la quatrième et dernière jusqu'à Justinien. Cet empereur fit une refonte générale du Droit, compilations en quatre parties : les Institutes, les Pandectes, le Code et les Novelles ; le tout publié de l'an 533 à 559.

(2) S'il pouvait arriver quelque cas qui ne fût réglé par aucune loi expresse ou écrite, il aurait pour lui les principes naturels de l'équité, qui est la loi universelle s'étendant à tout (Domat).

Les considérants des jugements et arrêtés dénaturent parfois la loi et les principes, à force de tiraillements et d'applications diverses. — Il faudrait que la Cour suprême, dans toutes les espèces qui présentent des analogies complètes, prît à tâche de rappeler et formuler les véritables règles du Droit, et décider en audiences solennelles tous les principaux points controversés ; — de manière à établir entre les différentes juridictions autant de conformité que possible contre les abus de subtilité en plaidoirie. — C'est tout aussi désirable que la réforme de procédure.

II

JURISPRUDENCE

ORGANISATION

CLERCS (2)

Le clerc est l'auxiliaire du notaire, et son représentant en tout ce qu'il n'est pas tenu d'accomplir par lui-même ; il est son collaborateur précieux et souvent son ami, du jour où il le seconde sérieusement. — Il partage avec lui la confiance des clients, et, non-seulement les soins ordinaires, mais aussi les préoccupations que commande une solide gestion.

Le clerc exerce une profession libérale, l'obligeant à la discrétion comme à l'exactitude.

Les clercs aspirants sont les élèves du notaire qui doit les former pour cette fonction (3).

DISPOSITIONS PRINCIPALES ET DIVERSES

Le choix des clercs appartient au notaire seul — comme responsable de leurs faits

Il n'y a point de conditions d'âge — Si ce n'est que l'inscription d'un clerc ne peut avoir lieu avant sa 17e année (4)

Le notaire
{ ne conserve qu'autant qu'il lui convient ses clercs
{ les classe et dispose des grades selon qu'il le juge à propos
{ règle l'ordre et la distribution du travail de l'étude

La hiérarchie entre clercs
{ reconnue par la loi de ventôse et l'ordonnance de 1843,
{ comporte des obligations de convenance réciproque

Le premier clerc
{ surveille les autres — sous l'autorité du patron (4)
{ distribue et revoit leur travail — avec son autorisation

Les premiers clercs adjoints ne sont pas reconnus par la loi

Le travail des clercs et leur grade — sont établis par le certificat du patron (5)

Les clercs ont ce titre — quoique n'étant pas
{ salariés : on les appelle, en ce cas { clercs externes ou
{ { clercs amateurs
{ inscrits au tableau des Chambres, ou aspirants

Le privilège
{ accordé par le Code Napoléon — art. 2181
{ s'applique aux appointements des clercs
{ C. Lyon, 1er février 1831
{ C. Paris, 19 août 1834, 11 février 1836
{ C. Aix, 29 mars 1844
{ Cassation, 15 janvier 1855

Les clercs de notaire
{ n'ont pas de privilége pour leurs appointements
{ parce qu'ils { ne sont ni commis ni gens de service du notaire { Trib. Marseille, 12 juin 1843
{ { sont ses collaborateurs et ses mandataires

---

(1) *La Jurisprudence étant l'application et la suite nécessaire de la Législation, la série des tablettes se trouve continuée pour cette deuxième partie de l'analyse du droit notarial.*

(2) *On sait que, comme expression générique, c'était jadis la qualification de toute personne lettrée, et l'on appelait grand clerc un homme savant. — Dans la plus haute origine elle s'appliquait aux ecclésiastiques, aux moines qui, à peu près seuls, cultivaient la littérature. — Il y eut plus tard : les clercs de la Chapelle, du Roi ou de la Reine, officier subordonné aux Aumôniers et Chapelains ; les clercs de l'office (du service de bouche), également à la Cour ; les clercs d'armes, gentilshommes destinés à la chevalerie, élèves militaires; les clercs de confrérie, sortes de mandataires des corporations de marchands et artisans.*

Les notaires furent appelés clercs du Roi : c'était sous Philippe-le-Bel (en 1308 ou 1309). Il y en avait 27 parmi lesquels S. M. choisissait les clercs du secret qui portaient aussi le titre de secrétaires d'Etat.

A l'époque des parlements, il y avait les clercs de procureur, d'avocat, de rapporteur; et avec eux se confondaient un peu les greffiers, les sergents, etc.

Pour les clercs de la Basoche, voir note à la 7e tablette.

Il exista pendant quelque temps des clercs-substituts, remplaçant, substituant les Tabellions.

En 1541, les notaires du Châtelet de Paris furent autorisés par François 1er à se faire assister de clercs pour transcrire leurs actes.

(3) *La vie notariale : laborieuse, honnête, calme et modeste, convient aux hommes qui ont l'amour du bien et de la paix (Charles Fournier).*

Quoique la loi ne le dise pas expressément, les notaires comptent parmi leurs attributions les plus importantes, les conseils qu'ils donnent à leurs clients et le dépôt qu'ils reçoivent des secrets des familles (Roll. de Vil.).

(4) *Patron veut dire protecteur, père.*

Chez les Romains, et d'après Denisart, le mot patron signifiait le maître qui avait affranchi son esclave, ou bien celui sous la protection duquel on s'était mis.

(5) *V. les 2e et 5e tablettes.*

ORGANISATION

CLERCS (1)

LES NOTAIRES

dans plusieurs arrondissements :

n'admettent point pour clerc { sans l'avis de la chambre, / les personnes se livrant à des occupations étrangères au notariat

exigent des premiers clercs le serment { entre les mains du Président de la chambre / de se conformer aux lois et règlements du notariat

abandonnent à leurs clercs le produit de certains actes, tels que les certificats de vie

une chambre peut demander | officieusement — à son patron — le renvoi d'un clerc

— et le notaire-patron { qui ne défère pas à cette invitation / peut s'exposer à l'application d'une peine de discipline intérieure } **J. N.**

Les clercs { n'ayant aucun caractère public pour la reception des actes / ne peuvent { à cet égard — suppléer leurs patrons / si ce n'est comme préparateurs } **J. N.**

JUGÉ QUE

Les clercs d'un notaire doivent être considérés { comme ses préposés / pour les affaires de l'étude } Besançon, 20 août 1833

Il n'est pas nécessaire que le clerc réside dans la commune du notaire / il faut cependant que son domicile ne soit pas trop éloigné — et surtout / le clerc ne doit pas favoriser l'ouverture d'une seconde étude à son patron } Inst. min., juillet 1835

— si néanmoins il se trouvait { à raison de quelques circonstances particulières / dans l'obligation de veiller au maintien des droits résultant de cet acte

Bien qu'en général un clerc { non plus que le notaire lui-même / ne puisse être obligé pour les stipulations de l'acte rédigé par ses soins } Cass., 7 déc. 1831

— les tribunaux pourraient déclarer nuls les actes { faits au préjudice de ces mêmes droits et / qui présenteraient un caractère suspect

un clerc de notaire ne peut être { assimilé à un mandataire ordinaire, tenu de rendre un compte de gestion / relativement aux recettes et paiements qui ont été effectués par ses mains / et qu'il a inscrits sur les registres de l'étude, d'après les ordres et sous / la surveillance du notaire, son patron } Cass., 12 juin 1839

les témoignages des clercs de notaires doivent être admis dans les enquêtes / ayant pour objet de reconnaître le défaut de consentement des parties qui / auraient comparu dans l'acte ; lors même que cet acte serait écrit / par le clerc sous la dictée du notaire / — Les clercs ne sont point reprochables dans ce cas } C. Bourges, 6 juin 1825

la loi du 25 ventôse an 11 { ne s'oppose pas à ce que les clercs d'un notaire figurent { dans les actes reçus par ce dernier / soit comme parties intéressées / soit comme mandataires des parties } C. Lyon, 11 fév. 1851

le clerc { qui fait constater pardevant le notaire chez lequel il travaille une convention qui l'intéresse / n'est pas de droit présumé interposé par rapport au notaire

le clerc de notaire { qui { est constitué mandataire et qui, en cette qualité, / consent, en l'étude de son patron, une vente portant que le prix sera payé } { au vendeur ou à son / mandataire / en l'étude du notaire } C. Metz, 15 janv. 1856

— est responsable { des paiements que l'acquéreur fait en l'étude, entre ses mains, / s'il n'a pas énoncé dans les quittances qu'il recevait pour le notaire, — et / s'il en a versé le montant, non pas à son mandant, mais au notaire lui-même }

qui accepte en cette qualité une procuration des clients de son patron, pour toucher / les sommes dues à ces clients / est déchargé de toute responsabilité, par cela seul qu'il justifie avoir versé les / sommes dans la caisse de l'étude } Trib. Lyon, 6 juillet 1850

dont le nom figure dans une procuration / n'est responsable à l'égard du mandant { qu'autant qu'il est mandataire sérieux

— par exemple { une procuration { dans laquelle un notaire { a fait insérer le nom de son clerc, / afin de recevoir lui-même les actes } / n'engage point la responsabilité du clerc — (2) / mais bien celle du notaire, seul mandataire réel } C. Orléans, 7 janvier 1842

IL EST INTERDIT AUX CLERCS, A PARIS

d'exercer des fonctions incompatibles avec celles de notaire / de se livrer à aucune spéculation / de recevoir des dépôts de la part des clients } Chambre des Not., décemb. 1814, avril 1847

de faire insérer { dans les affiches ou journaux / des annonces sous leurs noms } Circ., même chambre, 18 février 1813

quant aux maîtres-clercs, — de quitter { pour aller chez un autre notaire / l'étude de leur patron décédé ou cédant / pendant les 3 mois de la réception du successeur } . . .

pour celui { qui a traité et refuse de donner suite sans cause légitime, / de traiter d'une autre charge

Les notaires ne doivent pas admettre

un clerc à leur étude { sans savoir { du dernier notaire où il était / s'il n'est reprochable en rien } / sans le consentement { du notaire de chez lequel il est sorti, ou / des syndics, en cas de refus par ce notaire } } Statuts des not. de Paris, 1681, 1708, 1711

le maître-clerc { sortant d'une étude dont le titulaire est remplacé depuis moins de trois mois / sans le consentement du successeur ou des syndics

---

(1) *V. les tablettes sur la discipline.* — (2) *V. les tablettes sur la responsabilité.*

ORGANISATION

STAGE

La continuité du stage — jusqu'à la demande du certificat de moralité et de capacité / n'est pas — dans les conditions prescrites par la loi — ni / exigée au ministère de la Justice } Sol. J. N., art. 10,844

Seulement — lorsque la fin du stage remonte à une époque trop éloignée / on demande des explications à l'aspirant sur l'emploi de son temps

En cas de maladie — dûment justifiée / il n'y a pas interruption de stage — dans le sens légal de ce mot / l'aspirant ne perd pas le bénéfice du travail antérieur à sa maladie ; mais / le temps { pendant lequel la maladie a duré / ne peut jamais être compté dans la supputation totale du stage (1) } Déc. min., 9 juillet 1847

Le temps passé à l'École de Droit — n'est point considéré comme une interruption du stage notarial / lors même que ce stage a cessé complètement pendant que l'aspirant suivait le cours } Déc. min., 10 décembre 1843

Le service militaire est une interruption qui ne préjudicie pas aux aspirants | Déc min., octobre 1831

Un aspirant peut obtenir sa nomination — nonobstant une lacune ou interruption de son temps d'étude / lorsqu'il donne des explications satisfaisantes sur les causes de l'interruption } Inst. min., 2 mars 1841

Les interruptions de stage ne sont opposées — en général — qu'aux candidats qui ne se sont livrés à aucun travail utile | Sol. Journ. du Not., n° 1189

Les greffiers de justice de paix — sont au nombre des fonctionnaires de l'ordre judiciaire qui / peuvent obtenir la dispense du stage notarial } Ord., 31 janvier 1836

Les maires, titulaires ou adjoints — sont au nombre des fonctionnaires de l'ordre administratif pouvant obtenir la même dispense — Sol. Journ. Not., n° 1206

La dispense de stage n'est point accordée — à un maire — s'il ne justifie d'ailleurs de sa capacité | Déc. min., 24 août 1846 / à un receveur d'enregistrement | Déc. min., 14 juillet 1849

Un licencié en droit ne peut prétendre (2) — à la réduction de stage notarial accordé par la loi aux { aux avocats plaidants et / défenseurs, c'est-à-dire { aux avoués } Déc. min., 1er juin 1835

Le stage non inscrit — conformément à l'ordonnance du 4 janvier 1843 / n'est pas nul de plein droit / peut être prouvé par l'aspirant par tels moyens qu'il juge convenables / L'administration se réservant d'examiner { les justifications / avec une attention spéciale } Déc. min., 25 janvier 1844

Une Chambre ne peut refuser — à un aspirant — le certificat de moralité et de capacité / par le motif qu'il ne s'est pas fait inscrire avant le 1er avril 1843, conformément / à l'ordonnance du 4 janvier / que le stage fût complet ou non à l'époque de la publication de l'ordonnance } Sol. J. N., art. 11,852 / V. 11,885 — Déc. min., 15 décembre 1843, 25 janvier 1844

Le stage — ne peut être fait utilement que chez un notaire en plein exercice / ne compte pas quand il s'agit de travail chez un ancien notaire / peut être déclaré inadmissible { lorsqu'un aspirant a travaillé dans une étude, en dehors du nombre de / clercs qu'elle peut régulièrement employer

Le temps de travail — moindre de trois ans / passé dans une étude de première ou de deuxième classe / ne peut être compté { double à un aspirant / pour être admis à exercer dans la troisième classe } Déc. min., 2 décembre 1843

L'aspirant — ne peut être admis { si { pendant l'une des deux dernières années de son stage / il n'a eu que le titre de premier clerc adjoint / la loi ne reconnaissant pas ce titre } Déc. min., 10 janvier 1841

qui a travaillé { pendant trois mois dans une étude de première classe / — deux ans comme premier clerc dans une étude de seconde / réunit les conditions de stage nécessaires pour être notaire de deuxième classe } Déc. min., 15 novemb. 1843

qui a passé dix ans { dans une étude de deuxième classe, dont cinq en qualités de premier clerc / satisfait et au-delà aux dispositions de la loi de ventôse — et / peut devenir notaire de première classe, sans avoir été clerc de cette première classe } Déc. min., 2 août 1844.

Un second clerc dans une étude de Paris — n'ayant aucun privilège sur ceux des départements / ne peut être { assimilé à un premier clerc / ni / nommé aux fonctions de notaire } dans une autre résidence (3) } Déc. min., 10 mai 1840.

Un notaire — exerçant depuis treize ans dans une étude de troisième classe / ne peut être nommé { dans la première classe / si son stage primitif est insuffisant } Déc. min., 28 septembre 1845 (4)

La Chambre de discipline — n'est pas juge { des questions de stage et / des autres questions que peuvent présenter les justifications des aspirants / est seulement appelée à émettre un avis / ne peut donc refuser de délibérer toutes les fois qu'une demande est sérieuse et quand il ne / s'agit pas d'un obstacle insurmontable } Sol. Journ. Not., n° 1,300

---

(1) *Quand la maladie n'est pas extraordinairement durable, les certificats des patrons ne mentionnent jamais l'interruption du stage.*

(2) *Il en est de même des docteurs. — « La plus savante théorie ne suffirait pas pour faire un bon notaire : il faut aussi une pratique assidue, pour apprendre les formes, pour connaître les lois relatives, pour exprimer avec clarté des conventions qui se diversifient à l'infini ; pour éviter des piéges qui sont trop souvent tendus à la bonne foi.*
Chaque profession a ses règles, celle du notaire a de plus son style particulier : l'habitude seule peut donner ce genre d'instruction.
Un des plus grands avantages du stage doit être aussi d'aider les candidats à se bien pénétrer de l'esprit de la profession.
Il est utile, il est nécessaire que dans chaque profession il y ait un esprit de l'état ; il excite l'émulation, honore le cœur, élève l'âme. — Lorsqu'un homme estime sa profession, il sait prendre les moyens de se faire estimer lui-même. » (Tribun. Jaubert. — Discours sur la loi de ventôse.)

(3) *Le J. N. dit que l'opinion contraire avait été admise précédemment au Ministère. — V. loi de ventôse, art. 41.*

(4) *Le J. N., art. 12626, établit que c'est contraire à l'esprit de la loi et à un usage antérieur. — V. Journ. du Not., n° du 26 janvier 1856. (Droit notarial, questions diverses.)*

ORGANISATION
OFFICES — TRAITÉS (1)

Est nul { comme contraire à l'ordre public / le traité secret portant cession d'un office de notaire à un aspirant qui n'a pas encore l'âge requis } **Cass., 6 novembre 1855**

Un office ministériel { n'est pas au nombre des choses { qui sont dans le commerce / qu'on peut vendre aux enchères publiques } } **C. Limoges, 10 nov. 1830, C. Amiens, 2 av. 1845 — Jurisp. ministère de la Justice (2)**

La charge d'un notaire { ou autre officier { ne peut être { ni saisie ni vendue aux enchères } **C. Caen, 12 juill. 1827** / à la requête des créanciers du titulaire { qui ont { seulement le droit d'exercer une action sur le prix ou l'indemnité dû par le successeur } **C. Limoges, 10 nov. 1830** } } }

Le traité de cession {

constitue { une obligation de faire — qui { pour chacune des parties (spécialement pour le cessionnaire) **C. Rennes, 1ᵉʳ février 1834** / en cas d'inexécution se résout en dommages-intérêts (3) **C. Amiens, 2 avril 1845 C. Rouen, 22 décembre 1849** } }

ne peut { avoir lieu avec pacte d'association pour l'exploitation de l'office / sous peine de nullité radicale du pacte (4) qui ne saurait autoriser { même de la part des tiers aucune action utile } **Cass., 6 déc. 1852** }

oblige { de plein droit le cédant / à ne rien faire qui puisse { porter atteinte aux avantages résultant de la clientèle par lui transmise au cessionnaire } }

ainsi le cédant est passible { de dommages-intérêts envers son successeur s'il a détourné la clientèle de l'étude / s'il a rédigé { moyennant salaire des actes sous seings privés dans la résidence du successeur } } **Trib. Savenay, nov. 1838**

peut maintenant stipuler la réserve { par le vendeur de ses recouvrements { et les anciens titulaires qui avaient cédé leurs recouvrements sous l'empire de la jurisprudence antérieure et qui désireraient aujourd'hui (d'accord avec leurs successeurs), en reprendre la propriété, peuvent y être autorisés par décisions spéciales } } **Inst. min., 3 nov. 1848 (5)**

— et la réserve des recouvrements { faite dans le traité de cession d'un office de notaire comprend les honoraires des testaments et des donations éventuelles qui ne se perçoivent qu'au décès } **C. Dijon, 21 nov. 1857**

peut être résolu, quand le cessionnaire { étant lui-même titulaire d'un autre office { dans un délai moral | apprécié par la prudence des juges n'a pas rempli les conditions et formalités nécessaires à sa nomination } / n'a pas { dans un délai raisonnable présenté et fait agréer un successeur pour cet office, et } / s'est mis ainsi dans l'impossibilité d'obtenir une nouvelle nomination } **C. Bordeaux, 14 avril 1853**

}

Le titulaire ne peut { après avoir donné sa démission / la retirer et se soustraire ainsi à l'exécution du traité } **C. Paris, 14 janvier 1845**

La cession d'un office {

faite en vertu d'une procuration — est valable et obligatoire

ne peut être valablement faite que par le titulaire, ses héritiers ou ayant-cause

ne peut l'être par un tiers { non pourvu de l'office — mais qui se prétend cessionnaire de la faculté de présentation }

est nulle { étant faite par un titulaire destitué / lors même qu'elle est antérieure à la date de la destitution } **C. Riom, 10 février 1845**

est toujours faite sous une condition suspensive : { la nomination — et l'entrée en fonctions } du cessionnaire

peut être faite { sur le consentement de la majorité des héritiers du titulaire décédé / quand le candidat qui se présente n'a pu réunir tous les héritiers } **Déc. min., 23 mai 1846**

n'est point admise { par le ministère de la justice / quand elle a lieu par contrat de mariage / devant être distincte de ce contrat (6) } **Déc. min., 2 janvier 1846**

}

En cas de refus { de nomination du cessionnaire d'un office motivé sur son insolvabilité (annoncée par lui) / il y a lieu { non pas d'ordonner la revente aux risques et périls du cessionnaire — mais d'impartir au vendeur un délai pour déterminer la nomination — et, à défaut, de condamner l'acquéreur à des dommages-intérêts } } **C. Paris, 15 juillet 1851**

Est inadmissible { dans le traité — la clause portant que { si l'aspirant n'obtient pas sa nomination dans un délai déterminé le traité demeurera nul et sans indemnité } } **Déc. min. de 1843**

Le cessionnaire { d'un office de notaire { est passible de dommages-intérêts envers le cédant / lorsqu'il { refuse de retrancher du traité une clause rejetée par l'administration / rend ainsi la nomination impossible } } } **C. Paris, 18 nov. 1843**

Il ne peut être rien changé { par des stipulations particulières, dépourvues de l'approbation administrative / aux conventions intervenues avec cette approbation — en matière de cession (7) }

---

(1) *Sous la loi du 29 septembre 1791, les charges de notaire n'étaient point vénales ; elles s'accordaient au concours, lequel était public et comportait un examen sur le droit. — Autrefois les offices étaient immeubles. Aujourd'hui ce sont des meubles incorporels. (Dalloz, Toullier, Roll. de Vill.)*

(2) *Notamment une décision ministérielle du 28 avril 1834. — Cependant une charge de notaire du canton de Vorey (Haute-Loire) fut annoncée à vendre aux enchères publiques, en 1851 ; et ce fait est à notre connaissance personnelle.*

(3) *Jurisprudence constante.*

(4) *Comme contraire à l'ordre public.*

(5) *Les cédants peuvent donc, à leur volonté, vendre ou réserver les recouvrements.*

(6) *« Attendu que ce contrat, n'étant susceptible d'aucune modification, pourrait mettre obstacle au contrôle du Gouvernement. »*

(7) *On voit au Journ. du Not., nᵒ 1230 (au Bulletin d'enregistrement) qu'un procureur impérial refusa l'exécution du traité d'une étude de notaire, par le motif (outre celui existant à l'égard du prix de cession) que les moyens pécuniers du candidat et sa position de fortune n'étaient pas suffisants pour acheter cette charge. — Ce triste système, pris absolument, fermerait la carrière à l'aspirant sans fortune, lors même qu'il réunirait à la capacité l'ordre et l'économie, sans lesquels, cependant, se ruinent les notaires ayant, eux, la faveur de la richesse. — En présence de tels refus, les candidats devront recourir à l'administration centrale.*

ORGANISATION

OFFICES (1) — PRIX — CONTRE-LETTRES — RÉDUCTION

Les traités secrets
en matière de cession d'office
sont entachés d'une nullité absolue — et
ne peuvent servir de base à aucune espèce de convention — *Cass., 10 mai 1854*

La nullité d'une contre-lettre
qui augmente le prix d'un office
est d'ordre public ·
peut conséquemment être proposée, malgré { toute renonciation ou déclaration contraire
peut être demandée pendant 30 années : l'action ne se prescrivant que par ce délai — *C. Rouen, 26 décembre 1850*

Les intérêts de la somme | sont dûs { non-seulement du jour du paiement / mais du jour de la demande

L'acquéreur d'un office
est fondé { à demander la réduction du prix porté au traité de cession dans le cas où les produits ont été exagérés par le cédant / sans que l'on établisse { à la charge de ce dernier / la preuve de manœuvres frauduleuses — *C. Bourges, 18 janvier 1853 (2)*
peut { demander la réduction du prix convenu / à raison de circonstances inconnues de lui au moment de la cession — *C. Bordeaux, 22 décembre 1855 (3)*
peut obtenir la diminution du prix { lorsqu'il n'a été fixé que d'après des indications frauduleuses du vendeur / par application de l'art. 1641 du Code Napoléon — *C. Paris, 28 janvier 1848*
ne peut demander une réduction { pour cause d'erreur sur l'importance du produit annuel de l'étude acquise — *C. Bordeaux, 20 mai 1848*

Le vendeur d'un office
qui a reçu, à titre de pot de vin ou d'épingles, une somme en sus du prix ostensible
doit restituer cette somme et les intérêts du jour où elle a été payée
(ce paiement étant réputé de plein droit frauduleux, il n'est pas nécessaire que la mauvaise foi du vendeur soit constatée) — *Cass., 31 janvier 1854*

L'action
exercée par l'acquéreur d'un office ministériel
en restitution du supplément du prix stipulé par une contre-lettre
repose exclusivement sur l'art. 1235 du Code Napoléon et non sur l'art. 1382 relatif aux quasi-délits

Le consentement
du successeur | au paiement de ce supplément de prix
constitue d'ailleurs de sa part un fait répréhensible et
le rend non recevable à demander des dommages-intérêts contre le vendeur
(il n'a droit qu'à la restitution du supplément de prix) — *Cass., 21 déc. 1853*

Les paiements { faits en vertu d'un traité secret, au-delà du prix ostensible / sont nuls et sujets à répétition ou imputation sur ce prix } les héritiers du cédant { quoique mineur et de bonne foi / doivent { les intérêts des sommes indûment payées à compter du jour de ces paiements — *Cass., 28 mars 1856 / C. Rouen, 19 juin 1856 / Cass., 10 juin 1857*

— L'imputation se fait { sur les intérêts du prix / ensuite sur le capital — *C. Paris, 11 juin 1849*

Une contre-lettre
en matière de transmission d'office
qui { au lieu d'imposer à l'acquéreur des charges en dehors du traité / lui assure, dans un cas déterminé, la diminution du prix stipulé } est valable — *C. Paris, 11 décembre 1849*

Le ministère de la justice a le droit
de rejeter un traité de cession dont le prix lui paraît trop élevé et
d'indiquer aux parties la réduction qui lui semble en rapport avec les produits de l'office

Mais le titulaire cédant est libre
de son côté
de refuser la réduction imposée et de continuer l'exercice de ses fonctions — *Sol. Journ. Not., nᵒ 1300*

L'action en réduction
pour cause de dol et de fraude
est opposable aux créanciers du cédant comme au cédant lui-même — *Cass., 8 février 1858*

Peut être rejetée
la demande en réduction formée pour exagération des états de produits soumis à la chancellerie
par les motifs { que le prix de l'office avait été porté dans le traité à sa véritable valeur / que les exagérations frauduleuses { n'avaient point indispensablement entraîné l'approbation du ministre / étaient l'œuvre commune des parties contractantes — et / n'avaient occasionné aucun préjudice à l'acquéreur de l'office — *Cass., 10 mars 1857*

Les tribunaux
peuvent { en l'absence même de la lésion du droit commun réduire le prix de la cession d'un office / en se fondant sur cela seul que la déclaration des produits de l'office aurait été erronée et frauduleuse — *Cass., 13 décembre 1853*
sont incompétents pour statuer { sur une demande en réduction de l'indemnité imposée au notaire nommé à un office vacant par destitution
la fixation de cette indemnité constitue { en faveur des créanciers du précédent titulaire / un droit dont les juges ne peuvent refuser l'exécution — *Cass., 5 février 1855*

---

(1) *Les offices se rattachant au ministère de la Justice étaient en 18 au nombre de 28,248, dont : avocats à la Cour de Cassation, 60; notaires, 9,624; avoués, 8,419; greffiers, 3,559; huissiers, 7,826; commissaires-priseurs, 423. — Les charges se rattachant au ministère de l'Agriculture et du Commerce s'élèvent à 897, — Total 29,145 — soit 30 mille. — En ne portant en moyenne chaque office ou charge qu'à 20,000 fr., c'est un capital de 600 millions. (Évaluation faite à l'Assemblée nationale dans la séance du 28 décembre 1848). — Dans la séance du 3 février 1838, à la Chambre des Députés, cette évaluation fut portée à 1,200 millions. L'assurance des offices en compte la valeur à un milliard.*

Il y avait en 1850, 9,824 notaires en exercice : { 411 *de première classe.* / 1,430 *de seconde.* / 7,983 *de troisième.*

Nombre en 1854 . . . . 9,730 — nombre en 1855 . . . . 9,669 (— Voir la tablette suivante).

(2) *La Jurisprudence est généralement contraire à cet arrêt, notamment : Cass., 17 mai 1832; Bordeaux, 20 mai 1848; Trib. Montargis, 31 août 1849.*

(3) *Mais on ne peut considérer comme inconnue de lui la déconfiture de l'ancien titulaire amenée, non par des opérations clandestines, mais par de nombreuses dettes civiles parfaitement notoires au moment de la cession. (Même arrêt.)*

ORGANISATION

OFFICES — PRIX — PRIVILÉGE — PAIEMENT

Pour l'évaluation { d'un office de notaire dont un des successibles doit le rapport à ses co-héritiers / il faut prendre { le quart { le chiffre moyen des actes et celui de leur produit / du revenu ainsi fixé qu'on capitalise à 5 0/0 } et ce capital forme la valeur } C. Agen, 27 juillet 1843 (1)

Les contestations { qui s'élèvent pour la fixation et le paiement du prix sont du ressort des tribunaux } C. Riom, 5 juillet 1851

Le vendeur non payé d'un office, a { en cas de démission forcée de son successeur / un privilége sur le montant de l'indemnité { imposée { par le Gouvernement au nouveau titulaire } CC. { Nîmes, 13 mars 1851 / Besançon, 4 janvier 1853 / Bourges, 21 mars 1854

Lorsqu'un tribunal a provoqué { sur une poursuite disciplinaire la destitution d'un officier ministériel

Cette décision { diminuant la valeur de l'office / rendant sa transmission plus difficile / compromettant le privilège du précédent titulaire / dès avant l'approbation du Garde-des-Sceaux à la mesure disciplinaire

Ce dernier peut { faire prononcer en justice { la déchéance du terme pour la portion du prix de l'office restant due } Cass., 8 août 1854

Le cessionnaire { d'un office ministériel / qui a obtenu de son vendeur terme et délai pour le paiement / ne peut { en cas de revente du même office / toucher du nouvel acquéreur { une partie du prix au préjudice du privilège du vendeur originaire } / doit être déchu du bénéfice du terme } C. Amiens, 27 août 1844 / Trib. Seine, 6 octobre 1855

Le privilège du vendeur d'un office | ne cesse pas d'exister par la revente qu'en fait l'acquéreur

L'opposition { formée par le vendeur créancier du prix de l'office sur la totalité de ce prix / conserve { les droits du cessionnaire subrogé pour une partie de la créance / alors même que le vendeur subrogeant aurait reçu ce qui lui restait dû personnellement } Cass., 20 janvier 1857 / Sol. Journ. Not., n° 1285

— Ainsi le solde { du prix dû par le second acquéreur / sera mal payé à la faillite du 1er vendeur au préjudice des droits du subrogé conservés par l'opposition / est éteint par la destitution de son successeur

Le privilége du vendeur d'un office { conséquemment l'indemnité { imposée { par le Gouvernement / à celui qui remplace un notaire destitué / pour être distribué à qui de droit } / ne peut être considérée { ni comme le prix de l'office / ni comme la propriété du titulaire destitué } / appartient à la masse des créanciers, et la femme ne peut même y prétendre pour ses reprises matrimoniales } Cass., 8 décembre 1852 / C. Paris, 7 août 1855

Le vendeur d'un office { qui a subrogé dans son privilège le prêteur de son cessionnaire / lui doit garantie dans le cas où le privilége est perdu par suite de la destitution de l'acquéreur } C. Rennes, 21 juillet 1847

Le vendeur non payé d'un office { ne peut exercer son privilège { sur l'indemnité accordée par le Gouvernement après la destitution de son successeur } C. Paris, 26 février 1853 / peut réclamer { sur le prix de la vente de cet office / le privilège établi par l'art. 2102 du Code Napoléon } Cass., 16 février 1831 — 21 janvier 1843 — 13 juin 1853 / ne peut { exercer ce privilège que sur le prix dû par le successeur immédiat / l'étendre sur le prix des autres ventes successives (2) } C. Paris, 25 février 1854 / ne peut réclamer de privilège { pour la portion de prix lui restant due / sur l'indemnité imposée au titulaire nommé en remplacement du successeur destitué } C. Paris, 25 décembre 1853

La caution solidaire de l'acquéreur d'un office { lorsqu'elle a payé une partie du prix / est subrogée à tous les droits du vendeur { notamment à son privilège } / doit primer { conséquemment jusqu'à due concurrence les autres créanciers } Cass., 1er août 1853

Les créanciers du titulaire d'un office { ne sont pas ses ayant-cause dans le sens de l'art. 91 de la loi du 28 avril 1816 / ont action { non sur l'office lui-même et le droit de présentation qui en dépend — mais seulement sur l'indemnité qui en est le prix ou l'équivalent } Cass., 23 mai 1854

Est valable le paiement { fait par anticipation du prix d'un office d'un notaire / lorsqu'il { n'est entaché d'aucune présomption de fraude / n'existait d'ailleurs { à l'époque du paiement / aucune saisie-arrêt entre les mains du cessionnaire } } Trib. Châteaudun, 14 août 1846

L'action résolutoire — faute de paiement du prix convenu — n'a pas lieu en matière de cession d'office | C. Riom, 29 août 1844

Tous les notaires ont reçu au total {
en 1850 — 3,222,911 actes de toute nature. — En moyenne, 328 chacun. (La moyenne pour chaque notaire était de 365 en 1847, soit un acte par jour.)
en 1851 — 3,173,135 actes de toute nature.
en 1852 — 3,350,813 — — —
en 1853 — 3,491,327 — — —
en 1854 — 3,662,389 — — — En moyenne, { 376 actes par chaque notaire. / 102 — — mille habitants.
en 1855 — 3,614,702 — — —
} *Rapports ministériels.*

Le nombre moyen annuel des actes notariés a été { de 3,464,907 — de 1841 à 1845. / de 3,256,286 — de 1846 à 1850.

Dans les campagnes on compte ordinairement un acte par deux ménages.

Si la population pouvait être répartie également entre eux, chacun des notaires de France en exercice instrumenterait pour 3,842 habitants, et recevrait, à 100 actes par mille âmes, taux des meilleures années, 364 actes par an, moyenne de 1847.

Le nombre des mutations qui se sont opérées en 1850, dans les offices de notaires, s'élève à 537.

Ce qui { représente environ la 18e partie du nombre des notaires, / donne par conséquent une mutation par 18 notaires — et / porte à 18 ans l'exercice moyen de chacun de ces fonctionnaires. } *Rapport ministériel.*

(1) Cette base correspond au taux de 20 p. 0/0. — La moyenne adoptée aujourd'hui par la chancellerie est à 12 p. 0/0 net du produit moyen des cinq dernières années ; elle se calcule aussi par huit fois ce produit moyen net (ce qui donne 12 50 p. 0/0), et se guide encore sur le montant ordinaire des droits d'enregistrement. — Ce taux fut longtemps à 10 p. 0/0 brut. La chancellerie apprécie l'ensemble des circonstances pour la fixation du prix qui varie en conséquence et le 12 0/0 est plutôt un minimum qu'une base ordinaire.

(2) Il le peut quand il y a eu délégation à son profit, par le deuxième acquéreur, et accomplissement des formalités voulues. (V. J. N. art. 15780.)

ORGANISATION

PRÉSENTATION ET DÉMISSION (1)

Les offices constituent { par le droit de présentation des successeurs / une propriété civile } C. Riom, 5 juillet 1851

C'est aux titulaires des offices qu'appartient d'abord la faculté de présentation | J. N.

Le droit de présentation est essentiellement personnel aux titulaires et aux héritiers | J. N.

Pour être titulaire, il faut non-seulement être nommé, — mais aussi installé)
La nomination ne confère que le droit de se faire recevoir et installer } Déc. min., 25 janvier et 24 février 1832
L'installation confère le droit en l'office)

L'officier {
- nommé à un titre gratuit par suite d'une création
- a le droit { de disposer de son office / aussi bien que le titulaire nommé sur présentation
- — parce que cette faculté résulte { non pas du paiement fait au prédécesseur — mais / du versement du cautionnement exigé par la loi de 1816

Les créanciers ont action { non sur l'office lui-même et sur le droit de présentation, mais / seulement sur l'indemnité qui en est le prix ou l'équivalent }

— conséquemment { dans le cas où les héritiers { du titulaire d'un office / négligent ou refusent de présenter un successeur } · } Cass., 23 mai 1854 / un créancier du titulaire décédé ne peut être subrogé dans l'exercice du droit de présentation

Un aspirant { qui n'est présenté que comme intérimaire / ne peut être nommé aux fonctions de notaire } Déc. min., 31 juillet 1843 (2)

Le notaire {
- en exercice
- qui se rend cessionnaire d'une autre étude
- ne peut { être pourvu de ce nouveau titre, qu'après avoir { présenté et / fait agréer } un successeur (3) } Déc. min., 8 septembre 1845
- à moins qu'il préfère { donner sa démission pure et simple de son ancienne étude / en renonçant { autant que besoin serait / à toute indemnité pour sa transmission

En cas {
- de refus par les héritiers d'un titulaire d'office, de présenter un successeur — ou / de négligence de leur part à faire cette présentation
- le vendeur de l'office { non payé d'une partie du prix / peut être subrogé au droit que les héritiers { refusent ou / omettent } d'exercer } C. Paris, 23 août 1852

Lorsque { après avoir cédé son office / un notaire refuse sa démission au cessionnaire } celui-ci n'a d'action { devant les tribunaux / qu'en dommages-intérêts / contre le cédant / pour défaut d'inexécution du traité } C. Aix, 5 janv. 1830

La déclaration { faite par un notaire — que sa démission est gratuite / ne suffit pas pour la nomination du successeur désigné } il faut produire un acte en forme de donation } Déc. min., 20 mars 1844

La démission du titulaire d'un office de notaire }
Et la présentation de son successeur } ne peuvent émaner que de sa propre volonté { C. Agen, 6 janvier 1836

Le notaire {
- qui donne sa démission
- doit la faire { pure et simple / sans condition } le Gouvernement n'en acceptant pas d'autre } Circ. min., 19 mars 1805
- qui a donné sa démission purement et simplement / n'est pas admis à la retirer lorsque l'administration lui a fait connaître qu'elle était acceptée { Déc. min., 9 janvier 1837 / Ord., 30 mars 1838

Le notaire démissionnaire {
- en faveur d'un successeur { continue ses fonctions, lorsque ce successeur a été révoqué / faute de prestation de serment } Ord., 23 juin 1832
- en faveur de ses collègues { doit continuer ses fonctions et conserver le dépôt des minutes / jusqu'à ce que sa démission ait été acceptée } Déc. min., 10 août 1833

Le remplacement d'un notaire destitué { a lieu sur une liste de candidats présentés { dans l'ordre de mérite / par la chambre de discipline, le procureur impérial et / le procureur général }

Chacun de ces aspirants doit prendre { avant de subir son examen / l'engagement de consigner, en cas de nomination, l'indemnité due aux créanciers }

La suspension du notaire { quelle que soit sa durée / ne l'empêche pas de disposer de son office }

Le notaire {
- condamné à une peine correctionnelle
- conserve la disposition de son office — si la destitution n'est pas ensuite prononcée judiciairement
- déclaré démissionnaire — conserve la faculté de présentation | Déc. min. 1835-1836-1837 } Dict. Not.

Lorsque { il existe contre un notaire une prévention de nature à entraîner sa destitution / des poursuites ont été ordonnées en conséquence } Déc. min., 1819-1831-1837

— on considère comme suspendu pour ce notaire l'exercice de la faculté de présentation

---

(1) On a, à diverses reprises, demandé la loi complémentaire annoncée par celle du 28 avril 1816, art. 91, et qui doit régler, pour les titulaires et leurs héritiers, l'exercice du droit de présentation des successeurs ; on a pétitionné aussi pour obtenir la fixation légale du prix des offices, et des rapports ont été faits et renvoyés en 1831 au ministère de la Justice, mais tout est resté infructueux, et la Jurisprudence continue seule de gouverner la matière. — V. J. N., articles 3682, 9911, et le volume de 1839, second semestre, pages 257, 321. — V. au Journ. du Not., n° du 9 avril 1856, le remarquable article de M. Chauveau qui dit : « Quand tous les officiers ministériels voudront qu'une loi, une loi protectrice de leur propriété soit faite, cette loi sera faite. » (— Voir la tablette suivante).

(2) Le J. N. observe qu'autrefois on admettait les notaires intérimaires ou confidentiaires chargés de conserver une étude au fils d'un parent ou d'un ami, pour la satisfaction des familles ; — et il ne pense pas que la présentation de ces notaires puisse être proscrite d'une manière absolue.

(3) En cas de présentation immédiate d'un successeur, il est statué en même temps sur les deux demandes en nomination du notaire qui change et de son successeur. (Déc. min., notifiée le 1er janvier 1846.)

ORGANISATION

SUPPRESSION. — CRÉATION (1) — TRANSLATION

La suppression des offices est une expropriation { pour cause d'utilité publique / qui ne peut avoir lieu qu'à charge d'indemnité préalable } Dict. not.

Les héritiers { d'un notaire destitué et dont l'office a été supprimé / ont droit à une indemnité à raison de cette suppression } Déc. min., 9 décembre 1845 (2) — Arg. C. Lyon, 1er mars 1833

En principe, les questions { relatives aux indemnités à accorder aux héritiers des titulaires d'office supprimés / sont abandonnés à la prudence de l'autorité administrative }

L'administration exerce { sur les traités pour l'extinction d'une étude / le même droit de contrôle et de surveillance que sur les traités de cessionnaires } J. N.

L'obligation { de contribuer à l'extinction d'une étude / n'est pas personnelle au notaire qui l'a constatée / est une charge de son office, qui passe { lors de son décès / à son successeur et non à ses héritiers } } Déc. min., 14 août 1835 — Ord., 30 mars 1838

En général — l'extinction doit être immédiate — mais on admet des extinctions futures | Amiens, 31 juillet 1834 — Dict. not.

Il peut être valablement convenu { entre les notaires d'un canton / qu'une indemnité sera payée à celui d'entr'eux qui donnera volontairement / sa démission à l'effet d'opérer la réduction prononcée par ordonnance } Cassation, 4 juin 1835

Est licite le traité par lequel 4 notaires d'un canton acquièrent { l'office du 5e notaire / dans le but { ou d'en demander la suppression / ou { en cas de non suppression / d'exercer à la place du titulaire / le droit de présenter un successeur } } } Trib. Tarascon, 28 février 1840

Lorsqu'il y a extinction { du titre de notaire à effectuer dans un canton / l'indemnité { à payer au titulaire dont l'étude est supprimée / peut être { réglée d'office par l'administration / nonobstant le traité entre ce titulaire et ses collègues / si le prix de ce traité paraît trop élevé } } / l'administration détermine { en même temps / la part contributive de chacun dans l'indemnité } } Ord., 10 juillet 1845

Le notaire { dont l'office est à supprimer / a le droit de se substituer { au premier traité de cession d'un office conservé dans le même canton / à la condition de souffrir la suppression immédiate de son étude / mais ce droit de préférence lui est personnel ; il ne le transmet pas à son héritier } / nommé sur la production de deux titres et / qui a seul payé l'indemnité d'extinction de l'office supprimé — lorsque cette règle était admise / n'est pas tenu de contribuer à l'indemnité due pour l'extinction d'un autre titre dans le même canton } Inst. min., 2 mars 1841 — Déc. min., 29 octobre 1844 — Déc. min., 24 octobre 1844

Les extinctions de titres

Le règlement et la répartition { de l'indemnité { sont prononcés { par un décret spécial — ou / accessoirement à un décret de nomination } } } Dict. Not.

Le Gouvernement { après avoir fixé le nombre des notaires d'un canton par une ordonnance spéciale / a le droit { tant que ce nombre n'excède pas le maximum déterminé par la loi / de créer de nouvelles charges } / doit — dans ce cas — consulter la chambre des notaires sur le projet de création } Dissertation, J. N. 7403 — 2e

En cas { de création d'une étude (3) / ou / de translation de résidence } les autres notaires du canton { auxquels la création ou le changement porte préjudice / n'ont pas de droit à une indemnité } Déc. min., juin 1842

En cas de création de nouveaux offices — les anciens titulaires { auxquels cette création porte préjudice / ont droit à une indemnité } Ord., 26 août 1839 — Délib. du cons. gén. de la Seine, 21 nov. 1842

Il est dû en principe { une indemnité aux titulaires d'offices / toutes les fois qu'ils sont atteints dans leur propriété par une mesure générale } Sol. Journ. Not. 1322 (4)

Lorsque { une ordonnance a autorisé purement et simplement la translation { d'une résidence notariale / dans une autre commune } / — les tribunaux civils sont compétents pour statuer sur l'indemnité réclamée par les autres notaires du canton / en vertu d'une convention privée par laquelle le notaire { dont la résidence a été changée / s'était préalablement obligé à les dédommager / du préjudice que leur causerait cette mesure } } C. Rennes, 12 avril 1843

Toutes conventions { faites à cet égard — entre les parties / sont considérées comme non avenues par l'administration / — attendu qu'il n'est pas dû d'indemnité { soit pour le cas de création / soit pour le cas de translation } d'étude } Déc. min. 1842

Ces mesures sont déterminées par l'intérêt public, trop sacré pour être subordonné à des arrangements particuliers

Mais les conventions { conservent en justice leur forme exécutoire ; et les tribunaux seuls / sont compétents pour en apprécier l'existence et le mérite } Conseil d'État, J. N. 11,720

(1) V. la 45e Tablette.
Les Notaires devraient poursuivre avec persévérance, non-seulement ce règlement du droit de transmission des offices et la fixation de la base de leurs prix ; mais encore — le tarif légal des honoraires ; — la solution limitative de la responsabilité notariale, notamment quant aux mandats tacites pour la suite et les formalités conservatoires des actes ; — L'établissement d'une caisse de secours mutuels pour les notaires tombés dans le malheur et qui sont dignes d'appui — l'abrogation des art. 67 et 68 du C. de com. — Ils devraient veiller, avec vigilance, au maintien des droits du Corps entier, à tous égards. — Des notaires et plusieurs Chambres prennent de louables initiatives ; mais les vœux, les efforts isolés restent toujours impuissants ; — et il ne peut y avoir bonne direction et succès que par un comité général et permanent, à la condition de le composer de membres actifs ayant à cœur les améliorations qui sont nécessaires aux intérêts et à la parfaite organisation du Notariat.
(2) L'indemnité due pour un office supprimé se répartit, sur l'avis préalable de la Chambre et du Tribunal, entre tous les notaires du canton, à raison des avantages que chacun peut retirer de la suppression ; elle ne saurait être mise à la charge des notaires d'un canton voisin, quoiqu'ils profitent en fait de la suppression (Déc. min. du 13 juillet 1843. — Inst. précitée du 2 mars 1841). — Pour la contribution de l'indemnité de suppression, V. Journ. du Not. du 6 février 1856. (Questions diverses.)
(3) V. J. N., année 1839, second semestre, p. 193.
(4) L'administration n'accorde pas d'indemnité dans le cas de création ou translation d'un office, attendu qu'elles ont lieu dans l'intérêt public, par suite des mouvements de population.

ORGANISATION

INDICATION DES PIÉCES A PRODUIRE POUR ÊTRE NOMMÉ NOTAIRE

I. **EXPÉDITION** régulière de l'acte de naissance (1).

II. **CERTIFICAT** (par le Préfet ou Sous-Préfet) ou acte équivalent, constatant la libération du service militaire (2).

III. **CERTIFICAT** de bonnes vie et mœurs, par le Maire de la commune où réside le candidat.

IV. **CERTIFICAT** de jouissance des droits civils et civiques, délivré — séparément — par le même Maire.

V. **CERTIFICAT** de stage — résultant : soit d'un extrait du registre d'inscription aux chambres dans l'arrondissement desquelles a travaillé le candidat ; soit (s'il a négligé l'inscription prescrite) des certificats de ses patrons (3).

VI. **CERTIFICAT** de moralité et de capacité, par la Chambre de discipline, constatant l'avis du Procureur impérial.

VII. **DÉMISSION ET PRÉSENTATION** (4) { par le Notaire cédant ; — ou, s'il est décédé :

Expédition régulière de l'acte de décès.

Extrait d'intitulé d'inventaire ou acte de notoriété établissant que les cédants sont les seuls héritiers du titulaire.

Délibération du conseil de famille (quand l'un d'eux est mineur) approuvant le traité, homologuée par le tribunal.

Acte de présentation du candidat { par les héritiers ou par leurs représentants

VIII. **ACTE DE CESSION** enregistré (L. 25 juin 1841, art. 6,) (en 2 exemplaires, dont un sur papier libre et certifié par les parties, destiné au Parquet de la Cour.)

IX. **ÉTAT** des produits de l'ÉTUDE, durant les cinq dernières années { certifié par le cédant (5). visé par le cessionnaire.

— dont l'exactitude doit être attestée par le Receveur d'enregistrement pour { le nombre des actes reçus le montant des droits

X. **DÉCLARATION** du cédant — indiquant l'époque et le prix de l'achat de son office.

Au cas de révocation, il faut produire les trois pièces suivantes :

1° Une expédition de la décision prononçant la peine ;

2° Une expédition de la délibération du tribunal fixant la valeur de l'office ;

3° L'engagement par le cessionnaire de verser, quand et à qui il sera ordonné, l'indemnité représentant le prix. (Décision min. 9 octobre 1840.)

Pour la cession des offices dépendant de successions bénéficiaires, il faut procéder ainsi :

Les héritiers bénéficiaires doivent—ou présenter requête au Président du tribunal pour qu'il les autorise à vendre l'office, sans encourir aucune déchéance, au prix qu'il aura déterminé ; — ou — ce qui est préférable — s'adresser directement au Ministre, en le priant de pourvoir d'office à la place vacante, au prix qu'il lui conviendra de déterminer. Cette marche est suivie au Ministère de la justice. — (Sol. Journ. Not., n° 1292.)

Quand les héritiers d'un notaire sont en désaccord pour la présentation d'un successeur, il est procédé comme en matière d'acceptation sous bénéfice d'inventaire :

Le Ministre se réserve le droit absolu de nomination, et la fixation du prix de la charge,

Le Parquet accorde un délai à tous les héritiers pour s'entendre sur le choix d'un successeur, fixe la valeur de l'office et présente trois candidats. — (Journ. Not. n° 1320.)

XI. **REQUÊTE** ou demande — par l'impétrant — à Son Excellence M. le Garde des Sceaux.

XII. **INVENTAIRE** des pièces ; lesquelles doivent être { sur papier timbré (Déc. min. 28 juin 1849). légalisées pour toutes les signatures ; classées et numérotées dans l'ordre ci-dessus.

---

(1) *Il faut justifier ainsi que la majorité absolue (25 ans) est bien accomplie. — En aucun cas, il n'est accordé de dispense pour les notaires ; mais il n'y a pas de maximum d'âge. A défaut d'acte de naissance, il y est suppléé suivant l'article 46 du C. N.*

(2) *Voir lois des 21 mars 1862 et 3 février 1868.*

M. Greffier, Directeur des affaires civiles au Ministère de la justice et des cultes, dit dans la 2e édition (1865) de son ouvrage : DES CESSIONS ET DES SUPPRESSIONS D'OFFICES, cité à la bibliographie : « Nous ne saurions trop recommander aux aspirants de veiller avec grand soin à l'inscription régulière de leur stage sur les registres de la Chambre : ce n'est qu'avec une grande réserve et pour des cas tout-à-fait exceptionnels que la chancellerie admet, comme preuve du stage, les simples certificats délivrés par les Notaires chez lesquels l'aspirant a travaillé. »

(3) *Ceux qui ont exercé des fonctions administratives ou judiciaires, sont tenus de produire le décret de nomination à ces fonctions et un certificat de leur durée. La Chambre doit s'assurer de l'aptitude notariale de ces fonctionnaires. Si l'aspirant a été notaire, il est dispensé de toute justification de stage, mais non de l'examen dont la Chambre apprécie l'opportunité et que le Procureur impérial peut exiger. Il produit l'expédition du décret de sa 1re nomination et l'expédition du procès-verbal de sa prestation de serment.*

M. Greffier fait observer que le notaire en exercice ne peut se rendre acquéreur d'une autre charge avant d'avoir présenté un successeur ; mais que les deux dossiers de présentation peuvent être fournis et adressés en même temps au Garde des Sceaux.

(4) *La présentation est, bien entendu, séparée du traité. (Déc. min. 4 avril 1834.)*

(5) *Les produits de gestions de s. s. p. non déposés et autres émoluments étrangers aux actes ne peuvent figurer en cet état.*

ORGANISATION

FORMULES DES PIÈCES AUTRES QUE CELLES DONT LA RÉDACTION EST PRÉEXISTANTE.

CERTIFICAT N° 3.

Le maire de la ville (ou de la commune) de. . . , certifie que M. . . , aspirant au notariat, y demeurant, est de bonnes vie et mœurs.

A. . . . . . , le. . . . . 18. . .

CERTIFICAT N° 4.

Le maire de la ville (ou de la commune) de. . . , certifie que M. . . , aspirant au notariat, y demeurant, a la jouissance de tous ses droits civils et civiques.

A. . . . . . , le. . . . . 18. . .

DÉMISSION.

Par acte s. s. p :

Le notaire soussigné à la résidence de. . . déclare donner sa démission desdites fonctions et présenter, comme successeur, à l'agrément de l'Empereur, M. . . *(Prénoms, nom, qualité et demeure du candidat)* suivant la faculté accordée par la loi du 28 avril 1816, art. 91.

Le. . . . . 18. . . .

Par acte notarié :

Pardevant Me . . . .

A comparu :

Me. . . , notaire à la résidence de. . . ,

Lequel a déclaré donner sa démission desdites fonctions, et présenter comme successeur à l'agrément de l'Empereur, M. . . , suivant la faculté accordée par la loi du 28 avril 1816, art. 91.

Dont acte. — Fait et passé . . . .

PRÉSENTATION PAR LES HÉRITIERS.

Pardevant Me. . . . .

Ont comparu :

1° Mme. . . , épouse assistée et autorisée de M. . . , avec qui elle demeure à. . . ;

2° M. . . , demeurant à. . . ;

3° Et M. . . , demeurant à. . . .

Agissant, ce dernier, en qualité de tuteur datif de Melle. . . , enfant mineure ; fonction à laquelle il a été nommé suivant délibération du conseil de famille reçue et présidée par le Juge de paix du canton de. . . , le. . . ; et encore comme spécialement autorisé à l'effet des présentes aux termes d'une autre délibération prise devant le même magistrat, le. . . et homologuée par jugement du tribunal de. . . , le. . .

Mme. . . , M. . . et ladite mineure, seuls héritiers, pour chacun un tiers, de M. . . , décédé notaire à la résidence de. . . , ainsi que le constate l'intitulé de l'inventaire dressé le. . . , par Me. . . , notaire à. . .

Lesquels — en vertu de la faculté accordée par l'art. 91 de la loi du 28 avril 1816 — ont déclaré présenter à l'agrément de l'Empereur M. . . *(Prénoms, qualité et demeure)* comme successeur dudit feu Me. . .

Dont acte.

DÉCLARATION N° 10.

Le notaire soussigné à la résidence de. . . , déclare avoir acheté son office suivant traité sous seings privés, en date du. . . *(ou: passé devant. . .)*, moyennant le prix de. . . francs y stipulé.

Le. . . . . 18. . .

REQUÊTE N° 11.

A Son Excellence Monsieur le Garde des Sceaux, Ministre de la Justice.

Monsieur le Ministre,

Le soussigné *(prénoms, nom)*, aspirant au notariat, demeurant à. . . , a l'honneur de solliciter de Votre Excellence son admission en remplacement de Me. . . notaire à la résidence de. . .

Daignez agréer, etc.

INVENTAIRE des pièces justificatives produites par Me. . . pour sa nomination comme successeur de Me. . . , notaire à la résidence de. . .

(Suit l'indication et le n° respectif de chaque pièce).

ORGANISATION

FORMULES DES PIÈCES AUTRES QUE CELLES DONT LA RÉDACTION EST PRÉEXISTANTE.

ACTE DE CESSION.

PARDEVANT Mᵉ. . . et son collègue, notaires à. . . ., soussignés,

ONT COMPARU :

Mᵉ. . ., notaire à . . . . d'une part;

Et M. . . ., aspirant au notariat, demeurant à . . . . d'autre part;

LESQUELS ONT, par ces présentes, FAIT LE TRAITÉ SUIVANT:

M. . . . A CÉDÉ, sous la garantie de ses faits et promesses,

A M. . . ., ce acceptant,

SON OFFICE de notaire à la résidence de. . .

Et *(si l'on entend les comprendre en la cession)* les recouvrements des déboursés et honoraires qui lui seront dus lors de l'investiture du cessionnaire, à l'exception de ceux à compenser avec les sommes dont ledit Mᵉ. . . pourrait se trouver débiteur envers ses clients.

Sont compris en cette cession les meubles et objets mobiliers décrits et estimés en l'état que les parties ont dressé, certifié véritable et signé en présence des notaires; lequel est demeuré ci-annexé.

Pour, M. . . ., prendre possession du tout et avoir droit aux produits de l'étude, à partir de sa prestation de serment.

Le présent traité a lieu à la charge par les contractants, qui s'y obligent respectivement, savoir, (1).

De la part de Mᵉ. . . *(le cédant)* :

1ᵉ De fournir sa démission et de présenter M. . . . *(le cessionnaire)* comme successeur à l'agrément de l'Empereur;

2° De le présenter au même titre, tant à la chambre des notaires qu'à ses clients;

3ᵉ De lui remettre sur recolement et décharge après sa prestation de serment, le corps de minutes appartenant à ladite étude, les répertoires et tables, les registres de comptabilité *(si les recouvrements sont cédés)*, les brevets, grosses et expéditions.

Et de la part de M. . . . *(le cessionnaire)* :

1° De faire, sans retard, les démarches nécessaires à sa nomination;

2° De délivrer gratuitement, les grosses, expéditions et extraits dont les honoraires auront été payés au cédant, tenu ainsi au seul remboursement du timbre.

Ladite cession a pour prix la somme de. . .que M. . . .s'oblige à payer à Mᵉ. . . *(Mode de libération et du capital, et du service des intérêts, s'il est accordé terme. (2)*

DONT ACTE.

---

(1) *Stipulations interdites :*

Fixation d'un prix à forfait, ou prix indéterminé ; prix converti en une rente viagère, ou en immeuble, ou par échange d'office.
Fixation distincte d'un prix pour l'office et pour la clientèle.
Renonciation par le candidat à demander une diminution de prix pour quelque cause que ce soit.
Interdiction de céder avant le paiement intégral du prix.
    — *de rien toucher sur le prix de la revente de l'office avant libération entière du prix d'acquisition.*

Réserve par le cédant :
d'un droit quelconque sur l'office.
d'un privilège de vendeur sur l'office ou le prix, ou de l'action résolutoire.
d'un droit de retour sur l'office en cas de décès du successeur.
de minutes, pour effectuer des recouvrements.
des honoraires des testaments, donations ou autres actes de dernière volonté.
    — *laissant la faculté de s'immiscer* : *dans les affaires de l'étude.* / *après cessation des fonctions.*

Défense au successeur de communiquer les actes, de délivrer grosse ou expédition, avant paiement des frais.
Partage de bénéfices entre le cédant et le cessionnaire, soit sur le produit de l'étude, soit sur l'excédant du prix de revente.

Clause ou énonciation pouvant : *occasionner* : *une remise totale ou partielle du prix.* / *des contestations, des dommages-intérêts.* / *modifier ou empirer la position du cessionnaire.*

Clause de rétrocession...
Paiement exclusif, en or ou argent, nonobstant toutes lois contraires.
Paiement en billets à ordre ou effets négociables.
Paiement avant la prestation de serment d'une partie du capital ou des intérêts.
Compensations, délégations, promesses de délégations, ou autres clauses de nature à porter préjudice aux autres créanciers.
Dérogation quelconque à la règle administrative d'après laquelle l'entrée en jouissance du candidat ne peut avoir lieu qu'après sa prestation de serment.
Énonciation que le cessionnaire pourra disposer de l'office comme de chose lui appartenant.
Empêchement pour le cédant : *de traiter d'une autre étude de notaire dans le même arrondissement.* / *d'ouvrir une agence d'affaire ou s'y intéresser.*
Compromis par le cas de difficultés (lors même que l'arbitrage serait confié à une chambre de discipline.)

(2) *Les cautionnements, affectations hypothécaires et autres garanties, peuvent avoir lieu comme en matières de contrats ordinaires. — Le cédant peut y promettre de subroger l'acquéreur dans son droit au bail de la maison, siège de l'étude.*

ORGANISATION

ÉTAT DES PRODUITS (N° 9)

ÉTAT DES PRODUITS de l'office de Mᵉ . . . . . , Notaire à la résidence de. . . . .

Modèle prescrit par la Chancellerie aux termes d'une instruction du. . . . . **1863.** (*)

NATURE DES ACTES	Année 18. . . . (1)				Récapitulations pour les 5 années par nature d'actes			
	NOMBRE	DROITS d'enregis- trement	HONORAIRES	PRIX apport capital	NOMBRE	DROITS d'enregis- trement	HONORAIRES	PRIX apport capital
	1	2	3	4	1	2	3	4
Actes pour lesquels le prix, l'apport ou le capital devra être porté dans la colonne 4 — Adjudications volontaires d'immeubles.								
Ventes judiciaires d'immeubles.								
Ventes volontaires d'immeubles.								
Ventes mobilières.								
Baux								
Contrats de mariage								
Donations entr'époux								
Liquidations et partages. . . .								
Donations								
Obligations et transports . . .								
Actes de société								
Inventaires								
Testaments								
Actes divers								
Actes en brevet								
Totaux . . .								

Dépense annuelle de l'*Étude*,
comprenant :
1° le loyer . . . . . .
2° la patente . . . . .
3° les appointements des clercs . . . . . .
4° les menues dépenses
Total . . . . .

Le cinquième est de

La moyenne des honoraires
de chaque acte est de . .

Certifié véritable par le cédant,
Le. 18

Certifié exacte par le Receveur de l'Enregistrement,
en ce qui concerne le nombre des actes
et le montant des droits d'enregistrement
Le . . . . 18. . .

Vu par le Cessionnaire,
Le . . . . 18 .

(1) *Les 4 colonnes, comprises sous la tête année 18 . . . , doivent être reproduites cinq fois sur l'état, afin de représenter les cinq dernières années de l'exercice.*

(2) *La colonne 3 ne doit comprendre que le montant des honoraires provenant des actes reçus par l'excédant, et le montant des honoraires en second. — Les émoluments touchés pour gestions de biens ne peuvent y figurer.*

(*) Ce modèle est reproduit d'après le Journal des Notaires, qui le fournit comme le plus récent. Il diffère un petit peu de celui donné par M. Greffier, dans son ouvrage, édition de 1865 ; mais cette différence est sans importance.

ORGANISATION

CERTIFICAT DE MORALITÉ ET DE CAPACITÉ

Il faut être âgé de 25 ans accomplis — non-seulement pour être nommé aux fonctions de notaire, — mais pour obtenir de la Chambre de discipline le certificat de moralité et de capacité exigé par la loi — *Déc. min., 9 février 1847 (1)*

Le Gouvernement n'accorde pas de dispense d'âge aux individus âgés de moins de 25 ans qui se présentent pour être admis — *Déc. min., 9 janvier 1837 — 29 juillet 1843*

L'aspirant auquel la Chambre de discipline a refusé le certificat de capacité peut être examiné par le Procureur général et nommé notaire si son aptitude est attestée par ce magistrat — *Déc., min. 17 juillet 1845*

qui, après examen, n'a pas paru posséder une instruction suffisante, peut être ajourné, par la Chambre, à une époque déterminée pour se représenter devant elle et y être examiné de nouveau — *Délib. de la Chambre des notaires de Montpellier, 2 juin 1841 — Déc. min., même année*

La loi de ventôse n'assujettit pas les aspirants au notariat à la formalité d'un examen préalable — cette formalité paraît conforme au vœu du législateur, est observée dans la pratique; — mais n'est prescrite par aucune disposition légale — *Sol. J. N., art. 10799*

Les moyens d'appréciation de la capacité des aspirants demeurent à la disposition des Chambres de discipline — qui ne sont pas tenues de leur faire subir l'examen

La délibération de la Chambre portant refus du certificat de moralité et de capacité, ou ajournement de la délivrance ne lie pas l'autorité — *Mêmes délib. et déc. 1841*

— Et l'aspirant peut — nonobstant cette délibération — être nommé notaire

Le ministre de la Justice étant le juge suprême des demandes de nomination, — rien de ce qui contribue à éclairer sa décision ne peut lui être interdit

— Ainsi quand un aspirant refusé par la Chambre — prétend avoir été victime de prévention rien n'empêche le ministre de vérifier par lui-même ou par ses délégués au moyen d'un examen supplémentaire si en effet ce candidat est aussi peu capable qu'on le prétend — *Sol. J. N., art. 15258 (2)*

— Au contraire, le ministre ayant de justes sujets de croire qu'un candidat réellement incapable a été l'objet d'un certificat de complaisance a de même le droit de prescrire telles mesures de vérification qu'il juge convenables

Les conditions pour l'admission au notariat sont les mêmes à Paris que dans toutes les autres villes sièges de Cours impériales — La loi ne fait à cet égard aucune distinction — Les aspirants qui se présentent pour exercer à Paris les fonctions de notaire n'ont donc à justifier que des conditions exigées pour les art. 36 et suiv. de la loi de ventôse — Il n'existe aucune disposition de loi qui les oblige à produire en outre un diplôme de licencié en droit (3) — *Sol. Journ. Not.*

Le certificat de moralité délivré par la Chambre de discipline et exigé par la loi est indispensable — et n'a rien de commun avec les renseignements puisés par le Gouvernement à d'autres sources spécialement avec le certificat de bonnes vie et mœurs — *Déc. min., 1er oct. 1854*

Le certificat produit par un aspirant — n'est point admis, s'il a une date trop ancienne | *Déc. min., 23 mai 1846*

Le notaire en exercice depuis plus d'un an dans une résidence de troisième classe qui demande à être nommé notaire de deuxième n'est tenu de produire aucune justification de son aptitude ni de sa capacité — *Déc. min., janvier 1836* — qui demande à passer à une résidence d'un autre arrondissement, mais sans changer de classe, ne doit pas être à produire un certificat de capacité — ni astreint à subir préalablement l'examen de la Chambre, qui n'est pas fondée en ce cas à le lui imposer — *Sol. J. N., art. 9173*

L'obligation d'un nouvel examen en ce qui concerne un notaire en exercice doit être restreinte au cas où le notaire demande à être admis dans une classe supérieure alors il est un véritable aspirant soumis à la disposition de l'art. 43 de la loi de ventôse existe — à plus forte raison — à l'égard de l'ancien notaire qui demande sa réintégration (4) — *Même sol. de l'art. 9173*

Les anciens notaires peuvent être dispensés de l'examen qui atteste la capacité

— Mais non de la production du certificat qui porte sur la moralité et sur les convenances générales de l'admission — *Déc. min., 9 juin 1835, 27 décembre 1838 (5)*

---

(1) *Comme l'observe le J. N., art. 13198, il n'y a pas d'inconvénient à admettre à l'examen l'aspirant auquel il ne manque que quelques mois, puisque le temps de ces formalités le conduit à sa 25e année, et même au-delà, avant la nomination qui est seule entendue par la loi pour le terme de rigueur. — M. Roll. de Vill. dit : « Un candidat qui n'a pas encore l'âge requis peut néanmoins acquérir une charge : le traité n'est pas nul; son exécution n'est que retardée; mais il est bon de faire connaître le défaut d'âge pour éviter des difficultés.*

(2) *V. Dict. Not. — 4e édition. — Certificat de moralité et de capacité, no 172.*

(3) *On a souvent prétendu que les élèves en notariat devraient faire leur droit. — Le J. N. dit : « Les aspirants au notariat sont soumis à des études trop longues, trop difficiles, trop complètes, pour qu'ils aient le temps et qu'ils éprouvent le besoin de suivre des cours de droit; ce qui ne serait du reste praticable que pour ceux qui font leur stage dans des villes où se trouvent des Facultés. » V. art. 7574 — 9910.*
Lors de la discussion de la loi organique du 25 vent. an II, l'orateur du gouvernement avait dit : « Sans doute, qu'à la probabilité importante que procure le stage on ajoutera d'autres garanties d'instruction, lorsque les Écoles de droit seront rétablies et qu'on exigera, surtout du candidat qui se destinera à une place de première classe, des preuves d'étude et de savoir qui seront demandées à ceux qui devront remplir les autres fonctions judiciaires. »

(4) *En abdiquant ses fonctions, il a renoncé à tous les privilèges qui y étaient attachés (même solution). — (5) Question controversée.*

ORGANISATION [1]

CAUTIONNEMENT

Un notaire ne peut être admis { à prêter serment — ni / à être installé dans ses fonctions / s'il ne justifie du versement intégral de son cautionnement } Circ. min., 31 octobre 1836

Le cautionnement d'un notaire { doit être fixé d'après la population { de sa résidence constatée par le dernier recensement à l'époque de sa nomination }

— Mais les notaires { d'une résidence dont la population s'est accrue depuis leur nomination / ne peuvent être astreints à verser { un supplément de cautionnement à raison de cette augmentation } } Déc. min., 3 mai 1836 — 8 juillet 1843 — 5 septembre 1845

Le notaire { qui change de résidence / ne peut affecter { à sa nouvelle étude le cautionnement qu'il avait précédemment fourni } } Circ. min., 10 avril 1850

Les expéditions { des décrets portant nomination de notaires et autres officiers publics / relatent { le chiffre du cautionnement à verser par le titulaire pour la base de perception du droit d'enregistrement } } Déc. min., 28 juin 1839

Le privilége de second ordre { ne peut { appartenir qu'à celui qui a réellement fourni { au titulaire / les fonds de son cautionnement } / être attribué { par une déclaration postérieure du titulaire en faveur d'un de ses créanciers, quand c'est le titulaire lui-même qui, lors de son entrée en fonctions, a fourni de ses deniers les fonds de son cautionnement. Cette déclaration ne saurait d'ailleurs produire d'effet, soit comme opérant transport de cautionnement, soit comme acte de nantissement. } } Cass., 30 mai 1838 / C. Paris, 9 déc. 1852 [2]

Le bailleur de fonds d'un cautionnement { ne peut obtenir le privilége de second ordre sans une double formalité : 1° déclaration notariée de l'emprunteur ; 2° inscription de cette déclaration à la Caisse des dépôts et consignations } Cass., 19 juill. 1842, 4 déc. 1848

Le bailleur de fonds { du cautionnement d'un officier ministériel / ne peut pas réclamer { les fonds par lui avancés avant l'échéance du terme convenu } C. Riom, 29 août 1844 / n'est pas propriétaire de ce cautionnement / a seulement un privilége de second ordre } Cass., 17 juillet 1849

Le cautionnement d'un notaire | peut être l'objet d'un transport | C. Paris, 17 avril 1845, 7 juin 1851, 11 mars 1852

Les faits de charge { donnant lieu à un privilége sur le cautionnement des fonctionnaires / sont seulement les faits relatifs à leurs fonctions et pour lesquels leur ministère est obligé, et non les opérations résultant de la seule confiance accordée personnellement au fonctionnaire } C. Douai, 20 déc. 1849 [3]

Le fait par un notaire { de n'avoir pas employé { conformément à leur destination des fonds qu'il n'a reçus que pour un placement déterminé } / ne constitue pas un fait de charge { comportant pour le créancier un paiement par privilége sur le cautionnement } } Cass., 18 janvier 1854

La responsabilité d'un notaire { qui fait faire un mauvais placement à son client / ne constitue pas non plus un fait de charge } C. Paris, 11 mars 1852

C'est aux créanciers | pour faits de charge principalement qu'est accordée la garantie du cautionnement

— Mais le privilége { ne s'applique pas seulement aux condamnations que de simples particuliers auraient obtenues pour ces faits de charge .

La généralité des termes de la loi exige { qu'on l'étende encore aux condamnations que la régie obtiendrait contre les notaires pour droits d'enregistrement et d'amende [4]

— Attendu que les cautionnements { sont { dans la pensée de la loi / une sûreté { donnée à l'État aussi bien qu'aux particuliers contre les infractions des notaires } } } Cass., 1er janv. 1814, 25 juill. 1827, 1er mars 1852

(*Suite de la 2e note de la 51e tablette*).

Le Conseil de l'université, en 1814 eut, le projet de soumettre à la licence en droit les notaires de première classe, au baccalauréat, ceux de la deuxième et à la justification du certificat de capacité ceux de troisième classe. — Mais, bien que réitéré au commencement du règne de Louis-Philippe, ce projet n'eut pas de suite.

En 1837, le Conseil de l'Instruction publique, exprima l'opinion qu'il n'y avait pas lieu à l'établissement d'une chaire, dans les facultés de droit, pour l'enseignement du notariat, mais qu'il convenait d'établir l'obligation légale de gardes en droit pour les trois classes de notaire.

(1) *Le Journ. du Not., dans son n° du 22 mars 1856, en annonçant la mort de M. Rolland de Villargues, l'auteur de la Jurisprudence du notariat, fait les réflexions suivantes : « M. Roll. de Vill. avait appris à connaître, à apprécier, à estimer les notaires; il savait tous leurs pénibles travaux, toutes les difficultés, les dangers de leur profession, les contestations, les tracasseries, les injustices dont ils sont si souvent victimes; il les conseillait avec sagesse, avec prudence; il les défendait au besoin; il déplorait aussi cet esprit fâcheux d'antagonisme que bien des magistrats, en province, laissent subsister entre eux et le notariat, contre lequel ils gardent parfois des préventions mal fondées. Sous ce rapport, les notaires perdent en M. Roll. de Vill. un défenseur et un ami.... M. Roll. de Vill. exerçait la magistrature depuis plus de 40 ans, et l'on peut bien dire de lui qu'il a dû toute sa carrière, sa haute position à son mérite, à son travail... . Toute sa vie peut se résumer en ces trois mots, pris dans leur plus haute acception : Honnêteté, Simplicité, Travail. »*

(2) *Conformément à d'autres arrêts, V. J. N., art. 15302, arrêt de cassation du 16 avril 1855 sur la validité des formalités établissant le privilége de second ordre.*

(3) *Principe constant. — La Cour de Cassation l'avait jugé ainsi dès le 10 mai 1807.*

(4) *Alors même que les droits ne leur auraient pas été consignés par les parties.*

ORGANISATION

CHAMBRES — RANG DES NOTAIRES ENTR'EUX — PRÉSÉANCE

—————

I

LES CHAMBRES DE DISCIPLINE (1)

sont des établissements publics | Déc. min., novembre 1812

ont qualité pour intervenir en justice dans les affaires intéressant le notaires de leur arrondissement { C. Aix, 28 janv. 1832; Paris, 15 juin 1836 / Tours, 22 av. 1847; C. Rouen, 27 fév. 1859

chargées { par délibération de l'assemblée générale de faire l'acquisition d'un immeuble } doivent être autorisées par le Gouvernement }

n'ont pas besoin de cette autorisation — si, au lieu d'acquérir, il s'agit de faire une vente } Sol. J. N., art. 12469

sont tenues { de délibérer et examiner les candidats qui se présentent / quand le maximum des notaires dans un canton n'est pas dépassé } Circ. et déc. min., 19 mars 1805, 15 juillet et 23 octobre 1829

peuvent refuser { de procéder à l'examen des candidats et de leur délivrer des certificats de capacité et de moralité / lorsque { le nombre des notaires d'un canton a été fixé par le Gouvernement / il n'existe aucune charge vacante ou susceptible de le devenir bientôt } Trib. Mortagne, 7 janvier 1831

commettent un excès de pouvoir { lorsqu'elles prononcent { une peine disciplinaire / contre un notaire qui refuse d'obéir à leur injonction / dans une matière où elles ne peuvent donner qu'un simple avis } Cass., 27 août 1851, 29 janv. 1855

doivent faire approuver { par le Garde-des-Sceaux / les règlements qu'elles dressent { lesquels { à défaut de cette approbation sont dépourvus de force exécutoire } Arr. min., 1er juin 1847

peuvent avoir simultanément — pour membres — les deux frères notaires du même arrondissement] Sol. J. N., art. 10765

ne peuvent { par une délibération de l'assemblée générale / imposer des amendes — spécialement contre les notaires qui ne se présentent pas aux assemblées générales } Déc. min., 26 août 1844

sont tenues de donner communication { au ministère public — sur sa réquisition / non-seulement du registre des délibérations, mais encore / des pièces produites pour ces délibérations } Déc. min., 11 avril 1846

L'établissement de la bourse commune des compagnies de notaires exige { non-seulement l'approbation du ministre de la Justice, mais encore / un rôle de répartition rendu exécutoire par le premier président de la Cour } Déc. min., 4 février 1844

Un notaire ne cesse pas de faire partie de la Chambre par le seul fait de l'envoi de sa démission | Sol. J. N.

Le notaire { qui, sans motifs légitimes ne se rend pas à une assemblée générale où il a été dûment convoqué / est passible d'une peine de discipline (2) } C. Bourges, 23 juillet 1827 Douai, juin 1835

Quand le Garde-des-Sceaux { a approuvé { seulement un certain nombre d'articles / dans un règlement notarial / — les articles { non approuvés par le ministre / sont dénués de force exécutoire — et / ne peuvent servir de base à aucune délibération de la chambre de discipline } Trib. Rambouillet, 26 mars 1852

Les tribunaux civils ne peuvent { par voie de délibération générale / prononcer l'annulation d'un règlement notarial / même dans le cas où le règlement n'a pas été approuvé { par le ministre / dans la forme prescrite par l'ord. de 1843 }

En principe { les délibérations des chambres des notaires ne sont pas publiques, et / le droit d'en donner expédition n'est applicable qu'aux délibérations / qui affectent les intérêts de ceux qu'elles concernent } C. Paris, 3 mars 1865

II

Toutes les questions { relatives à la priorité de rang entre notaires / soit { pour l'inscription sur la liste d'ancienneté / pour la garde et le dépôt d'actes faits en commun } doivent se résoudre par les règles suivantes :

1o Le notaire ne tient son pouvoir que de sa nomination — suivie de sa prestation de serment
2o Le rang entre notaires se détermine par la prestation de serment (L. de ventôse art. 64)
3o La démission fait perdre tous les droits attachés au titre auquel on renonce } Sol. J. N., art. 12699

Il résulte { de la dernière règle / que le notaire qui change de résidence perd { son rang d'ancienneté au tableau / pour prendre celui de sa nouvelle réception }

Il n'y a d'autre rang { entre notaires (quel que soit le jour de la prestation de serment (3) / que celui résultant de la nomination dont chacun d'eux se trouve pourvu } Douai, 31 mars 1832 — Cass., 16 avril 1834 / Déc. min., 8 avril, 2 novembre 1846, — 26 août 1847

— Mais ce rang | n'est pas perdu pour le notaire | qui change de résidence sans que son titre de nomination soit modifié | Déc. min., 15 mars 1845

En toutes assemblées publiques | les notaires ont la préséance sur les avoués (4) | arr. de régl., 20 février 1592 — 16 juillet 1611

—————

(1) Le J. N., art. 12919, en rapportant le règlement (approuvé par le ministre) de la Compagnie des Notaires de l'arrondissement de Bar-sur-Aube, du 27 juin 1843, qui peut passer pour un modèle de constitution notariale, observe avec raison que la véritable attribution de la Chambre de discipline consiste dans la délégation du pouvoir exécutif de la Compagnie ; mais que le pouvoir réglementaire doit n'appartenir dans toute sa plénitude qu'à l'assemblée générale elle-même. — V. art. 12916, le texte des 60 articles retranchés de ce règlement par la Chancellerie.
Un règlement uniforme et légal, pour tous les Notaires de France, est à désirer et serait possible.
Le Doyen d'une Compagnie de Notaires, c'est-à-dire le plus ancien en titre, est toujours considéré comme Président d'honneur et appelé à toutes les députations. — Lorsque le doyen en exercice n'est pas président de la Chambre, il lui est réservé une place à la droite du président dans les assemblées et conférences générales (hors du bureau). S'il est membre de la Chambre, il a, dans toutes les séances, un fauteuil à la gauche de celui du président. (Statuts des Notaires de Paris. — 1er mai 1809 — 14 mai 1822.)
(2) Cette peine ordinairement est celle du rappel à l'ordre. — Elle peut être élevée jusqu'à la suspension, suivant les circonstances. — V. J. Not., no 1259.
(3) Lorsque deux notaires ont été nommés en même temps et prêtent serment le même jour, ils prennent rang au tableau d'après l'ordre de leur admission au grade de premier clerc. (Règlement des Notaires de Paris, 27 avril 1847.)
(4) Après différentes décisions pour et contre, la Jurisprudence et la Doctrine s'accordent pour la préséance des notaires, laquelle a toujours lieu dans l'usage ; comme cela est encore arrivé à la réception par l'Empereur, le 1er janvier 1853, des corporations d'officiers ministériels (Moniteur du lendemain).

ORGANISATION [1]

VOIES DE FAIT — INSULTES — DIFFAMATION

Les voies de fait exercées contre un notaire et les témoins instrumentaires pour la réception d'un testament constituent le délit de rébellion prévu par les articles 209 et 212 du Code pénal — C. Bruxelles, 23 fév. 1833

Le notaire insulté à raison de ses fonctions est réputé l'être à l'occasion de ses fonctions — Cass., 13 mars 1812
— Et l'art. 224 du Code pénal est applicable quoique l'insulte n'ait pas eu lieu en un endroit public

Un intérêt d'honneur suffit pour qu'un notaire ait le droit d'intervenir dans un procès lorsque l'une des parties y a produit un mémoire imprimé contenant des allégations de nature à porter atteinte à la réputation de ce notaire

L'article 23 de la loi du 17 mai 1819 — sur la presse autorise à porter, devant le tribunal même saisi de l'instance principale, l'action du notaire afin de suppression du mémoire imprimé et de tels dommages-intérêts que de raison — C. Amiens, 15 mars 1833

Les tribunaux peuvent ordonner d'office la suppression d'un mémoire produit en justice et contenant des faits de nature à porter atteinte à la considération d'un notaire — C. Riom, 23 nov. 1840, 5 juill. 1841

Un notaire n'est pas fonctionnaire public dans le sens de l'art. 6 de la loi du 25 mars 1822, ne peut même être considéré comme agent ou dépositaire de l'autorité dans le sens de l'art. 16 de la loi du 17 mai 1819, que lorsqu'il fonctionne en vertu d'un mandat exprès de l'autorité judiciaire ou administrative

L'imputation diffamatoire dont il est l'objet en dehors du cas ci-dessus doit être qualifiée de diffamation contre un simple particulier — C. Nancy, 21 juill. 1852, Trib. Tours, 12 av. 1856 (2).

Quand un notaire a été l'objet d'une imputation calomnieuse et diffamatoire

— Spécialement lorsqu'on a répandu mensongèrement le bruit qu'il avait été mis par le ministère public sur l'avis préalable de la Chambre en demeure de résigner ses fonctions

La Chambre de discipline peut et doit par une délibération spéciale et après avoir pris l'avis du Procureur impérial délivrer au notaire ainsi attaqué dans son honneur un certificat constatant que les bruits répandus sur son compte ne sont nullement fondés — Délib. de la Chambre des notaires de Dijon, du 27 avril 1846 (3)

Est coupable de diffamation et passible, comme tel, de l'emprisonnement celui qui publie par la voie de la presse un écrit contenant l'imputation de faits déterminés et de nature à porter atteinte à l'honneur et à la considération d'un notaire — C. Bordeaux, 3 oct. 1843

L'auteur de propos ou de manœuvres tendant à porter atteinte à la considération d'un notaire, et à détourner la clientèle de son étude, est passible de dommages-intérêts envers ce notaire

— Et le tribunal en accordant des dommages-intérêts à ce dernier peut l'autoriser à l'insertion du jugement aux frais du défendeur — Trib. de Schlestadt, 17 février 1859

---

(1) *Le Journ. du Not., dans son n° du 16 février 1856, — à propos d'un office d'agent de change dont l'exploitation venait d'être mise en commandite, pour la somme de 1,925,000 francs, — dit : « .... Les agents de change paient en un an, deux, trois au plus, le prix fabuleux de leur charge; après quelques années, ils se retirent plus que millionnaires. Les notaires, après 20, 30 et 40 ans de labeurs quotidiens, se retirent après avoir acquitté la valeur de leur office. Les plus heureux se reposent vieillards avec une modeste aisance et avec le petit agrément d'une responsabilité qui pèse sur eux jusqu'à la tombe. »*

Le même journal, n° du 9 juillet 1856, — en signalant les secours et les sympathies des confrères de Me Gerbier, dont l'habitation, les minutes et la fortune ont été englouties par les dernières inondations, — rapporte ce passage de la lettre du président de la Chambre des notaires de Poitiers : « Il est digne d'une corporation comme la nôtre, de considérer chacun de ses Membres comme un frère, et de ne jamais laisser tomber celui qui, par une vie honorable, a mérité d'être soutenu par tous. »

Il cite aussi, au même propos, ces belles réflexions de Me Favre, notaire à Toulouse : « Vous devriez bien, dit-il au Rédacteur, en remplissant votre mission centrale et utilitaire pour le Notariat, faire quelques tentatives afin d'organiser un comité général de secours, en cas de sinistre, de force majeure, comme incendie, inondation, responsabilité ruineuse, dans des cas déterminés, ou soumis à l'appréciation du comité. — Une faible cotisation dans le Notariat pourrait être d'un secours immense. Elle créerait un lien de plus entre les Membres de la corporation, et dans une foule de circonstances, pourrait tarir bien des larmes et soulager de bien cruelles infortunes. »

« La confraternité oblige les notaires à s'entraider, de leurs conseils, de leurs services, et à se porter un mutuel appui. » (Statuts des Notaires de l'arrondissement de Gray.)

(2) *Les Notaires, exerçant une fraction de l'autorité et de la puissance publiques, et constitués en corporation par la loi organisatrice du 25 ventôse, semblent être, au contraire, de la catégorie de l'art. 16 de la loi du 17 mai 1819. — Et l'art. 6 de la loi du 25 mars 1822, parlant des fonctionnaires publics, paraît comprendre évidemment, par cela seul, les notaires auxquels la même loi de ventôse donne ce titre.*

La Cour suprême a décidé qu'un notaire (spécialement lorsqu'il donne aux parties lecture d'un testament mystique dont il est le dépositaire), doit être regardé, quant aux outrages qui lui sont faits, comme un fonctionnaire public dans l'exercice de ses fonctions (arrêt du 22 juin 1809).

(3) *Délibération approuvée avec empressement par M. le Procureur du Roi.*

ORGANISATION [1]

DISPOSITIONS DIVERSES — SERMENT

I

Un notaire

ne doit pas — la prestation en nature / pour les clercs attachés à son étude / ceux-ci n'étant ni des membres ni des serviteurs de sa famille — Av. rapporté au J. N., no 1224

qui a établi son étude en dehors de l'appartement affecté à son habitation est fondé à demander que le local de cette étude ne soit pas compris parmi les pièces dont la valeur locative doit servir de base au calcul de sa cote mobilière — Conseil d'État, 31 août 1863

que le tribunal commet habituellement { pour procéder à des expertises / comme géomètre arpenteur } — Déc. min., décembre 1844

ne peut | en cette qualité | être assujetti à la patente

Les notaires

comme tous les patentables | doivent recevoir et payer une formule de patente | Jugement Cons. d'État, 19 nov. 1852

ont reçu de la loi de leur institution, la qualification de fonctionnaires publics et doivent être considérés comme tels dans le sens de la loi du 31 mai 1850

ont conséquemment le droit d'être inscrits { sur la liste électorale de la commune où ils exercent / quelle que soit la durée de leur domicile dans cette commune } — Cass., 12 août 1850

ne peuvent — sans autorisation transporter leur résidence dans un hameau dépendant du lieu assigné par la commission / — il n'y a pas lieu à recours contre les décisions { du Garde-des-Sceaux / relatives à la fixation des résidences } — Ord., 28 août 1822

nommés { à la résidence d'une commune / sont libres de s'établir sur la partie de cette commune qui leur paraît convenable } — Déc. min., 27 sep. 1845 — 4 mai 1846

n'ont point à recourir à l'autorisation municipale pour apposer les panonceaux { à l'extérieur de leurs maisons / sur la voie publique }

parce que ce signe de la protection du dépôt public ne saurait être assimilé à l'enseigne { d'un commerce ou / d'une industrie privée } — Sol. J. N., art. 8151

doivent pourtant { se conformer aux arrêtés de police sur cette matière, et / ne pas excéder l'étendue déterminée à partir du mur de la maison }

Les fonctions de notaire | ne sont pas incompatibles avec celles de membre du conseil de discipline de la garde nationale

L'incompatibilité { à l'égard des fonctions de juge / ne s'entend pas de celles accidentelles et temporaires }

C'est ainsi que l'autorité nomme des notaires juges suppléants { d'un tribunal ou / d'un juge de paix } — J. N., art. 8280 / V. Journ. Not., no 1274

Le privilége des commissaires-priseurs { ne s'étend pas aux communes limitrophes du chef-lieu / quand même elles seraient comprises { dans l'une des justices de paix dont la ville est le centre } } — C. Dijon, 25 novembre 1850

Les officiers publics (notaires, huissiers, greffiers) { sont autorisés { à faire les prisées, comme les ventes de meubles / dans les localités où il n'existe pas de commissaires-priseurs } } — Arg. jug. trib. Tours, 1er juillet 1852

II

La seconde expédition — du décret de nomination d'un notaire / est délivrée { par le greffier du tribunal / sur l'ampliation ou première expédition qui a dû être laissée au greffe lors de la prestation de serment du titulaire } — Déc. min., 28 mars 1838

La déchéance — encourue pour défaut de prestation de serment | dans les deux mois de la nomination / n'est que comminatoire / peut être effacée par une décision { du ministère de la Justice / accordant { au notaire nommé / un nouveau délai pour se faire installer } } — Déc. min., 25 septembre 1843

Le notaire { qui ne fait que changer de résidence sans quitter son canton / n'est pas astreint à prêter de nouveau le serment } — . . . . . .

---

(1) A différentes époques, et surtout lors des nouveaux gouvernements, on a pétitionné pour l'entière liberté de l'exercice des fonctions de notaire, avoué, etc. — On a toujours décidé qu'il n'y avait pas lieu de revenir sur les droits conférés par la loi du 28 avril 1816, en considérant, surtout, le désordre et les abus qui résulteraient d'une concurrence illimitée. (V. notamment J. N., art. 7339.)

V. sur les Offices, J. N. — Droit de transmission dans les colonies, art. 13042. — Propriété, Suppression, art. 13571.

ORGANISATION

DISPOSITIONS DIVERSES — HONORARIAT

I

Les fonctions de notaire | sont au nombre des fonctions civiles auxquelles est applicable l'art. 258 du Code pénal — Trib. Soissons, 18 mars 1856 ; C. Paris, 16 décembre 1857 ; Cass., 7 mai 1857

Conséquemment est passible { de la peine de l'emprisonnement en vertu de cet article / celui qui s'est immiscé sans titres dans l'exercice des fonctions notariales

Les notaires { comme tous les fonctionnaires publics des diverses branches de l'autorité / sont autorisés à prendre repos | ou autrement à fermer leur étude | les jours de dimanche / en vertu de la disposition générale de l'art. 57 de la loi du 18 germinal an 10

Par conséquent { quel que soit l'acte qu'un particulier ait à passer / il ne pourrait se plaindre de ce que le notaire s'est absenté { volontairement / un jour de dimanche } / il ne pourrait y avoir de difficulté que si la partie parvenait { à adresser sa réquisition / au notaire en personne } — Sol. J. N., art. 8638

Un notaire { absent ou empêché / peut être substitué | par son frère ou autre parent notaire dans le même canton — Sol. J. N., art. 13227 (1)

A la dissolution du mariage d'un titulaire d'office,

Les héritiers { de sa femme — commune en biens / ne peuvent provoquer la vente de l'office dont le mari a été pourvu pendant le mariage / n'ont droit qu'à une simple créance { qui demeure fixée au moment de la dissolution / sans avoir { à profiter / ou / à souffrir } des chances { de plus ou moins value / survenues depuis lors } } — C. Paris, 6 avril 1843

Lorsque 2 notaires { dont les études sont situées dans des cantons différents | fût-ce dans le même arrondissement / demandent à faire l'échange de leurs résidences

Il est procédé { par institution nouvelle — c'est-à-dire / par une double nomination qui appelle chacun des deux notaires à sa nouvelle résidence — Déc. min., 30 août 1843

Les recouvrements d'un notaire constituent une propriété privée { distincte de celle de l'office et / qui ne peut être soumise à la déchéance prononcée pour le / cas de destitution par l'art. 91 de la loi du 28 avril 1816 — C. Lyon, 28 juin 1845

Un notaire destitué ne peut pas effectuer lui-même ses recouvrements

Les mesures à prendre { pour faire ces rentrées / font partie de la gestion de l'étude

Or cette gestion | appartient exclusivement au notaire commis pour la garde des minutes — Sol. Journ. Not., n° 1278

II

Un notaire { qui { a obtenu l'honorariat (2) après avoir exercé ses fonctions pendant 30 ans et / a ensuite repris et exercé les mêmes fonctions durant plusieurs années } / perd par ce second exercice son titre et ses prérogatives de notaire honoraire et / doit pour les recouvrer se pourvoir de nouveau auprès du Gouvernement — Sol. Journ. Not., n° 1268

Un ancien notaire { nommé juge de paix / ne peut recevoir le titre de notaire honoraire — Déc. min., 23 août 1847 (3)

Le titre de notaire honoraire | ne peut être conféré qu'aux notaires qui ont au moins 20 années d'exercice

Cette condition est de rigueur { le Gouvernement ne peut en dispenser, si court que soit le temps qui manque / pour accomplir cette période — Déc. min., 9 juillet 1847

Les notaires honoraires { sont { comme les notaires en exercice / soumis à la juridiction disciplinaire { de la Chambre des notaires et / du tribunal civil de leur arrondissement } } — Déc. min., 24 juin 1848

---

(1) *La faculté de se faire substituer par un confrère est fondée sur un usage ancien et constant, à défaut de règle écrite ; et cet usage a été confirmé par une déc. min. transmise par une Inst. de la Régie du 11 novembre 1819. (Ed. Clerc.)*

D'après une autre déc. min. du 8 janvier 1809, le notaire, empêché pour cause de parenté ou d'intérêt personnel, ne peut, bien entendu, se faire substituer par un confrère pour conserver la minute de l'acte.

(2) *L'honorariat remonte aux Romains, qui l'accordaient aux consuls, aux préteurs.*

Les lettres-patentes de 1673 et 1736 conservaient en France le privilége de l'honorariat, même aux veuves. (Dalloz.)

(3) *Le J. N. soutient que ce titre n'est pas incompatible avec les fonctions de juge de paix.*

DISCIPLINE [1]

CONTRE-LETTRES — RÉSIDENCE

I

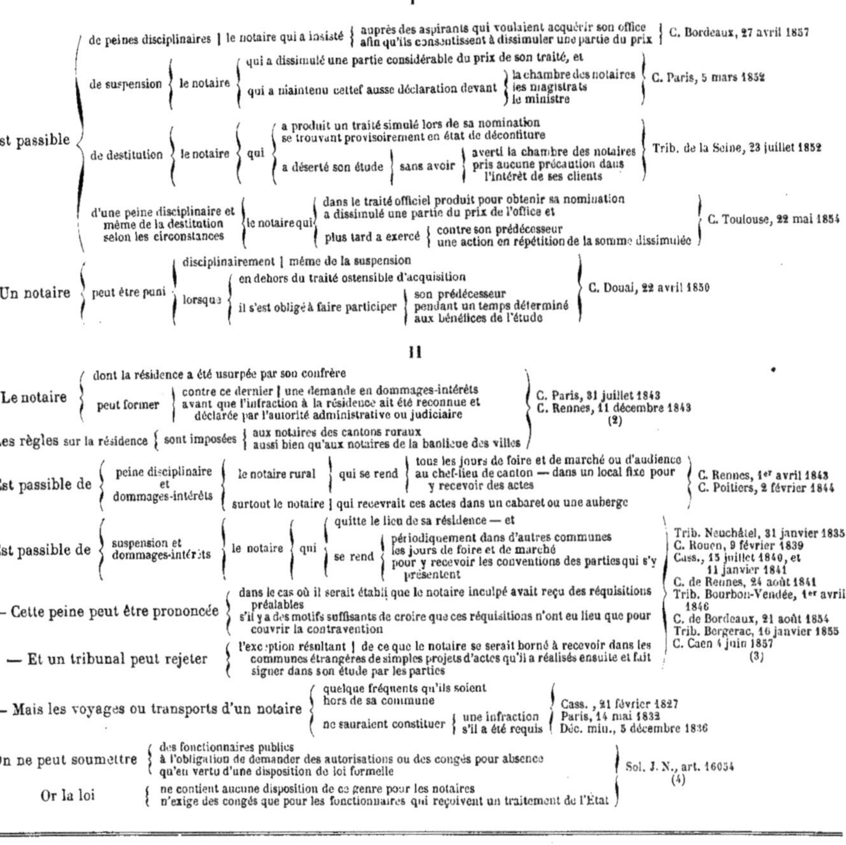

Est passible

de peines disciplinaires | le notaire qui a insisté { auprès des aspirants qui voulaient acquérir son office afin qu'ils consentissent à dissimuler une partie du prix } **C. Bordeaux, 27 avril 1857**

de suspension { le notaire { qui a dissimulé une partie considérable du prix de son traité, et / qui a maintenu cette fausse déclaration devant { la chambre des notaires / les magistrats / le ministre } } **C. Paris, 5 mars 1852**

de destitution { le notaire { qui { a produit un traité simulé lors de sa nomination se trouvant provisoirement en état de déconfiture / a déserté son étude { sans avoir { averti la chambre des notaires / pris aucune précaution dans l'intérêt de ses clients } } } } **Trib. de la Seine, 23 juillet 1852**

d'une peine disciplinaire et même de la destitution selon les circonstances { le notaire qui { dans le traité officiel produit pour obtenir sa nomination a dissimulé une partie du prix de l'office et / plus tard a exercé { contre son prédécesseur une action en répétition de la somme dissimulée } } **C. Toulouse, 22 mai 1854**

Un notaire { peut être puni { disciplinairement | même de la suspension / lorsque { en dehors du traité ostensible d'acquisition / il s'est obligé à faire participer { son prédécesseur pendant un temps déterminé aux bénéfices de l'étude } } } **C. Douai, 22 avril 1850**

II

Le notaire { dont la résidence a été usurpée par son confrère / peut former { contre ce dernier | une demande en dommages-intérêts avant que l'infraction à la résidence ait été reconnue et déclarée par l'autorité administrative ou judiciaire } **C. Paris, 31 juillet 1843 / C. Rennes, 11 décembre 1843 (2)**

Les règles sur la résidence { sont imposées { aux notaires des cantons ruraux aussi bien qu'aux notaires de la banlieue des villes }

Est passible de { peine disciplinaire et dommages-intérêts { le notaire rural { qui se rend { tous les jours de foire et de marché ou d'audience au chef-lieu de canton — dans un local fixe pour y recevoir des actes } / surtout le notaire | qui recevrait ces actes dans un cabaret ou une auberge } **C. Rennes, 1er avril 1843 / C. Poitiers, 2 février 1844**

Est passible de { suspension et dommages-intérêts { le notaire { qui { quitte le lieu de sa résidence — et / se rend { périodiquement dans d'autres communes les jours de foire et de marché pour y recevoir les conventions des parties qui s'y présentent } } }

— Cette peine peut être prononcée { dans le cas où il serait établi que le notaire inculpé avait reçu des réquisitions préalables / s'il y a des motifs suffisants de croire que ces réquisitions n'ont eu lieu que pour couvrir la contravention }

— Et un tribunal peut rejeter { l'exception résultant | de ce que le notaire se serait borné à recevoir dans les communes étrangères de simples projets d'actes qu'il a réalisés ensuite et fait signer dans son étude par les parties }

Trib. Neuchâtel, 31 janvier 1835 / C. Rouen, 9 février 1839 / Cass., 15 juillet 1840, et 11 janvier 1841 / C. de Rennes, 24 août 1841 / Trib. Bourbon-Vendée, 1er avril 1846 / C. de Bordeaux, 21 août 1854 / Trib. Bergerac, 16 janvier 1855 / C. Caen 4 juin 1857 (3)

— Mais les voyages ou transports d'un notaire { quelque fréquents qu'ils soient hors de sa commune / ne sauraient constituer { une infraction s'il a été requis } **Cass., 21 février 1827 / Paris, 14 mai 1832 / Déc. min., 5 décembre 1836**

On ne peut soumettre { des fonctionnaires publics à l'obligation de demander des autorisations ou des congés pour absence qu'en vertu d'une disposition de loi formelle

Or la loi { ne contient aucune disposition de ce genre pour les notaires / n'exige des congés que pour les fonctionnaires qui reçoivent un traitement de l'État

Sol. J. N., art. 16054 (4)

---

(1) *V. Journ. du Not., nº 1160, un article sur le pouvoir judiciaire et le pouvoir disciplinaire, dissertation qui a provoqué contre son auteur, M. Combes, et contre le Directeur du Journal, des poursuites et une condamnation pour délit d'injure contre la Magistrature. — V. aussi nᵒˢ 1102 et 1168.*

(2) *V. J. N., art. 11557, 16093 et 16094.*

(3) *Il y a de nombreux arrêts fixant ces propositions. — V. la Revue de Jurisprudence sur ce point, J. N., art. 9588.*
Les tentatives d'usurpation de clientèle au préjudice d'un confrère ont été flétries de tout temps ; c'est ce qu'anciennement on nommait Corbinage : On appelait corbineur le notaire qui s'en rendait coupable. (Roll., vº Notaire, nº 509. — Vergé.) — Un arrêt de la Cour de Bruxelles, du 4 août 1855, a dit : « Le ministère des notaires est un ministère de libre confiance de la part de tous ceux qui y ont recours. Tout ce qui porte atteinte à cette liberté blesse l'esprit de l'institution et constitue une infraction aux lois de la délicatesse. »
Comme l'avocat, le notaire ne doit pas offrir ses services, mais attendre dans son étude qu'ils soient réclamés. (Circulaire de M. le procureur général près la Cour de Caen, juillet 1857.)
L'obligation de résidence — d'après l'av. du 7 fructidor an XII — consiste en ce que le notaire doit avoir sa résidence principale et habituelle au lieu fixé, qu'il doit y avoir son étude, ses clercs, le dépôt de ses minutes.

(4) *Cette solution a trait à la circulaire d'un procureur impérial du Midi, adressée le 1er mai 1857 à une Chambre de notaires, et portant que ces notaires auraient à l'avenir à ne plus s'absenter de leur résidence sans le lui faire savoir et à ne plus sortir de leur arrondissement sans son autorisation.*
Les notaires d'Algérie sont astreints à un congé, mais lors seulement qu'ils s'absentent de l'Algérie, ce qui se comprend très bien.
Ceux de France, outre qu'ils ne manquent jamais de se faire substituer, comme le rappelle le J. N., ont toujours l'attention, et c'est un devoir moral, d'avertir le Président de la Chambre, quand l'absence doit être d'une certaine durée, par exemple, de plusieurs semaines.

DISCIPLINE
ACTES

On peut prouver { par témoins — contre un notaire qu'il a reçu la mission de rédiger un acte / afin de le faire condamner { à des dommages-intérêts pour n'avoir pas fait cette rédaction } C. Limoges, 4 juin 1840

L'interdiction de la Chambre peut être prononcée { contre un notaire qui a consenti à recevoir un acte moyennant un honoraire inférieur au taux fixé par le tarif de l'arrondissement } Déc. Chambre de discipline de Loches, 18 novembre 1844

Mais la Chambre excéderait ses pouvoirs { en le condamnant à des dommages-intérêts à l'égard desquels elle ne peut émettre qu'un simple avis } Ord., 4 janvier 1843, art. 2

Le notaire { qui reçoit un acte { dans lequel est partie une personne qu'il ne connaît pas sans se faire certifier son individualité, / n'est pas passible d'une peine de discipline } Trib. Périgueux, 1er octobre 1852 (1)

Est passible d'une peine disciplinaire { le notaire { qui {

— rédige { même dans la forme privée / un contrat pignoratif destiné à couvrir des stipulations usuraires } Trib. St-Marcellin, 16 avril 1847

— délivre un certificat de vie concernant une personne décédée, et commet ainsi un faux matériel, même en l'absence de toute intention criminelle } Trib. St-Dié, 23 juin 1846

— pour diminuer les droits d'enregistrement dus sur une vente consent à insérer dans l'acte une somme inférieure au prix réel (Le notaire n'étant tenu de prêter son ministère que pour des conventions licites, commet un acte répréhensible en se prêtant à cette dissimulation qui fraude les droits) } C. Dijon, 26 fév. 1826 (2) / Inst. min., 2 août 1838 / Trib. Loches, 4 fév. 1857

— dépositaire d'un testament olographe cacheté, en fait l'ouverture et le communique aux parties { avant de le présenter au président } T. Chartres, 8 avril 1842

— dans un inventaire analyse { comme une note se référant à un bail verbal } Trib. Mondidier, 15 juillet 1853 / un écrit { sous seings privés sur timbre, daté, fait double et portant tous les caractères d'un véritable bail }

Peut être passible de la même peine { le notaire qui { a reçu un acte de promesse de dot simulée afin d'obtenir pour un militaire la permission de se marier } Déc. d'une chambre de discipline, 9 décembre 1843

Le refus illégal { de son ministère par un notaire est une cause de suspension et même de destitution selon les circonstances } Circ. min., 28 vent. an 13 (3)

Une des premières obligations des notaires { aux termes de l'art. 14 de la loi du 25 ventôse an 11 est de signer les actes de leur ministère

Le notaire { qui refuse { d'apposer sa signature sur un acte { rédigé par lui, signé par les parties et porté sur son répertoire / dans le but avoué d'éviter une amende encourue / contrevient donc à ses devoirs, et / peut être condamné à l'une des peines prononcées par l'art. 53 de la loi de ventôse { combiné avec les art. 13 et 14 de l'ord. du 12 janv. 1843 } Trib. Châteauroux, 31 août 1857

Dans les divers motifs { d'une suspension prononcée contre un notaire figure le fait d'avoir reçu en blanc les signatures d'un acte de donation portant partage anticipé } C. Paris, 14 décembre 1844

La peine de suspension peut être prononcée {
— contre le notaire qui a reçu — au moyen d'un prête-nom — l'acte d'un prêt de ses deniers | Trib. Chinon, 1845
— pour contravention à l'art. 6 de la loi de ventôse — contre le notaire qui, hors de son ressort { procède à la lecture d'un acte / reçoit la signature des parties } T. Roanne, (4) 5 déc. 1844
— contre un notaire pour le fait de détournement de clientèle | Trib. Castellane, 5 janvier 1854
— à raison d'actes | faits sciemment | dans le but de nuire à des tiers, et pour des fraudes envers le Trésor | C. Paris, 22 novembre 1856
— contre le notaire qui { afin de reculer l'échéance du délai d'enregistrement a altéré et surchargé les dates de plusieurs actes } C. Dijon, 16 novembre 1843
— enfin contre celui qui signe les actes reçus par un confrère suspendu et favorise ainsi la contravention | Trib. de Lure, 23 mai 1846

Peut encourir la destitution (5) — le notaire qui { au mépris de la suspension prononcée contre lui continue à recevoir des actes qu'il fait signer par un confrère } Trib. de Lure, 23 mai 1846

Lors des adjudications volontaires d'immeubles { il est défendu { aux notaires qui y procèdent de souffrir la distribution de vin dans la salle des enchères } Circ. min., 17 mai 1821 — 19 février 1844 (6)

Un notaire { qui se fait représenter par son clerc — dans une vente de meubles encourt la peine de suspension / est responsable { du préjudice que son clerc a causé aux parties / spécialement — de la faute commise par ce clerc en laissant le subrogé-tuteur enchérir et en lui adjugeant des meubles dépendant de la succession à laquelle est appelé le mineur dont il surveille les intérêts } Trib. Louhans, 18 août 1843

---

(1) *Le ministère public a interjeté appel de ce jugement. — Il faut d'ailleurs remarquer que le Tribunal d'Amiens a jugé, le 21 août 1843, que la peine de suspension peut être prononcée contre le Notaire, pour ce fait.*

(2) *Surtout quand il a lui-même rédigé ou fait rédiger les contre-lettres. (Trib. Schlestadt, 18 novembre 1844.)*

(3) *Il y a trois principales causes légitimes de refus du ministère : 1° Si le notaire est dans un cas d'empêchement physique ou légal; 2° si les parties sont incapables; 3° si l'acte que l'on veut faire est illicite. (Ed. Clerc.)*

(4) *La contravention n'est pas couverte par cette circonstance que le notaire n'a apposé lui-même sa signature à l'acte que dans son étude; — mais il peut, sans violer en rien la loi du ressort, rédiger, hors de son territoire, un acte sous seing privé, et lui donner ensuite, dans son étude, la forme d'un acte notarié. (Même jugement.)*

(5) *D'après une instr. min. du 21 novembre 1826, la destitution peut aussi être encourue par le notaire qui procède à des ventes publiques de biens immeubles appartenant à des mineurs, sans l'autorisation de l'art. 457 du C. N.*

(6) *Pour mettre fin aux habitudes de réunir les adjudicataires dans les auberges et cabarets, une circ. min. du 2 décembre 1854 a recommandé de faire ces adjudications dans les salles de mairies, écoles ou prétoires de justice de paix; mais il se rencontre des difficultés d'exécution qui pourront nuire à l'établissement général de cet usage. — V, Journ. du Not., n° 1207.*

DISCIPLINE
DÉTOURNEMENTS DE FONDS

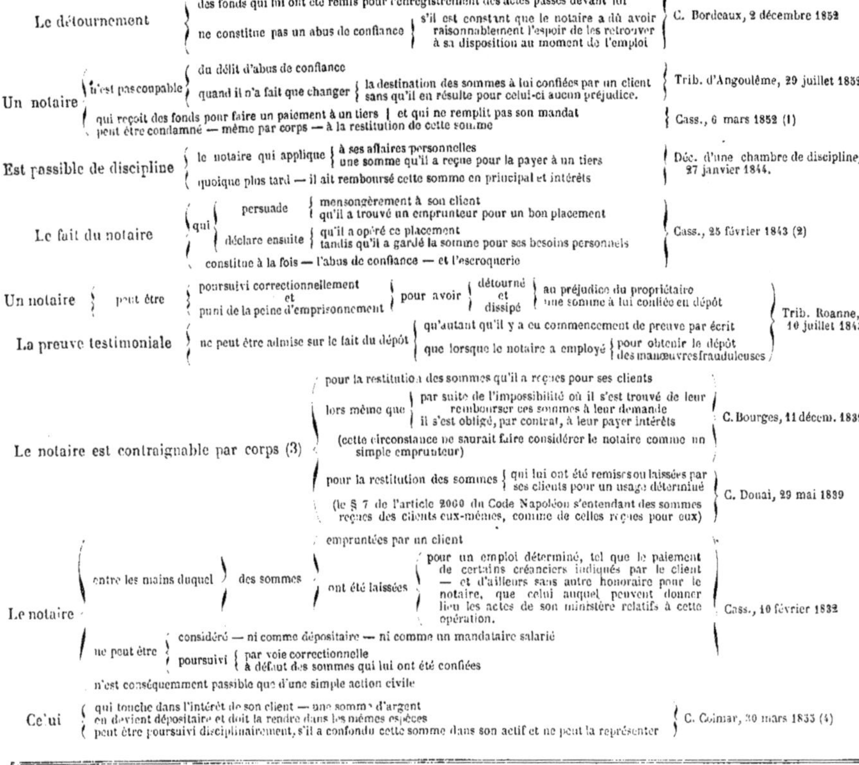

Le détournement — par un notaire — des fonds qui lui ont été remis pour l'enregistrement des actes passés devant lui — ne constitue pas un abus de confiance — s'il est constant que le notaire a dû avoir raisonnablement l'espoir de les retrouver à sa disposition au moment de l'emploi — C. Bordeaux, 2 décembre 1852

Un notaire — n'est pas coupable — du délit d'abus de confiance — quand il n'a fait que changer — la destination des sommes à lui confiées par un client sans qu'il en résulte pour celui-ci aucun préjudice. — Trib. d'Angoulême, 29 juillet 1852

Un notaire — qui reçoit des fonds pour faire un paiement à un tiers — et qui ne remplit pas son mandat — peut être condamné — même par corps — à la restitution de cette somme — Cass., 6 mars 1852 (1)

Est passible de discipline — le notaire qui applique — à ses affaires personnelles — une somme qu'il a reçue pour la payer à un tiers — quoique plus tard — il ait remboursé cette somme en principal et intérêts — Déc. d'une chambre de discipline, 27 janvier 1844.

Le fait du notaire — qui — persuade — mensongèrement à son client — qu'il a trouvé un emprunteur pour un bon placement — déclare ensuite — qu'il a opéré ce placement — tandis qu'il a gardé la somme pour ses besoins personnels — constitue à la fois — l'abus de confiance — et l'escroquerie — Cass., 25 février 1843 (2)

Un notaire — peut être — poursuivi correctionnellement et puni de la peine d'emprisonnement — pour avoir — détourné et dissipé — au préjudice du propriétaire une somme à lui confiée en dépôt

La preuve testimoniale — ne peut être admise sur le fait du dépôt — qu'autant qu'il y a eu commencement de preuve par écrit — que lorsque le notaire a employé — pour obtenir le dépôt — des manœuvres frauduleuses — Trib. Roanne, 10 juillet 1843

Le notaire est contraignable par corps (3) — pour la restitution des sommes qu'il a reçues pour ses clients — lors même que — par suite de l'impossibilité où il s'est trouvé de leur rembourser ces sommes à leur demande — il s'est obligé, par contrat, à leur payer intérêts — (cette circonstance ne saurait faire considérer le notaire comme un simple emprunteur) — C. Bourges, 11 décem. 1839

pour la restitution des sommes — qui lui ont été remises ou laissées par ses clients pour un usage déterminé — (le § 7 de l'article 2060 du Code Napoléon s'entendant des sommes reçues des clients eux-mêmes, comme de celles reçues pour eux) — C. Douai, 29 mai 1839

Le notaire — entre les mains duquel — des sommes — empruntées par un client — ont été laissées — pour un emploi déterminé, tel que le paiement de certains créanciers indiqués par le client — et d'ailleurs sans autre honoraire pour le notaire, que celui auquel peuvent donner lieu les actes de son ministère relatifs à cette opération. — ne peut être — considéré — ni comme dépositaire — ni comme un mandataire salarié — poursuivi — par voie correctionnelle — à défaut des sommes qui lui ont été confiées — n'est conséquemment passible que d'une simple action civile — Cass., 10 février 1832

Celui — qui touche dans l'intérêt de son client — une somme d'argent — en devient dépositaire et doit la rendre dans les mêmes espèces — peut être poursuivi disciplinairement, s'il a confondu cette somme dans son actif et ne peut la représenter — C. Colmar, 30 mars 1833 (4)

---

(1) C'est contraire à un arrêt de cassation, du 15 avril 1817, qui avait décidé que les notaires ne sont point dépositaires publics quant aux dépôts non relatifs à leurs fonctions.

(2) V. J. N., art. 16082.

(3) V. la loi du   1868, sur la contrainte par corps.

(4) Pour tout le respect dû aux dépôts, les notaires ne devraient même jamais les encaisser avec leurs propres deniers, si fidèlement que soit opérée la remise.

Chaque somme doit être, selon son importance et la nature des espèces, mise en rouleau ou placée dans un sac avec une note ou étiquette indiquant le nom du déposant, le montant et la destination du dépôt, — ce qui remplit le vœu du dernier arrêt cité ci-dessus, et évite la tenue d'un livre spécial, cependant fort utile.

L'art. 29 de l'arrêté du 30 décembre 1842, instituant le notariat en Algérie, porte que les notaires tiendront un registre coté, paraphé, soumis au visa de l'enregistrement, et y mentionneront, jour par jour, par ordre de dates, sans blancs, lacunes, ni transports en marge : 1° toutes les sommes ou valeurs qu'ils recevront en dépôt, à quelque titre que ce soit ; 2° les noms, prénoms, professions et demeures des déposants ; 3° la date des dépôts ; 4° l'emploi qui aura été fait des valeurs déposées.

DISCIPLINE

INFRACTIONS DIVERSES

Les notaires sont destituables { dans tous les cas graves / même dans les cas non prévus par la loi sur le Notariat { **Cass., 13 mai 1807 — 13 décembre 1810 — 31 octobre 1811**

La discipline notariale { s'applique { à tous les actes de nature à compromettre { la dignité personnelle de l'officier et celle du corps dont il fait partie / alors même que ces actes ne constituent pas de contraventions à l'ordonnance du 4 janvier 1843 { **C. Bord., 16 août 1853**

— Ainsi le notaire { dont le désordre des affaires est la suite de sa négligence / qui ne paie pas ses dettes et subit des condamnations par corps / est passible de peines disciplinaires (1)

Il est défendu aux notaires { de rien dissimuler { des prix d'adjudications volontaires auxquelles ils procèdent (2) / notamment { en remplaçant le procès-verbal d'adjudication par des actes de vente passés pour chaque acquéreur individuellement, et dans lesquels se trouve énoncé un prix inférieur à celui de l'adjudication et dont la différence est réglée en billets écrits par le notaire ou dans son étude

— C'est { contraire aux devoirs des notaires / préjudiciable aux Trésor / contre l'intérêt des parties elles-mêmes { pour le cas de { remploi / reprises matrimoniales / purge d'hypothèques et ordre

{ **Délib. Chambre des not. de Nancy, 3 mai 1836**
{ **Déc. min., 21 août 1838**
{ **Trib. Péronne, 30 août 1856**

La peine de suspension peut être prononcée { contre un notaire qui { a enlevé des feuilles de son répertoire et / les a remplacées par de nouvelles { côtées { par le président du tribunal comme feuilles supplémentaires { **Trib. Libourne, 22 novembre 1843** / a délivré un certificat de stage | à un candidat qui n'a pas travaillé chez lui | **Agen, 28 février 1825**

Les notaires sont { comme les avocats et les médecins / au nombre des personnes auxquelles l'art. 378 du Code pénal impose le secret des faits qui leur sont révélés à l'occasion et dans l'exercice de leur profession

— Mais lorsqu'ils sont appelés en justice { il ne leur suffit pas | pour se refuser à déposer, d'alléguer que c'est dans l'exercice de leurs fonctions qu'ils ont su le fait sur lequel leur déposition est demandée / il faut, en outre, que ce fait leur ait été confié sous le sceau du secret

{ **Trib. Rochechouard, 2 juin 1818**
{ **Cass., 10 juin 1853**

Un notaire ne peut { occuper immédiatement la maison dans laquelle un de ses confrères était établi / il faut qu'il se soit écoulé { depuis la sortie du premier notaire un intervalle ordinairement fixé à trois ans { **Sol. Journ. du Not., n° 1186**

Est passible d'une peine disciplinaire { le notaire qui { se fait intermédiaire de prêts onéreux et les garantit | **C. Bordeaux, 10 août 1853** / à l'occasion d'une demande d'honoraires s'emporte en injures et provocations envers un tiers et compromet ainsi son caractère d'officier public { **Trib. Auxerre, 1er mars 1845** / perçoit des honoraires supérieurs au tarif de sa compagnie — et / a pour habitude de refuser { à ses clients, soit des comptes, soit des détails de sommes touchées ou employées des reçus ou note de frais { **C. Paris, 8 août 1851** / a manqué { à la dignité et aux convenances dans l'exercice de ses fonctions { lorsque son ministère étant requis par un réfugié politique, il a été lui-même à l'étranger chercher des renseignements sur l'individualité de son client { **C. Lyon, 13 mai 1851**

Un notaire a été suspendu { pour ne s'être point rendu à l'appel du président qui l'invitait par un billet à se rendre chez lui afin de lui donner des renseignements sur une taxe et de lui apporter la minute de l'acte à taxer { **C. Bourges, 30 déc. 1829 (3)**

Peut être poursuivi disciplinairement { le notaire qui { dans une lettre missive et sans provocation a adressé des injures à une personne avec laquelle il était en relations d'affaires { **Délib. d'une chambre de discipline, 8 novembre 1836**

Le délit contre les mœurs — peut motiver la suspension d'un notaire | **C. Bordeaux, 6 juin 1833**

Spécialement, la suspension peut être prononcée contre le notaire qui a enlevé une jeune fille qu'il recherchait en mariage | **Même arrêt (4)**

Est passible de destitution { le notaire { qui { à la suite de dépenses de luxe, en disproportion avec ses ressources / est tombé en déconfiture { Lorsque surtout à cette circonstance viennent se joindre des faits de charge ; spécialement quand il a retenu et s'est approprié des dépôts { **C. Paris, 10 déc 1845** / a pris part à des troubles politiques | **C. Agen, 18 janvier 1842**

---

(1) « *Attendu que les Tribunaux sont chargés de veiller, dans l'intérêt des justiciables, à la discipline et à la considération du Notariat ; — qu'ils sont in-* » *vestis, à cet égard, et par la nature même des choses, d'un pouvoir discrétionnaire : la loi n'ayant pu, en dehors des règles précises tracées aux notaires dans* » *l'exercice de leurs fonctions, prévoir et définir les transgressions et les fautes si diverses par lesquelles un notaire peut compromettre sa dignité et la dignité* » *du corps dont il fait partie.* »

(2) *En éludant la loi, le notaire se compromet ; en la faisant exécuter, il élève ses fonctions. (Grosse.)* — *V. J. N., art. 10881.*

(3) *Le J. N. observe — bien entendu — que c'est illégal. (Art. 7215.)*

(4) « *Attendu que, d'après l'exposé des motifs de la loi de ventôse, le manque de délicatesse devient un délit de la part d'un notaire, et son défaut de* » *probité, un crime ; — que l'intérêt des familles veut qu'en dehors comme dans l'exercice de leurs fonctions, les notaires ne cessent pas de se montrer des* » *hommes irréprochables.* »

Ces considérations, parfaitement fondées, — et l'application du pouvoir discrétionnaire des juges, — rendent la discipline notariale plus sévère que celle de tous les autres ordres civils.

DISCIPLINE [1]

FAITS DES CLERCS (2) — JURIDICTION

I

La surveillance { de la chambre sur les clercs / s'étend à ceux non inscrits } Dict. Not.

La privation du stage { ne peut être que partielle / porte sur l'ensemble du stage déjà accompli

La chambre peut seulement exprimer l'avis que l'administration prive { le clerc / de la totalité de son stage

Une chambre peut demander officieusement le renvoi d'un clerc à son patron

— Et le notaire { qui ne défère pas à cette invitation / peut s'exposer à l'application d'une peine de discipline intérieure }

La maxime *non bis in idem* s'applique à la discipline des clercs   } J. N. et Dict.

Les articles 15 et 16 de l'ordonnance de 1843 ne sont pas applicables aux clercs

Le notaire { est { dans l'étude duquel se trouve le clerc inculpé / appelé par simple lettre ou par citation / préalablement entendu

Le fait par un clerc {
- d'avoir soustrait { frauduleusement / dans l'étude de son patron / un titre confié { à ce notaire pour être inventorié et / conséquemment en sa qualité de notaire
- est prévu {
  - par l'art. 255 du Code pénal qui prononce { contre l'auteur de la soustraction / la peine de réclusion
  - par l'art. 173 du même Code qui inflige { la peine des travaux forcés à temps / au préposé { ou commis du dépositaire public qui se rend coupable de la soustraction d'un titre dont le fonctionnaire public est dépositaire en cette qualité

} C. Paris, 1ᵉʳ av. 1853

II

Les tribunaux sont investis { d'une juridiction disciplinaire { sur les chambres des notaires / comme sur les notaires individuellement } Trib. Neuchâtel, 27 mars 1844

Les procureurs impériaux { sont chargés de la surveillance générale des notaires de leur ressort { Trib. Montmorillon, 13 août 1845 / — Bergerac, 16 janvier 1855 (2)

La discipline judiciaire { édictée par le décret du 30 mars 1808 / ne s'applique { qu'aux officiers ministériels remplissant des fonctions près les tribunaux / et non aux notaires qui ne peuvent être privés du premier degré de juridiction } Cass. . . (3)

— En conséquence { la suspension d'un notaire { ne peut être prononcée { incidemment par le ministère public / dans une cause portée en appel devant la cour

Les notaires ne sont pas des officiers ministériels pouvant / être { poursuivis disciplinairement / en vertu des art. 102 et 103 du D. du 30 mars 1808 } Déc. min., 7 juin 1833 (3)

Le recours en cassation { est admis pour excès de pouvoir ou vice de forme / contre les décisions des chambres portant condamnation à des peines de discipline } Cass., 30 juillet 1850 / — 31 juillet, 27 août 1851

Mais — hors ces cas — les décisions { de discipline intérieure — rendues par les chambres / ne sont susceptibles { ni d'appel / ni de pourvoi en cassation (4) } C. Paris, 28 avril 1316 / Trib. Civray, 14 juin 1833 / Cass., 4 décembre 1833

En matière disciplinaire { comme en toute matière répressive / le partage des voix entraîne l'acquittement de l'inculpé } Cass., 6 avril 1858

Les décisions disciplinaires { sont des jugements / ne peuvent être modifiées par la chambre qui les a rendues / ne sont pas sujettes à l'appel — La seule voie ouverte est celle du recours en cassation } Sol. Journ. Not., nº 1240

Le plaignant { en matière de discipline notariale / n'a pas le droit d'exiger copie de la délibération

Car il pourrait, s'il en était autrement, communiquer et même faire imprimer la décision } Sol. J. N., art. 16028 / Ce qui serait contraire au secret qui est de l'essence de l'institution disciplinaire

---

(1) *La discipline est l'ensemble des devoirs auxquels sont soumis, à raison de leurs fonctions, les membres des différents corps institués ou reconnus par la loi ; — c'est aussi l'application des peines encourues pour oubli de ces devoirs. (Bioche.)*

(2) *V. Législation, 5ᵉ tablette.*

(3) *Cette solution est confirmée par nombre de décisions des Cours et Tribunaux.*

(4) *V. J. N., art. 7716. — V. 62ᵉ tablette.*

DISCIPLINE

POURSUITES ET CONDAMNATIONS

Le principe { de la non rétroactivité des lois / n'est point applicable en matière de discipline } Cass., 9 nov. 1852

C'est en audience publique qu'il doit être statué sur l'action disciplinaire dirigée contre un notaire | Déc. min., 22 décembre 1835

La preuve testimoniale \ en matière disciplinaire / est admissible { dans tous les cas, même contre et outre le contenu d'un acte notarié { Trib. d'Orléans, 6 février 1854 { spécialement pour établir qu'un acte { reçu par le notaire inculpé / contient de fausses énonciations } C. Rennes, 21 décembre 1843.

L'action criminelle et l'action disciplinaire sont indépendantes l'une de l'autre

En conséquence le notaire { renvoyé des poursuites criminelles / peut { à raison du même fait / être traduit devant la juridiction disciplinaire } C. Limoges, 9 novembre 1852 (1)

Lorsque le ministère public { poursuit un notaire par voie disciplinaire / l'intervention de la Chambre des notaires est inutile } Cass., 2 août 1848

Lorsqu'il existe contre un notaire { des faits pouvant donner lieu à des poursuites / le procureur impérial { ne doit pas recevoir sa démission / avant d'en avoir référé à l'administration supérieure } Déc. min., 20 août 1813

Le ministère n'accepte pas la démission d'un notaire { contre lequel il existe des faits de nature / à motiver une action en destitution } Déc. min., 20 novembre 1837

La destitution d'un notaire \ peut être prononcée { même après qu'il a donné sa démission / si elle n'a point encore été agréée par le Gouvernement } Trib. Mayenne, 12 décemb. 1837 / résulte de plein droit d'une condamnation { à la réclusion ou à toute autre peine / emportant la dégradation civique } Déc. min., 22 déc. 1835

Les peines { d'amendes, suspension et destitution contre un notaire (2) / peuvent s'appliquer dans le cas même où la loi ne les prononce pas formellement { Cass., 31 octobre, 20 novembre 1811 / C. Poitiers, 6 décembre 1843

La suspension / n'étant pas limitée par la loi dans sa durée \ peut être prononcée { non-seulement pour plusieurs mois / mais encore pour plusieurs années } Trib. d'Orléans, 6 février 1854

Les tribunaux civils | peuvent appliquer les peines de discipline intérieure | Paris, 29 juin 1852

Les { suspensions / destitutions / condamnations { à l'amende — et / aux dommages-intérêts } prononcées { contre les notaires / par le tribunal civil de leur résidence / en vertu du § 3 de l'art. 53 de la loi de ventôse } sont sujettes à l'appel } Trib. Civray, 14 juin 1833

Les décisions des cours impériales { en matière de discipline notariale — comme en toute autre / ne sont souveraines que quant à l'appréciation et à la qualification des faits / sont soumises à la cour de cassation pour tout ce qui touche à l'appréciation des motifs de droit } Cass. 19 août 1844 (3)

Le pourvoi en cassation n'est pas suspensif — cette règle est applicable { en matière de discipline notariale / comme en matière civile } Déc. min., 16 août 1847

Les Chambres de discipline { délibèrent et jugent à huis-clos / peuvent cependant prononcer leurs décisions en présence des notaires contestants / en prononçant des peines disciplinaires | doivent énoncer les faits qui en justifient l'application / doivent aussi { par leurs délibérations / statuer comme les jugements — sur tous les chefs de demandes } Cass., 30 juillet 1851

Le tribunal { saisi d'une demande en suspension contre un notaire / reste compétent { pour prononcer une peine de discipline intérieure / si les faits ne lui paraissent pas assez graves pour prononcer la suspension } C. Bordeaux, 6 novembre 1855

Une cour impériale { statuant en matière de discipline notariale / ne peut ordonner l'affiche de son arrêt — l'affiche étant une peine autorisée seulement / contre les officiers ministériels au nombre desquels ne figurent pas les notaires } Cass., 22 mai 1855

La prescription { qui atteint l'action publique en matière de crimes et délits / ne s'applique point à l'action disciplinaire } Cass., 23 avril 1839

Le droit de faire grâce } n'est pas applicable aux condamnations { prononcées par les tribunaux / contre les notaires / en matière disciplinaire } Déc. min., 12 avril 1839 / 20 août 1843 (4)

---

(1) *Conformément à la Jurisprudence de la Cour de cassation. — Cela résultait déjà d'une lettre ministérielle du 18 janvier 1811, déclarant en outre que les cas de destitution prévus par la loi ne sont pas limitatifs.*

(2) *A l'égard des amendes, ces arrêts sont contraires aux principes et à un arrêt de la Cour de Dijon, du 26 février 1846, cité aux tableaux.*

(3) *Ainsi la Cour peut casser un arrêt qui, après avoir constaté en fait une contravention à la loi notariale, refuse cependant d'appliquer au fait constaté les peines prononcées par cette loi. (Même arrêt.)*

La Cour de cassation ne juge pas les faits ; elle les prend tels que le juge en dernier ressort les a posés ; elle examine si l'application de la loi a été exactement faite. (J. du Not.)

(4) *Le J. N., art. 11734, critique ces décisions.*

ACTES ET CONTRATS

SOMMAIRE-TABLE

L'acte imparfait, qui ne figure point dans ce cadre et auquel on accorde généralement trop peu d'attention, ne peut être supprimé par le notaire, malgré son imperfection ; il est susceptible d'être délivré en expédition ou copie (non en grosse, puisqu'il n'y a pas lieu à exécution), et peut, dans certains cas, valoir comme commencement de preuve par écrit (*J. N.*, art. 767, 2287, 2314. — *Code Napoléon*, art. 1318. — *Code proc.*, art. 841 *et suiv.*)

Cependant, les notaires ne sont légalement tenus de conserver que leurs minutes ; — et il a été décidé — que l'acte, fait dans la forme notariale, qui n'est pas revêtu de la signature du notaire et qui renferme des conventions synallagmatiques, ne peut valoir comme acte sous seing privé, n'étant pas fait en autant de doubles qu'il y a de parties intéressées (*C. Riom*, 13 *juin* 1855) ; — qu'un notaire n'est pas tenu de faire enregistrer ni de répertorier un acte qu'il n'a pas revêtu de sa signature, quoique l'acte ait été signé par les parties et les témoins (*Déc. min.*, 27 *mars* 1831 ; *Cass.*, 2 *mars* 1807, 2 *avril* 1833), et lors même qu'il n'y manquerait plus que la signature du notaire en second (*Trib. Seine*, 20 *mars* 1833) ; — et que les droits ne sont pas dus lors même que l'acte aurait été inséré sur le répertoire (*J. N.*, art. 1963) — Jugé aussi que les notaires ne sont pas tenus de garder minute des actes qu'ils n'ont pas signés car l'authenticité est une condition essentielle de leur validité (*Bordeaux*, 3 *août* 1841).

SOMMAIRE-TABLE

SOMMAIRE-TABLE.

ACTES ET CONTRATS

ACTE ADMINISTRATIF

Les actes — administratifs { qui contiennent des obligations — et par exemple une adjudication de travaux publics { Cass., 21 janv. 1835 / emportent hypothèque sur les biens de l'obligé (1)

émanés de l'autorité administrative — et renfermant des ventes — marchés — baux et autres conventions — ne confèrent { ni l'hypothèque légale — la loi ne l'ayant point établie / ni l'hypothèque conventionnelle — la convention n'ayant point été passée devant notaire { Sol. J. N., art. 6467

rédigés { par le maire / au nom de sa commune } n'ont d'autre valeur que celle des actes sous seings privés

Les maires doivent être autorisés pour passer actes devant notaire — dans l'intérêt de leurs communes | Déc. min., 21 mai 1806 (2)

Un bail passé devant le maire n'emporte pas exécution parée | C. Colmar, 28 janvier 1833 — Cass., 27 novembre 1833

Un notaire — peut sans aucune difficulté recevoir des actes { en se faisant remplacer par son adjoint ou par un autre membre de la commission administrative / pour la commune dont il est maire — ou / pour l'hospice dont il est administrateur } Sol. J. N., nᵒˢ 1181 et 1300

peut recevoir un acte au profit d'un hospice dont il est administrateur / Déc. min., 11 avril 1809 — si un administrateur autre que lui figure dans l'acte } Av. comité de l'Intérieur, 7 avril 1843

ne peut { passer des actes pour des maires de communes { consentis par eux en cette qualité / sans l'autorisation du gouvernement } Circ. min., 21 mai 1806 / recevoir les actes qui intéressent l'hospice de sa commune / lorsqu'en qualité de maire il se trouve président de la commission administrative de cet hospice } Déc. min., 11 av. 1809

ACTE SOUS SEING PRIVÉ

Les lettres missives sont réputées confidentielles et les tiers ne peuvent s'en prévaloir | Lyon, 21 juillet 1819 — 4 avril 1821

Il n'est pas nécessaire que la signature { de toutes les parties / soit sur chaque exemplaire de l'écrit { Cass., 13 octobre 1806

Lorsque { la mention que l'écrit est fait double a été omise / la représentation des deux doubles ne couvre pas cette omission } J. N., art. 1770

L'acte sous seing privé — non double — est nul de plein droit | Cass., 24 juin 1806

La nullité de l'acte s. seing privé { contenant des conventions synallagmatiques / résultant de ce que l'acte n'a pas été fait double / est couverte { par l'exécution volontaire de la convention / à l'égard de la partie qui a exécuté } Cass., 4 mars 1830

Le notaire { est très-fondé { à répéter des dommages-intérêts contre son prédécesseur / à raison du préjudice que lui cause ce dernier en rédigeant des actes s. s. privé } Trib. Savenay, 20 nov. 1838 / a ce droit { contre des tiers — et à plus forte raison contre son prédécesseur qui lui doit la / garantie de ses faits personnels } C. Rennes, 13 juillet 1839

Le prédécesseur { non-seulement est passible de dommages-intérêts — mais { Trib. Soissons, 18 mars 1856 / peut être poursuivi en vertu de l'art. 258 du Code pénal { — Laon, 31 mai 1856

Les écritures et signatures { mal orthographiées / ne sont pas moins valables } Cass., 21 juillet 1806

ACTE NOTARIÉ

L'authenticité consiste en ce que l'acte fait foi par lui-même sans aucune vérification préalable | J. N., art. 3683 (3)

C'est surtout pour les actes notariés qu'existe la puissance du fait accompli — Une fois un acte fait et signé, il n'est au pouvoir de personne d'y rien changer — Lorsqu'un acte est irrégulier ou incomplet, il ne reste que la ressource d'en faire un autre } Sol. J. N., art. 15895 (4)

Un notaire d'Espagne | a reçu — le 8 avril 1849 — l'acte d'abdication du roi de Sardaigne

Cet acte { est un témoignage de l'importance qu'ont dans tous les pays les fonctions notariales / prouve qu'il n'est parmi les hommes aucun traité, aucun fait qui ne soit du ressort du notaire } J. N., art. 13729

Un acte notarié { est valable quoiqu'écrit par l'une des parties | Nîmes , 27 juin 1810 / fait par lui-même foi de sa date — indépendamment de la formalité de l'enregistrement | C. Bourges, 17 mai 1827

Les énonciations d'un acte { ne peuvent être opposées à un tiers non partie à cet acte et qui a seulement assisté à la rédaction { C. Rouen, 15 janvier 1831 / et à la signature sans protester contre ces énonciations

La loi n'oblige pas les notaires à se soumettre aux formules qui peuvent leur être présentées par les parties | C. Rouen, 7 juin 1809

Les notaires ne peuvent se servir { de formules imprimées ou lithographiées (5) / pour les minutes des actes qui se produisent le plus fréquemment { C. Bruxelles, 28 mars 1849

---

(1) *M. Troplong est d'avis contraire.*

(2) *Le J. Not. et le Dict. Not. considèrent comme très-utile et conseillent l'annexe des arrêtés préfectoraux portant autorisation des ventes, échanges, baux de biens communaux. C'est ce qui se fait le plus souvent dans la pratique et devrait se faire toujours ; mais ce n'est pas obligatoire.*

(3) *L'acte notarié, pour être authentique, doit être reçu par un notaire compétent et revêtu de toutes les formes légales.*

(4) *Un notaire, lorsqu'il remarque une nullité dans un de ses actes, a le droit de le recommencer du consentement de tous les intéressés et sous la réserve des droits des tiers (Doctrine et Pratique). Prévoyant ce cas, l'art. 43 de la loi du 28 avril 1816, sur l'enregistrement, dispose que les actes refaits pour nullité ou autre motif, sans aucun changement qui ajoute aux objets des conventions ou à leurs valeurs, ne sont sujets qu'au droit fixe de 2 francs.*

(5) *Le Tribunal de Tournai, par jugement du 26 juin 1848, avait décidé qu'il n'y avait pas contravention. Le J. N. soutient que ce moyen n'est point illégal ; mais, comme la Chambre des notaires de Paris, il engage les notaires à ne se servir qu'avec réserve des formules imprimées.*

ACTES ET CONTRATS

ACTE NOTARIÉ

Un acte notarié est nul — s'il n'est pas rédigé en langue française | J. N., art. 3497, 4827

Il n'est pas nécessaire { à peine de nullité que les actes notariés { même les testaments publics / énoncent { le lieu particulier c'est-à-dire la maison } où ils sont passés } — C. Rennes, 9 mars 1809 ; Cass., 28 février 1816 — 23 novembre 1825 ; C. Riom, 18 mai 1841

Il n'y a point de nullité { pour défaut de mention de la signature du notaire } Av., 20 juin 1810 / pour parenté entre deux témoins instrumentaires } Lett. min., 7 octobre 1809

La nullité { édictée par les termes précis et limitatifs des art. 1, 8 et 68 de la loi de ventôse / n'est encourue que lorsque { le notaire est partie intéressée dans l'acte, ou l'acte contient quelque disposition en sa faveur } Cass., 15 avril 1862

Il n'y a pas contravention { pour les ratures et blancs { sans importance laissés dans le corps de l'acte } Déc. min., 1ᵉʳ octobre 1832 / pour les surcharges { approuvées régulièrement insignifiantes — non constatées } Déc. min., 22 janvier 1817 — — 4 décembre 1839 / dans un acte notarié qui n'énonce pas la profession et le domicile d'un mineur soit parce que jusqu'à preuve contraire le mineur est présumé ne pas exercer de profession soit parce que son domicile est de plein droit chez son tuteur (1) } C. Douai, 16 avril 1849

Lorsque { après la signature d'un acte notarié — spécialement d'un contrat de vente, / les parties expriment d'un commun accord l'intention { de le résilier — ou d'en suspendre l'exécution,

— Le notaire { ne doit pas moins { inscrire l'acte sur son répertoire et le présenter à l'enregistrement dans les délais / doit surtout { se refuser à changer ultérieurement la date de cet acte dans le cas où les parties viendraient à s'accorder pour la mise à exécution de leur convention primitive / en agissant autrement — s'expose à une peine de discipline } C. Agen, 16 août 1854

L'acte notarié { contenant une clause au profit du notaire rédacteur { en son nom personnel, ou par l'intermédiaire d'un prête nom / est absolument nul à son égard et ne peut même valoir comme acte sous seing privé } Cass., 15 juin 1853 ; C. Caen, 20 février 1856

Une clause ou modification de clause { ajoutée par interligne dans un acte notarié / est absolument nulle | alors même que l'addition a été faite { par le notaire avec toute signature de l'acte } C. Toulouse, 7 décembre 1850

Les mots ajoutés { par un notaire à un acte de son ministère — postérieurement à la signature de cet acte constituent une contravention passible de peine disciplinaire } C. Colmar, 1ᵉʳ février 1831

La rature d'un ou plusieurs mots { dans la mention des mots rayés nuls doit être approuvée par une mention spéciale et distincte { · · · · ·

L'approbation { des mots rayés dans un renvoi doit avoir lieu séparément du renvoi est nulle si elle est faite dans le renvoi lui-même } C. Bourges, 19 janvier 1838

Est passible d'une peine de discipline — le notaire qui donne authenticité à des actes passés { hors de sa présence } C. Nancy, 25 juin 1826 / par son clerc } C. Metz, 25 août 1847

Jugé en outre qu'un pareil acte peut être déclaré nul { non-seulement comme acte notarié } C. Limoges, 27 mai 1830 / mais comme sous seing-privé (2) } Cass., 4 juillet 1818, 16 avril 1843

Est nul { comme acte authentique et comme acte sous signatures privées / l'acte reçu { par un clerc en l'absence du notaire qui y a apposé plus tard sa signature } C. Nancy, 5 décembre 1867

Cet acte { s'il contenait une transaction ne peut même servir de commencement de preuve par écrit autorisant preuve testimoniale

L'erreur { même de droit dans une convention vicie le consentement de celui qui a contracté par erreur et est une cause de nullité de la convention } C. Grenoble, 24 juillet 1830 (3)

Les actes ne peuvent être annulés que par les tribunaux | Cass., 27 août 1818

---

(1) *Le contraire ayant été jugé, on doit compléter toutes les énonciations, tant à l'égard des parties représentées qu'à l'égard de celles qui comparaissent. — Il faut, d'ailleurs et en général, plutôt outrer les précautions que de négliger les moindres, pour éviter les prétentions de la Régie. — V. la 146ᵉ tablette.*

(2) *D'après cela, les notaires, obligés de faire rédiger les actes par leurs clercs, devraient au moins et toujours lire ces actes, recevoir le consentement des parties, leurs signatures et celles des témoins ; mais il est bien difficile, dans les grandes études de se conformer à ces décisions contraires à la Pratique outrée. — En effet, et comme à l'égard des actes ordinaires ostensiblement passés partout hors la présence des témoins instrumentaires, il est des exceptions si loyalement justifiées et inévitablement consacrées par l'usage que la seule raison devrait faire accepter ; cette tolérance n'a véritablement rien de préjudiciable et les décisions qui, parfois, viennent ainsi l'improuver, semblent des accidents. Ils s'expliquent comme maintien obligatoire des principes, mais que l'on se rende compte de ce qui se pratique à Paris, par exemple, et que l'on essaie de résoudre la question en fait.*

(3) *Conformément à l'opinion de Domat.*

ACTES ET CONTRATS

ACTE NOTARIÉ

Toute altération matérielle — faite { dans un acte notarié pour dissimuler une contravention et pour échapper ainsi à une poursuite judiciaire } cause à l'intérêt public | un préjudice dont l'existence constitue l'un des éléments du crime de faux | Cass., 18 janv. 1852

En matière de faux — contre les actes authentiques les magistrats ont un pouvoir souverain pour admettre ou rejeter la preuve des faits articulés | C. Riom, 13 mai 1856

L'inscription de faux — est la seule voie ouverte { à l'égard d'un acte authentique pour obtenir la rectification de fausses énonciations qu'il contient par suite d'erreur involontaire | Cass., 2 juin 1831

Un acte — passé le 5 janvier 1818 ayant été daté de la veille | il fut déclaré qu'il y avait crime de faux de la part du notaire | Cass., 13 juillet 1819

L'apposition d'une croix — au bas d'un acte { n'équivalant pas à une signature et ne pouvant créer aucune obligation ne peut constituer le crime de faux | C. Nancy, 14 février 1852

On peut s'inscrire en faux — contre un acte notarié pour prouver { qu'il a été reçu par un clerc hors la présence du notaire que le notaire ne l'a signé qu'après coup | C. Caen, 26 mai 1847

Et cette preuve faite, l'acte doit être annulé comme dépourvu d'authenticité

Le notaire — rédacteur d'un acte argué de faux peut être entendu comme témoin } Cass., 23 novembre 1812 — Bourges, 6 juin 1825

peut être reproché comme témoin dans l'enquête ouverte pour la constatation du faux | C. Bordeaux, 3 décembre 1857

lorsqu'un acte a été attaqué en faux et que la fausseté de cette accusation est démontrée a droit à des dommages-intérêts { C. Nancy, 3 juin 1834 — C. Nîmes, 27 juin 1839 Cass., 24 juillet 1840 — Trib. Montpellier, 25 déc. 1847

Aucun obstacle — ne s'oppose à ce qu'un notaire reçoive les actes que veut faire un individu incarcéré sous le poids d'une accusation criminelle } Circ. min. du . . . (1)

Toutefois — s'il s'agit d'un testament la capacité du testateur devant exister au moment de son décès la disposition testamentaire pourrait devenir nulle par les suites de la condamnation | Sol. J. N., art. 8390

Le dérangement accidentel de l'intelligence rend incapable de disposer } Rouen, 1823
— Ainsi serait nul la donation ou le testament fait dans un état d'ivresse

L'ivresse est une cause de nullité des contrats;
— **Mais** il faut qu'elle ait existé au moment du consentement il ne suffirait pas qu'elle ait existé à plusieurs autres moments de la journée } C. Lyon, 9 février 1837 / C. Rouen, 17 juin 1845 / C. Caen, 23 avril 1864

L'ivresse est une cause de nullité des conventions
Surtout lorsqu'elle est l'effet de manœuvres frauduleuses { employées par celui envers qui l'obligation a été contractée } C. Rennes, 10 août 1812 / Colmar, 1819 — Rouen, 1825 (2) / Rouen, 14 juillet 1849

Un individu ayant bu — d'une manière immodérée au moment où il a donné son consentement, cette circonstance ne suffit pas pour faire annuler la convention lorsque d'ailleurs il n'est pas prouvé que cet individu fût en état d'ivresse | Rouen, 17 juin 1845

Le notaire est tenu d'annexer — à l'acte passé par un fondé de pouvoirs substitué non-seulement l'acte de substitution de pouvoir — mais aussi la procuration sur laquelle repose cette substitution | C. Nancy, 9 février 1836

Lorsque la minute — d'un acte notarié a été brûlée par force majeure on peut prouver — par témoins — la convention dont cet acte était l'objet (peu importe qu'il n'ait point été transcrit sur un registre public) | C. Toulouse, 1er déc. 1835

Dans le cas de perte — d'un acte notarié | par un accident particulier les mentions { faites des dispositions de cet acte à l'enregistrement tiennent lieu de la transcription { prévue par l'art. 1336 du Code Napoléon et qui { autorise la preuve testimoniale pour suppléer à l'acte perdu } C. Montpellier, 23 déc. 1833

Le jugement — qui { en cas de perte de la minute d'un contrat de mariage constate { sur la demande du notaire la teneur des conventions matrimoniales ne peut être considéré { d'une manière absolue comme l'équivalent de la minute perdue } Trib. de la Seine, 22 novembre 1867

— Ce jugement — n'étant pas opposable aux tiers mais seulement aux parties en cause limite bien la responsabilité du notaire — mais ne la fait pas disparaître entièrement

L'exécution volontaire d'un acte — n'emporte confirmation ou ratification de l'acte
— Qu'autant que l'exécution a eu lieu { avec connaissance des vices dont il était entaché et dans l'intention de réparer ces vices } Cass., 27 mars 1812 — 5 déc. 1826 / C. Grenoble, 8 mai 1835 (3)

---

(1) *Cela résulte d'abord et suffisamment de l'art. 1123 du C. N. — D'après une autre décision ministérielle du 9 août 1808, le privilége du Trésor ne peut s'exercer sur les lieux que le prévenu a aliénés de bonne foi depuis le mandat d'arrêt lancé contre lui.*

(2) *C'est conforme à la Doctrine, et cependant un arrêt de la Cour de Besançon, du 5 mai 1819, a jugé le contraire.*

(3) *Conformément à l'opinion de MM. Toullier, Duranton, Solon, Perrin.*

ACTES ET CONTRATS
ACTE NOTARIÉ

On peut faire devant notaires { la déclaration qu'on se pourvoit en cassation contre un jugement criminel { Cass., 3 janvier 1812 / si le greffier du tribunal a refusé de la recevoir

Mais l'ajournement à l'audience { accepté dans un procès-verbal devant notaire { Trib. com. de la Seine, 16 juillet 1856 / ne peut tenir lieu d'une assignation régulière

Les notaires ne peuvent être tenus de présenter les mémoires ou brouillons sur lesquels ont été rédigés les actes | Sol. J. N., art. 2373

On peut faire en double minute { toute espèce d'acte { auquel deux notaires concourent pour leurs clients respectifs { Sol. J. N., art. 570 / lorsque ceux-ci le demandent

Un notaire — est tenu { sous peine d'amende / de rédiger acte du dépôt { fait à son étude — par un autre notaire / de la double minute d'un acte passé devant ce dernier } Déc. min., 19 juin 1846 (1)

Un notaire — ne peut { en tête de ses actes / joindre à son titre celui d'avocat { Lett. min., 13 juillet 1829

Un juge de paix peut — recevoir { lorsqu'il n'y a pas réellement contestation entre les parties / selon la forme d'une prorogation de juridiction / des obligations et contrats volontaires qui sont dans les attributions des notaires } Cass., 16 janvier 1845 — spécialement un acte { reçu dans cette forme — a le caractère d'un jugement et / confère une hypothèque judiciaire

Les parties ayant le choix de leur notaire { sauf les cas de nomination d'office / il a toujours été défendu aux juges d'imposer aux parties le notaire qui devra passer un acte } Turin, 14 août 1809 (2)

L'omission { dans un acte quelconque — des qualités des parties / n'entraine pas la nullité de l'acte — mais seulement une peine contre le notaire } Sol. J. N., art. 13821

Dans un acte { rédigé à la suite d'un autre / on ne peut s'en référer au premier pour l'énonciation des { noms, prénoms / qualités et demeures } des parties { Cass., 14 juin 1843 / Chaque acte doit contenir ses énonciations complètes

Le mandant { par la raison qu'il stipule réellement par le fait de son mandataire { Cass., 29 déc. 1840 / doit être considéré comme partie

On doit entendre par parties (3) { toutes les personnes intéressées à l'acte, qui ont le droit { d'en demander communication et / d'en retirer expédition } Sol. admin., J. du Not.

L'individualité des parties { doit être certifiée dans toute espèce de contrats synallagmatiques ou unilatéraux | Amiens, 14 juillet 1823 / peut l'être par les témoins instrumentaires eux-mêmes (4) | Rouen, 13 février 1823 — Cass., 7 juin 1825 / l'est suffisamment par le nom : — le prénom, la capacité n'ont pas besoin d'être attestés | Cass., 8 janv., 1823, 8 août 1827

Un acte notarié { reçu à des jours différents — / n'est considéré comme définitif que le jour de la dernière date { C. Paris, 11 déc. 1847 / peut être fait à plusieurs dates | Trib. Soissons, 18 juin 1856

Les actes notariés à plusieurs dates { sont parfaitement réguliers en thèse générale, et il est souvent même impossible de procéder autrement / présentent quelquefois de graves inconvénients pour certains actes, surtout les donations / entre-vifs et spécialement les partages anticipés et dans tous les actes où la présence / simultanée des parties est indispensable

Les notaires doivent { conséquemment n'employer plusieurs dates que dans les cas de nécessité absolue / s'entourer de précautions minutieuses pour éviter les difficultés pouvant en résulter } Sol. J. N., art. 14025 (V. art. 15717)

Il n'est pas d'une nécessité absolue que l'acte contienne plusieurs dates quoique les signatures des parties aient été apposées à des intervalles différents | J. N., art 286

Le délai d'enregistrement { pour un acte notarié portant plusieurs dates / ne commence à courir qu'à partir de la dernière / si les stipulations énoncées sous cette date ont été essentielles pour constituer la / convention donnant lieu à la perception du droit } Cass., 17 janvier 1860 / J. N., n° 15939

Lorsqu'un acte notarié { spécialement une vente d'immeubles — ayant deux dates — / porte en lui-même la preuve qu'il était parfait à la première date / et que la deuxième a été indiquée pour retarder l'enregistrement

— Le notaire peut { sans qu'il y ait lieu de recourir à l'inscription de faux / être poursuivi en paiement de la double amende résultant du défaut / d'enregistrement dans le délai voulu à partir de la première date / et de la non-inscription au répertoire sur cette date } Trib. de Provins, 17 juin 1858

---

(1) *Cette dernière solution est conforme à l'opinion de M. Toullier et à deux autres arrêts : C. Bordeaux, 2 avril 1838 ; C. Riom, 28 janvier 1839.*

(2) *Un notaire ne doit conséquemment pas accepter ni conserver le choix qui serait fait de lui, à l'exclusion de ses confrères (Statuts not., Paris — janvier 1690, juillet 1760).*

(3) *Est partie — d'après Ed. Clerc — toute personne qui paraît dans un acte pour contracter, stipuler, consentir, accepter ou faire une déclaration, soit en son propre nom, soit en celui d'un ou plusieurs individus qu'elle représente.*

« Dans le langage des lois sur le Notariat, les parties intéressées en nom direct sont les parties contractantes, celles qui ont stipulé directement dans » l'acte ; et les tiers intéressés sont ceux qui n'ont pas assisté au contrat, mais en faveur desquels les contractants ont passé des déclarations, des reconnais- » sances de droit ou fait des stipulations quelconques (C. Rouen, 15 mars 1836).

« On entend par parties intéressées en nom direct ceux même qui ont contracté par l'acte et pour eux, et non ceux dont il serait parlé dans l'acte, mais » qui n'auraient point contracté ; on ne regarderait pas non plus comme partie le tiers dont il serait fait mention dans l'acte, quand même cet acte contiendrait » une reconnaissance ou une obligation en sa faveur (Pigeau, t. 2. p. 327). » — C'est dans ces définitions qu'est l'exactitude parfaitement légale.

(4) *Conformément à la pratique et à l'opinion de MM. Carré, Loret, Dalloz. — Les témoins peuvent être parents des parties dont ils certifient l'indivi- dualité (Favard, Dalloz, Roll. de Vill.) — Ils doivent savoir signer.*

ACTES ET CONTRATS

ACTES CONCERNANT LES CLERCS

La loi du 25 ventôse an 11 — ne s'oppose pas à ce que les clercs d'un notaire figurent { dans les actes reçus par ce dernier / soit comme parties intéressées / soit comme mandataires des parties }

Le clerc qui fait constater — par-devant le notaire chez lequel il travaille une convention qui l'intéresse — n'est pas { de droit / présumé interposé par rapport au notaire } | C. Lyon, 11 février 1851

Le clerc de notaire — qui { est constitué mandataire et qui, en cette qualité, / consent, en l'étude de son patron, une vente portant que le prix sera payé { au vendeur ou à son mandataire / en l'étude du notaire } } — est responsable { des paiements que l'acquéreur fait en l'étude, entre ses mains, / s'il n'a pas énoncé dans les quittances qu'il recevait pour le notaire, — et / s'il en a versé le montant, non pas à son mandant, mais au notaire lui-même (1) } | C. Metz, 15 janvier 1856

Le clerc du notaire — devant lequel a lieu une adjudication — peut { porter des enchères — et / se rendre adjudicataire comme toute autre personne } | C. Amiens, 15 déc. 1832

Les notaires peuvent recevoir des dispositions en faveur de leurs clercs | J. N.

ACTES RESPECTUEUX (2)

Il appartient aux notaires seuls de rédiger les actes respectueux | Parlement de Paris, 27 août 1712

Les actes { rédigés par d'autres officiers / seraient non avenus et exposeraient ces officiers à des poursuites } | Dict. Not.

La volonté de la personne qui requiert un acte respectueux doit être libre | Dict. Not.

L'acte est soumis aux règles tracées pour les actes notariés en général | Toulouse, 2 février 1830

Est irrespectueux l'acte qui *somme* ou *requiert* l'ascendant, avec { protestation / en cas de refus } Cass., 24 déc. 1807 — Besançon, juillet 1823 — Amiens, avril 1825

L'acte respectueux — est valable { quoique l'enfant n'y ait été { ni présent / ni représenté par un mandataire spécial } } C. Douai, 15 février 1841 — Lyon, 15 décembre 1841

— doit { à peine de nullité / énoncer le véritable domicile de l'enfant qui le requiert — et ce domicile ne peut être celui de la concubine que cet enfant se propose d'épouser } Trib. Seine, 7 oct. 1840

— peut être rédigé { d'avance dans l'étude du notaire / sans qu'il soit nécessaire que cette rédaction soit faite dans la demeure même de l'ascendant } C. Bordeaux, 2 avril 1838

— est valablement notifié { à l'ascendant de la manière prévue par l'art. 68 du Code de procédure / dans le cas où il se trouve momentanément absent de sa demeure / (à défaut de présence du maire ou de l'adjoint — le premier conseiller municipal dans l'ordre du tableau, a qualité pour recevoir cette notification faite à l'ascendant non présent) } C. Riom, 28 janv. 1839

— peut être fait un jour férié — attendu qu'il n'y a de nullité que celles expressément prononcées par la loi (3) | C. Agen, 27 août 1829

Celui qui est pourvu d'un conseil judiciaire peut — sans l'assistance de ce conseil — faire des actes respectueux | Toulouse, 29 janvier 1821

En l'absence des parents { auxquels doit être notifié l'acte respectueux / cette notification { au lieu d'être laissée à un voisin / peut être remise au maire de la commune } } C. Montpellier, 17 août 1855

L'époux de la personne à laquelle une notification est faite, et ses alliés { sont assimilés aux parents / ont qualité pour recevoir la copie de l'acte notifié } Sol. Journ. du Not., n° 1189

Il n'est pas nécessaire que l'enfant { qui fait notifier un acte respectueux / assiste en personne à cette notification } Trib. de la Seine, 22 juillet 1865 (4)

Le notaire { qui a fait vainement tout ce qui était convenable pour rencontrer les père et mère / peut remettre la copie de la notification à une femme qui est à leur service }

Le notaire — chargé de notifier des actes respectueux à l'ascendant qui refuse son consentement — a rempli le devoir que la loi lui impose lorsque { il s'est présenté au domicile de cet ascendant / c'est par le fait de celui-ci qu'il n'a pu lui faire en personne / la notification exigée par la loi et consigner sa réponse / au procès-verbal qu'il est tenu de rédiger } Cass., 17 nov. 1857 (5)

---

(1) *Voyez Responsabilité.*
(2) *Avant la Révolution, les parents pouvaient déshériter leurs enfants lorsqu'ils se mariaient contre leur gré. — Une ordonnance de Henri II, de 1556, leur donnait ce moyen de venger leur autorité.*
Sur les 256,063 mariages célébrés en 1853, — 1,492 furent précédés d'actes respectueux : c'est $\frac{1}{171}$.
(3) *Des auteurs pensent le contraire — considérant cet acte comme contentieux.*
(4) *Jurisprudence établie.*
(5) *Est controversée la question de validité de l'acte notifié par une fille retirée chez l'homme qu'elle doit épouser. — Il y a de nombreuses décisions pour et contre la nullité.*

ACTES ET CONTRATS

ADJUDICATION

Les notaires ont seuls qualité pour procéder aux adjudications volontaires d'immeubles (1) | Déc. min., 2 oct. 1811 — Trib. Château-Thierry, 14 juill. 1838

Le clerc { du notaire devant lequel a lieu une adjudication / peut porter des enchères et se rendre adjudicataire comme tout autre particulier } C. Amiens, 15 décembre 1832 (V. 67e tablette)

Est nulle { pour cause d'erreur sur la substance même de la chose — l'adjudication de la nue-propriété d'un immeuble / lorsque l'usufruitier est décédé avant cette adjudication et que son décès a été ignoré du vendeur et de l'adjudicataire } C. Paris, 13 déc. 1856

Les avoués ont caractère légal pour intervenir dans les adjudications faites devant un notaire commis en justice

Dans ce cas { l'art. 709 du Code de procédure est applicable à l'avoué adjudicataire — et / l'avoué a trois jours pour déclarer l'acquéreur | de même que dans les adjudications devant le tribunal } Cass., 26 février 1826

Mais les avoués { sont sans qualité officielle pour enchérir dans les adjudications { non judiciaires / faites devant notaire, / qui — en ce cas — se sont rendus adjudicataires sous réserve d'élire command, / sont tenus { de faire leur déclaration et / de la notifier au receveur d'enregistrement } dans les 24 heures de l'adjudication } Cass., 13 mars 1838

Les notaires { chargés de recevoir les enchères en matière de biens communaux / ne sont par obligés de se conformer { à peine de nullité / à l'art. 16 de la loi du 18 juillet 1837 } Bulletin du ministère de l'intérieur 1868, no 6

— Cet article n'ayant touché { ni aux attributions des notaires / ni aux conditions de validité de leurs actes

AFFECTATION HYPOTHÉCAIRE

Le notaire { qui reçoit une constitution d'hypothèque / a pour premier devoir { d'interroger avec scrupule les titres de propriété des immeubles hypothéqués et / de constater par un examen personnel s'ils appartiennent au débiteur / qui { a manqué à ce soin essentiel à sa fonction et / compromet ainsi les intérêts des parties contractantes / engage sa responsabilité / qui { dans un acte de constitution d'hypothèque / a négligé de s'assurer que les immeubles affectés étaient bien la propriété du débiteur / devient responsable envers le créancier / et le point de départ { de l'action en responsabilité / n'est fixé que par la survenance de { l'éviction de l'hypothèque et / la perte de la créance garantie }
— C. Paris, 31 mai 1856 (2)
— Cass., 27 mai 1857

Un débiteur | ne peut hypothéquer ses immeubles | après la dénonciation de la saisie | Paris, 19 août 1820

L'hypothèque ne peut être consentie en vertu d'un mandat sous signature privée } Cass., 7 février 1854 et 12 novembre 1855 — C. Amiens, 9 avril 1856
La ratification postérieure du mandant n'est pas opposable au tiers } — Trib. Toulouse, 2 février 1857 — C. Riom, 26 janvier 1857

Il n'est pas nécessaire que les biens que l'on hypothèque soient désignés en détail et pièce par pièce

Il suffit qu'ils se trouvent compris dans une désignation générique qui indique d'ailleurs { la nature des biens / leur situation / leur contenance totale si ce sont des terres } Cass., 1815, 1817

Est nulle { la constitution hypothécaire qui n'énonce pas la nature des biens (3) / on ne peut y suppléer par les énonciations de l'inscription hypothécaire } Cass., 26 avril 1852

Est valable et suffisante la désignation { faite dans un contrat hypothécaire / des immeubles affectés — comme étant situés dans telle commune et celles environnantes } C. Paris, 15 fév. 1850

La femme { mariée sous le régime dotal / peut { avec l'autorisation de justice / hypothéquer ses immeubles dotaux dans tous les cas où elle pourrait les aliéner sous la même autorisation — / par exemple pour tirer son mari de prison } C. Rouen, 10 mars 1838

L'immeuble dotal peut être { affecté à la garantie du prix du remplacement militaire de l'enfant commun / quand ce remplacement a pour but annoncé de favoriser l'établissement de l'enfant } C. Nîmes, 10 août 1837

Ne peut être hypothéqué (4) { par le mari seul / un immeuble { acquis pendant le mariage — et / qui, avant le mariage appartenait par indivis à la femme } Cass., 30 janvier 1816 / attendu que { ce n'est par un conquêt de communauté, et que / la femme a le droit de retrait prévu par l'art. 1408 C. N.

La Banque de France { quoique ses statuts ne l'autorisent pas à consentir des prêts hypothécaires / peut néanmoins stipuler une hypothèque pour garantie de prêts échus en compte courant } C. Paris, 15 juin 1857

---

(1) *Cette proposition, pourtant si fondée, n'est pas solidement établie. Elle résulte aussi d'une solution, Journ. Not. 1292, d'après laquelle les Notaires peuvent porter plainte contre tous ceux qui s'immiscent dans ces sortes de ventes, et les attaquer en dommages-intérêts.*
Il se fait en France — de ventes d'immeubles — pour un chiffre de 1,400 millions par an.
(2) *L'origine de propriété, comme l'état civil et la situation hypothécaire, doivent toujours être établis, aussi bien dans les actes de prêt que dans les actes de mutation, afin d'éclairer les prêteurs comme les acquéreurs tant sur cette origine et la régularité des titres que sur les diverses charges pouvant affecter les biens désignés.*
(3) *Une hypothèque conventionnelle peut être constituée séparément de l'obligation principale (Dict. not.).*
(4) *Ne sont pas susceptibles d'hypothèques — Les biens affectés aux majorats — (D. 1er mars 1808 ;) — les actions immobilières, comme celles en réméré, en rescision, en nullité, etc. ; — la jouissance cédée à titre d'antichrèse ; — la jouissance légale du mari sur les biens de sa femme, des père et mère sur les biens de leurs enfants mineurs. (Ed. Clerc.)*

ACTES ET CONTRATS

BAIL

Le contrat de louage | ne confère aucun droit réel | C. Paris, 11 avril 1866

Une promesse de louer | est obligatoire | Sol. J. N., art. 625

Une promesse de bail n'est valable qu'autant qu'elle exprime clairement :

Que les parties sont d'accord { sur les conditions essentielles du contrat / notamment sur le prix et la durée du bail } C. Rouen, 20 avril 1866

La clause { par laquelle le principal locataire d'une maison se réserve les indemnités qui pourraient être dues / aux sous-locataires — en cas d'expropriation pour cause d'utilité publique / est valable et doit recevoir son exécution — bien que l'indemnité allouée ait eu pour cause l'industrie / personnelle du sous-locataire et non l'aménagement ou le prix de location } C. Paris, 24 août 1853

Le bail d'un appartement peut être déclaré résolu — si les changements et constructions { faits par le bailleur dans la maison louée / modifient gravement la jouissance } C. Lyon, 7 août 1851

Les juges { ne peuvent accorder un délai suivant les circonstances / quand la résolution du bail est stipulée pour défaut de paiement exact } Nîmes, 22 août 1809 — Colmar, 6 déc. 1814 / Dijon, 31 juillet 1817

Il y a lieu de poursuivre la résiliation d'un bail { lorsque { le preneur d'un domaine de pur agrément, au lieu de se / conformer au mode de jouissance que comporte ce genre / de propriété, y introduit des bestiaux qu'il laisse en pacage / lesquels { dégradent et détruisent les agréments du domaine et / lui enlèvent presque toute sa valeur locative } } C. Bordeaux, 23 août 1847

Les pailles et engrais { que le fermier est obligé par son bail à consommer sur la ferme / ne sont pas sa propriété et ne peuvent être saisis par ses créanciers } C. Douai, 6 août 1848

La clause d'un bail { portant que le locataire ne pourra sous-louer qu'à des personnes agréées par le propriétaire / n'autorise pas celui-ci à refuser un sous-locataire par pur caprice — et les tribunaux peuvent / le contraindre à l'agréer, s'il réunit toutes les conditions désirables } C. Paris, 6 août 1847

Les maires peuvent procéder { sans le concours des notaires / à l'adjudication publique des baux des biens des communes et / à la vente publique de ces mêmes biens } Circ. min., 19 déc. 1840 — 12 juillet 1844

L'adjudication d'un bail { faite devant un notaire désigné par le préfet / est valable | nonobstant le défaut de signature de celui qui s'est rendu adjudicataire

Il en est { d'une pareille adjudication / comme de celle qui serait faite { en justice ou devant un notaire commis par le tribunal / en vertu du Code de procédure civile } } C. Rennes, 23 août 1837 / Cass., 13 août 1839

La disposition { de l'art. 129 du Code de procédure civile / n'est point applicable { quand il s'agit du paiement de fermages en denrées livrables à / une certaine époque de l'année } / Leur valeur doit être estimée d'après les mercuriales de l'époque fixée pour leur livraison } Cass., 29 déc. 1830

Le tuteur seul peut | consentir au bail de plus de 9 ans sur les biens du mineur / Et c'est seulement à sa majorité que celui-ci a le droit de faire réduire / à 9 ans la période alors commencée } Cass., 7 février 1865

Quand il n'a pas été stipulé dans un bail { qu'il jouirait du droit de chasse / le fermier ne peut prétendre à l'exercice de ce droit

Le droit de chasse { étant une dépendance du droit de propriété / ne peut appartenir au fermier qu'autant qu'il lui a été conféré expressément } C. Paris, 19 mars 1812

Le propriétaire { qui { en louant la chasse sur ses terres / réserve au profit d'un tiers un droit de chasse } / accorde à celui-ci un droit exclusif personnel qui ne peut être cédé } C. Paris, 19 décembre 1867

L'usufruitier a le droit de chasse | J. N., art. 1710

La réserve du droit de chasse { faite | à perpétuité par le vendeur | d'un fonds pour lui, ses héritiers ou ayants-cause / n'a rien de féodal ni de contraire à l'ordre public / est obligatoire pour le tiers-détenteur comme pour le premier acquéreur } C. Amiens, 2 déc. 1835 (1)

L'interdiction de sous-louer { à peine de rescision du bail principal / n'opère pas de plein droit la rescision du bail en cas de sous-location / — Cette rescision doit être demandée en justice } C. Amiens, 30 juin 1836

Le bail emphytéotique se reconnaît aux caractères suivants : { la longue durée de la jouissance / le droit de disposer d'une manière presqu'absolue de l'immeuble concédé / la modicité de la redevance convenue — et / l'obligation par l'emphytéote de supporter la dépense que peuvent / entraîner les améliorations qui ont été prévues } Cass., 22 avril 1853 / 24 avril 1857

---

(1) *Le J. N. critique cette décision. — V. art.* 9098.

ACTES ET CONTRATS

BILLET (1)

I

Le billet simple { à la différence des billets à ordre / n'a d'autre caractère que celui des actes sous seing privé ordinaires — et / est, à ce titre, sous l'empire du droit civil / n'est — conséquemment — pas susceptible d'être protesté — et } Cass., 11 avril 1827

— La propriété { de la créance qu'il contient / ne peut être transportée par endossement

Le billet simple { doit être écrit en entier de la main du signataire ou porter au moins de sa main la formule : *Bon pour telle somme* / doit mentionner la cause de l'obligation / n'est soumis qu'à la prescription de 30 ans (à la différence du billet à ordre qui se prescrit par 5 ans lorsqu'il a une cause commerciale } Dict. Not.

Un billet { signé mais non revêtu du bon et approuvé / peut servir de commencement de preuve par écrit } C. Grenoble, 18 avril 1866

II

Le billet à ordre { doit être pur et simple et ne peut être fait sous condition / autrement { il perd son caractère commercial — et / cesse d'être soumis à la juridiction commerciale } Poitiers, 19 juin 1824 / peut être garanti par une hypothèque | Dict. Not. / n'est pas par lui-même un acte de commerce; — il le devient seulement par la qualité des souscripteurs ou par son objet / devant être payé par le souscripteur, il n'y a lieu ni à acceptation ni à provision / souscrit { par les femmes ou filles non marchandes publiques / pour quelque cause que ce soit / — n'est jamais considéré que comme simple promesse } Dict. Not.

L'hypothèque { stipulée dans un billet à ordre / est transmissible par simple endossement } Lyon, 4 juin 1830

Le défaut absolu d'énonciation de la valeur fournie rend les tribunaux de commerce incompétents

— Et le billet { bien qu'il porte des signatures de négociants / est alors réputé simple promesse } Cass., 6 août 1811

L'énonciation { valeur reçue en marchandises, insérée dans un billet à ordre / n'établit pas nécessairement { même en faveur du tiers-porteur / la présomption que ce billet a été souscrit pour fait de commerce : c'est au porteur à le prouver } Paris, novembre 1834

Quand le billet à ordre a une cause civile, il faut en général / l'assimiler { pour toutes ses conséquences / à la lettre de change } Dict. Not.

Aucun délai ne peut être { accordé aux obligés / sans le consentement du porteur } Cass., 22 juin 1812

Le défaut de paiement du billet à ordre doit être { comme celui de la lettre de change / constaté par un protêt } Dict. Not.

Le protêt fait courir les intérêts de plein droit { du jour où il est notifié / même dans le cas où le billet a une cause civile } Bordeaux, 22 mai 1837

Toute action { relative aux billets à ordre ayant une cause commerciale / se prescrit par 5 ans à partir { du jour du protêt — ou / de la dernière poursuite judiciaire } . . . . . / Si le billet n'a qu'une cause purement civile — la prescription trentenaire est seule applicable } Dict. Not.

Peu importe { qu'il ait été souscrit par un commerçant / s'il énonce une cause étrangère au commerce } Paris, 2 mars 1836 — Dict. Not.

III

Les billets au porteur sont des engagements licites et valables | Cass., 10 novembre 1829 — Nîmes, 23 mars 1830 — Bordeaux, 22 mai 1840

Ces billets ne sont pas { comme les billets à ordre / assimilés aux lettres de change } Dict. Not.

— Les principes généraux doivent leur être appliqués

---

(1) *On appelle : — Billet à domicile, le billet qui doit être payé à un autre domicile que celui du débiteur ; — billet de change, celui par lequel le souscripteur promet de payer une somme pour prix de lettres de change à lui fournies, ou celui par lequel il promet de fournir de semblables lettres pour la valeur qu'il en aurait reçue. (Dict. not.)*

ACTES ET CONTRATS

CAISSE DES CONSIGNATIONS

Cette caisse a le droit d'exiger { des créanciers colloqués dans un ordre / une quittance notariée }

Les frais de la quittance doivent être { avancés par les créanciers et / supportés par l'adjudicataire } Trib. Vouziers, 29 novembre 1849 (1)

L'adjudicataire sur saisie immobilière — peut { comme l'acquéreur sur aliénation volontaire / se libérer en consignant — et } — n'est pas obligé de notifier sa consignation aux créanciers inscrits, à peine de nullité — le § 4 de l'art. 1259 du C. N. ne s'appliquant pas ici } Cass., 24 juin 1857

CAPTATION ET SUGGESTION

Les donations par contrat de mariage { et spécialement celles entre époux / sont attaquables pour cause de captation } C. Douai, 10 février 1835 (2)

La captation { résultant de manœuvres frauduleuses / est une cause de nullité des libéralités testamentaires } C. Rennes, 31 août 1807 — Cass., 8 janvier 1845

Le concubinage { même adultérin / n'est pas par lui-même un motif d'annuler les donations ou testaments — mais il / peut être un des faits constitutifs de la captation et des manœuvres frauduleuses } Nimes, 29 thermidor an 12 — Pau, 20 mars 1822 — Montpellier, 1824, 1829 — Cass., 8 janvier 1845, etc., etc.

L'arrêt { qui annule { des libéralités pour cause de captation frauduleuse / par appréciation des faits qui ont { précédé / accompagné ou / suivi } ces libéralités } / est à l'abri de la Cour de cassation } Cass., 11 mars 1857

Les faits postérieurs | ont pu être invoqués comme preuve complémentaire du dol

Il faut { pour entraîner la nullité des donations et testaments / que la captation et la suggestion soient entachées du vice de dol et de fraude }

Mais il n'est pas nécessaire que l'arrêt { qui annule des actes de libéralité pour suggestion / qualifie de frauduleuses ou dolosives les manœuvres employées }

Il suffit { pour la stricte application de l'art. 901 / que l'arrêt se référant aux enquêtes déclare qu'il y a eu des manœuvres dont la conséquence a été de ne pas laisser au testateur ou donateur sa liberté de disposer } Cass., 7 juin 1858

CARENCE (PROCÈS-VERBAL DE)

Les notaires peuvent encore, sous l'empire du Code de procédure, faire des procès-verbaux de carence | Dissertation, J. N., art. 2261

CAUTIONNEMENT

Le pacte { sur une succession future / est d'une nullité { absolue et d'ordre public / qui annule { la totalité du contrat où ce pacte est stipulé et / spécialement le cautionnement donné en garantie du contrat } } } C. Lyon, 14 fév. 1852

La nullité { résultant de ce qu'une rente viagère a été constituée gratuitement par acte sous seing privé / est absolue et emporte la nullité du cautionnement donné en garantie de cette rente } Même arrêt du 14 février 1852

L'art. 2037 du Code Napoléon { qui décharge la caution / lorsque { par le fait du créancier / elle ne peut plus être subrogée à ses droits, privilèges et hypothèques } / s'applique à la caution solidaire — comme à la caution simple } Cass., 9 janvier 1849 — 23 février 1857 (3)

La gratuité { n'est pas de l'essence / mais seulement de la nature } du cautionnement (4) } C. Limoges, 23 novembre 1847

En conséquence, la caution peut stipuler une prime à son profit par le débiteur

L'obligation { contractée par la femme mariée — sans autorisation / peut être valablement cautionnée (5) } Paris, 24 juillet 1819

Une caution { s'oblige valablement { pour la vente faite par un mineur émancipé ou non — sans formalités / et lors même que le mineur s'est fait restituer pour cause de minorité / le cautionnement ne continue pas moins de subsister } } Cass., 3 nov. 1812 (6)

Le cautionnement { étant un acte unilatéral / n'a pas besoin en général d'être accepté } · · · · ·

Cependant il a été décidé que l'acceptation est nécessaire | Bourges, 6 mai 1829

---

(1) *Les notaires sont souvent nommés séquestres des biens de communauté ou de succession; mais ils ne peuvent garder entre leurs mains les sommes recouvrées par eux en cette qualité : Les tribunaux doivent en ordonner le dépôt à la Caisse des consignations. (Ord. 3 juillet 1816, art. 2, n° 13 ; Montpellier, 19 juin 1827.)*
En général, le notaire qui a été dépositaire de sommes, doit les déposer à la Caisse des Consignations. (Av. min., 9 septembre 1822.)
(2) *M. Grenier est d'avis contraire.*
(3) *En matière de rente perpétuelle, la caution peut, après 10 ans, demander sa décharge (Doctrine).*
(4) *Serait valable le cautionnement pour une dette indéterminée mais qui peut être fixée ultérieurement (Grenier). — De même pour une obligation future (Pothier, Delvincourt).*
(5) *C'est aussi l'avis de MM. Toullier, Duranton et Dalloz.*
(6) *Il en serait de même à l'égard d'un interdit (Duranton, Delvincourt).*

ACTES ET CONTRATS

CERTIFICATS DE PROPRIÉTÉ ET DE VIE

La loi du 25 ventôse an 11 n'a point dérogé aux dispositions { de celle du 28 floréal an 7 / réglant la transmission des rentes sur l'État (1)

En conséquence un notaire { ne peut délivrer { un certificat de propriété d'inscription de rente / au profit d'un successible / que lorsque l'absence d'inventaire est constatée par un acte de notoriété / délivré par le juge de paix du domicile du décédé (2) — Trib. Seine, 12 janvier 1853 — C. Paris, 31 juillet 1853 — Cass., 8 mai 1854

Et le notaire { qui ne se conforme pas à cette obligation / peut être déclaré responsable envers les tiers ; / — mais il faut qu'il y ait eu un préjudice causé

L'art. 6 de la loi du 28 floréal an 7 | n'exige que les mentions relatives à la nature et à l'origine de la propriété | Cass., 9 août 1853 — C. Agen, 20 juin 1854

LE NOTAIRE

appelé à délivrer { au légataire d'une inscription de rente sur l'État / le certificat de propriété nécessaire pour obtenir le transfert

— ne peut insérer { dans ce certificat — des énonciations tendant à / présenter { le droit de ladite rente / comme sujet à contestation — Cass., 9 août 1853

ayant pour mission { non d'apprécier / mais / de constater } le titre de propriété et la possession

— doit délivrer | un certificat pur et simple

possesseur de la minute d'un acte { qui a trait à la mutation d'une rente sur l'État / sans toutefois la justifier d'une manière complète

— peut délivrer le certificat de propriété { en se faisant déposer par les ayants-droit les expéditions / des actes { reçus par d'autres notaires et / relatifs à cette mutation } (Loi 28 floréal an 7, art. 16)

qui n'est détenteur d'aucune minute d'acte concernant la mutation

— ne peut { délivrer le certificat de propriété / quoique les ayants-droit lui aient fait le dépôt des expéditions / — en bonne forme — de tous les actes justificatifs de cette mutation } Arr. de la Cour des comptes, 24 juin 1835

répond { des formalités relatives au partage ou tout autre mode de délivrance / de l'état ou de la capacité { des nouveaux propriétaires / au moment du certificat de propriété

devrait mentionner : { l'interdiction qui frapperait l'un des ayants-droit / l'état de minorité de l'un d'eux / l'incapacité d'une femme mariée sous le régime dotal / en général | toutes les charges pouvant affecter la rente / — comme la prohibition { d'aliéner tout ou partie des biens de la succession / faite dans un legs contenant des rentes sur l'État / parce que { à défaut de cette précaution / le nouveau titulaire { nonobstant son incapacité / pourrait aliéner les rentes à lui échues / ces aliénations provenant de son imprudence / ce serait au notaire à porter la peine } Cass., 8 août 1827 — Bordeaux, 6 mars 1844 — 2 juin 1853

Détenteur du contrat de mariage de la femme au nom de laquelle existe une inscription de rente / — doit délivrer un certificat établissant que le transfert de cette rente peut avoir lieu sans remploi } . . . . .

doit s'abstenir { de délivrer { des certificats de propriété / à l'égard des mutations d'actions ou autres droits / sur des caisses et établissements particuliers / qui ne dépendent pas de l'administration publique } Av. de la Chambre des Not. de Paris, en 1836

n'est pas obligé { de remplir les quittances placées au bas des certificats de vie présentés / au visa du payeur du département } Déc. min., 22 avril 1848

Les certificats de propriété ne peuvent être { délivrés collectivement / par 2 notaires de ressorts différents } Circ. min. de la justice, 4 mai 1860

Ne sont pas assujettis à la formalité du répertoire { les certificats de propriété relatifs au transport de la dette publique, — ni / ceux destinés aux retraits de fonds versés dans la caisse d'épargne } Trib. Strasbourg, 1er déc. 1857

---

(1) *V. l'instruction relative à la justification des mutations après décès et à la rédaction des certificats de propriété pour les rentes et pensions sur l'État,* — *J. N., art. 9077.*

(2) *Les notaires ont le droit de recevoir ces actes de notoriété, qui doivent être en minute.* — (*L. 25 ventôse an 11, art. 25.* — *Pratique constante du Trésor.*)

ACTES ET CONTRATS

CESSION DE BIENS

La cession de biens ne peut être refusée { par les créanciers à leurs débiteurs / hors le cas de fraude et de mauvaise foi } J. N.

— Mais le débiteur doit justifier de ses malheurs et de sa bonne foi | Paris, 8 mai 1812 — Aix, 30 décembre 1817 — Bordeaux, août 1821, juin 1827

La cession doit s'étendre à tous les biens du débiteur excepté à ceux que la loi déclare insaisissables | Dict. Not.

La cession doit être faite — à peine de nullité — à tous les créanciers | Colmar, 24 novembre 1807

Le débiteur { n'est libéré que jusqu'à concurrence de ce que les créanciers retirent des biens cédés / est obligé d'abandonner jusqu'à entier paiement les biens qu'il acquiert ensuite } J. et Dict. du Not.

ne peut rentrer dans la possession des biens abandonnés qu'en payant ce qu'il doit | J. N., art. 3692

Lorsque le débiteur vient à mourir { avant que les biens abandonnés soient vendus / les créanciers ne peuvent les vendre que huit jours après la signification du contrat aux héritiers } J. N., art. 3692

CONCESSION

Défense est faite { à tout concessionnaire de mines, de quelque nature qu'elles soient / de réunir sa concession à d'autres { par association, acquisition ou autrement / sans l'autorisation du gouvernement }

Tous actes { de réunion opérés en opposition à l'article précédent / seront en conséquence considérés comme nuls et non avenus, et / pourront { donner lieu au retrait des concessions / sans préjudice des poursuites contre les concessionnaires, s'il y a lieu }

(D., 23 octobre 1852)

COMPROMIS

Il n'y a point nullité { du compromis { reçu par un notaire — et / dans lequel il a été nommé arbitre de l'une des parties } C. Toulouse, 17 juillet 1826 — C. Lyon, 9 février 1836 — J. N., art. 6311, 7862

Un notaire | ne peut valablement recevoir un compromis dans lequel il est nommé arbitre (1) | C. Limoges, 1er juillet 1865

L'art. 1325 du Code Napoléon est applicable au compromis | Cass., 17 février 1815

Les arbitres ne peuvent | recevoir le compromis qui les nomme lorsque les parties ne savent pas signer | J. N.

Le compromis doit désigner — à peine de nullité { 1° les objets en litige { J. N. / 2° les noms des arbitres { Cass., 10 juillet 1843, 21 février 1844

COMPTE DE TUTELLE

Lorsqu'il y a eu plusieurs mineurs le compte peut être rendu par un seul acte | J. N.

Lorsque le mineur a eu successivement plusieurs tuteurs { Bourges, 15 mars 1826 — Cass., 25 juin 1839 / — C'est le dernier qui doit rendre le compte général de la tutelle

N'est pas valable — la condition { de ne pas exiger de compte / apposée à une constitution de dot } Cass., 5 juillet 1807, 14 décembre 1818 — Toulouse, 5 février 1822

Le compte de tutelle doit être écrit ; la preuve testimoniale est inadmissible | Toulouse, 6 février 1835

Il doit être remis au pupille — avec les pièces à l'appui — 10 jours au moins avant l'arrêté | Aix, août 1809 (2)

Le délai est franc { on n'y comprend { ni le jour de la remise des pièces / ni celui de l'apurement } C. Bordeaux, 29 juillet 1857

Les pièces | remises à l'appui du compte | doivent être détaillées — la remise en bloc ne suffit pas | Dissertation, J. N., art. 1471

L'art. 2151 du C. N. ne concerne point l'hypothèque légale du mineur sur les biens du tuteur { Nancy, 19 mars 1830 / Cette hypothèque s'étend à la totalité de la dette du tuteur, en capital et intérêts }

L'hypothèque { éteinte par la décharge du compte de tutelle / continue de subsister pendant 10 ans, à raison des omissions qui donnent lieu / au redressement du compte en faveur du mineur } Cass., 21 février 1838 / Amiens, 22 août 1834 / Orléans, 12 janvier 1839

Toute action du mineur { au sujet du compte / se prescrit par 10 ans, à compter { du jour de la majorité / non du jour du compte } Limoges, 3 juin 1850 — Poitiers, 20 août 1850

Cette prescription doit être prorogée à 30 ans, si l'on peut reprocher au tuteur le dol ou la fraude { Cass., 10 janvier 1821 / — Il en serait autrement pour des faits de simple négligence }

Jugé que cette prescription est applicable à l'action en rectification des { erreurs, omissions / faux ou doubles emplois } Poitiers, 20 août 1850

Les actions du tuteur contre le mineur — se prescrivent par 10 ans aussi bien que celles du mineur contre le tuteur | J. N.

L'emprunt solidaire { contracté { par le tuteur et le mineur devenu majeur / avant la reddition du compte de tutelle, et / avec subrogation du prêteur dans l'hypothèque légale du mineur } Cass., 10 avril 1849 / ne peut être annulé par application de l'art. 472 du Code Napoléon, lequel / n'est relatif qu'aux traités portant sur la gestion du tuteur }

Cet art. 472 du Code Napoléon { qui annule { les traités faits entre le tuteur et le pupille devenu majeur / lorsqu'ils n'ont pas été précédés de la remise d'un compte détaillé / avec pièces justificatives — antérieure au moins de dix jours } Cass., 16 mars 1831 / ne s'applique qu'aux traités ayant pour objet direct ou indirect de suppléer la / reddition du compte de tutelle — et non à des traités sur des difficultés particulières }

La nullité du traité { ne saurait, bien entendu, se couvrir par une ratification | Lyon, 31 décembre 1832 — Grenoble, 13 novembre 1837 / se prescrit par 10 ans et non par 30 | Cass., juillet 1817, 14 novembre 1820 — Poitiers, mars 1819

— Cette prescription se compte à partir de la majorité et non du traité | Amiens, avril 1817 — Cass., juillet 1819

---

(1) Un arrêt du Parlement de Paris du 2 mai 1687, défendait aux notaires, à peine de nullité, de recevoir des compromis les choisissant pour arbitres. Les notaires doivent s'abstenir. — Le J. N. observe que la Cour de cassation n'a pas statué sur cette question.

ACTES ET CONTRATS

CONSENTEMENT A MARIAGE (1)

Au cas de l'art. 148 C. N. le dissentiment doit être constaté | J. N.

Le consentement de la mère au mariage ne couvre pas son défaut d'assistance au contrat | J. N.

La femme mariée en secondes noces peut { sans le concours de son mari / consentir au mariage de l'enfant de sa première union / lors même que cet enfant est mineur } Dict. Not.

Un consentement { ne peut être donné sous condition | Sol. J. N., art. 16720 / doit indiquer la personne que l'enfant se propose d'épouser | J. N. (2) / peut être révoqué jusqu'à la célébration | J. N.

— La révocation que ferait le père arrêterait l'effet du consentement de la mère | J. N.

CONTRAT DE MARIAGE (RÈGLES GÉNÉRALES)

L'immutabilité et l'irrévocabilité constituent essentiellement le caractère du contrat de mariage | J. N.

Cette immutabilité est d'ordre public | C. Rennes, 16 mai 1823, 1er mars 1849

Le contrat de mariage conserve toujours son effet quoique le mariage ne s'effectue que longtemps après | J. N.

On peut — par contrat — régler comment s'exécuteront les remplois ou récompenses | J. N.

N'est pas contraire à la loi la clause portant que l'action { en remploi ou en reprise des époux / pour le prix de leurs propres aliénés / sera de nature immobilière } J. N.

— En conséquence cette action n'est pas comprise dans le legs { des effets mobiliers / fait par l'un des époux à l'autre } Paris, 13 juillet 1841

Le pourvu d'un conseil judiciaire peut { passer un contrat de mariage / sans l'assistance de son conseil / à moins que le contrat contienne une donation de biens présents } J. N.

L'individu { pourvu d'un conseil judiciaire / ne peut { faire une donation ou une institution contractuelle au profit de son futur époux / sans l'assistance de son conseil } C. Amiens, 21 juillet 1852 / C. Bordeaux, 8 février 1855 / C. Agen, 21 juillet 1857

— C'est là un acte d'aliénation prohibé par la loi

L'art. 515 du Code Napoléon | n'est pas applicable aux conventions matrimoniales

— En conséquence { le prodigue peut valablement { sans l'assistance de son conseil / faire par son contrat de mariage une institution contractuelle { de tous ses biens / en faveur de son épouse } Cass., 24 déc. 1856 / 19 août 1857

Le contrat de mariage (3) { passé en l'absence de la future par ses père et mère stipulant pour elle sans être munis de pouvoirs / est absolument nul / ne peut être considéré comme ratifié par la célébration du mariage ou par des actes postérieurs } Cass., 29 mai 1854 / 9 janvier 1855

est nul { lorsque le mineur n'a pas été assisté des personnes dont le consentement / est requis pour la validité du mariage / et dans ce cas les époux sont mariés sous le régime de la communauté légale } C. Riom, 23 juin 1853 / Cass., 13 juillet 1857

Les futurs époux { comme leurs père et mère — dans le cas où leur présence est nécessaire / peuvent { se faire représenter au contrat de mariage par des mandataires / en vertu d'une procuration { qui doit être expresse et spéciale / qu'il est convenable de faire authentique / qu'il faut ainsi et en minute si le contrat doit contenir une donation } Sol. J. N.

La défense de faire des changements est absolue et d'ordre public

— Ainsi est nulle { à quelqu'époque qu'elle ait lieu / la renonciation du mari à exiger { le capital de la dot constituée à la femme — ou même sans : / les intérêts futurs de ce capital } C. Rennes, 1er mars 1842 / Cass., 4 déc. 1807

Il suffit que les parties soient appelées pour assister au changement ou à la contre-lettre | . . .

Le notaire { qui rédige un acte contenant modification ou addition à un contrat de mariage précédemment signé / est tenu { de mentionner la lecture faite aux parties conformément à l'art. 1394 du C. N. modifié par la loi de juillet 1850 / de remettre aux parties un nouveau certificat pour l'officier de l'état civil } / n'est pas obligé — dans ce cas — de délivrer un nouveau certificat | C. Caen, 2 décembre 1856 — Cass., 18 mars 1857 } C. Paris, 12 janvier 1856

Le résiliement d'un contrat de mariage { est un changement soumis à l'application de l'art. 1397 du Code Napoléon / ne peut conséquemment être passé que devant le notaire qui a reçu le contrat } Sol., Journ. Not., n° 1204

Une date fausse ne suffit pas { pour frapper de nullité le contrat de mariage / s'il est constant en fait que ce contrat a précédé la célébration } C. Agen, 1849

La nullité { dont est frappé un contrat de mariage auquel l'un des futurs n'a été ni présent ni valablement représenté / ne saurait — étant radicale — être converti même par la ratification, même après la dissolution du mariage } Cass., 6 avril 1858

On ne ratifie pas ce qui n'a jamais eu d'existence légale

La perte { d'un contrat de mariage par un cas fortuit et de force majeure / peut être prouvée par des circonstances graves, précises et concordantes } C. Paris, 28 mars 1867

Le mari { qui n'a fait dans les 10 ans aucune diligence pour obtenir le paiement de la dot (4) / est déchargé de la responsabilité s'il prouve { que le débiteur de cette dot était insolvable / à l'époque où elle est devenue exigible } C. Riom, 12 mars 1821 / J. N. art., 4144 / (V. C. N., art. 1569)

---

(1) *Pour la permission nécessaire au mariage des militaires. — V. notamment : Décision des 16 juin, 3, 26 et 28 août et 21 décembre 1808, 19 avril 1844, 17 décembre 1848, 21 août 1832.*

(2) *C'est de jurisprudence nouvelle ; — Mais bien que justifiée par la convenance, l'obligation de désigner la personne à épouser n'est pas impérieuse, et il résulte notamment d'une dissertation du J. N., qu'un notaire pourrait recevoir l'acte dans lequel l'ascendant laisserait en blanc le nom du futur conjoint.*

(3) *— V. Dict. Not., 4e édition, au mot Contrat de mariage, nos 36 et suiv., l'état actuel de la Doctrine et de la Jurisprudence sur les régimes mixtes. L'indication de l'heure est nécessaire pour les contrats de mariage faits le même jour que l'acte civil de la célébration, afin de constater que le contrat a précédé, et cette indication, fait foi jusqu'à inscription de faux (Cass., 18 août 1840). — Elle a toujours lieu dans la pratique.*

(4) *La jurisprudence romaine fit un devoir aux pères de doter les filles. — Au commencement de la monarchie, la femme française ne recevait rien de sa famille : sa dot elle-même lui était donnée par son mari (Serieys).*

ACTES ET CONTRATS
CONTRAT DE MARIAGE (1)
RÉGIME DE LA COMMUNAUTÉ

On peut stipuler valablement | dans un contrat de mariage une communauté universelle — sous une condition suspensive | C. Colmar, 28 mars 1854

Quand les époux
- se marient sous le régime de la communauté — mais en se réservant propre tout leur mobilier présent et futur
- la communauté { n'est pas moins propriétaire de ce mobilier — seulement elle est débitrice de sa valeur

C. Paris, 21 janv. 1857 (2)

— Il en est ainsi spécialement des créances mobilières apportées par la femme — et le mari peut en disposer même avant leur exigibilité

La disposition de l'art. 1499 { ne s'applique qu'au cas où le contrat de mariage garde le silence sur la consistance du mobilier actuel des époux

Mais si le contrat indique
- que chaque époux possède telle valeur en objets mobiliers, argent ou créances (Arg., art. 1502)
- l'apport est suffisamment justifié { sans qu'il soit besoin d'état ou inventaire, et c'est ainsi qu'on procède toujours dans l'usage

L'état détaillé { n'est utile que pour conserver { à chaque époux et particulièrement à la femme le droit de reprendre en nature les objets apportés en mariage

C'est la valeur même { de ces objets mobiliers que chaque époux a le droit de reprendre lors de la liquidation { on ne pourrait forcer l'un d'eux à retirer des objets qui existeraient encore en nature . . . . .

LA CLAUSE

par laquelle les époux { après avoir adopté la communauté réduite aux acquêts { ont stipulé que la femme reprendrait ses apports { exempts de toutes dettes et charges lors même qu'elle se serait obligée

Cass., 16 av. 1856 — V. Journ. N., nos 1164 et s., 1268 et s., 1279 — V. J. N., art. 15472, 15950

est opposable aux créanciers avec lesquels elle a contracté et qu'elle-même a subrogés à son hypothèque légale

qui { en établissant le régime de la communauté { interdit au mari { en lui conservant l'administration { de vendre { ou hypothéquer les biens de la communauté sans le concours et le consentement de la femme — C. Paris, 7 mai 1855

est illégale et nulle — étant contraire aux droits du mari comme chef

par laquelle les époux se donnent mutuellement, en cas de survie, tous leurs biens meubles et immeubles ne révoque pas tacitement les testaments antérieurement faits par les époux au profit des tiers — cette révocation n'est que conditionnelle et subordonnée à la survie ou au prédécès du testateur — C. Caen, 25 novembre 1847

de franc et quitte (pour dettes antérieures)
- n'a aucun effet à l'égard des créanciers de l'époux déclaré franc et quitte
- décharge la communauté { non-seulement du capital des dettes, mais même du service des intérêts

Dict. Not.

On peut
- sous le régime de la communauté — comme sous le régime dotal imprimer aux biens de la femme le caractère d'inaliénabilité — et stipuler que ces biens ne pourront être vendus qu'à charge de remploi . . . . . (3)
- — Condition qui est obligatoire pour les tiers acquéreurs

Est valable
- la renonciation à la communauté quoique faite seulement dans un acte notarié et non au greffe lorsqu'elle est le résultat d'une convention synallagmatique et non l'effet de la volonté isolée de la renonçante

Dans tous les cas
- les parties sont non recevables à se plaindre de l'inobservation d'une formalité établie seulement dans l'intérêt des tiers

Cass., 4 mars 1856

LA FEMME

en cas de renonciation à la communauté

peut exercer son hypothèque légale sur les biens { dépendant de cette communauté aliénés sans son concours pendant le mariage — Cass., 4 février 1856

qui cumule les deux qualités de commune en biens et de légataire universelle de son mari

ne peut { à la dissolution de la communauté { exercer ses reprises dans l'ordre et de la manière qu'indique l'art. 1471 C. N., et absorber ainsi la totalité de l'actif mobilier au détriment des légataires des valeurs mobilières

Trib. Seine, 30 déc. 1856

qui renonce à la communauté — comme celle qui l'accepte

exerce { ses reprises sur les biens provenant de la communauté non pas à titre de créancière, mais de propriétaire — Cass., 15 fév. 1853 — 11 avril 1854 — 2 janv. 1855

à la dissolution de la communauté,

n'exerce { à titre de propriétaire que les prélévements et les reprises ayant pour objet :

— Les biens de la propriété ou de la possession desquels elle justifie, conformément à l'art. 1402 C. N. c'est-à-dire les biens propres existant en nature et les remplois dûment effectués
— En d'autres termes les prélévements spécifiés dans le no 1er de l'art. 1470 du C. N.

Il en est ainsi { dans le cas d'acceptation comme dans celui de renonciation sous le régime de la communauté conventionnelle comme sous celui de la communauté légale

La femme
- pour les autres prélévements et reprises — c'est-à-dire pour ceux qui ont pour objet { soit le prix de propres aliénés sans remploi soit les indemnités dues par la communauté (nos 2 et 3 de l'art. 1470)
- n'agit que comme simple créancière de la communauté et
- vient par conséquent { à distribution par contribution avec les autres créanciers sans aucun droit de préférence sur eux

Cass. (chambres réunies), audience solennelle des 11, 12, 13, 16 janv. 1858 (4)

Dans le même sens : Cass., 3 et 14 avril 1858 — 24 décembre 1860

Toutefois, il faut { pour que les créanciers obtiennent ce concours pur et simple de la femme avec eux qu'ils se soient montrés vigilants — et qu'ils aient formé opposition avant le paiement des reprises par la succession

Car la femme { après le partage consommé sans fraude et avant toute intervention de leur part a le droit { sous les conditions exprimées en l'art. 1483 C. N. { de porter en dépense { le montant de ses récompenses et indemnités dans le compte qu'elle doit aux créanciers survenants

---

(1) *En France, c'est le ministre d'État qui reçoit les contrats de mariage des membres de la famille impériale. — En Espagne, c'est le ministre de la Justice: il est Grand-Notaire du Royaume. — (2) Solution fort controversée. — (3) Une opinion exactement conforme a été émise par la conférence des avocats de Paris, le 2 février 1858. — (4) V. au Journ. Not. les débats et motifs de cet arrêt si important.*

ACTES ET CONTRATS

CONTRAT DE MARIAGE (1)

RÉGIME DOTAL

Les époux peuvent se soumettre, partie au régime dotal et partie au régime de la communauté | Turin, 28 juillet 1808

La stipulation du régime dotal — peut se conserver avec tous les autres régimes | Dict. Not.

La simple stipulation du régime dotal — ne suffit pas pour rendre dotaux les biens de la femme (2) lorsque cette stipulation n'est pas accompagnée d'une constitution expresse de dotalité sur certains biens | C. Bordeaux, 5 août 1842 | C. Lyon, 23 mars 1846

La soumission au régime dotal :
— ne résulte pas de ce que les époux ont déclaré dans le contrat de mariage constituer une société d'acquêts avec la faculté par la femme d'aliéner ses biens moyennant remploi en immeubles | Cass., 13 février 1850
— ne peut { résulter que d'une déclaration expresse | C. Lyon, 14 janvier 1868 { ressortir de l'interprétation du contrat | (conform¹ : Cass., 8 juin 1858)

La dotalité doit résulter de deux énonciations :
— la déclaration de se soumettre au régime dotal ;
— la constitution, à titre de dot, de tout ou partie des biens de la femme

La déclaration doit être expresse et formelle ;

La constitution peut résulter des diverses clauses du contrat, spécialement de ce que le futur a la faculté d'aliéner, à charge de remploi les immeubles dotaux présents et à venir de la future | C. Paris, 28 juin 1839

La clause par laquelle des époux { qui se marient sous le régime dotal { déclarent se prendre avec leurs droits respectifs quelconques — a pour effet de rendre dotaux les immeubles présents de la femme

La femme qui a traité par erreur { avec des tiers comme paraphernale { sans fraude ni dol, — n'est pas pour cela non recevable à invoquer la dotalité | C. Toulouse, 12 juin 1860

L'inaliénabilité du fond dotal peut être stipulée à charge de remploi
— dans ce cas | il n'y a d'exception à l'inaliénabilité qu'à cette condition et cette condition oblige les tiers } J. N.

La femme { qui se soumet au régime dotal { peut se réserver la faculté d'hypothéquer ses immeubles dotaux | C. Cass., 16 nov. 1862

L'estimation dans le contrat de mariage { des effets mobiliers composant la dot de la femme { forme en sa faveur | la preuve de leur valeur | C. Bordeaux, 29 janvier 1846

La clause qui donne à la femme { mariée sous le régime dotal { la faculté d'aliéner et d'hypothéquer les biens dotaux — emporte la faculté { d'aliéner les meubles comme les immeubles et par conséquent { de subroger un tiers dans l'effet de son hypothèque légale | Cass., 1er juin 1853 | 22 décembre 1856

La faculté d'aliéner les biens dotaux | stipulée dans un contrat de mariage emporte celle de les échanger (3) | C. Agen, 4 décembre 1854

La prohibition d'aliéner stipulée dans un contrat de mariage (à moins d'une disposition précise) | Cass., 28 mai 1839 emporte nécessairement la prohibition d'hypothéquer | Caen, 14 mai 1850

Mais la faculté d'aliéner l'immeuble dotal n'entraîne pas celle de l'hypothéquer | Cass., audience solennelle du 28 mai 1839

Quand le contrat de mariage permet l'aliénation de l'immeuble dotal sous condition de remploi — l'acquéreur est responsable { envers la femme du défaut de ce remploi — tellement qu'elle peut exiger une seconde fois le prix sans discussion { préalable des biens du mari | Trib. Villefranche, 11 août 1830 | C. Agen, 22 mars 1832 (4)

L'acquéreur d'un bien dotal aliénable à la charge d'une hypothèque sur les biens du mari — peut n'être pas responsable de ce que le prix de la vente n'a pas été assuré par une hypothèque suffisante

Mais s'il est constant qu'une portion du prix a été dissimulée, l'acquéreur est tenu d'indemniser la femme du préjudice à elle causé par cette dissimulation | Cass., 30 nov. 1857

La dot mobilière de la femme dotale est inaliénable comme sa dot immobilière | Cass., 1er février 1819, 14 novembre 1846

— En conséquence quand une dot mobilière a été stipulée payable à la charge d'emploi des biens du mari, qui a payé cette dot sans s'assurer d'un emploi suffisant — l'acquéreur peut être contraint à payer deux fois nonobstant toute renonciation de la femme à sa collocation sur le prix de ces biens | Cass., 14 novembre 1846

Le mari peut aliéner la dot mobilière de la femme { soit qu'il s'agisse de meubles corporels { soit qu'il s'agisse de choses { incorporelles ou fongibles, ou { qui ne se consomment pas par l'usage, { et de créances produisant des revenus périodiques

Ce qu'on entend par l'inaliénabilité de la mobilière ne concerne que la femme — qui ne peut renoncer aux garanties que la loi lui accorde pour le recouvrement de cette dot

Ainsi le mari peut consentir l'amortissement ou la cession d'une rente viagère dotale, et donner mainlevée de l'inscription qui la garantit | Cass., 6 décembre 1859

---

(1) *Les pays coutumiers qui faisaient la moitié de la France du côté du Nord, vivaient sous le régime de la communauté ; l'autre moitié, les pays de droit écrit, sous le régime dotal (Serieys).*

(2) *La pratique est devenue conforme à cette importante décision. — V. J. N. art. 1315, 11790. — On ne saurait trop recommander de préciser nettement — dans les contrats de mariage sous le régime dotal — quels biens on entend constituer dotaux et inaliénables, pour éviter les doutes que laissent à cet égard beaucoup de rédactions, surtout les anciennes, qui, en suivant des tournures oublieuses des textes et de la conséquence du droit, ne contiennent aucune explication raisonnée sur le sort des biens. — La question de savoir si, dans ce silence, ils sont dotaux ou paraphernaux a été douteuse pour les meilleurs auteurs et controversée en jurisprudence. — Aujourd'hui la pratique est unanime à considérer comme paraphernal et conséquemment aliénable tout ce qui n'est point expressément mentionné comme apport ou constitution au contrat, par arg. de l'art. 1574 et du principe que les clauses doivent plutôt s'interpréter contre la rigueur de ce régime.*

(3) *Conformément à la doctrine — mais la faculté d'échanger n'entraîne pas celle d'aliéner (Ed. Clerc).*

(4) *Il y a plusieurs autres arrêts. — V. J. N., art. 7642. V. Remploi.*

ACTES ET CONTRATS

CONTRAT DE MARIAGE
RÉGIME DOTAL

La dot est aliénable | pour exécuter { sur les biens de la femme / les condamnations résultants des délits ou de quasi-délits } Cass., 7 décembre 1846

Lorsque la femme dotale { s'est constitué en dot tous ses biens meubles et immeubles / la dot mobilière est insaisissable même après séparation de biens — et / il y a présomption { que tout le mobilier possédé par la femme est dotal / si le créancier saisissant ne fait la preuve du contraire } Cass., 13 novembre 1860

Les fruits et l'intérêt de la dot ne sont pas insaisissables comme la dot elle-même | Dict. Not.

L'inaliénabilité de la dot mobilière { a seulement pour effet | d'empêcher la femme de disposer des droits qui lui sont accordés par la loi — contre son mari — pour la conservation de sa dot / n'ôte pas au mari le pouvoir { de céder les créances dotales | spécialement / d'aliéner les rentes faisant partie de la dot (1) } Cass., 1er décembre 1851

La femme peut { dans son contrat de mariage sous le régime dotal / se réserver l'administration de tous les biens qu'elle apporte en dot / sans qu'il y ait rien de contraire aux bonnes mœurs ni à l'ordre public (2) } Cass., 14 juillet 1834 (C'est contraire à l'art. 1549 du Code Nap.)

Cette clause signifie | que la femme dotale recevra ses revenus — et qu'elle aidera aux charges du ménage | Cass., 1er mars 1837 — Dict. N.

Est également valable { la clause par laquelle la femme se réserve la faculté de / toucher elle-même { sur la seule autorisation du mari / les capitaux dotaux qui pourront lui être dus par des tiers }

— Cette clause { laisse d'ailleurs subsister le droit du mari de disposer des sommes ainsi reçues / est opposable { aux tiers détenteurs de capitaux dotaux / alors surtout que le contrat de mariage leur a été signifié } C. Rouen, 29 février 1856

Pour les biens paraphernaux { c'est-à-dire non déclarés dotaux / la femme peut { sans l'autorisation du mari | faire tous les actes d'administration / notamment recevoir des deniers paraphernaux et en donner quittance / les donner à bail, nonobstant toute société d'acquêts | Cass., 14 novembre 1864 } C. Grenoble, 11 avril 1842

Les engagements { de la femme dotale sont contractés sous la condition implicite qu'ils ne pourront être exécutés sur ses biens dotaux, mais seulement sur ceux paraphernaux

Mais l'enfant { de la femme dotale — qui a fait acte d'héritier pur et simple / est personnellement tenu des obligations valablement contractées par sa mère durant le mariage et / ne peut s'en affranchir sur le motif qu'elle ne lui aurait transmis que des biens dotaux } Cass., 14 nov. 1855

a le droit de faire des actes conservatoires | Dict. Not.

La femme dotale { peut { affecter ses paraphernaux à la garantie de la vente de son bien dotal / après la séparation de corps — tout aussi bien qu'après la dissolution de son mariage / ratifier la vente des biens dotaux (3) } Cass., 4 juin 1831 (ou 1851) — C. Aix, 9 juill. 1849

ne peut { valablement — pendant le mariage et avant la séparation de biens — / donner { à l'acquéreur d'un immeuble de son mari / quittance du montant de ses reprises dotales dont cet immeuble se trouvait grevé en vertu de l'hypothèque légale } Cass., 23 août 1854 — J. N., art. 15987

qui s'est constitué en dot tous ses biens présents et à venir,

— ne peut | même avec le consentement de son mari répudier une succession qui lui échoit | Dict. Not.

— peut { renoncer valablement à un legs — spécialement dans un partage amiable / en abandonnant l'objet au lot de son cohéritier } Cass., 28 janvier 1862

L'immeuble { acquis conjointement par deux époux mariés sous le régime dotal / appartient pour moitié à la femme } Sol. J. N., art. 7301

Lorsque l'immeuble { acquis à titre de remploi du bien dotal aliéné / a été revendu en vertu de la clause du contrat de mariage / la différence en plus { entre le prix d'acquisition et celui de la revente de l'immeuble qui formait le remploi / est frappée de dotalité } C. Pau, 5 juin 1837

Les immeubles dotaux { qui { après avoir été l'objet d'un rapport à succession / sont rentrés, par l'effet de l'adjudication, entre les mains de la femme / conservent leur caractère dotal } C. Montpellier, 27 février 1868

Lorsqu'en pareil cas | la femme devient adjudicataire au moyen d'une soulte à son profit / la somme reçue par elle, à ce titre, n'est-elle pas au contraire paraphernale ? (4)

Les fruits des biens dotaux { malgré qu'ils participent de l'inaliénabilité du fonds lui-même / peuvent être saisis { même après séparation de biens des époux / pour ce qui excède les besoins du ménage } C. Paris, 15 juillet 1856

Le privilége du bailleur | s'exerce | sur le mobilier garnissant la maison ou la ferme alors même que ce mobilier serait dotal | Cass., 4 août 1856

Lorsqu'une femme dotale { a donné { par contrat de mariage à son fils pour son établissement / l'immeuble dotal jusqu'à concurrence d'une somme déterminée / — l'excédant de valeur de cet immeuble est dotal

En conséquence { en cas de vente par le fils donataire / l'acquéreur { doit surveiller le remploi de cet excédant — et / s'il paie sans que cette condition soit remplie / est responsable envers la femme et tenu de payer une seconde fois } Cass., 4 août 1857

Est sans effet { l'acte par lequel des enfants (du vivant de leur mère) ont déclaré { approuver l'aliénation de l'immeuble dotal — et / renoncer à l'attaquer / étant — cet acte — considéré comme renfermant une renonciation à succession future } C. Caen, 19 juin 1837 (5)

Le droit { de faire révoquer les aliénations du bien dotal est personnel à la femme, au mari ou à leurs héritiers / ne peut être exercé par les créanciers de la femme } C. Montpellier, 17 juillet 1846

L'inaliénabilité frappe l'immeuble dotal après comme avant la séparation de biens | Rouen, 25 juin 1818 — Cass., 19 août 1819

Sont dotaux les biens reçus | de son mari — par la femme dotale après séparation judiciaire pour règlement de ses reprises { C. Riom, 26 mai 1858 — Cass., 23 août 1859

La prescription { de l'action en nullité contre la vente d'un bien dotal / a lieu par 10 ans à compter du jour de la dissolution du mariage } Cass., 31 mars 1841 — 1er mars 1847

---

(1) *Conformément à d'autres arrêts de la même Cour : 12 août 1846 et 29 août 1848.— Les autres notes de cette tablette sont reportées à la suivante (78me).*

ACTES ET CONTRATS

CONTRAT DE MARIAGE

EXCLUSION DE COMMUNAUTÉ
SÉPARATION DE BIENS

I

La femme — mariée sous le régime exclusif de la communauté — qui s'oblige avec son mari — n'a pas de recours contre celui-ci — lorsque surtout elle ne fait qu'exécuter une obligation naturelle, comme celle de doter l'enfant commun { Paris, 22 mai 1848

L'art. 1565 C. N. — qui accorde un an au mari pour la restitution de la dot — ne s'applique pas au régime sans communauté { Dict. Not.

Les choses fongibles sont restituées sur le pied de l'estimation — La valeur des objets non estimés est fixée à dire d'experts { Dict. Not.

Est controversée la question de savoir si la femme peut, en l'absence d'inventaire, constater par commune renommée la valeur du mobilier qu'elle a apporté { Dict. Not.

Les intérêts de la dot courent du jour de la demande en restitution | Dict. Not.

II

Est valable — malgré l'anatocisme qu'elle renferme — la clause d'un contrat de mariage par laquelle — Les futurs — adoptant le régime de la séparation de biens — stipulent que les revenus de la femme restés libres se capitaliseront à la fin de chaque année entre les mains du mari tenu d'en compter les intérêts à 5 0/0 par an à la femme (C. N. 1130, 1154, 1387) — Et quand la femme a — postérieurement à la célébration du mariage — donné au mari une procuration générale pour l'administration de ses biens — Le mari doit être constitué — d'année en année — débiteur des revenus de la femme avec capitalisation moins la quote-part de ces revenus affectée aux besoins du ménage { Cass., 15 juin 1868 (1)

La séparation contractuelle — a les mêmes effets que celle judiciaire — n'en est distinguée que par l'irrévocabilité { Dict. Not.

Sous ce régime — non-seulement la communauté est exclue — mais encore le mari n'a pas la jouissance des biens de la femme { Dict. Not.

Est valable — et même de droit — la clause portant que la femme pourra aliéner son mobilier sans autorisation { Paris, 12 mars 1811

Le mari peut autoriser la femme à ester en jugement — Et le mandat est irrévocable { Dict. Not.

Si la femme — par sa procuration — a chargé expressément le mari de *lui rendre compte des fruits* — il est tenu vis-à-vis d'elle comme tout mandataire { Sol. J. N.

Est controversée — la question de savoir si deux époux séparés contractuellement — Peuvent établir entre eux une société ordinaire — comme le feraient deux personnes étrangères l'une à l'autre — Mais il est certain que les époux ne pourraient mettre en société : tous leurs biens *présents et à venir*, ceux mêmes qu'ils acquerraient à titre gratuit { Dict. Not.

Il peut être nommé — sur la demande du mari — un conseil judiciaire — à la femme séparée de biens pour cause de prodigalité { Bourges, 3 juillet 1837 — Cass., 4 juillet 1838

La séparation de biens contractuelle — n'empêche pas la femme de demander la séparation de biens judiciaire — en cas de mauvaises affaires du mari — si la femme y a intérêt — par suite de conventions matrimoniales dérogeant à quelques effets de la séparation contractuelle { Cass., 8 juin 1859

Notes de la tablette précédente :

(2) L'art. 6 du Code Napoléon est le premier, le plus impératif commandement sur les actes et contrats. — Pour le notaire, l'appréciation des stipulations qui y dérogent est délicate, difficile dans les cas nouveaux : — Alors, comme toutes les fois qu'il y a le moindre doute sur la convenance du prêt de son ministère, le mieux est de consulter les magistrats et prévenir ainsi ce qui pourrait atteindre la pureté de sa réputation.

(3) Cependant, d'après la doctrine, l'inaliénabilité des biens dotaux existe pendant toute la durée du mariage et ne cesse pas par la séparation de biens. — Un arrêt de la C. de Rouen et un autre de la C. de cass. l'ont décidé de même.

(4) L'affirmative paraît certaine dans le cas où la constitution de dot ne s'étend pas à tous les biens présents et à venir de la femme ; mais, dans le cas contraire, la soulte serait incontestablement dotale (Revue du Notariat, août 1868, n° 2113).

(5) D'ailleurs si la mère ne laissait à son décès que des collatéraux pour héritiers, l'approbation de ses enfants décédés, eût-elle été valable à leur égard, deviendrait insignifiante.

(1) Décisions conformes : Montpellier 20 juin 1839 ; Cass., 11 déc. 1844 et 10 août 1859 ; Dijon, 26 avril 1866.

En doctrine, les auteurs dont l'opinion s'accorde avec cet arrêt du 15 juin 1868, sont MM. Delvincourt, Duranton et Toullier, Massé, Vergé etc ; — Mais sont d'opinion contraire, MM. Marcadé et Demolombe.

ACTES ET CONTRATS
CONTRAT DE MARIAGE
REMPLOI (1)

En aucun cas	hors celui du régime dotal		
	la femme n'a d'action	contre le mari pendant le mariage / pour l'obliger au remploi conventionnel	Cass., 1er février 1848
La clause	d'emploi ou de remploi	sous le régime dotal / est opposable aux tiers	
	n'oblige que le mari | sous tout autre régime		Cass., 1er mars 1859
Cette clause	en admettant qu'on puisse l'imposer aux tiers en dehors du régime dotal / devrait être expresse et ne prêter ni à l'interprétation ni au doute		
La validité du remploi	déclaré par le mari et accepté par la femme / est indépendante du paiement du prix de l'immeuble acquis en remploi		C. Rouen, 20 février 1843 (2)
Il ne suffit pas	de qualifier remploi une acquisition faite par la femme		
	pour donner	à l'immeuble acquis le caractère de propre / lorsqu'il doit avoir légalement celui de conquêt	Cass., 10 avril 1855
La clause	du contrat de mariage — même hors le régime dotal, / portant que les immeubles de la femme ne pourront être aliénés qu'à charge de remploi		Trib. Villefranche, 28 déc. 1838
	a pour effet d'autoriser	la femme ou ses héritiers / à poursuivre contre les tiers l'annulation ou la révocation / des aliénations de ses biens propres qui n'ont pas été suivies de remploi	Cass., 21 fév. 1845
— Mais la clause de remploi ne confère	des droits à la femme que vis-à-vis du mari / et non contre les tiers acquéreurs		
Lorsque	d'après ses termes / cette clause ne constitue pas une condition de la validité de l'aliénation de l'immeuble		C. Rouen, 25 juillet 1838, février et mars 1839
Lorsqu'un contrat de mariage	sous le régime de la communauté		
	porte que	en cas d'aliénation des biens de la femme / les acquéreurs ne seront libérés que par le remploi du prix	Paris, 26 déc. 1854
— La femme ne peut exiger le paiement du prix sans justifier du remploi			
Quoique le contrat de mariage autorise	l'aliénation des biens dotaux à la charge de remploi		
	sans que les acquéreurs soient	tenus de surveiller le remploi ni / responsables de sa validité	C. Riom, 10 janvier 1856
Ces acquéreurs ont néanmoins	le droit d'exiger	avant de payer leur prix / qu'il leur soit justifié de l'existence du remploi	
L'immeuble	acheté en remplacement de l'immeuble dotal susceptible d'aliénation aux termes du contrat / le représente exactement et peut — comme tel — être valablement aliéné		C. Grenoble, 8 avril 1867
Lorsque	dans un contrat de mariage passé sous le régime dotal / il a été stipulé que le remploi de la dot serait fait en immeubles		Cass., 22 fév. 1859
	— les tribunaux peuvent décider	par interprétation de cette clause / que l'emploi ne peut avoir lieu en action immobilisées de la Banque de France	
Le but de la loi du 2 juillet 1862 — a été d'assimiler	aux placements immobiliers / le remploi en rentes sur l'État		C. Paris, 27 mars 1863
Le remploi	de sommes dotales	fait en actions de la Banque immobilisées / est aussi valable qu'en immeubles réels et, / ne peut être refusé par le débiteur de ces sommes	Cass., 23 juin 1857
	peut avoir lieu en rentes sur l'État ou en actions de la Banque — immobilisées | C. Riom, 16 janvier 1856 / ne peut être effectué en rentes sur l'Etat | C. Caen, 8 mai 1838 — C. Paris, 15 janvier 1855 et 18 mars 1856		
Quand le remploi	des biens dotaux de la femme est autorisé en d'autres biens immeubles | C. Caen, 27 mai 1851 / il peut avoir lieu en actions immobilisées de la Banque de France (3) | C. Paris, 15 janv. 1855 et 18 mars 1856 — C. Rouen, 21 juin 1856		
Le remploi n'est valable	qu'autant qu'il a été accepté par la femme | Agen, 20 avril 1858 / aussi bien sous le régime dotal que sous celui de la communauté | Cass., 2 mai 1859		
L'acceptation formelle du remploi par la femme			
Peut s'induire	des circonstances précises du fait / aussi bien que d'une déclaration spéciale et expresse		C. Paris, 17 mai 1851
Est valable	comme remploi du prix de biens dotaux aliénables à charge de remploi / la donation faite par la femme pour l'établissement commercial des enfants		C. Bordeaux, 23 avril 1860
— mais l'acquéreur	étant obligé, sous sa responsabilité, de surveiller le remploi / peut refuser de payer si l'établissement ne paraît pas sérieux		
Le remploi ne peut être opéré en placements hypothécaires | Caen, 30 août 1848			
Les frais et loyaux coûts du contrat d'acquisition — sont compris dans le remploi | Dict. Not.			
Les frais de remploi dotal sont à la charge de la femme et non du mari | Cass., 16 nov. 1859			
Peuvent être faites	pendant la durée de la communauté		Rouen, 2 avril 1838
	des acquisitions d'immeubles	au profit des époux / à titre de remploi de leurs propres mobiliers	Cass., 26 mai 1838 — Paris, 11 juillet 1841 / Douai, 2 avril 1846
Le receveur municipal	d'une commune ayant acquis	d'une femme dotale / des immeubles aliénables à charge de remploi	Déc. min., Inst. — Bulletin de 1864
	est fondé	à refuser le paiement du prix aux vendeurs / jusqu'à ce que ceux-ci aient purgé les hypothèques légales / sur les immeubles acquis en remploi	
Le remploi	ne comprend que le capital et non les intérêts des créances dotales, ces intérêts / appartenant au mari pour subvenir aux charges du ménage		C. Lyon, 12 avril 1850

(1) *La clause de remploi a des effets spéciaux et très-graves sous le régime dotal, principalement à l'égard des tiers. — Sous tout autre régime, elle n'est que de style et ne concerne que les obligations des époux entre eux (J. N. et Dict. Not.).*

(2) *C'est contraire à la pratique, — et cela peut être dangereux pour l'acquéreur qui doit surveiller le remploi.*

(3) *Aux termes du décret du 16 janvier 1808, les actionnaires de la Banque de France qui veulent donner à leurs actions la qualité d'immeubles, en ont la faculté. — Cette disposition est rendue applicable par l'art. 2 du décret du 1er mars 1808 (sur les majorats) aux rentes sur l'État, et, par le décret du 16 mars 1810, aux actions sur les canaux d'Orléans et du Loing.*

* *A propos des distinctions entre les meubles et les immeubles, l'orateur Treillard a dit : « Une chétive chaumière est un immeuble, et un vaisseau, qui vaut plusieurs millions, n'est qu'un meuble aux yeux de la loi. »*

ACTES ET CONTRATS
CONTRAT DE MARIAGE
REMPLOI ET EMPLOI

I

Sous le régime dotal — l'acquisition : avec société d'acquêts — d'un immeuble faite par la femme à titre de remploi d'immeubles dotaux qu'elle se propose de vendre — constitue un acquêt de communauté si la femme est décédée sans avoir opéré la vente projetée { Cass., 24 novembre 1852 — Trib. Dieppe, 24 déc. 1863

Le remploi peut être accepté par la femme ailleurs que dans le contrat où son mari en a fait la déclaration — doit l'être nécessairement avant la dissolution de la communauté { J. N., art. 3698

Quand le contrat de mariage autorise le mari à toucher la dot mobilière de sa femme — à condition d'en faire le placement en immeubles, en rentes, par hypothèque, ou en un cautionnement — les tribunaux ont pu juger par interprétation de cette clause que les tiers n'étaient pas obligés à surveiller l'emploi { Cass., 7 novembre 1854

Jugé qu'au même cas les époux ne peuvent y substituer un autre mode de placement offrant moins de garantie — les débiteurs qui n'auraient pas exigé la rigoureuse exécution du contrat en surveillant le remploi ne sont pas valablement libérés { Cass., 9 juin 1841 (1)

A la différence du remploi sous le régime de la communauté — le remploi dotal peut être exigé immédiatement par la femme contre le mari quoique le mariage ne soit pas dissous et qu'il n'y ait pas séparation de biens { Cass., 20 décembre 1852

Le remploi par anticipation admis sous le régime de la communauté est à plus forte raison permis sous le régime dotal, où les combinaisons frauduleuses sont moins faciles

— Mais il faut 1° que le remploi par anticipation ait été accepté d'une manière expresse par la femme dans l'acte d'acquisition — 2° que des immeubles propres à la femme aient été aliénés en fait durant le mariage pour un somme égale à celle dont on lui fait exercer le remploi { Cass., 24 nov. 1852 — 5 déc. 1854

Le remploi dotal peut avoir lieu par anticipation

Et la femme ne peut en demander la nullité pour ce motif — ni demander la restitution des sommes payées par elle à compte sur le prix, ou à titre d'impenses { C. Paris, 20 novembre 1858

L'acquéreur d'un bien dotal dont l'aliénation était autorisée par le contrat de mariage mais à charge de remploi est directement responsable envers la femme du défaut de ce remploi { C. Agen, 28 mars 1832 — Toulouse, 21 août 1833 — Cass., 12 déc. 1833

— Et dans ce cas la femme peut après le décès du mari demander contre les tiers-détenteurs l'annulation de la vente faite par le mari sans remploi { C. Toulouse, 21 août 1833 (2)

Le débiteur d'une somme dotale exigible à charge de remploi fait offres valables de cette somme en exigeant comme condition qu'on lui justifie du remploi { C. Paris, 16 mars 1847

L'acquéreur de biens dotaux aliénables à charge de remploi et qui en consigne le prix se libère complètement tant de sa dette principale que de l'obligation de surveiller l'emploi qui doit être alors ordonné par justice { C. Limoges, 21 août 1852

Cette consignation libère l'acquéreur de l'obligation de payer — mais non pas de celle de surveiller l'emploi { Cass., 12 mai 1857

Il doit exiger le remploi dans un délai suffisant pour qu'il soit convenablement fait

Mais le remploi ne peut être ajourné indéfiniment — et si la femme décède avant qu'il soit effectué, l'acquéreur peut être condamné à délaisser { C. Grenoble, 7 avril 1840 (3)

Quand la vente d'un immeuble dotal n'a eu lieu qu'à charge de remploi — et que à la dissolution du mariage la condition de remploi n'a pas encore été accomplie — Une action — en révocation de cette vente — appartient à la femme ou à ses héritiers — Lorsque cette action en révocation tombe dans le patrimoine des héritiers mineurs de la femme, { Cass., 10 mars 1857

Le tuteur de ces mineurs peut avec l'autorisation du conseil de famille valablement renoncer à ladite action et poursuivre l'exécution de la vente

II

Lorqu'un immeuble est acquis en vertu de la charge d'emploi, — Cette acquisition doit être acceptée | par la femme comme le serait un remploi { Dict. Not. — Paris, 16 juin 1838

La condition d'emploi a pour objet l'achat d'héritages avec les deniers propres à l'un des époux — sous le régime de la communauté a pour objet de faire des propres fictifs ou d'exclure tout ou partie des biens mobiliers de la communauté — peut être stipulée par l'un ou l'autre des époux { Dict. Not.

La mention dans un contrat de mariage passé sous le régime dotal que les biens meubles et immeubles de la femme seront inaliénables n'oblige pas le mari à faire emploi des capitaux et n'autorise pas les tiers à exiger cet emploi { C. Paris, 24 mai 1853

Il faudrait une stipulation expresse d'emploi des capitaux mobiliers dotaux pour que cet emploi fût obligatoire

L'emploi (4) du prix des immeubles dotaux dont la vente a été autorisée à cette condition par contrat de mariage — peut être requis par l'acquéreur même après la dissolution du mariage contre le mari qui réclame ce prix comme tuteur de ses enfants mineurs { C. Agen, 5 janvier 1841 (5)

L'acceptation formelle du remploi par la femme peut s'induire des circonstances précises du fait aussi bien que d'une déclation spéciale et expresse { C. Paris, 17 mai 1851

La femme dotale séparée a capacité pour recevoir le remboursement d'une créance dotale sans être assujettie à faire emploi — et sans que les tiers qui payent aient le droit de l'exiger { Cass., 23 déc. 1839

(1) *Quand une femme touche une créance, il y a donc lieu de voir, dans l'intérêt du payant, si, d'après le contrat de mariage, il ne faut pas exiger l'emploi en acquisition d'immeubles ou autrement.* — (2) *V. J. N., art. 8300.* — (3) *V. Dissertations du Journ. du Not., nos des 22 mars et 2 avril 1856, sur la dot et le remploi.* — (4) *M. N. Bacqua distingue ainsi l'emploi du remploi : — « Le remploi est une opération par laquelle des époux remplacent, par un autre immeuble, un bien, propre à l'un d'eux, qui a été aliéné. — « Lorsque c'est une somme d'argent que les époux remplacent par un immeuble, l'opération se nomme simplement emploi. »* — (5) *V. J. N , art. 10942. — Quelques tribunaux ont jugé qu'après le décès de la femme, il n'y a plus de remploi possible, puisqu'il n'y a plus de mariage, ni conséquemment de dotalité, et que le mari, en qualité de tuteur, peut toucher ce retour comme toute autre créance. — Et la pratique suit naturellement ce système dans les pays où les tribunaux l'admettent.*

ACTES ET CONTRATS

CONSEIL JUDICIAIRE

Il peut être nommé { sur la demande du mari / pour cause de prodigalité / un conseil judiciaire à la femme séparée de biens } Cass., 4 juillet 1838

Les donations { faites par contrat de mariage / par un individu pourvu d'un conseil judiciaire / sont nulles — si le conseil judiciaire a été donné pour faiblesse d'esprit }

— Mais cette nullité | n'entraîne pas celle des autres stipulations { matrimoniales / contenues au contrat } C. Amiens, 21 juillet 1852

Le prodigue peut faire tous actes d'administration sans l'assistance de son conseil judiciaire

— sauf aux tribunaux le droit de réduire { en cas d'excès et dans la mesure de ce qui n'a pas tourné à son profit / les obligations qu'il a contractées par voie d'achat ou autrement } C. Dijon, 5 juillet 1867

CONTRAT DE SOCIÉTÉ

Les art. 42 à 44 | du Code de commerce | s'appliquent aux sociétés anonymes

La nullité de ces sociétés pour défaut de publicité { peut être demandée par les actionnaires et / n'est pas couverte par l'exécution volontaire } C. Paris, 26 janvier 1855

Il y a lieu dans ce cas | à liquider { devant arbitres / les intérêts qui survivent à la nullité de la société }

Les époux { mariés en communauté / ne pourraient établir entr'eux une société commerciale en nom collectif } J. N. Cass., août 1851

COPIE COLLATIONNÉE

Une copie collationnée { peut comprendre plusieurs pièces | Dissertation J. N., art. 278 / d'un acte antérieur au contrôle — peut être délivrée sans contravention / quoique cet acte n'ait été ni contrôlé, ni enregistré } Déc. min., 4 septembre 1824

CURATELLE

Le mari { est — de droit — le curateur de sa femme mineure — et il / l'autorise { valablement en cette qualité / dans les actes d'administration qui la concernent } } C. Paris, 15 février 1838 Sol. J. N., art. 9216

DÉCHARGE

L'avis du conseil d'État du 21 octobre 1809 { qui reconnaît que les notaires peuvent recevoir les décharges à leur profit, du reliquat du prix des ventes de meubles / ne s'applique qu'au cas spécial où la quittance est formulée à la suite ou en marge du procès-verbal de vente }

La décharge { quand elle est dressée en dehors de ce procès-verbal, c'est-à-dire par acte séparé / ne profite plus de l'exception et retombe sous l'application des art. 8 et 68 de la loi du 25 ventôse an 11 / est nulle comme acte authentique et ne peut même valoir comme acte sous seing privé si elle n'est pas signée des parties } Cass., 16 décembre 1856 (1)

DÉCLARATION DE COMMAND

La déclaration de command { par un notaire enchérisseur pour le compte d'un client / doit être faite et notifié { dans les vingt-quatre heures / au receveur d'enregistrement } }

Les dispositions { de l'art. 707 du Code de procédure / qui accordent aux avoués { trois jours afin de faire connaître les clients pour lesquels / ils se sont rendus adjudicataires } / sont toutes spéciales et concernent { uniquement / les avoués et les ventes en justice } } Trib. Seine, 9 novembre 1854

Quand une vente d'immeubles { a eu lieu { sous réserve d'élection de command / la veille d'un jour de fête légale } / la déclaration de command { faite le lendemain du jour férié / doit n'être enregistrée qu'au droit fixe } } Cass., 13 mars 1838

Un notaire { chargé à l'amiable ou commis par justice pour vendre des immeubles / ne peut acquérir { de l'adjudicataire, par forme d'élection de command dans les vingt-quatre heures / les immeubles adjugés devant lui } } Sol. Journ. Not., n° 1276

Il ne serait pas moins imprudent — de faire faire la déclaration de command en faveur d'un parent ou allié du notaire au degré prohibé

La déclaration de command { par l'adjudicataire de biens d'une commune / doit être faite et notifiée au receveur { dans les vingt-quatre heures de l'adjudication c'est-à-dire / sans attendre l'approbation du préfet } } Sol. Journ. Not., n° 1311

{ par l'acquéreur des biens d'une commune / doit être faite et notifié dans les vingt-quatre heures de la vente / et non pas dans les vingt-quatre heures du jour de l'approbation du préfet } Trib. Lectoure, 8 avril 1864

— Celle qui n'est pas faite dans ces délais est sujette au droit proportionnel

DÉLÉGATION

La délégation { au profit d'un créancier / dans un acte où il n'a pas été partie / n'est opposable aux tiers { que lorsque le créancier du délégataire a fait signifier au / débiteur délégué son acceptation } } C. Agen, 2 décembre 1851 (2)

DÉPOSITION DE TÉMOINS

En matière civile { on ne peut être admis à produire en justice / la déposition { faite devant notaire par des témoins / même sous la foi du serment } / l'autre partie a le droit de s'opposer à la lecture de cette déposition } C. Limoges, 3 août 1842

(1) V. au Journ. du Not., n° 1224, la Dissertation de Mᵉ Fluvelin, notaire.
(2) Comme en matière de transport. — C. N., art. 1690.

ACTES ET CONTRATS
DÉPOT DE PIÈCES

En règle générale — et sauf le cas de testament mystique — un notaire ne peut se constituer authentiquement dépositaire que des pièces qui lui sont connues et dont la description *ne varietur* est faite une à une dans l'acte du dépôt; en un mot — que de pièces dont il puisse délivrer des expéditions ou extraits aux déposants — *Sol. J. N., art. 8793 (1)*

Un notaire ne peut recevoir le dépôt d'un acte sous signatures privées si l'un des signataires est son parent au degré prohibé quoique ce parent ne figure pas à l'acte constatant le dépôt — *Sol. Journ. du Not., n° du 6 février 1856*

La demande en communication de pièces confiées au notaire liquidateur d'une succession formée par l'un des intéressés doit être introduite { non contre le notaire — mais contre les autres parties qui ont le droit de la consentir ou de la refuser — *C. Caen, 26 fév. 1852*

DÉPOT DES CONTRATS DE MARIAGE

Le délai d'un mois pour le dépôt des extraits des contrats de mariage des commerçants court { du jour de la date de ces contrats — et non pas seulement du jour de la célébration du mariage — *Trib. Grenoble, 26 mai 1852*

Le mot commerçant doit toujours être entendu dans le sens de l'art. 1er du Code de commerce (2)

Sont commerçants et soumis à l'application des art. 67 et 68 du même Code tous négociants, banquiers, fabricants et marchands

Ne le sont pas ni le simple artisan qui { ne travaillant qu'au fur et à mesure des commandes ne fait point de son état un objet de spéculation; ni les ouvriers et artisans en général — à moins qu'ils joignent { à cette qualité celle de fabricant ou marchand — *Déc. min., 7 av. 1811 — 5 mai 1812*

Le boulanger doit être rangé dans la classe des commerçants [*Trib. Strasbourg, 15 novembre 1856*]

Par acte de commerce on entend — suivant l'art. 32 — tous achats de marchandises pour les revendre soit en nature soit après les avoir travaillées et mises en œuvre — *J. N., art. 9109*

Le notaire est passible d'amende pour défaut de dépôt de l'extrait du contrat de mariage lorsque le futur exerce notoirement la profession de marchand bien qu'il n'ait pas pris cette qualité dans le contrat — *C. Bordeaux, 22 juin 1836*

est présumé connaître { la profession principale des parties qui traitent devant lui — s'il ne la connaît pas il doit se la faire attester par témoins — *C. Douai, 24 juillet 1848*

— Cette profession { faisant partie de l'individualité des parties il est passible d'amende pour défaut du dépôt

DÉPOT DE TESTAMENT

La remise d'un testament au notaire en personne lorsqu'elle est constatée dans le procès-verbal d'ouverture dispense de rédiger l'acte de dépôt { que le notaire doit dresser en toute autre circonstance lorsqu'une pièce lui est remise pour demeurer au rang de ses minutes — *Déc. min., 9 sept. 1812 / Trib. Seine, 26 mai 1853 / Lyon, 6 juin 1855 / Château-Thierry, juin 1858*

Les notaires sont tenus de dresser acte { du dépôt en leur étude des testaments olographes qui leur sont remis { soit directement soit par une personne tierce en vertu d'ordonnances judiciaires — *Déc. min., 20 janvier 1852 / Compiègne, 8 mai 1855 / Boulogne-sur-Mer, 28 mars 1856 (3)*

— Toutefois à raison des doutes qui s'étaient élevés au sujet de cette obligation il ne sera pas revenu sur le passé

L'ordonnance du président qui a prescrit le dépôt d'un testament mystique chez un autre notaire que celui qui a reçu l'acte de suscription peut être réformée par la Cour impériale sur l'appel des héritiers — *C. Montpellier, 8 août 1839*

Et le notaire qui a reçu l'acte de suscription peut intervenir sur cet appel — pour demander que le testament soit réintégré dans son étude

Le notaire n'est pas tenu de rédiger un acte particulier du dépôt du testament olographe qui lui est déposé en vertu de l'ordonnance du président du tribunal — *Cass., 5 décembre 1860*

lorsque le procès-verbal d'ouverture et de description du testament constate la remise de cet acte au président par le notaire — *Déc. min. justice, 9 sept. 1812 (4)*

DÉPOT D'OBJETS

Est nulle la clause par laquelle le déposant charge le dépositaire de remettre { après sa mort l'objet déposé à telle personne désignée — *C. Paris, 1er mars 1826 / Cass., 22 novembre 1819 / — 16 août 1842 / — 29 avril 1846*

C'est aux héritiers du déposant que l'objet doit être restitué (5)

---

(1) *Les notaires doivent, par procédé, s'abstenir de recevoir le dépôt d'actes passés devant des confrères de leur résidence. (Statuts des Not. de Paris.) Si les parties ne sont pas d'accord, le notaire devant lequel l'une d'elles somme l'autre de comparaître, à l'effet d'assister au dépôt d'un acte sous seing privé, doit se borner à les renvoyer aux tribunaux pour faire juger leur différend, au lieu de recevoir, malgré la protestation de l'une des parties, l'acte présenté. (C. Nîmes, 24 août 1812.)*

(2) *Cette règle — qui n'est qu'un simple avis — abandonne aux notaires le soin d'apprécier, sous leur responsabilité, les circonstances dans les cas particuliers qui se présentent. — Pour les individus réputés commerçants et dont les mariages doivent être publiés, V. Dissertation du Journ. du Not., nos des 19, 23, 26 janvier 1856. — Sur le lieu où doit être fait le dépôt, V. Circ. min. du 30 avril 1824. — Le délai d'un mois accordé, doit être augmenté d'un jour par cinq myriamètres de distance du lieu où a été passé le contrat à celui du dépôt. (Déc. min., 19 oct. 1813.) V. J. N., art. 615. — Les notaires de l'arrondissement de Grenoble, dans leur assemblée générale de 1856, ont provoqué, avec infiniment de raison, l'abrogation des art. 67 et 68 du Code Napoléon, auxquels suppléerait la loi du 10 juillet 1850, sur la publicité des contrats de mariage. V. Journ. du Not., nos 1151 et 1206.*

(3) *Le notaire peut recevoir ce dépôt sans enregistrement préalable du testament et pièces qui s'y trouvent renfermées, quand la remise en est faite par ordonnance du juge; mais le notaire doit, en ce cas, fournir au receveur de l'enregistrement, dans les dix jours qui suivent l'expiration du délai de trois mois, à compter du décès des testateurs, des extraits certifiés des testaments, dont les droits ne leur ont pas été remis par les héritiers ou légataires. (Déc. min., 29 septembre 1807.) — Les décisions qui veulent l'acte de dépôt dans tous les cas, ont parfaitement raison et doivent être suivies; d'ailleurs la prudence le recommande ainsi dans le doute. — Sous le seul rapport de la forme, un acte isolément placé dans les minutes n'a aucune signification, et il n'est pas rationnel que la preuve de la régularité du dépôt se trouve en un autre lieu que là où il est effectué.*

(4) *Contrairement à un arrêt de Cass. du 9 janv. même année 1860 à une décision du ministre des finances du 20 janvier 1852. — Il y a donc eu controverse, et dans le doute il faut toujours adopter la précaution : il est rare d'ailleurs que les notaires omettent cet acte.*

(5) *Conformément à la Doctrine de M. Troplong, — par la raison que ces dépôts avantageraient les incapables, rétabliraient les fidéicommis, frustreraient les réservataires, etc.*

ACTES ET CONTRATS

DONATIONS ENTRE ÉPOUX

La donation { par contrat de mariage / n'est point assujettie à la présence réelle { des témoins instrumentaires / ni du notaire en second } C. Bordeaux, 27 mai 1853 (1)

Les libéralités { faites dans le même acte (un testament) / par un époux à son conjoint et à l'un de ses enfants / peuvent être cumulées dans les limites de la quotité disponible la plus forte

— Peu importe que le conjoint institué légataire fût déjà { par son contrat de mariage / donataire de l'usufruit à lui légué } C. Bordeaux, 14 janvier 1868

— Il peut valablement { renoncer au bénéfice de la donation / pour s'en tenir au legs, bien que cette option ait pour résultat de donner / effet au legs fait au profit de l'enfant

— En ce cas, cette renonciation ne constitue pas une libéralité indirecte qui oblige l'enfant à rapport dans la succession de l'époux renonçant

Les deux quotités disponibles { déterminées par les art. 913 et 1094 du Code Napoléon (2) / ne peuvent se cumuler { lorsque la donation entre époux étant irrévocable a été faite / la première et qu'elle absorbe la quotité disponible autorisée / au profit de tous autres que le conjoint

En conséquence l'époux { qui, ayant trois enfants, a gratifié irrévocablement son conjoint de l'usufruit de la moitié de ses biens, équivalant à un quart en pleine propriété / a épuisé la quotité disponible envers tout autre — et / ne peut plus donner à un de ses enfants un quart en nue-propriété

(A moins de circonstances particulières — l'usufruit doit être évalué à la moitié en toute propriété) (3) } Cass., 2 août 1853 / C. Toulouse, 23 nov. 1853 / C. Lyon, 28 janvier 1855

Le conjoint { gratifié de l'usufruit de moitié par son contrat de mariage / ne peut renoncer { à cet usufruit du vivant de son conjoint / pour valider la donation { du quart en nue-propriété / faite par ce dernier { en contrat de mariage / à l'un de ses enfants } / ne le peut non plus { après la mort de son époux / s'il a fait un acte duquel résulte une acceptation { tacite ou expresse / de son usufruit / lorsque la succession était ouverte

L'art. 784 du C. N. { d'après lequel la renonciation ne peut être faite qu'au greffe / ne s'applique textuellement qu'aux renonciations à succession } Cass., 24 novembre 1857

La donation ou le legs { d'usufruit { faite par un époux au profit de son conjoint / n'a pas besoin { pour affecter la réserve de l'ascendant dans les termes de l'art. 1094 / d'être spécialement expresse sur ce point } C. Lyon, 2 février 1853

— Il suffit qu'elle soit assez générale pour qu'il n'y ait qu'à vérifier dans ce cas si elle excède ou non la quotité disponible

L'époux { qui lègue à son conjoint l'usufruit de la portion réservée aux ascendants / peut-il se dispenser de fournir caution ?

— Oui, d'après un arrêt de la Cour de Pau du 19 janvier 1860
— Non, d'après un arrêt de la Cour d'Orléans du 23 février 1861

Le don { de l'usufruit de la moitié de ses biens / fait à son conjoint par un époux ayant des enfants d'un premier mariage / donne au conjoint donataire le droit d'exiger que { les héritiers à réserve, s'ils ne veulent exécuter la donation / lui abandonnent { par application de l'art. 917 du C. N. / le quart des biens en toute propriété } C. Bordeaux, 22 juill. 1867 (4)

— Les héritiers ne peuvent faire réduire la libéralité à l'usufruit de ce quart

La donation { d'une rente viagère faite au conjoint survivant / doit { au cas d'excès de la portion disponible / être réduite { au disponible le plus fort entre époux / c'est-à-dire à l'équivalent de 1/4 en propriété et 1/4 en usufruit et / non pas seulement de moitié en usufruit } C. Rennes, 9 avril 1853 (5) / faite à la femme par son mari par reconnaissance d'un accord fictif / est valable { comme une donation ordinaire / dès qu'elle n'excède pas la portion disponible entre époux } Cass., 16 août 1853

---

(1) *Cela résulte d'ailleurs de la discussion de la loi du 21 juin 1843, — cependant le doute a existé pendant les premiers temps, comme on le voit en jurisprudence. D'après M. Ed. Clerc, il en est ainsi même quand le contrat contient des donations par des tiers en faveur des futurs époux. — V. Journ. not. n° 1254, 1er article.*

Cette loi de 1843 n'a pas compris non plus l'acte d'acceptation (séparé) d'une donation, au nombre de ceux pour lesquels elle a exigé la présence réelle du notaire en second ou des témoins. — Cependant M. Ed. Clerc pense qu'il faut étendre ses dispositions à ce cas : l'acte d'acceptation étant le complément de la donation.

(2) *Le cumul des donations conformes à ces deux articles est un point très-délicat qui exige la plus grande attention.*

(3) *L'usufruit légué au conjoint doit être évalué pour la fixation de la portion disponible. — Celui légué à un octogénaire peut être estimé en pleine propriété au quart des biens légués en usufruit (C. Paris, 21 mars 1857.)*

(4) *Conformément : — Douai, 22 mars 1836 et 14 juin 1852. — Bordeaux, 16 août 1853 et 3 juillet 1855. — Benech — Troplong — Demolombe.*
Contrairement : — Poitiers, 27 mai 1851, — Caen, 10 décembre 1859.

(5) *Solution conforme à l'opinion de M. Proudhon.*

ACTES ET CONTRATS
DONATIONS ENTRE ÉPOUX (1)

Les donations
- faites entre époux par contrat de mariage
- sont révocables
  - pour cause d'ingratitude
  - même quand il n'y a pas eu séparation de corps
  - l'art. 959 du Code Napoléon ne leur étant pas applicable
  - → C. Lyon, 4 mars et 8 décembre 1852 — Cass., 26 février 1856 — Trib. Toulouse, 4 mars 1857

La séparation de corps révoque les donations
- même testamentaires
- faites
  - antérieurement à la demande
  - par son conjoint à l'autre époux contre qui elle a été prononcée
  - → Cass., 23 avril et 5 déc. 1849

Les donations entre époux
- ne sont pas révoquées
  - par une reconnaissance d'enfant naturel
  - faite { par l'un des conjoints / pendant son mariage }
  - → Trib. Seine, 21 février 1846 (2)
- par contrat de mariage ou pendant le mariage
  - de biens présents comprenant des meubles
  - doit être accompagnée d'un état estimatif
  - → Grenoble, 1813 — Cass., 10 juillet 1817

L'art. 901 du Code Napoléon | s'applique aux donations mutuelles entre époux par contrat de mariage

Le mot aliéner
- comprend généralement tout acte de disposition { soit à titre onéreux / soit à titre gratuit }
- → C. Bordeaux, 7 février 1855 — Cass., 23 déc. 1856

Est nulle
- la donation contractuelle faite
  - à son futur
  - par la future { à laquelle avait été nommé un conseil judiciaire / non assistée de ce conseil au contrat de mariage }
- la clause par laquelle
  - des époux communs en biens
  - stipulent que la chose { par eux achetée en commun / restera au survivant }
  - → C. Lyon, 28 juill. 1849
- comme contraire à la prohibition des donations mutuelles entre époux par un seul et même acte,
- la convention par laquelle
  - des père et mère, en constituant une dot à leur fils
  - réservent l'usufruit des biens donnés au survivant d'eux
  - (mais la constitution de dot est valable)
  - → Cass., 26 mars 1855 (3)
- la clause
  - d'un partage d'ascendant
  - par laquelle les deux ascendants se réservent au profit de tous deux et du survivant | l'usufruit des biens compris dans le partage
- — cette nullité
  - entraîne celle du partage entier — et
  - existe { 1° dans l'excédant de la quotité disponible / 2° dans la donation faite par un seul et même acte / 3° dans la disposition d'une succession ou de personnes vivantes }
  - → C. Amiens, 10 nov. 1853 (4)
- la donation entre-vifs { par contrat de mariage à l'un des époux / si elle est faite en vertu d'une procuration sous seing privé }
- la donation { faite par la femme seule / pendant le mariage / des objets dépendant de la communauté }
- → Cass., 19 avril 1843

Les donations déguisées
- faites contrairement à l'art. 1099 C. N.
- ne sont pas nulles { radicalement et pour le tout, mais / seulement réductibles à la quotité disponible }

La donation de biens présents
- faite pendant le mariage
- ne devient pas caduque par le prédécès de l'époux donataire
- → C. Toulouse, 26 février 1861

— En conséquence les héritiers de celui-ci ont { sur les biens donnés / les mêmes droits qu'avait leur auteur }

Est valable la clause par laquelle le mari
- en instituant par son contrat de mariage { sa future épouse usufruitière de ses biens / dans le cas où elle viendrait à lui survivre }
- stipule que cet usufruit devra prendre fin si sa femme { devenue veuve / convole à de nouvelles noces }
- → Trib. Toulouse, 18 avril 1857

La déchéance
- résultant du second mariage de la femme
- constitue en faveur des héritiers de son mari un droit auquel ils peuvent renoncer

Le mari
- qui a traité sa femme en qualité de médecin pendant la maladie dont elle est morte
- n'est point incapable { de recevoir ses libéralités / — l'art. 909 du Code Napoléon n'étant pas applicable }
- → Cass., 30 avril 1808

L'art. 904 du Code Napoléon
- qui n'autorise le mineur à disposer à titre gratuit que par testament
- s'applique aux donations { que le mineur peut faire à son conjoint / même de ses biens à venir pendant le mariage }

— En conséquence | de telles donations | sont nulles si elles ne sont revêtues de la forme testamentaire → Cass., 12 avril 1843

Et dans ce cas
- le notaire
  - à qui l'on s'en est rapporté sur la meilleure forme de l'acte
  - peut être { déclaré responsable de la nullité de la donation / s'il l'a faite sous la forme d'actes entre-vifs }

La donation pendant le mariage entre époux
- de même que celle faite par le contrat de mariage
- peut avoir pour objet { ou les biens présents / ou seulement les biens à venir }
- de biens présents — saisit
  - le donataire immédiatement et de telle sorte que les créanciers postérieurs
  - du donateur n'aient aucun droit de poursuite sur la chose donnée, tant
  - que la donation n'a pas été révoquée par son auteur
  - → Cass., 10 avril 1838 (5)

La disposition
- de l'art. 1525 du Code Napoléon
- est faite uniquement pour les époux qui n'ont pas d'enfant d'une première union
- ne peut { sans contredire le texte et l'esprit de l'art. 1098 / s'appliquer au cas où il existe un ou plusieurs enfants d'un précédent mariage }
- → Cass., 23 juin 1855

La nullité
- résultant de ce qu'une donation entre époux a été faite sous le nom d'un tiers
- dans le but de soustraire la donation à la révocabilité
- est d'ordre public | et peut être invoquée par le donateur lui-même
- → Cass., 16 février 1830

---

(1) *Les donations entre époux par contrat de mariage sont tellement irrévocables, qu'il ne serait pas permis à l'époux d'y renoncer ou d'en modifier l'effet pendant le mariage. (Ed. Clerc.) — (2) Conformément à l'opinion de M. Duranton. — (3) C'est contraire et nuisible à la pratique. — Cet arrêt semble d'ailleurs être le seul. — (4) La Cour de Poitiers a décidé, le 10 juin 1851, que cette clause est valable, et qu'elle est la condition sine quâ non du partage. — D'ailleurs, dans les usages du Notariat, ces sortes de donations sont d'une pratique constante. (J. N.) — (5) La Doctrine est conforme. — Jugé de même qu'une donation entre-vifs de biens présents faite entre époux, pendant le mariage, est valable et doit avoir son effet. (Rouen, 7 février 1816 ; rejet, 16 juillet 1817.) — Si elle comprend des meubles, elle doit être accompagnée d'un état estimatif. (Id. — V. J. N., art. 906.)*

ACTES ET CONTRATS .

DONATIONS DIVERSES

RÈGLES PRINCIPALES — FORMES

On peut prouver | par témoins que le donateur n'était pas sain d'esprit au moment de la donation | C. Bourges, 30 novembre 1830 (1)

Une donation entre-vifs { peut être déclarée nulle si elle est faite à deux dates différentes, l'une à l'égard du donateur, l'autre à l'égard du donataire / s'il ne résulte pas des énonciations de cet acte que les parties et les témoins étaient présents aux deux actes différents | C. Riom, 3 janvier 1852

Sont nulles { les dispositions à titre gratuit, aussi bien que celles à titre onéreux / quand elles reposent sur une cause illicite (2) } Cass., 22 janvier 1867

La donation — par contrat de mariage — d'un mineur à son conjoint — n'est valable qu'autant qu'elle a été consentie spécialement { par le conseil de famille dont le consentement était nécessaire pour la validité du mariage } C. Douai, 1er déc. 1835

— est nulle { si elle est faite avec la seule assistance de son tuteur / alors que celui-ci n'agit qu'en vertu d'une procuration générale du conseil de famille } Cass., 22 avril 1857

La donation de créances ou autres choses incorporelles — doit { comme toute donation d'objets mobiliers / contenir un état estimatif, ou le détail des créances données } C. Limoges, 13 juin 1859

La nécessité { d'un état estimatif des meubles donnés entre-vifs / s'applique aux meubles incorporels comme aux meubles — corporels

— **Toutefois** | la donation { par une femme à son enfant de tous ses droits résultant de reprises, indemnités et récompenses / renferme une énonciation suffisante des valeurs données } C. Bordeaux, 19 juill. 1853

L'état { ne doit pas contenir seulement une évaluation en masse — il / doit être fait article par article — à peine de nullité } Cass., 17 mai 1848

Il suffit — de renvoyer à un inventaire — pour l'énoncé et l'estimation des objets | Cass., 11 juillet 1831

CAPACITÉ DE DONNER ET DE RECEVOIR

La faculté — accordée aux religieuses d'une communauté légalement reconnue — de disposer { dans les six mois de la reconnaissance de l'établissement / de plus du quart de leurs biens — au profit de cette communauté — s'applique { aux biens personnels de la disposante / comme à ceux dont elle n'avait que la propriété apparente } Cass., 22 décembre 1851

Pour que la donation — autorisée par la loi du 24 mai 1825 — soit valable — il suffit { qu'elle ait lieu dans les six mois de la reconnaissance légale de la communauté / quand même l'acceptation serait postérieure à ce délai }

Une communauté religieuse { ne cesse pas d'exister tant qu'il existe un de ses membres / peu importe que ce soit une religieuse de chœur ou une sœur converse / l'état d'une religieuse ne peut être contesté sous prétexte qu'il n'aurait pas été dressé acte de ses vœux par l'officier de l'état civil / les dispositions { du décret du 18 février 1809 à cet égard / n'étant pas prescrites à peine de nullité } / et en tous cas cette nullité ne pourrait être invoquée par des tiers } C. Poitiers, 29 mai 1845

La femme mariée sous le régime dotal (3) { peut disposer { de ses biens dotaux au profit de toutes personnes / par voie d'institution contractuelle } C. Grenoble, 11 juin 1851

L'art. 1556 ne prescrit pas de limites à la faculté qu'a la femme dotale { de donner ses biens dotaux / pour l'établissement de ses enfants } C. Rouen, 17 janvier 1852

Cette donation est valable alors même qu'elle excéderait la réserve de l'enfant et la portion disponible dans la succession

La faculté de l'art. 1556 comprend celle { d'hypothéquer les biens dotaux pour le même objet — et / de subroger à l'hypothèque légale de la femme dotale } C. Rouen, 23 août 1844 — Cass., 1er avril 1845

Ce même article — ne doit s'entendre { que d'une donation sérieuse dont les enfants profitent — et non / d'une donation simulée à l'effet de soustraire les biens au régime dotal } C. Paris, 30 mai 1844

— doit s'entendre { non-seulement de l'établissement par mariage — mais encore / de tout autre qui tend à procurer à l'enfant { une position sociale / un état, une profession } } C. Toulouse, 17 mai 1826 — C. Rouen, 27 février 1828

— en autorisant la femme à disposer des biens dotaux pour l'établissement des enfants communs / n'a pas restreint cette faculté à un établissement par mariage ; — il / s'applique à tout établissement susceptible de leur assurer une existence indépendante } Cass., 27 juin 1859

Est valable la donation entre-vifs { faite par les époux conjointement { à d'autres qu'aux enfants communs / des biens de la communauté } C. Amiens, 15 février 1849

La donation entre-vifs d'immeubles de la communauté { faite par le mari au profit d'un enfant de son premier lit / est nulle à l'égard de la seconde femme et des héritiers de celle-ci

Les héritiers peuvent { non-seulement exiger une récompense contre le mari donateur — mais / exercer l'action en nullité contre l'enfant donataire } Cass., 24 août 1833

Il résulte des termes de l'art. 1423 C. N. que le mari pourrait

Disposer entre-vifs à titre gratuit { de toute la communauté, *in universum,* / en faveur des enfants communs et pour leur établissement } Cass., 29 mars 1844

Le sourd-muet ne peut disposer par donation qu'autant qu'il sait lire | Dict. Not.

Pour que le ministre du culte soit incapable de recevoir — il faut { qu'il ait administré des secours spirituels au donateur — et / que ce soit pendant sa dernière maladie / (ces deux circonstances doivent concourir) } C. Riom, 2 fév. 1832

Le pro-tuteur comme le tuteur — est incapable de recevoir { à titre gratuit de la part du pupille / soit directement soit par personne interposée / avant la reddition du compte de tutelle } Cass., 27 novembre 1848

L'incapacité de recevoir { prononcée contre le tuteur / cesse par { l'émancipation du pupille et / l'apurement du compte de tutelle } C. Aix, 14 mai 1860

---

(1) *Les donations doivent être le produit d'une raison saine et d'une volonté libre. (Législation et Doctrine.) M. Merlin soutient que l'action* ab irato *peut être intentée contre une donation par contrat de mariage.*

(2) *Les libéralités ont en général une cause suffisante dans la volonté de gratifier. (Législation et Doctrine.)*

(3) *La femme séparée de biens ne peut même pas donner entre-vifs son mobilier. (Duranton, Vazeille, Coin-Delisle, Roll.)*

ACTES ET CONTRATS

DONATIONS DIVERSES

ACCEPTATION (1)

Les donations accessoires ou subordonnées sont affranchies de la nécessité de l'acceptation | Journ. du Not.

Les acceptations de donation { ne sont pas soumises aux dispositions de l'art. 2 de la loi du 21 juin 1843 / ne doivent pas être reçues { à peine de nullité / en la présence réelle du second notaire ou des deux témoins } C. Bordeaux, 14 nov. 1867

Les donations faites aux établissements d'aliénés doivent être acceptées par les préfets | Circ. min., 30 avril 1845

Les maires { en vertu de l'avis des conseils municipaux / peuvent { à titre conservatoire et sans attendre la décision de l'autorité supérieure / accepter les donations faites aux communes et établissements communaux } (L. 18 juillet 1837) — J. N., art. 10118

Cette faculté ne s'étend pas aux établissements de charité et de bienfaisance

La donation de nue-propriété { faite à un tiers à la charge de payer une somme à telle fabrique / peut être acceptée / n'a rien de contraire au principe que les donations aux établissements religieux ne peuvent être faites sous réserve d'usufruit } Déc., 12 septembre 1853

L'acceptation { d'une donation par une femme mariée, sans l'autorisation de son mari / est absolument nulle } Cass., 16 juillet 1856

Le donateur peut { révoquer la donation malgré l'acceptation expresse de la femme seule / tant que cette acceptation n'a pas été validée par l'autorisation maritale }

Il ne peut être suppléé { au défaut d'acceptation (en termes exprès) de la donation faite par une femme à son mari / par des inductions tirées { soit de la présence du donataire à l'acte / soit de la déclaration qu'il autorise sa femme à lui faire cette donation } C. Rennes, 20 mars 1841

Les père et mère du mineur / Les ascendants des père et mère { peuvent accepter { valablement toutes sortes de donations faites à ce mineur / sans être autorisés à cet acte par le conseil de famille } Cass., 25 juin 1812 (2)

L'acceptation { par le donataire des libéralités à lui faites par acte antérieur / doit être notifiée au donateur

— Mais | cette notification n'est soumise à aucune forme spéciale

L'acceptation { d'une donation faite par acte séparé / n'est pas comprise au nombre des actes devant énoncer { suivant l'art. 2 de la loi du 21 juin 1843 (3) / la présence effective du notaire ou des témoins } C. Bordeaux, 14 nov. 1867

La notification { de l'acceptation d'une donation / doit { pour rendre la donation parfaite et définitive / être faite du vivant du donateur / ne peut l'être à ses héritiers } . . . . .

Et la donation { à défaut de notification avant le décès du donateur / est nulle et sans effet

La nullité d'une donation { par défaut d'acceptation / se prescrit par 10 ans comme toute autre nullité d'un contrat } C. Bordeaux, 14 janvier 1857

— Les héritiers du donateur ne peuvent donc { attaquer la donation pour défaut d'acceptation / 10 ans après le décès de leur auteur } C. Toulouse, 27 avril 1861

TRANSCRIPTION

Le défaut de transcription { peut être opposé par un donataire postérieur — C. Grenoble, 17 janvier 1867 / ne peut être opposé par un donataire postérieur — C. Bordeaux, 28 août 1863

Le créancier { de celui qui était tenu de faire opérer la transcription d'une donation entre-vifs / étant l'ayant-cause de ce dernier / ne peut pas plus que lui opposer aux tiers le défaut de transcription } C. Paris, 2 janvier 1854

Une donation d'immeubles { faite par une personne tombée depuis en faillite / peut être transcrite après l'époque de la cessation de paiements

L'art. 448 du Code de commerce { relatif à la nullité des inscriptions prises après l'époque de la cessation de paiements / ne s'applique pas à la transcription d'une donation } C. Rouen, 7 avril 1856

Une donation non transcrite { quoique dépourvue de la puissance de transférer la propriété à l'égard des tiers / peut être considérée comme un titre suffisant pour expliquer la possession du donataire

La main mise { par le donataire — en vertu de cette donation / ne suffit donc pas pour le faire considérer comme héritier tacite / du donateur à la succession duquel il a renoncé (C. N. 778.) } Cass., 14 janvier 1868

---

(1) *Les frères des écoles chrétiennes forment une congrégation autorisée, qui fait partie du corps enseignant et qui peut recevoir des donations, sans être frappée des incapacités prononcées par les lois spéciales contre les établissements ecclésiastiques et les communautés religieuses. — D. 17 mai 1808 ; LL. 2 janvier 1817, 25 mai 1825 ; C. Riom, 24 décembre 1855.*

Le maire d'une commune a le droit d'accepter une libéralité faite aux frères des écoles chrétiennes, mais qui n'a d'autre objet que l'établissement d'une école de ces frères dans cette même commune (même arrêt C. Riom, 24 décembre 1855.)

(2) *V. 87e tablette, Donation déguisée. — Conformément à l'opinion de Sirey.*

(3) *La question est controversée ; et cette décision nous semble contraire au vœu de la loi.*

ACTES ET CONTRATS

DONATIONS DIVERSES

EFFETS — DONATION DÉGUISÉE — RÉVOCATION

Le retour conventionnel ne doit pas s'induire { dans une donation entre-vifs / de ce qu'elle a été faite en avancement d'hoirie } C. Montpellier, 16 mars 1841 (1)

La disposition de l'art. 945 du Code Napoléon étant radicale et absolue n'est susceptible de se couvrir par aucune ratification soit expresse, soit tacite — et peut en conséquence { être invoquée par le donateur ou ses ayants-cause / lors même { que l'acte aurait reçu de part et d'autre sa pleine exécution — et / que plus de 10 ans se seraient écoulés depuis sa date } Cass., 20 mai 1868

La donation par contrat de mariage / faite par un père à son fils / est un contrat { à titre onéreux / qui ne peut être annulé { pour fraude à l'égard des créanciers du donateur / à moins que l'on établisse la complicité des époux } C. Bourges, 9 août 1848 / Cass., 24 mai 1848

La nullité d'une donation n'est pas couverte par l'exécution volontaire du donateur | Cass., 1821

La présence réelle du notaire en second et des témoins instrumentaires / n'est pas exigée à peine de nullité dans les actes à titre onéreux qui ont pour objet de déguiser une donation | C. Limoges, 15 mai 1847 / Cass., même année

Pour qu'on puisse reconnaître { dans un contrat à titre onéreux / une donation indirecte ou déguisée

La condition essentielle et absolue { c'est { que l'une des parties ait eu l'intention de donner et / que l'autre ait eu celle de recevoir à titre gratuit } C. Riom, 24 mai 1855

La donation déguisée sous l'apparence d'un contrat onéreux — comme une vente / est valablement faite { dans la forme de ce dernier contrat / si elle a lieu entre personnes capables { de donner et de recevoir / n'est pas assujettie { à l'acceptation expresse / ni aux formalités spéciales de la loi du 21 juin 1843 / peut être ratifiée comme le contrat dont elle a emprunté la forme } Cass., 6 février 1849 / C. Paris, 27 juillet 1854

N'est pas nulle une donation déguisée sous la forme d'une vente / si elle est faite sous la forme d'une vente entre personnes respectivement capables de donner et de recevoir / — Mais elle est réductible à la portion disponible | C. de Paris, 22 décembre 1864

Une donation faite — à une personne que la loi répute interposée — comme la mère d'un enfant naturel / peut être déclarée valable { si elle a un caractère purement rémunératoire et alimentaire pour le donataire personnellement | C. Paris, 6 mai 1854

La présomption de l'art. 911 du Code Napoléon / au sujet de l'interposition de personnes { n'est pas limitative | C. Paris, 30 janvier 1855

La donation simulée faite à un étranger dans le but, concerté entre le donateur et le donataire, de porter atteinte à la réserve des enfants du donateur / ne peut être annulée en totalité par le motif qu'elle a été faite en fraude à la loi qui assure une légitime aux enfants / n'est que réductible au chiffre de la portion disponible | Cass., 2 juin 1858

La donation entre-vifs de tous les biens du testateur / emporte révocation du legs particulier fait par lui à une autre personne / — Et le légataire n'est pas recevable à faire par témoins la preuve que le testateur n'a pas entendu révoquer son legs | C. Bordeaux, 6 juillet 1863

Le donateur d'un immeuble qui a produit à l'ordre ouvert sur le prix de cet immeuble / n'a pas perdu pour cela { l'action révocatoire pour inexécution des conditions même après adjudication en justice de l'immeuble donné | C. Bordeaux, 26 juin 1852 (2)

L'adoption ne révoque pas les donations antérieures faites par l'adoptant | Cass., 2 février 1852

---

(1) *Solution des plus constantes.*
(2) *L'art. 717 du Code de procédure ne s'appliquant pas ici.*

ACTES ET CONTRATS

DOMICILE

Il n'est pas nécessaire { d'un intervalle de temps de résidence pour que le domicile réel soit acquis } Limoges, 1er septembre 1813 (1)

ENDOSSEMENT

Ne sont transmissibles { par la voie de l'endossement — même au regard des tiers — que les actes tels que les { lettres de change, billets à ordre, connaissements, contrats à la grosse } pour lesquels la loi a prévu ce mode spécial de transmission } Sol. Journ. Not., n° 1261

En dehors de ces exceptions limitatives | il y a lieu de se référer au principe général de l'art. 1690 du C. N.

Cass., 12 août 1857

FAILLITE (2)

La subrogation { dans l'hypothèque légale de la femme | sur les biens de son mari failli — est nulle, si elle a lieu { dans l'intervalle de la cessation des paiements au jugement déclaratif de la faillite et au profit d'un créancier qui avait connaissance de la cessation

Toutefois { l'obligation de la femme subsiste — et la femme ne peut pas { exercer son hypothèque légale à l'encontre du créancier qu'elle y a subrogé

C. Paris, 16 janvier 1854 — 7 juin 1856

Un commerçant peut être déclaré en faillite { lors même qu'il n'a qu'un seul créancier, attendu que la faillite dépend du seul fait de la cessation de paiements } Cass., 7 juillet 1841

Le débiteur déconfit est — comme le débiteur failli — déchu du bénéfice du terme] Rennes, 24 mars 1812

Est réputé acquêt du mari { en cas de faillite par celui-ci, tout immeuble que la femme ne prouve pas lui être propre à elle-même comme provenant de l'une des sources indiquées aux art. 557 et suiv. du Code de commerce

La séparation de biens { prononcée au profit de la femme postérieurement à la déclaration de faillite ne peut modifier ce résultat — et attribuer à la femme aucun droit sur cet immeuble aux créanciers

C. Paris, 19 juillet 1867

FEMME MARIÉE

Lorsque la femme { refuse d'habiter la maison conjugale — le mari { n'est pas recevable à employer contre elle la voie de la contrainte par corps (3) (qui n'est autorisée par aucun texte de loi) ni celle des dommages-intérêts — a seulement le droit { de lui refuser des aliments et de saisir ses revenus si elle est majeure — ne peut non plus { recourir qu'à cette mesure pour forcer la femme de lui rendre ses enfants mineurs lorsqu'elle les retient indûment après le rejet d'une demande en séparation de corps — sauf le droit du mari de les faire réintégrer chez lui par toutes voies légales

C. Colmar, 10 juillet 1833

La procuration { donnée par la femme à son mari à l'effet { d'aliéner les biens que les époux peuvent posséder en quelques lieux qu'ils soient situés — de subroger les tiers-acquéreurs dans tous ses droits et priviléges — est nulle | pour contravention à la nécessité de l'autorisation spéciale

Cass., 10 mai 1853

La femme | est légalement autorisée dans l'acte où son mari est lui-même partie | Gênes, 30 août 1811

Une procuration générale { donnée par une femme à son mari — ne suffit pas { pour contracter un emprunt avec hypothèque — quand même elle contiendrait pouvoir { d'emprunter et d'hypothéquer — doit être spéciale à l'effet de tel emprunt et telle hypothèque } C. Bordeaux, 9 décembre 1847

Le mari mineur peut autoriser sa femme majeure, — mais seulement pour les actes d'administration [Dissertation, J. N., art. 1395

Le mari est obligé de payer { les fournitures faites à sa femme séparée de fait et non spécialement autorisée si elles n'excèdent pas ses besoins conformément à sa position sociale

La reconnaissance de la femme pour ses fournitures est interruptive de prescription

C. Douai, 29 janvier 1848

La femme séparée de biens { ne peut { sans l'autorisation de son mari donner un immeuble à antichrèse } Cass., 22 novembre 1841

FRAUDE

La fraude au droit du créancier { qui { aux termes de l'art. 1167 du Code Napoléon l'autorise à attaquer les actes de son débiteur — n'exige pas d'autres éléments que ceux qui constituent la fraude ordinaire au préjudice des tiers } Cass., 7 mai 1857

La donation { par contrat de mariage — faite par un père à son fils — est un contrat { à titre onéreux — qui ne peut être annulé { pour fraude à l'égard des créanciers du donateur à moins que l'on établisse la complicité des époux

C. Bourges, 9 août 1848
Cass., 24 mai 1848

Les créanciers ne peuvent { demander la nullité d'un acte comme fait en fraude de leurs droits qu'autant que leur créance est antérieure à cet acte même lorsqu'il s'agit d'apports matrimoniaux argués de simulation } C. Paris, . . .

---

(1) *L'élection de domicile qui, dans l'usage des actes notariés, se fait en l'étude du notaire rédacteur, a pour but au regard de la procédure, de fixer le lieu de l'exécution ; en sorte, par exemple, qu'un créancier peut y signifier les actes de poursuites en recouvrement de sa créance, sans se préoccuper du changement de domicile de son débiteur, lequel a pu s'éloigner beaucoup. — Cette élection est nécessaire à la validité des inscriptions qui se forment d'office sur transcription, des ventes, échanges, donations moyennant rentes, etc. — (2) La banqueroute était si odieuse aux Romains, que la loi des douze tables permettait aux créanciers de mettre en pièces leurs débiteurs infidèles ; et dans la plupart des pays, les lois ont proposé la peine de mort contre les banqueroutiers (noté dans l'Esprit des lois.) — (3) Cependant la Cour de cassation, — par un arrêt du 9 août 1826 qui paraît le seul, — a jugé que la femme peut être contrainte par huissier, assisté au besoin de la force publique.*

ACTES ET CONTRATS

GAIN DE SURVIE

Les gains de survie { stipulés par contrat de mariage / forment une créance et non pas un droit héréditaire et / peuvent conséquemment être l'objet d'un traité qu'on ne pourra attaquer / comme pacte sur succession future } Cass., 22 février 1831

HYPOTHÈQUE LÉGALE

La femme mariée n'a pas d'hypothèque légale pour les aliments dont son mari peut être débiteur envers elle | C. Grenoble, 6 février 1868

{ sous le régime dotal avec société d'acquêts / qui accepte — au décès du mari — la communauté d'acquêts / ne peut exercer son hypothèque légale sur les immeubles dépendant de cette communauté, que / le mari a aliénés ou donnés pour l'établissement des enfants communs } C. Montpellier, 5 mars 1868 (1)

Les biens { du mari nommé cotuteur des enfants issus d'un précédent mariage de sa femme / sont grevés de l'hypothèque légale au profit de ces enfants }

Dans ce cas { l'hypothèque légale des enfants prime celle de la femme sur les biens du second mari } Cass., 29 novembre 1836 / la femme étant présumée { par le seul fait de son obligation solidaire avec le mari / les avoir subrogés tacitement dans ses propres droits }

La réduction de l'hypothèque légale ne peut être consentie { dans son contrat de mariage / par une femme mineure } Cass., 9 juillet 1820 — C. Paris, 27 juillet 1850

Est nulle { la clause d'un contrat de mariage par laquelle les futurs } { après avoir restreint l'hypothèque légale de la femme à certains immeubles / se réservent la faculté de transporter cette hypothèque sur d'autres immeubles équivalents } C. Lyon, 26 janv. 1854

Mais la nullité de cette clause | n'influe pas sur la validité de celle qui restreint l'hypothèque légale à certains meubles

Les subrogés { à l'hypothèque légale de la femme / même antérieurs à la loi de 1855 } sont tenus { d'après cette loi — et comme la femme elle-même / de faire inscrire cette hypothèque dans l'année du veuvage } C. Aix, 19 novembre 1863

— Autre chose d'ailleurs est la dispense d'inscription de la subrogation résultant des art. 8 et 11 de la même loi, pour les subrogations antérieures

L'hypothèque légale du mineur { non inscrite dans l'année qui a suivi la majorité / est soumise { aux termes de l'art 8 de la loi du 23 mars 1855 / aux conséquences de la nécessité de l'inscription } } Cass., 17 août 1868

INTÉRÊTS DE CAPITAL (2)

Lorsqu'une somme { est stipulée payable sans intérêt / les intérêts sont dus après l'époque fixée pour le paiement } C. Toulouse, 19 janvier 1844 (3)

Le privilège du vendeur { quant aux intérêts du prix de vente / s'étend { non pas seulement à deux années et l'année courante — mais / à toutes les années d'intérêt exigibles | quel que soit leur nombre } } Cass., 8 juillet 1834 (4)

La production à l'ordre peut { comme une demande en justice — faire courir les intérêts moratoires / à l'égard d'une obligation exigible et pour laquelle il n'avait pas stipulé d'intérêt / sans qu'il y ait lieu de limiter la collocation selon l'art. 2151 du Code Napoléon } C. Paris, 17 novembre 1815 / Amiens, 23 février 1821 — Rouen, 22 décembre 1831 — Cass., 2 avril 1833

On peut stipuler { dans une obligation pour prêt d'argent / que le débiteur pourra { à l'expiration de chaque année / garder { entre ses mains les intérêts de cette même année / pour n'en payer le montant qu'avec le capital — et / à condition que ces intérêts produiront à leur tour des intérêts à / partir de leur échéance } } } Cass., 11 déc. 1844

Cette stipulation { est valable alors même que l'exigibilité du capital serait portée à plus de quinze ans — et / ne contient pas une renonciation anticipée à la prescription }

Le banquier { qui prête de l'argent à un non commerçant par acte devant notaire / peut exiger l'intérêt à 6 0/0 (5) } Sol. J. N., art. 12390

Il n'est pas nécessaire { pour qu'un intérêt à 6 0/0 soit licite / que l'opération { à l'occasion de laquelle il est réclamé / soit commerciale pour chacune des deux parties contractantes } }

Le banquier { qui prête { par acte devant notaire / à un non commerçant } / peut exiger { l'intérêt à 6 0/0 / alors même que l'emprunteur fournit garanties hypothécaires } } Cass., 29 avril 1868

Est valable la clause d'un contrat de mariage par laquelle

Les futurs. { adoptant le régime de la séparation de biens / stipulent que les revenus de la femme, restés libres, se capitaliseront à la fin de chaque année / entre les mains du mari, tenu d'en compter à sa femme les intérêts à 5 0/0 par an } Cass., 16 juin 1868 (6)

---

(1) *La circonstance que l'aliénation ou donation consentie par le mari a eu lieu pour l'établissement des enfants communs, c'est-à-dire pour une cause qui justifie l'aliénation de la dot, ne permet pas de douter que l'acception de la communauté d'acquêts par la femme dotale emporte renonciation de sa part à son hypothèque légale sur les immeubles dépendant de cette communauté ainsi aliénés par le mari. Mais en serait-il de même, si l'aliénation avait eu lieu pour toute autre cause ? La question est controversée. V. pour l'affirmative, Bordeaux, 3 déc. 1858 ; Troplong, Cont. de mar., t. 3, n° 1913. — Contrà, Cass., 28 juin 1847 ; Bellot des Minières, Rég. dot., t. 2, p. 291. — V. aussi Angers, 1839 ; — (Revue du Notariat, n° de septembre 1868).*

(2) *L'intérêt légal en Algérie, est fixé à 10 0/0 par un arrêté du pouvoir exécutif du 4 novembre 1848.*

(3) *Question controversée. — Il faut toujours, dans les actes notariés, stipuler l'intérêt à défaut de paiement exact, et indiquer le taux. — Le taux de l'intérêt est fixé par la loi du 3 septembre 1807 : à 5 0/0 en matière civile; à 6 0/0 en matière commerciale. Chez les premiers Romains, l'intérêt de l'argent, qui n'était fixé par aucune loi, se payait tous les mois les jours des ides, c'est-à-dire le 13 ou le 15. La plus forte usure était de 1 0/0 par mois, ce qui revenait à peu près à notre denier huit (Montesquieu).*

(4) *De nombreuses décisions sont conformes à cet arrêt. C'est aussi l'avis de MM. Grenier, Troplong.—Les hypothèques légales des femmes, des mineurs et des interdits conservent tous les intérêts qui sont dus. (Mêmes auteurs et M. Merlin.)*

(5) *Conformément à l'opinion de M. Troplong.*

(6) *Conformément :* { Montpellier, 20 juin 1839 ; Cass. 21 Déc. 1844 et 10 août 1859 ; Dijon, 26 avril 1866. / Delvincourt, Toullier, Duranton, Massé et Vergé ; Aubry et Rau, Laromblère.
Contrairement : — *Marcadé et Demolombe.*

ACTES ET CONTRATS

INSCRIPTION HYPOTHÉCAIRE (1)

Les registres publics des conservateurs des hypothèques sont la seule voie légale pour établir la situation d'un débiteur
Les tribunaux ne peuvent admettre de preuve en dehors de ces registres — C. Lyon, 24 avril 1849

Un tiers peut, sans pouvoir écrit ou verbal, prendre inscription au nom du créancier | Cass., 11 juillet 1827

Est nulle
- l'iscription prise
  - en vertu d'un jugement par défaut frappé d'opposition | Trib. de la Seine, 30 octobre 1839
  - contre un débiteur en faillite
  - dans les 18 jours qui précèdent la faillite
- encore que l'hypothèque ait été constituée antérieurement à ces 10 jours
- lors même que cette inscription a pour objet la conservation d'un privilége

— Cass., 16 juillet 1818, 12 juillet 1824

L'art. 2146 C. N. ne s'applique pas aux hypothèques légales de la femme et des mineurs qui peuvent être inscrites utilement — même après la faillite du débiteur — Grenoble, 8 juillet 1822 ; Paris, 13 avril 1825

La nullité
- édictée par le même art. 2146 C. N.
- à l'égard des inscriptions prises sur une succession bénéficiaire — Bordeaux, juin 1836 ; Toulouse, mars — ; Cass., 18 nov. 1833
- s'applique même aux successions échues à des mineurs
- n'est pas applicable aux inscriptions des hypothèques légales des femmes et mineurs | Grenoble, juillet 1822

On peut prendre inscription en vertu d'un titre prescrit | J. N.

L'inscription
- est destinée à fixer seulement le rang des hypothèques — mais elle conserve aux priviléges leur effet à compter du jour où ils ont pris naissance

C'est-à-dire que
- par rapport aux hypothèques | la date de l'inscription est uniquement ce qu'il faut consulter
- relativement aux priviléges | le seul fait de l'inscription en temps utile suffit pour conserver au créancier le droit de primer toutes autres créances même antérieurement inscrites

— Dict. Not.

Quand tous les intérêts échus ont été compris dans l'inscription { ils se confondent avec le capital — et leur collocation ne peut présenter de difficulté

Il n'en est pas de même de ceux non compris { (L'art. 2151 ne permet de les colloquer au rang du capital que pour deux années et celle courante.)

— Dict. Not.

C'est la pluralité de droits d'hypothèque
Et non plus la pluralité de créances } qui engendre la pluralité d'inscriptions

Il suffit
- d'un seul bordereau en double
- pour requérir valablement une hypothèque { résultant d'un titre commun et consentie { au profit de plusieurs créanciers non solidaires par un seul débiteur

Il faut
- plusieurs bordereaux en double
- lorsque plusieurs débiteurs non solidaires { donnent à leur créancier, chacun en ce qui le concerne, une hypothèque sur ses biens personnels

— Sol., J. de l'Enregistrement rapportée au Jour. Not., n° 1173

Le privilége du vendeur { n'est pas éteint par la péremption de l'inscription d'office non renouvelée dans les 10 ans

— Et le vendeur peut { toujours prendre une inscription nouvelle jusqu'à la transcription d'une seconde vente

L'art. 2146 du C. N. — est inapplicable à l'inscription du privilége de vendeur

— C. Besançon, 14 décembre 1861

L'inscription d'office { prise par le conservateur sur la transcription de la vente doit être renouvelée dans les 10 ans — à peine d'extinction du privilége du vendeur à l'égard des tiers } . . . 22 janvier 1808 — Cass., 2 décembre 1863

Le vendeur
- qui a négligé de renouveler en temps utile l'inscription d'office
- conserve { son privilége { à la date de la vente et contre les créanciers de l'acquéreur au moyen d'une nouvelle inscription prise avant { toute revente par l'acquéreur

— C. Poitiers, 18 juillet 1864

L'inscription
- prise en renouvellement
- qui ne se réfère pas à l'inscription antérieure
- ne vaut que comme inscription nouvelle, et
- ne conserve pas la première

— Cass., 14 juin 1831 ; — 29 avril 1838 ; — 25 janvier 1853 ; C. Agen, 22 janvier 1861

Lorsqu'une inscription est requise sur des immeubles situés dans le territoire d'une ancienne commune réunie à la ville de Paris par la loi du 16 juin 1859 et dépendant de l'arrondissement de l'un des trois bureaux des hypothèques de cette ville

L'élection de domicile { pour le créancier peut être faite indistinctement en un lieu quelconque de la ville de Paris

— Sol. J. N., art. 19303

---

(1) *Il est défendu aux conservateurs de rédiger ou laisser rédiger par leurs commis les bordereaux d'inscription pour le compte des particuliers (Déc. min., 11 août 1828.)*

ACTES ET CONTRATS

INVENTAIRE (1)

L'inventaire { ne peut jamais avoir lieu sans réquisition / même lorsque les scellés ont été apposés d'office } Parlement de Paris, 7 juin 1564
{ fait par un usufruitier — doit l'être en présence du nu-propriétaire | J. N.

L'héritier bénéficiaire doit { sous peine d'être déclaré héritier pur et simple / appeler à l'inventaire les héritiers présomptifs du défunt } Limoges, 3 janvier 1820

Lorsqu'il y a opposition d'intérêts entre des mineurs, il doit leur être donné à chacun un tuteur | J. N.

Les intéressés incapables doivent être pourvus de tuteur | J. N.

Le mineur émancipé doit être assisté de son curateur à l'inventaire | J. N.

C'est le syndic qui représente le failli | Paris, 7 juillet 1832

Doivent être appelés à l'inventaire { l'enfant naturel reconnu | Paris, fructidor an 2; octobre 1830 / les créanciers opposants à la levée des scellés | Amiens, 25 février 1809

— Si les opposants ne comparaissent pas, il est donné défaut et passé outre | J. N.

Un notaire ne peut être nommé par justice pour faire un inventaire — par commune renommée | Cass., 17 janvier 1838

En cas de concours { de deux notaires — pour la confection d'un inventaire / la préférence peut être donnée { au moins ancien des deux / lorsqu'il a été choisi par la partie qui a requis les scellés et que l'intérêt commun des parties paraît l'exiger } C. Paris, 19 mars 1850 / la supériorité de classe n'est pas une cause de préférence

Lorsqu'un étranger { décède en France | et qu'il ne se présente aucun héritier / l'opération { de la levée des scellés et de l'inventaire / doit être faite avec l'intervention du consul de la nation à laquelle appartenait cet étranger } Déc. min., 12 janv. 1837

Si quelques-uns des héritiers { qui ont assisté à la première vacation d'un inventaire / ou intéressés viennent à se retirer sans vouloir le signer } l'inventaire peut être continué en leur absence | J. N., art. 209

Il n'y a pas nullité de l'inventaire pour omission | sans mauvaise foi de différents objets mobiliers de peu de valeur | Cass., 16 août 1853

La disposition de l'art. 943 C. procéd. { n'est pas tellement impérative qu'elle ne puisse être suppléée / en ce qui concerne les titres au porteur, par toute autre mesure conservatoire / et même, suivant les circonstances, par la simple description dans l'inventaire } C. Paris, 5 août 1857

L'inventaire (2) { fait par la femme après la dissolution de la communauté et hors du délai fixé par la loi / peut être déclaré insuffisant — s'il a été fait à une époque où tout ou partie des effets de la communauté ont pu disparaître } Cass., 7 fév. 1848

Il y a obligation de réitérer, à la clôture de l'inventaire, le serment prêté lors de son ouverture | Sol. J. N., art. 9188

Le notaire { qui procède à l'inventaire après le décès du titulaire d'un majorat / doit se faire représenter le certificat de la notification de son décès à l'autorité } Dissertation, J. N., art. 768

Dans un inventaire (3) { c'est au notaire et non au juge de paix qu'appartient le droit de
— faire prêter { entre ses mains par la veuve, l'héritier ou le gardien des scellés / le serment de n'avoir rien pris ou détourné
c'est au notaire seul qu'appartient le droit { d'examiner / de constater / de décrire } les titres et papiers de la succession
le juge de paix { n'a pas le droit de s'immiscer dans les affaires de la succession / ne doit point donner d'office des conseils | aux parties sur la direction de ces affaires
ses fonctions se bornent { à la levée et à la réapposition des scellés et / aux opérations ou difficultés qui s'y rattachent
le notaire enfin est { absolument et sans restriction le maître de l'opération
mais s'il se fait remplacer { momentanément par un clerc / le juge de paix peut { à la rigueur, se refuser à la levée des scellés et / même dresser procès-verbal de cette circonstance } C. Aix, 8 juillet 1830 / Sol. J. N., art. 13680

Les juges de paix ont { en vertu de l'art. 936 du Code de procédure civile / le droit d'adresser aux parties { lors de l'apposition des scellés et de l'inventaire / toutes les interpellations nécessaires pour arriver à la constatation des valeurs dépendant d'une succession } Trib. Seine, 17 février 1857

L'obligation { de coter et parapher les papiers inventoriés / n'est pas prescrite à peine de nullité

— En conséquence il appartient au juge de décider { suivant les circonstances et la nature des titres / s'il n'est pas plus avantageux pour les héritiers de remplacer cette mesure par une autre donnant les mêmes garanties } C. Paris, 19 mai 1857

Spécialement { quand il s'agit de valeurs au porteur / le cote et le paraphe ayant l'inconvénient d'en entraver la négociation et la vente / il peut être ordonné que ces valeurs seront { déposées en un lieu sûr jusqu'aux liquidation et partage et / remises alors aux parties dans la proportion de leurs droits

L'inventaire { des biens mobiliers de la communauté / auquel la femme fait procéder pendant l'instance en séparation de corps / ne peut comprendre les lettres échangées entre le mari et ses conseils } C. de Paris, 22 juin 1868 (4)

— Et le mari est fondé à exiger que le juge de paix lui remettre ces lettres sur le vu des inscriptions et signatures

(1) *La rédaction de l'inventaire exige de la capacité, beaucoup de soin, en ce qu'elle doit présenter complètement avec méthode et lucidité, la situation des successions, communautés ou sociétés d'acquêts. — L'inventaire est l'un des principaux actes par lesquels se révèle la valeur d'un praticien. — (2) Le délai pour faire inventaire et délibérer n'est pas fatal, mais l'inventaire peut être déclaré insuffisant et nul par suite de la négligence de la femme. (Doctrine.)*
(3) *Un décret du 20 août 1817 porte — que pour les inventaires ou pour tous autres actes à faire ou signifier dans les palais, châteaux, maisons royales et leurs dépendances, les officiers qui en sont chargés devront, selon les cas, s'adresser aux concierges ou se présenter aux gouverneurs ou à son remplaçant qui pourvoira immédiatement à ce qu'aucun empêchement ne soit donné à ces officiers et leur fera prêter, au besoin, tout secours et aide nécessaire.*
(4) *Un arrêt de la Cour de Rouen du 23 mars 1864 et un arrêt de la Cour de Caen du 19 déc. 1865 se sont prononcés dans le même sens. Toutefois ce dernier arrêt admet que les juges peuvent déléguer au juge de paix le soin de prendre seul connaissance du contenu des lettres et autres papiers appartenant au mari, et de décider quels sont ceux qui devront être portés à l'inventaire, sauf à les mettre sous les scellés, après les avoir numérotés et paraphés, jusqu'après la décision à intervenir sur l'instance en séparation de corps. L'arrêt de la Cour de Paris paraît, et, selon nous, avec raison, refuser au juge de paix, ce droit d'appréciation, que lui avait attribué le premier juge. — Sur le principe général de l'inviolabilité des lettres et sur les restrictions qu'il comporte, V. notamment Cass., 31 mai 1842, 3 juillet 1850, 18 mars 1861, 21 juillet 1862 et 26 juillet 1864 ; Caen, 3 juin 1862 ; Rouen, 23 mars 1864 ; Alger, 12 nov. 1866. (Revue du Notariat, n.° de septembre 1868.)*

ACTES ET CONTRATS

LÉGALISATION

Tous les actes { doivent être { sans distinction / destinés à être envoyés dans les pays étrangers et dans les colonies — ou provenant des colonies et de l'étranger / indépendamment de la légalisation du président du tribunal / légalisés à Paris par les autorités compétentes et / rédigés sur un timbre suffisant pour recevoir toutes les légalisations } (Ord., 20 mai 1818 — 26 juillet 1821) Inst. min., 16 mars 1837 (1)

Les actes { reçus par des officiers publics dans les pays étrangers où il y a des consuls français ne font aucune foi en France, s'ils ne sont légalisés par ces consuls (Ord. 20 mai 1818, art. 2 — 25 octobre 1833, art. 9.) } C. Colmar, 1er avril 1862

LÉSION

La rescision { pour cause de lésion de plus des sept douzièmes d'une vente d'usufruit / est recevable dans le cas où la vente a été faite moyennant une rente viagère inférieure au revenu des immeubles affectés à l'usufruit } C. Bordeaux, 6 juillet 1854

La vente de droits successifs { faite moyennant une rente viagère / n'est pas aléatoire — et / peut être rescindée { pour cause de lésion / lorsque { les biens cédés sont connus et déterminés / la valeur vénale des immeubles pourrait produire des intérêts égaux au taux de la rente } } Cass., 16 juillet 1856

Une vente d'immeubles { moyennant une rente viagère supérieure au produit des biens vendus / est un contrat aléatoire qui ne peut être rescindé pour cause de lésion / par le motif que les calculs { sur l'âge et la durée probable de la vie du vendeur / établiraient qu'il a été lésé { des sept douzièmes dans la fixation du prix } } } Cass., 31 décembre 1855

La vente { faite par un cohéritier — de tout ou partie de son lot / ne le rend pas non recevable à demander la rescision du partage pour cause de lésion (2) / — à moins qu'il ne soit établi { qu'avant la vente il connaissait l'existence de la lésion et qu'il a voulu ainsi ratifier le partage } } Cass., 4 décembre 1850

Quand le partage est attaqué { non-seulement pour lésion mais encore parce que le cohéritier demandeur n'avait pas reçu sa part dans chaque nature de biens / s'il s'agit — par exemple — d'un partage d'ascendant / les défendeurs ne peuvent arrêter cette action en fournissant un supplément } Cass., 10 nov. 1847 — 20 août 1848 (3)

En matière de partage | les copartageants sont restituables contre l'erreur de droit qui occasionne une lésion de plus du quart | Cass., 12

N'est pas sujette à rescision pour cause de lésion { une vente faite à la charge de loger, nourrir, chauffer et éclairer le vendeur tant en santé qu'en maladie jusqu'à son décès } Poitiers, 4 juin 1819 / Cass., 16 fév. 1822 (4)

LETTRE DE CHANGE

La lettre de change { porte le nom de traite par rapport au tireur, de remise par rapport au preneur (Ce dernier est celui au profit et à l'ordre duquel elle est souscrite) } Dict. Not.

est faite quelquefois par le tireur à son ordre ; — mais alors elle

ne devient parfaite que quand le tireur a désigné { dans l'endossement / la personne à laquelle il transmet le titre } Cass., 28 février 1848.

ne doit pas être confondue avec le contrat de change dont elle n'est que l'exécution / ne peut émaner que de parties capables de faire des actes commerciaux / doit être écrite et ne se fait ordinairement que par acte sous sein privé / n'est pas dénaturée par la stipulation d'une hypothèque } Dict. Not.

créée fictivement pour couvrir une dette civile — n'est qu'une simple promesse | C. Lyon, 6 décembre 1845

On peut faire { par acte notarié / des lettres de change ou des billets à ordre } Régie, 8 décembre 1808, 24 décembre 1817 / Déc. min. finances, 5 juin 1860

Les notaires { ne peuvent { sous prétexte de la forme inusitée / refuser { leur ministère pour les lettres de change ou billets à ordre / surtout quand les parties ne savent ou ne peuvent signer } } } J. N.

---

(1) *V. J. N. art. 9591.*

(2) *Jugé qu'au même cas, le cohéritier n'est plus recevable à demander cette rescision, lorsqu'il résulte des circonstances qu'il a dû connaître, avant l'aliénation, la valeur des biens partagés (C. Agen, 6 juin 1833).*

(3) *V. C. N. art. 832.*

(4) *L'action en rescision n'a pas lieu dans les ventes de choses mobilières, quelle que soit la lésion (N. Bacqua.)*

ACTES ET CONTRATS

LICITATION

L'indivisibilité { des immeubles d'une success on / est la seule cause légale de licitation }

Ainsi { l'on ne peut { ordonner la licitation d'immeubles partageables / en se fondant { sur le peu d'importance des bi ns et / sur les frais qu'entraînerait le partage } } } C. Riom, 2 février 1843

L'usufruitier et le nu-propriétaire ne sont pas dans l'indivision | Cass., 7 décembre 1846

Le droit de transcription { d'un acte de licitation entre copropriétaires ou cohéritiers / doit être perçu { sur le prix intégral de l'adjudication et non pas seulement sur la portion du / prix correspondant aux parts indivises acquises par les copartageants } } Cass., 13 avril 1847 (1)

Une licitation est nulle quand il y a été procédé sans appeler le créancier { de l'un des colicitants / qui s'était opposé au partage hors sa présence } Paris, 2 mars 1812

En quels cas { la licitation partielle — on / la cession de droits successifs — entre cohéritiers / doivent être considérées comme équivalant à partage ? / ces mêmes actes ont-ils le caractère d'une vente ? }

Questions des plus importantes { car : { si l'acte est un partage { on lui applique les règles relatives { à la garantie et au privilège des copartageants / à la rescision pour lésion de plus du quart } / les droits des t iers constitués par le cédant / sont résolus d'après l'art. 883 du Code Napoléon } si l'acte est une vente { il faut faire l'application des règles { sur la garantie en matière de vente / sur la lésion des sept-douzièmes / sur { l'action résolutoire et / le privilége de vendeur } } / les droits des tiers sont maintenus — à la charge des formalités { de transcription et / de purge } } } Sol. J. N., art. 12921

Le J. N. — par une revue de la Jurisprudence controversée sur ces distinctions — est d'avis que :

Il faut voir un partage { dans tout contrat qui FAIT CESSER L'INDIVISION / soit à l'égard d'une chose déterminée par voie de licitation / soit entre deux cohéritiers par rapport à une quotité héréditaire.

Les termes absolus de l'art. 888 ne permettent pas de décider autrement. — Cet article qualifie partage tout acte qui a pour objet de faire cesser l'indivision entre cohéritiers (et non pas entre tous les cohéritiers). Et par conséquent ces termes s'appliquent complètement à la licitation partielle ou à la cession de droits successifs qui est bien un acte entre cohéritiers, et qui a pour objet de faire cesser entre eux l'indivision, soit quant à l'objet licité, soit quant à la quotité héréditaire abandonnée par le cédant — L'art. 889 applique la rescision pour lésion de plus du quart, à la vente de droits successifs faite à l'un des cohéritiers par les autres cohéritiers ou par l'un d'eux. Une disposition pareille est déterminante, car elle signifie nécessairement que la cession de droits successifs a tous les caractères d'un partage, même lorsqu'elle est faite par un cohéritier à un seul des autres cohéritiers. Ce texte suffirait donc à lui seul pour justifier notre proposition, dit le J. N. ; et quand il est approché de l'art. 888, aucun doute sérieux ne peut rester sur le sens de la loi.

Le mineur émancipé { assisté de son curateur / spécialement la femme mineure assistée de son mari / peut intenter { sans l'autorisation du conseil de famille / une demande en licitation d'immeubles indivis } } C. Paris, 8 mai 1848

Les ventes sur licitation { doivent être renvoyées par les tribunaux devant notaire / lorsque les parties sont d'accord pour demander le renvoi } C. Grenoble, 28 août 1858 (2)

Un notaire { commis par justice pour une licitation entre majeurs et mineurs / peut remettre { l'adjudication sans l'intervention du juge / quand cette remise est demandée par le majeur poursuivant } } Cass., 19 juillet 1858

---

(1) *Conformément à de nombreuses décisions qui ont précédé et suivi cet arrêt.*

(2) *Jurisprudence établie par une infinité de décisions.*

ACTES ET CONTRATS

LIQUIDATION (1)

I

Les tribunaux doivent { prendre en considération l'intérêt commun des parties / lorsqu'il y a lieu de commettre un notaire / — spécialement pour la liquidation d'une succession } C. Metz, 6 mars 1863

Le renvoi devant un notaire { pour les opérations de liquidation et partage en justice / est forcé et non pas seulement facultatif }

Lorsque le notaire commis a déclaré { dans un procès-verbal / que { attendu l'insuffisance des documents produits / il est dans l'impossibilité de faire le travail de liquidation } / il y a lieu par les juges — de désigner { un autre notaire / pour établir les bases de cette opération } } Cass., 18 juillet 1838

L'acte { par lequel un notaire { commis par un jugement pour procéder à une liquidation / indique { au bas d'une requête présentée par l'avoué de la partie poursuivante / un jour pour la comparution devant lui des parties intéressées } } / est un acte { du ministère du notaire constituant un préliminaire à la liquidation / qui doit { conséquemment et sous peine d'amende / être inscrit au répertoire du notaire } } } Cass., 14 avril 1854

II

Le deuil | des domestiques est comme le deuil de la veuve à la charge des héritiers du mari | C. Pau, 27 mai 1837 (2)

Lorsqu'il s'agit { de liquider simultanément { la communauté et les successions de deux époux / entre leurs enfants } / les droits { actifs et passifs qui en dépendent / doivent être liquidés et balancés séparément } }

Les créanciers intervenant ont le droit { d'exiger que les attributions spéciales soient faites / dans chacune des successions — et / de s'opposer à la compensation des créances / que leur débiteur peut avoir dans une succession / avec les dettes dont il serait tenu vis-à-vis de l'autre } C. Paris, 16 juillet 1866

Les créanciers de la communauté { n'ont aucun droit de préférence { à l'égard des créanciers personnels des époux / sur les biens de la communauté } } C. Besançon, 24 juin 1858 / Cass., 18 juin 1860

— Il y a concours entre les uns et les autres | sauf leurs droits hypoth. particuliers

L'indemnité { payée à l'un des époux { par une compagnie d'assurance / à raison de l'incendie de son immeuble propre } / ne tombe pas en communauté } Trib. Confolens, 31 mai 1856 / C. Bordeaux, 19 mars 1857

Les frais { d'éducation et d'entretien des enfants d'un précédent mariage / sont à la charge de la communauté si les revenus de ces enfants sont insuffisants } C. Paris, 19 avril 1865 / { occasionnés par la dernière maladie des époux / sont une charge de la communauté et non de la succession du défunt } C. Paris, 14 août 1866

La preuve { qu'un immeuble n'est pas acquêt de communauté, mais propre à l'un des époux / peut résulter des faits et circonstances de nature à faire fléchir la présomption de l'art. 1402 du Code Napoléon } C. Riom, 10 novembre 1851

L'office { dont le mari était pourvu au moment du mariage / ne tombe pas dans la communauté si la propriété antérieure du mari est authentiquement constatée — et / quoiqu'il n'ait pas été dressé d'état en forme de l'apport de l'office }

La plus value de l'office { pendant le mariage / ne tombe pas non plus dans la société d'acquêts si elle ne provient que de l'augmentation générale du prix des offices } C. Bordeaux, 19 février 1856 / V. J. N., art. 10750

L'indemnité { que l'administration oblige le successeur d'un officier destitué à disposer { à la caisse des consignations / pour qui de droit } / ne fait pas partie de la communauté existant entre l'officier destitué et sa femme } C. Bordeaux, 12 janvier 1857

Et la femme n'a pas le droit de la prélever pour le montant de ses reprises

La femme { en cas de faillite de son mari / ne peut { exercer ses reprises sur le mobilier de la communauté / qu'autant que les effets qu'elle réclame sont les mêmes que ceux par elle apportés / quelle que soit d'ailleurs l'époque où le mari est devenu commerçant } } C. Metz, 12 juin 1855

---

(1) V. J. N., art. 15797, Solutions importantes en liquidation.
(2) C'est l'opinion de MM. Toullier et Duranton.

ACTES ET CONTRATS
LIQUIDATION

En matière de liquidation de succession

Les comptes à régler entre les co-partageants { devant { comme le partage lui-même / remonter à la date de l'ouverture de la succession

— C'est à ce jour qu'il faut déterminer la compensation ou balance

Entre { ce que doit la succession à chaque co-héritier et / ce que le co-héritier doit à la succession

— Alors même que la créance de l'héritier n'était pas liquide à ladite époque

— Les règles ordinaires de la compensation ne s'appliquant pas à la matière de liquidation de succession (C. N., 1291, 828, 883)

Cass., 28 février 1866

Les intérêts { des reprises de la femme — même renonçante / courent à compter { non du jour de la demande — mais / du jour de la dissolution de la communauté

L'acte liquidatif d'une succession { procède { régulièrement et sans fraude pour les droits des créanciers opposants / lorsque { au lieu de constituer les héritiers respectivement / créanciers et débiteurs au regard les uns des autres / il attribue à chacun d'eux ce qui lui revient, / ou ce qu'il a touché précédemment

C. Paris, 6 mars 1868

Lorsque des immeubles { dépendant d'une communauté / n'ont été vendus que longtemps après le jour de sa dissolution,

— C'est à tort que le notaire liquidateur attribue aux ayants-droit { les intérêts à 5 0/0 du prix de ces immeubles / à dater de la dissolution de la communauté

— Les immeubles n'ayant produit jusqu'au jour de la vente, au profit des intéressés, que des fruits en nature

Si la pratique notariale { qui habituellement arrête les comptes { au jour de la liquidation — et / non au jour de la dissolution de la communauté / peut être acceptée, sans inconvénient, quand ce mode ne blesse les intérêts de personne,

Cass., 8 juin 1868

— Il en est autrement { lorsque { les deux époques de la dissolution et de la liquidation sont séparées pour un long laps de temps / la fiction { qui prolongerait illégalement la durée de la communauté / causerait un préjudice à l'un des héritiers intéressés dans le partage

L'époux commun en biens { dont un propre a été aliéné { pendant la durée de la communauté / moyennant une rente viagère reversible sur sa tête / a droit à récompense lors de la liquidation de la communauté

— Et cette récompense doit être fixée à la différence entre { le montant des arrérages perçus par la / communauté depuis l'aliénation / et la somme des revenus que l'immeuble aurait produits / pour la communauté s'il n'eût pas aliéné

— Il en est ainsi alors même que le remploi en rente viagère a été autorisé par le contrat de mariage

Cass., 1er avril 1868
C. Riom, 28 juin 1868 (1)

III

Sous le régime dotal { avec société d'acquêts réduite aux immeubles / le passif { composé tant { de la succession du mari / de ses dettes mobilières que / de ses dettes immobilières { sans distinction / est à la charge de la communauté d'acquêts

Dans la société d'acquêts { réduite aux immeubles / le mari a exclusivement droit aux valeurs mobilières résultant des économies faites / sur les revenus ou les fruits des biens de la femme

C. Caen, 21 janvier 1850

Les paraphernaux { sont administrés de droit par la femme, mais les économies qu'elle peut / faire sur ses biens appartiennent à la société d'acquêts

C. de Limoges, 22 décembre 1849

Les constructions et améliorations { faites par le mari sur un bien dotal / participent de la dotalité

Et dès lors | en cas de vente | le prix dotal de l'immeuble doit être payé à la femme sauf la récompense due au mari

Cass., 14 février 1843

Une femme {

mariée en régime dotal

est recevable à prouver { contre son mari { vendu conjointement par elle et son mari / que le prix réel d'un de ses immeubles { est supérieur à celui porté au contrat — et / qu'ainsi il lui est dû une récompense plus considérable que le prix apparent de la vente

mariée sous le régime dotal avec société d'acquêts { a le droit { qu'elle accepte ou non la société d'acquêts / de prélever { à titre de propriétaire / sur les biens qui composent cette société / le montant de sa dot mobilière / ne peut être astreinte à venir à contribution avec les créanciers du mari

Cass., 8 mai 1855

L'immeuble { donné à l'un des époux en paiement d'une créance qu'il s'était réservée propre / ne constitue pas un acquêt

L'immeuble divisé en paiement { remplaçant de plein droit la créance / il importe peu que les formalités { relatives au cas de remploi n'aient pas été observées

C. Paris, 21 février 1868

___

(1) *Question controversée* — *V. J. N., art.* 19,301.

___

(*Suite des notes de la* 93me *tablette*) :

(3 bis.) *Il est douteux qu'un notaire puisse valablement, et sans être reprochable, recevoir dans la forme authentique des ventes qu'il a consenties sous seing privé comme mandataire des vendeurs (J. du Not., n° du 14 juin 1856 — aux questions diverses.) — Il est au moins prudent de faire comparaître les vendeurs à la réalisation. — En règle générale, le mandat donné par lettre et même verbalement, est valable (Doctrine). — Sur les procurations dissimulant des mutations (V. J. N., art. 16077. — (4) Cependant la procuration cesserait après dix ans d'absence du mandant, si les héritiers de celui-ci obtenaient l'envoi en possession de ses biens (C. N., art. 121.) — (5) Les procurations fournies par des militaires qui font partie d'une armée en campagne doivent — pour être valables — être reçues par le conseil d'administration de leur corps, signées par tous les membres de ce conseil et revêtues de son sceau. — Les signatures sont ensuite légalisées par le chef d'état major et visées par le Ministre de la guerre. — La procuration ainsi régularisée est présentée à la formalité du timbre et déposée pour minute dans l'étude d'un notaire (quand elle est destinée à l'acceptation d'une donation.) V. Journ. Not., n° 1318.*

ACTES ET CONTRATS

LOTERIE D'IMMEUBLES

La mise en loterie d'immeubles (1) { bien qu'isolée et accidentelle { constitue { le délit prévu par l'art. 410 du Code pénal / surtout lorsqu'il y a eu distribution de billets dans le public par des agents à ce commis } Av. 2 juin 1817 — C. Paris, 17 nov. 1832

— Toutefois { l'immeuble mis en loterie ne doit pas être confisqué / les fonds et effets { dont l'art. 410 du Code pénal prononce la confiscation / ne s'entendent que des capitaux et effets mobiliers }

MAIN-LEVÉE (2)

La femme { mariée sous le régime dotal ne pouvant aliéner sa dot / ne peut non plus donner main-levée de l'inscription hypothécaire conservatrice de la créance dotale } Cass., 9 juin 1841

Celle { qui a vendu avec son mari un immeuble de la communauté / a capacité pour donner { avec son autorisation / main-levée { de l'inscription qui existe sur cet immeuble / pour sûreté de son hypothèque légale / lors même que l'acquéreur est encore débiteur du prix

Le conservateur { n'est pas garant du préjudice que la femme peut éprouver par suite de l'usage qu'elle fait à cet égard de sa capacité légale / n'a donc pas à s'inquiéter et / doit opérer la radiation qui d'ailleurs a lieu { dans l'intérêt principal de l'acquéreur et non dans celui du mari seul } Trib., Metz, 4 août 1854

Le tuteur ne peut pas { donner main-levée de l'inscription hypothécaire du pupille / sans recevoir le paiement } J. N., art. 1557 (3)

MANDAT (3 bis)

Une procuration { dont la date remonte à dix ans / ne doit pas pour cela être réputée surannée / continue de valoir même après ce temps (4) } cette cause d'extinction n'étant pas spécifiée par l'art. 2003 du C. N. } C. Montpellier, 22 juill. 1822

{ pour consentir hypothèque | doit être authentique | à peine de nullité | C. Riom, 31 juill. 1851 — C. Amiens, 9 av. 1856 (V. le 57e tab.)

Il faut conclure { de l'art. 2004 du Code Napoléon / que { quoique le mandataire soit partie dans la procuration — et nonobstant la disposition de l'art. 839 du Code de procédure / le notaire dépositaire de la minute { ne doit pas en délivrer de son chef une seconde expédition / doit se faire autoriser | comme une deuxième grosse / qu'autrement le vœu de la loi serait méconnu — car il s'agit d'empêcher le mandataire d'abuser de la procuration révoquée } ...

Toutefois { le mandant doit notifier la révocation au notaire — car / il a été jugé que la deuxième expédition ne pourrait pas sans cela être refusée au mandataire } C. Paris, 2 mai 1808

L'acte { fait par le mandataire { sans se prévaloir de son mandat — mais seulement comme se portant fort du mandant } / n'est valable à l'égard des tiers | qu'après ratification } Cass., 19 avril 1845

Celui { à qui a été remise une procuration { à l'effet de vendre un immeuble avec le nom du mandataire en blanc } / ne peut { quoique cette procuration soit à certains égards dans son intérêt / se vendre à lui-même l'immeuble par l'intermédiaire d'un prête-nom } C. Bordeaux, 5 mai 1857

Si le mandataire { abusant de sa procuration — commet un dol / le contrat subsiste au profit des tiers de bonne foi } Dissertation du J. N., art. 3094

La procuration { donnée { par un débiteur à son créancier / afin de vendre ou faire vendre { à l'amiable les biens affectés à sa créance } / est licite et valable / ne tombe pas sous la nullité prononcée { par l'art. 742 du Code de procédure contre la clause de voie parée } } C. Bordeaux, 29 novembre 1849

Les procurations { pour les rentes sur l'Etat et à l'effet d'en opérer le transfert / peuvent être en brevet pour le transfert des inscriptions de rentes de 50 et au-dessous } Journ. Not., no 1292

Le blanc { laissé dans une procuration en brevet / ne peut être rempli { du nom du notaire qui l'a délivrée — ou du nom de l'un des témoins instrumentaires } / Il est en effet de principe { qu'un individu ne peut figurer à la fois comme notaire ou témoin instrumentaire et comme partie dans un même acte — les deux qualités sont incompatibles } } Sol., Journ. Not., no 1332

Une procuration en brevet est de son essence un acte unique
Les pouvoirs qu'elle confère s'arrêtent à la première personne dont le nom y est inséré

Le notaire { qui { après avoir reçu cet acte / le place au nombre de ses minutes et / en délivre des expéditions à des personnes différentes } / commet une infraction à la loi et aux règles de la prudence } C. Bruxelles, 4 août 1855

En matière de rémunération d'agent d'affaires (5) { on ne peut invoquer les principes ordinaires sur l'exécution des conventions, et / les tribunaux ont le droit et le devoir de modifier et de réduire toute stipulation de salaire / excessif et qui ne serait pas en rapport avec les peines et soins du mandataire } C. Paris, 12 janv. 1856 — V. J. N., art. 6158

---

(1) *V. loi du 21 mai 1836, portant que les loteries de toute espèce sont prohibées, sauf les exceptions de l'art. 5.*
(2) *Un notaire peut recevoir la main-levée d'une opposition formée entre ses mains, parce qu'il n'y a là rien en sa faveur (Ed. Clerc).*
(3) *C'est l'opinion de M. Troplong ; — et cette règle est observée dans la pratique. — Un mandataire ne peut non plus, d'après la Doctrine et la Pratique, consentir la main-levée et la radiation d'une inscription, sans toucher le montant de la créance qu'elle conserve, que si la procuration en contient expressément le pouvoir (V. Dict. Not.)*

(La suite des notes de cette tablette se trouvent à la 92me tablette bis.)

ACTES ET CONTRATS

MARIAGE

En France on ne peut se marier par procureur

— Cependant { un tel mariage { quoique nul { produit { s'il a été contracté de bonne foi / tous les effets civils à l'égard des enfants qui en sont issus } C. Bastia, 2 avril 1849 (1)

L'engagement { dans les ordres sacrés / est encore aujourd'hui une cause d'empêchement absolu au mariage } C. Paris, 14 janvier 1832

Le mariage { contracté { par les Français en pays étranger / suivant les formes qui y sont usitées } { n'est valable { qu'autant que les publications { prescrites par les art. 63 et 170 du Code Napoléon / ont préalablement été faites } Cass., 8 mars 1831

Des irrégularités { se rencontrant dans les formalités d'un mariage et pouvant le faire annuler / n'autorisent pas les époux à contracter un nouveau mariage ni à régler de nouvelles conventions civiles } Cas., 23 août 1826

Lorsqu'une promesse de mariage { a pour objet de réparer un préjudice — spécialement celui qui résulte pour la femme de sa grossesse / l'inexécution de cette obligation peut donner lieu à des dommages-intérêts } Cass., 30 mai 1838 / C. Bordeaux, 16 mars 1849

L'inexécution de cette promesse { peut donner lieu à des dommages-intérêts — non-seulement pour le préjudice matériel, mais encore pour le préjudice moral { qui peut { résultant d'un refus sans motifs / exposer la femme à la malignité publique et / lui rendre difficile un autre établissement } C. Nîmes, 2 janvier 1855

Le mariage { contracté avec dispense entre beaux-frères et belles-sœurs depuis la loi du 16 avril 1832 / ne peut légitimer les enfants nés incestueux d'un commerce antérieur } C. Orléans, 16 avril 183 3

Le conjoint du mort civilement { dont le mariage a été dissous par la mort civile / a pu contracter un nouveau mariage depuis la loi abolitive du 31 mai 1854 } C. Paris, 11 juillet 1857

NANTISSEMENT

La tradition est de l'essence du nantissement

— Ainsi { lorsqu'une chose a été { donnée en nantissement et / mise en la possession réelle du créancier { le débiteur ne peut attribuer { à d'autres sur cette chose / un droit de gage par ordre successif / pour en jouir après le paiement de celui qui la détient } C. Paris, 15 novembre 1850

Une rente sur l'État peut être donnée en nantissement / Ce nantissement est valablement consenti par acte notarié } C. Paris, 17 janvier 1868

Les reprises { de la femme du débiteur / ne peuvent être exercées par préférence aux droits du créancier nanti d'un gage } C. Paris, 13 janvier 1854

Un droit au bail peut { comme tout autre meuble corporel / être donné en nantissement }

— Le nantissement] n'a pas besoin { en pareil cas pour être régulier / de la remise au créancier de la jouissance des lieux loués } Cass., 1ᵉʳ juin 1858

Il suffit que le débiteur remette { soit à lui, soit à un tiers convenu / la grosse du bail }

Un bail à loyer est susceptible { comme tout autre droit incorporel { d'être donné en gage ou nantissement { par le preneur / à l'un de ses créanciers { pourvu que ce nantissement soit constaté et signifié / conformément aux art. 2074 et 2075 Code Napoléon { sans qu'il soit nécessaire que le preneur fasse en outre au / créancier la remise effective des lieux loués } C. Paris, 11 avril 1866

Est nulle { comme contraire aux mœurs / l'obligation — souscrite au profit d'un tiers — pour le récompenser de son entremise / dans la négociation d'un mariage / alors même que ce mariage se serait réalisé } C. Poitiers, 9 mars 1853 / Cass., 1ᵉʳ mai 1855

On peut déroger au principe de la division des obligations entre les héritiers du débiteur | J. N., art. 3873

OBLIGATION

Est recevable { une action en dommages-intérêts — pour inexécution d'une convention / bien que le préjudice résultant de cette inexécution ne soit pas encore réalisé / s'il y a certitude que ce préjudice existera } Cass., 27 mai 1857

L'inviolabilité { du secret des lettres confidentielles / est un principe de morale et d'ordre public } Cass., 5 mai 1858

Le timbre de la poste ne peut { en matière civile / donner date certaine aux lettres constatant une convention / surtout lorsqu'il est apposé non sur la lettre elle-même mais sur une enveloppe } Arrêt de la C. de Lyon rapporté / Journ. Not., n° 1121

Les tribunaux { sauf les seuls cas des art. 1319 et 2212 du Code Napoléon / ne sont point investis du droit d'accorder des délais au débiteur dont { la dette { constatée par acte authentique / est réclamée avec un titre dûment en forme exécutoire } Sol. J. N., art. 7591 (2)

La mention — d'une fausse cause dans l'acte — ne vicie pas la convention si elle a d'ailleurs une cause légitime quoique non exprimée | . . .

---

(1) *Conformément à l'opinion de la plupart des auteurs.*

(2) *Jugé de même: Pau, 26 novembre 1807 ; Bruxelles, 18 juin 1812 ; Paris, 23 avril 1831. — Jugé aussi que l'exécution d'un acte notarié ne peut être suspendue que par un jugement et qu'il ne suffirait pas d'une opposition : Colmar, 14 avril 1815.*

ACTES ET CONTRATS

OBLIGATION

L'acceptation du créancier] n'est pas indispensable pour la validité d'une obligation hypothécaire [Cass., 27 août 1823, 5 août 1839 (1)

Un notaire { ne peut stipuler pour une partie absente — même dans les contrats unilatéraux passés devant lui / ne peut spécialement { sans se dépouiller de son caractère d'officier public / dans un acte de prêt rédigé par lui — agir pour le prêteur · } Cass., 12 mars 1858

Un tel acte et les affectations hypothécaires y contenues — sont nuls

L'obligation notariée est nulle si elle est acceptée par le notaire qui a reçu l'acte | C. Amiens, 9 avril 1856 — Journ. du Not., n° 1169

Quand une obligation de faire { est sanctionnée par une condition résolutoire formelle / l'inexécution donne lieu à la résolution du contrat / — sans qu'on puisse considérer cette clause comme comminatoire ni accorder un délai au débiteur } C. Riom, 4 août 1840

Est valable { comme promesse de vente la clause d'un acte d'emprunt qui déclare } C. Montpellier, 1er mars 1855 / — le prêteur { propriétaire des immeubles affectés à la créance / dans le cas où — à l'échéance — le montant du prêt ne serait pas remboursé } Cass., 26 février 1856 — J. N., art. 15758 — V. 16175 / la clause par laquelle le créancier stipule le droit de faire vendre — à défaut de paiement — / l'immeuble hypothéqué aux enchères publiques devant notaire } C. Rennes, 2 fév. 1837 / C. Toulouse, 5 mai 1837

L'exécution de cette clause peut être poursuivie { contre les mineurs héritiers du débiteur / sans qu'il y ait lieu de remplir les formalités prescrites pour la vente des biens de mineurs } Cass., 20 mai 1840 (2)

Le créancier { ne peut se rendre adjudicataire de l'immeuble hypothéqué / lorsque la vente publique se fait { à sa requête devant notaire / en vertu de la clause insérée dans l'obligation } C. Bordeaux, 10 mai 1834 / — Mais l'adjudication — faite sans dol ni fraude au fils du créancier — est valable

La présomption légale d'interposition de personnes n'a lieu qu'au cas particulier prévu par l'art. 911 C. N.

L'erreur { sur { l'étendue et sur la situation du gage hypothécaire ainsi que / les droits de propriété de celui qui constitue l'hypothèque / lorsqu'elle est déterminée par le fait de l'emprunteur / est une cause de nullité de l'acte d'emprunt } C. Lyon, 29 mars 1867

— En conséquence le prêteur { s'il n'a pas versé à l'emprunteur la somme promise / n'est pas tenu de la verser après avoir découvert l'insuffisance du gage offert /

Est valable une obligation au porteur passée devant notaire de même que l'hypothèque qui s'y trouve constituée | C. Bordeaux, 22 janvier 1839

Un débiteur { lorsqu'il donne effectivement un immeuble en paiement d'une dette de somme d'argent / n'éteint pas par là définitivement sa dette { s'il n'est pas constaté que les parties ont voulu opérer novation / alors même que cette dation ne serait suivie d'aucune éviction *ex causa antiqua* } Cass., 12 mai 1857

En conséquence { si le débiteur vend plus tard le même immeuble à un tiers, sans opposition de la part du créancier auquel il l'avait donné en paiement / la dette doit être considérée comme n'ayant jamais été éteinte — et le créancier peut se prévaloir de l'hypothèque légale qui en / garantissait le paiement

La femme dotale est capable de s'obliger personnellement nonobstant l'inaliénabilité de ses immeubles

On ne peut donc déclarer nulle { l'obligation solidaire prise par une femme conjointement avec son mari / par cela seul que ces immeubles seraient frappés de dotalité } Cass., 29 juin 1842

Mais les engagements { contractés par la femme dotale / ne peuvent être exécutés — sur les biens dotaux — même après la dissolution du mariage } Trib. Seine, 21 février 1850

La femme dotale est capable { avec le consentement et l'assistance de son mari / de s'obliger personnellement

— En conséquence, ne peut être déclarée nulle { l'obligation solidaire contractée par elle avec son mari / par cela seul que ses biens sont frappés de dotalité

Lorsque le contrat de mariage donne aux époux la faculté d'aliéner les biens dotaux, moyennant remploi,

il n'en résulte pas que la femme ait le droit { de céder ses reprises — ou / de consentir subrogation au bénéfice de son hypothèque légale } Trib. Seine, 25 janvier 1868

L'inaliénabilité s'applique aux revenus du fonds dotal :

Ils ne peuvent être saisis pour l'exécution d'obligations contractées { par la femme conjointement avec son mari / avant la séparation de biens

La femme séparée de biens ne peut s'obliger { sans l'autorisation de son mari ou de justice / si ce n'est dans les cas énoncés par l'art. 1449 C. N. } C. Paris, 27 nov. 1857

En conséquence, est nul { l'emprunt contracté par une femme séparée et non autorisée / quand les sommes empruntées n'ont pas été employées aux nécessités légitimes de l'administration de ses biens

La femme { qui a souscrit une obligation notariée conjointement avec son mari / ne peut pas prétendre { y avoir été contrainte par la violence et les mauvais traitements de son mari / lorsqu'elle n'a pas protesté devant le notaire contre cette violence } Trib. Muret, 2 juin 1847 (3)

On ne peut considérer { comme laboureur — dans le sens de l'art. 1326 du Code Napoléon / le propriétaire qui donne la plus grande partie de ses terres à ferme et exploite le surplus / (l'obligation ou billet non approuvés peuvent servir de commencement de preuve par écrit) (4) } C. Caen, 28 avril 1847

---

(1) *Les obligations ou actes de prêt, contenant ou non affectation hypothécaire, n'étant que des actes unilatéraux.*

(2) *Conformément à d'autres nombreux arrêts. V. J. N., art. 8243, 8762, 9205, 9612 ; — C. pr., art. 742.*

(3) *Cependant la crainte d'autres sévices (s'il en a déjà été exercé) a pu l'empêcher de faire cette protestation.*

(4) *Cette dernière solution est conforme à l'opinion de M. Toullier et à deux autres arrêts : C. Bordeaux, 2 avril 1838 ; C. Riom, 28 janvier 1839.*

ACTES ET CONTRATS
OFFRES RÉELLES

Les notaires ont qualité | pour faire des actes d'offres réelles (1)

Le procès-verbal d'offres (2) { fait par un notaire / conserve néanmoins le caractère d'acte extra-judic·aire / peut être gardé en minute pour la garantie du not. i·e

L'expédition de ce procès-verbal { pour la personne qui a fait notifier les offres / doit être écrite sur papier au timbre de 1 fr. 50 cent.

— Mais la copie { qui est remise pour la notification / doit être sur un timbre à 50 centimes

Sol. J. N., art. 12523

PACTE SUR SUCCESSION FUTURE

La nullité d'un pacte sur succession future est d'ordre public et ne peut être ratifiée | C. Aix, 2 juin 1840

La prohibition { de tout pacte sur succession future / ne s'applique pas seulement aux successions déférées par la loi, mais encore à celles déférées par une institution contractuelle } C. Lyon, 16 juin 1838

L'institué ne peut donc — en traitant avec le donateur — renoncer aux objets compris dans la donation

Est nulle { la clause { d'un contrat de mariage / portant que le futur { à raison de la dot à lui constituée par ses père et mère / laissera jouir { le survivant de ces derniers des biens du prédécédé / sans pouvoir demander { aucun compte ni partage } } } } Cass., 16 février 1838 (3)

la convention par laquelle { les enfants s'engagent à ne jamais attaquer les dispositions faites par leur père en faveur d'un tiers } Cass., 27 juin 1838

On ne peut { considérer { la cession { comme pacte sur une succession future / faite par le mari à un tiers d'une somme d'argent constituée en dot à sa femme et exigible au décès du constituant / (cette cession n'a pour objet qu'une obligation à terme) } } } Cass., 12 août 1846

On peut { céder ses droits à la succession d'un absent — même avant la déclaration d'absence — sans qu'il y ait là un pacte sur succession future } C. Bordeaux, 21 juin 1838

PARENTÉ

L'alliance entre beaux-frères cesse d'exister lorsque

La personne { qui formait cette alliance / est morte ainsi que l'enfant unique issu d'elle } Trib. Bayeux, 3 avril 1867

L'affinité ne produit pas l'affinité — La dissolution du mariage, même sans enfants, ne fait pas cesser l'affinité

Le notaire pourrait { en droit rigoureux / instrumenter pour le second mari de sa belle-mère (mère de sa femme)

Mais l'art. 8 { de la loi du 25 ventôse an 11 / défend aux notaires d'instrumenter { non-seulement quand leurs parents ou alliés { au degré prohibé sont parties aux actes } mais / lorsqu'ils doivent en profiter à un titre quelconque

Or, si la belle-mère avait intérêt aux actes { passés par son mari / le notaire devrait s'abstenir

Sol. Journ. Not., n° 1276

La nullité de l'acte notarié { pour cause de parenté ou alliance du notaire avec l'une des parties / n'est point divisible et peut être invoquée même contre les autres parties } C. Nancy, 2 février 1838

Un notaire { ne peut { instrumenter pour une administration ou un établissement public représenté par un de ses parents au degré prohibé / recevoir des actes pour la femme de son beau-frère (4) / lorsque celui-ci doit en tirer avantage comme chef de la communauté } Dict. Not. / C. Nancy, 2 février 1838 / peut { dans une vente publique de meubles — opérée par son ministère / recevoir l'enchère faite par un de ses parents ou alliés } Sol. J. N., art. 9040

La parenté { empêché pour cause de parenté — ne peut bien entendu se faire substituer / du juge de paix levant les scellés / n'est pas un obstacle à ce que le notaire, son parent, fasse l'inventaire } Dict. Not.

Le mandataire est partie aux actes qu'il passe au nom et pour le compte du mandant | Cass., 20 décembre 1840

La même décision s'applique { incontestablement / à celui qui se porte fort pour un tiers

L'intervention du porte-fort n'est qu'un mandat anticipé qui devient définitif par la ratification

Et d'après cela — les incompatibilités de parenté { établies par les art. 8 et 10 de la loi du 25 ventôse an 11 / s'appliquent { au mandataire et au porte-fort / aussi bien qu'aux contractants eux-mêmes }

Sol. Journ. Not., n° 1229

Les témoins d'un même acte peuvent être témoins entre eux au degré prohibé | Dict. Not. (5)

Les prohibitions relatives à la parenté s'appliquent au notaire en second | J. N.

La disposition { de l'art. 8 de la loi du 25 ventôse an 11 sur les incompatibilités de parenté et d'alliance / sont au nombre des régies générales qui obligent les notaires dans tous les actes de leur ministère / même dans ceux qui { comme les certificats de vie / sont soumis à des formalités particulières } Sol. Journ. Not., n° 1264

Un parent au degré prohibé ne pourrait être { nommé exécuteur testamentaire / avec promesse d'un avantage quelconque } Dict. Not.

---

(1) *Les notes de cette tablette sont reportées à la 97ᵐᵉ tablette.*

ACTES ET CONTRATS

PARTAGE

DISPOSITIONS DIVERSES

Le partage { constituant une véritable aliénation / ne peut être consenti que par ceux qui sont maîtres de leurs droits } Dict. Not.

Le tuteur { pour provoquer l'action en partage / doit être autorisé par le conseil de famille / — mais la délibération n'a pas besoin d'être homologuée } Trib. Clermont, 19 juin 1844 — C. Riom, 16 juillet 1842

Pour les mineurs { ayant des intérêts opposés (mais en ce cas seulement) / il faut leur nommer à chacun un tuteur *ad hoc* } C. Aix, 3 mars 1817

Au mineur émancipé, il suffit de l'assistance de son curateur | J. N.

La femme mineure émancipée par le mariage n'a besoin que de l'autorisation de son mari | Bordeaux, 20 janvier 1826

Il en est de même — lorsque le père, tuteur, a, dans le partage des intérêts opposés | Turin, janvier 1841

Le pourvu d'un conseil judiciaire ne peut provoquer un partage ou y défendre sans l'assistance de ce conseil | Dict. Not.

Est un acte de partage { tout acte qui fait cesser l'indivision / alors même qu'il contiendrait une cession de droits successifs / aux risques et périls du cessionnaire — ce qui ne / change pas la nature de l'acte, mais l'empêche seulement d'être rescindable pour cause de lésion } Cass., 10 novembre 1862

La fiction de l'art. 883 du Code Napoléon s'applique aux créances comme aux autres effets de la communauté

— Spécialement { le créancier de l'un des époux { qui { après la dissolution de la communauté / a fait une saisie-arrêt sur la moitié revenant au débiteur dans une créance de communauté / peut être { privé de l'effet de cette saisie / si — par le partage ultérieur — cette créance tombe en totalité au lot de l'autre époux } } } Cass., 24 janvier 1837

La condition { imposée au légataire de la nu-propriété d'un immeuble / de ne point provoquer le partage pendant la vie de l'usufruitier / est obligatoire comme suspensive et non prohibitive du partage } Cass., 20 janvier 1836

Chaque héritier { peut exiger que les lots soient tirés au sort c'est la règle générale qui devient impérieuse quand il y a { des mineurs ou autres incapables } / alors même { que les héritiers ont des parts inégales / cas auquel on fait des opérations successives de partage } } Cass., 1834 (1)

Le partage { auquel une femme mariée sous le régime dotal est intéressée peut être fait à l'amiable / ne peut être attaqué que dans les cas et les délais prescrits par les art. 887, 1304, 1554, 1558 du Code Napoléon } Cass., 17 décembre 1841 (2)

Les dons manuels sont sujets à rapport s'il n'apparaît pas une intention contraire du donateur | C. Lyon, 18 mars 1859

L'exécution volontaire { d'un acte de partage / rend le co-partageant non recevable à attaquer cet acte pour cause de lésion }

Spécialement { l'aliénation de son lot élève contre lui une semblable fin de non recevoir / lorsque cette aliénation constitue un fait d'exécution volontaire d'un partage } Cass., 22 février 1854 — C. Paris, 21 juin 1854

L'exécution volontaire { emportant ratification d'un acte / doit être accompagnée de la connaissance du vice de l'acte et de l'intention de le réparer } C. Lyon, 6 août 1857

Le partage { consenti dans l'ignorance de la nullité affectant le contrat de mariage de l'un des co-partageants / peut être attaqué pour cause d'erreur }

Quand il y a erreur ou omission { dans les comptes entre co-héritiers ces erreurs peuvent toujours être réparées / nonobstant { l'homologation de la liquidation / le traité définitif sur le partage et l'exécution de ce traité } } C. Lyon, 15 juin 1848

Lorsqu'il résulte { des termes d'un acte de partage { entre majeurs et mineurs / non accompagné des formalités légales } / que les parties ont entendu procéder à un partage définitif — cet acte ne peut être attaqué par les parties majeures / la nullité résultant du défaut de formalité ne peut être invoquée que par les mineurs } Cass., 24 juin 1839 (3)

Il en serait autrement | s'il résultait de l'acte que les parties n'ont voulu faire qu'un partage provisionnel

Un acte de partage dans lequel l'un des héritiers n'a pas figuré — est nul à son égard

— Mais la nullité peut en être couverte { si cet héritier a ratifié plus tard — ou / s'il l'a exécuté volontairement } Cass., 2 février 1857 — (Rejet de pourvoi)

Le mari ne peut { seul et sans le concours de sa femme / faire un partage définitif des biens dotaux à elle échus }

Le partage provisionnel { fait par le mari seul n'est point un obstacle à ce que { même durant le mariage / un partage définitif soit demandé par les époux } } C. Nîmes, 12 mars 1835

---

(1) C'est aussi l'avis de M. Vazeille. — (2) Mais la femme ne peut compromettre sur les difficultés résultant de ce partage (même arrêt). V. J. N. art. 9617.
(3) Conformément à l'opinion de M. Duranton.

(*Notes de la 96me tablette*) :

(1) C'est l'opinion de MM. Toullier, Favard et Carré. — (2) Il est utile de rappeler, à l'occasion des offres et du paiement en général, — 1° le décret du 1er juillet 1809, portant que le débiteur est autorisé à faire, pour les paiements en pièces d'argent, de 500 francs et au-dessus, sous le nom de passe de sacs, une retenue de 15 c. réduite à 10 c. par le décret du 17 novembre 1852 ; — 2° le décret du 18 août 1810, portant que la monnaie de cuivre et de billon de fabrication française ne peut être employée dans les paiements (si ce n'est de gré à gré) que pour l'appoint de la pièce de cinq francs. — (3) Mais — dit Me Edouard Clerc — si l'on ajoute qu'en cas de demande de compte et partage, la totalité de la dot sera imputée sur la succession du prédécédé, cette clause d'imputation doit recevoir son exécution (Paris, 11 janvier 1829). — Si la dot est constituée par le survivant des père et mère, avec condition que l'enfant le laissera jouir des biens du prédécédé, sans pouvoir demander compte ou partage, cette clause n'a rien de contraire à la loi puisque la succession est ouverte. (4) M. Roll. de Vill. est d'avis qu'un notaire peut recevoir des actes pour le beau-frère de sa femme, pour le second mari de sa belle-mère, pour les beau-père et belle-mère de son fils ; cela doit être incontestable, il n'y a pas d'affinité entre eux et le notaire (V. J. N., art. 644). — La nullité qui résulte du vice de parenté des parties avec le notaire, peut être couverte par la ratification, quand toutes les parties sont capables de contracter et que l'objet de la vente est susceptible de ratification. (Arm. Dalloz.) — (5) Mais pour prévenir toute difficulté — dit le J. N. — il vaut mieux que cette parenté n'existe pas ; surtout en matière de testament.

ACTES ET CONTRATS

PARTAGE

PARTAGE ANTICIPÉ OU D'ASCENDANT

I

Le partage d'ascendant
- a toujours joui d'une grande faveur
- est un véritable titre successif et non une simple libéralité
- a donc pour règles celles du partage de succession
- ne peut avoir lieu qu'entre les enfants et descendants qui sont appelés directement à la succession de l'ascendant

L'ascendant et les enfants ou descendants doivent avoir respectivement les qualités requises par la loi pour pouvoir figurer dans le partage — entre-vifs — ou testamentaire { J. N. — Dict. Not.

L'art. 1078 C. N.
- par les mots : Enfants qui existeront à l'époque du décès
- entend parler de ceux qui doivent venir à partage
- — Ainsi, les indignes, les renonçants, ne doivent pas être comptés

L'ascendant qui fait entre ses enfants le partage anticipé de ses biens — est tenu d'observer, pour la formation des lots, les règles prescrites pour les partages ordinaires par les art. 826 et 832 C. N. { Cass., 24 juin 1868

Le partage d'ascendant
- est assujetti aux règles qui sont de l'essence des partages en général et
  - spécialement : qui attribue à chaque cohéritier sa part en nature dans les meubles et les immeubles ; qui exige que chacun des lots soit autant que possible composé d'une même quantité de chaque espèce de biens
  - en conséquence : est nul le partage d'ascendant par acte entre-vifs dans lequel tous les biens meubles et immeubles sont attribués en nature à l'un des copartageants, à la charge de payer à l'autre une soulte en argent
  - peu importe d'ailleurs : que l'ascendant ait stipulé des rentes viagères ou des réserves d'usufruit ; qu'on puisse considérer ce partage comme pacte de famille

  { Cass., 16 mars 1826 — 12 avril 1831 — 11 mai 1847 — 18 déc. 1848 — 18 déc. 1855 Journ. du Not., 6 février et 12 mars 1856

- est nul s'il attribue à l'un des lots un usufruit seulement, quand la nu-propriété est aux autres | Cass., 22 f. 1856 — V. J. N., art. 15835 ; s'il n'attribue qu'une rente viagère à l'un des enfants | C. Paris, 2 août 1850 (1)
- fait entre tous les enfants — mais qui n'a pas été accepté par l'un d'eux { est nul pour le tout } C. Bordeaux, 5 décembre 1848 (2)
- fait par le père au profit de son enfant interdit dont il est tuteur — ne peut être accepté par le donateur lui-même en qualité de tuteur — doit l'être par un tuteur *ad hoc* { C. Riom, 23 mai 1854
- n'est assujetti à aucune formalité sacramentelle — il suffit que l'intention du disposant résulte clairement des termes de l'acte { C. Paris, 27 décemb. 1851

La règle
- qui prescrit même pour le partage d'ascendant de faire entrer dans les lots la même quantité de meubles et d'immeubles
- n'est pas applicable
  - quand les dons en argent faits antérieurement à quelques-uns des enfants les ont à peu près remplis de leurs parts héréditaires
  - lorsque l'ascendant ne laissant plus d'argent dans sa succession se borne à compléter leurs lots en immeubles tout en ne composant que d'immeub. les lots des autres
  - s'il y a utilité constatée des enfants et presqu'impossibilité d'un partage en nature | Cass., 9 juin 1857

  { C. Angers, 10 mai 1838

L'acte modificatif d'un partage d'ascendant contenant renonciation aux garanties stipulées pour l'exécution des charges — est une donation nouvelle qui doit être acceptée { C. Paris, 27 décembre 1851

Le droit de partage anticipé
- que donne l'art. 1075 du Code Napoléon ne s'étend pas aux biens de la communauté (3)
- lesquels pendant le mariage n'appartiennent exclusivement ni au mari ni à la femme

  { C. Bordeaux, 8 août 1850

La femme dotale ne peut faire entre-vifs le partage d'ascendants de ses biens dotaux quand il ne s'agit pas de l'établissement des enfants communs { Cass., 18 avril 1864

Est valable aux termes de l'art. 1555 du Code Napoléon
- le partage anticipé — par une femme dotale de ses biens dotaux entre ses enfants
- avec déclaration que cette donation est faite pour faciliter ce partage ; assurer l'établissement des enfants et ; éviter toute discussion après le décès de la donatrice
- (l'acquéreur de ce bien ne peut se refuser à payer son prix — sous le prétexte de la dotalité)

  { C. Bordeaux, 3 avril 1841

Le partage
- fait par des père et mère au profit d'enfants mineurs
- peut être accepté au nom de ceux-ci par le donateur, pour les biens donnés par la mère ; par celle-ci, pour les biens donnés par le père

  { C. Paris, 23 juin 1849

Lorsque
- l'immeuble à partager ne peut être divisé commodément et sans perte
- l'ascendant donateur peut l'assigner par forme de licitation à l'un de ses enfants à la charge d'un retour envers les autres

  { C. Bordeaux, 14 juill. 1838 — 31 déc. 1867

---

(1) *V. C. N. art.* 826, 832.

(2) *Conformément à l'opinion de M. Duranton.*

(3) *Contrairement à l'opinion de plusieurs auteurs et à la pratique — V. J. N. art.* 9268, 13751.

ACTES ET CONTRATS

PARTAGE

PARTAGE ANTICIPÉ OU D'ASCENDANT (1)

II

Un époux { auquel ses père et mère ont fait des avantages dans son contrat de mariage / ne peut renoncer à ses avantages dans un partage anticipé par ses père et mère } Cass., 29 juillet 1818

Est valable { la disposition de toute la portion disponible des biens du testateur / (au cas où l'un ou plusieurs des enfants n'exécuteraient pas le partage) / en faveur des enfants qui l'exécuteront, et au préjudice de ceux qui s'y seront refusés } Cass., 1er mars 1830 — 1er mars 1831 — C. Bordeaux, 22 mai 1844

N'est pas valable { la peine testamentaire / si elle a pour objet de faire valoir des dispositions qui priveraient { l'enfant du testateur de sa réserve légale } C. Paris, 28 janvier 1853

Pour éviter { les difficultés qu'entraîne la trop longue rédaction d'un partage testamentaire en un seul contexte / on peut diviser ce partage en plusieurs vacations, c'est-à-dire l'opérer par plusieurs actes successifs } Sol., J. N., art. 10034 (2)

Le donateur { notamment le père qui fait donation de ses biens à ses enfants avec réserve d'usufruit / peut { dans son intérêt propre ou dans celui d'un tiers / imposer aux donataires la condition de ne pas aliéner ni hypothéquer { pendant sa vie les biens donnés } Cass., 20 avril 1858 / — Cette interdiction temporaire n'est prohibée par aucune loi

La donation d'immeuble { faite par un père à ses enfants / peut contenir l'interdiction d'aliéner { du vivant du donateur / sans son consentement } — Cette interdiction s'applique même aux dispositions testamentaires — Et dans ce cas { les biens donnés font retour à l'ascendant en cas de prédécès du notaire / alors même que celui-ci les aurait légués à un tiers } C. Paris, 15 avril 1858, — même sens, 4 mars 1865

Le partage { conforme aux art. 1075 et 1076 du C. N. / ne peut être { attaqué pour cause de nullité ou de lésion — ni / valablement ratifié par les donataires / qu'après le décès du donateur } Cass., 6 février 1860

Si l'attaque { dirigée contre un partage d'ascendant { par un des co-partageants / pour atteinte à sa réserve } / se trouve justifiée en fait, } Cass., 7 juillet 1868

— La clause pénale { insérée au partage pour priver de tout droit { dans la quotité disponible / celui des enfants qui attaquerait le partage } / doit être déclarée nulle, nonobstant l'offre — par les autres enfants — de la somme nécessaire pour compléter la réserve du réclamant } Cass., 7 juillet 1868

Dans une action { en réduction contre un partage d'ascendant / on doit estimer les biens d'après leur valeur { à l'époque du décès de l'ascendant et / non à l'époque du partage (3) } Cass., 18 février 1851

L'action en rescision { d'un partage d'ascendant fait entre-vifs / se prescrit par 10 ans { non du jour de l'acte — mais / du jour du décès de l'ascendant } Cass., 31 janvier 1853 / pour contravention aux règles générales du partage / n'est ouverte qu'à la mort de l'ascendant } Cass., 14 juillet 1852

---

(1) *M. Lettéron, notaire, fait remarquer que dans les partages anticipés, la plupart des notaires ne s'occupent que du partage en lui-même, sans rien prévoir, ni stipuler par conséquent, à l'égard des questions de reprises, indemnités ou récompenses pouvant faire l'objet d'une liquidation au moment de la dissolution de la communauté entre les père, mère, donateurs ; liquidation impossible, il est vrai, jusqu'à cette dissolution, mais dont il conseille de prévenir, par une clause spéciale et expresse, l'effet désastreux, ou tout au moins préjudiciable contre l'époux survivant qui peut se trouver ainsi surpris pour l'exercice du recours des enfants ; — alors que ceux-ci, comme les donateurs eux-mêmes, ont eu l'intention que les quelques réserves et l'usufruit ou la modique pension dont ces derniers se contentent ordinairement, soient à l'abri de toutes réclamations postérieures. (V. Journ. Not., nos 1248 — 1241 — 1243 — 1263.)*

(2) *Article contenant les formules pour cette forme exceptionnelle.*

(3) *Quand donc un partage d'ascendant renferme au profit de l'un des enfants un excédant de plus d'un quart sur la portion des autres, il n'est pas nul, mais seulement réductible à la portion disponible. (Riom, 25 avril 1818.)*

ACTES ET CONTRATS

PARTAGE

PARTAGE DE SUCCESSION (1)

Il faut être maître de ses droits pour stipuler le délai suspensif du partage autorisé par l'art. 805 C. N. | Dict. Not.

Un testateur peut imposer l'indivision à ses héritiers pour un temps limité | Cass., 22 juillet 1807

Un partage de succession doit — à peine de nullité — être constaté par écrit | C. Orléans, 16 juillet 1842 — Dict. Not.

Le partage d'une succession peut être verbal | Sol. Journ. du Not., no 1301

Un partage verbal { ne peut être considéré que comme provisoire — et { C. Bastia, 1830, 1833 — Cass., 6 juillet 1836 / ne lie point les parties } Toulouse, 1837 — Orléans, 1842

Tout acte qui fait cesser l'indivision est réputé partage

Le partage doit { pour être inattaquable / être fait avec le concours de tous les intéressés — et } Dict. Not. / ne pas préjudicier à ceux qui n'y ont pas figuré

Le pourvu d'un conseil judiciaire peut avec ce conseil procéder au partage amiable

L'usufruit n'est point un obstacle au partage des biens qu'il grève

Le partage de la communauté et celui de la succession des époux doivent s'opérer distinctement } Dict. Not.

— Et les biens ne peuvent être composés en une seule masse quoique les mêmes héritiers y prennent part

Le droit { ouvert aux créanciers par l'art. 882 du Code Napoléon / de s'opposer à tout partage fait hors de leur présence / s'applique exclusivement aux héritiers d'une succession encore indivise dont les immeubles / ne peuvent être l'objet d'aucune vente ou saisie de la part de leurs créanciers

Ce droit ne s'applique point { aux simples acquéreurs d'un immeuble dépendant d'une succession indivise / cet immeuble tout indivis qu'il est — pouvant être mis sous la main de la justice pour / sauvegarder les droits des créanciers desdits acquéreurs } C. Riom, 21 juin 1856

L'opposition à partage { faite par un créancier aux cohéritiers d'une succession / n'est valable qu'autant qu'elle a été signifiée à tous les héritiers sans exception

faite par un créancier de l'un des copartageants / doit être signifiée à tous les héritiers — faute de quoi } C. Bordeaux, 30 novembre 1840

le partage { intervenu en l'absence du créancier opposant / est inattaquable pour le tout

PARTAGE JUDICIAIRE

Le grévé de substitution ne peut partager à l'amiable

Le partage { auquel sont intéressés des incapables, notamment un aliéné, } Dict. Not. (2) / doit être fait en justice, alors même qu'il n'y a que du mobilier

Si le tribunal peut ordonner { qu'une vente judiciaire d'immeubles aura lieu devant un juge / alors que les parties en demandent le renvoi devant leur notaire } C. Grenoble, 1er juillet 1868

— Ce n'est qu'autant que les circonstances particulières établissent que l'intérêt des tiers ou des parties elles-mêmes exige que la vente soit faite à l'audience des criées

Le notaire { commis par jugement pour procéder à une liquidation / qui indique au bas d'une requête un jour pour la comparution devant lui des parties intéressées / fait un acte de son ministère constituant un préliminaire aux opérations — et conséquemment } Cass., 14 avril 1854 / doit — sous peine d'amende — inscrire cet acte sur son répertoire

Cette décision s'applique aux partages judiciaires renvoyées devant notaires | Sol. Journ. du Not., no 1187

Dans un partage judiciaire { un notaire peut être nommé expert | Cass., 26 avril 1808 / on ne peut procéder par voie d'attribution et se dispenser du tirage des lots au sort } Cass., 19 mars 1844 / à moins que { tous les héritiers ne soient majeurs et / ne donnent leur consentement à l'attribution respective des lots

Pour l'exécution de l'art. 977 du Code de procédure — l'assistance d'avoué est inutile devant le notaire | Riom, 14 janvier 1842 (3)

Les frais du partage judiciaire sont supportés par tous, à moins de contestations mal fondées | Dict. Not.

Les avoués { dont le ministère est — en principe — inutile devant le notaire / ne peuvent { assister les parties que comme conseil — et } Tours, 28 juin 1850 / les représenter qu'en vertu d'un mandat

Les parties peuvent se faire assister de conseils à leurs frais | Dict. Not.

Quand les parties { sont représentées par un avoué — dans une instance en partage / il suffit { pour la validité des opérations du notaire / que la sommation de comparaître devant lui ait été faite par acte d'avoué à avoué } C. Toulouse, 20 mars 1840 / sans qu'il faille qu'elle soit signifiée à personne ou à domicile } (4)

Les juges { ne peuvent procéder eux-mêmes { à la formation de la masse / à la composition des lots — et } C. Toulouse, 18 janvier 1832 (5) / à leur attribution entre les copartageants

Les aveux { faits devant un notaire commis / peuvent être consignés dans son procès-verbal (Arg. C. N., 837. Pr. 976, 977.) } Dict. Not.

Un partage judiciaire (6) { n'est terminé et / n'acquiert date } que du jour de son homologation } C. Lyon, 7 janvier 1859

---

(1) *Dans l'usage et à défaut de titres et documents pouvant établir la consistance et la valeur du mobilier d'une succession, on l'évalue à un dixième de la succession, surtout en pays de montagne. (C. Riom, 11 mars 1856.) — Pour l'acte si important du partage de succession, il faut consulter le Traité de M. Dutruc, recommandé par M. Armand Dalloz. — Et en général pour la meilleure direction des affaires, il est très-bien d'avoir les ouvrages spéciaux sur les principaux actes et contrats. — (2) Pour provoquer en justice un partage de succession mobilière ou immobilière, comme pour y défendre et y procéder, un mineur émancipé, assisté de son curateur, a qualité suffisante sans qu'il soit besoin de l'autorisation du conseil de famille. (Chabot Malpel.) — (3) Dans l'usage, les avoués qui sont dans la cause assistent ordinairement, mais comme conseil des parties. — D'après Pigeau et Carré, comme d'après le texte de cet art. 977 du Code de proc., c'est l'original même du procès-verbal que le notaire doit remettre au greffe, mais dans l'usage aussi, on ne dépose au greffe qu'une expédition. (E. Clerc.) — (4) Selon l'opinion de M. Pigeau. — (5) Arrêt conforme à la doctrine et à un avis du Conseil d'Etat du 22 février 1806. — (6) Il résulte d'une consultation donnée par MM. Dupin et de la Croix-Frinville, qu'un notaire commis n'est pas tenu de faire son travail en la présence des parties.*

ACTES ET CONTRATS

PORTION DISPONIBLE

I

L'irrévocabilité { du partage d'ascendant — fait entre-vifs

n'empêche pas l'ascendant donateur de faire { de nouvelles libéralités / sur les biens lui restant à son décès } C. Agen, 11 avril 1842

Et en ce cas { la portion disponible se calcule en réunissant { fictivement aux biens de la succession / ceux qui ont fait l'objet du partage }

La quotité disponible { peut être donnée { à qui l'on veut / par tout acte de donation entre-vifs ou testamentaire / par forme de clause pénale

est invariablement fixée par le nombre d'enfants on d'ascendants / que laisse le disposant, sans distinction de ceux qui renoncent et de ceux qui acceptent } Dict. Not.

Les enfants engagés dans la profession religieuse ont les mêmes droits que les autres | Cass., nov. 1845

Il en est de même de ceux qui sont devenus étrangers

Un enfant { qui se trouve absent, ou dont l'existence n'est pas reconnu au décès du père / ne doit pas faire nombre pour la computation de réserve } Dict. Not.

L'enfant naturel a un droit de réserve dans la succession de ses père et mère

Les tombeaux de famille { ne sont pas dans la libre disposition des biens et ne font point partie de l'hérédité

peuvent conséquemment être légués { par le père de famille à l'un de ses enfants / sans être imputables sur la quotité disponible } Cass., 7 avril 1857

Le disposant peut { ordonner que la somme représentative de la portion disponible sera prise de préférence sur tels biens

laisser { au donataire ou légataire : / le choix des biens dont se composera la quotité disponible — et / telle faculté qu'il juge convenable, pourvu qu'elle n'excède pas } Dict. Not.

Les libéralités excessives { ne sont pas nulles pour le tout ; — mais / sont réductibles jusqu'à concurrence de la portion disponible } Dict. Not.

II

Les art. 913 et 1094 du Code Napoléon établissent deux quotités disponibles indépendantes et qui ne doivent point être { cumulées { Cass., 7 mars 1849 / confondues { C. Paris, 21 mars 1857

Ainsi l'époux { qui n'a qu'un enfant / ne peut donner à son conjoint que la quotité déterminée par l'art. 1094 { Cass., 5 décembre 1844

La plus grande étendue de la portion disponible { autorisée par l'art. 1094 du C. N. / ne doit profiter qu'à l'époux } C. Riom, 9 mai 1862

— Cet excédant — sur l'art. 913 — rentre dans la réserve à l'égard de tout autre

L'époux { qui a fait donation à son conjoint de l'usufruit de tous ses biens

ne peut { s'il laisse un seul enfant — disposer plus tard au profit d'un étranger / si l'on évalue cet usufruit à la moitié en propriété } C. Bordeaux, 2 avril 1852

qui a gratifié son conjoint de moitié en usufruit

ne peut plus — s'il laisse trois enfants — faire de dispositions envers tout autre } Cass., 21 mars 1837 (1)

La réduction { à la quotité disponible de l'art. 1094 du Code Napoléon / ne peut être demandée que dans l'intérêt des enfants et non dans celui d'un légataire étranger }

La donation { de l'usufruit de l'entière succession

équivaut { d'après une doctrine et jurisprudence constantes / à la donation de la moitié en toute propriété } C. Bordeaux, 2 avril 1852

Pour évaluer la quotité disponible on doit estimer { les usufruits donnés ou légués / eu égard à l'âge et aux infirmités de l'usufruitier }

— Ainsi { à raison de ces circonstances

une donation entre époux { de la moitié en usufruit / peut n'être estimée qu'à un huitième de la toute propriété } C. Grenoble, 8 mars 1851 (2) / Même sens : C. Riom, 23 août 1842

L'époux qui { ayant trois enfants / a gratifié irrévocablement son conjoint de l'usufruit de / moitié de ses biens équivalant à un quart en pleine propriété / a épuisé la quotité disponible envers tout autre — et / ne peut donner à l'un de ses enfants un quart en nue-propriété } C. Paris, 9 novembre 1867

La disposition universelle { faite entre époux par donation ou autrement / n'embrasse la réserve de l'usufruit de l'ascendant que l'art. 1094 leur permet de se donner / qu'autant que l'intention en est expressément énoncée en l'acte } Av., J. N., art. 9332

Le legs universel { fait au conjoint / comprend l'usufruit de la réserve des ascendants } C. Paris, 28 décembre 1860 (3)

---

(1) *La moitié donnée en usufruit équivalant au quart disponible en ce cas.*

(2) *D'après cela, l'estimation de l'usufruit, à moitié de toute la propriété, n'est que la présomption ordinaire. — V. LL. 17 nivôse et 22 ventôse an 2, et 22 frimaire an 7 (art. 14 et 15).*

(3) *La Jurisprudence paraît établie en ce sens.*

ACTES ET CONTRATS

PORTION DISPONIBLE (1)

III

La promesse d'égalité — n'est pas une institution contractuelle, en ce sens qu'elle n'empêche pas la donation par l'instituant à un tiers de la quotité disponible { C. Bordeaux, 14 juin 1859
— Alors même qu'il se serait interdit de disposer de ses biens gratuitement en faveur de qui que ce soit
— Si par cette clause il n'a entendu faire qu'une promesse d'égalité

Le don — en avancement d'hoirie fait par un père à l'un de ses enfants — doit s'imputer { d'abord sur la réserve et en cas d'insuffisance seulement sur la quotité disponible / lors même que l'enfant donataire renonce à la succession pour s'en tenir au don } Cass., 31 mai 1836

L'enfant — donataire en avancement d'hoirie qui renonce à la succession — a le droit de retenir { le don à lui fait cumulativement / jusqu'à concurrence de la portion disponible et de sa réserve légale
Dans ce cas — il n'y a pas lieu d'appliquer la règle d'après laquelle la part de l'héritier renonçant — accroît à ses héritiers, et qui ne s'applique { qu'à la part attribuée au successible comme héritier et non à celle qu'il retient comme donataire } Cass., 17 juillet 1854 — 22 juillet 1856 / C. Paris, 19 avril 1856

L'enfant — donataire en avancement d'hoirie — qui renonce à la succession { C. Agen, 16 mars 1853 / Rambouillet, 12 janvier 1855 (2) } ne peut retenir — à la fois — la quotité disponible et la réserve
renonçant { ne compte pas pour le calcul de la portion disponible | C. Rennes, 19 août 1863 / compte pour le calcul de la quotité disponible
— Ainsi { lorsqu'un père laisse à son décès deux enfants dont l'un a déclaré renoncer pour s'en tenir d'après l'art. 845 du C. N. à une donation antérieure / la quotité disponible est du tiers et non de moitié de la succession } Cass., 13 août 1866

Entre cohéritiers tous modes de preuve sont admissibles pour établir qu'il a été fait { au profit de l'un d'eux — par l'auteur commun / une donation dont le rapport est dû à la succession }

L'héritier — qui renonce à la succession — ne peut retenir { les sommes à lui données en avancement d'hoirie que jusqu'à concurrence de la portion disponible } C. Paris, 1er mars 1860

L'enfant — donataire en avancement d'hoirie { qui renonce à la succession du père donateur / ne peut retenir que la portion disponible } C. Paris, 11 mai 1865
renonçant { doit être compté pour le calcul de la portion disponible / compte pour le calcul de la portion disponible | C. Grenoble, 17 janvier 1867
donataire en avancement d'hoirie — qui renonce à la succession du père ou de la mère donateur pour s'en tenir à sa donation — n'a le droit de retenir cette donation que jusqu'à concurrence de la portion disponible } Cass., décision solennelle du 27 novembre 1863
ne peut l'exercer { cumulativement par voie de rétention / sur la portion disponible et sur la réserve légale
donataire { qui renonce à la succession du père donateur / ne peut retenir sur les biens donnés aucune part de la réserve légale } C. Paris, 9 juin 186

La renonciation { à une succession avantageuse / peut être considérée comme un avantage indirect sujet à rapport } Cass., 8 mars 1858

La clause d'un contrat de mariage — par laquelle une mère { ayant un fils et une fille / assure à celle-ci sa part et portion virile intégrale dans les biens qui composeront sa succession — et se réserve de disposer plus tard en faveur de son fils d'un immeuble qui fait partie de son patrimoine
constitue une institution contractuelle dont l'importance peut { diminuer ou augmenter selon le nombre d'enfants que laissera la mère et même embrasser l'universalité de sa succession, si l'instituée ne se trouve en concours avec aucun autre héritier au décès de la mère
— Si donc le fils décède avant sa mère — celle-ci ne peut plus disposer { envers des étrangers / de l'immeuble dont elle s'était réservé la disposition au profit de son fils
la succession de l'instituante { appartient en totalité à l'instituée / sauf les legs rémunératoires qu'il lui est permis de faire, s'ils ne sont excessifs } Cass., 25 mai 1857

La créance { du cohéritier d'une femme dotale à raison de la réduction d'une donation excédant la quotité disponible à elle faite par son père, à la succession duquel elle a renoncé / ne peut être considérée comme antérieure au contrat de mariage } C. Paris, 25 juin 1868
— et le recouvrement n'en saurait être poursuivi sur les biens dotaux

---

(1) *L'application des trois art. 913, 1094, 1098 du C. N., qui déterminent la quotité de biens pouvant être donnée ou léguée en dehors de la légitime, a nécessité une infinité de décisions qui expliquent l'importance de la matière ; aussi nous est-il impossible, dans le cadre restreint de nos Résumés, de fournir, avec ensemble, suite et déduction, la doctrine des Cours et Tribunaux ; nous nous en tenons donc à la jurisprudence courante. — L'appréciation exacte de la portion disponible, dans les différentes situations de famille du disposant, est subordonnée à de nombreuses distinctions ; — souvent délicates ; — et, dans cet ordre de questions, comme à l'égard de toutes celles exigeant un examen approfondi, un livre auxiliaire ne peut, disons-nous, reproduire les détails. —*
(2) *Cette importante question est remarquablement controversée : La Cour de Paris, dans son arrêt précité du 19 avril 1856, a jugé tout le contraire de sa décision du 14 juin 1855. — Elle prétend, en dernier lieu, que l'enfant donataire n'a pas besoin d'être héritier pour avoir sa part dans la réserve ; tandis que la Cour suprême (qui en cela se contredit aussi), dit, dans un arrêt du 5 mars 1856, également relatif à la renonciation à succession, que le droit de réclamer la réserve n'appartient à l'enfant qu'en sa qualité d'héritier, qui ne peut être séparée de celle de réservataire. Il ne paraît pas douteux que le Code Napoléon n'accorde au renonçant que la rétention de la quotité disponible (art. 785, 786, 845.).*

ACTES ET CONTRATS

PRÉCIPUT

La dispense de rapport
ou clause du préciput
- n'a pas besoin d'être textuelle
- peut résulter de certaines conditions de la donation — par exemple
  - de la condition imposée au donataire dans son contrat de mariage
  - de ne pouvoir demander au donateur compte de l'administration qu'il a eue de ses biens

Cass., 5 avril 1854

« Attendu que si la dispense de rapport doit être expresse, la loi n'exige pas qu'elle soit faite en termes sacramentels »

La dispense de rapport
- quand elle n'a pas été faite par l'acte même qui contient la libéralité peut être faite plus tard par un acte entre-vifs ou testamentaire

La clause du préciput hors part
- lorsqu'elle n'a été stipulée que postérieurement
- ne peut être opposée à celui à qui
  - dans l'intervalle de la donation
  - a été fait une autre donation avec dispense expresse de rapport

Sol. J. N.

Le prix du remplacement militaire
- payé par un père pour l'un de ses enfants est rapportable par le fils remplacé si le remplacement a eu lieu dans son intérêt exclusif — C. Lyon, 2 juillet 1858
- cesse d'être sujet à rapport quand le remplacement a eu lieu dans l'intérêt du père et de la famille à laquelle les travaux du fils remplacé étaient nécessaires (1) — C. Toulouse, 9 février 1835 / Douai, 30 janv. et 20 fév. 1838

La quittance
- donnée au successible de la somme dont il était débiteur, et qu'en réalité il n'a pas payée doit être considérée comme une donation indirecte avec dispense de rapport — Paris, 8 février 1837

PENSION ALIMENTAIRE

La dette d'aliments
- établie par les art. 205 et suivants du Code Napoléon
- est personnelle au débiteur et par conséquent non transmissible à ses héritiers

Mais les arrérages dus au décès du débiteur
- constituent une charge de sa succession et
- doivent, par suite, être acquittés par ses héritiers

Cass., 8 juillet 1857

Sauf le cas de fraude
- les créanciers du fils n'ont pas le droit de demander la réduction d'une pension alimentaire constituée par leur débiteur à son père — c'est un droit purement personnel au fils — C. Paris, 27 déc. 1849

Quoique par une convention
- l'enfant se soit obligé à recevoir son père chez lui et que le père ait consenti à y demeurer
- ce dernier peut
  - en cas d'incompatibilité d'humeur
  - demander une pension alimentaire

C. Lyon, 9 août 1848

L'obligation
- des enfants — de fournir des aliments à leurs père et mère (2) — C. Bordeaux, 14 décembre 1841
- n'est pas solidaire — chacun d'eux n'est tenu qu'en proportion de ses facultés — C. Limoges, 19 février 1846

Est nulle | la renonciation
- même par voie de transaction
- au droit de demander des aliments
entre personnes tenues de s'en fournir — C. Bordeaux, . . . 1855

La prohibition
- portée par l'art. 1004 du Code de procédure civile
- de compromettre sur une pension alimentaire stipulée dans un contrat de mariage
- n'entraine pas pour la femme la prohibition de transiger sur la même pension

Cass., 27 février 1831

Les pensions alimentaires
- dans les termes de droit commun
- ne sont point payables d'avance et par trimestre

Ce mode exceptionnel d'exigibilité ne peut résulter que d'une disposition expresse
- soit de la convention
- soit de la décision de justice

C. Paris, 27 novembre 1866

PRISÉE

Il peut être procédé
- par un même notaire — dans les lieux où il n'existe pas de commissaires-priseurs
- à la prisée et à l'inventaire des objets mobiliers
- — et le notaire a le droit de se faire assister d'un expert

L'expert
- qui a ainsi assisté un notaire
- n'usurpe point les fonctions de priseur
- ne peut être en conséquence actionné en dommages-intérêts par les huissiers priseurs

C. Douai, 26 août 1835
C. Grenoble, 5 décembre 1839
(3)

Un notaire
- peut lui-même
  - en qualité d'expert (et sans prêter serment — J. N., art. 292)
  - assister hors de son canton — un autre notaire dans l'opération de la prisée à faire par ce dernier à l'occasion de l'inventaire dont il est chargé

Le notaire
- a le droit de procéder à la prisée du mobilier qu'il décrit — mais s'il se croit hors d'état de faire cette prisée
- ne peut appeler pour y procéder qu'un des officiers ministériels indiqués par la loi

C. Bourges, 8 juin 1832 (4)

PROTÊT

Les protêts peuvent être faits par les notaires sans l'assistance d'un second notaire ou de témoins | Sol. J. N., art. 15914

Est nul
- ne pouvant être fait que le lendemain — C. Agen, 20 avril 1824
- le protêt d'un billet à ordre dressé le jour même de l'échéance — C. Bordeaux, 10 décembre 1832

---

(1) *Conformément à l'ancienne Jurisprudence et à l'opinion des auteurs.*

(2) *Une loi d'Athènes obligeait les enfants à nourrir leurs pères tombés dans l'indigence. — Elle exceptait ceux qui étaient nés d'une courtisane et ceux à qui le père n'avait point donné de métier pour gagner leur vie (Montesquieu). — Cette obligation naturelle, qui était réciproquement due par les pères à leurs enfants, a fait établir le mariage pour déclarer celui qui devait remplir l'obligation. Les peuples Garamantes ne fixaient la paternité que par la ressemblance.*

(3) *V. J. N., art. 8651 pour la prisée et l'inventaire des labours et semences. — V. aussi art. 8378, 8853. — V. LL. 16 juillet 1790, 17 septembre 1793. — arrêt, 27 nivôse, an 5, D. 14 juin 1813, art. 37, — L. 28 avril 1816, art. 89.*

(4) *D'après l'opinion du J. N. les notaires peuvent profiter de la disposition de l'art. 935 C. proc. en tant que l'expert ne donnerait que de simples avis sans faire lui même la prisée.*

ACTES ET CONTRATS

PRIVILÉGE

Une stipulation particulière ne peut donner naissance à un privilége non écrit dans la loi | Dict. Not.

On ne peut établir par la convention un privilége que la loi n'autorise pas | Cass., 3 août 1837

En règle générale { ce sont les priviléges spéciaux sur les meubles qui priment les priviléges généraux — il n'y a qu'une exception à ce principe | elle existe en faveur des frais de justice sans lesquels le créancier n'aurait pu se faire payer } C. Rouen, 1820 (1)

Entre { les priviléges généraux et les priviléges spéciaux sur les meubles — la préférence se règle selon leurs diverses qualités }

— Spécialement le privilége { du bailleur sur les meubles garnissant la maison louée — l'emporte sur le privilége des gens de service } Cass., 19 janvier 1864

Le donateur d'un immeuble n'a pas de privilége pour raison des charges par lui imposées au donataire | C. Douai, 6 juill. 1852-C. Agen, 4 juill. 1854-C. Nimes, 29 nov. 1854

La garantie { pour cause d'éviction réclamée par les copartageants — n'est conservée { à l'égard des tiers — que par l'inscription du privilége prise dans le délai prescrit } } Cass., 12 juillet 1853

L'acquéreur d'un immeuble { à l'égard duquel l'ancien propriétaire n'a pas payé les termes échus de la contribution — est passible du privilége appartenant au Trésor sur les récoltes, fruits et loyers } Cass., 6 juillet 1852

Le vendeur d'un immeuble { en vertu d'un titre ayant date certaine antérieurement au 1er janvier 1856 — est soumis { pour la conservation de son privilége et de l'action résolutoire — à la transcription de son titre ou de son action dans les termes des art. 1er et 11, § 4, de la loi du 23 mars 1855 } } Trib. Evreux, 14 nov. 1856 (2)

Le privilége du médecin — pour frais de dernière maladie — prime le privilége du bailleur | C. Paris, 11 juillet 1851

PURGE LÉGALE (3)

Le ministère des avoués n'est point forcé pour l'accomplissement des formalités de purge légale | Amiens, 30 mai 1839 — Cass., 31 mars 1840

Les notaires peuvent — comme les avoués — remplir ces formalités au nom de la partie | Sol. J. N., art. 8012 (4)

Le notaire { est essentiellement compétent — pour faire la copie collationnée dont il est question art. 2194 C. N. } Sol. Journ. Not., n° 1238

Et toute personne peut { par elle-même ou par un fondé de pouvoir — effectuer au greffe le dépôt de cette copie }

La copie collationnée dont il s'agit peut être faite par l'avoué | C. Nimes, 19 mai 1857

L'acquéreur { qui veut purger l'hypothèque légale d'un mineur non pourvu d'un subrogé-tuteur (5) — doit en faire nommer un — ne peut se contenter de remplir les formalités prescrites par l'avis du Conseil d'État du 1er juin 1807 } Cass., 8 mai 1844

Les formalités prescrites pour la vente des biens des mineurs ne dispensent pas l'acquéreur de purger | Sol. J. N., art. 1141

Le délai de deux mois { accordé à la femme et aux mineurs par les art. 2194 et 2195 du C. N. — pour prendre inscription en cas de purge des hypothèques légales — est le seul qui leur soit accordé tout à la fois { pour prendre inscription et pour surenchérir } } C. Paris, 26 novembre 1857

Les formalités { remplies par l'acquéreur pour arriver à cette purge — remplacent à leur égard la notification prescrite par l'art. 2183 C. N. }

La purge { de l'hypothèque légale de la femme — n'affranchit pas seulement — l'immeuble — de cette hypothèque dans les mains de l'acquéreur — elle — la fait disparaître complètement { soit à l'égard de la femme — soit à l'égard des créanciers dans l'effet de laquelle elle les avait subrogés — nonobstant la distinction { précédemment admise par la doctrine et la jurisprudence — entre { le droit de suite (perdu par la purge) et — le droit de préférence (survivant à la purge) } } } } C. Paris, 21 février 1857 — V. Journ. Not., n° 1225

En conséquence, les créanciers { subrogés dans une hypothèque légale purgée par l'acquéreur — ne doivent plus { être colloqués qu'à la date de leurs hypothèques respectives — sans qu'il y ait lieu d'examiner la régularité des subrogations par eux requises } }

Les acquéreurs { quand plusieurs immeubles ont été vendus à divers par la même personne — ont le droit de se réunir pour ne faire au greffe qu'un seul dépôt de tous leurs contrats } C. Nimes, 19 mai 1857

Et en ce cas { il ne doit être dressé qu'un seul acte de dépôt — il n'est dû qu'un seul émolument au greffier } C. Riom, 22 juillet 1860

---

(1) *Conformément à l'opinion de M. Persil. — Les frais de deuil doivent être mis au rang des créances privilégiées. J. N., art. 876.*

(2) *V. la réfutation de ce jugement au Journ. du Not., n°s 1200 et 1201, par M. Ducruet, notaire à Lyon, et M. Renault, ancien notaire à Elbeuf. Ce dernier commence ainsi sa dissertation : « A peine une loi est promulguée, qu'elle donne lieu aux interprétations les plus contradictoires : on pourrait croire » que le sens commun n'existe plus en droit : les notions les plus élémentaires sont dédaignées pour des subtilités qui sembleraient ne pouvoir être enfantées » que par des esprits tout-à-fait étrangers aux lois. En particulier, que n'a-t-on pas fait dire à cette loi du 23 mars 1855 ? Au lieu de produire la lumière, on » arrive à pervertir la raison humaine. »*

(3) *D'après la loi du 3 mai 1841, l'Etat est autorisé à payer le prix des acquisitions qu'il fait pour son compte sans accomplir les formalités de purge légale, toutes les fois que la somme à payer ne dépasse point 500 fr. et c'est ce qui se pratique pour éviter les frais de purge qui sont hors de proportion à l'égard des petites ventes.*

Hors le cas où le contrat désigne tous les précédents propriétaires, l'acquéreur ne peut purger qu'en faisant transcrire tous les actes de propriété. Cela est applicable au cas de deux ou plusieurs ventes successives que l'acquéreur veut purger des hypothèques légales non assujetties à l'inscription. Le dépôt du contrat au greffe et aux hypothèques légales dispensées de l'inscription, ce que la transcription est aux hypothèques assujetties à cette formalité (Doctrine). — Les frais de transcription et de purge sont à la charge de l'acquéreur (C. N. 1593, J. N. 9755).

(4) *Ces propositions sont admises par les rédacteurs du Journal des avoués, — mais V. sur la délivrance des copies collationnées le J. du Not., n° 1182, Contraventions à éviter. Les notaires ne peuvent délivrer copie de leurs actes, à fin de purge, que sur le timbre de 1 fr. 50, et non sur celui de centimes ou 1 fr. comme les avoués.*

(5) *Solution fixée et observée dans la pratique à Paris.*

ACTES ET CONTRATS

RECONNAISSANCE — ADOPTION — D'ENFANT NATUREL

Le mineur peut valablement reconnaître un enfant naturel [Cass., 4 novembre 1835 (1)

Il en est de même de l'interdit, pendant ses intervalles lucides, et du condamné à une peine temporaire afflictive ou infamante [J. N., art. 2725 et 4901

La reconnaissance
- d'un enfant naturel — après son décès ne donne pas au père — le droit de recueillir sa succession
- de l'enfant naturel établit la preuve de la paternité contre son auteur (2) qui ne peut plus être admis à une preuve contraire } Cass., 22 janvier 1855
- peut être faite avant sa naissance [Cass., 16 décembre 1811 — Aix, 1807 — Colmar, 11 mars 1819
- étant l'aveu d'un fait [est irrévocable de sa nature [Cass., 8 janvier 1808

L'enfant naturel peut être adopté par son père qui l'a reconnu (de même, bien entendu, par sa mère)

Les héritiers collatéraux de l'adoptant sont recevables — après son décès — à demander la nullité de l'adoption { soit pour vice de forme / soit pour incapacité } C. Paris, audience solen. du 13 mai 1854

RENTE

La présomption { qu'en fait de meubles possession vaut titre / ne s'applique pas aux meubles incorporels tels que les rentes foncières } Cass., 10 août 1840

Les rentes perpétuelles { créées depuis la promulgation de la loi du 18 décembre 1790 / sont rachetables au denier 20 (quand le taux du rachat n'est pas fixé par le contrat constitutif de la rente) } C. Paris, 5 août 1851

Le débiteur { d'une rente en denrées dont le taux excède 5 0/0 / peut { répéter ce qu'il a payé en sus de ce taux et / y faire réduire la rente pour l'avenir } C. Riom, 18 juillet 1845

Le contrat { de rente viagère peut être annulé / s'il a pour unique objet de déguiser un prêt usuraire } Cass., 26 juin 1845

L'art. 1975 du Code Napoléon { qui annule { le contrat de rente viagère / lorsque le constituant est mort dans les 20 jours de sa date } / s'applique { à la donation d'une somme d'argent avec constitution de rente viagère au profit du donateur / lorsque l'acte offre un caractère onéreux } } Cass., 10 juillet 1855

La rente viagère { créée sur deux têtes sous l'empire du Code Napoléon / subsiste intégralement après le décès de la première tête sur la tête survivante / (pour qu'il y ait décroissement — il faut une stipulation particulière) } Cass., 18 juin 1830

C'est par la loi { du 11 brumaire an 7, art. 1, 6, 7, et non par le Code Napoléon / que les rentes foncières { qui étaient jusqu'à cette loi considérées comme immeubles / ont été mobilisées { d'une manière complète et / non pas seulement sous certains rapports } } } Cass., 28 février 1832

La rente foncière { constituée depuis la loi du 17 décembre 1790 et antérieurement à celle du 11 brumaire an 7 / n'est plus qu'une créance mobilière { dont le tiers détenteur de l'immeuble n'est tenu qu'autant qu'il en a été chargé par son contrat d'acquisition } } Cass., 17 décembre 1835

Le remboursement { d'une rente perpétuelle constituée portable / peut être exigé faute de paiement sans aucune mise en demeure } Cass., 9 août 1841 (3)

(Peu importe en ce cas que le remboursement soit demandé aux héritiers du débiteur et qu'on ne leur ait pas fait signifier le titre [l'art. 877 du Code Napoléon n'étant pas applicable à cette hypothèse spéciale)

Dans un contrat de rente viagère { la déclaration { frauduleusement mensongère du créancier de la rente relativement à son âge / est un fait de dol pouvant donner lieu à des dommages-intérêts contre lui } } C. Lyon, 21 juin 1854

Est valable { dans un contrat de rente viagère, / la clause par laquelle les parties { dérogeant à l'art. 1978 C. N, / stipulent que le capital sera remboursable / à défaut de paiement d'un terme d'arrérages / un mois après un commandement } } C. Paris, 7 mars 1868

La loi du 18 décembre 1790 { qui prescrit que le rachat de rentes créées irrachetables devrait être opéré sur le pied du denier 25 pour les rentes en nature de grains et denrées / est inapplicable au rachat de ces rentes créées postérieurement à cette loi, lesquelles aux termes du droit commun doivent être rachetées sur le pied du denier 20 } Cass., 3 mars 1858

On a pu décider { si la rente est en grains / qu'elle était rachetable { non d'après les cours des grains au moment du rachat — mais / par un capital formé de 20 fois leur prix moyen pendant les 14 années précédentes en déduisant les 2 plus fortes et les 2 plus faibles } }

Les rentes { foncières ou emphytéotiques / créées après la loi du 18 décembre 1790 et avant celle du 11 brumaire an 7 / sont régies pour le taux du rachat par la 1re de ces lois / sont donc remboursables au denier 25 pour celles en grains et moutures } C. Colmar, 19 juillet 1864

---

(1) *Même sans l'assistance de son tuteur ou curateur — conformément à nombre d'autres arrêts. C. Aix; 3 décembre 1807; C. Bruxelles, 12 janvier 1808; Cass. 22 juin 1813, et à l'opinion de tous les auteurs, notamment Toullier, Delvincourt, Favard, Duranton, — Le pourvu d'un conseil judiciaire, sans l'assistance de ce conseil, et la femme mariée, sans l'autorisation maritale, peuvent reconnaître un enfant naturel (J. N., 850, 3504). (C. Douai, 18 juin 1818, pour le pourvu du conseil).*

(2) *Ainsi, quoi qu'il en soit, le reconnaissant est réputé père et assure à l'enfant les avantages de la reconnaissance.*

(3) *Jugé ainsi par la même Cour en 1818, avec observation qu'aucunes offres réelles faites après l'expiration du terme ne peuvent empêcher la déchéance. — Cependant plusieurs tribunaux résistent à cette jurisprudence. — Il n'est pas nécessaire qu'il se soit passé deux années sans que la rente ait été servie, si dans le contrat de vente on a inséré une clause résolutoire pour les cas où le débiteur n'en servirait pas exactement les arrérages: cette clause étant de rigueur et non simplement comminatoire (Cass. 1816) — V. pour le décompte du capital des anciennes rentes, la loi précitée du 18 décembre 1790, titre 2, art. 3 — et J. N., art. 9475.*

ACTES ET CONTRATS

RETRAIT

Le droit { de retrait d'indivision / accordé à la femme par l'art. 1408 du Code Napoléon / ne peut s'exercer qu'à la dissolution de la communauté } C. Nancy, 19 juin 1854

L'option de la femme { peut aussi être annulée / quand il est évident qu'elle n'a eu pour but que de frauder les créanciers du mari }

Le droit { accordé à la femme par l'art. 1408, § 2 du Code Napoléon / lui est tout personnel et ne peut être exercé par ses créanciers } Cass., 14 juillet 1834

Ce droit est applicable sous le régime dotal comme sous celui de la communauté { Cass., 22 mars 1841 — C. Toulouse, 19 janvier 1843 / — C. Riom, 20 juillet 1843 (1) }

Le mari { qui a acquis les droits d'un cohéritier de sa femme dans une succession indivise avec elle / ne peut vendre ni hypothéquer la portion de biens ainsi acquise par lui — au préjudice / de la faculté { qui appartient à sa femme à la dissolution du mariage / de retenir { comme propre cette portion de biens, en faisant compte / du prix d'acquisition } } } C. Riom, 29 mars 1843 (2)

Le retrait successoral peut être exercé | sans que la cession de droits successifs ait été notifiée à l'héritier qui l'exerce | Cass., 3 janvier 1857

L'action en retrait successoral { appartient à tous les successeurs — c'est-à-dire à tous ceux / qui { par testament, donation ou disposition particulière de la loi / sont appelés à recueillir une quote-part de la succession } } Cass., 1ᵉʳ décembre 1806 / Sol. J. N., art. 10269

Certaines cessions de droits litigieux { ne sont point sujettes au retrait — telles sont : / une cession faite à titre gratuit | Toulouse 13 décembre 1830 / une cession d'immeubles même à titre onéreux — L'art. 1699 ne s'appliquant / qu'aux créances et droits incorporels cédés } Riom, 26 juillet 1813 / Bordeaux, 20 juin 1823

SCEAU (3)

Le sceau doit être apposé { sur les extraits et copies collationnées / sur les certificats de propriété et de vie }

L'apposition { doit avoir lieu à la partie de la marge correspondant à la signature du notaire / ne donne droit à aucun honoraire } Dict. Not.

Les notaires { ne doivent se tenir du sceau qui leur est confié que pour les actes de leur ministère / démissionnaires, sont tenus de remettre leur cachet { entre les mains et sur le récépissé du / secrétaire de la chambre / dans la huitaine de la prestation / de serment du successeur } } Réglement des Notaires de Paris

Au décès d'un notaire en exercice son cachet est remis lors de l'apposition des scellés sur les minutes | Dict. Not.

Les cachets remis ou retivés sont de suite brisés ou annulés | Dict. Not.

Les actes en brevet doivent { comme lés grosses et expéditions / être revêtus du cachet notarial } Sol. J. N., art. 372

— Toutefois, un notaire n'est soumis à aucune peine pour avoir délivré un acte non revêtu de ce cachet | Sol. J. N., art. 2286

Ne sont pas nulles les contraintes exercées en vertu d'une grosse non scellée | Sol. J. N., art. 3517

SÉPARATION — DE CORPS — DE BIENS

Le péril de la dot { donnant ouverture à l'action en séparation de biens / peut consister { en ce que le mari étant débiteur de sommes considérables, il est à / craindre qu'il détourne de leur destination légale les revenus de / la femme mariée pour acquitter ses engagements personnels } } . . . .

La femme séparée de biens ne peut { disposer de son mobilier et l'aliéner / que dans les limites des actes d'administration } C. Paris, 28 juin 1851 (4)

La femme dotale séparée de biens a le droit de recevoir ses deniers dotaux sans en faire emploi | C. Caen, 18 juillet 1848

Des injures graves { exprimées dans la lettre qu'un époux adresse à son conjoint / sont pour celui-ci un motif qui l'autorise à former une demande en séparation de corps contre son conjoint (5) } Cass., 9 nov. 1830

SÉPARATION DE PATRIMOINE

La séparation de patrimoine { peut être demandée { directement contre — l'héritier ou le légataire — du défunt / aussi bien que contre le créancier de cet héritier } / n'affecte pas les rentes sur l'État, et le créancier { qui demande cette séparation / ne peut exiger que ces rentes soient vendues } } C. Paris, 16 déc. 1848

L'acceptation bénéficiaire d'une succession emporte { de plein droit séparation de patrimoine / même à l'égard des héritiers qui ont accepté purement et simplement } Cass., 4 août 1857

---

(1) *Conformément à l'opinion de M. Troplong.*

(2) *Conformément à l'opinion de MM. Delvincourt, Toullier et Duranton.*

(3) *Un édit de novembre 1696 prescrivant l'usage du sceau pour les grosses et expéditions.*

(4) *Jurisprudence fixée.*

(5) *En 1854, le nombre des demandes en séparation de corps formées en France a été de 1,681. — 1,510 étaient formées par les femmes, et 171 par les maris. — Les Tribunaux en ont accueilli 1,242 ; les autres ont été rejetées ou rayées des rôles. La même année, il y a eu 4,293 demandes en séparation de biens, — admises, moins 128.*

ACTES ET CONTRATS

SIGNATURE (1)

Aucune loi n'a déterminé — ni la manière ni la forme — de signer

Il suffit { que le signataire — et spécialement le testateur / ait signé de telle sorte qu'on ne puisse avoir de doute sur la personne } C. Pau, 13 juillet 1822 (2)

En principe la signature doit être celle du nom de famille

— Cependant { si une partie n'avait l'habitude de signer que d'un prénom (et c'est l'usage des évêques) / il ne paraît pas que l'acte dût être déclaré nul pour cela (fût-ce même un testament) } Sol. Dict. Not. (3)

La signature d'un surnom { lorsqu'elle est la signature ordinaire et habituelle du signataire / équivaut à la signature du nom véritable } Cass., 30 janvier 1824 (4)

Est valable un acte public { dans lequel le notaire a mentionné la déclaration faite par une partie qu'elle ne savait / pas signer quoiqu'elle le sût réellement } Cass., 30 messidor an 11

Dans les actes unilatéraux { spécialement une obligation, une quittance, / le défaut de signature { de la partie vis-à-vis de laquelle on s'oblige ou fait la reconnaissance / ne vicie pas le contrat } } Parlement de Paris, 5 août 1749 — Cass., 8 juillet 1818

Ne serait pas nul l'acte que les femmes signeraient du nom de leurs maris comme elles le font d'ordinaire dans les actes de la vie privée | Recueil Dalloz

Le paraphe { pour les personnes qui n'en font pas pour accompagner leur signature / se remplace par les initiales du nom et des prénoms } C. Bourges, 9 mars 1836 (5)

Si c'est un étranger qui signe { en employant des caractères particuliers comme en Allemagne / il est d'usage qu'on dise qu'il a écrit son nom dans les caractères de sa langue } Recueil Dalloz

SOURD-MUET

Aucune disposition de loi — ne déclare les sourds-muets incapables de contracter

— En conséquence { ils sont capables de toutes conventions / pourvu qu'ils y apportent un consentement — libre, volontaire et suffisamment éclairé }

Peu importe { d'ailleurs — qu'ils soient illettrés / pourvu { que la capacité de consentir ne leur soit pas contestée et / qu'ils puissent complètement faire connaître leur volonté — soit par signes soit autrement } } Cass., 30 janv. 1854

— Spécialement — le sourd-muet — même illettré — peut contracter mariage et consentir toutes les conventions de ce contrat

Il peut aussi { faire une donation entre-vifs (6) / lorsque d'ailleurs il lui est possible de se mettre en communication avec le notaire et les témoins / de manière à ne laisser aucun doute sur sa volonté }

Le sourd-muet { qui ne sait ni lire ni écrire / n'est pas par cela seul incapable de faire une donation, surtout une donation avec charges }

— Mais il y a lieu de vérifier { s'il a eu la conscience de l'acte qu'il a consenti — et / s'il a pu suffisamment manifester sa volonté au notaire et aux témoins } C. Bordeaux, 9 déc. 1856

— A cet égard { l'interprétation donnée par le notaire n'est que le résultat de son opinion personnelle et / non la constatation d'un fait faisant foi jusqu'à inscription de faux }

Un sourd-muet illettré mais intelligent peut { contracter mariage et stipuler toutes conventions civiles à cet effet / sans qu'il y ait lieu de lui nommer un curateur *ad hoc* } C. Paris, 3 août 1855

Un notaire peut sans difficulté instrumenter pour un sourd-muet qui consent, avec ses copropriétaires indivis, la vente d'un immeuble

Si le sourd-muet peut écrire { il explique par écrit ses intentions au notaire — et / il prend lui-même lecture de l'acte — ce qui est constaté par une mention particulière } Sol. J. du Not., n° 1192

S'il ne sait ni lire ni écrire — et s'il sait seulement s'expliquer par gestes — c'est le cas d'employer un interprète

---

(1) *Les ordonnances de 1560 et 1579 n'exigeaient pas que les témoins sussent signer, à moins qu'il ne s'agît d'actes passés dans les villes ou gros bourgs, ou par une partie ne pouvant signer. — L'arrêt de règlement du 4 septembre 1685 prescrivit, sans distinction, qu'il y eût au moins un témoin qui signât (Dalloz). — Il n'y a pas nullité pour une signature mal formée ou même illisible. (Merlin, Toullier, Roll. — Cass. 20 mars 1829 et 4 mai 1841) — Le J. N., art. 798, dit que la présence des parties à la signature du notaire est une condition essentielle de l'authenticité de l'acte; mais que les parties qui ont déjà signé l'acte notarié ne peuvent s'en départir, bien que le notaire n'ait pas encore apposé sa signature.*

(2) *Conformément à l'opinion de Sirey.*

(3) *C'est aussi l'avis de Grenier et Toullier.*

(4) *Conformément à l'opinion de Sirey.*

(5) *M. Ed. Clerc observe qu'il n'y aurait pas nullité si une partie n'avait écrit que l'initiale de son nom, mais qu'il est toujours mieux de faire ajouter celle des prénoms.*

(6) *V. Testament.*

ACTES ET CONTRATS

SUBROGATION (1)

La femme — mariée sous le régime dotal — avec faculté d'aliéner sans remploi peut valablement subroger à son hypothèque légale { C. Caen, 18 novembre 1851

quand elle consent solidairement avec son mari à la vente des immeubles { de celui-ci ou de la communauté { Inst. min., 15 septembre 1806 — Cass., 12 février 1811 (et nombre d'autres décisions)

renonce tacitement à son hypothèque légale sur ces immeubles

qui — s'oblige solidairement avec son mari et — concourt à l'affectation { hypothécaire au profit d'un tiers de l'immeuble grevé de l'hypothèque légale { C. Amiens, 11 mars 1854 — Cass., 26 juin 1855

subroge — par cela même — ce tiers dans l'effet de cette hypothèque

— Cette subrogation tacite doit primer toute subrogation expresse consentie par la femme { dans l'effet de son hypothèque légale par des actes postérieurs { Cass., 8 août 1854

L'obligation solidaire — consentie par le mari et la femme avec affectation hypothécaire sur les biens du mari

emporte renonciation virtuelle et tacite { de la part de la femme à faire valoir son hypothèque légale au préjudice du créancier envers lequel elle s'est engagée

— En conséquence — la femme — ne pouvant se prévaloir elle-même de son hypothèque légale — ne peut { au préjudice de ce créancier en céder formellement le bénéfice à un tiers

{ C. Riom, 12 nov. 1856

L'acte par lequel une femme renonce à son hypothèque légale en faveur des créanciers de son mari n'a pas besoin d'être accepté par ceux-ci pour être irrévocable { Cass., 19 novembre 1855

La faculté qu'une femme mariée sous le régime dotal s'est réservée dans son contrat de vendre, échanger, céder, transférer et transporter ses meubles et immeubles — à charge de remploi pour ses immeubles seulement

ne lui permet pas { en s'obligeant solidairement avec son mari pour un prêt de céder le montant de ses reprises, à concurrence de la somme prêtée, et de subroger le prêteur dans le bénéfice de son hypothèque légale

{ Cass., { 4 juin — 2 juill. } 1866 — 7 avril 1868

Un tuteur qui reçoit un remboursement pour son mineur peut consentir la subrogation au profit d'un prêteur | J. N., art. 2112

La subrogation dans les droits du vendeur — comprend l'action résolutoire ·

est opérée régulièremen { au profit du prêteur de deniers ayant servi à payer le prix quoiqu'un temps assez considérable se soit écoulé entre l'acte d'emprunt et la quittance subrogative si l'identité des deniers est d'ailleurs constante { C. Paris, 30 juin 1853 — Cass., 6 novembre 1854

Le créancier hypothécaire — primé par l'hypothèque légale de la femme

peut { réclamer sa subrogation à cette hypothèque en offrant de payer le montant de la collocation dans l'ordre ouvert sur le prix des biens de son mari { Cass., 16 mai 1865

Lorsque — le mari et la femme { par contrat de vente de biens du mari délèguent le prix de cette vente à leurs créanciers privilégiés et inscrits

ces créanciers sont — tacitement subrogés à l'hypothèque légale de la femme — sans qu'il y ait à distinguer entre { les créanciers collectifs des époux et les créanciers particuliers du mari

{ C. Paris, 8 janvier 1866

Le créancier { qui est payé dans un ordre par l'effet de la cession qui lui a été faite de l'hypothèque légale de la femme est censé payé par la femme elle-même

— En conséquence celle-ci peut exercer les droits de ce créancier en vertu de la subrogation légale

{ C. Riom, 11 août 1855

SURENCHÈRE

Est valable une convention par laquelle un tiers s'engage { à former une surenchère moyennant une somme déterminée à lui remise par le saisi { Cass., 17 février 1856

n'est pas admissible après une adjudication sur folle enchère | Cass., 30 juin 1847 — 24 mars 1841

La surenchère — du sixième — n'a pas lieu en matière de vente { par-devant notaire d'immeubles appartenant à une commune { C. Nîmes, 12 mars 1845

peut être formée par un colicitant

doit porter { seulement sur le prix principal sans qu'il soit nécessaire comme pour celle du dixième d'y comprendre les charges

peut être formulée en termes généraux { soit sur le sixième du prix principal sans énoncer une somme fixe

{ C. Paris, 24 nov. 1855

peut avoir lieu le dimanche — mais ne peut être faite ailleurs qu'au greffe | C. Douai, 3 juillet 1840

Est valable { la vente sur surenchère par suite de licitation entre majeurs et mineurs bien qu'elle ait eu lieu hors la présence des subrogés-tuteurs des mineurs colicitants { Trib. de la Seine, 25 janvier 1856

Les femmes mariées, les mineurs ou interdits — ont le droit de surenchère sur le prix des biens affectés à leur hypothèque | J. N., art. 2428

Le créancier — ayant hypothèque légale (spécialement la femme) { C. Grenoble, 27 décembre 1821

n'est pas admis à surenchérir { après expiration des délais fixés par l'art. 2194 C. N. quand même il aurait fait inscrire son hypothèque légale dans ces délais { C. Metz, 14 juin 1837 — C. Paris, 16 déc. 1840 — 26 nov. 1857 (2)

Est valable la clause { du cahier des charges d'une vente des biens d'un hospice portant que la surenchère du sixième sera admise si elle est déclarée dans les délais de la loi { C. Bordeaux, 21 juillet 1857

---

(1) *V. la loi du 23 mars 1855, — J. N., art. 15293, pour la forme des mentions de subrogation aux hypothèques légales antérieurement à cette loi — J. N., art. 15681, 15751, 15775, et le J. du Not., nos des 2 février, 7, 24 et 28 mai, 7 et 11 juin, et surtout 16 juillet 1855, pour la subrogation dans l'hypothèque légale de la femme et les formalités de l'inscription.*

Suivant deux arrêts : Bourges, 22 novembre 1823 et Cass., 31 mai 1826, la subrogation par une femme à son hypothèque légale comprend son douaire, même s'il consiste en une pension alimentaire.

(2) *Conformément à l'opinion des principaux auteurs.*

ACTES ET CONTRATS

SUBSTITUTION

L'obligation { de conserver et de rendre / est indispensable pour qu'il y ait substitution prohibée — Cass., 11 juin 1860 — 2 mars 1864

Pour qu'il y ait substitution prohibée il suffit que la charge de conserver et de rendre résulte implicitement de la disposition
— Spécialement, contient une substitution prohibée — la disposition par laquelle le testateur ordonne que { si son légataire universel décède sans enfants / tous les biens légués passeront à un tiers désigné } — Cass., 1er aoû 1864

Toute disposition
- contenant substitution prohibée (1)
- se reconnaît aux trois caractères suivants : { 1° charge de conserver et de rendre à un tiers / 2° ordre successif / 3° trait de temps } — Cass., 28 février 1853 — 15 juillet 1857

La charge de conserver { n'a pas besoin d'être exprimée formellement / peut résulter du sort fait aux immeubles légués par la disposition }

Les ascendants { autres que les père et mère / ne peuvent faire de substitution au profit des enfants nés et à naître de leurs descendants } — Cass., 29 juin 1853

La charge d'élire { lorsqu'elle renferme la charge de conserver et de rendre au tiers élu / constitue — une substitution prohibée et non pas seulement une condition non écrite } — Cass., 5 mars 1851

L'art. 1048 C. N. doit être restreint au cas de filiation légitime
— Donc le père et la mère naturels ne peuvent { en faisant une disposition au profit de l'enfant par eux reconnu / la grever de substitution au profit de leurs enfants légitimes nés ou à naître } — Trib. Seine, 24 déc. 1867

SUCCESSION

(*Voir* ARBRE GÉNÉALOGIQUE, *ci-contre*)

La qualité d'héritier (2) { est valablement établie vis-à-vis des tiers, spécialement des débiteurs de la succession — par un inventaire — ou — à défaut par un acte de notoriété dans la forme des actes notariés } — Sol. J. N., art. 9825

Est valable comme contrat aléatoire { la convention par laquelle un agent d'affaires { révèle une succession à l'ayant-droit qui l'ignorait et / s'engage à la recouvrer et liquider à ses risques et périls / moyennant le partage par moitié } } — Trib. de la Seine, 19 juin 1856

Les père et mère d'un enfant naturel n'ont droit { à aucune réserve (3) / sur la succession de cet enfant } — C. Paris, 18 novembre 1859 — Cass., 26 décembre 1860

L'héritier non réservataire
- qui s'est mis en possession alors qu'il connaissait l'existence d'un testament instituant un bureau de bienfaisance légataire universel
- ne peut { prétendre aux fruits perçus pendant le temps de sa jouissance / en soutenant que cet établissement { obligé d'attendre l'autorisation du Gouvernement / n'était légataire que sous condition suspensive } }
- — La condition d'autorisation { lorsqu'elle vient à s'accomplir / rétroagissant au jour où le droit a pris naissance }

— Cass., 7 juillet 1868

En cas de partage
- d'une succession d'étranger ouverte en France
- le droit { accordé aux héritiers de prélever { sur les biens situés en France / une portion égale à la valeur de ceux situés] à l'étranger dont ils seraient exclus par la loi étrangère } / peut s'exercer { non-seulement sur les valeurs françaises, mais encore / sur les valeurs étrangères dont les titres ont été trouvés au domicile du défunt — en France } }

— (L. 14 juillet 1819) Cass., 21 mars 1855

L'art. 789 du C. N.
- doit être entendu en ce sens — que
- le successible { qui n'a usé dans les 30 ans { ni de la faculté d'accepter (4) / ni de la faculté de renoncer } / est étranger à l'hérédité }
- ainsi { la succession doit être réputée vacante et / les créanciers n'ont pas d'action contre le successible qui s'est abstenu }

— C. Paris, 8 février 1848

Le privilége de la Régie { pour le recouvrement des droits de mutation par décès / porte { non-seulement sur les fruits des immeubles — mais encore / sur la totalité des valeurs mobilières de la succession } } — Trib. de la Seine, 8 juillet 1852

---

(1) *Le fidéi-commis diffère de la substitution prohibée en ce que le fidéi-commissaire doit restituer sur le champ, sans profiter de la chose, tandis que le grevé de substitution ne doit remettre la chose qu'à son décès. (Dissertation J. N., art. 3889). — Aussi le fidéi-commis tacite fait au profit d'une personne capable de recevoir, est valable (même article).*
La fiducie n'est qu'une charge de gérer et administrer les biens légués jusqu'à ce que le légataire puisse entrer en jouissance. — La faculté de disposer par fiducie ne paraît pas avoir été proscrite.

(2) *On doit éviter, dans les actes reçus pour des héritiers qui ne veulent point accepter formellement l'hérédité, toute énonciation ou stipulation de laquelle on puisse inférer et prétendre acte d'héritier. — L'acceptation expresse qui serait ainsi faite imprudemment ayant pour effet de soumettre irrévocablement l'héritier à tous les engagements qui en sont la suite. (V. C. N., art. 778, 779, etc.) — Jugé d'une autre part que le veuf ayant pris purement et simplement dans l'inventaire la qualité de donataire en usufruit de son conjoint, sa renonciation ultérieure à cet usufruit ne le dispense pas du paiement des droits de mutation par décès. (Cass. 4 avril 1849) (V. J. N., art. 14702).*

(3) *Contrairement à un arrêt de la C. de Cass. du 3 mars 1846.*

(4) *On dit que c'est l'empereur Justinien qui créa le moyen d'acceptation des successions sous bénéfice d'inventaire. — Le principal effet de la renonciation est de dispenser le successible des chances d'un partage ; de l'affranchir des dettes de l'hoirie, de l'obligation d'un rapport qu'il juge désavantageux. (Cass.)*

ARBRE GÉNÉALOGIQUE [1]

POUR LA SUPPUTATION DES DEGRÉS DE PARENTÉ.

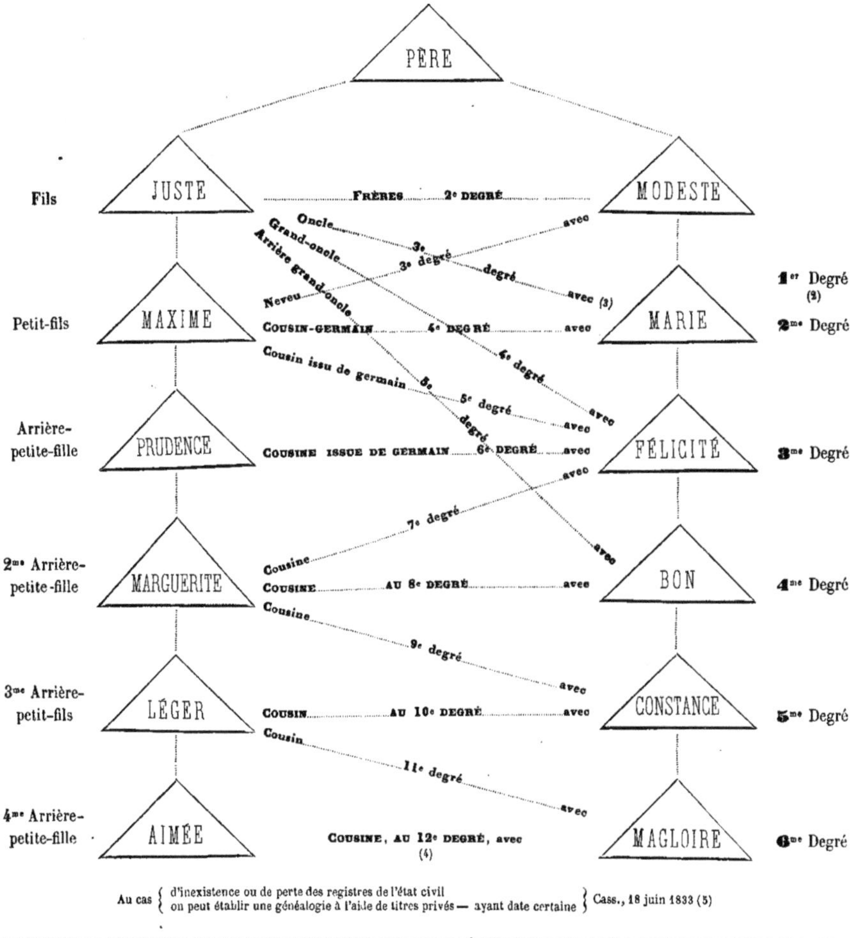

Au cas { d'inexistence ou de perte des registres de l'état civil / on peut établir une généalogie à l'aide de titres privés — ayant date certaine } Cass., 18 juin 1833 (5)

(1) *Généalogie signifie race ; — et, d'après l'Encyclopédie, l'usage de l'arbre généalogique, dans les temps les plus reculés, est attribué aux Arabes.*
C'est l'empereur Justinien qui a établi les trois ordres d'héritiers : ascendants, descendants, collatéraux.

(2) *En ligne directe, on compte autant de degrés qu'il y a de générations entre les personnes :*
Ainsi le fils est à l'égard du père au premier degré ; le petit-fils au second, et réciproquement du père et de l'aïeul à l'égard des fils et petits-fils (Code Napoléon, art. 737).

(3) *En ligne collatérale, les degrés se comptent par les générations, depuis l'un des parents jusques et non compris l'auteur commun, et depuis celui-ci jusqu'à l'autre parent : ainsi, deux frères sont au 2e degré ; l'oncle et le neveu sont au 3e ; les cousins-germains au 4e, ainsi de suite (C. N., art. 738).*

(4) *Les parents au-delà du 12e degré ne succèdent pas (C.N., art. 755).*

(5) *V. C. N., art. 46.*

ACTES ET CONTRATS

TÉMOIN INSTRUMENTAIRE

RÈGLES GÉNÉRALES

On ne saurait
- lorsque la présence réelle des témoins n'est pas exigée / faire un grief disciplinaire au notaire de n'avoir pas réellement instrumenté en présence des témoins — C. Amiens, 16 juillet 1862
- quoiqu'il soit dit dans l'acte qu'ils étaient présents

Les témoins
- sont choisis par le notaire, pour les actes notariés / doivent l'être par le testateur, pour les testaments / ne doivent point signer sans prendre connaissance des actes / ne sont pas responsables de la nullité des actes pour vice de forme — Dict. Not.
- peuvent être déclarés responsables lorsque, sur l'interpellation de notaire — ils ont déclaré { n'avoir aucune cause d'incapacité / tandis qu'ils en avaient une } — C. Colmar, 26 décembre 1860

La présence des témoins instrumentaires est nécessaire à la dictée non moins qu'à la lecture du testament

En cas d'absence d'un des témoins, le notaire doit suspendre l'opération jusqu'à son retour

Les témoins instrumentaires peuvent être entendus dans l'enquête sur l'inscription de faux admise contre un testament authentique
— C. Nancy, 24 juill. 1833

Mais leurs dispositions ne suffisent pas { sans autres preuves, pour établir la fausseté des énonciations constitutives de l'authenticité du testament (1) } — C. Bourges, 2 mai 1832

CAS DE NULLITÉ

L'énonciation
- exacte du nom d'un témoin instrumentaire / est une cause de nullité du testament public et le notaire rédacteur est responsable de la nullité — Trib. Versailles, 31 janvier 1835

L'erreur
- dans la désignation d'un témoin instrumentaire / n'est pas une cause de nullité { dans un testament / lorsque d'ailleurs l'identité du témoin est constante } — Cass., 24 juillet 1840 — 8 décembre 1845

Un testament authentique doit énoncer — à peine de nullité { la demeure habituelle fixe — et / non pas seulement la demeure passagère des témoins } — C. Bordeaux, 6 décembre 1854

Est radicalement nul | le testament par acte public qui a été reçu hors la présence des témoins instrumentaires

Et la nullité d'un testament { prononcée pour cette cause / engage de la manière la plus grave la responsabilité notariale }

En conséquence le notaire { qui a reçu l'acte / doit être condamné à garantir les légataires de tout le préjudice que leur cause la nullité du testament fait en leur faveur }
— C. Riom, 13 août 1856

L'articulation { que les témoins ne sont arrivés auprès du testateur que longtemps après le notaire et / qu'ils ne sont restés auprès du testateur que pendant un temps si court qu'il a été matériellement impossible que le testament ait été dicté et écrit en leur présence / n'est point assez précise pour être admise comme moyen de faux } — C. Lyon, 15 juin 1846

Le notaire n'est responsable { de la nullité des actes par lui reçus / que dans le cas où elle a pour cause — sa faute — sa négligence — ou son impéritie }

En conséquence
- lorsque { en matière de testament / il est établi que le notaire a donné connaissance { aux témoins requis par le testateur et à ce dernier lui-même / des conditions d'aptitude exigées pour les témoins testamentaires } / les témoins ont individuellement déclaré réunir ces conditions }
- le notaire ne saurait être déclaré responsable de la nullité résultant de la parenté { au degré prohibé / de l'un des témoins avec le testateur }

C. Lyon, 12 juin 1857 — C. Nancy, 7 mars 1857

Le testament authentique { fait en présence d'un témoin instrumentaire qui n'a pas la qualité de français / peut être déclaré valable { s'il résulte d'une erreur commune que le témoin a dû être considéré { par le notaire et le testateur / comme ayant cette qualité } } } — C. Paris, 7 mars 1845

Un acte n'est pas nul { par exemple un testament / parce que le nombre des témoins surpasse celui exigé par la loi } — Cass., 6 mai 1809 — Limoges, 7 décembre 1809

On ne peut annuler { un acte notarié comme ayant été reçu avec l'assistance d'un témoin instrumentaire qui serait le clerc du notaire rédacteur / même lorsque ce témoin se serait fait inscrire au stage des aspirants / s'il exerce une profession commerciale et / s'il se borne à faire des écritures dans l'étude { en faisant également des travaux pour d'autres patrons } } — Trib. Agen, 31 juillet 1854

La nullité { du testament authentique / pour parenté de l'un des témoins avec un légataire / ne pourrait être couverte que par une erreur commune qui aurait rendu impossible la connaissance de cette parenté } — Cass., 4 février 1850

Le notaire actionné { en responsabilité pour cause de nullité d'un testament à la réception duquel a été employé comme témoin un parent au degré prohibé / peut repousser cette action { en offrant de prouver qu'il n'a rien négligé pour s'assurer de la capacité des témoins (2) } } — C. Metz, 30 avril 1833 — Douai, 12 juillet 1838 — Toulouse, 23 juillet 1838 — 7 janvier 1839

---

(1) V. J. N., art. 7135.

(2) *C'est au notaire, en général, qu'il appartient de choisir les témoins des actes, et il peut être déclaré responsable du défaut de cette capacité, — suivant MM. Roll., Grenier, et Loret. — Les témoins devant entendre et comprendre les dispositions de l'acte, le consentement des parties, on ne peut employer ceux qui ne savent pas la langue française, les aveugles, les sourds et sourds-muets, les fous et autres personnes incapables physiquement ou moralement (Ed. Clerc). Parmi ces derniers, il faut citer les faillis, certains condamnés et tous les individus privés des droits civils.*

ACTES ET CONTRATS

TÉMOIN INSTRUMENTAIRE

CAPACITÉ

Le failli réhabilité peut être { témoin instrumentaire dans les actes notariés { Trib. Amiens, 9 mars 1864

Un domestique à gages { lorsqu'il est attaché à la personne ou au ménage ne peut être témoin instrumentaire { C. Rennes, 23 juin 1827

—Mais | il n'en est pas de même { des domestiques attachés à la culture spécialement des valets de ferme ou de labour } C. Toulouse, 9 juin 1843

Il est de règle qu'un soldat a son domicile dans le lieu où se trouve son régiment

Cette règle doit — à plus forte raison — s'appliquer aux gendarmes

Et d'après l'arrêt suivant ceux-ci peuvent être employés comme témoins dans tous les actes notariés } Sol. Journ. Not., n° 1253

Un fonctionaire amovible { n'ayant pas de principal établissement dans un lieu autre que celui de sa résidence actuelle est présumé avoir fait élection de domicile dans ce lieu — et il y a qualité suffisante pour être témoin instrumentaire } C. Limoges, 27 mars 1844 (1)

Peuvent être témoins { l'ecclésiastique — dans un testament qui contient des dispositions au profit de sa paroisse le curé qui reçoit un legs destiné à faire dire des messes ou des prières

ces dispositions ne constituant { ni un legs ni une libéralité — mais une charge de l'hérédité } C. Liége, juillet 1806 / C. Agen, 13 août 1807 / Cass., 11 septembre 1809

Les sourds ne peuvent être témoins à un testament authentique ni à une donation entre-vifs

Il en est de même de ceux qui ignorent la langue dans laquelle le testament ou la donation ont été passés — } C. Douai, 1er juillet 1856

Mais cette incapacité ne s'applique pas aux actes pour lesquels la présence réelle des témoins n'est pas nécessaire }

La capacité putative { d'un témoin instrumentaire ne supplée la capacité réelle qu'autant que l'erreur commune s'appuie sur des faits et actes qui la rendent excusable } Cass., 24 juill. 1839

Les décisions des juges { ne renfermant en pareil cas qu'une appréciation de faits n'est point susceptible de cassation

L'erreur commune sur l'âge d'un témoin instrumentaire suffit pour la validité d'un testament | C. Aix, 30 juillet 1838

La qualité { de domicilié dans l'arrondissement communal — que doit avoir un témoin instrumentaire n'est pas subordonnée à un temps déterminé de résidence }

Il suffit que ce domicile soit établi conformément aux art. 102 et suivants du Code Napoléon } Sol. J. N., art. 9744

Il n'est pas nécessaire { que les témoins instrumentaires { appelés pour un testament soient domiciliés dans l'arrondissement communal } Cass., 10 mai 1825 — 4 janv. 1826 — 23 août 1832 — 4 août 1841 / C. Rouen, 13 mai 1840 (2)

Les témoins instrumentaires d'un testament peuvent être parents entre eux

Cela est constant et fondé sur ce que — la prohibition relative à la parenté ne peut être étendue d'un cas à un autre } Dict. Not. (3) / Sol. Journ. du Not.

Un étranger qui jouit en France des droits civils n'est pas capable par cela seul d'être témoin instrumentaire | Cass., 13 et 28 janv. 1811—Colmar, 13 fév. 1818

L'alliance ne cesse pas par le décès sans enfants de l'époux qui la produisait

Dans ce cas, les alliés au degré prohibé ne demeurent pas moins incapables d'être témoins instrumentaires } CC. Bruxelles, 11 juin 1812 / Dijon, 26 janvier 1827 / Paris, 12 mars 1830 / Nimes, 28 janvier 1831 / Cass., 16 juin 1834

Le mari de la légataire { bien qu'il ne soit pas nommé dans le testament s'y trouve nécessairement intéressé comme chef de l'association conjugale doit profiter au moins pour la jouissance des dispositions faites en faveur de sa femme rentre donc sous l'application de l'art. 975 C. N., qui étend l'incompatibilité

de parenté { à tous les légataires à quelque titre qu'ils le soient, c'est-à-dire à tous ceux qui doivent tirer un profit du testament } Sol. Journ. Not., n° 1232

Il ne serait pas prudent de prendre { pour témoins du testament l'allié au degré prohibé du mari de la légataire

Un individu { en état de faillite ne peut être employé comme témoin instrumentaire

L'erreur commune ne peut { couvrir en pareil cas la nullité résultant du défaut de capacité du témoin qu'autant qu'il est constant que la faillite était ignorée dans la résidence de ce témoin } C. Rouen, 13 mai 1839

Pour déterminer { ce qu'on doit entendre par campagne dans le sens de l'art. 974 du Code Napoléon il ne faut pas admettre comme règle que tout ce qui n'est pas ville soit campagne

C'est aux magistrats qu'il appartient de décider { d'après les circonstances quelle qualification doit être attribuée au lieu où le testam. a été reçu } C. Grenoble, 22 mars 1832

Un lieu { dont la population est de 900 âmes — mais qui ne comprend que des cultivateurs et quelques artisans peut être considéré comme campagne dans le sens de l'art. 974 C. N. } C. Grenoble, 7 juillet 1838 (4)

Un notaire ne doit { user { que dans les cas d'absolue nécessité { pour éviter que l'on prétende qu'il aurait pu trouver tous témoins signataires : de la disposition de l'art. 974 C. N. { cette appréciation n'étant pas suffisamment déterminée ni en doctrine ni en jurisprudence

employer pour témoins que des hommes qui { outre les qualités voulues par la loi présentent la certitude d'une solide probité } Afin de prévenir les fausses déclarations que des parties pourraient obtenir par l'appât d'un gain ou tout autre intérêt contre la sincérité des actes notariés

---

(1) *V. au J. N., art. 8788, la dissertation de Me Sericys, notaire à Aurillac, sur la capacité des témoins instrumentaires. — V. Journ. Not., nos 1234 et 1282 — (2) L'arrondissement communal est aujourd'hui celui du Tribunal de première instance. La question dont il s'agit, qui n'a pas fait doute depuis ce dernier arrêt, était controversée avant, quoiqu'il existât de nombreuses décisions pour la dispense. — (3) Le J. N. est revenu sur cette question, et, dans son art. 17207, il reconnaît que la Jurisprudence n'est pas constante sur ce point. — D'où il faut conclure qu'il est prudent d'éviter cette parenté des témoins. Le même art. contient une dissertation entière. — (4) V. J. N., art. 9661. — La précision étant loin d'être établie sur ce point, les notaires doivent toujours, à moins d'impossibilité absolue, tenir à avoir tous témoins signataires, même dans les moindres hameaux.*

ACTES ET CONTRATS

TESTAMENT

CAPACITÉ DE TESTER

La capacité civile du testateur { à l'époque du testament ne suffit pas — si elle n'existe encore au moment du décès } C. Agen, 1824 (1)

Le testateur est présumé sain d'esprit jusqu'à preuve contraire

— Si les faits tendant à établir l'insanité { ne se rapportent pas à la date du testament et / ne caractérisent pas une imbécillité habituelle } ils doivent être rejetés } C. Douai, 5 mai 1851

On peut prouver par témoins que le testateur n'était pas sain d'esprit au moment du testament { Caen, 21 août 1819, 22 février 1822 / C. Rouen, 9 janvier 1823 — Bourges, 30 nov. 1830

Le notaire a le droit { d'apprécier l'état mental du testateur et / de refuser son ministère si le testateur ne lui paraît pas sain d'esprit (2)

— Conséquemment { si l'insanité d'esprit du testateur lui apparaît seulement après l'apposition de la signature du testateur et celle des témoins / le notaire peut refuser de compléter l'acte en y apposant sa propre signature } C. Bordeaux, 5 août 1841

En admettant { qu'en cas de surdité du testateur, le notaire puisse régulièrement confier la lecture du testament au testateur lui-même / il faut au moins, à peine de nullité, que l'acte constate — non-seulement que cette lecture a été faite en présence des témoins — mais qu'elle l'a été de manière à être entendue de ceux-ci } Cass., 10 avril 1854 (3)

Le sourd-muet { sachant lire et écrire, et connaissant d'ailleurs la valeur et le sens des mots qu'il trace en écrivant / peut faire un testament olographe (4) } C. Pau, 23 décembre 1851

Les condamnés à la réclusion peuvent tester | C. Montpellier, 16 juin 1835 — Trib. Colmar, 14 avril 1845

STIPULATIONS VALABLES

Est valable { une peine testamentaire — lorsqu'elle n'a pas pour objet une condition contraire aux lois ou aux mœurs | Cass., 22 déc. 1855

la condition { imposée dans le legs d'une femme mariée sous le régime dotal / que les biens légués sont paraphernaux / qu'elle les administrera et en percevra les fruits seule et sans le concours de son mari } C. Paris, août 1835 — C. Aix, juillet 1846 — J. N., art. 8084 (5)

la disposition testamentaire par laquelle { une personne sans héritier à réserve / dispose de tous ses biens pour des prières

— cette disposition { quand elle est mise à la charge d'un exécuteur testamentaire n'étant pas une libéralité en faveur d'une église, ou fabrique, etc. / n'a pas besoin de l'autorisation administrative } C. Rennes, 22 août 1861

la clause d'emploi en rentes sur l'État d'un legs universel

Cette rente peut être { constituée à titre de pension alimentaire — et / déclarée incessible

On ne saurait voir { dans cette condition d'incessibilité / une immobilisation du capital contraire au principe de la libre circulation des biens consacré par les art. 537, 544 et 1598 du Code Napoléon } Trib. de la Seine, 27 mai 1868 (6)

Un testateur { dans la disposition par laquelle il lègue { l'usufruit de certains immeubles à une personne, et / la nue-propriété aux enfants de cette personne / peut valablement stipuler que l'usufruit sera incessible et insaisissable } Cass., 9 mars 1868

— Cette clause peut être considérée comme clause { d'inaliénabilité temporaire / établie dans l'intérêt des légataires de la nue-propriété

Le legs { fait { à une femme mariée en communauté / à condition qu'elle touchera { le revenu des biens légués sur ses simples quittances et sans l'autorisation de son mari / est valable et ne saurait être déclaré nul { soit comme contraire à la puissance maritale — ni comme dérogeant aux stipulations du contrat / peut contenir aussi la condition que le mari n'en aura même pas l'administration } C. Paris, 27 janvier et 27 août 1835

La disposition { testamentaire par laquelle un aïeul prescrit qu'il soit fait emploi de toutes les sommes que ses petits-enfants mineurs recueilleront dans sa succession / est une disposition valable qui ne peut être critiquée par leur père / — C'est à tort que ce dernier prétendrait que l'obligation de faire emploi ne peut s'appliquer qu'aux sommes comprises dans la quotité disponible } Trib. de la Seine, 29 mai 1866

Un legs peut être fait | à la condition que les biens légués seront insaisissables par les créanciers antérieurs du légataire

— Cette clause — peut s'appliquer aux immeubles aussi bien qu'aux meubles

— Et les créanciers du légataire ne peuvent intenter l'action de fraude contre un testament qui n'est pas l'œuvre de leur débiteur } Cass., 20 décembre 1864

La condition { imposée par un fils à sa mère — dans un testament de ne pas se remarier, et, en cas de convol d'être réduite à sa réserve légale / n'a rien de contraire aux lois, aux mœurs, au respect filial } C. Montpellier, 14 juillet 1858

Le notaire peut être nommé exécuteur testamentaire dans le testament qu'il reçoit | J. N., art. 709, 824

---

(1) *Conformément à l'opinion de M. Duranton.* — (2) *Le notaire doit seul interroger et faire expliquer le testateur sur ses dispositions ; c'est un devoir pour lui de refuser son ministère, lorsque la volonté du testateur ne lui paraît pas libre (Ed. Clerc). — La faiblesse d'esprit qui n'a pas le caractère de la démence ou de l'imbécillité ne rend pas incapable de disposer par testament. — L'état de maladie n'est une cause de nullité que lorsqu'il en résulte une altération dans les facultés intellectuelles, comme le transport et le délire (Dict. Not.) — La loi exige du testateur une sagesse et une intelligence moins équivoques, une volonté plus éclairée et plus ferme que pour la validité de tous autres contrats (Cass., 22 novembre 1810). — Il est du devoir moral des notaires de s'assurer si l'esprit de celui qui veut tester est sain ; mais ils ne sont pas juges de cette capacité, et il n'est pas nécessaire qu'ils en fassent l'énonciation |(Dissertation, J. N., art. 3773). — M. N. Bacqua dit : On considère comme n'étant pas sain d'esprit, non-seulement l'individu dont la raison est altérée ou qui se trouve dans un état de démence, d'imbécillité ou de fureur, mais toute personne qui, au moment de l'acte, était animée par une passion violente, par un transport de colère ou de haine, ou qui était frappée d'une maladie ou infirmité tellement grave que ses facultés intellectuelles devaient en être troublées, et que l'ivresse peut aussi dans certains cas, devenir une cause de nullité de la disposition. — (3) V. J. N., art. 15250. — (4) Comme le sourd-muet, le muet est incapable de tester par acte public ; mais s'il sait lire et écrire, il peut faire un testament olographe ou mystique. — L'aveugle qui peut faire une donation ne peut tester que par acte public (Grenier). — (5) Lors même que, d'après le contrat de mariage, tous les biens à venir sont soumis à la dotalité. — (6) Solutions neuves.*

ACTES ET CONTRATS

TESTAMENT (1)

FORME

Le testament doit contenir en lui-même la preuve des conditions essentielles à sa validité | Cass., 13 juin 1866

Le testament par acte public { est soumis { à la loi du 25 ventôse an 11 | comme tous les actes notariés / pour tous les points auxquels le Code Napoléon ne contient pas de dérogation spéciale } Cass., 1ᵉʳ oct. 1810 — Caen, 11 juin 1818 — C. Paris, 25 mai 1846

Ainsi { le testament n'est point frappé de nullité pour défaut d'approbation d'un renvoi mis à la suite : / la nullité n'atteint que le renvoi non approuvé } C. Paris, 17 janvier 1835

La mention { exigée par l'art. 972 C. N. / n'est assujettie à aucune forme sacramentelle / peut résulter de certains équipollents } Cass., 8 août 1867

La règle { d'après laquelle les testaments publics doivent être écrits { par le notaire / en présence des témoins / ne s'applique { qu'aux dispositions qui sont l'œuvre du testateur, et non / pas au préambule qui est un acte propre au notaire } C. Montpellier, 24 juillet 1867

Le vœu de la loi | ne serait pas rempli | si le notaire se bornait à copier un projet écrit que lui remettrait le testateur | C. Poitiers, 30 juin 1836 (2)

Mais le testateur peut valablement { dicter ses dispositions / en lisant un projet qu'il aurait préparé ou fait préparer d'avance } Cass., 14 juin 1837

L'unité de temps et d'action { n'est pas nécessaire dans le testament public / n'est prescrite par l'art. 976 du Code Napoléon qu'à l'égard du testament mystique } Diss. J. N., art. 320, 1412

Quand il y a controverse { sur l'application d'une disposition prohibitive de la loi / touchant certaine forme du testament public / le notaire rédacteur { qui embrasse une opinion de préférence à une autre / n'est point passible de dommages-intérêts en cas d'annulation du testament } Trib. d'Hazebrouck, 9 janvier 1836 — C. Douai, 22 janvier 1837

La confiance { due au testament authentique / ne saurait être ébranlée par les déclarations { divergentes des témoins / sur le fait de la dictée / — fait constaté régulièrement par le notaire } Cass., 8 janvier 1866

— En conséquence l'inscription de faux { contre le testament / doit être rejetée

L'inobservation { des formes prescrites { par l'art. 1007 du Code Napoléon / pour la présentation et l'ouverture du testament olographe ou mystique / n'en entraîne pas la nullité. } . . . . .

Il n'est pas nécessaire { que le testateur { qui déclare avoir fait écrire son testament mystique / désigne cette personne / pour la validité du testament mystique / qu'il soit constant que le testament a été lu par le testateur } Cass., 12 mai 1812, 16 décembre 1800 — 27 mai 1868

— Il suffit que les juges du fond constatent que ce testateur savait lire

Le notaire peut recevoir l'acte de suscription du testament mystique { lors même { qu'il a écrit le testament / que le testament contient un legs à son profit / ou à celui de ses parents au degré prévu par / l'art. 8 de la loi du 25 ventôse an 11 } Nîmes, 21 février 1820 — Dissertation, J. N., art. 121, 2605, 4750

L'acte de suscription doit être écrit par le notaire lui-même et il est prudent qu'il en fasse mention | Dissertation, J. N., art. 560 — V. 7676

La loi n'indiquant pas de quelle manière doit être scellé le testament mystique — il suffit qu'il y ait

Apposition { d'une empreinte / d'un cachet quelconque } de manière que le testament ne puisse être extrait sans altération du papier } C. Bordeaux, 14 mars 1839

Le notaire { rédacteur de l'acte de suscription d'un testament mystique / est responsable des suites du vice de forme de cet acte } C. Bordeaux, 14 mars 1834

Un testament mystique | ne peut être ouvert du vivant et sur la réquisition du testateur | Sol. Journ. Not., n° 1272

Tous les vices de forme qui peuvent être proposés contre un même acte doivent être présentés à la fois }
La présentation d'un vice de forme { après qu'il a été déjà prononcé sur d'autres vices de même nature / ne peut empêcher l'autorité de la chose jugée } Cass., 11 mars 1857

La nullité d'un testament pour vice de forme ne se prescrit que par trente ans | C. Bordeaux, 14 mars 1843

---

(1) *V. le J. N., art. 13744, au dernier alinéa des observations pour le moyen d'éviter au notaire le paiement du droit de transcription des testaments portant substitution. — Un testament était nul autrefois, s'il ne contenait des legs pieux (Serieys).*

(2) *Toullier et Duranton professent la même opinion qui doit prévaloir, car ainsi il n'y a pas réellement dictée.*

ACTES ET CONTRATS

TESTAMENT

FORME EXTRINSÈQUE (1)

Le testament authentique
- doit recevoir son entière exécution dans la pièce même où il est dicté par le testateur alité
- est conséquemment nul
  - lorsqu'il a été écrit par le notaire dans une chambre autre que celle où le testateur se trouvait et de laquelle il était impossible de converser avec lui
  - lorsque d'ailleurs il a été signé par les témoins et le notaire hors la présence du testateur } Cass., 20 janvier 1840

La dictée des testaments publics ne s'entend pas d'une transcription littérale, c'est l'identité des idées et non celle des mots que la loi exige } Cass., 4 mars 1840 — Trib. Lyon, 4 juillet 1846 — C. Paris, 2 février 1857

Il n'y a dictée qu'autant que le notaire reçoit les paroles du testateur et les écrit immédiatement en sa présence | Journ. du Not., nº 1212

On ne peut conclure de ce que le testateur avait de la difficulté à s'exprimer qu'il n'a pas dicté son testament — Le testament peut avoir été dicté quoique le notaire l'ait copié sur un projet à lui remis par le testateur } C. Bordeaux, 6 août 1855

Il n'est pas interdit au notaire qui reçoit un testament d'en écrire la dictée sur brouillon et de le transcrire ensuite sur son acte, le tout en présence du testateur et des témoins auxquels lecture a été donnée de l'acte ainsi transcrit } Cass., 11 juin 1849

Le notaire peut aussi écrire, avant l'arrivée des témoins instrumentaires, l'intitulé du testament jusqu'au mot : j'institue | Cass., 14 juin 1837 (2) — 4 mars 1840

La loi n'impose nulle part au notaire l'obligation à peine de nullité de procéder lui-même à la lecture du testament quoique ce mode soit le plus rationel

On ne saurait
- considérer un testament qui
  - comme ayant été dicté au notaire d'après le vœu de la loi
  - aurait été
    - après une conférence avec le testateur en présence de témoins
    - écrit chez le notaire — apporté tout rédigé au testateur complété et clos dans une autre chambre que la sienne } C. Bordeaux, 6 juill. 1855
- trop compléter la mention de la présence des témoins à la lecture du testament public quoique cette mention n'exige pas de termes sacramentels } Cass., 20 mars 1854

Dans un testament public
- une signature incorrecte ou peu lisible ne constitue pas l'absence de signature | Cass., 31 décembre 1850
- il n'y a pas nullité
  - pour fausse déclaration de ne savoir signer
  - lorsque le testateur étant illettré a pu se considérer de bonne foi comme ne sachant pas signer
  - surtout si la même déclaration a été faite dans les actes antérieurs quoiqu'il ait signé d'autres actes } C. Bordeaux, 18 janvier 1837 — C. Riom, 13 (3)

Les deux notaires qui reçoivent un testament peuvent l'écrire alternativement | Dissertation J. N., art. 2458

Une signature
- irrégulière, incomplète et même illisible
- est suffisante
  - pour la validité d'un testament public
  - lorsque d'ailleurs elle a été tracée par le testateur en présence du notaire et des témoins, et qu'elle ne diffère pas essentiellement de celle qu'il apposait sur les actes faits par lui à la même époque } C. Bordeaux, 2 mai 1861

Les renvois
- placés en marge du testament authentique et dûment paraphés
- font partie du corps de l'acte, et sont couverts par la mention finale de la lecture

— En conséquence
- il ne suffit pas pour s'inscrire en faux contre ces renvois d'articuler qu'ils ont été ajoutés après coup
- il faut encore s'inscrire en faux contre la mention de lecture qui leur est applicable } Cass., 18 août 1856

Un testament doit être déclaré nul
- lorsqu'un des témoins instrumentaires s'est absenté pendant un instant suffisant pour permettre au testateur d'exprimer sa volonté
- si, pendant cette absence qui n'a duré qu'une minute
  - le notaire n'a pas suspendu sa rédaction — et
  - les témoins sont dans l'impossibilité d'affirmer que durant la même absence aucune communication n'a eu lieu entre le testateur, le notaire et les témoins } C. Dijon, 9 janvier 1863

Le testament authentique est nul
- quand il est fait par réponses à des interrogations : — il doit être dicté | C. Nancy, 24 juillet 1833
- si le notaire ne mentionne pas la déclaration du testateur sur son impossibilité de signer et sur la cause qui l'en empêche } C. Limoges, 17 juin 1808 — 4 décembre 1821 — C. Bordeaux, 17 juillet 1845
- si le notaire ne lit pas cette mention au testateur en présence des témoins } C. Paris, 14 juillet 1851
- lorsqu'il contient la reconnaissance d'une dette
  - au profit d'un des témoins instrumentaires
  - contractée sans titre par le testateur envers ce témoin } C. Bordeaux, 3 avril 1841
- pour fausse énonciation du lieu où il a été passé même en l'absence de toute intention frauduleuse et sans qu'il soit tenu compte de ce que le notaire a agi par inadvertance } Caen, 16 mars 1850

En Algérie
- dans les localités où il n'existe pas de notaire
- les testaments peuvent être reçus par les secrétaires des commissariats civils

— La capacité putative
- d'un fonctionnaire public
- fondée sur l'erreur commune
- supplée la capacité réelle } C. d'Alger, 22 février 1858

---

(1) *Le testament doit renfermer la preuve de l'observation des formes auxquelles la loi l'a soumis (Grenier). — Le défaut de date en entraînerait la nullité (Dict. Not.) — Quoiqu'aucune loi ne le prescrive, on est dans l'usage (qu'il faut toujours observer) de mentionner l'heure de la passation des testaments, parce que, dit Massé, étant possible que le même individu, après avoir fait un testament le matin, change d'avis dans la journée et envoie chercher un autre notaire pour faire un nouveau testament, si l'heure n'est pas indiquée, on ne pourra décider la question de postériorité entre ces deux actes.*

(2) *Jugé au contraire que les témoins exigés par l'art. 971 du Code Napoléon doivent, à peine de nullité du testament, assister à la dictée du préambule comme au reste (Cass. 15 avril 1856).*

(3) *Ed. Clerc dit que la question est controversée et conseille au notaire de s'abstenir, août 1856. — V. pour le dépôt des testaments olographes aux notaires d'Algérie, art. 26 de l'arrêté du 30 décembre 1842.*

ACTES ET CONTRATS

TESTAMENT

DISPOSITIONS DIVERSES

Est valable — la disposition testamentaire qui prive l'un des héritiers de la portion disponible s'il n'exécute certaines obligations à lui imposées par le testament — si les charges { dont on a voulu assurer l'exécution par la peine testamentaire / ne sont pas contraires aux bonnes mœurs ou à l'ordre public } — Dans le cas contraire — la clause doit être considérée comme non écrite — *Cass., 9 décembre 1862*

Un notaire peut recevoir le testament de son cousin-germain { l'art. 975 du Code Nap. ne s'applique qu'aux témoins instrumentaires / la capacité du notaire demeure régie par l'art. 8 de la loi de ventôse } *C. Grenoble, 11 février 1850*

Un don peut être reçu | par l'exécuteur testamentaire, quoiqu'il soit incapable de recevoir un legs | *Sol. J. N., art. 8002*

L'exécuteur testamentaire est responsable de l'inexécution { des dispositions du testateur / imputable à sa faute ou à sa négligence } *Cass., 27 août 1855*

Les préfets ne peuvent autoriser les communes à accepter les dons et legs à leur profit avant de s'être assurés que les héritiers du testateur ne réclament pas contre l'exécution de ces libéralités — *Conseil d'État, 2 février 1866*

La reconnaissance de dette { faite dans un testament — n'ouvre pas d'action judiciaire contre le testateur / faite par un mineur — ne peut pas former une créance valable contre lui } *C. Douai, 23 janvier 1850*

La femme { qui lègue à son mari l'usufruit de la portion de biens réservée aux ascendants / peut le dispenser de fournir caution } *C. Paris, 21 mai 1859*

Le légataire universel d'un époux qui { par son contrat de mariage / a fait donation à son conjoint de l'usufruit des biens qu'il laisserait à son décès } n'est pas fondé à prétendre que les legs particuliers de sommes d'argent faits par cet époux sont eux-mêmes grévés de l'usufruit dont il s'agit — est tenu, même sur ses biens propres, de délivrer immédiatement les legs en pleine propriété — Ici ne s'applique point l'art. 1020 C. N., qui ne dispose qu'à l'égard des legs de corps certains — *C. Paris, 27 juillet 1868*

Ne contient pas de substitution prohibée la clause par laquelle **Le testateur** après avoir légué l'usufruit de ses biens à une personne dispose que { après la mort de cet usufruitier / la propriété desdits biens passera à telle autre et / si cette dernière vient à mourir avant l'usufruitier / la succession passera à un autre — notamment à un établissement de bienfaisance } *C. Nîmes, 5 décembre 1865*

Il n'y a pas substitution prohibée dans la clause par laquelle **Un testateur** après avoir légué la nue-propriété de ses biens — déclare qu'au cas { de décès des légataires sans enfants / le bien retournera à d'autres personnes } *Trib. de la Seine, 26 août 1865*

Testament olographe — si { pour le dépôt d'un testament olographe / le notaire n'a pas droit à des honoraires proportionnés au montant des legs / le juge n'est pas tenu de prendre pour règle l'usage contraire qui serait suivi par les notaires de l'arrondissement } — il ne lui est point interdit d'avoir égard { pour la fixation des honoraires / à l'importance des valeurs léguées } — le légataire universel { en concours avec des légataires particuliers / n'est pas tenu solidairement au paiement des honoraires dus au notaire dépositaire du testament qui l'institue / n'y est tenu que dans la proportion de l'émolument qu'il retire } *Trib. Grenoble, 19 juin 1868*

Le testament olographe | fait foi de sa date jusqu'à inscription de faux | *CC. Nancy, 15 juillet 1843 — Douai, 15 avril 1845 — Riom, 19 août 1856*

C'est à l'héritier légitime { qui méconnaît l'écriture ou la signature du testament olographe / à en opérer la vérification, et non au légataire envoyé en possession (1) } *Cass., 21 juillet 1852*

On peut prouver par témoins { la suppression { ou destruction volontaire ou fortuite / d'un testament olographe, et } / les dispositions qu'il contenait } *C. Toulouse, 12 avril 1862*

---

(1) *La loi n'exige pas, à peine de déchéance, que l'ordonnance d'envoi en possession soit obtenu par le légataire (Grenier, Merlin).*

ACTES ET CONTRATS

TESTAMENT

DISPOSITIONS DIVERSES

Lorsque { les motifs { énoncés dans un testament comme ayant déterminé le testateur à disposer de sa fortune de la manière qu'il indique renferment une erreur de fait } ses libéralités peuvent être déclarées nulles comme fondées sur une fausse cause

Il en est ainsi { au cas où le testateur a déclaré que : « n'ayant pas d'héritiers, il lègue aux pauvres les actions, etc. qu'il possède, » s'il se présente des héritiers dudit testateur au degré successible } héritiers { inconnus de lui jusqu'à son décès — et se trouvant dans une situation de fortune qu'il eût certainement prise en considération } — *C. Paris, 9 février 1868*

Est nulle { comme renfermant un legs fait à des personnes incapables ou incertaines } la disposition par laquelle un testateur lègue { tous les revenus de ses biens jusqu'à la majorité de ses légataires pour être employés en bonnes œuvres comme le jugera convenable M. le Curé } — *C. Rennes, 14 mars 1866*

— Alors surtout que { à cause de son importance relative cette disposition ne peut être rangée dans la catégorie des legs de bienfaisance qui, à raison de leur chiffre minime, peuvent donner à l'expression de bonnes œuvres un caractère précis pour telles ou telles œuvres de telle localité }

La disposition { qui accorde aux débiteurs du testateur un délai pour se libérer après sa mort et en ne payant les intérêts qu'à partir de cette époque est un véritable legs — et le testament est nul si le notaire ou les témoins étaient au nombre de ces débiteurs } — Il en est de même quant aux cautions de ces débiteurs — *C. Riom, 23 mai 1855*

Une condition illicite { contenue en un testament, par exemple l'obligation de ne pas vendre les immeubles légués, à laquelle ils ont ajouté : « condition expresse et de rigueur sans laquelle le legs n'aurait pas lieu » doit être réputée non écrite } — Et le legs doit être déclaré pur et simple — *Cass., 7 juillet 1868*

Est nulle comme illicite { la condition { imposée au légataire d'un jardin que le testateur y sera inhumé { si ce jardin est dans l'intérieur d'une ville (1) } imposée au même légataire de conserver le jardin tel qu'il est sans y apporter de changement de culture } — *C. Bord., 27 août 1855*

Un notaire a intérêt et droit à intervenir sur une demande { en faux incident civil formée contre le testament qu'il a reçu } — *C. Grenoble, 17 janvier 1867*

Dans le cas d'inscription de faux { contre un acte notarié spécialement contre un testament public le notaire rédacteur de l'acte doit être admis à intervenir dans l'instance pour discuter les moyens de faux } — Et si ces moyens sont reconnus mal fondés { le notaire a droit à des dommages-intérêts } — *T. Montpellier, 25 décemb. 1847*

Il appartient aux Juges du fait d'apprécier souverainement si la révocation { d'un premier testament résulte d'un testament postérieur } — *Cass., 4 juin 1867*

Le juge { peut et doit { quand une formalité même substantielle se trouve insuffisamment énoncée dans sa liberté d'appréciation rechercher { dans les autres parties de l'acte (même dans un testament) et surtout dans sa clôture si une autre disposition ne vient point en aide à celle qui est jugée insuffisante et si elle ne peut pas servir à en compléter le sens } } — *Sol. Journ. Not., no 1222*

Lorsqu'il s'agit de savoir { si les formalités commandées par la loi à peine de nullité ont été remplies et si par conséquent un testament est nul ou valable en la forme les arrêts des Cours impériales peuvent être annulés par la Cour de cassation } — *Cass., 13 mai et 22 juillet 1829*

Un testament authentique { qui révoque expressément un testament antérieur ne peut { s'il est nul comme testament valoir comme acte révocatoire quoique revêtu de toutes les formes exigées pour la validité des actes notariés ordinaires } } — *Cass., 10 avril 1855*

Le principe posé dans l'art. 1340 du Code Napoléon s'applique aux testaments — aussi bien qu'aux donations — Ainsi l'exécution du testament { faite par les héritiers du testateur en connaissance de cause les rend non recevables à opposer les nullités de forme de ce testament } — *C. Rennes, 12 mai 1851*

En principe { la nullité d'un testament peut être couverte { par l'approbation des parties intéressées | Dissertation, J. N., art. 539 ou par une exécution volontaire faite sans réserve quand on a connaissance du testament } } — *Grenoble, 26 août 1806 / Paris, 5 février 1829 / Cass., 11 août 1857*

N'est valable { la ratification d'un testament qu'autant que la *partie qui le ratifie* a eu connaissance du vice dont le testament était infecté } — *Cass., 14 mai 1867*

---

(1) *La loi du 23 prairial an 12, ne permettant, dit l'arrêt, de faire d'une propriété privée un lieu de sépulture, qu'autant qu'elle est située hors de l'enceinte des villes et bourgs.*

ACTES ET CONTRATS

TRANSPORT-CESSION

DISPOSITIONS GÉNÉRALES ET DIVERSES

Pour faire un transport — il faut avoir la capacité d'aliéner | Dict. Not.

Les règles du contrat de vente sont applicables { au transport des créances et autres droits incorporels / dans tous les cas où la loi n'a point apporté de dispositions spéciales } Dict. Not.

— Ainsi le transport se compose de 3 éléments : — un objet — un prix — le consentement des parties sur la chose et le prix

On peut céder (1) { une créance non encore existante, telle qu'une créance sous condition suspensive / un capital non encore exigible / des intérêts non encore échus — et des fruits non encore produits

— Mais { la cession anticipée des revenus d'un immeuble — par le débiteur à un tiers / ne peut porter préjudice aux créanciers hypothécaires qui ont un droit / non seulement sur le prix de l'immeuble, mais encore sur les intérêts du prix à partir de l'aliénation } Cass., 3 novembre 1843

le transport des loyers à échoir cesse de produire effet à l'égard des créanciers / du jour de l'immobilisation des loyers par la transcription de la saisie immobilière } C. Paris, 3 avril 1862

On ne peut céder { ni les pensions sur l'État ni les rentes viagères | . . . . . / les droits exclusivement attachés à la personne | Dict. Not.

une créance éteinte par la compensation — à moins que le débiteur { par son acceptation / renonce au droit d'opposer cette compensation } Dict. Not.

La promesse unilatérale de vente { constitue un droit personnel — et / ne peut être transportée en ce sens que celui à qui elle a été faite ne peut se substituer / un tiers à l'égard du promettant pour l'exécution des obligations de celui-ci } Cass., 17 juin 1839 / Paris, 2 juillet 1847 / Aix, 21 décembre 1863

La cession d'un prix de vente de meubles est nulle à l'égard des tiers lors qu'au moment de sa signification aux adjudicataires

Ceux-ci étaient dessaisis des sommes par eux dues { qui avaient été déposées à la caisse des consignations — et / se trouvaient l'objet d'une procédure en contribution } Cass., 12 mars 1844

Les sommes déposées à la Caisse d'Épargne ne sont pas cessibles par voie de transport | Trib. Montpellier 22 avril 1842

La saisie-arrêt { trappe d'indisponibilité la créance saisie-arrêtée — et / empêche le transport à moins que le premier saisissant n'ait donné main-levée avant toutes autres oppositions } Cass., 8 juin 1852

Les lois { des { 23 septembre 1814 / 28 avril 1816 } n'ont nullement dérogé { à celle du 19 pluviôse an 8 / en ce qu'elle réduit à un cinquième la quotité des appointements des militaires sur laquelle leurs créanciers peuvent exercer des droits } Cass., 8 juin 1831

La réduction { à un cinquième à l'égard des créanciers opposants / n'empêche pas les militaires de faire la cession de 4/5ᵉˢ de leurs appointements arriérés

L'héritier bénéficiaire ne peut { vendre les rentes sur l'État au-dessus de 50 fr. / sans autorisation préalable de justice

L'art. 805 C. N. { qui l'autorise à vendre / ne s'applique qu'aux meubles par nature et non aux meubles par la détermination de la loi } Sol., Journ. Not, n° 1338

Quant aux rentes de 50 fr. et au-dessous l'héritier bénéficiaire { comme tout autre administrateur / peut les transférer sans autorisation } L. 24 mars 1806

Le trésor (2) { n'admet pas les cessions de rentes nominatives sur l'État faites par acte notarié / exige d'une manière absolue le ministère d'un agent de change

Cependant { il est certains cas où les rentes peuvent être cédées par acte notarié — par exemple : / si la rente est donnée en paiement du prix d'un immeuble ou pour éteindre une dette préexistante / si elle fait l'objet d'une donation / si la cession a une autre cause qu'un transfert pur et simple à prix d'argent } Sol., Journ. Not., n° 1327

Sous le régime dotal { le mari peut { céder et transporter { avant l'échéance du terme — et / aux risques et périls du cessionnaire / les sommes dotales dues à la femme / attendu { que le mari doit être considéré comme le propriétaire de la dot mobilière / qu'il peut en disposer à sa volonté / qu'il a un droit né et actuel même sur la dot payable à terme } C. Agen, 30 nov. 1845 (3)

Les cessionnaires partiels { d'une créance privilégiée / doivent être payés par contribution { sans égard aux dates de leurs cessions respectives / à moins de conventions contraires } Cass., 29 mai 1866

Lorsque { une personne a consenti divers transports d'une créance hypothéquée sur un tiers, / les cessionnaires ont pris inscriptions le même jour, / — ils ne viennent pas pour cela en concurrence entr'eux sur le prix de l'immeuble / — le cessionnaire le plus ancien doit être préféré } C. Caen, 27 mai 1864 / Cass., 20 novembre 1865

On peut dans un transport { stipuler des clauses particulières / modifier les obligations relatives à la garantie / stipuler la résolution pour défaut de paiement } Dict. Not.

L'acceptation du transport { n'équivaut à la signification { vis-à-vis des tiers / qu'autant qu'elle est authentique / résulte { de son exécution par le débiteur — par exemple / du paiement qu'il fait au cessionnaire, constaté par acte notarié } Cass., 2 mars 1814 / C. Paris, 7 février 1807

La signification d'un transport — seulement à l'un des codébiteurs solidaires — saisit le cessionnaire à l'égard des tiers | Cass., 31 mai 1848

---

(1) *On peut transporter un droit de réméré, une action en revendication, un droit de rescision, et en général toute créance soumise à un droit éventuel ou suspensif (Troplong, Pigeau, Roll. de Villargues).*

(2) *V. la note sous la tablette 114 bis.*

(3) *L'application de cette doctrine paraît dangereuse et contraire à la bonne pratique. La stipulation, dans le contrat de mariage, de l'inaliénabilité du mobilier comme des immeubles, est une précaution à prendre quand on veut éviter cette conséquence ainsi attribuée au régime dotal.*

ACTES ET CONTRATS

TRANSPORT-CESSION (1)

OFFICE

La cession d'un office { doit être constatée par écrit / ne peut être prouvée ni par présomption ni par témoins { C. Caen, 1er juillet 1864

a une date et une existence légale { du jour du traité / non pas seulement du jour de l'installation du cessionnaire

— Conséquemment { un officier ministériel démissionnaire / peut valablement { dans l'intervalle qui s'écoule entre la présentation du successeur et la nomination consentir la délégation du prix de la charge / — et l'opposition postérieure au paiement de cette somme est nulle et de nul effet { Cass., 15 janvier 1845 — 16 janvier 1849

Le prix d'un office ne peut { être transporté valablement / avant la nomination du successeur { Trib. Seine, 5 avril 1843 — C. Paris, 25 décembre 1843

Est nul le traité qui stipule que l'acquéreur de l'office { en prendra possession — et / l'exploitera à son profit { même avant sa nomination et / alors que le vendeur continuera à exercer sous son nom { Trib. Lyon, 16 mars 1867

Lorsque { le Gouvernement a refusé d'admettre { le traité de cession d'un office / en exigeant une réduction de prix / le titulaire { est libre de conserver son office; — m iis il ne peut le céder à un tiers, alors que le premier cessionnaire a consenti à en devenir propriétaire aux conditions réclamées par le titulaire { Trib. de la Seine, 4 juillet 1860

L'ancien titulaire ou ses héritiers | sont tenus en principe de ne rien faire qui puisse nuire au titulaire successeur

Mais pour justifier un recours en garantie de la part de celui-ci — il faut en général

— prouver { que des manœuvres ont été pratiquées / que des démarches ont été faites auprès des clients habituels de l'étude pour les engager à s'adresser ailleurs

Une préférence personnelle { donnée par l'ancien notaire ou ses héritiers à une autre étude / ne serait peut-être pas considérée comme un préjudice { causé au nouveau titulaire / en violation de la garantie légale ou conventionnelle { Sol. Journ. Not., n° 1242

BREVET DE MAITRE DE POSTE

La faculté { accordée aux maîtres de poste par la loi du 24 juillet 1793, art. 69 de disposer de leur établissement / comprend { non pas le droit de céder leur brevet — mais seulement de présenter un successeur à l'administration qui peut l'agréer ou le refuser { Orléans, 28 nov. 1837

CLIENTÈLE DE COMMISSIONNAIRE AU MONT-DE-PIÉTÉ

La promesse de démission { contenue dans le traité par lequel { un commissionnaire au Mont-de-Piété cède la clientèle, le matériel attachés à son titre / ne constitue pas la vente du titre prohibée par les lois et règlements et n'entraîne par conséquent la nullité ni totale ni partielle de l'acte { Cass., 16 novembre 1857

GÉRANCE DE DÉBIT DE TABAC

La vente de la gérance d'un débit de tabac — est valable

Le débit de tabac { comme emploi du Gouvernement est hors du commerce, il est vrai { mais la gérance — qui en est distincte — est cessible { C. Paris, 21 novembre 1853

DROITS SUCCESSIFS

La cession { de droits successifs indivis / confère { sur les immeubles héréditaires un véritable droit de propriété et non pas seulement une action pour se faire délivrer la part revenant au cédant

— En conséquence cette cession { de même que toute vente d'immeubles doit être transcrite au bureau des hypothèques / soumet le cessionnaire { aux formalités de purge légale et à la surenchère des créanciers du cédant { Cass., 21 janvier 1839

---

(1) *Quand il existe une inscription hypothécaire dans l'effet de laquelle doit être subrogé le cessionnaire, le transport doit avoir lieu dans la forme authentique (Arg. C. N., art. 2152).*

Dans le cas où le cédant s'est obligé à la garantie de la créance, il est essentiel de porter le prix réel du transport, puisqu'il peut se trouver dans l'obligation de rembourser au cessionnaire ce qu'il a reçu de lui (Formulaire-Pocket). — En règle générale, dans tous les actes de transmission à titre onéreux on ne devrait jamais rien dissimuler du prix, afin que les acquéreurs ou cessionnaires évincés aient un recours entier.

Note 2 de la tablette 114 :

(2) *Pour opérer la vente d'une rente sur l'État, il faut produire le titre de rente et une procuration du titulaire. Cette pièce peut être en brevet quand le montant de la rente n'est pas supérieur à 40 fr. en 3 ou en 4 0/0, et à 45 fr. en 4 1/2 0/0. — Lorsque la rente excède ce chiffre, on doit produire l'expédition d'une procuration en minute. — Le brevet ou l'expédition ne sont reçus que lorsqu'ils sont revêtus du cachet du notaire et légalisés.*

Si la rente provient d'une succession, le transfert ne peut être opéré qu'en vertu : 1° d'un certificat de propriété délivré en conformité de l'art. 6 de la loi du 28 floréal an 7, dûment enregistré, scellé et légalisé; 2° d'un certificat constatant que les droits de mutation ont été payés pour cette valeur (L. du 18 mai 1850), délivré sans frais par le receveur d'enregistrement, visé par le directeur de l'enregistrement et des domaines au chef-lieu du département, et légalisé par le préfet (L. du 8 juillet 1852) : 3° et de la procuration des héritiers dénommés dans le certificat de propriété, conformément à ce qui est dit ci-dessus. — Voir Formulaire-Pocket, v° Certificat, pages 161 et suiv., notes 10 et suiv.

Lorsque les héritiers d'une rente veulent en faire opérer la mutation à leur profit, sans la vendre, il suffit de produire le titre, le certificat de propriété et le certificat du receveur d'enregistrement.

ACTES ET CONTRATS [1]

TITRE NOUVEL [2]

Est obligatoire { pour le débiteur { la renonciation { qu'il a faite dans un titre nouvel / au droit d'exiger du créancier la représentation du titre primordial } Cass., 5 décembre 1837

TRANSACTION

L'enfant naturel ne peut — pas plus que l'enfant légitime — transiger sur son état | Cass., 12 juin 1838

On peut transiger { sur une pension alimentaire stipulée dans un contrat de mariage : / Grenoble, 16 juillet 1824 / l'art. 1004 du Code de procédure n'est pas alors applicable { Cass., 22 février 1831

L'héritier bénéficiaire a capacité — pour transiger relativement aux biens de la succession } — Mais cette transcription entraîne la déchéance de son bénéfice d'inventaire [3] } C. Limoges, 10 mars 1836

TUTELLE [4]

Si le tuteur | s'empare des biens sans inventaire, il peut être destitué comme suspect | J. N., art. 1471

Le tuteur { qui détourne à son profit les fonds appartenant à son pupille / peut être condamné comme coupable d'abus de confiance { Cass., 10 août 1850

Si durant le mariage { le mari a des intérêts opposés à ceux de ses enfants mineurs — ceux-ci doivent être pourvus d'un tuteur *ad hoc* | Turin, / et non d'un curateur, et ce tuteur doit être nommé par le tribunal, non par le conseil de famille } 9 janv. 1811

Quand le père tuteur est tombé dans un état { d'insolvabilité notoire par suite duquel il y a tout lieu de craindre que la fortune mobilière de son / pupille soit mal administrée par lui,

Le conseil de famille et les tribunaux { ont le droit de décider qu'un capital { appartenant au mineur / assuré sur fonds suffisants par un privilége de vendeur / restera entre les mains de l'acquéreur de cet immeuble et / ne pourra être touché par le tuteur — lequel en percevra seulement les revenus } C. Limoges, 28 février 1846

Cette décision ne porte pas atteinte aux droits du père de famille, comme tuteur et usufruitier

La tutelle | d'un enfant naturel, légalement reconnu, appartient de plein droit à son père ou à défaut à sa mère | J. N., art. 3835

La mère naturelle { n'a pas la tutelle de son enfant mineur / ne peut dès lors — à défaut de tuteur datif — ester pour lui en justice { C. Lyon, 11 juin 1856

USUFRUIT

L'usufruit d'un mobilier est cessible et saisissable { à moins que { les meubles ne se détériorent ou / se consomment par l'usage } comme les vêtements et le linge } C. Paris, 3 août 1857 / — la nature de ces objets devant les faire considérer comme destinés à l'usage / personnel de l'usufruitier

Dans le cas de licitation des biens d'un mineur { le tribunal peut ordonner { sur la demande du subrogé-tuteur / que la portion du prix afférente au mineur, / restera { jusqu'à son mariage ou sa majorité / entre les mains de l'acquéreur } Cass., 20 janvier 1843 / cette clause ne peut être contestée { par le père usufruitier légal des biens du mineur / sous prétexte qu'elle porterait atteinte à son droit d'usufruit /

Le testateur | peut { imposer { pour conditions de sa libéralité envers un mineur / que le père de ce mineur n'aura ni la jouissance ni l'administration des biens légués } C. Nîmes, 20 déc. 1837 / confier cette administration à un exécuteur testamentaire { jusqu'à la majorité du légataire / malgré l'émancipation ultérieure de celui-ci } Cass., 26 mai 1856

Le défaut d'inventaire { ne prive pas { l'époux survivant de l'usufruit légal sur les biens des enfants mineurs / lorsque les époux étaient mariés sous le régime dotal } C. Toulouse, 19 décembre 1839

La dispense de faire inventaire { énoncée par le testateur dans un legs universel d'usufruit / ne produit pas d'autre effet que d'affranchir l'usufruitier de l'obligation de faire cet inventaire à ses frais } C. Toulouse, 23 mai 1831

Les héritiers ayant la nue-propriété peuvent toujours y procéder à leurs frais }

L'usufruitier { quand il ne trouve pas de caution / peut offrir à la place une hypothèque sur biens libres et suffisants { C. Limoges, 13 mars 1851 / d'une vigne qui dépérit de vétusté { ne peut être contraint à la replanter / peut l'arracher et convertir le sol en terre labourable { C. Orléans, 6 janvier 1848

---

(1) *Les notaires devraient, toutes les fois qu'il y a occasion, dans leur intérêt ou celui des clients :*

1° Demander l'abrogation ou réformation (selon les cas) des points de législation qui seraient devenus sans harmonie, nuisibles à certains égards, ou trop onéreux sans utilité réelle, etc. ;

2° Résister aux diverses décisions ayant, soit les mêmes inconvénients, soit des exigences et prétentions outrées, ou des complications de formalités pouvant s'éviter facilement et sans préjudice. — Par exemple comme l'assujettissement, qu'on a paru vouloir introduire, d'élire un domicile spécial dans certains actes, pour la validité de l'inscription d'office formée à la transcription. — Il est beaucoup de petites causes de nullité imaginées, ou existant véritablement, qu'on pourrait prévenir en s'attachant à simplifier tant de détails qui peuvent l'être et qu'on laisse dans la confusion comme pour entretenir la discussion et la procédure.

(2) *V. Journ. Not., nᵒˢ 1268 et 1289.*

(3) *L'héritier bénéficiaire peut aussi se rendre adjudicataire des immeubles de la succession, même lorsque la vente est poursuivie par lui (Doctrine unanime).*

(4) *Le tuteur ne peut : — compromettre même sur des objets mobiliers (J. N., art. 1471) ; — se rendre adjudicataire des biens meubles et immeubles qui lui appartiennent indivisément avec le pupille (J. N., art. 835) ; — se faire céder un droit, une créance contre le mineur, ce qui n'empêche pas le tuteur d'être subrogé légalement dans le cas de l'art. 1251 du Code Napoléon (J. N., art. 1471 précité). — Il peut acquérir pour le mineur, sans autorisation (Ed. Clerc), comme un simple porte-fort.*

ACTES ET CONTRATS

VENTE IMMOBILIÈRE (1)

PRIX

Le contrat de vente ne peut pas exister sans un prix

Il n'y aurait pas de vente { si le prix stipulé était hors de toute proportion avec la chose : { le prix devant être *sérieux* } Dict. Not.

— Jugé ainsi qu'une vente est susceptible d'être annulée étant faite à la charge d'une rente viagère qui ne représente pas même les fruits de l'immeuble vendu { Cass. { juillet 1806 — avril 1829 — juin 1841

Par application de l'art. 1592 C. N. modificatif de l'art. 1591 qui exige un prix *déterminé*, les parties peuvent convenir que le prix sera déterminé par 2 arbitres nommés dans le contrat { Cass., 18 mai 1814

Lesquels { en cas de dissentiment { seront départagés par un troisième également indiqué au contrat

Le prix doit être *d'une somme d'argent ;* — s'il consistait en toute autre chose, il y aurait échange — Mais le contrat ne changerait pas de nature si l'acheteur

S'obligeait { à payer une certaine somme en argent — et, { à donner un objet quelconque ou à faire quelque chose } Dict. Not.

— Il en serait de même dans le cas où le vendeur { après avoir fixé un prix en numéraire { consentirait à recevoir autre chose en paiement

En cas de dissimulation { du prix de vente d'un immeuble, les créanciers chirographaires du vendeur sont recevables { même dans le silence des créanciers hypothécaires à attaquer cette dissimulation — et { à faire rentrer { dans l'actif du débiteur commun, le supplément du prix dissimulé } Cass., 21 juillet 1857

La simulation de prix { afin d'éviter une parfaite des droits d'enregistrement — et sans qu'il en résulte de préjudice pour le vendeur ne peut offrir un moyen de faux contre l'acte } C. Rennes, 5 mars 1841

La contre-lettre sous seing-privé { portant augmentation du prix d'une vente. { est nulle { même à l'égard des parties contractantes nonobstant l'art. 1321 du Code Napoléon } Cass., 13 fructidor an 11 — 10 janvier 1809 — 6 janvier 1819 { Metz, 17 février 1819 — 24 janvier 1823 { Angers, 2 août 1817 — Bruxelles, 25 mars 1812

Est valable { la vente dont le prix doit être fixé d'après l'estimation que les experts feront des immeubles vendus dans le { C. Grenoble, 1er juin 1865 partage d'une succession dont ils dépendent

L'obligation { prise par l'acquéreur d'un immeuble de nourrir, entretenir, loger et soigner le vendeur tant en santé qu'en maladie peut former un prix de vente sérieux si elle est en rapport avec le revenu du bien { Cass., 16 avril 1822 { C. Bordeaux, 7 août 1849

Le vendeur { qui { a donné quittance sans réserve du prix de vente et { a néanmoins accepté des billets en paiement de ce prix a — par cela même opéré une novation — et ne peut se prévaloir du défaut de paiement des billets pour exercer l'action résolutoire } C. Lyon, 13 mai 1863 (2)

Le péril { que court le vendeur pour le paiement { des intérêts de son prix de vente ou d'une rente constituée sur l'immeuble vendu peut autoriser l'action en résolution de la vente quoique le capital ne soit pas exigible } C. Paris, 31 août 1850

Les frais { de notification aux créanciers inscrits — sont à la charge du vendeur et peuvent être retenus par l'acquéreur sur le montant du prix de l'immeuble { Cass., 22 avril 1856 — V. Journ. Not., n° 1300 (Notification sur ventes d'immeubles après faillite)

L'acquéreur { qui a fait les notifications prescrites par la loi pour la purge des hypothèques a le droit { de consigner son prix sans autres offres préalables { en prélevant par privilége les frais de la consignation et de la demande en validité } C. Orléans, 13 août 1840 { quand il s'est contenté des explications données dans le contrat sur l'origine de la propriété ne peut { ultérieurement sous prétexte d'insuffisance de ces explications { se refuser au paiement du prix de vente } C. Bordeaux, 13 février 1835 { qui a payé son prix aux créanciers du vendeur utilement colloqués dans l'ordre a contre eux { une action en répétition { s'il est postérieurement évincé de l'immeuble (3) } C. Riom, 28 janvier 1855

La stipulation { qu'un prix de vente sera versé entre les mains du notaire est une simple indication qui ne lie { ni le notaire envers les parties ni celles-ci envers lui } Cass., 5 mars 1828

Les notaires ne doivent constater la numération des espèces { que quand elle a réellement lieu en leur présence (4) à peine de poursuites criminelles et de l'action disciplinaire } Circ. min., 21 septembre 1823

---

(1) *L'art. 21 de l'arrêté du 30 décembre 1842, instituant le Notariat en Algérie, porte que, dans les actes translatifs de propriétés immobilières, les notaires énonceront la nature, la situation, la contenance, les tenants et aboutissants des immeubles, les noms des précédents propriétaires, et, autant qu'il se pourra, le caractère et la date des mutations soumises. — C'est ce qui s'est toujours observé en France, dans la pratique, mais aucun texte de loi ne le prescrit. Il n'y aurait, par analogie, que l'art. 627 du Code de proc.*

On devrait astreindre les vendeurs, échangistes, cédants, etc., à fournir aux notaires les numéros et les sections sous lesquels les immeubles aliénés figurent à la matrice cadastrale, pour qu'on puisse les y retrouver toutes les fois qu'il en est besoin, et pour la facilité des opérations de mutation.

(2) *Contrairement à un arrêt de la Cour de cassation du 24 juillet 1838.*

(3) *Conformément à l'opinion de M. Troplong.*

(4) *Ceci s'applique, bien entendu, à tous actes énonçant un paiement.*

ACTES ET CONTRATS

VENTE IMMOBILIÈRE

VENTE ENTRE ÉPOUX

Le droit { de réclamer contre l'avantage indirect pouvant résulter d'une vente entre époux dans l'un des trois cas autorisés par l'art. 1595 du Code Napoléon / n'appartient qu'aux héritiers à réserve, et ne saurait être exercé par de simples créanciers } Cass., 11 mai 1868

La vente consentie { par un mari à sa femme, du mobilier de la communauté / pour la remplir de ses reprises matrimoniales / est nulle si le mari est plus tard déclaré en faillite — avec report de la faillite à une date antérieure à la vente } C. Metz, 12 juin 1855

L'échange entre époux | est permis dans tous les cas où la vente l'est elle-même | C. Agen, 4 déc. 1834

FEMME

La femme {

stellionataire | peut être poursuivie sur ses biens dotaux | Cass., 4 mars 1852

en vendant { solidairement avec son mari / un bien de communauté ou un propre de ce dernier } aliène tous ses droits personnels sur l'immeuble vendu } Journ. du Not., n° 1204

peut néanmoins exercer son hypothèque légale sur le prix non payé par l'acquéreur | Cass., 7 mars 1834 — 18 nov. 1839

commune en biens { qui concourt { solidairement avec son mari / à la vente d'un propre de celui-ci } renonce { par cela même et virtuellement et / sans qu'il soit besoin d'une stipulation expresse / à son hypothèque légale sur ce propre } } Cass., 26 août 1862

— Cette renonciation { n'est assujettie à aucune forme spéciale et elle / opère extinction de l'hypothèque légale au profit de l'acquéreur }

}

La séparation judiciaire ne rend pas la femme libre d'aliéner ses biens dotaux avec l'autorisation du mari (1) | Cass., 19 août 1819

MINEUR

La vente { des immeubles d'un mineur / faite par le tuteur sans les formalités que prescrivent les art. 457 et 459 du C. N. / est nulle — alors même qu'il n'en résulte pas de lésion — et / ne peut être ratifiée que par des actes d'exécution faits en connaissance de cause } C. Metz, 28 janvier 1850

SAISI

Le débiteur saisi { lorsque la saisie immobilière a été transcrite / ne peut plus { à compter du jour de la transcription de cette saisie / aliéner les immeubles qui en font l'objet — à peine de nullité } }

Cette règle ne souffre exception { que dans le cas où le tiers acquéreur { avant le jour fixé pour l'adjudication / consigne une somme suffisante pour acquitter { en principal, intérêts et frais / ce qui est dû aux créanciers inscrits et au saisissant } } }

— En conséquence { ses offres { si elles ne se rapportent qu'aux intérêts sans frais / sont insuffisantes, doivent être regardées comme non avenues — et } la nullité de la vente n'est pas couverte }

Cass., 3 mai 1858

Le saisi peut vendre — tant qu'une saisie immobilière n'est pas transcrite

La saisie et la vente { étant transcrites le même jour / — la préférence doit être accordée à la vente } C. Grenoble, 1er juin 1865 (2)

— La preuve que le saisi était déchu de la faculté d'aliéner incombant au saisissant

Avant la notification { de la saisie immobilière — aux créanciers inscrits / le saisissant et le saisi { peuvent { sans le concours de ces créanciers / la faire convertir { en vente volontaire sur publication judiciaire } } } } Cass., 8 janvier 1833

Est valable { la vente volontaire { faite par le saisi avec le consentement du saisissant / avant l'enregistrement { de la notification des placards au bureau des hypothèques } } } Cass., 14 mai 1835 (3)

Le trésor public outre son privilége sur les fruits et revenus a le droit de faire exproprier les redevables | Cass., 23 mars 1820

----

(1) *Conformément à l'opinion de Toullier et Rolland de Villargues.*
(2) *Cette question est controversée en doctrine comme en jurisprudence.*
(3) *V. Code de procédure, art. 681, 692.*

ACTES ET CONTRATS

VENTE IMMOBILIÈRE

DISPOSITIONS DIVERSES

L'écriture n'est pas de l'essence de la vente — et ne peut être requise que pour la preuve

La vente { verbalement faite d'un immeuble — est valable — mais / peut être considérée comme un simple projet si les parties sont convenues d'en passer acte } Trib. Rouen, 16 février 1854

La loi de ventôse n'exige point que les notaires { rédacteurs d'un contrat de vente / connaissent l'état civil d'un vendeur — ou / l'interpellent sur cet état (dont ils ne sont point responsables) } C. Orléans, 24 juillet 1856

Un contrat de vente { reçu par un notaire qui s'y rend acquéreur par interposition de personne / est frappé d'une nullité absolue et d'ordre public / ne peut valoir ni comme acte sous seing privé, ni comme convention } C. Orléans, 15 mai 1849

Le notaire { chargé d'une vente d'immeubles / qui omet dans son procès-verbal de constater une réserve d'arbres en dépendant / est responsable vis-à-vis des vendeurs de la différence du prix obtenue / judiciairement par les adjudicataires sur le fondement de cette omission } C. Paris, 24 décembre 18

La clause { qu'il sera passé acte authentique { dans un délai déterminé / d'une vente faite par acte s. s. p. / ne rend pas cette vente conditionnelle — et / n'en subordonne pas l'existence à la passation de l'acte authentique dans ledit délai } C. Chambéry, 5 février 1868

Les communautés religieuses { non autorisées / ne peuvent pas plus acquérir à titre onéreux qu'à titre gratuit

— Et le vendeur peut { revendiquer l'immeuble vendu en offrant de restituer le prix / sans alléguer aucun vice de consentement et alors même que cet immeuble aurait augmenté de valeur

Celui { qui a attaqué un acte comme constituant une donation au profit d'un incapable — et a perdu son procès, / peut { sans qu'on lui oppose la chose jugée, / attaquer de nouveau cet acte comme constituant une vente nulle

Le prête-nom { peut être condamné avec la partie à qui il a servi d'intermédiaire / s'il est jugé que ce prête-nom était personne interposée au profit d'un incapable } Cass., 15 déc. 1856

Une communauté religieuse { non autorisée / est incapable d'acquérir — comme être moral — même à titre onéreux } Cass., 9 nov. 1859

Les préfets doivent acquérir { soit au nom des asiles d'aliénés, soit au nom des départements / les propriétés vendues à ces asiles } Circ. min., 30 avril 1845

Une pharmacie peut être vendue { comme tout objet étant dans le commerce / même à un individu non pourvu de diplôme (1) } Bordeaux, 18 février 1842

Lorsqu'un donataire a vendu l'immeuble donné, les héritiers à réserve du donateur

Ont qualité { avant la discussion des biens du vendeur — et / alors que les dispositions testamentaires du donateur ne sont pas déclarées caduques / pour intenter l'action en nullité de cette vente sous prétexte de simulation

L'action en revendication { intentée par les héritiers du donateur qui a garanti l'acquéreur de tous troubles et évictions / est recevable nonobstant la maxime: *Quem de evictione tenet actio eumdem agentem repellit exceptio* } Cass., 31 juill. 1868

Pour apprécier la légitimité d'une action, il faut se placer à l'époque où elle a été intentée :

— Le jugement, qu'elle qu'ait été la durée de l'instance, rétroagissant du jour de la demande

— En conséquence une demande { en résolution de vente d'immeubles, — fondée sur l'art. 1644 C. N. / est recevable si elle a été exercée avant les 10 ans impartis au vendeur / pour renouveler l'inscription de son privilége, alors même que / ces 10 ans fussent écoulés au moment où le jugement a été rendu / sans que le renouvellement de l'inscription ait été effectué } Cass., 3 août 1868

— Il en est ainsi surtout lorsque l'action résolutoire a été dirigée { non-seulement entre l'acquéreur, mais / encore contre les tiers détenteurs

L'acquéreur { qui a acheté de bonne foi de l'héritier apparent / ne peut être évincé par le véritable héritier } C. Rouen, 25 mai 1839 (2)

---

(1) *C'est à l'administration à empêcher l'exercice de la profession par une personne qui n'a pas qualité suffisante pour le faire (Ed. Clerc).*

(2) *De nombreuses décisions antérieures et subséquentes confirment celle-là.*

ACTES ET CONTRATS

VENTE D'ARBRES, RÉCOLTES, ACTIONS, CRÉANCES ET DROITS INCORPORELS

C'est aux notaires seuls qu'appartient le droit de procéder aux ventes publiques de peupliers et autres arbres sur pied — non taillis | Trib. Troyes, 15 mars 1853

Les arbres abattus et bois équarris sont des marchandises neuves qui ne peuvent être vendues aux enchères publiques | J. N., art. . . .

Les notaires ont seuls — à l'exception des huissiers et autres officiers ministériels — le droit de procéder à la vente publique et aux enchères des arbres de haute futaie sur pied | Caen, 16 février 1854 — 26 février 1863

Les ventes de coupes de bois doivent être précédées d'une déclaration à l'enregistrement | Cass., 23 janvier 1809 — judiciaires de récoltes sur pied, autres que celles-par suite de saisie-brandon, ne peuvent être faites que par les notaires | Trib. Bar-le-Duc, 10 mai 1867

Le mandat donné par un débiteur à son créancier de vendre — en cas de non paiement — ses récoltes — sans remplir les formalités de la saisie-brandon est valable — et ne se trouve pas révoqué par la mort du mandant | C. Douai, 22 déc. 1848

Les agents de change ont, à l'exclusion des notaires, le droit de procéder à la vente judiciaire d'actions industrielles susceptibles d'être cotées à la Bourse soit qu'elles s'y trouvent réellement cotées ou non — n'ont de compétence exclusive pour les ventes d'actions industrielles et d'autres valeurs susceptibles d'être cotées que lorsqu'il y a lieu de procéder par voie de négociation | C. Paris, 30 mai, 11 juillet, 5 août 1851

—On ne pourrait confondre la négociation qui se fait d'agent de change à agent de change avec la vente publique aux enchères prescrite en cas de succession bénéficiaire

— Dans ce cas il appartient au juge de désigner un notaire ou tout autre officier public — en se conformant aux lois générales qui règlent les attributions des diverses classes de ces officiers | Cass., 7 déc. 1853 (1)

La vente forcée d'actions industrielles n'est pas assujettie aux formalités de la saisie des rentes constituées sur particuliers — est valablement faite aux enchères publiques devant notaire | C. Douai, 23 mars 1855

Les créances non exigibles peuvent être saisies arrêtées et vendues aux enchères (2) | C. Paris, 24 juin 1851

Lorsqu'il y a lieu de procéder à la vente d'une créance dépendant d'une succession et constituant un capital stipulé et exigible,

Cette vente doit se faire suivant les formalités prescrites par les art. 617 et suivants du C. proc. auxquels renvoie l'art. 945 et non dans les formes prescrites pour la vente des biens immeubles des mineurs, non plus que dans celles prescrites pour la vente après saisie de rentes constituées sur des particuliers | Cass., 10 août 1854

Les notaires ont seuls le droit de vendre les meubles incorporels (3)

Le notaire qui doit procéder à la vente publique aux enchères de rentes ou créances, fonds de commerce — et autres droits incorporels | Déc. de la Régie, 30 déc. 1844 — 29 jan. 1848 — n'est pas tenu de faire au bureau de l'enregistrement la déclaration préalable prescrite par l'art. 2 de la loi du 22 pluviôse an 7

Les notaires ont exclusivement le droit de procéder à l'adjudication aux enchères d'un fonds de commerce qui n'est pas de la nature des effets mobiliers pour lesquels la loi du 27 ventôse an 9 accorde un droit exclusif aux commissaires-priseurs, encore que des effets mobiliers et ustensiles dépendent de ce fonds | Paris, 2 mai 1811 — 4 décembre 1823 — 28 mai 1832 — 13 juin 1833 ; Colmar, 30 janvier 1827 ; Cass., 15 février 1835 — 23 mai . . . .

— ont seuls, à l'exclusion des greffiers — huissiers et commissaires-priseurs, le droit de procéder aux ventes publiques aux enchères des bois de haute futaie, c'est-à-dire que la loi du 5 juin 1851 n'a établi le droit de concurrence que pour les objets indiqués dans son art. 1er (ventes de fruits et récoltes pendant par branches ou racines et de coupes de bois taillis). Ce droit ne doit pas être étendu à la vente de tous autres objets adhérents au sol — notamment aux bois de haute futaie (4) | Trib. Rouen, 26 janvier 1852 ; Journ. du Not., nos 1203, 1210

— ont le droit exclusif de procéder aux ventes publiques et aux enchères de matériaux provenant de démolitions ou extractions à faire lors de la vente et de tous autres objets réputés immeubles à cette époque | Cass., 10 décembre 1828 — de vendre les objets immeubles ou immobilisés et qui ne deviennent meubles que par la vente | Cass. . . . — de procéder aux ventes de bâtiments à démolir | Cass., 8 avril 1829 — 8 juin 1831

---

(1) V. J. du Not., nos 1104, 1105, 1106, 1128, le procès sur cette question entre les agents de change et la Compagnie des notaires de Paris. — (2) Solution contraire à la doctrine. — (3) Conformément à l'opinion de M. Dalloz. — (4) D'après la discussion de la même loi et les solutions du J. du Not., art. 1157, 1252, 1332, les commissaires-priseurs, greffiers de paix et huissiers ne peuvent faire de ventes de meubles qu'au comptant et constater seulement le fait de la vente ; n'ont pas le droit de recevoir une stipulation de terme, pas plus que toute autre convention, ce droit n'appartenant qu'aux notaires. — V. Dissertation par M. Lemenuet, juge suppléant, sur la concurrence entre les notaires et les commissaires-priseurs (J. Not., nos 1279 et suiv.).

Notes de la 120me tablette :

(1) Pour les formes à observer par les notaires relativement à la loi du 2 juin 1841 sur les ventes judiciaires, et au tarif du 10 octobre suivant. — Voir l'instruction contenue au no 11147 du J. N. — Sur les formalités et frais à restreindre dans l'intérêt des mineurs, V. Journ. Not., nos 1267 et 1274 — (2) V. pour les liquidations et partages, J. N., art. 8654. — (3) V. J. N., art. 8977, 8990, 9095. — (4) V. Code proc., art. 954. — (5) V. J. N., art. 8759, 8801, 8822. — Les notaires devraient s'attacher à obtenir, par leur comité, une jurisprudence solidement établie dans le sens de tous les arrêts ci-dessus. — (6) Le J. N., critique cette décision comme pouvant être contraire à l'intérêt le mieux entendu des parties.

D'après un rapport ministériel — Il y a eu, en 1854, 18,203 ventes judiciaires faites : à la barre du Tribunal. . . . 10804 ; devant les notaires commis. . 7399 } 18,203. — Elles ont produit 183,314,837 fr.; soit en moyenne 10,137 fr. par vente. — Les frais de ces ventes se sont élevés à 8,797,615 fr.; soit en moyenne 486 fr. par vente.

On voit au même rapport — Procédures d'ordre ouvertes : — 11,944 en 1851 — 10,574 en 1852 — 9.589 en 1853 — 8,053 en 1854. — Procédures de contributions ouvertes : — 1,295 en 1851 — 1,315 en 1852 — 1,297 en 1853 — 1,588 en 1854. — Les frais de procédure se sont élevés à 2,897,473 fr. pour les ordres — 390,209 fr. pour les contributions. — Conseils de famille présidés par les juges de paix en 1854, 90,149. — Appositions de scellés: 20,778 (1/4 de plus que les années précédentes).

(7) Les bougies employées doivent être préparées, comme on sait, de manière à durer environ une minute (V. Code pr., art. 705 et 706).

ACTES ET CONTRATS
VENTE MOBILIÈRE

I

Les ventes du mobilier de l'État { ne peuvent être faites que { par les préposés de l'enregistrement et des domaines } Arr., 23 nivôse an 6 / en présence d'un commissaire de l'administration municipale } Cass., 7 mai 1832

Est obligatoire { l'arrêté municipal qui ordonne que les ventes à l'encan { ne pourront être faites ou constituées à la lumière — et / devront avoir lieu en plein jour (1) } Cass., 16 oct. 1847

Le subrogé-tuteur ne peut se rendre adjudicataire des meubles du mineur | Trib. Louhans, 18 août 1843

On peut adjuger sans ordonnance des meubles appartenant à des mineurs au-dessous de l'estimation de l'inventaire | J. N., art. 1190

Lorsque les deniers { provenant d'une vente publique de meubles / sont reçus par le mandataire du vendeur et non par l'officier public chargé de la vente / le créancier du vendeur { qui veut arrêter le prix / ne doit pas se contenter d'une simple opposition sur le procès-verbal / doit remplir les formalités de la saisie-arrêt } Trib. St-Omer, 19 février 1849

Le notaire { qui a procédé à la vente du mobilier d'une succession entre les mains d'aucun des ayants-droit / est obligé d'en consigner le prix — alors qu'il ne peut se libérer faute d'attribution de qualité / en doit les intérêts | à défaut de consignation } C. Lyon, 8 février 1854

L'officier vendeur de meubles { aux termes du décret du 5, 18 août 1791 non abrogé / ne doit pas remettre { aux mains des ayants-droit le prix de la vente / sans qu'il lui ait été justifié du paiement des impositions mobilières des vendeurs } Trib. Foix, 1er août 1866 / doit { pour se libérer des sommes provenant de la vente / attendre qu'on lui ait justifié du paiement des contributions mobilières / est tenu { d'acquitter ces contributions lui-même et sans attendre l'ordre des parties / sur la simple demande du percepteur et en l'absence d'opposition } Trib. Douai, 21 février 1864

L'action en résolution { pour défaut de paiement du prix / s'applique aux ventes de meubles comme aux ventes d'immeubles { C. Paris, 17 août 1844

II

Le droit exclusif { attribué aux commissaires-priseurs / de faire les ventes de meubles aux enchères dans leur rayon / ne porte pas atteinte à la faculté { qui appartient aux propriétaires de meubles / de les déplacer et transporter hors cette résidence / pour les faire vendre par un autre officier } C. Rouen, 15 novembre 1860

— Et celui-ci use de son droit { en procédant à la vente / s'il s'est abstenu { de tout dol, de toute fraude / de toute démarche personnelle

Les commissaires-priseurs | peuvent procéder à la vente publique aux enchères à terme (2) d'objets mobiliers | Cass., 6 août 1861

Les commis-greffiers assermentés des justices de paix | ne peuvent procéder à une vente publique de meubles | Cass., 8 décembre 1846

III

Le notaire { qui supplée un commissaire-priseur dans une vente mobilière a le délai de dix ou quinze jours pour l'enregistrement | J. N., 8311 (3) / qui doit procéder à la vente publique aux enchères { d'un achalandage de marchands ou / d'autres droits incorporels } Déc. min., 12 janv. 1832 / est tenu de faire au bureau de l'enregistrement la déclaration prescrite par la loi } Trib. de la Seine, 24 avril 1832 / peut faire { par un mandataire / la déclaration préalable aux ventes publiques de meubles { Inst. Régie, 30 août 1808 / qui { a commencé une vente de meubles et / l'a interrompue { par un motif quelconque / pour la reprendre à un jour non indiqué au procès-verbal { Cass., 23 juillet 1828 / doit faire une nouvelle déclaration / est choisi valablement { par le tuteur { pour une vente d'immeubles à laquelle des mineurs ont intérêt { et le tribunal ne peut faire un choix contraire { Turin, 10 mai 1809

L'officier ministériel { n'est pas passible d'amende pour avoir { dans un procès-verbal de vente de meubles aux enchères / porté { en un seul article plusieurs objets adjugés au même / avec énonciation en toutes lettres du prix total } Trib. Mirecourt, 18 août 1854 / qui procède à une vente mobilière { a le droit et le devoir d'exiger le paiement par l'adjudicataire / entre ses mains du prix de la vente pour le déposer à la Caisse des Consignations } Trib., de la Seine, 4 février 1853

Le procès-verbal { d'une vente d'objets mobiliers faite par un notaire / n'a pas besoin pour être régulier { d'être revêtu de toutes les formalités prescrites par la loi de ventôse / notamment de la signature de l'adjudicataire (4) }

Il suffit { que l'officier public se soit conformé aux dispositions de la loi du 22 pluviôse an 7 / sans qu'il y ait lieu de distinguer si la vente est faite au comptant ou à terme } Trib. Saint-Omer, 4 septembre 1853

La seule différence { entre le procès-verbal non signé par l'adjudicataire et celui qui est signé par lui / c'est que ce dernier titre autorise à agir par voie d'exécution

---

(1) *V. la loi du 2 mars 1791.*
(2) *V. la note 4 de la 118e tablette.*
(3) *En donnant cette solution, le J. N. observe qu'un commissaire-priseur absent ne peut être suppléé que par un commissaire-priseur de la même résidence; qu'on ne se supplée qu'entre fonctionnaires du même ordre; et que si le seul commissaire-priseur établi dans une ville est absent, les parties ont le droit de recourir au ministère des autres officiers qui, d'après la loi, ont qualité pour procéder aux ventes mobilières dans les communes où il n'existe pas de commissaires-priseurs, mais que le notaire, huissier ou greffier ainsi choisi exerce en sa propre qualité, à défaut de commissaire-priseur présent, et non comme le suppléant.*
(4) *Jugé aussi que l'adjudicataire est suffisamment désigné dans les ventes publiques de meubles par son seul nom de famille ou même par un surnom, ne devant pas être regardé comme partie aux procès-verbaux (Cass., 28 juillet 1827).*

ACTES ET CONTRATS
VENTE JUDICIAIRE (1)

I

Une vente { ordonnée par justice — a, comme celle sur saisie immobilière, le caractère de vente judiciaire } Cass., 12 mars 1833

— Et les articles { du Code de proc. sur la folle enchère en matière de saisie immobilière — sont applicables à toutes les ventes ordonnées en justice } J. N., art. 8130

II

Les ventes judiciaires { doivent être renvoyées devant notaire — lorsque les parties demandent ce renvoi } Sol. J. N., art. 16550 — C. Grenoble, juin 1859

Les ventes judiciaires d'immeubles
doivent être renvoyées devant notaire

- soit { lorsque toutes les parties le demandent (2) — lorsqu'il est de leur intérêt que l'adjudication se fasse — dans un lieu plus rapproché { de la situation des biens que le chef-lieu du tribunal } } C. Douai, 24 mai et 17 juillet 1843 — C. Riom, 7 janvier 1856 — C. Bordeaux, 26 novembre 1834 — 29 septembre 1835
- lorsque les biens sont de peu de valeur | C. Bourges, 30 avril 1855
- lorsque l'intérêt de toutes les parties l'exige | C. Rennes, 8 juillet 1850
- quand les parties sont d'accord pour demander ce renvoi — alors même que parmi elles il y aurait des mineurs } C. Rouen, 11 oct. 1850
- quand le conseil de famille en a fait la demande et que l'intérêt des parties paraît l'exiger } C. Lyon, 27 août 1857 — C. Caen, 6 mars 1866
- même aussi { quand il s'agit d'immeubles situés sur le territoire de la commune où siége le tribunal civil } C. Caen, 12 août 1846 { lorsque les parties le demandent, spécialement dans le cas de bénéfice d'inventaire (4) } C. Bordeaux, 27 fév. 1830

Dans les ventes judiciaires { de biens immeubles appartenant à des mineurs ou à des femmes dotales — il y a intérêt { à renvoyer l'adjudication devant notaire (5) — surtout lorsqu'il s'agit de biens { peu importants ou éloignés du chef-lieu d'arrondissement } } } C. Douai, 29 mai et 27 août 1845 — Trib. Chartres, 4 mars 1842

Le tribunal { qui renvoie une vente judiciaire devant notaire — est libre { de choisir tel ou tel notaire sans être tenu de déférer à la désignation faite par les parties — surtout eu égard aux intérêts des mineurs en cause } } C. Nancy, 10 fév. 1846 (6)

Lorsque le tribunal { a commis deux notaires pour une licitation — l'un d'eux ne peut procéder { à l'adjudication sans le consentement de l'autre en se faisant assister de deux témoins } } C. Douai, 10 août 1850

Le jugement { qui commet un notaire pour une vente judiciaire ou qui ordonne que cette vente aura lieu devant le tribunal } est sujet à l'appel { C. Caen, 12 août 1846

Lorsqu'un notaire
- commis pour une vente judiciaire, se trouve empêché le jour fixé pour l'adjudication — c'est le président du tribunal qui doit pourvoir à son remplacement par une ordonnance sur requête } Sol. J. N., art. 14404
- a été commis en justice pour procéder à des opérations de licitation et liquidation — les parties intéressées ne sont pas recevables { sans motifs suffisants à demander qu'un autre en soit chargé } C. Douai, 11 avril 1836

Le notaire
- qui procède à l'adjudication à la place du notaire commis — n'a point droit { à la garde de la minute du procès-verbal — ni aux honoraires de l'acte — le tout revient au notaire substitué } Sol. J. N., art. 14404
- peut procéder { à une vente autorisée par une délibération d'un conseil de famille lorsqu'il a fait partie du conseil de famille qui a autorisé cette vente } Sol. Journ. du Not., n° du 19 janvier 1856

Lorsqu'après
- un jugement ordonnant la licitation d'un immeuble entre cohéritiers — et commettant un notaire à cet effet le poursuivant a requis l'adjudication,
- la rétractation qu'il fait ensuite — et
- la protestation { de quelques-uns des colicitants contre la continuation des opérations }

  n'enlèvent pas au notaire le droit de procéder à l'adjudication — son mandat ne pouvant lui être retiré } Cass., 30 avril 1853
- toutes les formalités — le poursuivant ne requiert pas l'adjudication un créancier a le droit de la requérir à sa place, — et dans ce cas le notaire est juge de la question de savoir s'il doit passer outre } Trib. Corbeil, 3 novembre 1852

III

Les avoués peuvent être présents à l'adjudication renvoyée devant un notaire par le tribunal civil | Cass., 11 février 1850

Leurs états de frais doivent être enregistrés avant qu'il en soit fait usage par le notaire commis | Cass., 7 décembre 1853

Le subrogé-tuteur peut se rendre adjudicataire des immeubles du pupille | Cass., 21 décembre 1852

L'héritier { qui s'est rendu adjudicataire sur une licitation entre cohéritiers — est passible de folle enchère s'il n'exécute pas les conditions du cahier des charges } C. Bordeaux, 8 mai 1848

Est valable la clause { d'un cahier des charges entre colicitants majeurs — qui stipule que la folle enchère sera poursuivie devant un notaire désigné } C. Bordeaux, 8 mai 1848

L'enchère reçue par le notaire commis est obligatoire comme celle reçue par le juge — Il n'est pas nécessaire qu'elle soit signée pour lier l'enchérisseur } Cass., 24 janvier 1814

Du moment où la mise à prix est couverte { l'adjudication doit être tranchée malgré la réquisition contraire des parties demandant le renvoi pour cause d'insuffisance du prix obtenu } Sol. Journ. Not., n° 1220

Le renvoi d'une adjudication ne peut se justifier que dans un cas de vente purement volontaire

Il y a extinction de la bougie ou du feu allumé { pour la réception des enchères — quand les bougies cessent de faire voir de la flamme } Trib. Argentan, 21 août 1831 (7)

---

(1) *Les notes de cette tablette sont à la 118e.*

DÉPOT ET GARDE DES MINUTES [1]

LE NOTAIRE

démissionnaire, doit remettre à son successeur { non-seulement les minutes de l'étude, mais aussi / les papiers qui lui ont été confiés comme notaire } C. Bourges, 20 février 1837

après la cessation de ses fonctions, est soumis { à la contrainte par corps / pour la remise de ses minutes et répertoires } Trib. St-Calais, 21 novembre 1840

autorisé à transférer sa résidence hors de son canton,
— ne peut y transporter les minutes, qui doivent être remises à un autre notaire du canton de la résidence transférée } Déc. min., 15 mai 1845

n'est pas obligé de conserver, dans ses minutes, l'acte de suscription { d'un testament mystique / qui est un acte simple } Trib. de la Seine, 10 décembre 1847

peut être contraint de remettre { à un testateur — son testament mystique / sur son récépissé — ou / sur une décharge { en marge du répertoire / ou notariée { aux frais du testateur / si le notaire l'exige } } } Trib. de la Seine, 13 décembre 1847, 10 juin 1848

ne doit pas produire en minute les actes sujets à l'approbation du préfet

n'est tenu que d'en délivrer — à l'administration — une copie { sur le vu de laquelle l'approbation peut être donnée par un / arrêté séparé qui est ensuite annexé à la minute } Circ. min., 6 septembre 1853 (2)

est bien tenu { sur la demande des parties intéressées en nom direct ou ayant-droit, / de leur communiquer même oculairement la minute de l'acte dont il est dépositaire }

est fondé { pour la sûreté du dépôt / à exiger que la communication ait lieu devant le président du tribunal } C. Paris, 12 février 1833 (3)

a droit de se faire payer — par les parties — les frais de son déplacement

peut { en vertu d'une ordonnance du juge / faire apposer les scellés dans les lieux où il présume que sont déposés les / papiers et minutes { appartenant à son étude et / indûment retenus par son prédécesseur } } C. Bourges, 10 août 1836

et ses héritiers à plus forte raison { ne sont responsables { de la perte d'une minute / que lorsqu'il est établi qu'il y a eu { dol et fraude de la part du notaire ou / dommage et préjudice causé } } } C. Riom, 8 mars 1839

Le président du tribunal

peut { par l'application de l'art. 61 de la loi du 25 ventôse an 11 / commettre un notaire à la garde des minutes d'un notaire suspendu } Cass., 22 mai 1854, C. Lyon, 27 janvier 1855

peut dispenser { de l'apposition des scellés sur les minutes d'un notaire décédé / en commettant { le jour même du décès — un autre notaire / pour dépositaire provisoire de ces minutes } / en décidant qu'elles lui seront remises en présence des héritiers } Ord. du président du tribunal de Perpignan, 12 mars 1843

ordonner l'apport de la minute d'un acte pour procéder à la taxe des honoraires | C. Bordeaux, 4 août 1841 — V. J. N., 7215

Le ministère public peut { sans recourir à un compulsoire ou se faire autoriser par ordonnance du tribunal / exiger la communication sans déplacement des minutes d'un notaire } Trib. Montmorillon, 13 août 1845

— Le notaire qui refuse cette communication peut être rendu passible d'une peine disciplinaire

Les magistrats du ministère public { ne peuvent exiger { l'apport des minutes d'un notaire / pour les examiner } } Sol. J. N., art. 9338, 17406

La communication { aux préposés de l'enregistrement / des actes existant dans les études de notaires et les autres dépôts publics / doit être donnée dans le local même où ces actes sont déposés } Trib. Amiens, 11 août 1842

Le privilège de l'art. 2102 du Code Napoléon ne confère pas { au propriétaire d'une maison louée à un notaire / le droit de s'opposer à l'enlèvement des minutes de ce notaire / pour garantie du paiement des loyers } Trib. Châtillon-sur-Seine, 4 juin 1854 (4)

Entre { la veuve, commune en biens / et / les héritiers du mari } { il y a égalité d'intérêts / pour / la conservation de la minute } { en conséquence, la garde de cette minute appartient / au plus ancien des deux notaires qui ont procédé / à l'inventaire } C. Nancy, 24 août 1835

Lorsque deux notaires sont appelés { par les héritiers du mari et ceux de la femme / à l'inventaire des deux successions / la minute doit rester au plus ancien } C. Bourges, 24 novembre 1845

Le notaire du débiteur { a la préférence sur celui du créancier pour la réception et la garde / de la minute de la quittance }

Le créancier { ne peut { refuser les offres réelles qui lui sont faites à la charge de passer quittance devant le notaire du débiteur / surtout si ce notaire consent à se rendre au domicile du créancier pour recevoir la quittance } / a le droit — en ce cas — de faire concourir le notaire de son choix à la rédaction de la quittance } Trib. Belfort, 27 novembre 1833

La désignation des notaires { chargés de procéder à certains actes judiciaires / appartient au pouvoir discrétionnaire des tribunaux }

Les juges { dans cette désignation / ne sont point liés par les usages et règlements du Notariat } Cass., 22 décembre 1851 — 29 janvier 1855 — 30 juin 1856

---

(1) *Le nom de minute vient de ce que, jadis, l'on écrivait les actes en notes ou écriture menue (minuta) pour plus de promptitude. — Le Notaire ou tabellion en faisait ensuite des copies, en caractère plus gros, pour délivrer aux parties; de là l'origine du mot grosse. — On donnait aussi aux minutes qui alors se remettaient aux parties le nom de briefs, brefs ou brevets (Ed. Clerc).*

(2) *V. J. N., art. 14848 et 15301.*

(3) *Le J. N. dit : La prudence peut, dans beaucoup de circonstances, justifier cette mesure : Il est arrivé qu'un notaire a été recherché en garantie à raison de la destruction d'une minute qui lui avait été arrachée des mains par celui à qui il en avait donné connaissance sur son propre bureau, bien que le crime fût constant et que le coupable eût été condamné à la peine de l'art. 255 du C. pénal.*

(4) *Les minutes et répertoires ne sont aucunement la propriété des notaires. — C'est une propriété publique confiée à leur garde par l'art. 1er de la loi de leur institution.*

GROSSES ET EXPÉDITIONS

LES NOTAIRES

Quant au droit de promulguer | c'est-à-dire de rendre exécutoire l'acte passé devant eux, | J. N., art. 3887
— Sont véritablement les délégués de la puissance publique

N'ont le droit d'exiger | que le paiement des déboursés et honoraires de leurs minutes (1) | Trib. Qnimper, 6 août 1849
sans pouvoir contraindre les parties à en retirer | des grosses ou des expéditions | Arr. du 14 oct. 1750

Doivent | dans les expéditions ou copies, comme dans les minutes des actes et contrats, omettre tout ce qui rappelle le régime féodal — à peine de 20 fr. d'amende | Commentaire de la loi de ventôse

Peuvent délivrer des grosses et expéditions des minutes de leur prédécesseur, infectées de nullités évidentes
Doivent mentionner ces nullités, si elles proviennent de surcharges, renvois, ratures non approuvés | J. N., art. 419, 1117

Ne doivent délivrer | expédition des contrats de mariage tant que les époux ne sont pas unis | qu'en faisant mention sur l'expédition de la date de la délivrance | Arg. 1397, C. N.
— Car | il pourrait arriver que des changements soient faits à ce contrat — et il ne faut pas que le notaire puisse être recherché comme paraissant avoir enfreint les dispositions de l'art. 1397 du C. N. | Sol., J. N.

Ne pouvant recevoir aucun dépôt de pièces sans en dresser acte (art. 43 de la loi du 22 frimaire an 7),

Doivent | nécessairement dresser acte du dépôt entre leurs mains de l'ordonnance | du président du tribunal de première instance autorisant la délivrance de l'expédition d'un acte à une personne qui n'y a pas figuré | Usage adopté à Paris J. Not., n°1190
conserver ainsi ladite ordonnance pour mettre leur responsabilité à couvert — et la mentionner, comme l'acte du dépôt, dans un style qui précède l'expédition délivrée au requérant

Ne doivent délivrer | l'expédition et à plus forte raison la grosse d'un acte que lorsque la qualité de la partie requérante leur est connue personnellement, et à défaut que lorsqu'elle leur est justifiée d'une manière régulière | Sol. J. N., n° 1306
— Et de plus | s'ils ne connaissent pas personnellement les parties se faire certifier leur identité dans la forme prescrite par l'art. 11 de la loi du 25 ventôse an 11
— A défaut de justification suffisante — le notaire | ne doit procéder que sur l'ordonnance du président d'un tribunal s'exposerait aux peines portées par l'art. 23, en agissant autrement

Peuvent | se substituer | pour la délivrance d'une expédition de même que pour la réception d'un acte | Trib. Montluçon, 12 janv. 1865
dans les expéditions des actes reproduire les tableaux en chiffres | en conséquence | un supplément de droit de timbre ne peut être exigé sur une expédition, sous le motif qu'un plus grand nombre de feuilles aurait été employé si les énonciations des tableaux en chiffres avaient été écrites en toutes lettres | Inst. Régie, 20 juil. 1820
en observant | de ne pas excéder par page le nombre de lignes déterminé

Ne peuvent délivrer grosse | d'un acte sous seing privé que si le débiteur en a fait le dépôt ou y a figuré | Cass., 16 déc. 1819, 27 mars 1821; J. N., art. 1198
d'un billet à ordre passé devant eux et dont le rapport leur est fait pour minute | J. N., art. 7141

Devant lesquels un acte a été passé,
Sont tenus d'en fournir expédition — aux parties contractantes — par eux ou leurs successeurs, tellement qu'ils | Bourges, 17 juin 1829
— Sont responsables | envers la partie qui a intérêt à obtenir cette expédition du dommage résultant d'une production tardive à un ordre

Ont le droit de recevoir et authentiquer les actes ; — mais ils
N'ont pas le pouvoir de les changer
L'acte notarié | de même qu'un jugement — est acquis aux parties tel qu'il a été fait
La règle | de la spécialité et de l'incommutabilité des actes s'applique à tous les genres de copies, grosses, expéditions, etc., aussi bien qu'aux originaux
Il n'est pas permis | au notaire qui a délivré une expédition de vente dont le prix est dû de revêtir après coup, de la formule exécutoire, cette expédition portant déjà la mention de transcription — et de délivrer ainsi au vendeur créancier l'expédition destinée à l'acquéreur après l'avoir transformée en grosse | Sol., J. N., art. 16110 (2)

Ont le droit de refuser | à un légataire particulier l'expédition entière d'un testament | C. Paris, 16 juillet 1866 (3)
— S'il leur paraît que ce légataire n'a aucun intérêt à connaître les autres clauses qui ne le concernent pas

---

(1) *Généralement, comme bonne pratique et régularité des affaires, tous les actes sont expédiés à mesure qu'ils reviennent de l'enregistrement ; c'est donc aux clients, qui n'ignorent pas cet usage, de déclarer, en passant leurs conventions, qu'ils n'entendent pas retirer de copies, sans quoi l'expédition faite devrait être payée.*

(2) *V. J. N., art. 1265 et 1273.*

(3) *Solution neuve.*

GROSSES ET EXPÉDITIONS

Le notaire est tenu { de délivrer l'expédition de l'acte testamentaire qu'il a été appelé à recevoir alors même que cet acte n'aurait pas été achevé : le testateur ayant perdu connaissance avant l'accomplissement des formalités légales } **C. Caen, 15 déc. 1837**

Quand le testateur { demande au notaire l'expédition du testament qu'il a passé devant lui } { le notaire peut lui délivrer cette expédition sans soumettre la minute à l'enregistrement (1) } **Déc. min., 25 avr. 1809, Sol. J. N., art. 9943**

Il en est de même des donations entre époux pendant le mariage

Un légataire institué par testament (2)
Un tiers auquel l'une des parties s'engage à servir une rente } sont des parties intéressées dans le sens de l'art. 23 de la loi de ventôse { **Arg. Rouen, 13 mars 1826 (3)**

Le cessionnaire { d'une rente constituée dans un contrat de mariage est un ayant-droit de la partie — et peut exiger expédition entière du contrat } sans que le notaire { détenteur de la minute puisse l'obliger à se contenter d'un extrait des clauses relatives à la rente cédée } **C. Dijon, 27 janv. 1847**

Celui { qui se prétend héritier, sans justifier de sa qualité, ne peut exiger expédition ni communication des actes } . . . . .

L'expédition { qui ne contient pas d'énonciation contraire est censée être la première qui ait été délivrée — et fait légalement foi } **Cass., 29 nov. 1830**

Les parties { quoiqu'en principe elles ne peuvent être contraintes de lever les expéditions n'en sont pas moins dans l'obligation de les prendre et d'en payer le coût lorsqu'elles les ont demandées }
La représentation de l'expédition est une présomption que cette demande a été faite
Présomption devant laquelle s'effacent les déclarations contraires des parties } **C. Grenoble, 17 juin 1857**

Lorsqu'une partie demande expédition { d'une ancienne minute écrite en caractères illisibles il y a lieu de requérir { du président du tribunal la nomination d'un expert } pour { déchiffrer la minute et en faire une traduction } **Déc. du présid. du Tr. de la Seine, 17 janv. 1846.**

(Traduction qui doit être annexée et dont le notaire délivre expédition)

La partie contre laquelle un acte notarié a été annulé au fond, n'a pas d'action pour en obtenir expédition | **Cass., 25 mars 1836**

L'amende n'est pas encourue quand on emploie plus de quinze syllabes par ligne | **Déc. min., 16 février 1807**

La formule exécutoire apposée sur une grosse n'est pas nulle { par cela seul que quelques-uns des termes de la formule légale auraient été omis si les expressions les plus importantes s'y trouvent } **C. Riom, 12 mai 1844**

Les initiales F. G. ou les mots Fait-Grosse { écrits sur la minute d'un acte obligatoire ne suffisent pas pour { établir le fait même de la délivrance de première grosse } la mention { prescrite par l'art. 26 de la loi de ventôse doit { contenir ces mots : fait et délivré grosse et être paraphée par le notaire (4) } **Tr. Orl., 24 juin 1829**

Lorsqu'une obligation a été délivrée en brevet,
— Le créancier peut obtenir une grosse exécutoire en déposant le brevet chez un notaire autre que celui qui l'a reçu | **Trib. Aubusson, 13 juillet 1844 (5)**

Il suffit { qu'il soit présenté au notaire une ordonnance du président autorisant la délivrance { d'une expédition à un tiers intéressé } pour qu'il { ne soit pas admis à en discuter le mérite doive s'y conformer et y trouver sa garantie } **Rouen, 13 mars 1826 (6)**

Un titre | n'étant réputé prescrit que lorsqu'un jugement l'a déclaré tel,
— Le notaire | ne peut en refuser la grosse tant qu'un pareil jugement n'a pas été rendu } **J. N., art. 4287**

On ne peut délivrer en forme exécutoire | que des actes { portant obligation de choses liquides et certaines | **Arg. C. pr., 551 — C. N., 2213** ayant pour objet des sommes { liquides et déterminées payables { à première réquisition du créancier ou à une époque fixée } **J. N., art. 445**

La permission du juge | n'est pas nécessaire | lorsque le débiteur consent à la délivrance d'une seconde grosse | **J. N., art. 264, 2343, 38796 (7)**

Est nul le commandement fait { en vertu d'une seconde grosse délivrée par un notaire sans qu'on ait rempli les formalités de l'art. 844 du Code de procédure, notamment sans sommation préalable aux parties intéressées } **C. Bordeaux, 24 août 1855**

---

(1) *M. Ed. Clerc, conseille d'y ajouter, en ce cas, une mention indiquant la date de la délivrance et la réquisition du testateur, et M. Dalloz dit que cette mention doit contenir l'avis qu'il ne peut être fait aucun usage légal du testament, avant que la minute ait été enregistrée.*

(2) *Un testament contenant un legs d'une somme déterminée, ne peut être délivré en forme de grosse, parce que le légataire particulier a besoin de demander la délivrance de son legs, et n'a de titre exécutoire que dans l'acte qui la constate (Ed. Clerc).*

(3) *C'est aussi l'opinion de M. Dalloz.*

(4) *Les grosses étant rarement délivrées aussitôt qu'elles sont prêtes, la mention ainsi formulée ne rend pas plus exact le fait de la délivrance, mais elle le constate d'une manière parfaite.*

(5) *Cela ne fait aucun doute dans la pratique ; — mais, par procédé, l'on doit renvoyer le dépôt au notaire qui a reçu l'obligation. — D'après M. Ed. Clerc pour avoir grosse d'une obligation en brevet, il faut que le créancier rapporte le brevet au notaire qui l'a reçu, lequel peut alors délivrer cette grosse.*
Le même auteur pense, comme M. Roll. de Vill., que le dépôt du brevet à un autre notaire ne lui permettrait pas d'en fournir une grosse.

(6) *Conformément, encore, à l'avis de M Dalloz.*

(7) *C'est aussi l'opinion de presque tous les auteurs, mais M. Ed. Clerc dit que la loi étant formelle, les notaires doivent toujours exiger l'ordonnance.*

ENREGISTREMENT

RÉGIE ET PRÉPOSÉS

La Régie
- a le droit et le devoir { de rechercher et de constater { le véritable caractère des stipulations contenues dans les contrats / pour asseoir conformément à la loi les droits dus à raison de ces contrats } Cass., 21 mars 1855
- peut réclamer { de toute partie qui a figuré dans un contrat ou dans un jugement / le paiement des droits d'enregistrement résultant du contrat ou du jugement } Cassation, 5 janvier 1853, 26 juillet 1853, 19 novembre 1855, 10 mars 1857.
- n'a pas { pour le recouvrement des droits de mutation par décès / un droit de préférence ou de prélèvement vis-à-vis des créanciers de la succession
- — Les droits de mutation constituent une dette personnelle de l'héritier dont le recouvrement ne peut nuire aux héritiers du défunt, si ce n'est en ce qui concerne les revenus des biens de la succession } J. N., art. 10570, 14430, 14834, 15069 / Cass., 24 juin 1857
- sur les énonciations { précises et détaillées, faites dans un acte notarié / d'un bail annoncé comme étant verbal } Trib. Nevers, 5 juin 1850
- peut supposer qu'il en existe un écrit — et
- est autorisée { à rechercher les preuves de cet écrit et / à réclamer le droit simple, et le double droit après les 3 mois } Trib. Seine, 27 nov. 1850, 30 août 1854

La validité ou l'invalidité des actes | est indifférente pour la perception des droits d'enregistrement }

La Régie n'est juge { ni des vices de forme des actes / ni du défaut de qualité des parties contractantes } Cass., 15 avril 1850

Les directeurs peuvent { faire suspendre les poursuites aussitôt qu'ils ont reçu une demande en remise / ou modération d'amendes — ou de droits en sus (1) } Inst. de la Régie, 20 novembre 1826

On ne peut | opposer à la Régie | les négligences commises par ses préposés dans l'enregistrement des actes

— **Mais** { les officiers publics ou les parties { peuvent exercer { contre ces préposés / une action en garantie des dommages causés par leur négligence } Cass., 23 décembre 1835

Quand { un acte notarié n'a point été enregistré dans le délai prescrit — et que / la Régie reconnaît que c'est par la faute du receveur à qui l'acte avait été déposé avant l'expiration du délai }

— **Le ministre des finances** { fait remise au notaire du double droit encouru et / prononce contre le receveur une peine disciplinaire } Déc. min., 29 juin 1836

Les Receveurs sont toujours garants du dommage qu'ils ont pu causer par leur négligence | Cass., 1825-1835

Un receveur
- après avoir enregistré des actes notariés dont les droits n'ont pas été payés en totalité / ne peut retenir ces actes jusqu'à ce que ces droits soient soldés
- n'a que le droit { de réduire aux sommes payées les quittances mises sur les actes, et / de poursuivre le règlement du surplus } Sol. J. N., art. 7693

Les préposés de l'enregistrement
- n'ont pas le droit d'exiger
  - la communication des actes { confiés aux notaires comme simples particuliers et dont l'existence dans leurs études n'est pas constatée par des actes de dépôts } Cas., 1 août 1811, 1864 / 3 novembre 1866 / C. Douai, 29 déc. 1852 / 16 déc. 1861 / C. Metz, 1853 et 1864 / C. Rennes, 12 mars 1866
  - des parties la communication des expéditions d'actes à elles délivrées afin de constater les contraventions à la loi sur le timbre, qui pourraient avoir été commises par les notaires dans ces expéditions } Sol. J. N., art. 8557
- lorsqu'ils se procurent ces expéditions par des voies détournées
- ne sont pas fondés à poursuivre { au cas de contravention / le paiement des amendes contre les notaires } Trib. Loudun, 6 août 1834
- n'ont droit { lorsque les scellés ont été apposés à l'étude d'un notaire / d'assister qu'à l'inventaire des actes déposés chez le notaire comme officier public } Cass. . . . . . . / Trib. Mâcon, 11 février 1862

La découverte
- d'un acte de vente sous seing privé, non enregistré
- faite { par un préposé de l'enregistrement dans les minutes d'un notaire / par suite des vérifications qu'autorise l'art. 56 de la loi du 22 frimaire an 7 }
- n'est pas le résultat d'une mesure illégale } Cass., 11 mai 1825 (2)
- — En conséquence | la Régie est autorisée à poursuivre contre les parties le recouvrement des droits de la vente }

La faculté
- de requérir l'expertise, en matière d'enregistrement appartient exclusivement à la régie et n'est pas accordée aux parties
- peut être exercée pour des immeubles vendus { par adjudication volontaire devant le notaire / spécialement à la chambre des notaires de Paris } Cass., 3 juillet 1855

L'individu
- qui { dans l'intention de nuire / remet à la régie une vente s. s. p. qui lui avait été déposée / a pu faire un acte moralement répréhensible — mais
- ne peut être { légalement attaqué pour avoir dénoncé une contravention à la loi fiscale — ni / rendu passible de dommages-intérêts envers les parties qui ont acquitté les droits à raison de son abus } Sol. J. N., n° 1256

---

(1) Me Serieys en conclut que les amendes ne sont pas irrémissibles.

(2) Mais, le Journal du Not. pense que le Notaire doit laisser agir les préposés comme ils le jugent convenable, en refusant purement et simplement de leur faire la remise de l'acte s.-s.-p. (même pour 24 h.) et de lui en délivrer une copie collationnée.

ENREGISTREMENT
DÉLAIS — NOTAIRES

Le Ministre des finances seul peut { autoriser l'enregistrement des actes en débet — et / accorder des délais pour le paiement des droits dus au fisc } Cass., 9 nov. 1820

Les notaires sont toujours fondés à exiger } l'enregistrement immédiat de leurs actes
Et les receveurs doivent faire
} Dict. Not.
Les receveurs ne pouvant retenir 24 heures que les actes { notariés en brevet et / dont le notaire refuse copie conforme }

En matière d'enregistrement { le jour *à quo* est exclu du temps déterminé pour la prescription (1) | Cass., 3 mai 1854
(comme en matière ordinaire) { il n'est pas permis de raisonner d'un cas à un autre, et d'étendre { par analogie / un texte de loi fiscale } Cass. . .

Le délai { d'enregistrement d'un acte portant plusieurs dates / ne court que du jour où il a été revêtu de la signature du notaire (2) } Trib. Blois, 18 déc. 1852
pour les actes notariés { soumis à l'approbation du préfet / court, non pas de la date de cette approbation, / ni du jour de l'arrivée de l'arrêté approbatif à la mairie, — mais / seulement du jour de la remise, par le maire, de cet arrêté } Déc. min., 22 janv. 1855

Lorsqu'un acte notarié { contenant quittance et portant deux dates / constate qu'il a été signé { à la première date par le créancier et / à la seconde par le mandataire du débiteur } Trib. Vendôme, 26 janv. 1856
{ le délai pour l'enregistrement | court de la première date (3) }

Le procès-verbal d'une vente d'objets mobiliers { faite par un notaire qui supplée un commissaire-priseur absent / n'est soumis à l'enregistrement { comme acte notarié / que dans le délai de 10 ou 15 jours } Déc. min., 5 fév. 1834

Le procès-verbal { d'offres réelles fait par un notaire / n'est assujetti à l'enregistrement | que dans le délai ordinaire de 10 ou 15 jours } Sol. J. N., art. 12523

Les donations { entre époux | pendant le mariage / ne sont assujetties à l'enregistrement | que dans les trois mois du décès de l'époux donateur } Cass., 22 janv. 1838

Quand la validité du testament est contestée { le légataire universel est néanmoins tenu de faire sa déclaration, et / de payer { les droits de mutation par décès / dans les six mois, à partir du décès du testateur } Trib. Blois, 5 déc. 1848

Il y a un délai de 3 mois pour l'enregistrement { des révocations de testaments | Déc. de la Régie, 4 nivôse an 12 / de la révocation par acte notarié d'une donation entre époux pendant le mariage { (à partir du décès de l'époux donateur) } Cass., 20 juill. 1836

L'endossement d'un billet négociable { lorsqu'il est fait par acte notarié / est sujet à l'enregistrement { dans le délai de 10 ou 15 jours / comme les autres actes notariés } Cass., 13 juillet 1849

LES NOTAIRES

ne sont pas tenus { des suppléments de droit des actes enregistrés : les parties en sont seules débitrices } Déc. m., 29 juin 1808, / T. Montmorillon, 24 nov. 1841
des droits de mutation dont la preuve peut se tirer des actes { par eux rédigés — mais / n'en formant pas le titre } Cass., 12 fév. 1834

peuvent exiger { le remboursement des droits avancés pour leurs actes / malgré l'allégation par les parties qu'ils auraient pu les éviter en donnant / à l'affaire une autre forme ou direction } Cass., 24 août 1825

qui contreviennent { rédigent des actes en vertu d'actes passés dans les colonies, ou les reçoivent en dépôt / sans les avoir préalablement fait enregistrer en France } Dict. Not., 4ᵉ édition. (V. Colonies, n° 125)
{ à l'article 42 de la loi du 22 frimaire an 7 / sauf la faculté qui leur est accordée par l'article 13 de la loi du 16 juin 1824 }

n'encourent pas l'amende { pour avoir présenté un acte à l'enregistrement le dernier jour du délai, / après l'heure de fermeture du bureau } Déc. min., 7 août 1832 / Trib. Apt, 21 mars 1823

devraient { pour prévenir les omissions des préposés / faire enregistrer devant eux et reprendre immédiatement { les actes importants, notamment / les donations, contrats de mariage, testaments (surtout)
inscrire leurs actes au répertoire avant de les porter à l'enregistrement
toujours { lorsqu'ils sont retirés du bureau { remplir au répertoire les droits perçus / afin de s'apercevoir si les actes { laissés au receveur / n'auraient été enregistrés / qu'après le délai } Sol. J. N., art. 9104

seraient mal venus à décliner { la responsabilité d'un acte qu'ils n'auraient point revêtu de leur signature / sous le prétexte qu'on ne leur aurait pas consigné le montant des droits / surtout s'ils ne prouvaient point, et même s'ils n'articulaient pas, qu'ils / eussent exigé cette consignation } Bourges, 29 avril 1823 / Cass., 27 juillet 1827

ne commettent point un faux criminel { lorsque { à la demande des contractants et / dans le seul but de diminuer les droits / ils dissimulent une partie du prix d'une vente } C. Angers, 29 avril 1823 / C. Rennes, 9 février 1848

peuvent rédiger { un acte de dépôt du testament / sans que le procès-verbal contenant l'ordonnance du président ait été enregistré } Délib., 31 août 1826

qui ont procédé { à une vente d'immeubles | d'après une commission du tribunal / ne peuvent se dispenser de faire enregistrer l'adjudication dans le délai voulu / quoique les droits ne leur aient point été consignés par l'adjudicataire tombé en faillite depuis l'adjudication } T. Havre, 27 f.184

---

(1) *Quand la date d'un acte notarié présenté à l'enregistrement est surchargée, sans qu'on puisse lire quels étaient les mots remplacés, le receveur peut indépendamment de l'amende, réclamer le double droit d'enregistrement pour retard de cette formalité (Inst. Régie. 21 frimaire, an 13).*

(2) *Jour qui est toujours, et qu'en pratique l'on reconnaît être celui de la dernière date. — Dans cette affaire, la régie conteste la validité des doubles dates des actes ; mais le Tribunal en approuve implicitement l'usage, et la jurisprudence est constante pour reconnaître la validité des doubles dates.*

(3) *Dans ce jugement au Trib. de Riom du 22 février 1856, rapporté à la ...ᵉ tablette, l'on a rejeté la distinction entre les actes synallagmatiques et les actes unilatéraux, disant que la loi ne distingue pas ; — et ici la régie s'est appuyée sur cette distinction pour motiver le double droit contre le notaire qui n'avait fait enregistrer la quittance que dans le délai de la seconde date.*

ENREGISTREMENT

DROITS — RÈGLES SUR LES DROITS

LES DÉCLARATIONS — faites dans un inventaire — par les héritiers, de sommes dont ils sont débiteurs envers la succession, ne donnent ouverture à aucun droit d'enregistrement — attendu que ces déclarations ont seulement pour objet d'établir l'actif de la succession { Cass., 22 mars 1814 — Trib. Valenciennes, 27 août 1847 — Délib. Régie, 2 octobre 1822, 9 janvier 1851

— de dettes, de la part des héritiers ou maris des héritières, qui sont insérées dans les inventaires — au profit de la succession, ne donnent lieu à la perception d'aucun droit particulier comme dispositions indépendantes { Trib. Seine, 13 décembre 1856 — Arr., 22 nivôse, an 7.

L'exemption des droits ne s'applique pas aux transmissions de biens même lorsqu'elles sont constatées par des actes { Déc. min., 6 juillet 1852

Lorsque des cohéritiers se rendent conjointement adjudicataires d'immeubles indivis de la succession, — le droit de transcription hypothécaire à 1 fr. 50 c. exigible lors de l'enregistrement, doit être perçu sur la totalité du prix de l'adjudication, — et non pas seulement comme celui de l'enregistrement, sur la portion de ce prix applicable aux parts indivises acquises par les adjudicataires { Cass., 26 août 1853 (1)

Lorsque sur une licitation poursuivie par le mari et la femme, le mari est déclaré adjudicataire d'un immeuble appartenant par indivis à celle-ci sans qu'il soit énoncé si cette acquisition est faite pour le compte de la femme — L'immeuble acquis doit néanmoins être considéré comme lui étant propre — et

Il y a lieu pour la perception du droit d'enregistrement, de déduire du prix de l'adjudication la portion applicable à la part précédemment indivise de la femme (2) { Trib. Reims, 31 oct. 1855

Une licitation lorsqu'elle ne fait pas cesser l'indivision entre tous les co-héritiers ou communistes ne produit pas d'effet déclaratif — En conséquence le droit de transcription est exigible { Cass., 17 mai 1858

Les droits d'enregistrement sur les contrats de mariage doivent être restitués quand il est reconnu que la célébration n'a pas eu et n'aura pas lieu et lorsque la demande en restitution est formée en temps utile { Déc. min. Inst., juin 1808

— d'un acte sous seing privé qui n'opère point transmission d'immeubles, et qui conséquemment n'est pas, par lui-même, assujetti à la formalité sont à la charge de celle des parties qui a nécessité la production de cet acte en justice { C. Amiens, 18 août 1838

Les immeubles possédés en vertu d'un bail emphytéotique ne sont pas sujets au droit de mutation lors du décès de l'emphytéote { Trib. Douai, 24 avril 1839

La concession à perpétuité — d'une terre dans un cimetière est passible — comme bail à durée illimitée — du droit d'enregistrement à 4 0/0 { Déc. min., 12 mai 1846

Le droit de mutation après décès — sur les objets mobiliers doit être perçu d'après la valeur estimative du commissaire-priseur faite dans l'inventaire notarié — et non d'après le produit de la vente faite après l'inventaire et avant la déclaration des parties relative au paiement { Cass., 23 fév. 1858

La taxe des actes notariés — par le président du tribunal civil n'est assujettie qu'au droit fixé d'enregistrement d'un franc { Trib. Château-Chinon, 17 novembre 1844

Les protêts faits par les notaires restent sujets au droit fixe de 1 fr. | Délib. Régie, 2 juillet 1850

La base légale d'évaluation pour la perception du droit d'enregistrement sur les donations d'immeubles est le prix des baux courants { Cass., 17 février 1852

L'ACTE — constatant le dépôt par une seule personne dans les minutes d'un notaire ou au greffe, des pièces relatives aux formalités de purge sur acquisition au profit de plusieurs non solidaires par un même procès-verbal d'adjud. — n'est pas sujet à autant de droits fixes d'enregistrement — qu'il y a d'acquéreurs (3) { Trib. Soissons, 27 fév. 1850

— par lequel le tiers acquéreur d'une portion indivise des immeubles d'une succession acquiert les portions des autres cohéritiers, est une vente (et non une licitation) de nature à être transcrite — sujette au droit de 5 fr. 50 c. 0/0 { Cass., 9 janvier 1854 (4)

— portant cession de droits successifs par tous les cohéritiers à l'un d'eux à ses risques et périls, est un partage par cela seul qu'il fait cesser complètement l'indivision, et quoiqu'il ne soit pas sujet à rescision, — il est soumis au droit de 4 0/0 pour soulte non 5 50 comme vente { Cass., 30 mai 1854

— translatif de propriété de meubles et d'immeubles qui ne contient pas tout à la fois stipulation de prix particulier et estimation article par article des objets mobiliers, est sujet au droit de vente immobilière sur la totalité du prix lors même que la vente de l'immeuble et celle des objets mobiliers sont faites par dispositions distinctes { Cass., 12 déc. 1842

— passé en France et translatif d'immeubles situés dans les colonies où l'enregistrement est établi n'est sujet qu'au droit fixe { Trib. de la Seine, 26 avril 1843

---

(1) *Conformément aux arrêts de la même Cour des 16 avril 1826, 7 novembre 1849, août 1850, 2 décembre 1851.*

(2) *V. J. N., n° 1284.*

(3) *Conformément à plusieurs autres jugements.*

(4) *Conformément à cinq autres arrêts de 1845 à 1848. (V. C. N., art. 883. — L. 28 avril 1816, art 54.)*

ENREGISTREMENT

RÈGLES SUR LES DROITS (suite)

Lorsqu'une déclaration de command — faite le 21 octobre et relative à une adjudication du 20 du même mois n'a été enregistrée que le 22, moyennant droit fixe, le notaire ne peut, sur la demande ultérieurement formée par la régie du droit proportionnel excédant 150 fr., être admis à prouver par témoins que la déclaration a été déposée le 21 au bureau, c'est-à-dire dans les 24 heures de l'adjudication (1) | Cass., 23 déc. 1835 — T. Domfront, 21 janv. 184

La déclaration de command — faite dans l'acte même de vente donne ouverture à un nouveau droit de mutation à défaut de notification dans les 24 heures au receveur d'enregistrement | Cass., 11 janv. 1847 (2) — peut être valablement notifiée au receveur d'un bureau autre que celui de la résidence du notaire quand le notaire se trouve trop éloigné de ce dernier bureau | Délib. Régie, 8 mai 1841

Quand la personne — pour laquelle il a acquis un immeuble refuse de ratifier l'acquisition,

— Le tiers — qui s'est porté fort de cette personne peut, de concert avec le vendeur, résoudre la vente sans qu'il en résulte une rétrocession

— Le prétendu acquéreur — qui devait ratifier et qui refuse de le faire n'a jamais été propriétaire, et dès lors l'acte de résiliation ne peut être sujet qu'au droit fixe | Délib. Régie, 14 avril 1829 — Dict. Not., 3e édition

La mutation — est constatée par le mandat donné par l'ancien propriétaire de vendre en détail — moyennant un prix déterminé, à condition que le mandataire conservera le surplus du prix fixé—et qu'il sera garant des ventes en détail | Cass., 11 déc. 1855

L'héritier bénéficiaire est tenu personnellement d'acquitter les droits de succession | C. Lyon, 30 mars 1855

Il en est de même du tuteur, lors même qu'il n'aurait entre les mains aucuns fonds disponibles | Seine, 13 juin 1855

La vente — consentie moyennant une rente viagère constituée sur plusieurs têtes doit être enregistrée d'après une déclaration estimative des parties et non sur le capital au denier 10 de la rente | Arch. Not., 1098, p. 330

La vente — de droits successifs donne lieu au droit immobilier sur la totalité du prix s'il n'y a pas un prix distinct pour les objets mobiliers si ceux-ci n'ont pas été évalués article par article | Cass., 7 août 1855

La donation entre-vifs — faite durant le mariage par un mari à sa femme acceptante donnant droit de posséder, jouir et disposer de suite emporte transmission immédiate ne peut (3), quoique révocable (Code Napoléon, art. 1096), être considérée comme éventuelle est conséquemment sujette au droit proportionnel lors de l'enregistrement de l'acte | Cass., 31 août 1853

Le légataire universel n'est pas tenu d'acquitter les droits de mutation sur l'universalité des biens de la succession grevée de legs particuliers de sommes d'argent | Trib. Limoges, 16 août 1837

La décharge — du prix d'une vente publique de meubles donnée à l'officier dans le procès-verbal même n'est pas passible d'un droit particulier d'enregistrement | Sol. J. N., art. 1439

Le jugement prononçant résolution — d'une donation d'immeubles | pour cause d'inexécution des conditions opère une mutation passible du droit d'enregistrement | Cass., 31 décembre 1844

Si le paiement — ou la promesse d'un supplément de prix est reconnu pour le vendeur et l'acquéreur dans un acte public

— Il n'est dû — dans ce cas — que le droit simple d'enregistrement, attendu que la peine du double droit n'est encourue que lorsque l'insuffisance de prix est constatée par une expertise | Délib. Régie, 22 décembre 1843

En matière de cession d'office — les contre-lettres — ne sont passibles que du double droit d'enregistrement (6) | Trib. Troyes, 23 janv. 1852 — sont passibles du double droit, malgré leur annulation en justice | Trib. Seine, 17 juin 1852

La réduction — du droit proportionnel d'enregistrement autorisée pour les donations faites aux futurs par contrat de mariage n'est point applicable aux donations en faveur de mariage faite par acte séparé du contrat | Trib. Chartres, 8 avr. 1848 — des droits prononcée par l'art. 3 de la loi du 16 juin 1824 pour les donations contenant partage anticipé n'est pas applicable à l'acte portant donation par une mère à sa fille unique et aux enfants de celle-ci | Cass., 4 janvier 1847 — 5 juin 1846 — 12 mars 1849

---

(1) *Pour prévenir ce grave inconvénient, le notaire doit, en vertu de la loi du 22 frimaire an 7, exiger que la déclaration de command soit enregistrée sur le-champ, sous ses yeux, attendu qu'en laissant l'acte, le receveur pourrait, par oubli ou distraction, ne pas l'enregistrer à la date du dépôt ; — ou bien prendre un récépissé du receveur, constatant la date de la remise de la déclaration de command. (Dict. Not., art. 12592.)*

(2) *Arrêt contraire à la doctrine et à des décisions précédentes de la Régie et du ministère. — D'après un autre arrêt de la même Cour, du 31 mai 1825, et l'opinion de M. Dalloz, la notification de déclaration de command devient superflue (mais c'est le seul cas où on peut l'éviter) lorsque la déclaration est présentée à l'enregistrement et admise à la formalité dans les 24 heures de l'adjudication ou du contrat, attendu que cette formalité, ainsi remplie, équivaut à une notification par acte extra-judiciaire.*

(3) *« La révocation étant dans l'espèce une condition résolutoire et non suspensive de la mutation. »*

ENREGISTREMENT

DISPOSITIONS DIVERSES

L'acte notarié a date certaine indépendamment de l'enregistrement { Cass., 23 janvier 1810 / Dict. de l'Enreg., 1824

Tous ceux { qui sont parties dans les actes présentés à la formalité de l'enregistrement / sont tenus solidairement au paiement des droits perçus — Cass., 10 mars 1858

cette règle est applicable à tous les actes sous seings privés, comme aux actes authentiques

Il ne peut y avoir fraude { à faire un acte que la loi permet / lors même que cet acte paraît être le résultat d'une combinaison pour payer de moindres droits { Cass. . . . .

Les parties { qui requièrent l'enregistrement d'actes et jugements venant de l'étranger / sont tenus d'y joindre une traduction faite par un traducteur juré { Déc. min., 7 mars 1833

Les héritiers mineurs et les héritiers bénéficiaires { doivent { comme les héritiers purs et simples / profiter du bénéfice de la décision ministérielle du 12 août 1806, d'après laquelle ils sont / dispensés { de payer les droits de mutation par décès sur les créances irrécouvrables de la succession / en énonçant dans leur déclaration qu'ils y renoncent } Sol. Régie, 4 oct. 1845

La renonciation du légataire | le dispense de l'acquit du droit d'enregistrement du testament | Cass., 26 décembre 1823

Le testament { contenant un legs d'immeubles { au profit d'un parent en ligne directe du testateur / à charge de restitution aux enfants nés ou à naître du légataire } / est sujet au droit de transcription à 1 fr. 50 c. 0/0

Le notaire { constitué, par ordonnance du président, dépositaire de ce testament en forme olographe / est tenu personnellement d'acquitter le droit de transcription, s'il rédige l'acte de dépôt } Cass., 7 et 25 avril 1849 (1)

En cas de déchéance pour défaut de prestation de serment | le droit d'enregistrement { perçu sur le traité de l'office / n'est pas restituable } Cass., 29 janv. 1851 (2)

Le droit proportionnel { perçu sur l'acte de transport du prix d'un office, consenti avant la nomination / doit être restitué lorsque cette nomination n'a pas eu lieu } Trib. Seine, 1ᵉʳ déc. 1847

Lorsqu'après la prestation du serment { un jugement a réduit le prix porté au traité / le droit d'enregistrement { perçu sur la somme retranchée / est sujet à restitution } Trib. Moulins, 28 juill. 1849

— De même qu'au cas de réduction par l'autorité administrative avant la nomination du successeur

L'assignation { en restitution de droits donnée devant les juges compétents / engage l'instance et arrête les prescriptions prononcées par l'article 61 de la loi de frimaire } Cass., 6 mai 1844

— Les art. 399 et suivants du Code de procédure { concernant la péremption d'instance / sont applicables en matière d'enregistrement

IL N'Y A PAS CONTRAVENTION {

pour avoir { laissé { dans la rédaction primitive et en projet de l'acte notarié / des blancs ayant pour objet des mentions { qui devaient être remplies avant la signature et / qui l'ont été d'une écriture plus serrée que le corps de l'acte } C. Paris, 6 déc. 1853

procédé { à l'adjudication d'actions dans une société industrielle / sans les faire enregistrer (et le notaire n'est point passible d'amende) } Sol. Régie, 11 mars 1851

à l'art. 42 de la loi du 22 frimaire an 7 (ni amende) { par le notaire qui rédige l'acte de quittance d'un billet non enregistré et déclaré adiré / parce que l'inutilité de la quittance notariée { si la perte du billet n'avait pas été réelle / est elle-même la preuve incontestable de cette perte } Sol. J. N., art. 13724

à l'art. 41 de la même loi { par le notaire qui rédige la déclaration de command avant que l'acte de vente / ou d'adjudication passé devant lui ou un autre notaire, ou en justice, ait été / soumis à l'enregistrement } Inst. Régie, 22 janv. 1846 (3)

— cet art. 41 portant que les notaires peuvent { faire des actes en conséquence d'exploits et autres actes de cette nature / avant qu'ils aient été enregistrés }

pour avoir rédigé { un acte de consentement à l'exécution d'une saisie-arrêt faite le même jour / malgré que l'exploit de saisie n'ait été enregistré que le lendemain } Sol. J. N., n° 1221

pour défaut d'enregistrement { des déclarations de grossesse faites devant notaire / dans les délais prescrits pour tous les autres actes / (la formalité ne devant avoir lieu que s'il est délivré des expéditions de ces déclarations) } Déc. min., 20 fév. 1818

}

Le notaire { qui énonce dans un acte un autre acte sous seing privé non enregistré / commet la contravention prévue par les art. 23 et 42 de la loi du 22 frimaire an 7 } Cass., 15 déc. 1856 (4)

L'acte passé en double minute { doit être enregistré — savoir : { par deux notaires qui ne sont pas domiciliés dans l'arrondissement du même bureau / la première minute { moyennant le paiement des droits / au bureau du ressort du notaire qui en reste dépositaire / la seconde { seulement pour mémoire / au bureau duquel dépend l'autre notaire } Déc. min., 16 août 1808

---

(1) *Le notaire qui n'a point reçu des parties la consignation du droit et ne veut pas en faire l'avance, peut se contenter de répertorier le testament sans dresser l'acte du dépôt ; — sauf à remettre, dans le délai, au receveur, l'extrait certifié du testament. (V. J. N., art. 13744.)*

(2) *Le Tribunal de Lyon a jugé, le 26 juillet 1849, qu'en ce cas et même sur le refus du candidat, les droits doivent être restitués.*

(3) *Instruction conforme à des solutions de jurisprudence antérieure.*

(4) *C'est manifestement contraire à la loi modificative du 16 juin 1824, art. 13.*

TIMBRE ET ENREGISTREMENT [1]

DISPOSITIONS DIVERSES

I

Peuvent être timbrés à l'extraordinaire { les polices d'assurances maritimes — à rédiger par les notaires ou les courtiers { le registre spécial qu'ils doivent tenir pour la transcription de ces polices } Sol. Régie, 19 sept. 1850

— Les affiches { sujettes au timbre spécial { peuvent { sans contravention { comprendre plusieurs annonces différentes } Trib. Seine, 2 fév. 1842

Un avis manuscrit { apposé dans une étude de notaire et annonçant une vente de meubles ou d'immeubles { est sujet au timbre } Trib. Melun, 11 juin 1845

Le procès-verbal du tirage au sort des lots { peut être écrit { à la suite du partage sur la même feuille de papier } Déc. Régie, 25 sept. 1848

La quittance { des frais de poursuite dus à l'avoué { peut être { écrite sans contravention { à la suite du procès-verbal d'adjudication faite devant un notaire commis en justice } Sol. Régie, 5 août 1854

Les copies collationnées { faites sur des actes, extraits ou expéditions — remis momentanément au notaire doivent être considérées comme de véritables actes et non comme des expéditions — et peuvent conséquemment avoir lieu sur papier timbré de toute dimension } Sol. J. N., nº 1291

— C'est par la même raison que ces copies sont sujettes à l'enregistrement comme les actes ordinaires
— Si elles avaient le caractère d'expéditions, elles seraient exemptes de cette formalité

Sont exemptes du timbre { les demandes d'états d'inscriptions aux bureaux des hypothèques { les expéditions (2) { délivrées aux maires et administrateurs des établissements publics { des arrêtés préfectoraux portant autorisation { aux communes ou à ces établissements d'acquérir, vendre, accepter des dons et legs, etc. } Déc. min., 6 fév. 1856 { de l'arrêté du préfet portant approbation des contrats intéressant les communes et ces établissements | Déc. m., 6 n. 1855 { les inscriptions sur le grand livre de la dette publique et les effets publics (l'art. 16 de la loi du 13 brumaire an 7, n'ayant pas été modifié à cet égard par la loi du 5 juin 1850, — les titres de ces inscriptions et les effets peuvent être énoncés dans un acte notarié sans avoir été timbrés) } Sol. J. N., nº 1166

II

LE NOTAIRE

contrevient { à l'art. 49 de la loi du 5 juin 1850 { quand il se borne à déclarer dans un acte { que les billets y énoncés sont sur timbre proportionnel { — sans mentionner le droit de timbre } Trib. Seine, 10 fév. 1853

(cet art. 49 s'applique aux actes sous seings privés de quelque nature qu'ils soient, commerciaux ou civils) | Cass., 31 mai 1853

satisfait { au vœu de ce même article, en déclarant (quand il en est ainsi) que les effets, certificats d'action, titres, etc., ou tous autres actes sujets au timbre et mentionnés dans un acte notarié — ne sont pas timbrés, — mais dans ce cas il

se trouve { sous l'application de l'art. 24 de la loi du 13 brumaire an 7, qui lui défend d'agir sur un acte ou effet de commerce non revêtu du timbre — sous peine d'une amende réduite à 20 fr. par la loi du 16 juin 1824

est tenu de déclarer { dans les inventaires comme dans tous autres actes { si les titres et actes mentionnés sont ou non revêtus du timbre } Sol. Régie, 24 août 1850

— mais cette obligation ne porte point atteinte à la faculté qui appartient au notaire d'énoncer dans les inventaires des actes non enregistrés ou non timbrés; en conséquence, il n'est personnellement passible d'aucune amende de timbre des actes relatés dans les inventaires

— peut { conformément à l'arrêté du Directoire exécutif du 22 ventôse an 7 énoncer et décrire dans l'inventaire des actes sous seings privés sans être tenu de les faire enregistrer } Sol. J. N., nº 1307

— cette disposition s'applique incontestablement aux actes passés en pays étranger { assimilés aux actes sous seings privés au regard de l'enregistrement

contrevient { à l'art. 23 de la loi du 12 brumaire an 7 { en rédigeant { à la suite du procès-verbal d'adjudication de lots d'immeubles (3) { la vente volontaire d'autres lots qui se réfère { pour les conditions au cahier des charges de l'adjudication } Trib. Valognes, 15 juillet 1857

est responsable envers les parties { du paiement du droit proportionnel dû à raison du défaut { de notification ou d'enregistrement { de la déclaration de command dans les 24 heures de l'adjudication } Cass., 23 déc. 1835 — T. Domfront, 21 janv. 1846

---

(1) Mᵉ *Serieys dit qu'il n'est peut-être pas un seul notaire qui n'ait éprouvé les mauvais effets de l'arbitraire de l'administration de l'enregistrement.*

(2) *Les expéditions de ces arrêtés délivrées sur papier timbré et les ampliations des décrets d'autorisation et approbation aux mêmes fins peuvent être annexées aux contrats de ventes et autres, sans être soumis préalablement au timbre extraordinaire ou au visa pour timbre, — mais les copies de ces annexes délivrées aux parties dans leur intérêt privé, rentrent dans la condition ordinaire des expéditions, et ne peuvent être faites que sur timbre. (Déc. min., 9 juin 1856.)*

(3) *Il est inconcevable que les notaires, pour une si pauvre économie en faveur de leurs clients, s'exposent ainsi à l'amende, et que ce fait se produise si généralement. — Et quel sérieux et intéressant sujet de délibération pour un tribunal !*

TIMBRE ET ENREGISTREMENT [1]

DISPOSITIONS DIVERSES (SUITE)

III

L'art. 472 C. N. n'a prescrit aucune forme pour le compte à remettre par le tuteur

— Ce compte { peut n'être qu'un écrit informe, sans signature, ne constituant pas un acte dans le sens légal du mot / n'est — sous ce dernier rapport — assujetti à l'enregistrement par aucune loi } Sol. Journ. Not., n° 1258

— Le notaire { en ne faisant pas connaître { dans le récépissé du compte de tutelle / si les pièces remises à l'appui du compte sont revêtues du timbre prescrit et enregistrées } / ne contrevient pas à l'art. 42 de la loi du 22 frimaire an 7, ni à l'art. 49 de celle du 5 juin 1850 } imposées aux officiers publics et ministériels par l'art. 49 de la loi du 5 juin 1850

Les obligations { ne s'appliquent qu'au cas où l'art. 24 de la loi du 13 brumaire an 7 leur fait défense d'agir sur des actes { non écrits sur papier timbré / du timbre prescrit ou / non visés pour timbre } Déc. min., 2 février 1853 / ne concernent pas notamment les descriptions de titres dans les inventaires et les mentions d'actes dans les testaments notariés

Il n'y a point de contravention à écrire { sur le verso des timbres { Cass., 4 juillet 1815 / un effet de commerce sur une feuille { de papier au timbre de dimension / réduite à la proportion du timbre proportionnel } Déc. Régie, 11 nov. 1848

Lorsqu'un effet négociable { écrit sur papier du timbre prescrit pour les effets de cette nature, / ne peut contenir tous les endossements à y mettre, / on peut sans contravention ajouter à cet effet { du papier non timbré / pour la rédaction des endossements subséquents } Déc. Régie, 17 oct. 1837

L'acte d'acquisition d'immeubles { pour remploi d'un bien dotal / en exécution du jugement qui a ordonné l'expropriation pour utilité publique / doit être visé pour timbre et enregistré gratis } Cass., 10 déc. 1843, 8 déc. 1847, 24 mai 1848,

Il en est de même { de l'acquisition en remploi faite { pour le compte d'un mineur / dans les mêmes circonstances } Déc. min., 11 décembre 1856

Les actes { faits en vertu de la loi sur l'expropriation { pour cause d'utilité publique { peuvent être présentés { simultanément à cette double formalité } Déc. min., 20 mars 1843 / et / qui doivent être visés pour timbre et enregistrés gratis / ayant pour objet { le paiement et le partage de sommes provenant / de l'indemnité liquidée au profit des anciens colons de St-Domingue { sont exempts du timbre et de l'enregistrement { Trib. de la Seine, 27 nov. 1850

La défense { de se servir du papier blanc / ne concerne que les affiches imprimées { Sol. Régie, 7 mars 1866

IV

IL Y A LIEU à AMENDE (3)

contre le notaire qui rédige { sans faire enregistrer les polices d'assurances / des actes de vente ou d'échange portant que l'acquéreur ou l'échangiste entretiendra l'assurance à laquelle la maison peut être attachée ; ou bien l'assurance à laquelle la maison est ou peut être assurée. Ces expressions équivoques et dubitatives devant être considérées comme des expressions prises pour dissimuler l'existence d'un acte dont on faisait usage en s'y référant et à raison duquel on n'eût pas stipulé sans qu'il existât } Cass., 3 avril 1854, 10 fév. 1858

lorsqu'un acte notarié { a été reçu à deux dates différentes sans que la nécessité de la seconde soit justifiée par la nature de l'acte. Et lorsqu'il est établi que l'acte avait reçu sa perfection à sa première date — et que la seconde a été ajoutée dans le seul but de prolonger le délai de l'enregistrement (2) } Trib. Loches, 22 avril 1853

— C'est une contravention à l'art. 16 de la loi du 25 ventôse an 11, et le notaire est passible du double droit

pour avoir rédigé { l'acte de partage d'une communauté ou succession / en conséquence d'un jugement (non enregistré) d'adjudication des immeubles en dépendant { Trib. Amiens, 18 janv. 1846

— lors même que ce jugement et l'acte de partage sont présentés simultanément à l'enregistrement

(ou au double droit) quand on présente un acte { à l'enregistrement le dernier jour du délai / après l'heure indiquée pour la clôture du bureau / quoique ce soit avant celle que l'art. 1037 du Code de procédure / fixe pour la fin du jour } Cass., 28 fév. 1858

pour mention dans un acte { d'actes { faits et enregistrés dans une colonie — spécialement à Alger / sans les soumettre à l'enregistrement en France } Trib. Seine, 26 avril 1843

dans le procès-verbal d'une adjudication d'immeubles faite devant un notaire commis en justice

lorsque { il est déclaré { que les frais faits par l'avoué pour parvenir à la vente / ont été taxés à la somme de ..... { sans que l'acte { constatant la taxe / ait été préalablement / enregistré } Trib. Mortagne, 5 juillet 1855 / la feuille du journal { contenant l'annonce de la vente / signée de l'imprimeur et légalisée } n'a pas été enregistrée avant la rédaction du procès-verbal | Déc. Régie, (4)

Le notaire n'est pas passible d'amende pour avoir énoncé { dans l'acte de renonciation des légataires / le testament non enregistré } Sol. J. N., art. 8730 — Déc. Régie, 12 janv. 1849

---

(1) *La propriété foncière rapporte annuellement, en droits d'enregistrement et de timbre, 275 millions. — Elle paie pour sa part directe de tous impôts 205 millions ; — pour intérêts à 5 0/0 de sa dette hypothécaire de 16 milliards 800 millions ; — pour frais de justice engloutis tous les ans dans la procédure, 100 millions ; — au total, 1,165 millions. — (On estime qu'en moyenne 100 francs d'impôts représentent une valeur immobilière d'environ 30,000 francs. — Et son revenu net, calculé en moyenne à 45 francs par hectare, n'est que de 1,800 millions. — Ce revenu est de 3 0/0 pour le propriétaire qui afferme, — de 4 0/0 pour le fermier, — de 7 0/0 pour le propriétaire qui fait valoir ; après toutes défalcations et toujours en moyenne.*

(2) *V. tablette suivante. —*

Il résulte de ce jugements : 1° que l'acte à plusieurs dates ne doit être porté qu'à la dernière puisqu'il n'est parfait qu'alors ; — 2° que cet emploi de plusieurs dates ne doit avoir lieu qu'en cas de véritable nécessité ; — 3° que quand il en est fait usage l'on doit indiquer la date se rapportant à la comparution de telles et telles parties ; 4° que les doubles dates ne se sont établies dans l'usage du Notariat que par exception et malgré les termes restrictifs des textes de lois. — V. la dissertation du J. N. et les règles posées par lui à cet égard, art. 15939 et 15977. — V. Jour. Not., n° 1216, un acquiescement de la Régie sur les prétentions contre les doubles dates.

(3) *Toutes les fois que des amendes ont été exigées à l'enregistrement par une application inexacte ou forcée du Droit, il faut pétitionner auprès de M. le ministre des finances, en remise ou modération qui sont parfois accordées.*

(4) *Le J. N. pense que l'exemplaire du journal peut être présenté à l'enregistrement en même temps que ce procès-verbal, conformément à l'art. 13 de la loi du 16 juin 1824.*

HYPOTHÈQUES [1]

HYPOTHÈQUE LÉGALE

La femme — dont les biens paraphernaux ont été aliénés avec le concours de son mari — a une hypothèque légale { du jour de l'aliénation, et non pas seulement du jour où le mari a reçu le prix de ces biens } Cass., 27 avril 1852

dont l'hypothèque légale n'a pas été inscrite dans les délais — ne peut se présenter à l'ordre | Cass., 23 février 1852

L'hypothèque légale de la femme — qui frappait des immeubles reçus par son mari en contre-échange — est résolue par le fait de la résolution de l'échange lui-même | Cass., 28 août 1860

Continue de subsister — l'hypothèque légale de la femme — sur les biens de communauté donnés { personnellement par le mari pour l'établissement des enfants communs } C. Paris, 20 janvier 1860

Le mari ne peut — faire réduire l'hypothèque légale de sa femme sans le consentement de celle-ci — même lorsque { les époux sont séparés de biens, et que la femme a été colloquée pour la totalité de ses reprises } C. Limoges, 9 mars 1859

obtenir en justice { sans le consentement de sa femme la réduction de l'hypothèque de celle-ci quel que soit l'excédant de valeur de ses immeubles sur les reprises de sa femme } C. Paris, 31 mai 1851

Les conquêts de communauté — sont frappés de l'hypothèque légale de la femme

— En conséquence le mari ne peut { demander la main-levée de cette hypothèque en se fondant seulement sur le droit { que la loi lui accorde d'aliéner seul les biens de la communauté (2) } } C. Angers, 28 avril 1812 — Cass., 8 novembre 1813 — C. Orléans, 14 novembre 1817 — C. Bourges, 14 janvier 1840

On a pu décider — quand le contrat de mariage a restreint { l'hypothèque légale de la femme à un immeuble du mari pour sa dot et ses conventions matrimoniales } que cette restriction ne s'applique pas aux reprises ultérieures de la femme — et que pour ses reprises elle avait hypothèque légale sur tous les immeubles du mari | Cass., 18 août 1856

Le créancier — qui est payé dans un ordre par l'effet de la cession qui lui a été faite de l'hypothèque légale de la femme — est censé payé par la femme elle-même | C. Riom, 11 août 1855

Les biens — du mari nommé cotuteur des enfants issus d'un précédent mariage de sa femme — sont grevés de l'hypothèque légale au profit de ces enfants

Dans ce cas — l'hypothèque légale des enfants prime celle de la femme sur les biens du second mari — la femme étant présumée { par le seul fait de son obligation solidaire avec le mari les avoir subrogés tacitement dans ses propres droits } | Cass., 29 novembre 1846

L'hypothèque légale sur les biens du tuteur s'étend { à sa gestion entière même après la cessation de la tutelle — et jusqu'à la reddition de compte } C. Pau, 19 août 1850

Quoique l'art. 8 — de la loi du 23 mai 1855 — qui oblige à inscrire { l'hypothèque légale de la femme dans l'année de la dissolution du mariage } — ne parle que de la veuve — cette obligation est la même { en cas de prédécès de la femme soit pour ses héritiers soit pour ses créanciers subrogés } C. Metz, 19 mars 1861 (3)

L'existence matérielle { d'une hypothèque légale d'une inscription quelconque } suffit pour que l'acquéreur { d'immeubles qui en sont grevés soit fondé à une demande contre le vendeur — soit en garantie — soit en main-levée et radiation de cette cause de trouble dans sa possession }

— L'acquéreur n'est pas tenu { d'en contester la valeur — ni d'en demander la radiation à l'encontre de celui qui a pris l'inscription (4) } C. Poitiers, 16 mars 1854 — J. N., art. 16145

— Pour avoir droit d'exiger main-levée | il lui suffit de notifier le bordereau qui contient { l'hypothèque ou l'inscription }

L'État n'a pas d'hypothèque légale sur les biens des simples percepteurs des contributions | Déc. min., 14 juillet 1809

Les communes n'en ont pas non plus sur les biens des fermiers d'octroi et des cautions de ceux-ci | Pau, 25 janvier 1813

---

(1) *V. sur les formalités hypothécaires le traité de M. Baudot, ancien conservateur des hypothèques, 2 vol. in-8o. La résolution du droit de propriété du débiteur sur les biens hypothéqués est une cause d'extinction des hypothèques.*

V. C. N., pour les hypothèques constituées { par un donataire, art. 952, 954, 968 par un acquéreur, art. 1183, 1654, 1912 } exception { donataire ingrat, art. 958. envoyé en possession définitive, art. 132.

Pour que l'hypothèque soit éteinte par la perte de l'immeuble, il faut que cette perte soit totale. Ainsi, malgré l'incendie de la maison hypothéquée, le fond continuerait d'être soumis à l'hypothèque ; et par une conséquence nécessaire de ce principe, la maison reconstruite subirait le même sort. (Dict. Not.)

(2) *Conformément à l'opinion de MM. Toullier, Duranton et Troplong. — D'où la nécessité de faire concourir la femme aux ventes et échanges, si elle le peut, ou de remplir les formalités de purge comme s'il s'agissait des immeubles propres du mari. — Le concours de la femme, quand elle peut s'obliger, est d'ailleurs utile dans tous les actes, parce qu'il la rend garante et caution de son mari par l'engagement solidaire qu'on leur fait prendre. — Il est à remarquer que, malgré le concours de la femme à la vente des biens propres de son mari ou de ceux de la communauté, il n'en faut pas moins purger son hypothèque légale dans laquelle elle aurait pu antérieurement subroger des tiers, l'effet de cette hypothèque ne s'évanouissant par son concours qu'à son égard.*

(3) *Le principe de garantie contre toute éviction nous a été transmis de siècle en siècle par les Romains, comme le rapportent plusieurs ouvrages.*

(4) *La doctrine est conforme.*

HYPOTHÈQUES
PRIVILÉGE ET HYPOTHÈQUE

Le privilége du trésor public
- pour le remboursement des frais de justice criminelle
- ne peut s'exercer qu'après les hypothèques { inscrites auparavant et / résultant d'actes ayant acquis une date certaine antérieure au mandat d'arrêt décerné contre le condamné } — Cass., 12 juillet 1852

L'hypothèque et le privilége { établis sur un immeuble / se reportent sur la prime d'assurance en cas d'incendie } Colmar, 25 août 1826 — Cass., 28 juin 1831

Le privilége de vendeur
- inscrit la veille de l'adjudication qui a fait sortir l'immeuble des mains de l'acquéreur
- prend rang { quant à ses effets / au jour même de la vente — et / non pas seulement à la date de son inscription }
- prime en conséquence les inscriptions non privilégiées prises { depuis la vente et / avant sa propre inscription }

— Cass., 6 mai 1868

Lorsqu'une hypothèque n'a point été inscrite en temps utile, la créance tombe dans la classe des créances chirographaires

— Attendu que les causes de préférence
- qui sont les priviléges et hypothèques / ne deviennent légitimes que lorsque le créancier qui veut s'en prévaloir
- a observé les formalités pour rendre efficaces { à l'égard des tiers / son privilége et son hypothèque }

— Cass., 1809, 1817 (1)

L'acquéreur d'un immeuble n'est admis { à le délaisser pour cause d'hypothèque / que lorsqu'il est exposé à payer au-delà de son prix } C. Paris, 2 mars 1833

La simple existence d'inscription hypothécaire { exposant l'acquéreur à payer deux fois / suffit pour l'autoriser { à suspendre le paiement de son prix / à exiger une main-levée préalable } } Cass., 1827 — Orléans, 1829 (2)

Le créancier
- dont l'hypothèque conventionnelle n'a pas procuré le paiement / a le droit de poursuivre { le débiteur en justice en vertu du titre authentique de l'obligation / pour obtenir l'hypothèque générale résultant de toute condamnation judiciaire } C. Paris, 22 nov. 1853
- qui a une hypothèque spéciale sur un immeuble dont le prix est absorbé par un créancier ayant une hypothèque générale antérieure / ne peut aucunement prétendre à une subrogation aux droits de ce dernier / pour les exercer sur d'autres biens soumis à l'hypothèque — Cass., 17 août 1830 (3)
- à qui ont été hypothéqués un immeuble et des objets mobiliers qui y sont attachés par destination, / ne peut être privé { de son hypothèque sur ces objets — pour la vente séparée qu'en a faite plus tard le débiteur / lors surtout qu'ils n'ont pas cessé d'être incorporés à l'immeuble } C. Paris, 29 fév. 1836
- lorsque les biens hypothéqués sont reconnus insuffisants / ne peut pas demander une extension d'hypothèque } Rouen, 1815

Dans le concours
- d'une hypothèque générale avec des hypothèques spéciales { sur plusieurs immeubles dont le prix est à distribuer dans un seul et même ordre }
- le créancier { qui a une hypothèque générale première inscrite / peut se faire colloquer sur celui des immeubles qu'il désigne s'il y a intérêt, spécialement / pour assurer le paiement d'une autre créance lui appartenant et qui — sans ce moyen — ne viendrait pas en ordre utile (4) }

— Cass., 3 mars 1833 / 24 déc. 1844

La résolution amiable d'une vente { consentie sans fraude, par l'acquéreur, faute de paiement du prix, et / alors qu'elle aurait été inévitable en justice / opère l'extinction des charges et hypothèques créées par cet acquéreur sur l'immeuble } C. Bourges, 12 fév. 1866 (5)

L'adjudication sur licitation { prononcée au profit de quelques-uns des cohéritiers et faisant cesser l'indivision à leur égard / à l'effet d'un partage et / anéantit l'hypothèque consentie par le cohéritier non adjudicataire sur l'immeuble indivis } C. Paris, 9 mai 1854 (6)

L'hypothèque — La licitation
- consenti par un cohéritier sur un immeuble indivis
- continue de subsister après l'adjudication { sur licitation / à un étranger }
- constituant alors une vente et non un partage / on ne peut invoquer la règle que le partage est déclaratif de propriété

— C. Grenoble, 27 janvier 1859

L'hypothèque
- consentie { par un cohéritier sur tous les immeubles de la succession indivise } produit son effet { s'ils sont devenus, par licitation, la propriété exclusive de l'héritier qui a constitué l'hypothèque } C. Bordeaux, 22 fév. 1845 (7)
- sur un immeuble indivis par l'un des co propriétaires { n'est pas anéantie } par licitation lorsque l'immeuble est adjugé à un étranger / on doit considérer comme étranger aux propriétaires { l'héritier pour partie de l'un deux / lorsqu'il a enchéri l'immeuble { en son nom personnel — et / non comme représentant son auteur } } C. Toul., 18 août 1843
- légale du mineur { subsiste { après l'arrêté et la décharge du compte de tutelle / à raison des erreurs ou omissions qui donnent lieu au redressement { de ce compte / en faveur du mineur } } Cass., 21 fév. 1838
- — « attendu notamment que toute action { du mineur contre son tuteur / relativement à la tutelle } ne se prescrit que 10 ans après la majorité du pupille »
- consentie sur un terrain nu { s'étend { aux constructions faites par l'acquéreur de ce terrain / même à l'égard des créanciers dudit acquéreur } { ce sont des améliorations dans le sens de l'art. 2133 } C. Paris, 18 j. 1837

(1) *Les auteurs sont presque unanimes sur cette solution.*
(2) *V. J. N , art. 15835. — Jurisprudence conforme à l'opinion de MM. Troplong, Duranton, Delvincourt.* — (3) *V. J. N., art. 6466. — 7052.*
(4) *Attendu que l'hypothèque est de sa nature indivisible ; que l'effet de l'hypothèque générale est d'affecter tous les immeubles du débiteur, de manière que le droit du créancier s'ouvre sur chacun d'eux sans égard aux hypothèques spéciales. Ceux auxquels elles appartenaient ont connu les droits qui les primaient et doivent en subir l'exercice V. J. N. art., 7029,8150). — Quand, au contraire, les hypothèques spéciales ont été consenties et inscrites avant les hypothèques générales, celles-ci, bien entendu, ne peuvent prendre qu'un rang postérieur à l'égard des immeubles affectés des premières inscriptions.*

(Voir les 3 autres notes (5, 6, 7,) à la tablette suivante.)

HYPOTHÈQUES

INSCRIPTION (1)

L'inscription { du privilége de vendeur / peut être utilement renouvelée, même après dix années
— Et le privilége — conserve tout son effet, pourvu que l'immeuble n'ait pas été revendu
Le privilége ainsi conservé { s'il existait avant la loi du 23 mars 1855 / le vendeur n'a pas dû inscrire { son action résolutoire dans les six mois aux termes de l'art. 11 de cette loi } — C. Limoges, 13 juillet 1859

Le privilége de vendeur { se conservant par la transcription de la vente, et l'inscription n'en étant exigée que lorsque l'immeuble vient à être de nouveau aliéné
—Cette inscription n'est point obligatoire { en cas de revente partielle indivise tant qu'il n'est pas intervenu de partage ou licitation entre les copropriétaires indivis } Cass., 29 mai 1866

Quand le vendeur { renonce à l'inscription d'office et se désiste du privilége résultant de la transcription / il y a lieu { à la radiation de l'inscription d'office, sans qu'il soit nécessaire de justifier de la quittance du prix, alors même qu'il a été procédé à un ordre (les expressions paiement du prix, employées par la loi, s'appliquant à tous modes de libération) } C. Angers, 2 fév. 1848

L'adjudication sur licitation { faite devant notaire commis par justice — et non suivie de la notification aux créanciers inscrits ne les dispense pas du renouvellement décennal de leurs inscriptions } Cass., 10 fév. 1834

L'inscription hypothécaire en renouvellement doit — à peine de nullité — rappeler la date de l'inscription primitive | Cass., 29 août 1823

Pour ce renouvellement il n'est pas nécessaire de représenter le titre de la créance | C. Riom, 23 août 1858

Une inscription { prise le 9 mai 1823 / n'a pas été valablement renouvelée le 9 mai 1833 } · · · ·

Le cessionnaire { qui renouvelle l'inscription prise par son cédant / n'est pas tenu de mentionner l'acte par lequel il est devenu cessionnaire / peut opérer le renouvellement au nom de son cédant } Cass., 6 nov. 1840

Le cessionnaire { subrogé dans les priviléges et hypothèques attachés à la créance cédée / qui a négligé de renouveler l'inscription de cette créance / perd son recours contre la caution, — alors même qu'il n'aurait pas été nanti du titre resté entre les mains du cédant } C. Riom, 23 août 1858

Une inscription hypothécaire est nécessaire (2) { pour conserver les intérêts dûs au créancier hypothécaire au-delà de deux années et de celle courante / même lorsque le créancier hypothécaire ne se trouve en concours qu'avec des chirographaires } Cass., 15 avr. 1846

L'erreur dans la date du titre { n'annule pas l'inscription / lorsqu'elle n'a pu causer aucun préjudice } C. Lyon, 20 juillet 1847

L'inscription hypothécaire peut être prise en vertu { d'un titre qui se trouve prescrit | Dissertation du J. N., art. 333 / d'un acte notarié non enregistré | C. Toulouse, 12 déc. 1835

L'ordre amiable { convenu entre deux créanciers hypothécaires dans la prévision de la vente des immeubles affectés à leurs créances / ne les dispense pas du renouvellement de leurs inscriptions
L'inscription { prise sur un immeuble dépendant d'une succession bénéficiaire / n'est pas non plus dispensée de renouvellement (3) } C. Paris, 14 fév. 1844

La faillite du débiteur | ne dispense pas du renouvellement des inscriptions hypothécaires dans les dix ans | C. Paris, 19 août 1841

Le créancier acquéreur de l'immeuble hypothéqué { n'est pas dispensé de renouveler son inscription — encore bien que la compensation ait été stipulée entre le prix de son acquisition et la dette du vendeur (4) } C. Grenoble, 10 mars 1852

(Voir la tablette précédente).

(5) *Il y a doute.* — *V. J. N., art.* 15153.

(6) *V. C. N., art* 883 — *De là le danger des hypothèques sur les immeubles indivis et les précautions à prendre pour celles consenties conventionnellement sur de tels immeubles.*

(7) *Le Dict. not. dit : « Le partage étant simplement déclaratif de propriété, il en résulte que les hypothèques constituées par l'un des copropriétaires, sur immeubles communs, sont résolues de droit dès que ces immeubles ne tombent pas dans son lot, — et il en serait encore de même si le copropriétaire débiteur avait vendu sa portion à l'autre, — car tout acte qui fait cesser l'indivision est un partage.*

---

(1) *Les conservateurs ne sont pas juges du mérite des inscriptions et transcriptions — ni de la validité des actes à inscrire ou transcrire — Doctrine et pratique. Le tribunal de la Seine a rendu un jugement dans le même sens le 11 juin 1868.*

(2) *Le copartageant peut, comme le vendeur, prendre inscription en vertu d'un acte sous seing privé. (Dict. not.)*

(3) *V. J. N., art.* 4885 10687.

(4) *Conformément à de nombreuses décisions.*

HYPOTHÈQUES

INSCRIPTION (suite)

Le créancier hypothécaire
- dont l'inscription a été radiée par erreur
- ne peut exercer — le droit de préférence sur les créanciers chirographaires quant à la partie non absorbée par les hypothèques } C. Bordeaux, 24 mai 1851
- peut — faire rapporter à la masse la partie du prix dissimulé dans la vente alors même qu'il n'aurait fait aucune surenchère et sans qu'il soit besoin de demander la nullité de la vente pour cause de dol } Cass., 27 nov. 1855

L'immeuble donné est affranchi — de l'inscription hypothécaire qui le grevait par l'effet de l'omission de cette inscription dans l'état sur transcription

Le donataire est dispensé de représenter — au créancier la valeur de l'immeuble donné sauf le recours du créancier contre le conservateur } C. Rouen, 11 juillet 1839

— Ce cas diffère de celui d'une vente — où le droit de suite — sur le prix stipulé — peut toujours être exercé — par le créancier omis en l'état tant que ce prix n'a pas été payé

Quand il y a unité de droits il suffit d'un seul bordereau pour inscrire l'hypothèque | C. Caen, 18 janvier 1837 — V. J. N., n° 1271

Lorsqu'une inscription a été prise — en vertu d'une obligation au porteur — par une personne désignée
- Le dernier porteur de l'obligation — a le droit de donner main-levée de cette inscription quoiqu'il n'ait pas fait mentionner sa subrogation au bureau des hypothèques } C. Bordeaux, 7 février 1846
- — Le conservateur ne peut exiger — ni le concours du premier porteur de l'obligation ni le dépôt entre ses mains de la grosse du contrat — biffée et bâtonnée

Les notaires
- ont qualité pour provoquer — dans l'intérêt des parties contractantes la radiation des inscriptions hypothécaires
- ne peuvent actionner — le conservateur en justice pour le contraindre à radier . (c'est aux parties elles-mêmes à exercer l'action) } Trib. Altkirch, 7 mai 1846

L'hypothèque conventionnelle sur les biens à venir — doit être inscrite à mesure des acquisitions faites par le débiteur — ne prend rend qu'à compter des inscriptions } Cass., 27 avril 1846 ; C. Paris, 20 juin 1846

L'hypothèque judiciaire peut être inscrite avant que le jugement qui la confère ait été — enregistré et expédié } Cass., 19 juin 1833

Le jugement
- qui — sur la poursuite d'un créancier hypothécaire condamne le tiers-détenteur à délaisser ou à payer
- ne fait pas produire ses effets à l'hypothèque — et
- ne dispense pas le créancier hypothécaire de renouveler son inscription
- En conséquence et à défaut de renouvellement | ce créancier a perdu toute action contre le tiers-détenteur (1) } Cass., 31 janvier 1854

L'inscription d'office
- peut produire effet comme une inscription ordinaire | lorsqu'elle contient les énonciations suffisantes — mais
- n'a pas pour effet d'attribuer au donateur d'immeubles — pour l'exécution des charges de la donation . un privilége que la loi ne lui accorde point } C. Agen, 4 janvier 1854

Les jugements — dont la représentation peut obliger les conservateurs à rayer une inscription sont ceux rendus en dernier ressort ou passés en forme de chose jugée } Sol. J. N., art. 153 — 3769

L'inscription
- d'une hypothèque judiciaire ou légale — frappe — non-seulement les biens présents mais encore les biens à venir sans qu'il soit besoin de prendre une nouvelle inscription à mesure des acquisitions que fait le débiteur } Cass., 3 août 1819
- de l'hypothèque légale de la femme prise sur la purge faite par l'acquéreur des biens du mari n'est pas sujette au renouvellement dans les dix ans frappe l'immeuble vendu jusqu'à ce qu'elle ait produit son effet par la distribution des prix } C. Grenoble, 8 août 1857
- d'hypothèque légale requise par un créancier subrogé profite à la femme et à tous les créanciers subrogés } C. Bord., 4 juillet 1849 ; Cass., 13 nov. 1854 (2)

---

(1) *Ceci démontre la nécessité de renouveler les inscriptions en tout état jusqu'à production de leur entier effet.*

(2) *D'après la loi du 23 mars 1855, et suivant la pratique, cette inscription ne profite qu'au créancier qui la requiert et aucunement à la femme; et elle doit être radiée sur la seule main-levée de ce créancier. — V. J. N., art. 16213. — Il a pourtant été jugé qu'elle profite à la femme.*

Par interprétation controversée de cette même loi (art. 9), on avait d'abord prétendu, en grande et puissante majorité, que pour inscrire l'hypothèque légale et l'hypothèque conventionnelle, il fallait deux inscriptions séparées. — Sur la louable résistance des notaires de Lyon, il a été jugé, selon la raison et le véritable esprit du droit, qu'une seule inscription suffit; et M. le conservateur de Sarreguemines a établi péremptoirement qu'il n'en saurait être autrement. (V. pour le tout, J. du Not., nos 1160 et 1195). Ce dernier contient une dissertation très-catégorique sur la subrogation à l'hypothèque légale de la femme, la forme de l'inscription et les droits à percevoir, par M° Ducruet, président de la Chambre des notaires de Lyon, qui s'est occupé tout spécialement de cette matière.

HYPOTHÈQUES

INSCRIPTION (SUITE)

La profession du créancier doit être énoncée dans l'inscription à peine de nullité | Cass., 21 juin 1808 — 1er octobre 1810 — J. N., art. 3746

Les inscriptions — suivie { de surenchère du 10e après transcription — et | d'une nouvelle adjudication { en faveur du premier acquéreur tant qu'il n'a pas notifié } ne sont pas dispensées de renouvellement par la vente sur conversion de saisie — n'ont produit leur effet légal — ne sont transportées sur le prix } qu'après cette notification | C. Paris, 24 mars 1860

La notification — aux créanciers inscrits d'un contrat de vente volontaire — fait produire aux inscriptions leur effet légal — et les dispense de tout renouvellement — alors même que cette notification serait suivie d'une adjudication surenchère | Cass., 16 juillet 1840 — 19 juillet 1858

Le tiers détenteur — qui a délaissé l'immeuble — peut être contraint à le reprendre { si { avant toute adjudication — le vendeur lui rapporte main-levée des inscriptions | C. Paris, 24 mars 1847

Celui — qui réunit en sa personne { pour garantie d'une créance unique — les droits d'hypothèque conventionnelle et d'hypothèque légale conférés par le même titre — est fondé { à réclamer une seule inscription de sa créance — si elle contient d'ailleurs les énonciations substantielles exigées par les art. 2148 et 2153 du Code Napoléon | C. Orléans, 30 déc. 1856 — 20 fév. 1857

Les conservateurs des hypothèques — n'ont pas le droit de refuser ou de retarder l'inscription du droit hypothécaire — ne sont pas juges de la validité du bordereau (art. 2199 du Code Napoléon) — peuvent être condamnés à des dommages-intérêts et à l'amende quand ils refusent l'inscription dans les termes où ils en sont requis

Il y a exception { à l'art. 2148 du Code Napoléon pour la représentation du titre — à l'égard { des inscriptions des hypothèques légales et de toutes autres inscriptions prises en renouvellement | Inst. Régie, 2 avril 1834

L'élection de domicile est une formalité substantielle dont l'absence entraîne nullité | C. Bordeaux, 24 juillet 1849 — Cass., 2 mai 1816, 11 décemb. 1843, 4 déc. 1854, 14 juillet 1857, 26 juillet 1858

L'élection de domicile { n'est pas une formalité substantielle dans l'inscription — alors surtout que le créancier a indiqué son domicile réel dans l'arrondissement du bureau | C. Aix, 8 février 1860 — C. Orléans, 4 juin 1861

La mention { expresse de l'exigibilité, dans une inscription hypothécaire — est aussi une formalité substantielle { dont le défaut est une cause de nullité — mais non soumise à des termes sacramentels | C. Liège, 15 avril 1833 — Cass., 15 novembre 1862

La présentation d'un acte à la transcription { rend la perception du droit exigible — que la partie ait, à tort ou à raison, requis cette transcription (1) | Cass., 1827, 1839, 1843, 1846, 1er déc. 1847 — J. N., art. 290, 6960, 7056, 7658

Est nulle | l'inscription qui n'énonce pas l'époque d'exigibilité de la créance | Cass., 9 août 1832 (2) — C. Caen, juillet 1863

La mention d'exigibilité | dans une inscription hypothécaire — peut être suppléée par des équipollents | Cass., 8 mars 1853

---

(1) *Dans aucun cas, la transcription d'un acte et la publicité qui en résulte ne peuvent empêcher les parties intéressées de l'attaquer comme simulé et fait en fraude de leurs droits* (Grenier. — Riom, 21 décembre 1810).

(2) *La jurisprudence est établie sur ce point. — Quand tous les intérêts échus ont été compris dans l'inscription, ils se confondent avec le capital, leur collocation ne peut présenter de difficultés : il n'en est pas de même de ceux non compris dans l'inscription, l'art. 2151 du C. N. ne permet de les colloquer au rang du capital que pour deux années et celle courante.* (Dict. not.)

Si l'inscription fait suffisamment connaître l'immeuble hypothéqué, le débiteur et le montant de la créance, il y a lieu de la tenir pour valable. — (Troplong.)

La validité ou la nullité de l'inscription doit dépendre uniquement de la question de savoir si l'omission reprochée a ou non lésé un intérêt que la publicité devait éclairer. (Doctrine de la Cour d'Orléans.)

HYPOTHÈQUES

TRANSCRIPTION — PURGE — MAIN-LEVÉE

I

La transcription	peut être requise	d'un partage d'ascendant par l'un des copartageants seulement pour les immeubles compris dans son lot au moyen d'un extrait littéral de l'acte de partage	Dict. Not.
La transcription (1)	ne peut être opérée que sur l'expédition entière de l'acte de mutation — et non sur un extrait analytique		(V. Code Nap., art. 2181) Déc. min., 8 août 1838 Trib. Orléans, 28 janv. 1839

II

Les acquéreurs (par contrats séparés)	ont le droit	de plusieurs immeubles appartenant à une même personne de ne faire au greffe qu'un seul dépôt de leurs contrats afin de purger les hypothèques légales (et le greffier ne doit en ce cas dresser qu'un seul acte de dépôt)	Trib. de Saint-Irieix et d'Orange, 15 fév. et 80 mai 1856 (2)
L'hypothèque légale	purgée par l'acquéreur à réméré	peut-elle revivre	sur l'immeuble — après l'exercice du réméré et nonobstant la subrogation du prêteur qui a fourni les deniers du remboursement?	V. J. N., art. 10932
L'adjudicataire sur saisie immobilière	n'est pas dispensé de remplir les formalités de la purge des hypothèques légales reste — à défaut de ces formalités — assujetti aux effets de cette hypothèque et spécialement au droit de suite		Cass., 22 juin 1833 18 déc. 1839 27 mars 1844
Il y a déchéance du droit de purger	après l'expiration du délai d'un mois à compter de la sommation de payer ou de délaisser	ce délai est fatal	
La sommation	faite par un seul des créanciers profite à tous les autres qui peuvent opposer au tiers acquéreur le défaut de notification dans le mois		C. Paris, 5 juin 1837
L'adjudication sur expropriation forcée (3)	ne purge pas de plein droit	l'hypothèque légale non inscrite du mineur ou de la femme à l'égard soit de l'adjudicataire, soit des créanciers inscrits	Cass., 22 juin 1833 (4)
L'hypothèque légale de la femme quoique non inscrite	n'est point purgée par l'adjudication	sur expropriation forcée des immeubles du mari	Cass., 26 mai 1836
En conséquence la femme doit être colloquée	sur sa production — au rang de cette hypothèque dans l'ordre ouvert pour la distribution du prix de l'adjudication		
L'acquéreur	lorsque l'hypothèque légale de la femme n'a été inscrite que dans le délai de l'accomplissement des formalités de purge remplies par lui suivant l'art. 2293 n'est pas tenu de faire à la femme la notification prévue par l'art. 2183 (5)		C. Metz, 14 juin 1837
	peut exiger	d'un immeuble grevé de l'hypothèque légale de la femme pour purger cette hypothèque — sans attendre la séparation de biens ou la dissolution du mariage que le montant des reprises de la femme soit actuellement déterminé	Cass., 21 juill. 1847
	ne peut	des immeubles affectés au cautionnement d'un conservateur des hypothèques purger l'hypothèque résultant de ce cautionnement pendant la durée des fonctions du conservateur et dix ans après consigner le prix pour servir de garantie aux tiers	Trib. Nogent-s-Marne, 15 mars 1855
Le mineur	dont l'hypothèque légale a été purgée et non inscrite pendant les délais ne peut plus se présenter à l'ordre		C. Douai, 10 nov. 1845
Les dispositions	des art. 17 et 19 de la loi du 3 mai 1841 n'ont pas été abrogées par la loi du 23 mars 1855		Déc. min., 15 mars et 19 juillet 1856 — J. N., art. 15970

III

Une main-levée ou réduction	de l'hypothèque conservatrice de la créance dotale non payée doit être considérée comme une aliénation de la dot ne peut en conséquence être consentie par la femme	mariée sous le régime dotal qui a obtenu en justice la séparation de biens	Cass., 19 août 1833
On peut ne déposer	au bureau des hypothèques qu'un extrait de l'acte contenant la main-levée — s'il renferme d'autres dispositions		Arch. du Not. 1093, p. 313
Les conservateurs	ont le droit d'exiger la justification	de la suffisance et de la régularité des mains-levées qui leur sont produites afin de radiation de la qualité du créancier (6)	Cass., 9 juin 1841, 12 juill. 1847
	ne doivent point radier	l'inscription d'office du vendeur (que conserve la transcription) sur la seule main-levée donnée par le vendeur si cette main-levée ne contient pas renonciation expresse à son privilége	Cass., 24 juin 1844
	ont intérêt et qualité	pour examiner le mérite des actes en vertu desquels ils sont requis de procéder apprécier l'accomplissement des conditions exigées par la loi — ainsi que la capacité des contractants	C. Paris, 17 av. 1843 Cass., 9 juin 1841
	qui contestent de bonne foi mais à tort	la validité d'une main-levée d'inscription hypothécaire doivent être condamnés aux dépens	C. Rouen, 21 juillet 1843

(1) *A propos de la transcription, il est bon de rapporter ici l'explication suivante sur les principes de la loi du 23 mars 1855 : « Le but de la nouvelle loi est de consolider la propriété vis-à-vis des tiers par la transcription. Tant que le nouveau possesseur n'a pas fait transcrire son acte, le précédent possesseur est toujours réputé propriétaire, il peut aliéner de nouveau l'immeuble et le grever d'hypothèques. La loi est faite au profit de ce second acquéreur et des créanciers à qui ces hypothèques ont été consenties après la première aliénation non transcrite. Le nouveau possesseur doit prendre toutes les précautions contre la mauvaise foi possible de son cédant ; il doit prévenir les tiers de la mutation qui vient de s'opérer ; s'il ne le fait pas, il est cause de l'erreur qu'ils ont commise, du crédit qu'ils ont accordé au précédent possesseur ; il commet une imprudence dont il doit subir les conséquences. » (J. du Not., nᵒˢ des 26 janvier, 23 février 1856). V. dissertation de M. de Valroge, professeur à l'école de Droit de Paris, nᵒˢ 1185 et 1186. — D'après une instruction de la Régie du 24 août 1838, la transcription d'un titre peut être divisée. V. Troplong, des Hypothèques, t. 4, nᵒ 911 ; Grenier, t. 2, nᵒ 369.*
(2) *V. J. N., art. 15868. — Dissertation du Jour. du Not., nᵒ 1187.*
(3) *La liquidation hypothécaire d'un débiteur exproprié lui coûte pour tous frais 50 0/0 (M. Constant, avocat : Projet de Banque agricole).*
(4) *V. J. N., art. 8102, 8253. C'est conforme à l'opinion de MM. Grenier, Merlin, Troplong.*
(5) *Conformément à l'opinion de M. Grenier.*
(6) *Spécialement lorsque le consentement à une radiation est donné par un mandataire, le conservateur a le droit d'exiger la remise d'une expédition de la procuration ; — et si un mari procède comme maître des droits de sa femme, il peut exiger un extrait du contrat de mariage quant aux dispositions qui confèrent ce droit au mari (même arrêt du 9 juin 1841). — D'où la nécessité de noter sur les titres déposés pour une inscription la recommandation de ne pas transcrire quand on veut éviter cette dernière formalité.*

HYPOTHÈQUES

ÉTATS ET MENTIONS

LES CONSER-VATEURS

ne doivent pas comprendre { dans l'état requis après transcription d'un contrat de vente l'inscription formée d'office par eux contre l'acquéreur lorsqu'elle n'a pas été expressément requise } J. N., art. 12159, 15123 — Trib. Louhans, 23 mars 1854

qui ont délivré un état sur transcription { sont tenus de radier sur cet état l'inscription que l'on justifie ne pas frapper des biens pour lesquels l'état d'inscriptions a été requis } Trib. Redon, 13 mars 1850 (1)

peuvent être obligés { quand un contrat est transcrit / de délivrer à l'acquéreur seulement le certificat des inscriptions qui grèvent { l'immeuble vendu du chef d'un seul des précédents propriétaires } Caen, 26 décembre 1848

n'ont pas le droit de comprendre { dans le certificat — malgré la réquisition limitative l'inscription grevant l'immeuble du chef de tous les propriétaires dénommés au contrat } Le Mans, 27 mai 1856

sont tenus de délivrer l'état des inscriptions prises depuis telle époque jusqu'à telle autre — mais
ne peuvent { déférer à la requisition portant limitation à une certaine époque (2) / si cette limitation est motivée sur ce que des inscriptions prises postérieurement, non radiées ni périmées, seraient, par une raison de droit, devenues sans effet (comme en vertu de l'art. 883 du Code Napoléon) } Déc. m., 8 mai 1822 — Inst. Régie, 19 juin 1822 — C. Paris, 17 nov. 1855

ne sont pas responsables { de l'omission d'une créance sur un certificat par eux délivré lorsque cette omission provient de désignation insuffisante du débiteur dans la demande } C. Riom, 11 juillet 1855

sont responsables du préjudice résultant des erreurs qu'ils ont commises
en comprenant { dans des états d'inscription sur transcription de contrats des inscriptions grevant d'autres immeubles ou d'autres propriétaires que ceux qui sont l'objet de ces contrats } Cass., 30 janvier 1867
sont — par conséquent — passibles de dommages-intérêts

doivent se borner à délivrer à tout requérant — des copies des actes transcrits sur leurs registres } Déc. min., 5 juin 1827
ne sont pas autorisés à donner connaissance de ces actes — soit verbalement, soit par de simples notes } Circ. Régie, 13 juin 1829

ont le droit de comprendre { dans un état sur les précédents propriétaires les inscriptions contre un ancien acquéreur évincé par jugement portant résolution de la vente pour défaut de paiement du prix } Trib. Vienne, 20 mars 1857 (V. J. N., art. 16050)

ne sont pas tenus { d'inscrire littéralement les bordereaux, mais seulement de mentionner le contenu sauf leur responsabilité s'ils omettent des énonciations essentielles } C. Caen, juillet 1863

Le certificat constatant qu'il n'existe pas d'inscription est nécessairement individuel
— En conséquence le salaire d'un franc { est exigible sur ce certificat par chacun des individus sur lesquels il n'y a pas d'inscription } Inst. Régie, 31 décembre 1841

Le recours en garantie contre le conservateur { pour cause d'omission dans un état hypothécaire / peut être exercé { sans qu'au préalable des diligences aient été faites pour le recouvrement de la créance à l'égard de laquelle la négligence du conservateur a pu compromettre les intérêts du créancier } C. Paris, 11 déc. 1833

Pour obtenir des conservateurs { en vertu de l'art. 2196 du Code Napoléon / la délivrance { de copie des actes transcrits des inscriptions ou des certificats négatifs des mentions de subrogation et priorité d'hypothèque / les parties doivent { sans aucune exception en faire la réquisition claire et précise } Inst. Régie, 27 avril 1846 (3)

Les réquisitions { adressées { par les notaires aux conservateurs des hypothèques pour réclamer l'état des inscriptions dont parle l'art. 2196 C N. / peuvent être { considérées comme papiers d'affaires et par conséquent jointes aux paquets de papiers de cette catégorie } Déc. Direct. gén. des Postes, 21 sept. 1864

Lorsqu'une hypothèque légale a été inscrite après la purge { le conservateur { qui la délivre | dans l'état sur transcription requis après une seconde vente / peut être obligé { par justice à la supprimer de cet état / s'il lui est justifié { par un certificat négatif de son prédécesseur que cette hypothèque est purgée } Cass., 7 mars 1849

---

(1) *La solution est toute entière dans ce mot de l'art. 2196 : Inscriptions subsistantes. J. N. — V. art. 8496.*

(2) *V. J. N., art. 4111. — V. aussi art. 15801.*

(3) *Si les réquisitions étaient conçues en termes vagues ou incertains, les conservateurs pourraient en demander de nouvelles ou faire fournir des explications écrites qui seraient annexées à la réquisition (même instruction). — V. Journ. du Not., n° 1150 (Dissertation).*

HYPOTHÈQUES

APPENDICE

Un point capital qui doit toujours être examiné scrupuleusement par les notaires, dans l'intérêt des acquéreurs et prêteurs, lors des acquisitions et affectations hypothécaires, — ce sont les actions occultes qui affectent les droits de propriété.

M. Dupin, procureur-général, disait à la Cour suprême, en 1840 : « Les inconvénients reprochés à la législation actuelle, sur la vente et l'hypothèque, peuvent se résumer ainsi : — 1° En achetant, on n'est jamais sûr d'être propriétaire ; — 2° en payant, on n'est jamais sûr d'être libéré ; — 3° en prêtant son argent sur hypothèque, on n'est jamais sûr d'être remboursé. »

La loi du 23 mars 1855 (dont l'esprit, a-t-on dit, est d'établir l'état civil de la propriété et de faire ressortir clairement les charges qui la grèvent), a fait disparaître la majeure partie de ces inconvénients et favorisé autant que possible les intérêts des tiers : — 1° En ordonnant les transcriptions et mentions dont la publicité leur révèle les transmissions entre-vifs et les modifications de la propriété, ainsi que les jugements de résolutions et rescisions d'actes transcrits (1) ; — 2° en disposant que les créanciers privilégiés ou ayant hypothèque aux termes des art. 2123, 2127 et 2128 du C. N. ne peuvent plus, après la transcription, prendre utilement inscription sur le précédent propriétaire (sauf l'exception en faveur du vendeur ou du copartageant pour lesquels il est réservé un délai de 45 jours, de la date de la vente ou du partage), et en abrogeant, par suite, les art. 834 et 835 du C. pr.; — 3° en déclarant que l'action résolutoire du vendeur (C. N., art. 1654, C. pr. 717) ne peut être exercée après l'extinction de son privilège, au préjudice des tiers qui ont acquis et conservé des droits (2) ; — 4° en obligeant à l'inscription : 1° l'hypothèque légale de la veuve, du mineur devenu majeur et de l'interdit relevé de l'interdiction, dans l'année qui suit la dissolution du mariage ou la cessation de la tutelle ; 2° l'hypothèque légale cédée par les femmes ou à laquelle elles renoncent (quand elles en ont le droit) (3).

Par application de cette loi, dont la portée est étendue, et d'après l'opinion de M. Grosse, il y a obligation de transcrire notamment :

Les ventes et tous les contrats et actes qui en tiennent lieu, comme les échanges, les diverses dations en paiement, etc.; même les ventes conditionnelles, et par suite, la preuve de la non réalisation (pour apprendre aux tiers qu'ils ne doivent pas considérer l'acquéreur comme propriétaire), ou la preuve de l'accomplissement de la condition (afin d'établir que la propriété lui est définitivement acquise)

La vente sur délaissement de l'immeuble par le tiers-détenteur, dans le cas des art. 2167 et suivants.

Les ventes ou transports de droits successifs, comprenant des immeubles.

- d'actions immobilisées de la Banque de France (4)
- des mines.
- des carrières, minières et tourbières (en certains cas).
- de constructions sur le terrain d'autrui — excepté   1° si les constructions sont vendues pour être démolies. 2° si la vente est faite au propriétaire du fonds.
- sous faculté de réméré — ainsi que les actes de remboursements ou de rachat (V. C. N., art. 1673).
- d'immeubles entre cohéritiers — quand l'indivision ne cesse pas complètement, c'est-à-dire que l'acquéreur ne devient pas unique propriétaire de l'immeuble.
- d'usufruit et les renonciations par l'usufruitier (l'usufruit étant immeuble).

Les ratifications d'actes translatifs de propriétés immobilières ou d'usufruit.

L'ameublissement déterminé (C. N. 1505 et suivants). — Il y a opinion contraire à la nécessité de transcrire : il n'y a pas, à ce qu'on prétend, transmission de propriété au profit d'un être moral, la communauté.

Les actes de société dans lesquels l'un des associés fait l'apport d'un immeuble.

- d'attribution d'un immeuble au profit de l'un des associés pendant le cours de la société.
- constitutifs d'antichrèse, de servitude, d'usage et d'habitation.
- portant renonciation à ces mêmes droits.
- de retrait successoral   Attendu que la vente faite par l'héritier ayant dû être transcrite, le retrait qui en opère l'annulation doit être aussi (Grosse), et malgré que le retrayant, qui est censé avoir acquis directement de l'héritier, ne soit pas tenu des hypothèques consenties par l'acheteur (Pothier).

Les jugements déclarant l'existence d'une convention verbale de nature à être transcrite.

- d'adjudication (autres que ceux rendus sur licitation   au profit d'un cohéritier ou copartageant et faisant cesser entièrement l'indivision, comme est dit).

(*V. la tablette suivante*).

---

(1) *Il ne suffit plus, pour connaître parfaitement la situation hypothécaire d'un immeuble, de requérir l'état des inscriptions pouvant les grever : cet état doit comprendre les transcriptions et mentions desquelles il pourrait résulter soit une aliénation, soit une altération partielle ou entière du droit de propriété.*

Quand il s'agit, non d'un placement de fonds, mais d'une acquisition, la demande des inscriptions, transcriptions et mentions est faite sur transcription, tant sur la personne qui a transmis directement l'immeuble, que sur tous les précédents propriétaires ; lesquels doivent être dénommés complètement dans l'acte ou contrat translatif, qui établit la propriété pendant 30 ans (C. Napoléon, 2262, 2243 et s.) et énonce toutes les transcriptions successives (date, volume et numéro suffisent).

Ces réquisitions sont modifiées ou restreintes, bien entendu, selon les cas et eu égard aux chefs sur lesquels on veut être éclairé. V. J. du Not., N° du 9 mai 1857, Dissertation de M° Damoye, notaire.

Lorsque le titre de propriété est une vente ou un partage ayant donné lieu à privilège de vendeur ou de copartageant, il faut observer dans la demande d'état le délai de 45 jours accordé par le second § de l'article 6.

(2) *Le J. du Not., numéro 1129, dit qu'en obligeant de rendre publique l'action résolutoire, la loi hypothécaire simplifie l'examen des transmissions ; qu'il n'est plus nécessaire (depuis le premier juillet 1856) de s'enquérir si les prix ont été payés intégralement, si les paiements ont été faits régulièrement, et qu'il suffira de savoir s'il existe des inscriptions ; — mais chaque fois qu'une transmission résultera d'une vente judiciaire, même sur licitation, on ne devra pas avoir égard au défaut d'inscription du privilège pour en tirer la déduction qu'il n'y a plus de recours à craindre à défaut de paiement du prix ; il sera nécessaire d'avoir la preuve qu'il a été payé intégralement ; on serait, sans cela, exposé à l'effet de la folle-enchère.*

(3) *Si l'inscription de la femme préexiste, il faut en marge une mention de la subrogation (suivant la même loi).*

(4) *Ces actions, observe M. Grosse, ne peuvent être aliénées, et les privilèges et hypothèques être purgés, qu'en se conformant au Code Napoléon et aux lois touchant les privilèges et hypothèques sur les propriétés foncières.*

HYPOTHÈQUES

APPENDICE

(V. la tablette précédente.)

Les adjudications sur folle-enchère et surenchère, — sur expropriation forcée (Le législateur, dit M. Grosse, n'a pas voulu que l'on pût croire que la publicité des actes de l'autorité judiciaire fût suffisante. D'ailleurs, le propriétaire pouvant aliéner valablement, s'il désintéresse tous les créanciers inscrits, il faut conséquemment un acte qui fasse connaître que l'expropriation a été mise à fin, qu'il y a eu transmission) — sur conversion en ventes volontaires.

Les résolutions volontaires des actes translatifs de propriété.

Les renonciations aux donations ou legs acceptés (et les renonciations aux successions également acceptées).

Les transactions opérant mutation de propriété immobilière ou de droit réel susceptible d'hypothèque. — (Toutes autres ne sont pas sujettes à transcription).

Les baux d'une durée de plus de dix-huit ans.

Les quittances ou transports de sommes équivalant à trois années de loyers ou fermages non échus.

Les contrats de mariage contenant donation de biens immeubles présents ou de biens présents et à venir, les partages anticipés, ainsi que les autres donations entre-vifs de biens susceptibles d'hypothèque, et les substitutions — étant soumis à la formalité de transcription par les art. 939 et 1069 du Code Napoléon, — la loi du 23 mars n'a pas eu à s'en occuper.

On sait qu'il n'y a pas lieu de transcrire les actes qui ne sont que déclaratifs de la propriété; c'est-à-dire tous ceux desquels il résulte non pas une transmission, une mutation de biens immobiliers, mais une simple attribution d'immeubles à raison de droits de propriété préexistants, comme les partages et licitations, en tenant lieu entre cohéritiers et copartageants. — Ce qui s'applique aux prélèvements auxquels ont droit les époux dans les partages d'immeubles de la communauté. (La Cour de Cassation accorde à la femme un droit de propriété pour ses reprises sur lesdits immeubles de la communauté, alors même qu'elle y renonce. Mais ce n'est qu'un simple droit de créance, d'après la plupart des Cours impériales et le plus grand nombre des auteurs. Toutefois, tant que la Cour de Cassation maintiendra sa doctrine, l'acte de prélèvement par la femme se trouvera affranchi de la loi de transcription). V. Code Napoléon, art. 883, 1871 et suiv., 1476, 1686, 1872.

Sont aussi dispensées de la transcription : — les dispositions testamentaires, la loi ne parlant que des actes entre-vifs (mais il y a exception : 1o quand le testament modifie l'état d'un immeuble qui n'est pas dans la succession du donateur; 2o s'il contient une disposition à charge de rendre, Code Napoléon, 1069) ; — les donations entre époux (assimilées aux testaments et révocables comme eux); l'institution contractuelle ; — la cession de biens judiciaire ou conventionnelle, qui donne seulement aux créanciers le droit de faire vendre les immeubles du débiteur ; — les actions en revendication, en rescision, et toutes autres quelconques qui tendent *ad immobile.*

Pour les actes dont la dispense de transcription serait douteuse, il faut, bien entendu, les y soumettre par précaution.

Mais la règle de publicité, devenue générale par la nouvelle loi ajoutée aux dispositions de la législation antérieure sur la matière, ne peut empêcher toutes les causes de trouble ou d'éviction : soit parce que certains droits doivent être protégés, comme les hypothèques légales qui sont encore dispensées de l'inscription; soit par la raison que beaucoup de ces causes ne sauraient être aperçues, telles que les cas des art. 6, 8, 10 de la loi du 25 ventôse an 11, ou restent longtemps incertaines, comme les révocations de donation, etc., ou ne sont pas mises en jugement et ne peuvent conséquemment être signalées.

Afin qu'on se prémunisse plus facilement, quand cela est possible, contre les écueils ainsi restés dans l'ombre, — il importe de les rappeler et de les réunir ici :

I. — HYPOTHÈQUES LÉGALES.

Celles des femmes mariées, des mineurs et des interdits — qui ne sont pas dans les conditions de l'art. 8 (1).

II. — PRIVILÉGES.

Les priviléges généraux spécifiés art. 2101 du Code Napoléon. — Lesquels s'étendent aux immeubles et sont dispensés de l'inscription (2).

Le droit de préférence résultant de la séparation des patrimoines (C. N., 2111). — Ce privilége est bien assujetti à l'inscription dans les six mois de l'ouverture de la succession; mais les hypothèques établies sur les immeubles en provenant, par les héritiers ou représentants du défunt, avant l'expiration de ce délai, seraient nulles et sans effet (même article). — On sait que la séparation des patrimoines existe de droit lorsque la succession est acceptée sous bénéfice d'inventaire.

(V. la tablette suivante.)

------

(1) *L'acquéreur peut purger ces hypothèques, mais cette ressource n'existe pas pour le prêteur. — Le Crédit Foncier seul peut purger, non-seulement les dites hypothèques, mais encore les actions résolutoires ou rescisoires et les priviléges inconnus, c'est-à-dire toutes les charges.*

(2) *Cependant cette dispense n'existe qu'entre créanciers; l'inscription est nécessaire à l'égard des tiers détenteurs, et ceux-ci purgent ces priviléges par la transcription s'ils n'ont été inscrits à temps. — C'est ce que les auteurs ont induit de l'art. 2106 du Code Napoléon et de l'ancien article 834 du Code de procédure.*

HYPOTHÈQUES

APPENDICE

(V. la tablette précédente.)

III. — ACTIONS EN REVENDICATION.

L'action pétitoire, notamment celle en répétition, de la part du copermutant, dans le cas de l'art. 1705 du Code Napoléon (répétition qui peut s'exercer même contre le tiers acquéreur, suivant l'opinion de M. Troplong). (1)

La revendication que peut faire de sa part dans la succession (tant qu'il n'y a pas prescription acquise contre lui) un héritier qui n'a point figuré dans l'inventaire ou dans l'acte de notoriété, actes qui, quoique destinés à constater les qualités d'héritier, ne font ni l'un ni l'autre preuve certaine de la qualité ni du nombre des héritiers, et n'établissent qu'une présomption. (Ils servent seulement à constater la bonne foi d'un acquéreur et à abréger pour lui les délais de la prescription). Un enfant naturel reconnu peut exercer la même revendication.

Le retrait d'indivision (C. N., art. 1408).

La révocation de l'aliénation des biens dotaux qui peut être demandée (par les vendeurs même), lorsque cette aliénation n'a pas été faite dans les cas prévus par la loi, ou n'a pas été permise par le contrat de mariage (C. N., art. 1554, 1557, 1558, 1560) (2), ou pour défaut de remploi dont l'acquéreur est tenu pour son fait, sa validité et son mérite, quand l'aliénation a eu lieu en vertu de l'art. 1558, ou a été permise par le contrat à charge de remploi (Sous le régime de la communauté, il peut aussi être stipulé dans le contrat de mariage qu'un immeuble propre de la femme ne pourra être aliéné qu'à charge de remploi).

IV. — ACTIONS EN RÉSOLUTION (3).

Révocation des donations, dont l'effet — quant à celle qui a lieu par inexécution des conditions et par survenance d'enfants — est d'anéantir la donation dans son principe et de faire rentrer aux mains du donateur l'immeuble donné, libre de toutes charges et aliénations qu'aurait pu consentir le donataire (Code Napoléon, art. 954, 960, 963).

Réduction des donations, si elles excèdent, et si le donateur laisse à son décès des héritiers à réserve ou des enfants naturels légalement reconnus (que des auteurs considèrent aussi comme héritiers à réserve pour leur portion héréditaire), auquel cas les immeubles recouvrés par l'effet de la réduction, le sont sans charges des dettes et hypothèques créées par le donataire (C. N., art. 913 et suiv., 929, 930).

Charges de rapport — dans les cas d'avancement d'hoirie (les immeubles se réunissent à la masse francs et quittes des charges créées par le donataire, sauf l'intervention des créanciers) (C. N., art. 865).

Droit de retour, qui peut être stipulé au profit du donateur, pour le cas de prédécès soit du donataire seul, soit de lui et de ses descendants, et dont l'effet est également de résoudre les aliénations et hypothèques consentis par le donataire (C. N., art. 951, 952) (4).

Aucun acte n'offre autant d'incertitude que la donation, quant à sa validité et à ses effets, qui sont comme suspendus pendant toute l'existence du donateur ; ce n'est qu'après son décès que la donation peut acquérir le caractère d'irrévocabilité que la loi lui confère en principe. (Ed. Clerc.)

Caducité des donations faites en faveur d'un mariage qui n'a pas été célébré. — L'effet de la caducité est que le donateur n'a point été dessaisi.

V. — ACTIONS EN RESCISION.

Retour des héritiers légitimes avant la prescription, à l'égard des successeurs irréguliers (enfant naturel, conjoint ou état), envoyés en possession.

Retour de l'absent après l'envoi en possession (C. N., art. 131, 132, 2126).

Effet des art. 1974 et 1975 du C. N. — relativement aux immeubles acquis à rente viagère.

Lésion { de plus du quart dans le partage et { — L'action { doit être exercée dans les deux années de l'acte ou contrat. / de plus des 7/12ᵉˢ dans la vente. { { n'est pas admise en général dans les actes aléatoires.

Défaut de prix sérieux de la vente. — La rescision peut être demandée pendant 30 ans.

Nullité d'un partage anticipé — en cas que tous les enfants et descendants n'aient pas figuré au partage.

Le partage anticipé peut être attaqué pour cause de lésion de plus du quart, ou pour cause d'un avantage excédant la portion disponible (C. N., art. 1078 et 1079).

Erreur, violence, dol, lésion dans les conventions (C. N., art. 887, 1109, 1117, 1304, 1305).

Invalidité des actes en général, des jugements et décisions — pour conventions et stipulations contraires aux prescriptions de la loi ; défaut de qualité ou de capacité des parties, faits de stellionnat, erreurs de droit, irrégularités, vices de formes. (5)

En recevant les actes d'acquisition et de prêt, les notaires doivent vérifier, outre les autres garanties de parfaite transmission, si les titres de propriété astreints à la transcription ont reçu cette formalité : — le défaut d'icelle ayant permis aux précédents propriétaires d'aliéner à d'autres les mêmes immeubles et de les hypothéquer.

Si la transcription a été faite, on l'énonce, bien entendu ; — sinon, et dans le cas où les parties entendraient passer outre, il est bon d'expliquer en deux mots qu'elle n'a pas eu lieu, pour établir que le rédacteur s'en est préoccupé.

---

(1) *Jugé que la revendication ne peut avoir lieu contre le tiers acquéreur de bonne foi (Toulouse, 13 août 1827 ; Cass. 16 prairial an XII ; Aix 25 mai 1813).*

(2) *L'inaliénabilité des biens dotaux existe pendant toute la durée du mariage et ne cesse pas par la séparation de biens (Rouen, 25 juin 1818 ; Cass., 19 août 1819).*

(3) *V. C. N., art. 2125.*

(4) *V. Commentaire Grosse, numéro 141.*

(5) *V. C. N., art. 1108 et suiv.*

On ne saurait trop revoir et approfondir, en les adaptant à la nouvelle loi, les précieuses observations de Mᵉ Ed. Clerc, 3ᵉ édition, p. 332, sur les formalités hypothécaires et l'établissement de propriété. — V. aussi, pour les hypothèques consenties sur immeubles indivis, p. 189, nᵒˢ 91 et suivants : le transport d'indemnité au créancier, en cas de sinistre des bâtiments donnés en garantie, p. 193, nᵒˢ 143 et suivants ; abus d'un mandataire qui emprunte de plusieurs personnes séparément la somme qu'il ne devait emprunter qu'une seule fois, p. 30. — Remarquer que le mandataire pourrait aussi, à défaut de précautions, se servir de la procuration après la révocation. — On doit enfin rechercher dans les pièces justificatives s'il n'y aurait point eu, soit omission ou irrégularité des formalités d'hypothèques et toutes autres prescrites pour assurer et conserver les droits immobiliers, soit déchéances, prescriptions ou péremptions.

DÉBOURSÉS ET HONORAIRES

TAXE

Est nulle — comme contraire à l'ordre public / toute convention ayant pour objet de faire obstacle à l'exercice du droit de taxe des actes notariés / surtout celle stipulée dans l'intérêt exclusif du notaire | Cass., 20 juin 1860

Les honoraires proportionnels — établis par les tarifs notariaux / ne sont point obligatoires pour les juges taxateurs | Cass., 22 août 1854 — 14 novembre 1855

— Ces magistrats exercent un pouvoir discrétionnaire — en vertu de l'art. 173 du tarif de 1807 | Sol. Journ. Not., n° 1231

Le président du tribunal n'est pas tenu de se conformer — pour une taxe de frais et honoraires / au tarif arrêté entre son prédécesseur et la chambre des Not. de l'arrondissement | C. Paris, 20 nov. 1866

La taxe du président — n'est pas régulière lorsqu'il est constant que le notaire n'a pas été entendu | par le président dans ses observations | Trib. Tours, 12 avril 1847 / n'a point le caractère d'un jugement (1) / laisse aux parties et au notaire le droit de recourir au tribunal | de la résidence du notaire | Cass., 21 avril 1845 | Trib. Guéret, 13 juillet 1822

Le juge taxateur a le droit d'apprécier les déboursés comme les honoraires
Les frais pourraient être laissés à la charge du notaire | s'ils avaient été occasionnés par sa faute ou négligence | Cass., 24 août 1828 — Trib. Issoudun, 23 déc. 1853

Le juge ne peut ordonner d'office la taxe d'un mémoire — d'honoraires de notaire / produit dans le cours d'une instance et / sur lequel les parties n'ont pas élevé de contestation | C. Dijon, 19 janvier 1843

Le tribunal civil est compétent — à l'exclusion du juge de paix / pour connaître d'une demande de frais et honoraires / lors même que cette demande est inférieure à 200 fr. | Cass., 1833, 1845, 25 janvier 1859

Malgré la clause — par laquelle l'acquéreur serait tenu de payer tant pour cent de frais / le vendeur (comme partie) peut demander la taxe | Cass., 4 avril 1859

L'art. 173 du tarif des frais et dépens du 16 février 1807 a abrogé l'art. 51 de la loi du 25 ventôse an 11 — conséquemment — les parties ont le droit de requérir la taxe / nonobstant — le règlement amiable et le paiement — des honoraires | Cass., années 1825, 1828, 1838, — 14 déc. 1841, 29 juillet 1858, — 14 mars 1853, 22 août 1854, C. Paris, mars 1848, 10 juillet 1852

L'avis préalable de la chambre des notaires | est purement facultatif pour le président du tribunal (2) | Cass., 29 juillet 1862

Le notaire — pour un testament ou une donation éventuelle / ne peut réclamer lors de la rédaction qu'un honoraire fixe : l'honoraire proportionnel / ne pouvant être perçu qu'à l'ouverture de la succession du disposant

Les honoraires proportionnels — de testaments ou donations n'ayant pas reçu leur exécution / au moment où le notaire rédacteur cesse ses fonctions / sont des créances éventuelles qu'il peut se réserver ou céder à son successeur | Sol. Journ. Not., n° 1261

Les notaires — ne peuvent réclamer | ni honoraires ni frais de voyages / pour la présentation des actes à la transcription non plus qu'à l'enregistrement / sont tenus de remplir ces formalités et autres prescriptions légales comme fonctionnaires publics et / non comme mandataires des parties | Sol., J. N., n° 1272

N'est pas susceptible d'appel — le jugement sur l'opposition à la taxe | des frais et honoraires d'un acte notarié / faite par le président du tribunal / lorsque la somme | objet du litige / ne dépasse point le taux du dernier ressort | C. Paris, 30 juillet 1855

Le jugement — portant fixation des honoraires et émoluments dus à un notaire / pour des actes qui ne sont point soumis au tarif du 16 février 1807 / ne peut — quant à cette fixation — donner ouverture à cassation | Cass., 19 janvier 1831

La taxe des honoraires | peut être faite sur l'acte même et est dispensée de la formalité de l'enregistrement | Délib. Régie, 8 mai 1824

La demande judiciaire | doit contenir le mémoire des honoraires réclamés sans rappeler la taxe qui en a été faite | — On ne pourrait mentionner cette taxe sans la faire préalablement enregistrer | Sol., Journ. Not., n° 1306

Toutes les parties — qui ont figuré à un acte notarié / ont droit et qualité pour requérir la taxe des frais et honoraires du notaire | Cass., 17 mai 1858

Le paiement — des honoraires taxés / fait par une partie | sur le vu de la taxe / sans protestation ni réserve / constitue un acquiescement à cette taxe, — et, par suite, / s'oppose à ce que la même partie critique plus tard la taxe / et demande la restitution d'une portion des honoraires par elle payés | Cass., 27 août 1867

---

(1) *En se faisant taxer, le notaire peut et devrait toujours observer sur l'état que les honoraires qu'il y porte sont conformes au tarif de sa chambre, pour qu'en cas de réduction cette pièce soit et reste une preuve de sa bonne foi.*

Toutes les fois que les taxes par le président ne paraissent pas former une juste rénumération, les notaires devraient y faire opposition dans l'intérêt du corps.

(2) *Un arrêt de cassation du 17 mars 1829, porte que l'avis de la chambre est obligatoire quand la contestation est portée devant le Tribunal ; l'art. 51 de la loi de ventôse (confirmé par l'art. 2, § 4, de l'ordonnance du 4 janvier 1843) reprend alors toute sa force. V. Journ. Not. N° 1322.*

DÉBOURSÉS ET HONORAIRES [1]

PAIEMENT — ACTION

En principe { l'officier ministériel n'a d'action } que contre le client personnellement — et non contre celui qui le lui a adressé

Il en serait autrement si celui qui le lui a adressé } a touché lui-même les frais ou s'est engagé personnellement — Trib. Seine, 12 et 19 février 1857

Les notaires ont l'action solidaire { non-seulement contre les parties — mais encore contre les mandataires (celui qui commande devant payer) } Sol. J. N., n° 1322

Les frais d'actes | doivent être payés par ceux qui les requièrent

Le mandataire ne peut éviter l'action du notaire qui a passé l'acte en vertu de la procuration

Et l'on ne saurait — en ce cas — contraindre le notaire à s'adresser aux parties qu'il ne connaît souvent pas — Sol. J. N., n° 1245 [2]

La négociation { de billets à ordre qu'un notaire signe comme souscripteur ou endosseur est considérée comme contraire aux convenances et à la dignité des fonctions notariales

— Conséquemment il est interdit { aux notaires comme aux avocats / d'accepter en paiement surtout de négocier { de tels billets pour leurs déboursés ou honoraires } J. N., n° 1285.

L'exécutoire { délivré | par le juge de paix, en vertu de l'art. 30 de la loi du 22 frimaire an 7 pour recouvrement des droits d'enregistrement avancés par le notaire / ne confère point hypothèque sur les biens du débiteur [3] } Cass., 28 janvier 1828

Les demandes { en remboursement des droits d'enregistrement avancés pour les clients / doivent être instruites et jugées comme les demandes formées { par la Régie elle-même pour le paiement des droits / — d'où il suit notamment que les jugements { rendus en cette matière sont en dernier ressort } Cass., 27 mai 1850

La demande { en paiement de déboursés et honoraires — quel qu'en soit le montant / doit être portée { après la taxe — devant le tribunal civil de la résidence du notaire conformément à l'art. 178 du tarif de 1807 } Cass., 21 avril 1845 [4] — Thiers, 26 juin 1846 — Cass., 7 mai 1850 — 15 mars 1858

L'action { en paiement d'honoraires dus à un notaire n'est pas soumise au préliminaire de conciliation } Trib. Libourne, 17 janvier 1843

L'action du notaire { en paiement des déboursés et honoraires à lui dus / est suffisamment justifiée par la représentation des { minutes et expéditions des actes que cette action concerne } Cass., 14 octobre 1811 — ... avril 1826 — C. Bordeaux, 8 décembre 1835

Cette action { et celle des parties contre le notaire pour contester le règlement des honoraires ne se prescrivent que par trente ans } J. N., n° 7795 — Amiens, 1823 — Cass., 1er décembre 1841

Les notaires { ont une action { solidaire contre toutes les parties qui ont concouru à un acte / pour { le remboursement de leurs avances de droits d'enregistrem^t et autres déboursés / leurs honoraires [5] } Cass., 27 janvier 1812 — C. Riom, 18 déc. 1838 — Tr. Mirande, 1er avril 1847 — C. Toulouse, 28 avril 1847 / contre le mineur devenu majeur / pour le recouvrement des frais des actes faits { par son tuteur agissant en cette qualité } Trib. Seine, 8 décembre 1864

pour les frais d'inventaire d'une succession bénéficiaire dont les biens ne suffisent pas au paiement de ces frais ne peuvent avoir de recours personnel contre l'héritier qui est fondé à opposer l'art. 802 du Code Napoléon } Sol. J. N., n° 1189

Les dispositions { de l'art. 31 de la loi du 22 frimaire an 7 et / de l'art. 1593 du Code Napoléon } qui règlent par qui les droits d'enregistrement doivent être supportés / ne portent pas atteinte à la solidarité { des parties / envers le notaire } Cass., 26 juin 1820

Cette solidarité doit être appliquée lors même { qu'il a été stipulé dans l'acte que telle partie en supporterait les frais | Cass., 19 avril 1826 — 10 nov. 1828 / que le notaire a laissé écouler un certains laps de temps pendant lequel le débiteur personnel des frais est devenu insolvable — ou tombé en faillite } Cass., 20 mai 1829

---

(1) *V. Journ. not. sur la nécessité et la justice d'un tarif plus élevé pour les actes notariés.*

(2) *C'est conforme à l'opinion de M. Roll. de Vill. et du Dict. Not., d'après lesquels les notaires ont action contre le mandataire aussi bien que contre le s mandants eux-mêmes.*

(3) *Mais une dissertation du J. N., art. 578, démontre que le jugement qui condamne à payer les honoraires emporte hypothèque judiciaire sur tous les biens présents et à venir du débiteur.*

(4) *Ce tribunal, a dit l'arrêt, est seul compétent, quel que soit le domicile du débiteur.*

(5) *Ce principe résulte de nombreux arrêts.*

DÉBOURSÉS ET HONORAIRES

DISPOSITIONS DIVERSES

LES NOTAIRES

qui | dans une vente de biens de mineurs | réclament des honoraires excédant ceux du tarif | sont passibles d'une peine disciplinaire | . . . . .

qui ont retenu { sur une sommes reçue pour leur client | et qui sont tenus ensuite de rembourser / des honoraires qui leur paraissaient dus } une partie de ce qu'ils ont reçu } ne doivent l'intérêt que du jour de la demande — Cass., 19 janv. 1831

ne sont pas tenus de délivrer | l'expédition d'un acte dont les honoraires ne leur ont pas été payés | Déc. min., 15 novembre 1844

n'étant point obligés { de faire le recouvrement de sommes dues à leurs clients à la suite d'une vente / ont droit à une indemnité — lorsqu'ils s'en chargent officieusement } Sol. Journ. Not., n° 1251 (1)

qui sont chargés de procéder à la vente d'une créance

ne peuvent prétendre { à une remise proportionnelle / sur le prix de l'adjudication de cette créance }

la remise proportionnelle n'étant due { soit d'après le tarif de 1807 / soit d'après l'ordonnance de 1844 } que pour les ventes judiciaires d'immeubles ou de rentes — Cass., 16 mai 1854

peuvent

prendre exécutoire du juge de paix pour leurs avances de droits d'enregistrement et de timbre

cette faculté { étant un privilége attaché à la nature même de la créance / appartient à leurs héritiers ou ayants-cause, aussi bien qu'à eux-mêmes } Trib. Lombez, 18 mars 1842

nonobstant l'ordonnance du 4 janvier 1843.

continuer à se constituer { garants ou cautions } { du recouvrement du prix des ventes à termes d'effets mobiliers, opérées par leur ministère } et l'on peut stipuler des honoraires en sus pour cette responsabilité } Sol., J. N., art. 11617

ne peuvent

faire des avances aux parties : à la suite des ventes auxquelles ils ont procédé } Déc. min., mars 1854

stipuler une somme fixe { d'honoraires proportionnels / dans les adjudications volontaires } cette stipulation } est { toujours / sujette à la taxe } Cass., 1er déc. 1841

ont droit

à des honoraires proportionnels à raison d'un testament olographe déposé dans leur étude — et non-seulement à un honoraire fixe (2) pour l'acte de dépôt } Cass., 14 novembre 1855, 30 juin 1857

à des honoraires en dehors du tarif (ou plutôt à des salaires) lorsqu'il ont rendu des services { à leurs clients hors de leurs fonctions — et / en qualité de mandataires ou de gérants d'affaires } C. Paris, 16 août 1858 (3) — Sol. Journ. Not., 1238, 1242

de déterminer par un règlement les frais de leurs actes — mais ce tarif n'est pas obligatoire pour les clients } J. N. art, 4798 — Bourges, 30 juin 1830

à des honoraires { pour les procès-verbaux d'adjudication qui ont manqué faute d'enchérisseurs | J. N., art. 2297 / pour représenter dans un inventaire un héritier absent / pour les affaires { auxquelles ils ont été employé et / qui ne sont pas des rédactions d'actes } } J. N., art. 74 — 2877

n'y ont pas droit | pour la garde des minutes, pour l'apposition du sceau, ni pour l'inscription des actes au répertoire | J. N., art. 500, 6995

n'ont pas droit

à des honoraires proportionnels pour le dépôt d'un testament olographe } Trib. Montpellier, 9 janvier 1862

à des intérêts { pour les avances d'enregistrement et de timbre (4) / ni pour leurs honoraires } les clients peuvent se faire restituer les sommes qu'ils ont payées à ce titre } Trib. Lombez, 18 mars 1842 — Cass. 18 mars 1830

Une chambre de notaire { comme représentant la compagnie / a droit d'intervenir { dans une instance relative à une opposition à une taxe formée par un notaire / pour y soutenir ce qui peut concerner les droits et intérêts communs des notaires } } C. Grenoble, 22 février 1833

---

(1) *Le droit prélevé pour toutes recettes de sommes est, le plus ordinairement, de 1 0/0 : ce taux est conforme à celui alloué par le décret du 5 novembre 1851 sur les adjudications de fruits et récoltes.*

(2) *Conformément à la doctrine et à l'usage suivi, notamment à Paris, — V. les observations du J. N., art 15866. — V. J. du Not., n°° 1148 et 1272.*

(3) *Les Notaires, d'après le J. du Not., n° 1149, ont aussi droit à des honoraires pour peines et soins relatifs à la réception d'un acte, lors même que l'acte, par un fait étranger au notaire, ne vient pas à réalisation ; et ces honoraires sont susceptibles d'être taxés par le président.*

(4) *Attendu, dit-on, que le notaire n'agit pas comme mandataire des parties ; qu'il ne fait que remplir une obligation personnelle que la loi lui impose. — Il n'en est dû qu'en cas de demande en justice et que du jour de cette demande.*

DÉBOURSÉS ET HONORAIRES

DISPOSITIONS DIVERSES

Il n'y a pas lieu à partage d'honoraires pour le notaire qui concourt à un acte passé hors de son ressort — Il concourt en ce cas — non comme notaire — mais seulement comme conseil } Cass., 20 avril 1853

Quand deux notaires coopèrent à un acte {
les honoraires { auxquels donnent lieu la minute et la première expédition / se partagent entre eux par portions égales (1)
mais il faut que la coopération soit entière, car il ne serait pas juste que le notaire en second, qui n'aurait été appelé que pour une opération purement accessoire, vînt partager tous les honoraires de l'affaire principale
les honoraires de la seconde expédition et des expéditions suivantes appartiennent au notaire possesseur de la minute
} Statuts des notaires de Paris, 1823

Deux notaires { ayant concouru réellement à la passation d'un acte / doivent partager les honoraires par moitié quelle que soit la distinction des intérêts des clients qu'ils représentent } Sol. J. N., n° 1317

L'acte notarié { demeuré imparfait par le défaut de signature de quelques-uns des comparants / peut — dans certains cas — donner lieu à des honoraires } Sol. J. N., art. 12516

Les représentations d'absents par les notaires { quelle que soit la nature de l'acte auquel l'absent se trouve intéressé / sont rétribuées par vacations } Sol. J. N., n° 1231

La stipulation { d'honoraires supérieurs au tarif / est interdite dans les ventes judiciaires } Cass., 7 sept. 1847

Le notaire contrevenant pourrait être poursuivi par voie disciplinaire / Le règlement amiable ne peut avoir lieu que dans les adjudications volontaires } Sol. J. N., n° 1327

La remise proportionnelle { du notaire commis pour une vente judiciaire d'immeubles divisés en plusieurs lots / doit être calculée { sur le prix total de l'adjudication — et (2) / non sur le prix total de chaque lot séparément

La disposition du tarif { portant que { dans le cas de lotissement d'immeubles distincts / la remise proportionnelle sera fixée sur le prix de chaque lot / est spéciale aux avoués — et ne s'applique pas aux notaires
} Cass., 4 juin 1851 — 10 mai 1857

Les expéditions qui ont été délivrées sans réserve font légalement présumer l'acquit des frais d'actes | Cass., 18 nov. 1813 (3) — 24 av. 1826 — 25 janv. 1858

Quand les expéditions ont été faites frustratoirement { c'est-à-dire sans utilité / l'honoraire n'en peut pas être demandé

Il suffit | que le rôle d'expédition soit commencé | pour que le notaire puisse se le faire payer en entier | J. N., art. 605

La décision ministérielle du 9 janvier 1808 { portant qu'il ne serait dû aux notaires { pour chaque rôle des expéditions qu'ils délivrent aux préposés de l'enregistrement / que 75 c. à Paris et 50 centimes ailleurs / n'est plus exécutoire depuis la loi du 22 frimaire an 7

La Régie { toutes les fois qu'elle a besoin { pour un intérêt quelconque / non d'une communication ou d'une simple copie d'acte qu'elle peut faire prendre / mais d'une expédition en forme qui ne peut être délivrée que par le notaire / doit acquitter la rétribution prescrite par le décret du 16 février 1807
} Sol. J. N., art. 7443

Le légataire particulier doit { à raison de son legs / supporter l'honoraire proportionnel dû au notaire — rédacteur ou dépositaire — du testament } J. N., art. 8584

Les frais et honoraires { relatifs au dépôt d'un testament olographe contenant { un legs universel et / des legs particuliers / ne sont pas exclusivement à la charge du légataire universel } Trib. Angers, 18 juillet 1847

L'honoraire fixe { ou droit de rédaction d'un testament — n'a rien de commun avec le droit proportionnel / est la rétribution du travail du notaire, travail qui doit être payé, quels que soient les événements ultérieurs

L'honoraire proportionnel { n'est dû que si le testament vient à exécution / est dû par le testateur — si celui-ci ne l'a pas acquitté — il est une dette de sa succession
} Dict. Not., 4ᵉ édition

Le contrat de mariage étant un pacte de famille rédigé dans l'intérêt respectif des époux / Les frais et honoraires en doivent être supportés { par moitié par chacun desdits époux / à défaut de convention contraire } Cass., 2 juillet 1852

Les frais de dépôt { des contrats de mariage des commerçants / doivent être avancés { par les notaires qui en sont chargés / sauf leur recours contre les parties } Déc. min., 27 juin 1809

Les chambres de notaires { pour le dressé et certificat du dépôt des mariages de commerçants et des jugements de séparation de corps et de biens / ont droit à un honoraire fixe — qui est à Paris de 6 fr. 80 c. pour l'acte de dépôt et le certificat (c'est-à-dire au total) } Sol. J. N., n° 1160

---

(1) *Ces honoraires ne doivent pas, bien entendu, être plus élevés que s'il n'y avait qu'un seul notaire, mais, d'après le J. du Not., n° 1166, dans les inventaires comme dans tous les actes qui se règlent par vacations, chacun des deux notaires appelés a droit à ses vacations particulières.*

(2) *Non-seulement quand les lots se composent de fractions d'un même immeuble, mais encore lorsqu'ils sont formés d'immeubles distincts et qu'ils ont conséquemment exigé chacun un établissement particulier de propriété (arrêt précité du 4 juin 1851). — V. Journ. Not. art., 1272, 1302, 1303, 1304.*

(3) *D'où la nécessité de mentionner sur les expéditions délivrées sans paiement en certains cas, que le coût de l'acte est dû nonobstant cette délivrance.*

CONTRAVENTIONS [1]

FAITS Y DONNANT LIEU

LE NOTAIRE

lorsqu'il n'énonce pas les noms, prénoms, qualités et demeures de toutes les parties qui sont représentées dans son acte par un mandataire ou par un *negotiorum gestor* qui se porte fort pour elles commet une contravention à l'art. 13 de la loi de ventôse | Cass., 22 nov. 1840 — C. Rennes, 31 août 1841 — C. Douai, 13 décembre 1842 — Trib. Riom, 22 février 1856

contrevient { à la loi { sur les poids et mesures — en se servant dans ses actes de ces expressions : 2/3 de mètre (2) — 12 hectolitres 3/4, etc. | Trib. Compiègne, 18 janvier 1844

à la loi du timbre — et s'expose à l'amende — en donnant dans des lettres des extraits ou copies de ses actes | Sol. J. N., art. 980

commis pour une vente judiciaire ne peut énoncer l'état de frais de l'avoué avant l'enregistrement préalable (10 fr. d'amende) | Cass., 7 déc. 1853

qui { dans l'acte de remboursement dont le titre constitutif sous seing privé n'a pas été enregistré — déclare que ce titre est adiré

est néanmoins passible { d'amende pour contravention aux articles { 42 de la loi du 22 frimaire an 7 — et 49 de la loi du 5 juin 1850 — s'il ne justifie pas de la perte alléguée | Trib. de Saint-Lô, 29 août 1853

qui ne porte point au procès-verbal d'une vente publique de meubles les objets adjugés au propriétaire est passible d'autant d'amendes qu'il y a d'objets omis | Trib. de Valognes, 10 mai 1851

encourt une amende pour avoir énoncé { dans le procès-verbal de liquidation des reprises d'une femme séparée de biens — l'acte de renonciation à communauté fait au greffe | et non enregistré | Trib. Châtellerault, 22 janvier 1855

est passible d'amende { pour { défaut d'approbation des lignes ou barres tracées pour remplir des espaces en blanc laissés dans le corps de l'acte | Circ. min., juillet 1823 — août 1825 — Cass., 21 juillet 1852

pour avoir { dans une vente d'immeubles — énoncé que la grosse { dûment quittancée du titre d'acquisition a été remise à l'acquéreur — sans que cette quittance ait été enregistrée | Cass., 17 février 1858

lorsque le dernier jour de février est férié ne peut { sans contravention — n'effectuer que le 1ᵉʳ mars le dépôt du double du répertoire | C. Orléans, 26 mai 1858

ne peut { sans contravention — énoncer { dans le contrat de mariage d'un mineur — la délibération du conseil de famille { portant consentement au mariage et non encore enregistrée | Trib. Fontainebleau, 24 juillet 1839

est passible d'amende { pour avoir reçu un acte en conséquence d'un acte passé devant un autre notaire et non enregistré, en énonçant qu'il le sera dans le délai légal | Trib. Vitré, 14 octobre 1847

Un acte { passé en double minute — doit { sous peine d'amende — être inscrit au répertoire de chaque notaire | Trib. de Pithiviers, 26 nov. 1857

La numération irrégulière { des mots raturés (15 au lieu de 16) — constitue une contravention | Trib. de Die, 20 juin 1866

Est insuffisante la mention { de l'approbation dé mots rayés — mise { à la suite des derniers mots qui forment la clôture de l'acte — ou — dans le corps de l'acte lui-même | C. Bruxelles, 28 mars 1819

L'art. 20 de la loi du 13 brum. an 7 { permet bien la compensation de lignes d'une feuille à l'autre — mais non la compensation du nombre de syllabes par ligne | Sol. J. N., n° 1239

Ainsi il y a contravention { quand une expédition contient { même à cause d'un simple renvoi (de 5 lignes par exemple) — un nombre de lignes excédant celui déterminé par la loi — quoique le nombre de syllabes par ligne y soit inférieur à celui qu'elle fixe | Même Solution Trib. Roanne, 2 mars 1843

L'amende n'est pas encourue | quand on emploie plus de quinze syllabes par ligne | Déc. min., 16 février 1807

Le jour { de la rédaction du contrat de mariage — n'est pas compris { dans le délai d'un mois pour le dépôt des contrats de mariage des commerçants | Trib. de la Seine, 9 août 1848

Lorsque le dernier jour du délai est férié le notaire est passible d'amende — s'il n'a effectué le dépôt que le lendemain

Le défaut d'enregistrement { dans le délai de quatre jours des actes de protêts | ne donne lieu qu'à une amende de 5 fr. | Déc. min., 26 octobre 1840

---

(1) *En matière de contravention il est de principe que la bonne foi ne sert pas d'excuse.*

(2) *Il faut l'emploi des décimales pour les fractions.*

CONTRAVENTIONS

CAS OU ELLES N'EXISTENT POINT, ETC.

L'irrégularité { des renvois et apostilles / ne donne pas lieu à l'amende, parce que la loi n'en prononce pas } Déc. min., 6 juillet 1825

L'acte notarié { dans lequel un père ou une mère stipulent pour leurs enfants mineurs / ne contrevient pas à l'art. 13 de la loi du 25 ventôse an 11 } par cela seul que les { nom prénoms et demeure } de chaque enfant n'y sont pas exprimés } Trib. St.-Etienne, 27 déc. 1852 (1)

On peut :

sans contravention au même art. 13 de la loi du 25 ventôse an 11 / ne point énoncer au procès-verbal de vente de meubles aux enchères } les { prénoms qualités et demeures } des adjudicataires (2) } C. Colmar, 28 juill. 1827 / Sol. Régie, 29 déc. 1831

sans contrevenir à la loi sur les poids et mesures / se servir dans un inventaire — des dénominations de { pièce feuillette demi-pièce } de vin } Déc. min., 15 av. 1843

— parce que ces dénominations, comme { le mot futaille / l'expression de tombereau et autres analogues } indiquent des vases — et ne sont pas des mesures de capacité } T. Avesnes, 8 août 1844

reproduire textuellement { les anciennes dénominations de poids, mesures et monnaies dans les copies, extraits et analyses d'actes antérieurs au premier janvier 1840 / en indiquant dans l'acte nouveau { qu'en employant les anciennes dénominations on analyse l'acte ancien } Déc. min., 5 août 1842

dans une procuration en brevet laisser en blanc le nom du mandataire } C. Aix, 28 avril 1852 (3)

— mais l'exception { est restreinte aux brevets et / ne s'applique pas aux minutes } C. Nancy, 20 août 1841, 20 janvier 1842 / C. Douai, 12 décembre 1842

Les ratures { d'articles dans les procès-verbaux de ventes de meubles / ne constituent pas { par elles-mêmes des contraventions à la loi du 22 pluviôse an 7 / quoique les objets des articles rayés ne se retrouvent pas au nombre de ceux adjugés } Délib. Régie, 23 octobre 1824

— Pour établir { que cette loi a été enfreinte / il faut prouver que les articles rayés ont été adjugés }

La simple correction { d'une lettre mal formée, d'une faute d'orthographe / ne constitue pas une surcharge répréhensible } Cass., 3 août 1808 (4)

— C'est une irrégularité qui ne donne pas lieu à l'amende | la loi ne parlant que des mots et non de simples lettres surchargées

Le notaire { nommé pour gérer provisoirement l'étude d'un confrère décédé / qui reçoit des actes pour le compte de cette étude pendant sa gestion provisoire / doit les inscrire { non pas sur son propre répertoire — mais bien sur le répertoire de l'étude du notaire décédé } Trib. Valenciennes, 11 février 1857

L'art. 49 de la loi du 22 frimaire an 7 — n'étant pas applicable dans ce cas, il n'y a point contravention par le notaire en agissant ainsi

Lorsqu'il est reconnu { que la qualité de commerçant { donnée à un individu dans son contrat de mariage / n'est que l'effet d'une erreur et qu'en réalité il n'est pas commerçant } / le défaut de dépôt du contrat ne donne pas lieu à l'amende } Trib. Pointe-à-Pitre, 30 décembre 1852

Les procès-verbaux des préposés { constatant des contraventions aux lois du Notariat / font foi jusqu'à preuve contraire } CC. Rennes et Orléans, 22 avril 1833, 27 mars 1835 / C. de Cassation, 16 mars 1836

C'est au ministère public exclusivement { qu'il appartient de requérir les condamnations encourues / pour contraventions aux lois sur le Notariat } Déc. min., 15 mars, 25 avril 1808 / Cass., 10 décembre 1822

L'action { pouvant condamner aux amendes déterminées par la loi du 25 ventôse an 11 (pour les originaux) / se prescrit par deux ans, — mais le délai ne court que du jour où la Régie a pu connaître la contravention } C. Limoges, 1er juillet 1851

Les contraventions (5) { commises dans les copies des actes / ne se prescrivent que par trente ans, à compter de la date de l'acte } Cass., 2 janvier 1856

Lorsque { en l'absence d'un officier public / un employé de la Régie se présente pour vérifier les minutes et répertoires / le clerc présent à l'étude n'est pas tenu de les lui communiquer — et / l'officier public n'est point passible d'amende pour le refus } Cass., 21 mars 1848

---

(1) *Jugement contraire à un arrêt de cassation du 29 décembre 1840. — Il y a controverse sur cette question. — On doit, par prudence, faire pour les mineurs les énonciations prescrites à l'égard des personnes qui les représentent. — Il faut avoir la même précaution, à l'égard des mandants, dans les actes où les contractants agissent par procuration. — Chaque acte doit contenir l'énonciation complète des noms, prénoms, qualités et demeures des parties : On ne peut, dans un acte écrit à la suite d'un autre, se référer au premier pour cette énonciation (Cass., 14 juin 1843).*

(2) *Attendu que ces adjudicataires ne sont point parties dans le sens de la loi.*

(3) *Conformément à un usage immémorial et à l'opinion des auteurs, notamment Dalloz, Toullier.*

(4) *C'est conforme à l'opinion de MM. Toullier, Rolland, et toléré dans la pratique.*
Il n'y a surcharge que lorsqu'un mot nouveau a été formé avec ou sur l'ancien (Ed. Clerc).

(5) *Les droits en sus et les amendes pour contravention en matière d'enregistrement doivent être acquittés préalablement à la formalité, comme le droit simple (Inst. gén., 10 mai 1833 — Championnière et Rigaud). — Ainsi, lors même que les parties n'auraient rien consigné au notaire, après le lui avoir promis, et que le défaut de consignation serait la cause des droits en sus ou des amendes, ils sont à la charge du notaire. Il ne devait pas signer l'acte, le porter au répertoire, et il devait avertir les parties des suites de leur négligence (Armand Dalloz).*

RESPONSABILITÉ

ACTES

Les cas { où les notaires peuvent être déclarés responsables de l'omission de certaines formalités essentielles à la validité des actes / sont laissés à l'appréciation des tribunaux } Cass., 14 mai 1822 (1)

Les tribunaux peuvent déclarer la responsabilité du notaire engagée — Par le motif que { lors de la rédaction d'un acte / il n'a pas suffisamment éclairé une des parties sur les conséquences d'une stipulation } C. Rouen, 17 décembre 1860

La responsabilité d'un notaire n'est engagée { à raison des actes qu'il reçoit / qu'autant qu'il y a { faute de sa part et / préjudice pour son client } } Cass., 25 juin 1867

— L'arrêt { qui constate que le préjudice a été causé par l'imprudence du client / renferme une appréciation de fait qui échappe à la censure de la C. de Cassation }

Nonobstant la foi due aux actes { en ce qu'ils énoncent qu'ils ont été passés dans le ressort du notaire qui les a reçus / ce notaire peut être actionné { à fin de dommages-intérêts / par ses confrères du ressort voisin / sur l'offre qu'ils font de prouver l'infraction } } Trib. Villefranche, 29 mars 1838

Quand par suite de la négligence du notaire { à s'assurer de l'individualité des parties contractantes / son acte se trouve entaché de faux par supposition de personnes / cet officier est responsable du dommage qui peut en résulter pour les tiers qui ont traité sur la foi de cet acte } Cass., 29 déc. 1828 — 4 av. 1831 (2)

Un notaire est en faute pour avoir prêté son ministère à un client

qui { bien que majeur et maître de ses droits / était hors d'état de comprendre la portée des actes dressés pour lui par ce notaire }

En ce cas le client { n'est pas tenu de s'adresser d'abord aux tiers entre les mains desquels a passé une partie plus ou moins considérable de sa fortune par l'effet des actes que le notaire a eu le tort de recevoir / peut actionner directement le notaire en dommages-intérêts } Cass., 4 mai 1868

LE NOTAIRE

ne peut être déclaré responsable de l'interprétation par la justice d'un acte reçu par lui | C. Paris, 1er août 1857

et la partie { qui éprouve un préjudice par suite d'une interprétation contraire à ses prétentions / est mal fondée à se plaindre envers le notaire d'un préjudice qui doit être réputé ne lui avoir point été causé par la rédaction de l'acte } . . . . .

n'est pas responsable {

de la capacité ni de la qualité des parties { C. Paris, 12 fév. 1826 — Trib. Alger, 17 avr. 1833 — Cass., 8 janv. 1823 — Trib. Douai, 28 juin 1843 — C. Metz, 30 mars 1833 (3) }

lorsqu'il y a controverse sur la nécessité d'une formalité omise dans un acte de la nullité de l'acte prononcée pour omission de cette formalité } C. Lyon, 18 janv. 1832

d'une nullité d'un acte par lui reçu — alors qu'il y avait controverse sur la légalité ou l'illégalité du système qu'il a adopté } C. Agen, 16 août 1836 / Douai, 2 janv. 1837 (4)

}

ne doit pas être déclaré responsable {

des erreurs de droit qu'un esprit attentif et exercé ne peut pas { toujours reconnaître et prévenir }

spécialement lorsqu'il s'agit d'une question qui n'est pas { encore éclairée et tranchée en jurisprudence }

} C. Bordeaux, 9 déc. 1847

surtout lorsqu'il agit conformément à une jurisprudence qui a changé depuis l'acte | C. Paris, 19 juin 1845

n'est pas responsable de plein droit { des vices de forme des actes qu'il a reçus / Ces mots : S'il y a lieu, de l'art. 68 de la loi de ventôse, laissent à l'appréciation des magistrats les cas où cette responsabilité peut être encourue. — En conséquence, n'est pas susceptible de cassation l'arrêt qui refuse d'accorder des dommages-intérêts dans un cas où la faute du notaire n'a pas paru aux magistrats de nature à engager sa responsabilité } C. Caen, 29 août 1827 — 24 mai 1836 / C. Lyon, 18 janv. 1832 / Cass., 27 nov. 1837 — 12 avril 1843

est responsable { du préjudice résultant de la radiation indûment faite / par suite d'une erreur dans ses actes, relative au numéro d'une autre inscription dont la radiation était consentie } C. Lyon, 13 avril 1832 / Cass., 19 avril 1836 (5)

ne peut être déclaré responsable des conséquences d'attribution — contenues dans une liquidation signée par des parties { majeures et / maîtresses de leurs droits } C. Orléans, 31 janv. 1868

---

(1) *V. J. N., art.* 7093.

(2) *Conformément à l'opinion de M. Augan et de M. Ed. Clerc.*

(3) *Conformément à l'opinion de MM. Rolland de Villargues, Ferrière, Pagès, Dalloz, Loret; mais il serait responsable de l'incapacité des personnes figurant au tableau des interdits, et de celles qui manqueraient véritablement de sanité d'esprit.*

(4) *V. J. N., art.* 9643.

(5) *Ces arrêts ont déclaré le conservateur responsable de la faute solidairement avec le notaire, en ce que le conservateur aurait pu, par la simple lecture en son entier de l'acte produit, reconnaître l'erreur et ne point consommer la radiation.*

RESPONSABILITÉ [1]

ACTES

Les notaires peuvent et doivent se refuser { au déplacement de leurs minutes (et répertoires) / pour les vérifications et recherches des employés { supérieurs de la Régie } — Sol. J. N., art. 9020

Lorsqu'un acte { spécialement un testament / a été annulé pour vice de forme // il appartient aux magistrats d'apprécier { d'après les circonstances qui ont motivé l'annulation / si la faute commise par le notaire est assez grave pour entraîner contre lui une condamnation aux dommages-intérêts } — C. Dijon, 29 juin 1864

Le vendeur d'un immeuble { qui n'a pas déclaré l'existence d'une clause domaniale / doit garantir l'acquéreur de l'éviction subie par l'effet de cette clause

— Et le notaire { rédacteur du contrat de vente mentionnant l'acquisition domaniale / ne s'étant pas reporté au titre pour mettre la partie à même de contracter sciemment / a commis une faute lourde et engagé sa responsabilité } — Trib. de la Seine, 13 février 1868

Lorsque dans une vente { sur licitation — renvoyée devant notaire / une clause du cahier des charges autorise le poursuivant à exiger { caution des enchérisseurs lors des enchères / cette caution doit être demandée { sur l'observation du notaire lors de la première enchère portée par un amateur / à peine de dommages-intérêts { contre le notaire pour les suites et conséquences de l'omission de cette observation faite à point } — C. Limoges, 14 juin 1845

Si la signature { d'un second notaire n'a été donnée que surabondamment — et / quoiqu'elle fût complètement inutile à la validité de l'acte { il n'est encouru par lui aucune espèce de responsabilité } — Paris, 25 juin 1834

Dans le cas { où l'acte est passé conjointement par deux notaires — parce que tel est le vœu de la loi / il y a lieu à les condamner solidairement aux dommages-intérêts qui sont dus aux parties. } — Cass., 29 février et 8 novembre 1836 — 12 juill., 7 août 1837 — 29 janv. 1840

Quand un acte a été déclaré faux { le notaire { qui l'a signé en second hors la présence des parties / ne peut être soumis à aucune responsabilité / s'il n'existait { ni dans le contexte de l'acte / ni dans la position du notaire instrumentaire / aucune circonstance de nature à éveiller les soupçons } — Trib. Pontivy, 27 février 1830

Les notaires compromettraient doublement leur responsabilité { en se prêtant à des acquisitions faites { par les couvents — sans autorisation — au moyen de porte-fort et dans le but évident d'éluder la juste rigueur des lois sur la main-morte / 1° à l'égard des couvents { qui { voudraient répudier des acquisitions devenues onéreuses, ou / seraient forcés de les abandonner par l'autorité supérieure, et / même dans ce dernier cas, auraient à réclamer des indemnités de frais ou faux frais / 2° à l'égard des vendeurs | si on leur laissait pour compte des propriétés dépréciées } — Sol. J. Not., n° du 12 av. 1856

Il y a imprudence de la part du notaire { qui consent à rédiger et à écrire de sa main un billet à ordre pour des personnes qu'il ne connaît pas / encore que ce billet ne soit pas revêtu de la forme notariée, si ce billet n'est pas signé en sa présence / attendu qu'on peut ensuite { le revêtir de fausses signatures — et ainsi / compromettre le notaire qui a concouru à la confection du billet } — Cass., 20 janv. 1852

LE NOTAIRE EST RESPONSABLE {

lorsque { sans avoir vérifié préalablement | les titres de propriété et la situation hypothécaire de l'emprunteur / il a reçu l'acte de prêt fait { frauduleusement et sans pouvoir par un tiers porteur des deniers du prêteur à une personne insolvable } — Trib. de la Seine, 26 août 1838

des conséquences des actes { passés dans son étude / entre un sourd-muet et une autre personne / quand il n'a fait intervenir { comme interprète du sourd-muet que l'autre partie contractante } — Trib. Seine, 10 mars 1855

de l'inexactitude de la publication d'un acte de société commerciale, occasionnée par l'extrait incomplet de cet acte — C. Douai, 21 novembre 1840

des suites du défaut de notification ou d'enregistrement { de la déclaration de command dans les 24 heures de l'adjudication } — Cass., 23 décembre 1835

---

(1) *Une pétition fut adressée au ministère de la justice par la Chambre des notaires de l'arrondissement de Marennes (Charente-Inférieure) dans le but de faire limiter, selon le strict droit et l'équité, la responsabilité notariale que la jurisprudence exagérait de plus en plus. (V. J. Not., n° du 21 juin 1858.)*

RESPONSABILITÉ

PLACEMENTS

Il ne suffit pas { pour rendre un notaire responsable des suites d'un placement / de prouver qu'il l'a indiqué et même négocié

— Il faut établir { ou qu'il a donné sa garantie personnelle comme caution de l'emprunteur / ou qu'il a commis une faute dans la négociation

Trib. de Lyon, 4 janvier 1868 (1)

· Le principe { d'après lequel le cautionnement ne se présume pas et doit être prouvé { par écrit — ou / par un commencement de preuve par écrit — s'applique surtout aux notaires auxquels il est formellement interdit de se porter garant ou caution { à quelque titre que ce soit / des prêts faits par leur intermédiaire

Le mandat (2) { donné au notaire pour opérer un placement hypothécaire / est salarié quand l'emprunteur lui paie des honoraires plus élevés que ceux portés au tarif / — et l'aggravation de responsabilité prévue par l'art. 1992 du C. N. peut être appliquée dans ce cas

Cass., 14 janvier 1856

Le notaire { qui négocie un emprunt { doit { exiger une garantie double de la créance ou d'au moins un tiers en plus / par induction de l'art. 2162 et du décret du 28 fév. 1852 sur le crédit foncier

Evreux, 16 jan. 1854 (motifs du même arrêt)

dans le cas où il est responsable d'un placement comme négocié par lui / ne peut être équitablement rendu garant de la dépréciation { passagère et accidentelle / des immeubles hypothéqués

Sol. J. N., nº 1224

Le notaire est responsable { de l'insolvabilité de l'emprunteur { lorsque { étant chargé de placer des fonds avec subrogation hypothécaire / il a remis ces fonds { directement à l'emprunteur / sans attendre que les formalités hypothécaires aient été régularisées

Trib. Seine, 25 janv. 1842

des prix des ventes mobilières auxquelles il procède { par application de l'art. 625 du Code de proc. { excepté quand il est stipulé / un terme de crédit

C. Nancy, 22 fév. 1856

Les fonds d'un emprunt { déposés au notaire pour n'être remis qu'après certaine justification / sont néanmoins la propriété de l'emprunteur

Le notaire { qui les restitue au prêteur avant une résolution amiable ou judiciaire du prêt / en est responsable envers l'emprunteur ou ses ayants-droit

Cass., 2 mars 1868

Un notaire n'est pas responsable (3) { d'un prêt sur simple billet, dont il a été l'intermédiaire, / — s'il s'est borné à indiquer l'emprunteur dont il ignorait l'insolvabilité / — s'il n'a commis aucune réticence contraire aux devoirs de sa profession

C. Angers, 20 nov. 1867

---

(1) *La première proposition résultait déjà de deux arrêts de la Cour de Paris des 3 avril 1849 et 1ᵉʳ mai 1866.*

(2) *V. aux nᵒˢ 1180 et 1181 du J. du Not. — Dissertation de Mᵉ Georges Martin, avocat à Lyon, qui, par un aperçu nouveau et très-remarquable, démontre que la responsabilité, si facilement prononcée contre les notaires et résultant du mandat en matière de placement par obligation authentique, est une contradiction avec la défense à eux faite, notamment par l'ordonnance du 4 janvier 1843, de se constituer garants ou cautions, directement ou indirectement, dans aucune affaire pour laquelle ils prêtent leur ministère.*

(3) *Quand le placement est effectué par un transport de créance, le notaire ne délivre au cédant le prix du transport, qu'après la signification ou l'acceptation, parce que des saisies-arrêts, des causes de compensation ou de réduction et autres empêchements, pourraient exister.*

La délivrance de fonds, soumise à des examens et formalités préalables, comme dans les cas ci-dessus et ceux de subrogation, de remploi ou d'emploi, des charges, droits, recours quelconques sur les biens acquis, ou sur les immeubles garantissant les créances, est un des points les plus délicats qui exigent la rigoureuse attention des notaires et peuvent déterminer leur responsabilité.

RESPONSABILITÉ
QUASI-CONTRAT OU MANDAT TACITE

Il ne suffit pas aux parties | d'alléguer qu'elles ont donné mandat au notaire

Il faut que ce fait | résulte des documents de la cause

Le seul devoir du notaire — agissant en cette simple qualité / est d'éclairer les parties sur la portée de leurs engagements — C. Caen, 2 fév. 1857

En droit | les conseils — donnés de bonne foi même par un officier dans l'exercice de son ministère / ne sauraient engendrer aucune obligation ni donner ouverture à aucune action contre lui

La preuve de la gestion d'affaires aussi bien que celle du mandat — est à la charge de la partie qui l'allègue contre un notaire / pour le faire déclarer responsable { soit d'un placement fait à son étude / soit d'erreur ou d'omission — C. Douai, 10 nov. 1845 — 21 juin 1854 — Cass., 30 juin 1852

Lorsqu'il est reconnu — par un notaire actionné en responsabilité / qu'il a reçu un mandat / l'étendue de ce mandat est appréciée — souverainement par les juges du fait

— Par exemple — ils peuvent décider — sans encourir la censure de la Cour de cassation / que le notaire a engagé sa responsabilité { en payant le prix d'une vente et / en subrogeant le prêteur au droit du vendeur / quand il existait sur les biens vendus une inscription qui rendait illusoires ce paiement et cette subrogation — Cass., 19 juill. 1854

Il ne suffit pas — pour établir le quasi-contrat de gestion d'affaires contre un notaire / d'articuler { qu'un placement de fonds a été fait par son conseil, ou / qu'il a mis le prêteur en rapport avec l'emprunteur / Ces faits ne peuvent prouver { ni le mandat / ni la gestion d'affaires — C. Bordeaux, 25 juillet 1843

Les officiers ministériels — qui sont mandataires par la nature même de leurs fonctions / sont présumés avoir reçu mandat d'agir — par cela seul qu'ils ont reçu les pièces / qui prétendent ne pas avoir reçu ce mandat, / doivent prouver leur refus. (A cet égard, l'aveu de l'officier est divisible si la réception des pièces est prouvée indépendamment de cet aveu.) — Cass., 18 février 1851 (1)

On peut admettre — la preuve testimoniale { en l'absence de tout commencement de preuve par écrit / sur des faits { tendant à engager la responsabilité d'un notaire et / qui ne constituent point un mandat — C. Bordeaux, 20 juin 1853

La preuve testimoniale — du mandat donné au notaire, à l'effet de placer un capital excédant 150 fr., / est inadmissible en l'absence d'un commencement de preuve par écrit — C. Poitiers, 22 juillet 1851

Le notaire est responsable — du préjudice causé par son imprudence { quand il remet { à un tiers / sans quittance / les fonds dont il est dépositaire — Cass., 13 nov. 1848 / des abus de confiance commis par ses clercs, à ce titre | C. Rennes, 21 nov. 1859 / des abus de confiance, tels que { détournements de fonds commis par son maître-clerc, même successeur désigné, et / quoique les fonds aient été remis { à celui-ci personnellement / pour des personnes { inconnues au notaire et / traitant avec le premier clerc seul — Trib. Seine, 28 mars et 14 juillet 1841 / dépositaire de la grosse d'une obligation hypothécaire / ayant renouvelé à ses frais, tardivement, l'inscription affectée à la garantie de cette obligation / peut être { par cela même déclaré mandataire du créancier pour opérer ce renouvellement ; et, comme tel, / responsable des conséquences préjudiciables du retard — surtout s'il est constaté par des actes / que le détenteur de la grosse devait veiller à la conservation de la créance (2) — Cass., 19 mars 1856

Le notaire — qui se rend adjudicataire d'un immeuble pour l'un de ses clients / peut être déclaré responsable envers celui-ci de l'exigibilité du capital d'une rente perpétuelle / survenue par le défaut de paiement des arrérages / si { étant resté nanti des pièces / il n'a pas averti son client et n'a fait aucune diligence pour empêcher cette exigibilité — Trib. Seine, 13 mai 1808 / qui reçoit un acte de son ministère / n'est point tenu { en cette seule qualité / de veiller à l'accomplissement des formalités / nécessaires à la conservation des droits des parties — Trib. de la Seine, 24 avril 1868

— Il n'y aurait lieu à responsabilité — qu'au cas d'un mandat exprès / qui ne résulte { ni de l'indication, par le notaire, du placement de fonds / ni de la représentation du prêteur, au contrat, par un clerc du notaire / ni du paiement des intérêts dans l'étude de ce notaire

---

(1) Il s'agissait, dans l'espèce, d'une production négligée par un avoué.

(2) Cette décision a été motivée sur des faits particuliers qui constituaient, paraît-il, mandat au notaire ; mais, par prudence, et tout en maintenant à la précaution son caractère officieux, tous les notaires devraient s'astreindre à la tenue d'un registre spécial pour l'accomplissement exact des formalités hypothécaires et conservatoires nécessaires aux actes de créance et autres dont les titres sont laissés ou déposés à l'étude par les clients ; — ou mieux, remettre, autant que possible, toutes les pièces aux parties, sauf celles qui leur seraient recommandées spécialement pour effectuer des recouvrements ou pour d'autres motifs déterminés, auxquels cas on emploierait le registre des formalités.

RESPONSABILITÉ

DISPOSITIONS DIVERSES (1)

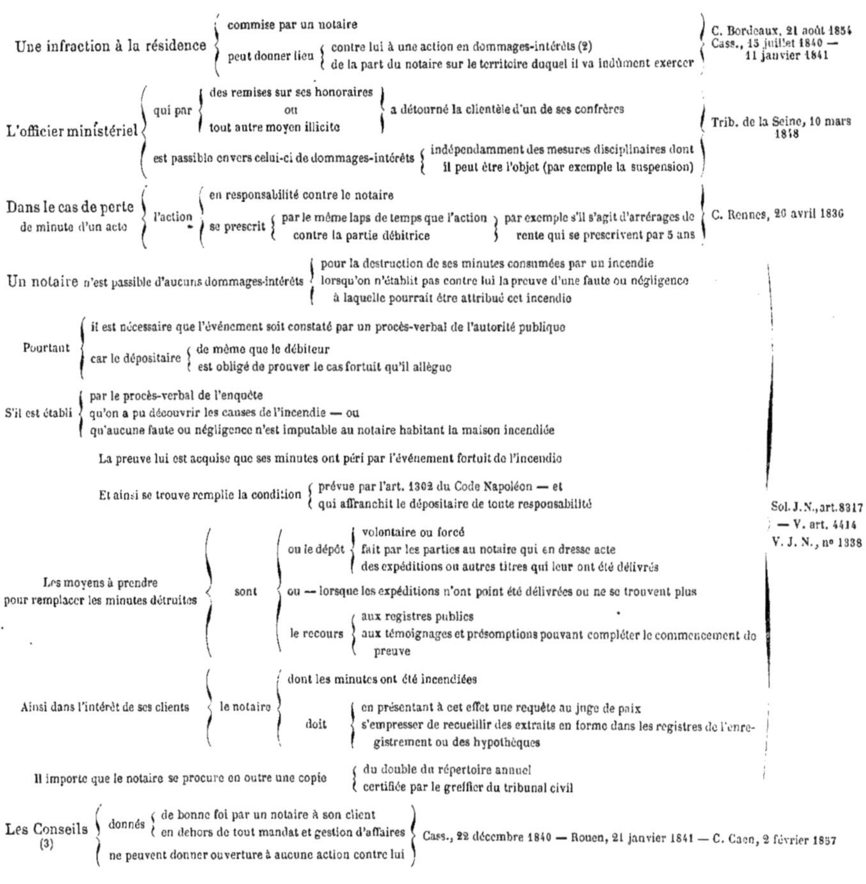

Une infraction à la résidence { commise par un notaire / peut donner lieu { contre lui à une action en dommages-intérêts (2) / de la part du notaire sur le territoire duquel il va indûment exercer } — C. Bordeaux, 21 août 1854 — Cass., 15 juillet 1840 — 11 janvier 1841

L'officier ministériel { qui par { des remises sur ses honoraires / ou / tout autre moyen illicite } a détourné la clientèle d'un de ses confrères / est passible envers celui-ci de dommages-intérêts { indépendamment des mesures disciplinaires dont il peut être l'objet (par exemple la suspension) } — Trib. de la Seine, 10 mars 1848

Dans le cas de perte de minute d'un acte { l'action { en responsabilité contre le notaire / se prescrit { par le même laps de temps que l'action contre la partie débitrice } par exemple s'il s'agit d'arrérages de rente qui se prescrivent par 5 ans } — C. Rennes, 26 avril 1836

Un notaire n'est passible d'aucuns dommages-intérêts { pour la destruction de ses minutes consumées par un incendie / lorsqu'on n'établit pas contre lui la preuve d'une faute ou négligence à laquelle pourrait être attribué cet incendie

Pourtant { il est nécessaire que l'événement soit constaté par un procès-verbal de l'autorité publique / car le dépositaire { de même que le débiteur / est obligé de prouver le cas fortuit qu'il allègue

S'il est établi { par le procès-verbal de l'enquête / qu'on a pu découvrir les causes de l'incendie — ou / qu'aucune faute ou négligence n'est imputable au notaire habitant la maison incendiée

La preuve lui est acquise que ses minutes ont péri par l'événement fortuit de l'incendie

Et ainsi se trouve remplie la condition { prévue par l'art. 1302 du Code Napoléon — et / qui affranchit le dépositaire de toute responsabilité

Les moyens à prendre pour remplacer les minutes détruites { sont { ou le dépôt { volontaire ou forcé / fait par les parties au notaire qui en dresse acte / des expéditions ou autres titres qui leur ont été délivrés / ou — lorsque les expéditions n'ont point été délivrées ou ne se trouvent plus / le recours { aux registres publics / aux témoignages et présomptions pouvant compléter le commencement de preuve } — Sol. J. N., art. 8317 — V. art. 4414 — V. J. N., n° 1338

Ainsi dans l'intérêt de ses clients { le notaire { dont les minutes ont été incendiées / doit { en présentant à cet effet une requête au juge de paix / s'empresser de recueillir des extraits en forme dans les registres de l'enregistrement ou des hypothèques

Il importe que le notaire se procure en outre une copie { du double du répertoire annuel / certifiée par le greffier du tribunal civil

Les Conseils (3) { donnés { de bonne foi par un notaire à son client / en dehors de tout mandat et gestion d'affaires } / ne peuvent donner ouverture à aucune action contre lui } — Cass., 22 décembre 1840 — Rouen, 21 janvier 1841 — C. Caen, 2 février 1857

---

(1) *Sur la responsabilité générale des notaires, — V. le programme du concours par l'administration du J. N., art. 8022.*

(2) *Il y a sur ce point un grand nombre de décisions qui fixent la jurisprudence.*

(3) *Voici comment s'exprime M. Vergé, docteur en droit, sur les devoirs moraux des notaires et les conseils donnés par eux aux parties :*

« On comprend combien sont graves et importantes pour la société les fonctions des notaires : leur office s'interpose dans les actes les plus solennels de la » vie...... ils sont les ministres de la juridiction gracieuse, comme tous les magistrats sont les ministres de la juridiction contentieuse ; et sous le double rapport » de la probité et des lumières, ils ne sauraient présenter trop de garanties ; — toutefois, l'absence de cette perspicacité, de ces scrupules instinctifs qui vont au » devant des dangers et les signalent aux parties, des conseils donnés de bonne foi ne sauraient constituer un principe de responsabilité ; l'accomplissement » des devoirs moraux ne trouve pas sa sanction dans la loi positive, il est assuré par la satisfaction de la conscience et le suffrage des gens de bien. »

RESPONSABILITÉ

DISPOSITIONS DIVERSES

ON A DÉCIDÉ QUE :

le ministère légal des notaires et la responsabilité qui en résulte } se bornent à recevoir les actes et contrats { auxquels les parties doivent ou veulent conférer l'authenticité — *Cass., 30 juin 1852 — C. Lyon, 14 mars 1855*

les notaires { qui { hors de ces fonctions / deviennent mandataires des parties — par leur volonté respective } peuvent être soumis à la responsabilité — en cette qualité de mandataire

mais — dans ce cas — il faut { que le mandat ne soit pas denié, ou qu'il découle des règles du droit commun

ni la loi du 25 ventôse ni aucune autre loi } n'imposent { au notaire qui reçoit un acte de son ministère l'obligation de remplir les formalités destinées à en assurer l'exécution

il n'y a exception { à cette règle / que quand le notaire { par un mandat exprès / s'est chargé spécialement { des suites de l'opération — et de la conservation des droits de ses clients — *Cass., 14 fév. 1855 — C. Lyon, 14 mars 1855 (déjà cité)*

— ainsi, à défaut de ce mandat exprès { le notaire { qui procède à une adjudication sur licitation / n'est pas responsable { envers les colicitants du défaut d'inscription de leur privilége dans le délai légal

les notaires ne sont tenus de faire { transcrire ou inscrire leurs actes / qu'autant qu'ils ont reçu { mandat spécial à cet effet (1) avec somme nécessaire pour la formalité — *C. Lyon, 13 août 1852*

IL A ÉTÉ JUGÉ CONTRAIREMENT QUE :

les notaires { n'ont pas seulement pour mission { de donner aux contrats dont ils sont rédacteurs un caractère légal / mais encore { d'éclairer l'inexpérience de leurs clients — et de prévenir de leur part des erreurs de nature à leur causer un préjudice irréparable — *Trib. Seine, 8 juin 1852 — Cass., 4 mai 1868*

sont responsables, à cet égard { de leur négligence quand elle présente les caractères de la faute lourde

sont aussi responsables { de leur négligence à éclairer les parties sur les conséquences légales d'un acte ou d'un paiement / d'une formalité intrinsèque comme d'une formalité extrinsèque (2) — *C. Paris, 15 juin 1846 — C. Nancy, 2 fév. 1838*

doivent veiller { à l'accomplissement des formalités nécessaires à la conservation des droits résultant des actes par eux reçus lorsque les parties sont illettrées

— spécialement { le notaire { rédacteur { du procès-verbal de licitation et du cahier des enchères sur cette licitation / est responsable { du préjudice résultant de l'omission de l'inscription du privilége de copartageant, dans le délai légal — *C. Paris, 1834, 1852 ; — 13 juin 1854*

JUGÉ AUSSI QUE LE NOTAIRE PEUT ÊTRE DÉCLARÉ RESPONSABLE :

de la perte { résultant du défaut d'inscription { d'une hypothèque au profit d'un hospice (3) lorsqu'il a reçu l'acte hypothécaire comme notaire de cet hospice — *C. Paris, 14 janv. 1854*

de la nullité { d'un bordereau d'inscription hypothécaire qui ne contient pas d'élection de domicile s'il a été chargé de rédiger ce bordereau et s'il a reçu un honoraire pour cette rédaction — *Trib. Marvejols, 13 février 1851*

du défaut d'inscription { quand il s'est constitué mandataire { de l'une des parties contractantes à l'occasion d'un acte emportant hypothèque

— ce mandat peut résulter { 1° de ce que le principal et les intérêts étaient stipulés payables à l'étude / 2° de ce que les parties { étant illettrées — avaient laissé le notaire dépositaire de tous les titres nécessaires à l'inscription — *Paris, 27 juin 1853*

de la nullité d'un testament { pour cause de parenté { au degré prohibé de l'un des légataires avec un témoin instrumentaire / lorsqu'il a négligé d'interpeller ce témoin sur sa parenté quand bien même le témoin aurait été requis par le testateur — *Cass., 7 juill. 1847 — C. Nîmes, 7 nov. 1848*

de l'annulation d'un testament { pour défaut de signature { d'un renvoi par les témoins — *C. Limoges, 29 juillet 1839*

du défaut de mention de la subrogation à l'hypothèque légale de la femme — lorsqu'il a rédigé le bordereau d'inscription et requis lui-même cette inscription en vertu d'un contrat portant cette subrogation et dont il est rédacteur — *C. Bordeaux, 21 janvier 1862*

---

(1) *C'est l'opinion de M. Ed. Clerc et cela doit rester vrai devant la nouvelle loi sur la transcription hypothécaire (du 23 mars 1855), — sauf aux n taires à insérer dans tous les actes susceptibles de cette formalité, que 'les parties intéressées ont été prévenues par le notaire de la nécessité de faire transcrire le contrat au bureau des hypothèques pour rendre leurs droits opposables aux tiers ; et à mettre une mention analogue dans les actes qui ont trait à des hypothèques légales sujettes à l'inscription ou à des mentions subrogatives (V. J. N., art. 15,681, et l'annuaire du même Journal pour 1856, p. 177). — Remarquer le dernier arrêt rapporté en ce tableau et d'après lequel le mieux est de formaliser d'office toutes les inscriptions et transcriptions.*

(2) *M. Ed. Clerc dit : « le notaire doit assister les parties de ses conseils dans leurs opérations, veiller particulièrement aux intérêts des mineurs, des » femmes, des gens sans expérience, s'opposer à toute fraude, à toute violence. »*

(3) *Arrêt en opposition avec celui de la Cour de Cassation du 30 juin 1852.*

RESPONSABILITÉ

DISPOSITIONS DIVERSES

Le notaire est responsable { des conséquences de la délivrance — par lui — d'une expédition incomplète / — spécialement — de la nullité d'une procédure faite en vertu de cette expédition } Cass., 22 mars 1852 (1)

Lorsque { dans un contrat et dans une inscription hypothécaire / il a été fait élection de domicile en l'étude d'un notaire { le successeur de ce notaire { qui a reçu copie de la sommation de produire signifiée au créancier en vertu de l'élection / peut être déclaré responsable de la perte de la créance faute de production, si, au lieu d'adresser la copie au créancier, il l'adresse à une autre personne } C. Nancy. 22 déc. 1853

Un notaire { qui affirme avoir envoyé { par la poste — à la partie / un acte signifié à son étude comme domicile élu } C. Paris, 18 juin 1855 / est tenu d'en faire la preuve (2) / qui insère { a reçu depuis peu de temps un acte constituant hypothèque sur un immeuble et / ou laisse insérer par un clerc — dans l'acte de vente de cet immeuble / la déclaration qu'il est libre de toute charge } C. Caen, 5 août 1854 / est responsable de l'éviction résultant de cette hypothèque

Le notaire { qui n'a point fait la consignation à laquelle il était astreint / peut être condamné à payer aux créanciers les intérêts qu'eût produit la consignation } Cass., 12 décembre 1826 / est responsable { même en l'absence de mandat spécial — par la seule force de la loi et la nature de ses fonctions de l'inefficacité d'une inscription prise pour sûreté d'un acte de constitution de rente viagère / lorsque { ayant en son étude tous les actes relatifs à l'immeuble du débi-rentier / il lui eut suffi de se reporter à ses actes pour connaître l'existence d'inscriptions antérieures sur cet immeuble } Trib. Soissons, 13 mai 1856

Un notaire peut être déclaré responsable { du déficit des sommes reçues { par ses clercs au-dessus de simples expéditionnaires / dans son étude — en son absence (3) } Cass., 2 déc. 1824

L'exécuteur testamentaire peut être déclaré responsable { des fautes qu'il a commises dans sa gestion / surtout lorsqu'il reçoit un honoraire et / spécialement lorsqu'il n'a pas fait exécuter les clauses du testament } C. Paris, 7 février 1850

Le notaire { exécuteur testamentaire / qui a négligé de rechercher et de prévenir les légataires / peut être condamné personnellement à leur payer { les intérêts de leur legs / du jour du décès du testateur au jour de leur demande en délivrance } C. Paris, 4 mars 1858

Le notaire { quand il a porté un individu sur le tableau des interdits { J. N., art. 2352 / n'est plus garant de la nullité de l'acte / n'est pas responsable { du défaut de capacité ou de qualité de l'une des parties comparantes / dans l'acte passé devant lui } Sol. J. N., art. 8222 / C. Alger, 17 avril 1833

En matière de responsabilité { d'officier ministériel — comme en matière ordinaire / la Cour de Cassation peut { apprécier le caractère légal des qualifications données { par des cours impériales / à des faits reconnus constants / et décider par suite { que ces faits ne rendent pas l'officier ministériel responsable alors surtout que des constations faites par les juges du fond / il ne résulte pas qu'il y ait eu { faute de l'officier ministériel ni préjudice éprouvé par la partie } Cass., 16 fév. 1855

Aucune loi { n'établissant de prescription particulière pour l'action en responsabilité à laquelle les notaires peuvent en général être exposés par suite de leurs fonctions, cette action n'est en conséquence prescriptible que par trente ans } Sol. J. N., n° du 16 juillet 1856

La responsabilité du notaire ne peut se couvrir { ni par des affiches dans l'étude / ni par les clauses contenues au contrat } à cette fin / si en fait et en droit il doit être déclaré responsable } C. Paris, 27 août 1852

---

(1) *Il s'agissait, dans l'espèce, d'un extrait, alors qu'il eût fallu une copie entière, c'est-à-dire une expédition. — Cette rigueur démontre que ce n'est qu'avec réserve et dans des circonstances exceptionnelles qu'il faut délivrer de simples extraits au lieu d'expéditions textuelles.*

(2) *On devrait toujours, en ce cas, recommander la lettre pour établir cette preuve par les registres de la poste. — V. sur le transport des papiers d'affaires, la loi du 25 juin 1856, art. 5, 6 et 8 ; et l'arrêté ministériel du 9 juillet suivant, art. 5 et 6. — Le tout est expliqué à la fin de l'annuaire J. N. de 1857, aux observations générales sur le service des postes. — Les affiches manuscrites des notaires et officiers ministériels peuvent être affranchies au prix fixé pour les avis, aumônes etc., soit un cent. par 5 grammes jusqu'à 50 grammes, avec progression d'un centime par 10 grammes excédant 100 grammes, à la condition outre le papier de couleur et le timbre, de ne contenir aucune lettre ou note ayant le caractère de correspondance ou pouvant en tenir lieu (autorisation de l'administration des Postes... 1857).*

(3) *V. le principe de l'art. 1384, C. N.*

Les clercs, dit M. Roll. de Vill., ne sont considérés comme les préposés du notaire que dans les choses qui se rattachent directement et nécessairement à l'exercice de leur emploi, telles que la remise à eux faites de deniers pour l'acquit des droits d'enregistrement ou de titres et pièces pour la rédaction des actes. — Le notaire n'est donc point responsable de ses clercs en dehors des faits relatifs à leurs fonctions.

III

FORMULAIRE

DES

ACTES COURANTS

Comme le style des lois, le style des actes doit être concis ; il doit être simple, précis et nerveux.

L'acte que rédige le notaire doit être fait de manière qu'il n'en puisse jamais naître un sujet de contestations.

(Massé.)

OBSERVATIONS

Les *Formulaires*, au moyen-âge, constituaient l'un des trois éléments du droit. Les clercs et praticiens constataient par écrit les actes ou protocoles en matière judiciaire et volontaire. C'est dans les registres des couvents que se trouvent les actes les plus importants. — Cette remarque n'est faite que pour constater une origine du titre Formulaire.

M⁰ Serieys, notaire, disait que les autres nations étaient à deux siècles de distance des notaires de France pour la rédaction des actes. Nous ne pouvons admettre une telle supériorité. La capacité, comme l'impéritie, se manifeste partout.

Le fonctionnaire intelligent et qui sait, peut toujours produire une bonne rédaction, mais il faut aussi (outre la méthode), le goût et du soin; cette dernière condition obligatoire manque bien souvent. — Il ne peut y avoir de modèle absolu pour les formules dont aucune n'est sacramentelle : elles sont toutes soumises aux différentes natures d'actes, aux variantes infinies commandées par les différents cas.

Nous sommes peu partisan des formules et ne comprenons les formulaires généraux que comme cadres; donc, nous les préférerions avec l'énonciation coordonnée et succincte de ce qui compose la forme intrinsèque de chaque acte et variété, c'est-à-dire l'indication des points substantiels. Cette appréciation peut être une erreur, bien qu'en fait les notaires capables n'aient pas recours à ce moyen ; dans tous les cas, un tel formulaire ne saurait s'adapter à des résumés et nous avons dû nous en tenir au courant d'étude par lequel commencent les clercs, à qui nous fournissons ailleurs l'énumération des autres actes et les sources du texte, tant à la partie *Législation* qu'à la fin de celle-ci.

Tout acte se divise en trois parties : le préambule, où sont énoncés le nom et la résidence du notaire, la comparution des parties, le but de l'acte ; — le corps de l'acte, qui comprend, bien entendu, les dires, conventions et clauses ; — la clôture où se trouvent les mentions requises par la loi pour la validité de l'acte.

Les stipulations doivent toujours réunir ces deux conditions : être complètes et bien déduites.

Tous les auteurs enseignent que l'acte doit nécessairement contenir en lui-même la preuve de sa régularité ; mentionner l'accomplissement des conditions légales.

Si le fond importe par-dessus tout, la forme ne doit pas être négligée. — En premier lieu, la construction grammaticale ; — en second lieu, la ponctuation : si négligée ou ignorée malgré sa simplicité, elle a son importance comme démonstration du sens. — Une contexture bien disposée n'est pas non plus chose commune; elle a cependant son utilité : elle concourt aussi à la compréhension plus facile.

Le style doit être digne, soutenu.

Il faut sacrifier l'élégance à la *précision*, toujours indispensable.

La *clarté*, la *concision* sont également recommandables au premier chef. On les obtient par des phrases détachées : celles trop longues sont diffuses et fatigantes. — Pour peu qu'un acte comporte des explications, il faut toujours le commencer par un exposé : c'est le moyen d'être lucide.

Autant on doit maintenir les expressions consacrées par leur signification propre et particulière, ayant une valeur pratique, autant il faut élaguer tout ce qui est redite ou superfétation : ceux qui craignent de n'en pas mettre assez ne possèdent point la théorie. La meilleure énonciation des qualités des parties est celle qui emploie les termes mêmes de la loi.

L'emploi du temps passé convient mieux, car les actes expriment des faits accomplis, des conventions arrêtées avant la comparution des parties ; ce temps est généralement employé. Mais après la comparution, l'exposé et les déclarations (ou l'action) principales des contractants, nous ne voyons pas qu'il soit choquant d'employer le temps présent : c'est une facilité à laquelle on se trouve amené pour ainsi dire naturellement, comme à l'emploi du temps futur. Ce changement de temps n'est-il pas usité dans la bonne littérature ? Nous croyons même que cela n'a rien d'incorrect quand on en use bien.

Les clercs rédacteurs doivent avant tout se bien pénétrer des principes posés par le Code Napoléon, spécialement au titre III, et sous les articles 1101 et 1135 ; ces règles sont à la forme intrinsèque ce qu'est à la forme extrinsèque la loi organique du 25 ventôse an II.

Ils doivent s'habituer à analyser les actes par l'application des prescriptions légales ; ce qui, pour les actes préparés par eux, est le seul moyen de s'assurer qu'ils produisent de bon ouvrage.

PROTOCOLES

§ 1ᵉʳ. — ACTE REÇU PAR UN NOTAIRE ASSISTÉ DE DEUX TÉMOINS (L. 25 ventôse, art. 11.)

Pardevant Mᵉ Anglard, notaire à la résidence de P. . . . , et en présence des témoins ci-après nommés, tous soussignés,

A comparu :

Mˡˡᵉ Anne Montet, rentière, demeurant à P. . . . . (id. art. 13.)

Dont acte :

Fait et passé à P. . . , en l'étude (id. art. 12.)

L'an mil huit cent soixante-huit, le premier janvier (id. art. 12.)

En présence de MM. Pierre Gosme, propriétaire, et Jean Guillaume, serrurier, demeurant tous deux à P. . . . . , — témoins ayant les qualités requises (id. art. 12.)

Et a, le comparant, signé avec lesdits témoins et le notaire, après lecture.

§ 2. — ACTE REÇU PAR DEUX NOTAIRES (L. 25 ventôse art. 9.)

Pardevant Mᵉ de Madre et son collègue, notaires à Paris, soussignés,

Ont comparu :

1ᵉ M. Philémon Trevet, propriétaire, demeurant à Conches (Eure);

2ᵉ M. Constant Varin, sellier, demeurant à L'Aigle (Orne);

3ᵉ Et M. Théodore Meslier, limonadier, demeurant à Paris, rue Vide-Gousset, nᵒ 24.

Dont acte :

Fait et passé à Paris, en l'étude de Mᵉ . . . . .

L'an mil huit cent soixante-huit, le quinze janvier;

Et ont les parties signé avec les notaires, à l'exception de M. Meslier qui a déclaré ne savoir signer de ce interpellé; — le tout après lecture. — (Ou bien) M. Trevet a signé avec les notaires; quant aux autres comparants (ou parties) séparément interpellés, ils ont individuellement déclaré ne savoir signer.

§ 3. — ACTE REÇU PAR UN NOTAIRE SUBSTITUANT. — (Déc. ministérielle de 1819.)

Pardevant Mᵉ Lauvray et son collègue, notaires à. . . . . , soussignés; ledit Mᵉ Lauvray, substituant pour cause d'absence (ou de maladie), Mᵉ . . . . . notaire à la même résidence.

Et les parties ont signé avec les notaires, après lecture des présentes demeurées à Mᵉ . . . . , notaire substitué et portées tant à son répertoire qu'à celui du notaire substituant.

§ 4. — ACTE AVEC ATTESTATION DE L'INDIVIDUALITÉ DES PARTIES (L. 25 ventôse, art. 11.)

Dont acte :

Fait et passé à . . . , le . . . . .

En présence de MM. Jules Béranger, homme de lettres et , demeurant tous deux à Paris, rue de Bourgogne, 53, citoyens Français ayant les qualités requises; — lesquels ont attesté aux notaires soussignés, l'individualité et la capacité civile des parties.

§ 5. — CLOTURE D'UN ACTE A PLUSIEURS DATES (1).

Fait et passé , l'an mil huit cent soixante-huit, à , en l'étude , le seize janvier, pour M. W.; en présence de M. . . . . . et de M. . . . . , demeurant tous deux à . . . . ; témoins et en sa demeure, le premier février, pour Mᵐᵉ veuve , en présence de M. . . . . . et de M. . . . . . , demeurant tous deux à . . . . . , également témoins.

Et a Mᵐᵉ veuve . . . . . , signé avec le notaire et les témoins; quant à M. W. . . . . , requis de signer aussi, il a déclaré ne pouvoir à cause de la paralysie dont il est atteint (ou autre motif à énoncer.)

---

(1) La pluralité des Actes doit être justifiée par la nature de l'acte et elle ne saurait être admise que pour les actes synallagmatiques. (V. à l'égard des donations, Jurisprudence, ... ᵐᵉ tablette.)

PROTOCOLES (SUITE)

§ 6. — *Il est d'usage, non motivé mais généralement adopté, de commencer comme il va être dit les actes suivants :*

DÉPOTS DE PIÉCES, ACTES DE NOTORIÉTÉ

AUJOURD'HUI deux février mil huit cent soixante-huit,
ONT COMPARU devant M^e . . . , notaire à la résidence de . , canton de . . , département de . . .
et en présence des témoins, etc.

QUITTANCES ET DÉCHARGES

EN PRÉSENCE de M^e . . . . , notaire à la résidence de . . . . et des témoins ci-après nommés.
— tous soussignés.

PROCÉS-VERBAUX

L'AN MIL HUIT CENT SOIXANTE-HUIT le jeudi . . . janvier à . . . . heure du matin. . . .
A COMPARU devant M^e . . , notaire à la résidence . . . . soussigné, et en son étude . . . .

ACTE EN SUITE D'UN AUTRE

ET le vingt-sept janvier mil huit cent soixante-huit
A COMPARU . . . .

§ 7. — *Clôture des actes datés en tête.*

FAIT ET PASSÉ le dit jour . . . .
ET ONT LES PARTIES, etc. . . . .

§ 8. — *Clôture des actes spécifiés dans la loi du 21 juin 1843.*

ACTE REÇU PAR UN NOTAIRE ET DEUX TÉMOINS,
Pour des parties sachant toutes signer.

ET LES PARTIES ont signé avec le notaire et les témoins — après lecture.
LA LECTURE des présentes par M^e . . . et la signature par les parties ont eu lieu en la présence des témoins
instrumentaires.

ACTE REÇU PAR UN NOTAIRE ET DEUX TÉMOINS,
Une ou plusieurs parties ne sachant signer.

ET LES PARTIES ont signé avec les notaire et témoins, à l'exception de M. . . . . qui, interpellé, a déclaré
ne pouvoir signer à cause de son grand âge (ou : à l'exception de MM. . . . . qui interpellés séparément, ont
déclaré ne savoir signer ; ou : M. . . ne le pouvoir à cause de . . et M. . . ne le savoir faire) ; — le tout
après lecture.
LA LECTURE du présent acte par M^e . . . . la signature par M. D. . . et Mlle L. . . et la déclaration
par Mme veuve. . . . (ou : par les autres parties) de ne pouvoir (ou de ne savoir) signer, ont eu lieu en présence
des témoins instrumentaires.

ACTE REÇU PAR DEUX NOTAIRES,
Pour des parties sachant toutes signer.

ET LES PARTIES ont signé avec les notaires, après lecture.
LA LECTURE des présentes par M^e . . , notaire en premier, et la signature par les parties ont eu lieu en présence de M^e . . , notaire en second.

ACTE REÇU PAR DEUX NOTAIRES,
Une ou plusieurs parties ne sachant signer.

ET LES PARTIES ont signé avec les notaires, à l'exception de M. . . et de M. . . qui interpellés séparément,
ont déclaré ne pas savoir signer ; — le tout après lecture.
LA LECTURE des présentes par M^e . . , notaire en premier, la signature par celles des parties qui l'ont signé,
et la déclaration par les autres parties de ne pas savoir signer, ont eu lieu en présence de M^e . . , notaire en second.

QUALITÉS

§ 1ᵉʳ. — TUTEUR LÉGAL. — (C. N. 390.)

Agissant au nom et comme tuteur naturel et légal de ....., sa fille mineure, demeurant avec lui, née à ....., le....., issue de son mariage avec feue Dame ....., son épouse.

§ 2. TUTEUR DATIF. — (C. N. 405.) —(V. le présent formulaire, 8ᵉ tablette.)

§ 3. — TUTEUR A L'INTERDICTION. — (C. N. 505.)

Agissant au nom et comme tuteur à l'interdiction de M......, demeurant à ....., nommé à cette qualité, qu'il a acceptée, par délibération du conseil de famille dudit interdit, etc. ; — cette interdiction prononcée par jugement du tribunal de première instance de..... du..... — Extrait duquel jugement a été déposé au greffe du même tribunal et à la chambre des notaires de..... suivant deux actes en date des..... — jugement qui a été, en outre, publié et inséré par extrait dans le journal d'affiches de....., feuille du....., ainsi que le constate un exemplaire de ce journal signé par l'imprimeur, visé par le maire de....., et enregistré à ....., le....., au droit de.....

§ 4. — TUTEUR AUTORISÉ SPÉCIALEMENT. — (C. N. 457 et s.)

Au nom et comme tuteur de . . ., fils mineur de M. . ., et de Dame . . ., tous deux décédés; nommé à cette qualité aux termes d'une délibération du conseil de famille dudit mineur, reçue et présidée par le juge de paix du canton de . . ., le . . .

Et, en outre, comme autorisé spécialement à l'effet des présentes, par une autre délibération du même conseil de famille en date du . . ., homologuée (s'il y a lieu) par jugement du tribunal de . . ., le . . .⁻ ., dont expédition est demeurée ci-annexée, mention préalablement faite et signée par les notaires.

§ 5. — SUBROGÉ TUTEUR. — (C. N. 420.)

Au nom et comme subrogé tuteur de . . ., son neveu, demeurant à . . ., mineur, né à . . ., le . . .; nommé à cette qualité, aux termes de la délibération du conseil de famille dudit mineur, reçue par le juge de paix du canton de . . ., le . . ., et dont expédition a été représentée au notaire soussigné.

§ 6. — MINEUR ÉMANCIPÉ.

Mineur émancipé en vertu de la déclaration qu'en a faite M. . . ., son père (ou Mᵐᵉ . . ., sa mère, veuve de M. . . .), devant le juge de paix du canton de . .⁻ ., à la date du . . ., suivant procès-verbal dont expédition a été représentée aux notaires soussignés. — (C. N. 477.)

Ou :

Mineur émancipé en vertu de la délibération de son conseil de famille et de la déclaration faite en conséquence par le juge de paix du canton de . . ., le tout suivant procès-verbal en date du . . ., dont expédition a été représentée aux notaires soussignés. — (C. N. 478.)

Ledit mineur assisté de M. . . ., son curateur, nommé à cette fonction qu'il a acceptée, par la délibération sus énoncée.

§ 7. — MINEUR DEVENU MAJEUR RATIFIANT. — (C. N. 488.) — (V. ....ᵐᵉ tablette.)

§ 8. — CONSEIL JUDICIAIRE. — (C. N. 513.)

. . . .

Assisté de M. . . ., son conseil judiciaire, nommé à cette qualité par jugement rendu au tribunal de première instance de . . . ., le . . . ., dont expédition a été représentée au notaire soussigné.

Lequel, — sous l'autorisation expresse de son dit conseil, — a, par ces présentes, etc. . . . .

§ 9. — FEMME POURVUE DE L'AUTORISATION DE SON MARI.

Madame . . ., épouse de M. . . . ., avec qui elle demeure à. . . . .

Agissant en vertu de l'autorisation que lui a conférée son mari, aux termes d'un acte passé devant Mᵉ ....., notaire à....., le ....., dont le brevet original, certifié véritable et signé par la dite Dame... est demeuré ci-annexé, mention préalablement faite.

§ 10. — FEMME SÉPARÉE DE BIENS. — (C. N. 217-1449.)

Madame . . ., épouse de M. . . . ., avec qui elle demeure à . . .; mais séparée de lui quant aux biens, ainsi qu'il résulte de leur contrat de mariage passé devant Mᵉ . . ., notaire à . . ., le . . . . .

Ou :

. . . mais séparée de lui, quant aux biens, par jugement du tribunal de première instance de . . ., publié, — et exécuté aux termes d'un acte passé devant Mᵉ . . ., notaire à . . . ., le . . . ., contenant liquidation et paiement des reprises et créances de ladite dame (ou exécuté par tel acte de procédure). — Lesquels jugement et acte d'exécution ont été représentés audit Mᵉ . . . notaire soussigné.

QUALITÉS (SUITE)

§ 11. — FEMME SÉPARÉE DE CORPS ET DE BIENS. — (C. N. 1449.)

Madame . . ., demeurant à . . ., épouse séparée de corps et de biens de M. . . . ., par jugement, etc. — (V. § 10.)

§ 12. — FEMME SÉPARÉE DE BIENS AUTORISÉE DE SON MARI. — (C. N. 217.)

Madame . . . ., épouse séparée quant aux biens de M. . . . ., à ce présent et l'autorisant spécialement.

§ 13. — VEUVE COMMUNE EN BIENS ET DONATAIRE DE SON MARI. — (V. 12e tablette.)

§ 14. — MARI SE PORTANT FORT DE SA FEMME. — (V. 14e tablette.)

§ 15. — MARI AGISSANT AU NOM DE SA FEMME. — (C. N. 1428.)

Agissant comme administrateur des biens de Dame ....., son épouse, avec laquelle il déclare être commun en biens, à défaut de contrat de mariage.

Ou :

Agissant comme administrateur des biens de Dame ....., son épouse, avec laquelle il est commun en biens, aux termes de leur contrat de mariage passé devant Me ....., notaire à ....., le ....., et dont expédition a été représentée aux notaires.

§ 16. — MARI AGISSANT CONSERVATOIREMENT.

Agissant comme maître des droits et actions, mobiliers et possessoires, de Dame ....., son épouse, avec laquelle il est commun en biens (en vertu ou à défaut de contrat. (Le surplus comme au § 15).

§ 17. — MARI ADMINISTRATEUR DES BIENS DOTAUX. — (C. N. 1549.)

Agissant comme administrateur des biens dotaux de Dame ....., son épouse, avec laquelle il est marié sous le régime dotal, aux termes de leur contrat passé devant Me ....., notaire à ....., le .... et dont expédition a été représentée aux notaires.

§ 18. — PÈRE ADMINISTRATEUR LÉGAL DES BIENS DE SES ENFANTS. — (C. N. 389.)

Agissant comme administrateur légal, pendant le mariage, des biens de ....., ses enfants mineurs, issus de son mariage avec Dame .....

§ 19. — HÉRITIER.

Agissant comme habile à se porter unique héritier (ou : à se porter héritier pour 1/2, ou 1/3, 1/4, etc.) de M....... (indiquer s'il est son parent ainsi qu'il résulte de l'intitulé de l'inventaire dressé après le décès de ce dernier, par Me ....., notaire à ....., le .....

Ou :

..... de M. ....., décédé à ....., le .....; le tout ainsi que le constate l'acte de notoriété, dressé, à défaut d'inventaire, par Me ....., notaire à ....., le .....

§ 20. — LÉGATAIRE. — (C. N. 1003 et s., 1005.)

1°. Agissant comme légataire universel de M. ....., décédé à ....., le ....., en vertu du testament reçu par Me ....., notaire, à ....., le ....., — ou : du testament olographe en date du .....; lequel porte la mention suivante : Enregistré....., et a été déposé au rang des minutes de Me ....., notaire à ....., le ....., en conformité de l'ordonnance de M. le président du tribunal de ....., en date du .....

2°. Et comme envoyé en possession dudit legs par ordonnance du même président, rendue le ....., en raison de ce que le testateur n'a laissé aucun héritier à réserve : ce qu'établit l'acte de notoriété reçu par Me ....., notaire à....., le.....

Ou :

Agissant comme légataire à titre universel de la moitié (du 1/3 ou du 1/4, etc.) des biens composant la succession de M. ....., décédé à....., le ....., en vertu, etc. — Duquel legs il a reçu délivrance par acte passé devant Me ....., notaire à ....., le ....., de la part de Mlle ....., héritière du testateur, ainsi que le constate (l'inventaire ou la notoriété à énoncer).

§ 21. — EXÉCUTEUR TESTAMENTAIRE. — (C. N. 1025 et s.)

Agissant en qualité d'exécuteur testamentaire de M. ....., aux termes de son testament olographe, etc. (V. § 20, 1°.)

§ 22. — MANDATAIRE. — (C. N. 1984 et s.) — V. 20e tablette.

MENTIONS D'ANNEXES

DANS LES ACTES:

§ 1ᵉʳ. — ANNEXE SIMPLE.

. . . .
Le brevet original duquel acte (ou de laquelle décharge, procuration, etc. (1) ; ou après l'énonciation de la pièce . . , dont le brevet original) est demeuré annexé à ces présentes (ou ci-annexé), mention de cette annexe préalablement faite et signée par le notaire et les témoins (ou par les notaires).

Ou : Lequel extrait de ladite procuration (quand elle est en minute) est demeuré, etc.

§ 2. — ANNEXE D'UN ÉTAT.

Lequel état (de meubles, de dettes etc.), écrit sur . . . . . feuilles au timbre de . . . . . (francs ou centimes), est demeuré annexé à ces présentes, après avoir été signé par les parties, en présence du notaire et des témoins aussi soussignés, et que dessus il a été fait mention de cette annexe.

§ 3. — ANNEXE D'EXPÉDITION CERTIFIÉE VÉRITABLE (2).

Cette expédition d'acte (de naissance, de décès, etc.), est demeurée jointe aux présentes, après avoir été certifiée véritable par M. . . . (ou par les comparants), en présence des notaires aussi soussignés et que dessus il a été fait mention de cette annexe.

§ 4. — ANNEXE D'ASSIGNATION (3).

Lequel exploit est demeuré joint au présent procès-verbal, mention de cette annexe préalablement faite et signée par le notaire et les témoins.

SUR LES PIÈCES :

§ 1ᵉʳ — ANNEXE SIMPLE.

Annexé à la minute d'un contrat de vente (ou d'un acte de notoriété, etc.), passé devant Mᵉ . . , notaire à . , soussigné, en présence des témoins aussi soussignés.

Cejourd'hui . . . .

§ 2. — PIÈCE ANNEXÉE ET CERTIFIÉE VÉRITABLE.

Certifié véritable et signé en présence de Mᵉ. . . , notaire à . . . , et des témoins soussignés, et annexé à la minute d'un (nature de l'acte) reçu par ledit Mᵉ . . . , en présence des mêmes témoins.

Cejourd'hui . . . .

Ou : Certifié véritable par M. . . , et M. . . , en présence des Notaires, et signé par M. . . seulement ; M. . . , ayant déclaré ne savoir signer, etc. . . . .

§. 3. — DÉPOT SIMPLE DE PIÈCE.

Déposé pour minute à Mᵉ . . . , l'un des notaires soussignés, suivant acte de ce jour, dix janvier mil huit cent soixante-huit.

§. 4. — PIÈCE DÉPOSÉE ET CERTIFIÉE VÉRITABLE.

Certifié véritable et signé en présence de Mᵉ . . . , et de son collègue, notaires soussignés et déposé pour minute audit Mᵉ. . . , suivant acte de ce jour dix janvier mil huit cent soixante-huit.

---

(1) L'annexe des procurations est prescrite sous peine d'amende (V. tablette des amendes et nullités).

(2) Cette certification est une précaution commandée par l'usage, quant aux actes sous seings privés et à ceux émanant, soit de magistrats de l'étranger soit de notaires d'un arrondissement autre que celui du notaire instrumentaire.

(3) Doivent aussi être annexés les actes d'approbation de baux et autres actes administratifs, certains jugements, les ordonnances, etc.

CONSENTEMENT A MARIAGE [1]

(Code Napoléon, art. 36, 73, 148 et suivants.)

Pardevant M⁰ . . . .
    a comparu :

M. . . . .
Lequel a, par ces présentes, déclaré consentir au mariage que M. Léon Dupuis, son fils majeur, négociant, demeurant
à . . . , se propose de contracter avec Mˡˡᵉ Elise Mercier, fille mineure, demeurant à . . . , chez son oncle.
Donnant pouvoir au porteur de réitérer ce consentement devant l'officier de l'Etat civil.
    dont acte :

Fait et passé . . . .

CONSENTEMENT A ENGAGEMENT MILITAIRE

(Code Napoléon, art. 374 — Loi 21 mars 1832, art. 32 — Décret 10 juillet 1848, art. 1ᵉʳ et 2.)

Lequel a, par ces présentes, déclaré consentir à ce que le Sʳ . . . . , son fils mineur, issu de son mariage avec
dame. . . . . , décédée, contracte un engagement volontaire pour entrer au service de l'Etat, dans l'armée française.
L'autorisant à signer à cet effet tous actes, registres et feuilles.
    Dont acte.

AUTORISATION MARITALE

POUR ESTER EN JUGEMENT.

(Code Napoléon, art. 215. (V. art. 218 — et le C. pr. art. 861 et suiv.)

Pardevant M⁰ . . . .
    a comparu :

M. . . Baussire, maître tailleur, demeurant à Maule, canton de Meulan ;
Lequel a, par ces présentes, autorisé Mᵐᵉ . . . son épouse, demeurant avec lui,
A ester en justice contre le Sʳ . . . , à fin de . . . (indiquer l'objet et le but de l'action à intenter) ;
    Ou bien :
A défendre à l'action intentée (ou que se propose d'intenter) contre la dite Dame, le Sʳ . . . , à l'effet de . . . ,
(indiquer l'objet de la poursuite).
En conséquence, (énumérer les pouvoirs judiciaires qui figurent au mot mandat. . . . . .ᵐᵉ tablette et y ajouter les
pouvoirs que nécessite particulièrement l'affaire.)
    dont acte :

Fait et passé. . . . .

POUR UNE DONATION ENTRE-VIFS.

(Code Napoléon, art 217, 905, 934 et suiv., 1124.)

A faire donation à M. . . . . de. . . . .
appartenant à ladite dame, sous les réserves, charges et conditions qu'elle entendra imposer; — stipuler toutes clauses résolutoires et autres. — Aux effets ci-dessus, passer et signer tous actes, élire domicile.

A accepter la donation que M. . . . . . . se propose de faire à ladite dame, sa nièce, à titre gratuit, mais avec
réserve d'usufruit (ou bien : *sous les charges et conditions qui seront convenues entre eux et notamment à la condition expresse*
(C. N. 1401) *que le capital n'entrera point dans la communauté existant entre le comparant et son épouse*), d'une rente sur
l'Etat, de dix-huit cents francs par an inscrite au grand livre de la dette publique cinq pour cent consolidés, vol. 13 nᵒ 15,000,
série 5, au nom du donateur.

Et à faire immatriculer au nom de la donataire sur la représentation d'un certificat de propriété l'inscription de ladite rente
la nu-propriété ainsi que pour la jouissance à compter de l'époque fixée par ladite donation.

---

(1) Il importe d'orthographier les noms conformément aux actes de la famille pour prévenir les difficultés sur l'identité et conséquemment les retards.
Ce consentement se délivre en brevet.

AUTORISATION MARITALE (SUITE)

POUR ACHETER.
(Code Napoléon, art. 217, 1124.)

A acquérir en son nom, soit à l'amiable soit aux enchères et jusqu'à concurrence de . . . . , tel immeuble qui lui conviendra ; se rendre directement adjudicataire ou accepter toute déclaration de command ; stipuler le mode de paiement ; payer le prix comptant ou après l'accomplissement des formalités hypothécaires ; faire toutes notifications, provoquer tous ordres ; faire toutes affirmations, offres et consignations ; exiger certificats de radiation, quittances et mains-levées ; se faire remettre tous titres et pièces ;

Passer et signer tous actes ; — élire domicile.

POUR ÉCHANGER.
(Code Napoléon, art. 217, 1124, 1549 et s. 1576.)

A abandonner à titre d'échange l'immeuble ci-après désigné appartenant en propre à ladite dame (désignation).

Recevoir en contr'échange (désignation).

Stipuler toutes garanties, l'entrée en jouissance, les charges et conditions.

Faire cet échange avec ou sans soulte, au premier cas, en fixer le mode de paiement, la recevoir ou payer ; donner ou retirer quittance ; consentir mentions et subrogations, main-levée et radiation d'inscriptions d'office ou autres.

Aux effets ci-dessus, passer et signer tous actes, élire domicile.

POUR VENDRE.
(Code Napoléon, art. 217, 1124, 1549 et suiv., 1576.)

A vendre dans la forme et aux prix, charges et conditions qu'elle jugera convenables, les immeubles ci-après désignés appartenant en propre à ladite dame (désignation).

S'obliger à toute garantie ainsi qu'au rapport de toutes mains-levées et certificats de radiation ; fixer l'entrée en jouissance et le mode de paiement ; recevoir et quittancer le prix ;

Consentir mentions et subrogations, mains-levées et radiations d'inscriptions d'office et autres.

Aux effets ci-dessus, passer et signer tous actes, élire domicile.

POUR RECUEILLIR UNE SUCCESSION.
(Code Napoléon, art. 217, 776.)

A faire procéder ou s'opposer à l'apposition et à la levée des scellés sur le mobilier dépendant de la succession de M. . . son père, décédé à. . . . le. . . ., dont elle est habile à se porter héritière pour. . . ., ainsi qu'à l'inventaire ; faire tous dires, réquisitions, protestations et réserves ; — choisir tous officiers, gardiens et dépositaires ;

Avec ou sans attribution de qualité, faire tous actes conservatoires, requérir la vente du mobilier ;

Signer toutes vacations et tous procès-verbaux ; se pourvoir en référé ;

Prendre connaissance des forces et charges de la succession ; l'accepter purement et simplement ou sous bénéfice d'inventaire, ou y renoncer ;

Entendre, débattre et arrêter tous comptes, notamment celui de l'officier public qui aura procédé à la vente du mobilier, en fixer les reliquats, les recevoir ou payer, toucher les sommes pouvant être dues à la succession, en principaux et accessoires, à quelque titre et pour quelque cause que ce soit ; ·

Payer celles qui seront justifiées dues, ainsi que tous droits de succession, faire à ce sujet les déclarations et affirmations nécessaires ;

Poursuivre la vente soit à l'amiable ou par adjudication volontaire, aux prix, charges et conditions qu'elle jugera convenables, soit judiciairement, par licitation ou autrement, de tous les biens meubles et immeubles dépendant de ladite succession ; acquérir, moyennant le prix et aux charges et conditions qu'elle jugera convenables, toucher le prix des ventes ou adjudications en principaux et accessoires ;

Procéder, soit à l'amiable, soit en justice, à tous comptes, liquidations et partages, nommer tous experts, composer les masses, y faire ou exiger tous rapports, faire et consentir tous prélèvements, former les lots, les tirer au sort ou les attribuer, faire ou accepter tous abandonnements ou délaissements nécessaires, fixer toutes soultes, les recevoir ou payer, laisser tous objets en commun, donner ou accepter tous pouvoirs pour les administrer ou pour en suivre le recouvrement ;

De toutes sommes reçues ou payées, donner ou retirer quittances, consentir toutes mentions de paiement et subrogations avec ou sans garantie, remettre ou se faire remettre tous titres et pièces, en donner ou retirer décharge.

En cas de difficultés, etc., (mentionner les pouvoirs judiciaires, v. au mot *procuration*).

POUR EMPRUNTER ET HYPOTHÉQUER.
(Code Napoléon, art. 217.)

A emprunter une somme de. . . .; fixer l'époque de remboursement, le taux et le service des intérêts.

Hypothéquer à la garantie de la dite somme. . . . (désignation de l'immeuble).

Ou :

A emprunter un capital de. . . . par constitution d'une rente viagère de. . . . sur une ou plusieurs têtes ; fixer le mode de paiement des arrérages ;

Hypothéquer à la garantie de la dite rente. . . .

Ajouter, le cas échéant :

Employer la somme empruntée au paiement du prix de la maison (ou autre immeuble) acquis par ladite dame de M. . . suivant contrat passé devant Me. . ., notaire à. . ., le. . ., aux termes duquel ce prix est exigible le. . . .

POUR ADMINISTRER.

(V. la formule au mot *Procuration,* tablette..... me)

POUVOIR

AFIN D'ASSISTER A UN CONSEIL DE FAMILLE.
(Code Napoléon, art. 412, 1984 et suiv.)

Pardevant M^e. . . . .

A COMPARU :

M. Julien Moreau, menuisier, demeurant à . . . .

Lequel a, pour ces présentes, constitué, par son mandataire spécial,

M . . . . ,

A qui il a donné pouvoir de le représenter au conseil de famille de . . . . , son neveu, enfant mineur de. . . . , et de dame. . . , décédée;

Prendre part à toutes les délibérations; nommer pour subrogé tuteur celui des parents qu'il plaira au mandataire de désigner, accepter cette qualité pour le constituant, si elle lui est confiée; conférer audit sieur. . . , tuteur légal de son fils mineur, toutes les autorisations qui pourront être requises, ou les refuser; signer tous procès-verbaux et faire ce que nécessiteront les circonstances.

DONT ACTE.

ACCEPTATION DE DONATION

PAR UN TUTEUR AUTORISÉ
(Code Napoléon, art. 463).

Pardevant M^e. . . . .

A COMPARU :

M . . . . ,

Agissant au nom et comme tuteur datif de . . , son neveu mineur, qualité à laquelle il a été nommé et acceptée par lui aux termes de la délibération du Conseil de famille dudit mineur reçue par M. le Juge de Paix du canton de . . , le . . . . enregistrée ;

Et, en outre comme autorisé spécialement à l'effet des présentes par une autre délibération du même conseil de la famille du . . . . enregistrée et dont une expédition, représentée par le comparant, est demeurée ci-annexée après mention par le notaire soussigné.

Lequel, ayant pris lecture sur l'expédition qui lui en a été remise, d'un acte passé devant M^e. . . . , notaire à . . . , le. . . , enregistré, contenant donation, par M. . . . , audit mineur, d'une somme de 12,000 fr. en toute propriété, aux charges et conditions ci-après exprimées, savoir :

1° . . . . .

2° . . . . .

Considérant que cette donation est avantage pour son pupille ;

A déclaré l'accepter pour lui et en son nom, sous l'obligation par ledit mineur d'exécuter toutes les charges et conditions de cette donation.

Pour faire signifier ces présentes à qui besoin sera, tout pouvoir est donné au porteur de l'expédition.

DONT ACTE.

RENBOURSEMENT DE RENTE PERPÉTUELLE

(Code Napoléon, art. 530, 1191. — L. de 1790.)

(Voir quittance, ...^{me} tablette).

BORNAGE

NOMINATION DES EXPERTS

Pardevant M*. . . . .

ONT COMPARU:

M . . . . d'une part;

Et M . . . . , ... d'autre part;

Lesquels ont exposé qu'ils sont dans l'intention de faire procéder amiablement au bornage entre eux, de deux pièces de terre contiguës, situées à. . . , lieu dit. . . , et appartenant, l'une au sieur. . . , au moyen de l'acquisition qu'il en a faite du sieur. . . , suivant contrat passé. . . ; et l'autre au sieur. . . , en vertu du partage de la succession de son père, passé devant M*. . . , etc.;

Sur la contenance respective desquelles pièces les comparants ne sont pas d'accord, chacun se prévalant contre l'autre des énonciations contradictoires de son titre.

En conséquence, ils ont, par ces présentes, nommé pour leurs experts, savoir:

.M. . . , le sieur. . . , et M. . . , le sieur . . . , auxquels ils donnent conjointement tous pouvoirs à l'effet de procéder, tant à l'arpentage desdites deux pièces de terre, qu'à leur bornage; avec faculté, par eux, de s'adjoindre un troisième expert dans le cas où ils ne s'accorderaient pas; desquelles opérations il sera dressé, par ces experts, en présence des parties, où elles dûment appelées, un procès-verbal qui sera déposé pour minute en suite des présentes; les comparants s'engageant réciproquement à exécuter ce rapport en tout son contenu, comme décision en dernier ressort.

Et, pour faciliter le travail des experts, les comparants se sont engagés à leur remettre leurs divers titres de propriété, concernent lesdites pièces de terre, afin qu'ils puissent s'en aider réciproquement dans le cours de leurs opérations.

Les choses ainsi convenues, les comparants se sont ajournés pour procéder à ces opérations, sur les lieux, au. . . , heure de. . . , s'obligeant à y faire trouver leur expert respectif sans qu'il soit besoin d'une sommation; étant bien convenu que faute par l'une des parties d'être présente aux jour, lieu et heure indiqués, il sera procédé, en son absence, auxdites opérations, sans nouvel ajournement.

DONT ACTE.

DÉPOT ET ACCEPTATION DU RAPPORT DES EXPERTS.

(Même comparution).

Lesquels ont, par ces présentes, déposé, à M°. . . , l'un des notaires soussignés, pour rester au rang de ses minutes, le procès-verbal dressé par MM. . . , le. . . , des opérations d'arpentage et de bornage auxquelles ils ont procédé, à la requête et en présence des comparants, de deux pièces de terre leur appartenant, sises commune de. . . , au lieu dit. . . ,

Ce procès-verbal, au bas duquel est écrit: Enregistré. . . , etc. (*ou qui sera enregistré avec ces présentes*), est demeuré ci-annexé, après avoir été, par les comparants, certifié véritable et signé en présence des notaires soussignés.

Et les parties, en ayant de nouveau pris lecture, ont déclaré approuver en toute sa teneur ce procès-verbal et promis de l'exécuter comme titre de propriété.

Les frais des présentes et ceux d'expertise seront supportés par moitié.

Pour l'exécution des présentes, les parties ont élu domicile:

DONT ACTE.

ABANDON DE MITOYENNETÉ

(Code Napoléon, article 656.)

Lᴇǫᴜᴇʟ a dit être propriétaire d'un verger clos de murs sis à . . ., tenant à . . .; — que ce verger lui appartient (établissement sommaire de l'origine de propriété, en vue de la transcription, car ici il y a aliénation de servitude); — que la partie de mur, mitoyenne entre lui et M. . . ., est dans un tel état de vétusté qu'il est devenu indispensable de la reconstruire, — et qu'il entend éviter la dépense à faire pour cet objet;

En conséquence, le comparant a déclaré renoncer purement et simplement au droit de mitoyenneté que lui confèrent ses titres, tant sur ledit mur de séparation que sur le sol qu'il occupe.

A ces présentes est intervenu M. . . ., susnommé, pour accepter, comme de fait il a accepté l'abandon du comparant; entendant le tenir pour signifié et dispenser ce dernier de toute autre formalité.

Pour la perception des droits d'enregistrement les parties ont évalué à . . . la portion de mur et de sol abandonnée.

    Dᴏɴᴛ ᴀᴄᴛᴇ. (1)

ABANDON DE FONDS GRÉVÉ DE SERVITUDE

(Code Napoléon, article 699.)

Pᴀʀ ᴅᴇᴠᴀɴᴛ Mᵉ . . . .

    A ᴄᴏᴍᴘᴀʀᴜ :

Lᴇǫᴜᴇʟ, — étant propriétaire d'un pré contenant . . ., situé à . . ., borné au nord et à l'est par le champ de M. . . ., qui a pour l'exploitation d'icelui un droit de passage, à pied et avec voiture, sur ledit pré, aux termes d'un partage passé devant Mᵉ . . ., le . . ., chargeant le comparant des ouvrages nécessaires à l'exercice dudit passage,

A ᴅᴇ́ᴄʟᴀʀᴇ́, pour s'affranchir de cette servitude, abandonner purement et simplement à M. . . ., à ce présent et acceptant, la partie du pré sus désigné sur laquelle passe ainsi ce dernier; partie ayant une largeur de . . . et une longueur de . . ., et limitée par . . . bornes plantées, savoir : — La première . . . La deuxième . . . etc.

Lᴇ comparant est propriétaire du pré dont il s'agit en vertu (établissement de propriété).

Lᴀ partie dudit pré qui était assujettie à la servitude est évaluée, pour la perception du droit d'enregistrement, à . . .

Lᴇᴅɪᴛ comparant déclare qu'il est célibataire et n'a jamais rempli aucune fonction pouvant emporter hypothèque légale contre lui.

    Dᴏɴᴛ ᴀᴄᴛᴇ.

Si l'abandon n'est pas accepté par le même acte, ajouter :

Pour la signification des présentes, pouvoir est donné au porteur d'une expédition.

ACCEPTATION SÉPARÉE DE L'ABANDON.

Et le . . . .

Pᴀʀ ᴅᴇᴠᴀɴᴛ Mᵉ. . . . .

    A ᴄᴏᴍᴘᴀʀᴜ :

M. . . . .,

Lᴇǫᴜᴇʟ, — a dit avoir été informé (ou que notification lui a été faite par . . ., huissier à . . ., le . . .) de l'acte passé devant le notaire soussigné, le . . ., dont la minute précède, contenant abandon, par M. . . ., de la partie de son pré grévée d'un droit de passage pour l'exploitation du champ du comparant;

Eᴛ ᴀ ᴅᴇ́ᴄʟᴀʀᴇ́, par suite, accepter cet abandon pour user à l'avenir à titre de propriétaire du fonds assujetti à ladite servitude.

Pour la signification des présentes, pouvoir est donné au porteur d'une expédition.

    Dᴏɴᴛ ᴀᴄᴛᴇ.

---

(1) Cet acte est passible du droit de vente immobilière.

NOTORIÉTÉ

§. 1er. — A DÉFAUT D'INVENTAIRE.

(Code Napoléon, arg., art. 723, 725, 731 et suiv.)

SUBSTANCE :

Comparution de 2 témoins sérieux { dignes de foi par leur position et moralité ; non intéressés aux faits qu'ils attestent ;

Désignation du défunt, — du lieu et de la date de son décès ;

Déclaration du défaut d'inventaire ;

Désignation et qualité des héritiers ;

Dépôt et mention d'annexe de l'acte de son décès.

AUJOURD'HUI. . . . . : . . . .

ONT COMPARU :

M . . . .

ET M . . . .

LESQUELS ONT, par ces présentes, DÉCLARÉ, pour vérité et notoriété publique, à qui il appartiendra,

Avoir connu M. . . . ., rentier, demeurant à. . . . . .

ET SAVOIR :

1° Qu'il est décédé à. . . . . le. . . . .;

2° Qu'après son décès il n'a pas été fait d'inventaire ;

3° Qu'il a laissé pour seuls héritiers, pour chacun moitié, M. . . . . et Mlle. . . . . enfants issus de son mariage avec dame. . . . . aujourd'hui sa veuve, avec laquelle il était commun en biens, aux termes de leur contrat de mariage passé devant Me. . . , notaire à. . . , le. . . .

A l'appui de leur déclaration, en ce qui se rapporte au décès, les comparants ont représenté au notaire soussigné l'expédition de l'acte dudit décès délivrée par. . . . et légalisée ; laquelle est demeurée ci-annexée, après avoir été certifiée véritable et signée par les dits comparants, en présence du notaire soussigné et mention préalablement faite de cette annexe.

DONT ACTE.

FAIT ET PASSÉ ledit jour.

. . . .

ET SAVOIR :

1° Qu'il n'a jamais été marié ;

2° Qu'il n'a laissé ni ascendant ni descendant, ni frère ni sœur ou descendant d'eux ;

3° Qu'après son décès il n'a pas été fait d'inventaire ;

4° Et qu'il a laissé pour seuls héritiers collatéraux :

Dans la ligne paternelle, et chacun pour un quart de la moitié afférente à cette ligne, ou chacun un huitième : M . . . M. . . ., M. . . . et M. . . ., cousins-germains du *de cujus ;*

Dans la ligne maternelle, et chacun pour un tiers dans l'autre moitié afférente à cette ligne, ou chacun un sixième : M. . . ., M. . . . et M. . . ., cousins au sixième degré du *dé cujus.*

A l'appui de leur attestation les comparants ont représenté :

1° Une copie de l'acte de décès du feu sieur.... inscrit aux registres des actes de l'état civil du 4e arrondissement de la ville de Paris, à la date du....;

2° Un tableau généalogique de sa famille présentant, dans l'ordre de parenté, les résultats constatés par ces présentes;

3° Et dix actes de naissance et de décès venant à l'appui de ce tableau généalogique.

Toutes lesquelles pièces sont demeurées ci-annexées après avoir été certifiées véritables et signées en présence du notaire soussigné.

. . . .

ET SAVOIR :

1° Qu'il était veuf de dame....;

2° Qu'après son décès il n'a pas été fait d'inventaire;

3° Qu'il n'a laissé aucun héritier légitime connu, soit en ligne directe, soit en ligne collatérale au degré successible ; — mais qu'il a laissé un enfant naturel, le sieur.... né de lui et de...., enfant reconnu antérieurement au mariage du *de cujus,* suivant acte passé devant Me...., notaire à.... le....

(C. N. 336, 337, 758).

NOTORIÉTÉ (SUITE)

. . . . . . ET SAVOIR :

Que ladite dame n'a laissé aucun ascendant ni descendant ayant droit à une réserve dans sa succession, et qu'en conséquence, rien ne s'oppose à l'exécution de la donation universelle en toute propriété par elle faite au profit dudit sieur . . . ., son mari, suivant un acte passé devant M⁰ . . ., notaire à . . ., le . . . (*ou* aux termes de leur contrat de mariage, reçu par M⁰ . . ., notaire à . . . ., le. . . .

      Au cas d'un legs universel.

Et, qu'en conséquence rien ne s'oppose à l'exécution du legs universel en toute propriété, fait par cette dame audit sieur . . ., son mari (*ou* à M. . .), aux termes de son testament, reçu par M⁰ , . . ., notaire à . . . (*ou bien* aux termes de son testament olographe en date à . . ., du . . . ., dont l'original enregistré a été déposé pour minute à M⁰ . . ., notaire à . . . ., par ordonnance de M. le président du tribunal de . . . ., contenue en son procès-verbal d'ouverture et de description dudit testament, en date du. . . .

§ 2. — POUR RECTIFIER LES QUALITÉS PRISES A L'INVENTAIRE.

. . . . . . ET SAVOIR :

Qu'après son décès il a été dressé un inventaire par M⁰ . . . et son collègue, notaires à . . . ., le . . .; — à la requête de M. . . et M. . ., comme habiles à se dire et porter seuls héritiers pour chacun moitié de ladite dame. . . leur mère;

Mais que cette dernière avait laissé à son décès un troisième enfant, M. . . ., faisant, lors de ce décès, partie de la campagne de . . . ;

Et, qu'en conséquence, la succession de ladite dame . . . appartient réellement à ses trois enfants sus-nommés, et chacun pour un tiers.

      A CES PRÉSENTES, sont intervenus :

M. . . . .

ET M. . . . .

      Ci-dessus nommés, qualifiés et domiciliés.

LESQUELS ont reconnu exacte la déclaration qui précède, et déclaré consentir à ce que l'intitulé de l'inventaire sus-énoncé soit rectifié en ce sens que M. . . ., leur frère, ait comme eux la qualité et les droits d'héritier pour un tiers de leur mère.

Mention des présentes sera faite partout où il y aura lieu.

§ 3. — POUR RECTIFICATION D'UN NOM.

. . . . . LESQUELS ont par ces présentes attesté pour vérité et notoriété publique :

Qu'ils connaissent M. . . . . ;

Que c'est par erreur si dans tous les actes et notamment en une inscription au grand-livre de la dette publique, vol. . . ., n° . . . ., trois pour cent, de la somme de . . ., appartenant audit sieur . . ., son nom de famille a été écrit. . . au lieu de . . ., seule véritable manière de l'orthographier.

Et qu'il y a bien identité de personne entre ledit sieur . . ., et la personne dénommée . . . ., dans ladite inscription.

A l'appui de leur déclaration, les comparants ont présenté une copie de l'acte de naissance dudit sieur . . . ., inscrit au registre de l'état civil de . . . ., à la date du . . . ., et la copie de l'acte de célébration de son mariage, inscrit aux registres de la même commune, à la date du . . . .

Desquels actes résulte la preuve que le nom dudit sieur . . . doit être écrit comme il est dit ci-dessus.

Ces deux pièces sont demeurées ci-annexées, après avoir été, par les comparants, certifiées véritables, signées et paraphées en présence du notaire soussigné.

§ 4. — POUR RECTIFICATION DE PRÉNOMS.

. . . . . Et que c'est par erreur si dans tous les actes, notamment dans une obligation de la somme de . . ., souscrite à son profit par . . ., suivant acte passé devant M⁰ . . . ., notaire à . . ., le . . . ., et dans l'inscription qui en a été faite au bureau des hypothèques de . . . ., le . . . ., vol. . . ., n° . . . ., il a été donné audit sieur . . . les prénoms de . . . ., au lieu de . . . ., qui sont ses véritables prénoms, et l'ordre dans lequel ils doivent être écrits.

Les comparants ont certifié en conséquence qu'il y a parfaite identité entre le sieur . . . et la personne dénommée aux dites obligation et inscription.

A l'appui de leur attestation les comparants ont représenté une expédition de l'acte de naissance dudit sieur . . . ., inscrit au registre de l'état civil de la commune de . . . ., à la date du . . . ; — et cette expédition, etc.

CESSION DE DROITS SUCCESSIFS

(Code Napoléon, 780, 1600, 1696 et suiv.)

Pardevant M° . . . .
  A comparu :

M. . . . .
  Héritier pour un quart de Mlle . . . , sa tante paternelle, rentière, décédée à . . . , le . . . . , ainsi que le constate un acte
de notoriété dressé à défaut d'inventaire par M° . . . , notaire à . . . , le . . . .

Lequel a, par ces présentes, cédé, sous la seule garantie de sa dite qualité d'héritier,

A M. . . ., — présent et acceptant :

Tous les droits mobiliers et immobiliers, tant en fonds et capitaux qu'en fruits et revenus échus et à échoir, sans exception ni réserve revenant au cédant dans la succession de sa tante, indivis entre lui et ses cohéritiers ; — et même l'accroissement qui pourrait lui survenir par suite de la renonciation d'un de ceux-ci. — Toutefois le cédant entend ne pas comprendre dans la cession les sommes dont il pourrait être débiteur envers la succession, à quelque titre que ce soit, et dont il restera, au contraire, quitte et libéré définitivement.

Pour, M. . . ., disposer de ces droits en toute propriété à compter de ce jour, et avoir droit à la jouissance à partir du décès de ladite D^{lle} . . . .

A l'effet de quoi M. . . a mis et subrogé le cessionnaire, sans autre garantie que celle sus-exprimée, dans tous ses droits et actions nés de cette succession.

Ce transport est consenti à la charge par le dit concessionnaire qui s'y oblige :

1° D'acquitter la portion dont M. . . . peut être tenu dans les dettes et charges de la succession, ainsi que les droits de mutation, si exactement et de manière qu'il ne soit jamais inquiété ni recherché à ce sujet ;

2° De payer le coût des présentes.

Et, en outre, à titre de forfait, moyennant la somme de . . ., que M. . . reconnaît avoir reçue du cessionnaire, en espèces comptées à la vue du notaire soussigné.

  Dont quittance.

Déclarent les parties, pour la perception du droit d'enregistrement seulement, que la portion du cédant dans les dettes et charges de la succession peut s'élever à la somme de . . . . M. . . . ne sera pas moins tenu desdites dettes et charges, pour la portion de M. . ., quand même elle dépasserait cette estimation.

Déclare M. . . . : 1° qu'il n'a reçu aucune somme ou valeur, ni disposé d'aucun objet de la succession dont il s'agit. — 2° Et qu'il ne lui est rien dû par cette succession, à quelque titre que ce soit, même pour avances postérieures au décès.

Pour l'exécution des présentes, les parties font élection de domicile, etc.

Et pour les faire signifier à qui il appartiendra, tout pouvoir est donné au porteur d'une expédition ou extrait.

  Dont acte.

CONVENTION SUSPENSIVE DE PARTAGE

(Code Napoléon, art. 815.)

Pardevant M° desmousseaux, notaire à la résidence de L'aigle. . . . .
  Ont comparu :

1°. Mme . . ., veuve de M. F. . ., demeurant à. . . . .
  Agissant : — 1°. A cause de la communauté de biens ayant existé entr'elle et ledit feu S^r ....., aux termes de leur contrat de mariage passé devant M° ....., notaire à ....., le.....; — 2°. A raison des reprises qu'elle peut avoir à exercer soit contre cette communauté, soit contre la succession de son mari ; — 3°. Et comme donataire en usufruit durant sa viduité, de la moitié de tous les meubles et immeubles dépendant de ladite succession, en vertu du même contrat.

2°. Mlle. . . . .
3°. M. . . . .
  Ces deux derniers habiles à se dire et porter héritiers, par moitié, dudit feu Sr F....., leur père.

Lesquels ont, par ces présentes, pris l'engagement respectif de ne point intenter, avant cinq années, la demande en partage de la communauté et de la succession dont il s'agit.

Par suite les enfants F. . . ont déclaré consentir à ce que la dame F. . ., leur mère, jouisse pendant cet intervalle des fruits et revenus des biens, meubles et immeubles en dépendant ; — lui donnant pouvoir de gérer et administrer ces biens.

Recevoir tous loyers, fermages, intérêts, arrérages et autres revenus, échus et à échoir ; recevoir aussi tous capitaux et remboursements de rentes.

Louer et affermer par écrit ou verbalement, pour le temps et aux prix, charges et conditions que la dame F. . . avisera, tout ou partie des immeubles, passer et renouveler tous baux, les résilier avec ou sans indemnité ; faire tous états de lieux ; donner et accepter tous congés ; vendre toutes récoltes et produits ; faire faire toutes réparations ; arrêter tous devis et marchés à ce sujet, régler tous mémoires d'ouvriers et entrepreneurs, en solder le montant ;

Acquitter les sommes qui pourront être dues par lesdites communauté et succession, notamment toutes impositions ; faire toutes réclamations en dégrèvement, présenter à cet effet tous mémoires ou pétitions ;

Faire tous emplois de fonds, soit en placements sur particuliers ou sur l'État, soit en acquisitions d'actions industrielles ou d'immeubles ; accepter toutes obligations et cessions ;

En cas de faillite de quelque débiteur, prendre part à toutes assemblées et délibérations de créanciers, nommer tous syndics et agents, signer tous concordats et contrats d'union, s'y opposer, produire tous titres et pièces, affirmer la sincérité des créances, contester celles des autres créanciers, faire toutes remises, régler tous comptes, recevoir tous dividendes.

En cas de difficultés ou à défaut de paiement, exercer les poursuites et diligences nécessaires, etc. (Pour la suite des pouvoirs judiciaires, voir au mot *Procuration*, . . . me tablette.).

De toutes sommes reçues donner quittance et décharge, faire main-levée de toutes inscriptions, saisies et oppositions, avec ou sans paiement ; remettre ou exiger tous titres et pièces, en donner ou retirer récépissé.

Aux effets ci-dessus, passer et signer tous actes, élire domicile, substituer et faire, dans l'intérêt commun des parties, tout ce que les circonstances nécessiteront.

De son coté, la dame F. . ., s'est engagée à ne point disposer de ses droits dans les mêmes communauté et succession, sans le consentement de ses enfants.

Pour l'exécution des présentes, les parties ont élu domicile en l'étude du notaire soussigné.

  Dont acte.

AUTORISATION

(Code Napoléon, art. **1108** à **1133, 1185** et suiv., **1905** et suiv. **1247.**)

SUBSTANCE :

Comparution de l'emprunteur et du créancier ;
Somme prêtée en dehors ou en présence du notaire) ;
Cause de l'obligation ;
Époque du remboursement ;
Taux et service de l'intérêt ;
Solidarité (s'il y a plusieurs débiteurs et qu'on entende les y soumettre) ;
Garantie hypothécaire, origine de propriété ; }
Subrogation dans l'hypothèque légale de la femme ; } quand il y a lieu ;
Transport de l'indemnité d'assurance ; }
Élection de domicile.

§ 1. — OBLIGATION SANS INTÉRÊT NI AFFECTATION HYPOTHÉCAIRE.

PARDEVANT Mᵉ . . . .

A COMPARU :

M. . . . .

LEQUEL A, par ces présentes, RECONNU DEVOIR légitimement

A M. . . ., — présent et acceptant,

LA SOMME DE . . . ., pour prêt que lui a fait ce dernier antérieurement à ce jour ; — et qu'il s'oblige à lui rendre et payer en l'étude du notaire soussigné, dans trois ans de ce jour, c'est-à-dire le.   . . . .

Il ne sera dû aucun intérêt jusqu'à cette échéance ; mais à défaut de paiement exact, ladite somme de. . . . . ., en sera productive de plein droit à cinq pour cent à partir du terme, sans que cette stipulation puisse nuire au droit d'exiger le principal.

Pour l'exécution des présentes, les parties élisent domicile en l'étude de Mᵉ . . . .

DONT ACTE.

FAIT ET PASSÉ en ladite étude. . . . .

§ 2. — OBLIGATION SOLIDAIRE ENTR'ÉPOUX.

AVEC INTÉRÊTS, AFFECTATION HYPOTHÉCAIRE ET SUBROGATION DANS L'HYPOTHÈQUE LÉGALE DE LA FEMME.

PARDEVANT Mᵉ. . . . .

ONT COMPARU :

M. . . . et Mᵐᵉ . . ., son épouse, qu'il autorise, demeurant ensemble à . . . .

LESQUELS ONT, par ces présentes, RECONNU devoir légitimement

A M. . . ., — présent et acceptant

LA SOMME DE. . . . ., pour prêt que leur a fait ce dernier en espèces d'argent ayant cours, comptées et délivrées à la vue de Mᵉ. . . ., l'un des notaires soussignés.

Laquelle somme de. . ., M. et Mᵐᵉ . . . s'obligent, conjointement et solidairement, à rendre et à payer à M. . . ., en sa demeure à. . ., le. . . .

Et jusqu'au remboursement effectif de cette somme, ils s'obligent, sous la même solidarité, à lui en servir, aussi en sa demeure à. . ., les intérêts à cinq pour cent par an, à compter de ce jour, et de six mois en six mois, c'est-à-dire les 1ᵉʳ janv. et juill. de chaque année.

Il est expressément convenu qu'à défaut de paiement d'un seul terme d'intérêt, à son échéance et quinze jours après un simple commandement demeuré infructueux, le principal de la présente obligation deviendra immédiatement et de plein droit exigible, si bon semble à M. . . ., sans qu'il ait à remplir aucune formalité judiciaire.

HYPOTHÈQUE.

A la garantie de la présente obligation, les sieur et dame   . . affectent et hypothèquent spécialement, savoir :

1º. Un petit domaine. . . . .

2º. Une maison située à . . . .

(Désignation précise et complète.)

(Établissement de la propriété. — Voir au mot VENTE : . . . ᵉ tablette.)

OBLIGATION (SUITE)

SUBROGATION DANS L'HYPOTHÈQUE LÉGALE.

Pour donner à M. . . . d'autant plus de garantie, Mme . . . lui cède et transporte, par préférence à elle-même, et jusqu'à concurrence du montant de la présente obligation, en principal et accessoires, ce qu'il accepte, tous les droits, reprises et créances qu'elle peut et pourra avoir à exercer contre son mari ; et, par suite, elle subroge M. . . ., aussi par préférence à elle-même, et jusqu'à dite concurrence, dans l'effet de son hypothèque légale sur les biens de son mari, mais seulement en ce que cette hypothèque peut grever les biens hypothéqués par ces présentes.

M. . . . accepte ce transport et se le tient pour signifié.

Déclarent M. et Mme . . ., que cette dernière n'a consenti aucune subrogation antérieure dans l'effet de son hypothèque légale sur les biens ci-devant désignés.

TRANSPORT DE L'INDEMNITÉ D'ASSURANCE.

M. et Mme . . . déclarent aussi que la maison hypothéquée est assurée contre l'incendie pour un capital de . . . par la compagnie . . ., suivant police en date du . . ., dont un duplicata est et demeurera déposé à M^e . . ., l'un des notaires soussignés, comme annexe aux présentes.

M. et Mme . . . s'obligent solidairement à maintenir cette assurance tant qu'ils resteront débiteurs de M. . . ., et à en acquitter exactement les primes (ou cotisations) annuelles, et à justifier du tout à M. . . ., à première demande, à peine d'exigibilité du montant de ladite obligation.

Ils déclarent qu'ils n'ont encore fait aucun transport de l'indemnité à laquelle ils auraient droit en cas d'incendie (*ou bien :* qu'ils ont fait seulement un transport jusqu'à concurrence de. . . ., au profit de. . . ., etc.)

Et pour le cas d'incendie total ou partiel de ladite maison, M. et Mme . . . cèdent et transportent solidairement à M. . . ., ce acceptant, la somme de. . . ., à prendre par préférence et antériorité à eux-mêmes et à tous autres cessionnaires futurs, dans le montant de l'indemnité qui leur serait allouée.

A l'effet de quoi, M. et Mme . . . mettent et subrogent M. . . ., avec ladite préférence et antériorité et jusqu'à due concurrence, dans tous les droits et actions militant à leur profit contre ladite compagnie ; pour, M. . . . les faire valoir, et toucher cette indemnité à compte sur sa créance.

En outre, M. et Mme . . . s'obligent, solidairement, pour le cas où ils viendraient à vendre l'immeuble assuré, à poser à leur acquéreur la condition de continuer ladite assurance jusqu'au remboursement du montant de la présente obligation.

ÉTAT CIVIL DES EMPRUNTEURS.

Déclarent M. et Mme . . ., sous les peines de stellionat, qui leur ont été expliquées par les notaires soussignés, et qu'ils ont dit bien comprendre, savoir :

1°. Qu'ils n'ont jamais contracté ni l'un ni l'autre d'autre mariage que ceux qui les unit;

2°. Qu'ils sont mariés sous le régime de la communauté, aux termes de leur contrat de mariage passé devant M^e . . . ., notaire à . . ., le . . .;

3°. Et qu'ils n'ont jamais rempli de fonctions pouvant emporter hypothèque légale.

SITUATION HYPOTHÉCAIRE.

Ils déclarent encore que les biens par eux hypothéqués ne sont grevés d'aucune charge privilégiée ou hypothécaire.

DÉCLARATION SUR LA VALEUR DES BIENS.

Déclarent enfin, les emprunteurs, que les biens par eux hypothéqués sont d'un revenu annuel de. . . ., déduction faite de toutes charges, et d'une valeur de. . . .

M. . . . reconnaît qu'il lui a été donné les justifications nécessaires à ce sujet.

ÉLECTION DE DOMICILE.

Pour l'exécution des présentes, les parties font élection de domicile, savoir :

M. et Mme . . ., en l'étude de M^e . . ., l'un des notaires soussignés;

Et M. . . ., en sa demeure susdite.

DONT ACTE.

OBLIGATION (SUITE) [1]

CLAUSES ET STIPULATIONS DIVERSES.

§ 4. — ENGAGEMENT DE FAIRE ASSURER CONTRE L'INCENDIE.

Pour plus de sûreté, M. L . . . s'oblige à faire assurer lad. maison et ses dépendances contre l'incendie, tant à son profit qu'au nom de M. R. . . , en sa qualité de prêteur, et ce dans le mois des présentes au plus tard et pour une période de. . . , ans (2). — A défaut de cette assurance par l'emprunteur, M. R. . . . aura le droit de la réaliser lui-même aux frais de ce dernier.

M. L. . . , pour le cas de sinistre, cède et transporte à M. R . . . , ce acceptant, jusqu'à concurrence du montant en principal et accessoires de la présente obligation, l'indemnité qui serait due par la compagnie à laquelle ce dernier est autorisé à faire notifier ledit transport toujours aux frais de l'emprunteur.

§ 5. — HYPOTHÈQUE SUR DES BIENS PRÉSENTS ET SUR DES BIENS A VENIR.

En raison de ce que l'héritage sus-désigné n'est pas d'une valeur suffisante à la garantie de la somme empruntée M. . . , par application de l'art. 2130 du Code Napoléon, y affecte aussi les immeubles qu'il acquerra dans la suite et sur lesquels le créancier pourra, bien entendu, prendre inscription au fur et à mesure.

§ 6. — ÉXIGIBILITÉ EN CAS DE VENTE.

Au cas où l'emprunteur aliénerait avant sa libération l'immeuble hypothéqué, le montant en principal et accessoires de la présente obligation deviendrait exigible de plein droit trois mois après cette aliénation et par le fait d'icelle.

§ 7. — RÉSERVE DE NOUVEL EMPRUNT AVEC CONCURRENCE.

M. . . se réserve la faculté d'emprunter une autre somme de. . . , en hypothéquant les immeubles sus-désignés, avec concurrence entre le nouveau prêteur et M. . . ; c'est-à-dire que l'inscription à prendre par suite du nouvel emprunt viendra au même rang que celle à requérir en vertu des présentes, comme si ces deux inscriptions avaient la même date.

§ 8. — RESTRICTION D'HYPOTHÈQUE.

Il est expressément convenu que, lorsque la rente viagère de. . . , due à M. . . , ainsi qu'il est énoncé ci-dessus, sera éteinte par suite de son décès, et sur la représentation d'une quittance d'arrérages et d'un certificat du conservateur des hypothèques de. . . , constatant la radiation définitive de l'inscription faite d'office au profit de M. . . , pour sûreté de ladite rente, M. . . . sera tenu d'affranchir de son droit d'hypothèque la maison sise à. . . , et de faire mainlevée de l'inscription à prendre en vertu des présentes, mais seulement en ce qu'elle grèvera ladite maison.

§ 9. — INTERVENTION D'UNE CAUTION.

A ces présentes est intervenu. . . . .

M . . . .

LEQUEL, après que lecture lui a été donnée par le notaire soussigné de l'obligation que vient de contracter M . . ,

A DÉCLARÉ se rendre caution solidaire de ce dernier et S'OBLIGER avec lui, envers M. . . , ce acceptant, au remboursement de ladite somme de. . . , et au service des intérêts, le tout de la manière ci-dessus stipulée.

Et à la garantie de ce cautionnement, M. . . . a hypothéqué spécialement. . . . . (Désignation; établissement de propriété; état civil; situation hypothécaire).

§ 10. — MARI SE PORTANT FORT DE SA FEMME.

M. . . . .

Agissant en son nom personnel et comme se portant fort de dame. . . , son épouse, par laquelle il s'engage à faire ratifier ces présentes dans un mois de ce jour autorisant dès à présent la dite dame à l'effet de cette ratification.

LEQUEL a reconnu que son épouse et lui doivent légitimement. . . , somme qu'il s'oblige et oblige ladite dame, conjointement et solidairement entre eux, à rendre et payer. . . .

§ 11. — PROMESSE D'EMPLOI.

DÉCLARE Melle. . . , qu'elle destine la somme présentement empruntée à payer, jusqu'à due concurrence, celle de. . . redue par elle à Mme veuve. . . , sur le prix de la vente du. . . énoncée en l'établissement de propriété qui précède; s'obligeant à effectuer cet emploi avant le premier janvier prochain et à déclarer dans la quittance à retirer l'origine des deniers, afin d'acquérir à Mme veuve. . . la subrogation dans le privilège de vendeur.

---

(1) Il est rappelé que les obligations jusqu'à 300 fr. inclusivement, peuvent être délivrées en brevet.

(2) La durée de l'assurance doit correspondre au délai stipulé pour le remboursement; mais les compagnies sont dans l'usage de stipuler une durée de 10 ans.

PROROGATION

(Code Napoléon, art. 1271.)

PARDEVANT M⁰. . . . .
      A COMPARU :

M . . . E. . . . .
    LEQUEL, sur la demande du débiteur ci-après nommé et intervenant, a, par ces présentes, déclaré proroger jusqu'au. . . . le terme d'exigibilité de l'obligation consentie à son profit par M. . . L. . . . , suivant acte passé devant le notaire soussigné, le. . . .
    Cette prorogation a lieu sous la réserve expresse, par M. E. . . , de tous les droits, actions et hypothèque résultant de l'obligation à laquelle il n'est aucunement innové ni dérogé ; et sous la condition que la somme prêtée continuera à produire intérêt à cinq pour cent payable aux termes stipulés; et que le coût des présentes sera supporté par M. L. . . ,
    La dite prorogation est acceptée par M. L. . . , à ce présent, qui se soumet à ces conditions.

DÉLÉGATION

(Code Napoléon, art. 1234, 1271, 1277.)

§ 1er. — DÉLÉGATION IMPARFAITE (1)

    LEQUEL, afin de se libérer envers M. L. . . de la somme de. . . . qu'il lui doit aux termes d'une obligation passée devant M⁰. . . , notaire à. . . , le. . . ,
    LUI A, par ces présentes, délégué pareille somme de. . . . à prendre par préférence à lui-même comparant et à tous autres créanciers, dans celle de. . . . que lui doit M. N. . . pour le prix de la maison qu'il lui a vendue suivant contrat passé devant M⁰. . . , notaire à. . . , le. . . prix stipulé payable le. . . . et productif d'intérêts à cinq pour cent depuis le. . . .
    Pour, le délégataire, toucher ladite somme de. . . . sur sa seule quittance, de M. N. . . ou de tous autres, ou en disposer comme bon lui semblera, en pleine propriété à partir du. . . . et tenir quitte d'autant le délégant.
    A l'effet de quoi celui-ci le met et subroge jusqu'à dûe concurrence, dans tous ses droits, actions et privilège (ajouter: et hypothèque, s'il en a été fourni une comme supplément de garantie par l'acquéreur du délégant) résultant à son profit contre M. N. . . . de la vente énoncée, et, par suite, dans l'effet de l'inscription d'office née de la transcription de ce contrat faite au bureau des hypothèques de. . . . le. . . . vol. . . . n⁰. . . .
    La créance à laquelle se rapporte cette délégation restant appartenir pour la plus forte partie au comparant, il conserve la grosse de la vente sus-relatée, mais il s'oblige à en aider le délégataire à première réquisition et sous récépissé.

§ 2. — ACCEPTATION DE DÉLÉGATION PAR LE CRÉANCIER.

    Et le. . . . . . mil huit cent. . . . .
        A COMPARU :

M. L . . . .
    LEQUEL, après lecture de l'acte dont minute précède, contenant délégation à son profit par M. . . . de la somme de. . . . . . ,
    A DÉCLARÉ accepter cette délégation, mais sous la réserve — jusqu'à ce qu'il en ait reçu le montant — de tous les droits et actions résultant (énoncer le titre de sa créance), sans aucune novation ni dérogation ; et encore à la condition qu'à défaut de paiement de la somme déléguée, il pourra, si bon lui semble, user soit cumulativement de ce titre primitif et de la délégation, soit séparément de l'un ou de l'autre.

§ 3. — DÉLÉGATION PARFAITE.

    LEQUEL — afin de se libérer (v. la délégation imparfaite).
    A DÉLÉGUÉ audit sieur. . . . . . présent et acceptant,
    PAREILLE SOMME DE. . . . à prendre, etc. (v. la délégation imparfaite)
    Pour. . . . . (idem).
    A l'effet de quoi. . . . . (idem).
    Par suite de cette délégation et sous la foi de sa fidèle exécution, M. . . . . a tenu quitte M. . . . . de son obligation sus énoncée, mais sous la réserve, cependant, à défaut de paiement de la somme déléguée des droits, actions et hypothèque résultant du titre de sa créance, et, cumulativement, des droits, actions et privilège résultant de la présente délégation, droits et actions qu'il pourra aussi exercer séparément, si bon lui semble.
    La créance à laquel e, etc. (v. la délégation imparfaite).
    A CE EST INTERVENU M. . . . . ci-dessus prénommé, qualifié et domicilié ,
    LEQUEL A DÉCLARÉ accepter et se tenir pour signifié la délégation qui précède, et n'avoir entre les mains aucune opposition à son exécution, reconnaissant M. . . . pour son nouveau créancier de ladite somme de. . . . .

§ 3. — ACCEPTATION DE DÉLÉGATION PAR LE DÉBITEUR DÉLÉGUÉ.

    Et le. . . . .
        A COMPARU :

M. . . . .
    LEQUEL, après lecture de l'acte dont minute précède contenant délégation par M. . . , au profit de M. L. . . de la somme de. . . . à prendre sur celle de. . . . due par le comparant pour le prix de la maison qu'il a acquise dudit sieur. . . suivant contrat, etc. . .
    A DÉCLARÉ accepter la délégation dont il s'agit, se la tenir pour signifiée, et n'avoir entre ses mains aucun obstacle à son exécution; admettant en conséquence M. L. . . pour son créancier.

---

(1) C'est celle qui, faite en dehors soit du créancier délégataire, soit du débiteur délégué, ne vaut que comme indication de paiement. — La délégation est parfaite quand ils y concourent l'un et l'autre.

QUITTANCE

(Code Napoléon, art. 1234 et suiv. 1908.)

§ 1er — QUITTANCE D'OBLIGATION.

En présence de M. . . . .

M . . . .

A reconnu avoir reçu, en espèces comptées et délivrées à la vue de M. . . . . , l'un des notaires soussignés,

De M . . . . . . à ce présent,

La somme de . . . . , pour le montant en principal de l'obligation que lui a souscrite le payant aux termes d'un acte passé devant M. . . , notaire à . . . . , le . . . .

De laquelle somme M. . . . . . a donné quittance définitive à M. . . . . . (1) ;

Et, par suite il a fait mainlevée et consenti la radiation définitive de l'inscription prise à son profit au bureau des hypothèques de. . ., le. . .; — entendant que le conservateur, en opérant ainsi cette radiation, soit et demeure valablement déchargé.

M. . . ., a remis à M. . . ., la grosse de ladite obligation.

Mention des présentes a été consentie partout où besoin sera.

Fait et passé. . . . .

§ 2. — QUITTANCE DE PRIX DE VENTE.

. . . . . La somme de. . . . composée de :

1°. Dix mille francs, pour le montant en principal du prix moyennant lequel il a acquis du recevant une vigne sise à. . . suivant procès-verbal d'adjudication volontaire dressé par M. . . ., notaire à . . ., le. . ., transcrit au bu reau des hypothèques de. . ., le. . ., vol. . ., n° . . . .,avec inscription d'office, vol. . ., n° . . ., — ci. . . . . 10,000 fr.

2°. . . . . fr. pour les intérêts à cinq pour cent, courus depuis le trente mai dernier, date de l'entrée en jouissance, jusqu'à ce jour . . . . . . ci. . . . .

Total égal . . . . . ———

De laquelle somme de. . . . M. . . . a donné quittance au payant;

Et par suite, il a fait mainlevée et consenti la radiation définitive de l'inscription d'office sus-énoncée; entendant que, etc. (La fin du § comme à la formule précédente.)

M. . . . a ainsi effectué le paiement de son acquisition, attendu que la transcription de la vente dont il s'agit a eu lieu sans qu'il se soit trouvé ou soit survenu aucune inscription, ainsi qu'il résulte de deux certificats délivrés par le con servateur le. . . . et qu'il n'a été révélé non plus aucune des transcriptions ou mentions prévues par la loi du 23 mars 1855, comme le constatent deux autres certificats délivrés le même jour par ledit conservateur.

M. . . . a remis au payant, etc . . . .

Mention des présentes . . . .

Fait et passé . . . .

§ 3. — QUITTANCE DE PRIX DE VENTE SUR INSCRIPTIONS.

En présence de M. . . . .

M. L. . . . et Mme son épouse qu'il autorise, demeurant ensemble à. . . .

Et M. M. . et Mme . . . .

En vue de la quittance objet des présentes, ont préliminairement exposé ce qui suit:

Par contrat passé devant le notaire soussigné, le. . . . M. et Mme L. . . ont vendu à M. et Mme . . ., une maison et dépendances sises à . . . moyennant la somme principale de soixante mille francs.

Sur ce prix, les acquéreurs ont été chargés de retenir entre leurs mains la somme de 4,000 fr. pour le service d'une rente viagère de 200 fr., due à M. . . .

Sur le même prix, M. et Mme L. . . ont cédé et délégué pour être payée en leur acquit, par les acquéreurs, à M. et Mme P. . ., précédents vendeurs, une somme de 20,000 fr., avec les intérêts depuis le. . . .

Et les. . . formant le surplus ont été stipulés payables, savoir:

. . . franc le . . . .

. . . franc le . . . .

. . . franc le . . . .

. . . et   francs le. . . . .

Le tout avec intérêts à cinq pour cent à partir du. . . . .

---

(1) Sauf les cas où il existe des femmes, des mineurs ou interdits et autres intéressés à la constatation des intérêts, en matière d'emploi ou remploi, de comptes à rendre à, etc., il n'est pas nécessaire de quittancer les intérêts, puisque le paiement du principal fait présumer celui des intérêts et en emporte libération.

QUITTANCE (SUITE)

Les acquéreurs ont fait transcrire leur contrat au bureau des hypothèques de. . .; le. . . vol. . . n°. . ., et il s'est trouvé contre les vendeurs, comme seules charges hypothécaires quatre inscriptions ci-après relatées, ainsi que le constate le certificat du conservateur en date du. . . .

Ils ont rempli aussi les formalités de purge légale :

Copie collationnée dudit contrat de vente a été déposée au greffe du tribunal de première instance de. . . et un extrait en a été affiché dans l'auditoire, suivant acte dressé au greffe le. . ., enregistré.

Ce dépôt a été notifié, tant à Mme Meunier comparante, qu'au procureur impérial, suivant exploit de. . ., huissier à. . . en date du. . .

Cette notification a été rendue publique par l'insertion qui en a été faite dans le journal. . . (*indiquer le journal*), feuille du. . ., dont un exemplaire revêtu de la signature de l'imprimeur, légalisée par le Maire, le. . ., porte cette mention : enregistré à Paris, etc.

Enfin, l'extrait dudit procès-verbal est demeuré affiché jusqu'au. . ., suivant acte dressé au greffe dudit tribunal, le même jour.

Et un certificat délivré par le même conservateur, le. . ., constate que, pendant l'accomplissement de ces diverses formalités, il n'est survenu aucune inscription d'hypothèque légale.

Les QUATRE INSCRIPTIONS relevées à la transcription, sont : (1).

La PREMIÈRE, celle formée d'office au profit des vendeurs contre les acquéreurs, le. . . vol. . . n°. . .;

La DEUXIÈME du. . . vol. . . n°. . . une inscription prise par M. Z. . . contre les vendeurs, pour garantie de la rente viagère de deux cents francs dont ont été chargés les acquéreurs qui ont retenu à cet effet, comme est dit, une somme de quatre mille francs.

La TROISIÈME, faite d'office le. . . vol. . . n°. . . . au profit de M. et Mme D. . . contre les époux L. . . avait pour objet les quarante mille francs redûs par eux sur le prix de leur acquisition de la maison dont il s'agit ; mais une mention en marge de cette inscription constate qu'elle a été radiée jusqu'à concurrence de vingt mille francs ; conséquemment elle ne subsiste plus que pour pareille somme, objet de la délégation ci-dessus rappelée.

La QUATRIÈME et dernière est requise par M. T. . . contre lesdits sieur et dame L. . ., pour sûreté de quinze mille francs redûs sur le capital de l'obligation qu'ils lui ont souscrite devant M^e. . ., notaire à. . ., le. . . . stipulée remboursable, le . . . prochain.

De cette situation hypothécaire, il résulte que les acquéreurs ont à retenir sur leur prix, pour se garantir de l'effet de ces inscriptions :

1° les quatre mille francs capital de la rente viagère qu'ils seront chargés de servir à M. Z. 4,000
2° Les vingt mille francs dûs et délégués à M. et Mme D. précédents propriétaires. 20,000
3° La somme de quinze mille francs restant dûe à M. T. 15,000

    Ensemble trente neuf mille francs 39,000
En sorte qu'il ne reste libre sur le prix principal de la vente que la somme de. 21,000

                 Total égal. 60,000

CECI EXPOSÉ, M. et Mme M. . . . . ont payé, en espèces comptées et délivrées en présence du notaire soussigné, à M. et Mme L. . . . . qui l'ont reconnu, ladite somme de vingt-un mille francs, dont quittance (2).

Par suite. . . (main-levée de l'inscription d'office), mais seulement jusqu'à concurrence de la somme payée : son effet étant expressément réservé par les recevants ainsi que leur privilège et action résolutoire, à raison du surplus dudit prix de vente en principal et intérêts ; — consentant que le conservateur, en opérant ainsi la radiation partielle, soit et demeure valablement déchargé.

MENTION DES PRÉSENTES est consentie partout où besoin sera.

FAIT ET PASSÉ. . . . .

---

(1) Il arrive que par similitude de noms ou autres causes, des inscriptions sont relevées contre les vendeurs quoique ne frappant pas l'immeuble. Elles doivent être énoncées à leur rang et pour ordre, sauf à démontrer ou faire reconnaître dans l'exposé par l'acquéreur qu'elles sont sans effet.

(2) Dans les quittances suivantes, dire que l'acquéreur a fait transcrire et purger légalement, ainsi qu'il est relaté en une quittance passée devant le notaire soussigné le. . . . ; qu'aux termes de cette quittance, il reste dû par M. et Mme M. . . . . une somme principale de. . . . . ; — constater et quittancer le nouveau paiement, faire main-levée toujours jusqu'à dûe concurrence. — Les sommes qui n'ont pu ni dû être payées aux vendeurs sont quittancées par les ayants-droit, bien entendu (dans le cas de la quittance ci-dessus par M. et Mme D. . . . . et par M. T. . . . ; mais à l'extinction de la rente viagère, le capital de 4,000 fr. revient aux vendeurs). — Lors du solde il est fait main-levée définitive des droits et de l'inscription.

QUITTANCE

§ 4. — REMBOURSEMENT DE RENTE PERPÉTUELLE.

La somme de. . . . . composée de :

1° Celle de. . . . . . pour le rachat et l'extinction d'une rente annuelle et perpétuelle de. . . . . ., constituée par M. et Mme. . . . . au profit de M. . . aux termes d'un contrat passé devant Me. . . . , notaire à. . . . le. . . . . . ci. . . . .

2° Et celle de. . . . . pour arrérages de cette rente courus depuis le. . . . . jusqu'à ce jour. . . . . . .

Total égal. . . . . . . ci . .

De laquelle somme totale M. . . . . a donné quittance au payant.

Et, par suite, il a fait main-levée et consenti la radiation définitive, etc. *(énoncer l'inscription).*

M. . . . . a remis à M. . . . . ., qui l'a reconnu, le titre de ladite rente et les pièces accessoires.

Mention, etc. . . . . . .

§ 5. — QUITTANCE SUR CONDAMNATIONS JUDICIAIRES.

La somme de. . . . . composée de :

1°. . . . . francs, pour le montant en principal des condamnations prononcées au profit de M. . . . contre le payant, par jugement-défaut (ou contradictoire) du tribunal civil de . . . . le. . . . . ci. . . . .

2° Et. . . . . francs, pour intérêts depuis l'exploit introductif d'instance jusqu'à ce jour, ci. . . . .

Total égal. . . . . . . ci. . . . .

De laquelle somme, etc.

Et par suite. . . . .

. M. . . . . a remis à M. . . . . ., qui l'a reconnu, la grosse du jugement sus-énoncé et les autres pièces du dossier.

Mention, etc.

§ 6. — QUITTANCE SUBROGATIVE.

Ont reconnu avoir reçu. . . . .

De M. T. . . . . à ce présent. . . . .

Payant en l'acquit de M. . . . .

La somme de. . . . . :

De laquelle somme MM. . . . . . donnent quittance à M. T. . . . .

Et attendu que ledit paiement est fait des deniers de celui-ci, MM. . . . . . le mettent et subrogent conformément à l'art. 1250 § 1er du Code Napoléon dans tous les droits, actions et hypothèque résultant à leur profit de l'acte sus-énoncé et spéciale- ment dans l'effet de l'inscription prise en vertu d'icelui au bureau des hypothèques de. . . . le. . . . vol. . . . . n°. . . .

A l'appui de cette subrogation MM. . . . . ont remis au payant la grosse dudit acte et le bordereau d'inscription qui y est joint. — Dont décharge.

Mention, etc.

§ 7. — QUITTANCE DE REVENUS.

La somme de. . . . pour l'année, échue le vingt courant, des arrérages de la rente perpétuelle de. . . . . constituée par acte passé devant Me. . . . . ., notaire à. . . . ., le. . . . .

La somme de. . . . . ., pour le premier semestre échéant aujourd'hui de la rente viagère de. . . . . qui lui est due en vertu des dispositions testamentaires de M. . . . .

La somme de. . . ., pour le terme échu à Noël dernier du fermage de la propriété de. . . . qu'il tient de M. . . . . suivant bail passé devant Me. . . . . ., notaire à. . . . ., le. . . . .

La somme de. . . . pour le trimestre échu hier du loyer de la maison que lui a louée M. . . . . suivant bail passé devant Me. . . . . ., notaire à. . . . . ., le. . . . .

RATIFICATION

(**Code Napoléon, art. 1337 et suiv.**)

---

§ 1er. — RATIFICATION D'OBLIGATION PAR UNE FEMME. (Voir 9me Tablette.)

PARDEVANT M^e . . . .

A COMPARU :

Mme. . . . . ., épouse assistée et autorisée de M. L. . . . .

LAQUELLE, — après que lecture lui a été donnée par le notaire soussigné de la minute d'une obligation passée devant lui le . . . . . et consentie au profit de M. . . . . . par M. . . . . tant en son nom personnel que comme se portant fort de la comparante.

A, par ces présentes, DÉCLARÉ approuver, confirmer et ratifier la dite obligation ; — entendant qu'elle soit exécutée en sa forme et teneur comme si elle l'eût consentie avec son mari ; et renouvelant, en tant que de besoin, l'engagement pris en son nom par ce dernier.

MENTION DES PRÉSENTES est consentie sur tous titres.

DONT ACTE..

§ 2. — RATIFICATION DE VENTE PAR UNE FEMME QUI RENONCE A SON HYPOTHÈQUE LÉGALE.

LAQUELLE, — après que lecture lui a été donnée. . . de la minute d'un contrat passé devant lui, le. . . . . contenant vente par M. . . . . son mari, ayant agi tant en son nom personnel que comme se portant fort d'elle avec obligation solidaire entre eux à la garantie contre tous troubles, de. . . (tels immeubles) moyennant la somme de. . . . . stipulée exigible le. . . . . et productive d'intérêts à cinq pour cent l'an, payables. . . . . ;

A, par ces présentes, DÉCLARÉ approuver, confirmer et ratifier formellement la vente sus-énoncée ; — entendant qu'elle reçoive sa pleine exécution comme si elle l'eût consentie avec son mari, et s'obligeant avec lui, sous la solidarité y exprimée, à la garantie de droit envers l'acquéreur ;

Par suite, la dite dame a renoncé à exercer son hypothèque légale tant sur les immeubles compris en la dite aliénation que sur le prix d'icelle.

MENTION, etc. . . . .

§ 3. — RATIFICATION DE VENTE PAR UN MINEUR DEVENU MAJEUR.

PARDEVANT M^e. . . . .

A COMPARU :

M. . . . .

Aujourd'hui majeur étant né le. . . . . ainsi qu'il le déclare (*ou* ainsi qu'il est constaté par son acte de naissance inscrit aux registres de l'état-civil de la commune de. . . . . et dont il a représenté au notaire soussigné, qui la lui a rendue, une expédition régulière.)

LEQUEL, — après que lecture lui a été donnée (voir ci-dessus). . ., contenant vente par M. . . . . . père du comparant, propriétaire demeurant à . . ., ayant agi comme se portant fort de ce dernier alors mineur, au profit de M. . de . . . (tels immeubles), (*le surplus comme au* § 2 *ci-dessus.*)

A, par ces présentes, DÉCLARÉ approuver, confirmer et ratifier en tout son contenu, la vente dont il s'agit ; — voulant qu'elle reçoive son entier effet comme s'il l'eût consentie et signée en pleine majorité.

MENTION, etc. . . . .

VENTE

(Code Napoléon, art. 1582 à 1685.)

SUBSTANCE :

Comparution du vendeur ;
Clause de garantie ; (C. N. 1625 et s.)
Comparution de l'acquéreur ;
Désignation de l'immeuble ;
Clause sur la contenance (s'il s'agit d'héritages agraires. (C. N. 1616.)
Etablissement de propriété ; (1)
Entrée en jouissance (C. N. 1604.)
Charges et conditions } Impôts — point de départ. Servitudes. { (C. N. 637 et s.)
Prix de la vente ; — mode de libération ; '(C. N. 1247, 1650.)
Déclaration de remploi ; (quand il y a lieu, C. N., art. 1443 et s., 1553, etc.)
Transcription et purge ; (C. N., 2181 et suiv.)
Etat civil du vendeur ; (Arg. 2121.) (2)
Situation hypothécaire ; (C. N. 2059.)
Remise de titres ; (C. N. 1605.)
Election de domicile. (C. N. 111.)

§ 1er. — VENTE DE PLEINE PROPRIÉTÉ.

PARDEVANT M°. . . . .

A COMPARU :

M. . . . .

Agissant au nom et comme mandataire spécial de M. F. . . et Mme L. . . , son épouse, de lui autorisée, demeurant ensemble à. . . , aux termes de leur procuration sous signatures privées, en date à . . . , du. . . . , portant cette mention : « Enregistré à. . . . . , le. . . . , etc. »

L'original de laquelle procuration, certifié véritable et signé par le mandataire en présence du notaire, est demeuré ci-joint, mention de cette annexe préalablement faite dessus.

LEQUEL, a, par ces présentes, VENDU, en obligeant ses mandants à la garantie de droit solidaire entre eux,

A M. . . . . et Madame. . . . , son épouse, qu'il a autorisée, demeurant ensemble à . . . . , à ce présents et acceptant,

Un bois appelé. . . . . situé commune de. . . . . contenant. . . . . hectares, d'après le cadastre où il figure sous la section M, n° . . . . . ; tenant d'un côté à la route impériale de . . . . à . . . , d'autre côté au pré de Mlle E. . . . . d'un bout à la rivière de. . . . . d'autre bout au bois de M. R . . . . (ou : confiné au nord par telle propriété, au sud par. . . . , à l'est par. . . . . et à l'ouest par. . . . .)

Ainsi que ce bois se poursuit et comporte, sans exception ni réserve, mais aussi sans livraison de la contenance sus-indiquée, dont le plus ou le moins, excédât-il un vingtième, fera profit ou perte pour les acquéreurs.

ÉTABLISSEMENT DE PROPRIÉTÉ.

I — ENTRE LES MAINS DES VENDEURS.

M. et Mme F. . . . . ont acquis pendant leur mariage le bois dont il s'agit de M. G. . . . . suivant contrat passé devant M° . . . . , notaire à . . . . . , le . . . . . . , moyennant un prix quittancé par acte passé devant le même notaire, le . . . . .

Ce contrat fut transcrit au bureau des hypothèques de. . . . . , le. . . . . , vol. . . . , n° . . . . . , à la charge, outre l'inscription d'office, de trois inscriptions rayées définitivement, ainsi qu'il est constaté par un certificat du Conservateur au dit bureau, en date du. . . . .

Les acquéreurs firent aussi remplir les formalités de purge, et il ne survint aucune inscription d'hypothèque légale, ainsi qu'il résulte des pièces énoncées en la quittance sus-datée.

II — ENTRE LES MAINS DE M. G...

M. G. . . . . était propriétaire de ce bois comme l'ayant recueilli dans la succession de M. V. G. . . . . , son père, dont il était unique héritier, ainsi que le constate un acte de notoriété, à défaut d'inventaire, reçu par M° . . . . . , notaire à . . . . . , le . . . . . .

III — ENTRE LES MAINS DE M. G... PÈRE.

Enfin ce bois avait appartenu à M. G. . . . père, en vertu de l'abandon que lui en avait fait, à titre de dation en paiement, M. . . . . , suivant acte reçu par M° . . . . , notaire à . . . . . , le . . . . . , transcrit au bureau des hypothèques de. . . . . , le . . . . . , sans qu'il soit trouvé ni survenu d'inscription ; mais les formalités de purge ne furent pas remplies.

---

(1) Il est d'usage dans la bonne pratique et autant que les titres promis le permettent de remonter à 30 ans l'origine de la propriété parce que ce temps correspond à la prescription des actions réelles. (C. N. 2262. — V. 2255 et s.)

(2) La loi du 5 septembre 1807, oblige sous peine de destitution, les Receveurs généraux et particuliers ainsi que les divers payeurs à faire connaître leurs qualités dans les actes translatifs de propriété qu'ils passent.

VENTE (SUITE)

ENTRÉE EN JOUISSANCE.

Les acquéreurs ne pourront se mettre en jouissance du bois vendu que le 1er novembre prochain, date de l'expiration du bail ci-après énoncé.

(*Ou :* Les acquéreurs pourront se mettre immédiatement en jouissance de l'immeuble vendu.)

CHARGES ET CONDITIONS.

Cette vente a lieu sous les conditions suivantes, auxquelles lesdits acquéreurs s'obligent solidairement :

1° D'acquitter les impôts à partir du 1er janvier prochain;

2° De souffrir les servitudes de toute nature pouvant grever ledit immeuble, sauf à profiter de celles actives, s'il en existe, le tout aux risques et fortune des acquéreurs, les vendeurs n'étant tenus à aucune garantie à cet égard, et sans que cette clause puisse conférer aux tiers des droits autres ou plus étendus que ceux justifiés ;

3° De remplir les obligations résultant de l'assurance contre l'incendie, contractée par les vendeurs à la compagnie générale aux termes de la police en date du. . . . . sur timbre de dimension (1); sauf aux acquéreurs à profiter de l'indemnité qui serait due en cas de sinistre ;

4° D'exécuter le bail du bois sus-désigné, consenti par les vendeurs à M. . . , suivant acte passé devant Mᵉ. . . , notaire à. . . . . , le. . . . . et dont les acquéreurs reconnaissent avoir pris connaissance ;

5° Et de payer le coût des présentes, ainsi que de droit, compris une grosse pour les vendeurs (2).

PRIX.

Cette vente a lieu moyennant la somme de cinq mille francs que les acquéreurs s'obligent solidairement à payer à M. et Mᵐᵉ. . . . , en l'étude du notaire soussigné, savoir :

MILLE FRANCS aussitôt après l'accomplissement des formalités de transcription et de purge, sans inscription, ou lors de la radiation de celles pouvant exister ou survenir ;

DEUX MILLE FRANCS, le. . . . .

Et DEUX MILLE FRANCS, le. . . . .

Le tout avec intérêt à cinq pour cent à partir du jour de l'entrée en jouissance, payables : pour les mille francs en même temps que la somme, et pour le surplus le. . . . . de chaque année.

DÉCLARENT M. . . . . et Mᵐᵉ. . . . . que la présente acquisition est faite au profit de celle-ci, qui l'accepte, à titre de remploi anticipé d'une petite maison sise à. . . . . lui appartenant et qu'elle se propose de vendre. En conséquence et lors du paiement du prix ci-dessus stipulé, M. et Mᵐᵉ. . . . . feront connaître l'origine des deniers afin de régulariser le remploi au profit de ladite dame.

TRANSCRIPTION ET PURGE LÉGALE.

Les acquéreurs feront transcrire le présent contrat au bureau des hypothèques, dans le délai d'un mois, et rempliront, s'ils le jugent convenable, les formalités prescrites pour purger les hypothèques légales ; et, s'il y a ou survient des inscriptions du chef des vendeurs ou de leurs auteurs, M. et Mᵐᵉ. . . . seront tenus d'en rapporter main-levée et certificats de radiation, dans les quarante jours de la dénonciation qui leur en sera faite, au domicile ci-après élu, et de garantir et indemniser les acquéreurs de tous frais, autres que ceux ordinaires de transcription et de purge sans inscriptions.

Toutefois, en cas d'inscriptions, les acquéreurs ne pourront pas se refuser au paiement de la portion de leur prix excédant la somme nécessaire pour les garantir de l'effet de ces inscriptions.

REMISE DE TITRES.

Les vendeurs devront remettre aux acquéreurs, lors du premier paiement, tous les titres de propriété ci-devant énoncés:

ÉTAT CIVIL DES VENDEURS.

DÉCLARE M. . . . . que les mandants sont mariés en uniques noces et sous le régime de la communauté, suivant contrat passé devant Mᵉ . . . . . , notaire à . . . . . , le . . . . . et qu'ils n'ont rempli ni l'un ni l'autre aucune fonction pouvant emporter l'hypothèque légale.

ÉLECTION DE DOMICILE.

Pour l'exécution des présentes, les parties élisent domicile en l'étude du notaire soussigné.

DONT ACTE.

FAIT ET PASSÉ en ladite étude . . . . . , etc.

---

(1) V. L. 5 juin 1850.

(2) Les conditions ou obligations imposées par la loi n'ont pas besoin de figurer aux actes ou contrats ; mais cependant on les stipule, on les rappelle, parce qu'ainsi les parties qui sont étrangères aux notions du droit, se trouvent éclairées sur toute l'étendue de leurs engagements.

VENTE

§ 2. — VENTE DE NU-PROPRIÉTÉ.

PARDEVANT Mᵉ . . . .
    A COMPARU :

Madame. . . . ., veuve de M. . . . ., demeurant à. . . . .
    LAQUELLE A, par ces présentes, VENDU, sous la garantie de droit. . . . .
    A M. . . . . à ce présent et acceptant,
    LA NU-PROPRIÉTÉ d'une maison située à. . . . . composée :
Au rez-de-chaussée de. . . . .
Au premier étage de. . . . .
. . . .
    Ensemble une petite cour (ou autres dépendances).

Le tout figurant au plan cadastral sous la section D, nᵒ. . . (1), tenant d'un côté à la maison de M. . . (indiquer la mitoyenneté de mur, s'il y en avait), d'autre côté au jardin de M. . . . ., d'un bout à la rue de. . ., d'autre bout à la route de. . . . .

ÉTABLISSEMENT DE PROPRIÉTÉ.

La maison dont il s'agit fut léguée à la venderesse par Mᶫᶫᵉ D . . . . ., aux termes du testament passé devant Mᵉ . . . ., notaire à. . . . ., le. . . . ., et dont l'exécution a été consentie par M. . . . ., unique héritier du testateur, aux termes d'un acte reçu par le même notaire le. . . . . Cette disposition eut lieu à la charge par madame. . . . . d'acquitter deux legs particuliers et elle a satisfait à cette obligation, ainsi que le constate une quittance reçue par. . . . .

Mᶫᶫᵉ D.... s'était rendue adjudicataire de ladite maison suivant jugement de licitation rendu à l'audience des criées du tribunal de.... le.... sous le nom de son avoué qui lui en passa déclaration le lendemain par acte du greffe, et ce, moyennant la somme de.... payée aux termes d'une quittance passée devant Mᵉ...., notaire à....., le...., énonçant les formalités de transcription et de purge accomplies sans qu'il se soit produit aucune inscription.

Le précédent propriétaire dudit immeuble était M.... Il le possédait en vertu de la donation à lui faite par M...., suivant acte passé devant Mᵉ...., notaire à....., le...., à la charge de l'acquit des dettes détaillées en l'état annexé à ladite donation; toutes lesquelles furent payées ainsi que l'établissent trois quittances reçues : la première, le.... par Mᵉ...., notaire à....; la seconde.... et la troisième....

ENTRÉE EN JOUISSANCE.

L'acquéreur pourra disposer de l'immeuble sus-désigné, savoir : Pour la nu-propriété, à compter de ce jour ; et pour l'usufruit, à partir du décès de la venderesse, époque à laquelle cet usufruit, qui lui demeure réservé, sera réuni à la propriété au profit dudit acquéreur.

CHARGES ET CONDITIONS.

. . . .

De faire pendant la durée de l'usufruit les grosses réparations dont pourrait avoir besoin la maison vendue.

PRIX.

Cette vente est consentie moyennant une rente annuelle et viagère de. . . . . que l'acquéreur s'oblige à servir à Mᵐᵉ veuve. . . . ., en sa demeure à. . . . . ., de trois en trois mois, à compter de ce jour.

ÉTAT CIVIL DE LA VENDERESSE.

. . . .

SITUATION HYPOTHÉCAIRE.

Mᵐᵉ veuve . . . . . déclare que la maison vendue est libre de toute charge privilégiée ou hypothécaire (ou : que la maison vendue n'est grevée que d'une seule inscription conservant une somme principale de cinq cents francs par elle empruntée de M . . . . ., suivant obligation passée devant Mᵉ . . . . ., notaire à . . . . ., le . . . . .)

TITRES DE PROPRIÉTÉ.

Mᵐᵉ veuve . . . . . conserve les titres de propriété de la maison, objet du présent contrat; mais ses héritiers ou représentants seront tenus de les remettre après son décès à l'acquéreur.

ÉLECTION DE DOMICILE.

. . . .

DONT ACTE.

FAIT ET PASSÉ. . . . .

---

(1) Le cadastre étant l'état civil de la propriété, la source où se puise en partie l'application du droit au fonds ou à la possession, devrait être tenu constamment au courant des mutations par un mécanisme certainement possible mais que l'on néglige d'établir ; et les notaires pourraient être astreints conséquemment, et au besoin, sous peine d'une légère amende, à mentionner toujours la section et le numéro sous lesquels figure l'héritage, objet de tout acte translatif. — Et les parties, qui ont à cette mesure un intérêt bien évident à divers égards, seraient ainsi amenées à fournir au notaire-rédacteur ce renseignement auquel on serait bientôt habitué.

VENTE

§ 3. — VENTE D'USUFRUIT
(Code Napoléon, art. 578 et suiv. 600, 1807).

PARDEVANT M^e . . . .
      A COMPARU:

M. L . . . .
LEQUEL A, par ces présentes, VENDU, sous la garantie de droit,
A M. V . . . ., à ce présent et acceptant,
L'USUFRUIT, durant la vie de ce dernier, d'une maison sise à. . . ., composée de. . . ., confinée . . . .
figurant au plan cadastral sous la section D. N°. . .

ÉTABLISSEMENT DE PROPRIÉTÉ.

M. L. . . . a recueilli cette maison dans la succession de Melle. . . sa tante, de laquelle il était héritier pour un tiers, et elle lui est échue dans le partage passé entre lui et ses co-héritiers devant M^e. . ., notaire à. . ., le. . . ., à la charge d'un retour de mille francs dû par led. M. L. . . . qui s'en est libéré aux termes d'une quittance devant le même notaire en date du. . .

Quant à l'origine antérieure, elle n'a pu être constatée: le vendeur n'ayant ni titres ni explications à cet égard. .

ÉNONCIATION DU BAIL.

La maison et dépendances, sus désignées sont louées à M. . . ., suivant bail passé devant M^e. . . notaire à. . ., le. . ., pour neuf années devant expirer à Noël de 1873, moyennant 600 fr. par an payables en 2 termes: moitié à la St-Jean et moitié à Noël, et à la charge pour le locataire d'acquitter l'impôt foncier desdits immeubles.

ENTRÉE EN JOUISSANCE.

L'acquéreur entrera en jouissance par la perception des loyers qui courront à son profit à partir du vingt-quatre juin prochain. — Il continuera de jouir en usufruit et comme il l'entendra, desdites maison et dépendances jusqu'à son décès.

CHARGES ET CONDITIONS.

La présente vente a lieu à la charge par M. V. . . .qui s'y oblige
1° De faire à ses frais et avant d'entrer en jouissance un état de la maison ; (1)
2° D'exécuter le bail qui vient d'être relaté ;
3° D'exercer son usufruit en bon père de famille sans pouvoir changer l'état ou distribution de ladite maison, qu'il devra tenir en bonne réparation d'entretien pendant toute la durée de cet usufruit ;
4° De souffrir les grosses réparations, quelle qu'en soit la durée ; (2)
5° De supporter toutes charges annuelles notamment les contributions ;
6° Et d'acquitter le coût des présentes.

PRIX.

En outre cette vente est consentie moyennant la somme de. . . ., que M. L. . . . reconnaît avoir reçue antérieurement à ce jour de l'acquéreur auquel il en donne quittance.

TRANSCRIPTION ET PURGE.

. . . .

ÉTAT CIVIL DU VENDEUR.

. . . .

TITRES DE PROPRIÉTÉ.

. . . .

ÉLECTION DE DOMICILE.

. . . .

§ 4. — VENTE DE FONDS DE COMMERCE.

LEQUEL A, par ces présentes, VENDU, sous la garantie contre tous troubles, saisies, ou revendications,
A M. . . . ., présent et ce acceptant,
LE FONDS de. . . (indiquer la nature de commerce ou d'industrie) qu'il exploite audit lieu ;
Ensemble l'achalange qui y est attaché ;
Et les marchandises, ustensiles, comptoirs et autres meubles servant à cette exploitation ; — le tout décrit et inventorié en un état dressé sur. . . feuilles de papier au timbre de. . ., que les parties ont certifié véritable et signé en présence des notaires, pour être annexé à ces présentes.

Ainsi que ce fonds et ses accessoires se trouvent et comportent, sans exception ni réserve.

Cette vente a été faite:
A la charge par l'acquéreur de payer à compter de ce jour, en l'acquit du vendeur la patente de l'année courante ;
Et moyennant la somme de. . . que led. acquéreur s'est obligé à payer M. V. . . ., savoir. . .
PAR CES MÊMES PRÉSENTES, M. V. . . a transporté à M. . . qui l'a accepté, pour le temps qui en reste à courir à partir d'aujourd'hui, son droit au bail des lieux dans lesquels est exploité le fonds vendu. . . (V. la formule du transport de bail).

---

(1) V. C. N. Obligations de l'usufruitier, art. 600 et s. — V. note à la ...^e tablette qui précède.
(2) V. C. N. art. 1724

VENTE

§ 5. — VENTE A RÉMÉRÉ.
(Code Napoléon, art. 1659 et suiv.)

Pardevant Mᵉ. . . . .
      A comparu :

M. R. . . . , demeurant à . . . .

Lequel a, par ces présentes, vendu, sous la garantie de droit

A M. D. . . . , à ce présent et acceptant,

Un pré situé au lieu dit. . . commune de. . ., contenant d'après l'arpentage qu'en ont fait faire les parties, dix hectares vingt ares trente-un centiares, figurant au plan cadastral sous la section A. nᵒ. . .; borné au nord par la terre de M. Pailloux, au midi par le verger de Mᵉˡˡᵉ Boudin, à l'est par le pré de M. Quillier, et à l'ouest par le bois futaie de M. Maillet (1).
    Ainsi que ce pré se poursuit et comporte, sous réserve de la récolte de cette année.

ÉTABLISSEMENT DE PROPRIÉTÉ.

L'immeuble appartient au vendeur comme l'ayant reçu en échange de M. V. . . contre une pièce de terre de. . . hectares sise à. . ., suivant contrat passé devant Mᵉ. . ., notaire à. . ., le. . ., moyennant un retour de cinq cents francs à la charge de M. R. . . qui s'en est libéré aux termes d'une quittance passée devant le même notaire, le. . . — Cet échange transcrit au bureau des hypothèques de. . . le. . . vol. . . nᵘ. . ., sans qu'il se soit manifesté aucune inscription. — Quant aux formalités de purge M. R. . . ne jugea pas à propos de les remplir attendu que M. V. . . était célibataire et n'avait jamais été chargé d'aucune fonction pouvant emporter hypothèque légale.

ENTRÉE EN JOUISSANCE.

M. D. . . , à raison de la réserve qui précède, n'entrera en jouissance du pré vendu qu'après l'enlèvement du regain de la présente année.
CHARGES ET CONDITIONS.

. . . .

D'acquitter les impôts à partir du. . . (postérieurement à la récolte).

. . . .

PRIX.

La présente vente est faite moyennant la somme de. . . que M. D. . . a payée à M. R. . ., en espèces comptées et délivrées à la vue des notaires. — Dont quittance.
CLAUSE DE RÉMÉRÉ (2).

M. R. . . se réserve expressément, pendant. . . années à partir de ce jour, la faculté de réméré, c'est-à-dire le droit de reprendre l'immeuble dont il s'agit, en remboursant à l'acquéreur le prix qui vient d'être stipulé, les frais et loyaux coûts de la vente, ainsi que les réparations nécessaires ou ayant augmenté la valeur du fonds, comme le prévoit l'art. 1673 du Code Napoléon.

Faute de remboursement entier dans ledit délai, l'acquéreur demeure propriétaire incommutable dudit immeuble, conformément à l'article 1662 du même code.
TRANSCRIPTION ET PURGE.

. . . .

ÉTAT CIVIL DES VENDEURS.

. . . .

TITRES DE PROPRIÉTÉ.

. . . .

ÉLECTION DE DOMICILE.

. . . .

---

(1) Au lieu de n'indiquer comme on le fait souvent que le nom du propriétaire voisin, il convient de désigner en même temps la nature de l'héritage contigu : c'est un moyen de repère, de reconnaissance dans la suite des transmissions.

(2) Le droit de réméré peut faire l'objet d'une vente. Le vendeur met et subroge l'acquéreur dans ses droits résultant de la clause de réméré; il le charge de rembourser le capital, les frais et loyaux coûts de l'aliénation. — Mais il nous semble que la forme de cession serait préférable. — La formule d'ailleurs facile n'est pas fournie ici, parce que cet acte est très-exceptionnel.

VENTE

§ 6. — RENONCIATION PAR LE VENDEUR A L'EXERCICE DU DROIT DE REMÉRÉ (1).

Et le . . . .

Pardevant Mᵉ . . . .

A comparu :

M. R. . . . . (le vendeur) ;

Lequel a, par ces présentes, déclaré renoncer,

Au profit de M. D. . . . . . . , — à ce présent et acceptant,

A la faculté de reméré qu'il s'est réservée, pour un délai de. . . . . ans, dans la vente par lui consentie à M. D. . . . , suivant contrat passé, etc.

Et ce, moyennant la somme de. . . . . , que M. R. . . . . a reconnu avoir reçue de M. D. . . . . pour le supplément de prix stipulé au dit contrat de vente dans la prévision de cette renonciation.

Par suite, M. R. . . . . s'est dessaisi de tous droits sur l'immeuble vendu par lui à M. . . . . qui en sera propriétaire incommutable à compter de ce jour.

Mention des présentes pourra être faite sur tous titres et pièces.

Dont acte.

§ 7. — ACTE CONSTATANT L'EXERCICE DU REMÉRÉ.

Et le . . . .

Pardevant Mᵉ . . . .

Ont comparu :

M. B. . . . . (le vendeur),

Et M. C. . . . . . . (l'acquéreur) ;

Lesquels ont exposé ce qui suit :

(Énonciation du contrat de vente et de la réserve de la faculté de rachat.)

M. C. . . . . s'est libéré de son prix d'acquisition ainsi que le constatent trois quittances passées, savoir : . . . . . . l'une devant Mᵉ. . . . . ; les 2 autres devant Mᵉ. . . . . , le. . . . . et le. . . . .

Et il a, par ses soins et sacrifices, transformé la pièce de terre dont s'agit en une vigne bien venue, ayant déjà donné des fruits aux dernières vendanges.

Aujourd'hui, M. C. . . . . a droit :

1° A la somme de . . . , pour le prix principal de la vente, ci . . . . » »
2° A celle de . . . , pour la plus-value admise par M. B. . . . . » »
3° Et à celle de . . . , pour les frais et loyaux coûts dûment justifiés. . . . . » »

                                                Total . . . .

M. B. . . . . a fait connaître à l'acquéreur son intention d'user de la faculté de reméré qu'il s'est réservée, et lui a compté en espèces, délivrées à la vue des notaires, la dite somme totale de. . . . . . —

Dont quittance.

Et M. C. . . . a remis à B. . . . . , qui le reconnaît, tous les titres de propriété qu'il avait reçus de lui lors du contrat de vente.

Par suite, les parties ont déclaré se tenir respectivement quittes de toutes choses relatives à la dite vente ; — consentant que mention des présentes soit faite sur toutes pièces où elle serait nécessaire.

Dont acte.

Fait et passé . . . .

---

(1) Le droit de reméré peut faire l'objet d'une vente. Le vendeur met et subroge l'acquéreur dans ses droits résultant de la clause de reméré; il le charge de rembourser le capital, les frais et loyaux coûts de l'aliénation. — Mais il nous semble que la forme de cession serait préférable. — La formule d'ailleurs facile n'est pas fournie ici, parce que cet acte est très-exceptionnel.

VENTE

MODES PARTICULIERS DE LIBÉRATION

---

§ 1er. — RETENUE DE PARTIE DU PRIX POUR LE SERVICE D'UNE RENTE VIAGÈRE GARANTIE PAR HYPOTHÈQUE SUR L'IMMEUBLE VENDU.

Sur ce prix, M. et Mme . . . . . retiendront, entre leurs mains, une somme de . . . . . . ; et, avec les intérêts qu'elle produira à cinq pour cent par an, à compter du . . . . . , ils s'obligent solidairement à servir en l'acquit des vendeurs, la rente viagère de . . . . . , due à la dame. . . . ". , ainsi qu'il est dit en l'établissement de propriété. — M. L . . . , au nom des vendeurs, fait, en conséquence, toute délégation nécessaire au profit de cette dame.

Ce capital de. . . . . sera payé par M. et Mme . . . . ' . . , qui s'y obligent, aux vendeurs, en leur demeure à. . . . , six mois après la notification qui leur sera faite du décès de la dite dame. . . . . , avec les intérêts qui en seront dus au jour du paiement.

§ 2. — PARTIE DE PRIX RÉSERVÉE JUSQU'AU RÉSULTAT DES FORMALITÉS HYPOTHÉCAIRES.

L'acquéreur a payé à compte sur cette somme, à M. . . . , en espèces délivrées à la vue des notaires, celle de. . . : —
DONT QUITTANCE.

IL s'est obligé à payer le surplus, en l'étude de M^e . . . . . , aussitôt après l'accomplissement des formalités de transcription et de purge, avec les intérêts à . . . . pour cent à partir de ce jour. — Mais il a été entendu que si la libération de l'acquéreur se trouvait empêchée par l'existence d'inscriptions frappant les immeubles vendus, ces intérêts cesseraient de courir à partir de la délivrance de l'état des dites inscriptions, sans que l'acquéreur soit tenu à des offres ou autres formalités.

§ 3. — PAIEMENT DU PRIX RÉALISÉ EN BILLETS.

(Après la stipulation des termes et de l'intérêt :)

Pour permettre au vendeur la réalisation du prix dû, l'acquéreur lui a remis à l'instant — ce qu'il reconnaît — trois billets représentant ce prix, ensemble les intérêts jusqu'au dernier terme, souscrits par le dit acquéreur à l'ordre du vendeur et causés ainsi : « Valeur reçue en mon acquisition de ce jour. » (date du contrat).

Etant entendu que l'acquit de ces billets vaudra quittance du prix de la présente vente et qu'ils ne font qu'une seule et même chose avec l'obligation de paiement d'icelui.

§ 4. — INDICATION DE PAIEMENT.

En déduction de ce prix, l'acquéreur prélèvera la somme de. . . . . , pour être payée en l'acquit du vendeur, en principal et intérêts, savoir :

A Mlle. . . , quinze cents francs, montant de l'obligation souscrite à son profit par le vendeur, exigible le. . .
et productifs d'intérêts à . . . pour cent par an, suivant acte . . . . » »

A M. . . . . , (pour telle cause) . . . . » »

Total égal. . . . .

Ces paiements pourront avoir lieu en l'absence du vendeur qui consent toute délégation nécessaire à ses créanciers susnommés; et ceux-ci pourront donner valablement à l'acquéreur main-levée, jusqu'à dûe concurrence, de l'inscription d'office qui sera formée à la transcription des présentes.

Quant à la somme de . . . . restant, l'acquéreur s'oblige à la payer au vendeur, etc.

§ 5. — PARTIE DE PRIX PAYÉE AU MOYEN D'UN EMPRUNT.

SUR ce prix l'acquéreur a payé comptant, en présence des notaires, au vendeur qui le reconnaît, la somme de. . . . . . :
DONT QUITTANCE.

ET a déclaré, le dit acquéreur, que, de cette somme, mille francs proviennent de l'emprunt qu'il a fait de M. D. . . . , suivant obligation. . . . . . — Faisant cette déclaration afin que le dit sieur D. . . soit subrogé, jusqu'à dûe concurrence, dans les droits et le privilége du vendeur sur l'immeuble vendu, notamment dans l'effet de l'inscription d'office qui sera formée à la transcription des présentes ; et ce, par application de l'art. 1450, § 2 du Code Napoléon.

VENTE

DÉCLARATIONS DE REMPLOI

§ 1er — REMPLOI ANTICIPÉ (FEMME NON DOTALE) — V. 21e Tablette.

§ 2. — VENTE D'UN HÉRITAGE PROPRE DE LA FEMME.

LES SIEUR ET DAME. . . . . ONT DÉCLARÉ que le prix de cette vente est destiné à solder celui de l'acquisition qu'ils ont faite d'une ferme sise à. . . . . , par contrat passé devant M^e. . . . . , notaire à. . . . . , le. . . . . , dans lequel ils ont déclaré que cet immeuble était destiné à servir de remploi à Mme. . . . . de la maison présentement vendue.

§ 3. — CAS DE L'ARTICLE 1434 DU CODE NAPOLÉON.

LE S^r. . . . . A DÉCLARÉ que l'héritage qu'il vient d'acquérir est destiné à lui servir de remploi, et que le prix en sera payé avec les deniers provenant de la vente qu'il a faite, durant son mariage, d'une métairie sise à. . . . . , qui lui appartenait en propre, et ce, moyennant la somme de . . . . . , suivant contrat reçu par M^e . . . . . , à la suite duquel est la quittance de cette somme, reçue par le même notaire le . . . . . .

§ 4. — CAS DE L'ART. 1435 DU CODE NAPOLÉON.

M. . . . . . A DÉCLARÉ que l'immeuble présentement acquis est destiné à tenir lieu de remploi à Mme . . . . . , son épouse, — à ce présente et acceptant expressément sous son autorisation ; — et que le prix en sera payé avec les deniers provenant de la vente par eux consentie pendant leur mariage, d'une terre propre à la dite dame, sise à. . . . , et ce moyennant la somme de. . . . . . , aux termes d'un contrat, (le surplus comme au § 3.)

DÉCLARATION COMPLÉMENTAIRE.

M. et Mme . . . . . ONT DÉCLARÉ que la somme de. . . . . qu'ils viennent de payer fait partie du prix moyennant lequel ils ont vendu une terre propre à la dite dame, ainsi qu'il est dit au contrat dont la minute précède. — En vertu de quoi l'immeuble acquis par le dit contrat est et demeurera propre à Mme . . . . . , et lui vaudra remploi jusqu'à dûe concurrence.

§ 5. — REMPLOI D'UN BIEN DOTAL.

DÉCLARATION DANS LE CONTRAT D'ALIÉNATION (C. N. 1557.)

Le verger vendu étant dotal à la dame N. . . . . et soumis à un remploi immobilier, pour une valeur égale, le tout ainsi qu'il est expliqué plus haut, l'acquéreur conservera le prix de la présente aliénation et ne s'en libérera qu'entre les mains du vendeur d'un immeuble acquis en remploi par M. et Mme N. . . . . , lequel devra être de même valeur que le dit verger et libre de toute charge privilégiée ou hypothécaire.

DÉCLARATION DANS LE CONTRAT D'ACQUISITION EN REMPLOI (C. N. 1553).

LES S^r ET DAME N. . . . . ONT DÉCLARÉ que l'immeuble présentement acquis l'est à titre de remploi, au profit de la dite dame qui l'accepte expressément, du verger qu'elle a vendu solidairement avec son mari, à M. V. . . . . , suivant contrat passé devant M^e . . . . . , aux termes duquel M. V. . . . . a été autorisé à conserver le prix pour le paiement de celui de l'acquisition en remploi.

En conséquence, M. T. . . . . (le vendeur), touchera directement de M. V. . . . . . , après l'accomplissement des formalités de transcription et de purge et s'il n'existe aucune inscription, la somme de . . . . . . , prix de la présente vente, avec les intérêts dûs alors.

DÉCLARATION LORS DU PAIEMENT.

(Après avoir relaté la vente du bien dotal et l'acquisition en remploi, ainsi que les formalités remplies sur celle-ci, et la non existence ou la radiation des inscriptions :)

CELA DIT, M. V. . . . . A PAYÉ, en présence du notaire soussigné, et du consentement de M. et Mme N. . . . . . , à M. V. . . . . qui l'a reconnu et lui en a donné quittance,

1° LA SOMME DE. . . . . , pour le montant en principal du prix de la vente. . . . .

2° ET CELLE DE . . . . . , pour les intérêts. . . . . .

Au moyen de quoi, M. V. . . . . se trouve libéré envers M. et Mme N. . . . . , et ceux-ci sont également quittes vis-à-vis de T. . . . . , leur vendeur en remploi.

VENTE

RÉSOLUTION OU RÉSILIATION

(C. N. 1184, 1610, 1626 et s. 1654 et s.)

§ 1ᵉʳ. — RÉSOLUTION SIMPLE ET DANS LES 24 HEURES.

Pardevant Mᵉ . . . .

    Ont comparu :

M . Z . . . .

Et M . A . . . .

Lesquels ont, par ces présentes, déclaré consentir la résolution pure et simple du contrat passé devant Mᵉ. . . . . ,
notaire à . . . . . , le . . . . . , contenant vente par M. Z. . . , à M. A. . . (désignation de l'immeuble) moyennant le
prix principal de . . . francs, stipulé payable après l'accomplissement des formalités hypothécaires.

    (Ou : dont le dit contrat porte quittance ; ou : sur lequel M. A. . . . . a versé à compte la somme de. . . .)

    Par suite, M. A. . . . . s'est dessaisi de tous les droits que lui conférait ce contrat sur le dit immeuble, au profit de
M. Z. . . . , qui en reprendra la toute propriété ; — et il a rendu au dit sieur Z. . . , les titres qu'il en avait reçus au moment de la vente.

    (Si le prix avait été payé en totalité ou en partie, ajouter :)

    Et M. Z. . . , de son côté, a restitué à M. A. . . , en présence des notaires, la somme de. . . . , formant le prix de
la vente dont il s'agit, — ou : la somme de. . . . qu'il avait reçue de lui sur le prix de la vente dont il s'agit, déclarant le tenir
quitte de celle de. . . . qui se trouvait redûe.

    Mention des présentes pourra être faite sur tous titres et pièces.

    Dont acte.

§ 2. — RÉSOLUTION POUR CAUSE D'ÉVICTION.

Pardevant Mᵉ . . . .

    Ont comparu :

M . U . . . .

Et M . N . . . .

Lesquels, en vue de la résolution objet des présentes, ont exposé ce qui suit :

    Aux termes d'un contrat passé devant Mᵉ. . . . . , notaire à . . . . . , le . . . , M. U. . . . . a vendu à
M. N. . . , un héritage en nature de terre et pré situé à . . . . . , moyennant le prix principal de. . . , stipulé payable
le cinq avril mil huit cent soixante treize et productif d'intérêts à 4 pour cent à partir du jour de la vente qui était aussi celui
de la mise en jouissance.

    L'acquéreur ayant subi contre toute prévision. . . . . (énoncer succinctement les faits et circonstances ayant produit
l'éviction), il a proposé à M. U. . . de résilier purement et simplement la vente dont il s'agit, ce qu'a bien voulu M. U. . .
— observation faite qu'il a reçu. . . . . francs . . . . centimes pour le 1ᵉʳ semestre d'intérêts, échu le. . . .

    Cela dit, les parties ont déclaré consentir la résiliation pure et simple du contrat de vente dont il s'agit.

    Par suite, M. N. . . . . s'est dessaisi de tous les droits que lui conférait ce contrat sur le dit héritage, au profit de
M. U. . . . . qui en reprendra la toute propriété, et il a rendu au dit sieur U. . . . les titres qu'il en avait reçus.

    M. U. . . de son côté, a remboursé, en présence des notaires soussignés, à M. N. . . , qui l'a reconnu et lui en
a donné quittance :

1° La somme de . . . , montant du semestre d'intérêts payé par celui ci. . . . . » »

2° Celle de. . . , pour le coût du contrat, ... » »

3° Et celle de. . . , pour les frais de transcription et de purge . . . . » »

             Au total. . . . , ci. . . . .

    Et a déclaré le dit sieur U. . . . . : — tenir quitte du prix entier de la vente M. N. . . . . ; — se désister de son
privilège sur l'héritage aliéné, — et faire main-levée de l'inscription d'office formée contre M. N. . . à la transcription du
contrat au bureau des hypothèques de. . . . . , le . . . . .

    Mention de la présente résolution pourra avoir lieu sur tous titres et pièces.

    Dont acte.

TRANSPORT

(Code Napoléon, art. 1689 à 1701.)

---

§ 1er — TRANSPORT AVEC GARANTIE ET INTERVENTION DU DÉBITEUR.

PARDEVANT M^e . . . .

A COMPARU :

Mlle M. . . . .

LAQUELLE A, par ces présentes, TRANSPORTÉ, avec toute garantie et promesse de payer au besoin,

A M. D. . . . . , à ce présent et acceptant,

LA SOMME DE . . ., due à la cédante par M. R. . . en vertu d'une obligation passée devant M^e. ., notaire à. ., le . . . Cette somme stipulée remboursable le . . . .; productive d'intérêt à cinq pour cent payables en deux termes les. . . . .; et garantie par une hypothèque inscrite au bureau de la conservation de. . ., le . . ., vol. . . n°. . .

Pour, M. D. . . ., recevoir de M. R.. . . . . ou de tous autres, ladite somme de. . . . avec les intérêts à compter du. . . ., et disposer du tout en pleine propriété.

A l'effet de quoi, Melle M. . . a subrogé le cessionnaire dans ses droits et actions résultant de l'obligation sus-énoncée, et notamment dans l'effet de l'inscription.

Ce transport a été fait moyennant pareille somme de. . . . . que Melle M. a reconnu avoir reçue de M. D. . . . à qui elle en a donné quittance.

Melle M. . . . a remis, en présence du notaire soussigné, à M. D. . . . la grosse de ladite obligation et le bordereau d'inscription.

A CES PRÉSENTES EST INTERVENU :

M. R. . . . . ,

LEQUEL, — après lecture à lui faite par le notaire soussigné du transport qui précède — A DÉCLARÉ se le tenir pour dûment signifié et n'avoir entre les mains aucune opposition pouvant en empêcher la réalisation.

DONT ACTE.

§ 2. — TRANSPORT SANS GARANTIE, AVEC PROROGATION.

. . . .

LEQUEL a, par ces présentes, TRANSPORTÉ, sous la seule garantie de ses faits et promesses,

A. M. D. . . , à ce présent et acceptant,

LA SOMME DE. . . . formant le prix (ou à prendre dans celle de. . . . . formant le prix) de la vente consentie. . . . par le cédant à M. N. . . . de divers héritages, situés commune . . . . suivant contrat passé devant M^e. . . . , le . . . . , transcrit au bureau des hypothèques de. . . . , le. . . . , sans qu'il se soit révélé aucune inscription lors et par suite de cette formalité, ainsi que le constate le certificat du conservateur en date du . . . ; — formalité suivie de la purge accomplie sans qu'il se soit trouvé non plus aucune inscription d'hypothèque légale contre le vendeur ni les précédents propriétaires.

(Si au contraire il y a eu des inscriptions quelconques, il faut, bien entendu, les énoncer ainsi que leurs radiations totales ou partielles; et comme cela comporte une certaine longueur, il est mieux de commencer l'acte par un exposé du contrat de vente et de ses suites, comme on le fait préalablement aux quittances de prix de vente; et ce, pour la lucidité de l'acte.)

Pour, le cessionnaire, toucher cette somme le . . . , date de son exigibilité, ensemble les intérêts à cinq pour cent dont elle est productive, et ce, à partir du premier juillet dernier.

A l'effet de quoi, M. . . . l'a subrogé dans tous ses droits, privilèges et actions résultant de la vente sus-énoncée, notamment dans l'effet de son inscription d'office, contre M. N. . . . formée ledit jour. . . . vol. ., n°. . . . *(S'il n'y a de cédée qu'une partie du prix, dire : l'a subrogé jusqu'à due concurrence.)*

Ce transport a été consenti, etc. (comme au § 1er).

A CES PRÉSENTES EST INTERVENU :

M. N. . . . ci-dessus prénommé, qualifié et domicilié;

LEQUEL — après avoir pris communication du transport qui précède — A DÉCLARÉ se la tenir pour dûment signifié et n'avoir entre les mains aucune opposition ou empêchement pouvant en arrêter l'effet.

Et sur la demande dudit sieur N. . . , M. D. . . a consenti à proroger jusqu'au. . . l'exigibilité du prix de vente dont il s'agit (*ou :* de la somme de. . . à lui transportée); — à la condition :

1° Que les droits, privilèges et actions attachés à cette créance continueront à subsister bien entendu, et sans novation ni dérogation ;

2° Que ladite somme de. . . . continuera à produire des intérêts à cinq pour cent, payables le. . . . en la demeure de M. D. . . . ;

3° Que les frais et honoraires des présentes seront supportés par M. N. . . .

DONT ACTE.

TRANSPORT (SUITE)

§ 3. — TRANSPORT DE DROITS LITIGIEUX (1).

PARDEVANT M^e. . . . .
        A COMPARU .

M. L. . . . .

LEQUEL A, par ces présentes, CÉDÉ ET TRANSPORTÉ, sans aucune garantie,

A M. K. . . . , — présent et ce acceptant,

TOUS LES DROITS qui pourront lui appartenir et échoir dans la succession de Mme. . . . , veuve de M. . . . , décédée à . . . , le. . . , dont il est légataire à titre universel pour un quart, aux termes du testament de ladite dame reçu par M^e. . . , notaire à. . . , le. . . . .

Duquel testament les héritiers ont refusé l'exécution, en invoquant la nullité de cet acte. . *(Expliquer les causes de la prétendue nullité ; rendre compte de la procédure commencée, en préciser l'état actuel. Si l'affaire est compliquée, commencer le transport par un exposé.)*

Pour, M. K. . . , disposer à compter de ce jour, à ses risques et fortune, des droits dont il s'agit.

A cette fin M.-L. . . , l'a subrogé dans l'effet du testament sus-énoncé et dans les actions utiles qu'il peut comporter.

    Ou :

Le droit de passage permanent par la cour appartenant à M. W. . . pour aller puiser l'eau à la fontaine dite. . . . existant dans le pré de M. U. . . et enclavée par des héritages étendus ; droit reconnu au cédant par un jugement contradictoire rendu au tribunal de. . . le. . . entre lui et ledit M. W. . . qui en a interjeté appel à la cour de. . . .

Pour, M. K. . . disposer à compter de ce jour, à ses risques et fortune, de la servitude prétendue par M. L. . . qui le met et subroge à cet effet, dans tous ses droits et actions résultant notamment de sa possession et du jugement sus-relaté.

Le présent transport est fait à la charge par M. K. . . qui s'y oblige :

1° De soutenir à ses dépens, risques et périls, la contestation soulevée, de manière à ce que le cédant ne puisse jamais être inquiété ou recherché à ce sujet ;

2° Et d'acquitter le coût des présentes.

Il a lieu, en outre moyennant, à forfait, la somme de. . . , que M. L. . . reconnaît avoir reçue de M. K. . . , à qui il en donne quittance.

Pour faire signifier ces présentes, tout pouvoir est donné au porteur d'une expédition ou d'un extrait.

. . . .

§ 4. — TRANSPORT DE RENTE.

PARDEVANT M^e. . . . .
        A COMPARU :

M. D. . . . .

LEQUEL A, par ces présentes, CÉDÉ ET TRANSPORTÉ, et s'est obligé à fournir et faire valoir en principal et arrérages,

A M. M. . . à ce présent et acceptant,

Une rente annuelle et perpétuelle de 500 fr., exempte de retenue (*ou* sujette à la retenue du cinquième *ou* du quart, etc.), due à M. S. . . , payable . . , au domicile du créancier (2), les premier janvier et juillet de chaque année, constituée (3) originairement par. . . au profit de. . . , suivant contrat passé devant M^e . . . , notaire à . . . , le . . . , avec hypothèque générale sur les biens du débiteur.

Cette rente appartient au sieur D. . . . , comme lui ayant été abandonnée au partage de la succession du sieur Jacques D. . . , son père, passé devant M^e . . . , notaire à . . . , le . . . , et elle est actuellement due par le sieur S. . . . , tant en qualité de seul héritier de . . . , son oncle, ainsi que le constate un acte de notoriété, à défaut d'inventaire, devant M^e . . . , notaire à . . . , le . . . , qu'en vertu du titre nouvel qu'il en a passé au profit du cédant, suivant acte reçu par M^e . . . , notaire à . . . , le . . .

M. M. . . , reconnaît que M. D. . . , lui a remis à l'instant la grosse du titre constitutif de ladite rente, celle du titre nouvel, le bordereau de la dernière inscription et les autres pièces accessoires.

§ 5. — ACCEPTATION DE TRANSPORT PAR ACTE SÉPARÉ.

PARDEVANT M^e. . . . .
        A COMPARU :

M. M. . . . .

LEQUEL, — après lecture à lui faite par le notaire soussigné d'un acte passé devant ledit notaire, le. . . . . , contenant transport pour M. G. . . . , à M. F. . . . , de la somme de . . . , due au cédant par M. H. . . . , suivant obligation passée devant M^e . . . . , notaire à . . . . . , le . . .

A, par ces présentes, DÉCLARÉ accepter ce transport, se le tenir pour dûment signifié et s'obliger envers M. F. . . . au remboursement de ladite somme et au service des intérêts dont elle est productive.

Observation faite par ledit comparant qu'il n'existe entre ses mains aucune opposition ni autres causes pouvant empêcher l'exécution du transport.

    DONT ACTE.

---

(1) Pour le transport de droits successifs, v. *Cession.*

(2) Cette énonciation est bonne à rapporter, pour que le cessionnaire sache si la rente est portable ou quérable, à cause du droit, lorsqu'elle est portable, d'en exiger le remboursement, à défaut du paiement des arrérages pendant deux années. Art. 1912 C. N.

(3) Si la rente était foncière, on énoncerait qu'elle a été créée pour le prix de *tel immeuble.*

ÉCHANGE

(Code Napoléon, art. 1702 à 1707 (1).

§ 1er. — ÉCHANGE SANS RETOUR.

Pardevant Me. . . . .

ONT COMPARU :

M. Y. . . . . d'une part;

Et M. V . . . . d'autre part;

LESQUELS ONT FAIT L'ÉCHANGE SUIVANT :

M. Y. . . . . cède sous la garantie de droit,

A M. V. . . . . . ., ce acceptant,

Une vigne . . . . :

De son côté, M. V. . . . . cède, sous la même garantie de droit,

A M. Y. . . . . , qui accepte,

Un pré. . . . .

Ainsi que les héritages échangés se poursuivent et comportent sans — de part ni d'autre — aucune exception ni réserve, mais aussi sans garantie des contenances sus-indiquées, dont le plus ou le moins, quel qu'il soit, fera respectivement profit ou perte.

ÉTABLISSEMENT DE PROPRIÉTÉ

HÉRITAGE DÉLAISSÉ PAR M. Y....

. . . .

HÉRITAGE DÉLAISSÉ PAR M. V......

. . . .

ÉVALUATION DU REVENU.

Les parties déclarent pour la base des droits d'enregistrement, que chaque immeuble est d'un revenu égal de . . . fr. (2)

ENTRÉE EN JOUISSANCE.

L'entrée en jouissance aura lieu, savoir :

Pour la vigne abandonnée à M. V. . . . . dès à partir d'aujourd'hui;

Et pour le pré abandonné à M. Y. . . . . , aussitôt après l'enlèvement du regain de cette année.

Ou :

Les échangistes auront respectivement à compter de ce jour la jouissance des héritages cédés.

CHARGES ET CONDITIONS.

. . . .

FORMALITÉS HYPOTHÉCAIRES.

. . . .

ÉTAT CIVIL.

Il a été déclaré :

Par M. Y. . . . .

Et par M. V. . . . .

TITRES.

Il a été remis :

Par M. Y. . . . . à M. V. . . . . . : — 1° la grosse de la vente R. . . . . . du . . . . . ; 2°. . . . . .

Et par M. V. . . . . à M. Y. . . . . : — 1° l'expédition de. . . . . .; 2° l'extrait de . . . . . .

ÉLECTION DE DOMICILE.

. . . .

Dont acte :

§ 2. — ÉCHANGE AVEC SOULTE.

. . . .

(Après charges et conditions.)

SOULTE.

Cet échange a lieu moyennant une soulte de. . . . . . à la charge de M. et Mme T. . . . . . qui s'obligent solidairement à la payer à Mlle S. . . . . ., en l'étude de Me. . . . . , l'un des notaires soussignés, dans un an, c'est-à-dire le. . . ., avec les intérêts à cinq pour cent à compter de ce jour (ou de l'entrée en jouissance, si elle n'a lieu que plus tard).

. . . .

---

(1) L'échange étant une double vente, une vente réciproque, la forme de rédaction est donc la même que pour celle-ci.

L'échange (en général) est appelé et fut nécessairement le premier contrat du monde : les Nations, à leur origine, étant privées de valeurs représentatives, du numéraire si précieux. — L'art de battre monnaie, attribué aux Lydiens, remonte, d'après les antiquaires, au 7e siècle avant N. S. Jésus-Christ. — Il est indiqué, d'autre part, que Phidon, roi d'Argos, inventeur de la balance, fit frapper la première monnaie d'argent, soit 2 siècles auparavant.

(2) Quand les baux authentiques ou sous-seings privés enregistrés sont énoncés au contrat, il est inutile de déclarer le revenu : les droits se perçoivent d'après l'importance des fermages.

BAIL

(Code Napoléon, art. 1708 à 1751.)

Biens des mineurs et interdits, C. N. 450, 481, 509.
Biens des femmes mariées, C. N. 1429 et s.

BAIL A LOYER (C. N. 1752 et s.)

§ 1er. — BAIL D'UNE MAISON.

Pardevant M^e. . . . .

A COMPARU :

M. L. . . . .

Lequel a, par ces présentes, donné a loyer, pour six années consécutives qui commenceront le. . . . . . ,
A M. D. . . . ., à ce présent et acceptant,
Une maison sise à. . . ., rue. . . ., n°. . . ., consistant en deux corps de bâtiments, avec cour et jardin clos de murs.
Ainsi que cette maison et ses dépendances, parfaitement connues du preneur, ainsi qu'il le déclare, se trouvent exister sans aucune exception ni réserve, et telles qu'en jouit actuellement M. D. . . ., en vertu d'un bail passé devant M^e. . . . . ,
notaire, à. . . . . ., le. . . . .

CONDITIONS.

Ce bail est fait aux charges et conditions suivantes, que M. . . . . . s'oblige d'exécuter, savoir :
1° Garnir la maison de meubles et effets suffisants pour répondre du loyer ;
2° Entretenir ladite maison et ses dépendances, et les rendre à la fin du bail, en bon état de réparations locatives, suivant l'état des lieux qui aura été dressé entre les parties, et aux frais du preneur, lors de l'entrée en jouissance ;
3° Souffrir les grosses réparations nécessaires, quelle que soit leur durée;
4° Tenir le jardin en bon état de culture, pourvoir au remplacement des arbres qui viendraient à mourir ;
5° Acquitter exactement les contributions personnelle et mobilière, pour que le bailleur ne puisse être recherché à cet égard ; faire au bailleur le remboursement de la contribution des portes et fenêtres; et satisfaire aux charges de police dont l'occupant est ordinairement tenu ;
6° Ne pouvoir céder son droit au présent bail, ni sous-louer en tout ou en partie, sans le consentement exprès et par écrit du bailleur, à peine de résiliation, si bon semble à celui-ci, et de tous dommages-intérêts ;
7° Payer les frais des présentes et le coût de la grosse qui en sera fournie au bailleur.
De son côté, M. E. . . . . . s'est engagé à tenir la maison louée constamment close et couverte, ainsi que de droit.

PRIX.

En outre, le présent bail a lieu moyennant la somme de. . . . . de loyer annuel, que le preneur s'oblige à payer à
M. L. . ., à. . ., en sa demeure, ou pour lui au porteur de ses pouvoirs et de la grosse des présentes, en . . . . . termes égaux, le premier desquels aura lieu le 1er juillet 1868, le second le. . . . . suivant, pour continuer ainsi d'année en année.

AFFECTATION HYPOTHÉCAIRE.

A la garantie du paiement exact des loyers, le preneur affecte et hypothèque spécialement, etc. (*V. formule de l'Affectation hypothécaire.*)

Dont acte.

Réserve du droit de résilier, au cas de vente :
M. L. . . . . fait réserve, en faveur du tiers à qui la maison présentement louée pourrait être vendue, du droit de résilier le présent bail, et d'expulser le preneur avant l'expiration des six années, sans aucune indemnité.
Ou : M. L. . . . . se réserve le droit, pour le cas où il viendrait à vendre la maison louée, de résilier le présent bail avant l'expiration des six années, sans aucune indemnité ; mais la résiliation ne sera opérée, et le preneur ne sera tenu de vider la maison, qu'après six mois (ou trois mois) d'avertissement.
Ou : M. L. . . . . se réserve le droit, pour le cas de vente de la maison louée, de résilier le présent bail avant l'expiration des six années ; mais seulement après six mois d'avertissement, et en payant au preneur la somme de. . . . . (ou : en abandonnant au preneur un terme de loyer pour toute indemnité).

RÉSERVE DU DROIT D'OCCUPER.

Le bailleur, nonobstant la fixation de la durée du présent bail à neuf années, se réserve le droit de donner congé au preneur pour occuper lui-même les lieux, à la charge de cette occupation avant l'expiration des neuf années ; et, à raison de la résiliation qui résultera de l'exercice de ce droit, le preneur ne pourra répéter ni indemnité ni dommages-intérêts.
(S'il est convenu une indemnité, les mots *et à raison*, etc., sont remplacés par la stipulation d'indemnité :)
Le bailleur paiera au preneur, à sa sortie, une somme de. . . . ., à titre d'indemnité et pour tous dommages-intérêts.
Ce cas arrivant, le congé sera signifié pour l'échéance d'une année, et six mois au moins avant cette échéance.

AUTRES CHARGES :

Ne pouvoir déposer dans la cour, ou adosser le long des murs de clôture, aucuns matériaux de nature à endommager ou dégrader le pavé ou les dites clôtures ;
Faire curer le puits et vider les fosses d'aisance de la maison toutes les fois que ce sera nécessaire dans le cours du bail ;
Satisfaire aux charges de balayage, éclairage et autres auxquelles les locataires sont ordinairement tenus ;
Payer au concierge, outre le loyer, et de la même manière que celui-ci, la somme de. . . . . chaque année pour ses gages ; et ce sans préjudice au droit de propriétaire de choisir seul et changer ledit concierge.

LOCATION DU MOBILIER.

M. L. . . . . loue également à M. D. . . . . les différents meubles et objets mobiliers garnissant ladite maison et ses dépendances, tels qu'ils sont désignés en un état détaillé dressé et reconnu par les parties, et qui est demeuré ci-annexé après avoir été par elles certifié véritable, signé et paraphé en présence des notaires soussignés.
Ainsi que le tout se poursuit et comporte sans aucune exception ni réserve.
. . . .
Tenir en bon état et remplacer, s'il y a lieu, les meubles et objets mobiliers compris dans l'état ci-annexé, et les rendre à l'expiration de sa jouissance, sans aucune détérioration ni dégradation ;

BAIL

BAIL A LOYER

---

§ 2. — BAIL D'UN APPARTEMENT.

Pardevant M° . . . .
        A COMPARU :

M. F . . . .
Lequel a donné a loyer pour trois, six ou neuf années, au choix respectif des parties, tenues de s'avertir réciproquement six mois avant l'expiration des trois ou six premières années (ou : avant l'expiration de la première ou de la seconde période); du présent bail qui commencera le. . .

A M. L. . . ., présent et acceptant,
Le local ci-après désigné dépendant d'une maison située à. . . , ıue. . ., n°. . . savoir :

Un appartement au deuxième étage sur le devant, composé d'une antichambre, une salle à manger, un salon, trois chambres à coucher avec cheminées, un cabinet de toilette, lieux à l'anglaise, une cuisine et un office ;

Deux chambres de domestiques au quatrième étage, sous le comble, les premières dans le corridor, à droite en entrant ;

Deux caves avec entrée sous le grand escalier ;

Une écurie pour quatre chevaux et une remise pour deux voitures ; un grenier à fourrage au-dessus de la remise ;

Avec jouissance de la pompe dans la cour.

Ainsi que le tout se poursuit et comporte, sans aucune exception ni réserve, que M. C. . . . a déclaré parfaitement connaître.

CONDITIONS.

Ce bail est fait aux charges et conditions suivantes, auxquelles se soumet ledit preneur :
1° Garnir les lieux loués de meubles suffisants pour répondre des loyers ;
2° Les entretenir et les rendre en bon état de réparations locatives à la fin du bail, et suivant l'état qui en aura été dressé aux frais du preneur lors de son entrée en jouissance ;
3° Souffrir les grosses réparations quelle que soit leur durée ;
4° *Ne pouvoir mettre de poêles dans les lieux loués qu'en conduisant les tuyaux dans l'intérieur des cheminées, et en les élevant jusqu'à la partie supérieure desdites cheminées ;*
5° *Laisser, à la fin du présent bail et dans l'état où ils se trouveront, les décors ou constructions utiles, tels que les tentures et armoires qu'il aura fait faire ou appliquer dans les lieux pendant le cours du bail, sans pouvoir, pour raison des décors et constructions, répéter aucun remboursement ni aucune indemnité ;*
6° Payer exactement les contributions mobilière et personnelle, et satisfaire à toutes les charges de ville et de police dont les locataires sont ordinairement tenus, en sorte que le bailleur ne puisse être inquiété ni recherché à cet égard ; faire au bailleur le remboursement de sa contribution des portes et fenêtres ;
7° Ne pouvoir céder son droit au présent bail, etc.;
8° Payer les frais des présentes, etc.

De son côté, M. F. . . s'oblige à tenir les lieux clos et couverts, en ce qui concerne, suivant la loi; *comme aussi il s'oblige à faire construire une cheminée dans l'antichambre, et à faire pratiquer une alcôve et deux cabinets dans la chambre à coucher, etc., le tout conformément au devis que les parties en ont dressé à l'instant sur une feuille de papier au timbre de. . ., et qui est demeuré ci-annexé, après avoir été d'elles signé et paraphé en présence des notaires soussignés.* — Ces travaux et constructions seront faits par le bailleur dans le délai de deux mois à partir du. . .

PRIX.

En outre, le présent bail est fait moyennant un loyer annuel de. . . fr., que le preneur s'oblige à payer au bailleur à. . ., en sa demeure ou pour lui au porteur de ses pouvoirs et de la grosse des présentes, en quatre termes égaux, de trois mois en trois mois, à compter du. . .; en sorte que le premier paiement aura lieu le. . . et le second le. . . suivant; pour continuer de terme en terme et d'année en année jusqu'à la fin du bail.

Le défaut de paiement de deux termes successifs à leurs échéances entraînera de droit la résiliation du présent bail, si bon semble à M. F. . .

TRAVAUX A LA CHARGE DU PRENEUR.

Faire construire et pratiquer une alcôve et deux cabinets dans la chambre à coucher, et de couper le vestibule en deux pièces, par une cloison en maçonnerie ; le tout à ses frais, sans répétition contre le bailleur, qui en profitera à la fin du bail; et d'ailleurs conformément au devis que les parties en ont dressé à l'instant, lequel devis, écrit sur une feuille de papier du timbre de. . ., est demeuré ci-annexé, après avoir été des parties signé et paraphé, en présence des notaires soussignés. »

INTERDICTION DE CHANGEMENT.

Ne pouvoir faire aucun changement dans la distribution des lieux loués, ni aucun percement de portes de communication, sans le consentement exprès et par écrit du bailleur.

OBLIGATION DE PAYER SIX MOIS D'AVANCE.

Payer au bailleur à. . ., en sa demeure, le 30 septembre prochain, avant l'entrée en jouissance, la somme de 1,500 fr. pour six mois d'avance du loyer du présent bail; laquelle somme sera imputée sur les six derniers mois de jouissance dudit bail, et ne pourra, sous aucun prétexte, dispenser du paiement des autres termes du loyer, aux époques ci-après fixées.

BAIL

BAIL A LOYER

§ 3. — BAIL D'UNE BOUTIQUE AVEC DÉPENDANCES.

Pardevant Mᵉ. . . . .

ONT COMPARU :

M. . . . . . , propriétaire, et Mᵐᵉ. . . . . son épouse, qu'il autorise, demeurant ensemble à. . . . . .

Lesquels ont, par ces présentes, loué, pour six, douze ou dix-huit années, au choix respectif des parties, tenues de se prévenir réciproquement par écrit, six mois avant l'expiration des six ou douze premières années,

A M. A. . . . . , crêmier, demeurant à . . . . , rue . . . , nᵒ. . . , à ce présent et acceptant,

Une boutique au rez-de-chaussée de la dite maison, à droite de la porte-cochère en entrant ; une arrière-boutique ensuite avec soupente ; deux pièces à l'entresol au-dessus, et trois salles au premier étage. Un escalier particulier communique de la boutique aux pièces de l'entresol et du premier, comprises dans la location ;

Deux berceaux de cave sous la boutique, avec entrée par l'arrière-boutique ;

Une petite cour derrière, dans laquelle est un bâtiment en appentis servant de cuisine, et un cabinet renfermant les lieux d'aisances.

Ainsi que le tout se poursuit et comporte, et tel qu'en jouit actuellement le preneur, en vertu du bail qui lui a été fait par acte passé devant Mᵉ. . . , notaire à . . . , le . . .

Ce bail commencera le 1ᵉʳ janvier 1869, époque à laquelle expire le bail courant ci-devant énoncé.

CONDITIONS.

Le présent bail est fait aux charges et conditions ci-après, que M. A. . . . s'oblige à exécuter, savoir :

1º Il devra tenir les lieux loués garnis de meubles et effets mobiliers en qualité et valeur suffisantes pour répondre du paiement des loyers ;

2º Il entretiendra les mêmes lieux, pendant toute la durée du bail, en bon état de réparations locatives, et sera tenu de les rendre, à la fin de sa jouissance, conformes à l'état qui en a été dressé par M. . . , architecte, le . . . , et qui a été reconnu et approuvé, le même jour, par M. A. . . , lequel état porte la mention suivante : « Enregistré à. . . , le. . , etc. (Signé). . . ;

3º Il acquittera exactement ses contributions personnelle, mobilière et de patente, et satisfera à toutes les charges de ville et de police dont les locataires sont ordinairement tenus, de manière qu'aucun recours ne soit exercé, à ce sujet, contre les bailleurs. De plus, il remboursera à ceux-ci, et par quart, avec chaque terme de loyer, les impôts des portes et fenêtres à sa charge, pour raison des lieux présentement loués ;

4º Il ne pourra faire servir les dits lieux qu'à un établissement de crêmier comme celui qu'il fait actuellement valoir ; il ne pourra pas non plus échanger le nom de. . . . . , sous lequel cet établissement est connu, et la boutique devra toujours être tenue ouverte et achalandée, sans que le preneur puisse, sous aucun prétexte, cesser, même momentanément, de l'employer à la destination ci-devant indiquée ;

5º Le preneur aura la faculté de transporter son droit au présent bail, sans avoir besoin du consentement des bailleurs, pourvu que ce soit à une personne exerçant également le commerce de crêmier ou de restaurateur ; et encore à la charge de rester garant solidaire du paiement des loyers et de l'exécution des clauses et conditions du bail ;

6º Le preneur ou son successeur n'auront pas le droit de faire, dans les lieux loués, aucun commerce de même nature que ceux établis actuellement dans les autres boutiques de la même maison, et qui sont. . . . . . .

7º Le preneur ne pourra faire, dans les lieux loués, aucun changement de distribution ni percement de murs, sans le consentement exprès et par écrit des bailleurs, et tous les changements qu'il aurait faits avec cette autorisation, ainsi que tous embellissements et améliorations, resteront à la fin du bail, aux bailleurs, sans aucune indemnité, si mieux ils n'aiment obliger le preneur à rétablir les lieux dans leur état primitif ;

8º Les frais et honoraires auxquels ces présentes donneront ouverture, et le coût d'une grosse pour les bailleurs, seront à la charge du preneur ;

9º De son côté, M. et Mᵐᵉ. . . . s'obligent à tenir les lieux clos et couverts suivant l'usage ;

10º Ils s'engagent à interdire aux locataires des autres boutiques de leur maison le droit de former et faire valoir, dans ces boutiques, aucun établissement de café et restaurant, à peine de tous dépens, dommages et intérêts.

PRIX.

Le présent bail est fait, en outre, moyennant 7,000 francs de loyer annuel, que M. A. . . . s'oblige à payer à M. et Mᵐᵉ. . . . . en leur demeure à. . . . , ou pour eux, aux porteurs de leurs titres et pouvoirs, en quatre termes égaux, aux époques ordinaires de l'année, à partir du dit jour 1ᵉʳ janvier 1869.

Et le loyer du bail courant sus-énoncé, qui est actuellement de 5,000 fr. par an, est porté à la somme de 7,000 fr., à partir du 1ᵉʳ janvier dernier, en sorte que le terme de loyer à échoir le 1ᵉʳ avril prochain sera de . . . . , pour continuer ainsi de trois mois en trois mois, pendant le temps restant du bail courant et toute la durée du bail.

M. A. . . s'oblige encore, pour le cas où il viendrait à se marier, à rapporter aux bailleurs dans le mois de son mariage, l'engagement solidaire de son épouse, tant au paiement des loyers qu'à l'exécution de toutes les charges et conditions du présent bail.

A défaut de paiement de deux termes consécutifs de loyers, et quinze jours après un simple commandement demeuré sans effet, le présent bail sera résilié de plein droit, si bon semble aux bailleurs, et sans qu'il soit besoin d'aucune formalité judiciaire.

Et si le locataire refusait de vider le local immédiatement, il suffirait pour l'y contraindre, d'une simple ordonnance de référé rendue par M. le président du tribunal civil de. . . . .

M. A. . . . consent à ce que la somme de. . . . . qu'il a payée sur le bail précédent pour six mois d'avance soit imputable sur les six derniers mois de jouissance du présent bail, en sorte que les loyers courants seront payés pendant toute sa durée, sans interruption.

Et les bailleurs reconnaissent avoir reçu de M. A. . . . . , la somme de . . . . . , pour compléter celle de 3,500 fr., formant six mois de loyer du présent bail, à imputer sur les six derniers mois de jouissance.

ÉLECTION DE DOMICILE.

. . . .

BAIL
BAIL A LOYER

§ 4. — BAIL FAIT APRÈS LA JOUISSANCE COMMENCÉE.

PARDEVANT M^e . . . .

A COMPARU :

M . . . .
LEQUEL A, par ces présentes, DONNÉ A LOYER pour trois années et deux mois consécutifs, qui ont commencé à courir le. . .
A M . . . et M . . . son frère. . . . . ,
UNE MAISON sise à. . . , rue. . . , voisine de celle occupée par le bailleur, etc.

Ainsi que cette maison, dont les preneurs jouissent actuellement en vertu d'un bail passé devant M^e. . ., et son collègue, notaires à. . . , le. . . , se trouve exister, sans aucune autre exception ni réserve que celles résultant des stipulations ci-après :

Il est convenu que l'étendue de la cave comprise au présent bail, sera limitée avec celle voisine, qui est actuellement occupée par le bailleur, et qui n'est fermée que d'une cloison en planches, par la surélévation du mur de l'escalier qui conduit de la boutique des preneurs à la cave présentement louée ; de sorte que l'espace actuellement compris entre la cloison en planches et le mur de l'escalier, se trouvera réuni à la cave occupée par le bailleur, et que celui-ci se réserve.

Il est aussi stipulé que le bailleur se réserve, 1° le droit de passage, à compter d'aujourd'hui, par l'allée de la maison présentement louée, pour lui, les gens de sa maison, et ses locataires du deuxième étage de la maison qu'il occupe; 2° et la jouissance, aussi dès à présent, pour lui ou ses locataires du deuxième étage de la même maison, en commun avec les preneurs, du puits, des lieux d'aisances, et de la cour de la maison présentement louée.

Ce bail est fait aux charges, clauses et conditions suivantes, que les preneurs, etc. . . . (V. . . . tabl. précédentes.)

§ 5. — STIPULATION DE DEUX PRIX.

En outre, ce bail est fait moyennant un loyer annuel, savoir : de 6,000 fr. pour les trois premières années, et de 8,000 pour les neuf dernières.

Lequel loyer, d'abord de 6,000 fr. et ensuite de 8,000 fr., le preneur s'oblige à payer au bailleur à. . . . , en sa demeure, ou, pour lui, au porteur de ses pouvoirs, en quatre termes égaux, d'usage, de sorte que le premier paiement sur le loyer de 6,000 fr. aura lieu le. . . , et le second le. . . , et que le premier paiement sur le loyer de 8,000 fr. aura lieu le. . . et le second le. . . .

§ 6. — DÉLÉGATION EN PAIEMENT DU LOYER.
DÉLÉGATION INSÉRÉE AU BAIL.

Et, outre les charges, clauses et conditions ci-dessus, le présent bail est fait moyennant 4,000 fr. de loyer annuel.

Pour se libérer de ce loyer, le sieur. . . a, par ces présentes, délégué, avec toute garantie, au sieur. . . , ce acceptant, pareille somme de 4,000 fr. à prendre pour chaque année du présent bail (ou : une somme égale au montant des loyers du présent bail, à prendre avec préférence, etc.), avec préférence vis-à-vis de lui, sur les arrérages d'une rente perpétuelle de 4,500 fr., exempte de retenue, payable les 1er janvier et 1er juillet, originairement constituée au profit du sieur. . . par le sieur. . . , suivant un contrat passé devant, etc., et actuellement due au sieur. . . par le sieur Léon Richer, vigneron, demeurant, etc., qui lui en a passé titre nouvel devant M^e, etc.

M. . . , au moyen de cette délégation, touchera annuellement les 4,000 fr. ainsi délégués, des débiteurs de cette rente, et sur ses simples quittances aux échéances de paiement fixées par les titres qui l'établissent; à l'effet de quoi M. . . le subroge jusqu'à due concurrence et avec toute préférence vis-à-vis de lui, dans tous ses droits, actions, privilège et hypothèque, et notamment dans l'effet de l'inscription formée au bureau des hypothèques de. . . , le. . . , volume. . . n°. . .

Reprenant la suite du bail :

De son côté, M. . . s'oblige à tenir les bâtiments clos et couverts, etc.
Reconnaît ledit sieur. . . , que M. . . lui a remis la grosse du contrat de la rente déléguée et les pièces accessoires.

§ 7. — PROMESSE D'ENGAGEMENT DE LA FEMME EN CAS DE MARIAGE.

Au cas où le preneur viendrait à se marier, de faire consentir à sa femme, dans le mois du mariage, acte par lequel, en se rendant le bail commun, elle s'obligera solidairement avec lui à l'acquit des loyers et à l'exécution de toutes les clauses et conditions du présent bail; duquel acte il fournira la grosse au bailleur, *étant stipulé qu'à défaut de cet acte, le bail pourra être résilié, si bon semble au bailleur, par le seul fait de deux exploits de mise en demeure, signifiés au preneur par quinze jours d'intervalle, sans qu'il soit besoin de remplir aucune autre formalité.*

En outre, le présent bail est fait moyennant, etc.

§ 8. — DURÉE DU BAIL A LA SEULE VOLONTÉ DU BAILLEUR.

Lequel a, par ces présentes, donné à loyer, pour trois, six ou neuf années, à son choix seulement, et à la charge de prévenir par écrit le preneur, six mois avant l'expiration des trois ou six premières années, qui commenceront le. . .

§ 9. — PROMESSE DE VENTE.

M. N. . . se réserve la faculté d'acquérir et M. . . promet de lui vendre la propriété louée, avec toutes ses dépendances, moyennant, outre les charges ordinaires et de droit, le prix principal de. . .

M. D. . . pourra faire cette acquisition, soit pendant le cours du présent bail, soit à l'expiration d'icelui mais dans un délai de. . .

Le prix sera payable, savoir. . . ,

Il produira annuellement des intérêts à. . . pour cent par an, payables de six en six mois en la demeure à. . . de M. . .

Sous ces conditions, M. D. . . est et demeure obligé à ladite vente et y oblige ses héritiers et représentants.

BAIL

BAIL A FERME.

(C. N, art. 1763 à 1778.)

§ 1er. — BAIL D'UN CORPS DE FERME.

PARDEVANT M^e . . . .

A COMPARU :

M. D . . . .

LEQUEL A, par ces présentes, DONNÉ A FERME pour. . . . . années consécutives qui commenceront le onze novembre 1870 et finiront à la même date de 1879,

A M. F. . . . . . et à Mme . . . . . . , son épouse, de lui autorisée, demeurant ensemble à. . . . . . , à ce présents et acceptant,

LA FERME DE. . . . . (ou dite de. . .) située commune de. . . . . , canton de. . . .

Ou :

1^{ent}. Un corps de ferme sis à . . . . . , commune de. . . . . , canton de. . . . , composé de. . . . . (désigner les bâtiments d'habitation et d'exploitation.)

2^{ent}. . . . . . hectares, ... ares, ... centiares de pré, en . . . . pièces.

3^{ent}. Et . . . . . hectares, ... ares, . : . . centiares de terre, en . . . pièces.

DÉSIGNATION DES PRÉS.

1°. . . . .

DÉSIGNATION DES VIGNES.

1°. . . . .

DÉSIGNATION DES TERRES.

1°. . . . .

DÉSIGNATION DES PATURES.

1°. . . . .

Ou :

Lesquels immeubles sont détaillés en un bail passé devant M^e. . . . . . , (ou : dans le partage reçu par M^e. . . . .) dont il a été donné lecture à M. et Mme F. . . . . qui déclarent d'ailleurs très-bien connaître les dits immeubles.

ÉTAT DES BIENS. — RÉSERVE.

Ainsi que tous ces biens se poursuivent et comportent, avec leurs dépendances, sans autre exception que celle ci-après énoncée, mais aussi sans garantie des contenances sus indiquées, dont le plus ou le moins, quel qu'il soit, fera profit ou perte pour les preneurs (ou : et avec garantie des contenances sus indiquées résultant de l'arpentage fait lors du partage — ou du bail dont il s'agit.)

Le bailleur se réserve le pavillon servant d'habitation de maître, et ses dépendances, — consistant en une cour, écurie et remise, petite basse-cour, jardin potager et jardin anglais y attenant.

CHARGES ET CONDITIONS.

Le présent bail est fait sous les conditions suivantes auxquelles M. et Mme F. . . . . . s'obligent solidairement (C. N. 1200), savoir :

1° D'habiter la ferme ; de la garnir et tenir garnie de meubles, de chevaux et bestiaux, d'ustensiles aratoires, grains et fourrages, en quantité suffisante à la garantie du fermage ;

2° D'entretenir les bâtiments, les rendre à la fin du bail en bon état de toutes réparations locatives et conformément à l'état des lieux qui aura été dressé entre les parties, *aux frais des preneurs* ; — tenir le jardin en bonne culture ;

3° De souffrir les grosses réparations ; fournir gratuitement les voitures et faire les charrois nécessaires pour le transport des matériaux, sans que le bailleur puisse exiger à la fois plus de deux voitures à trois chevaux, et qu'elles aillent à plus de quatre myriamètres du domicile des preneurs ;

4° *De ne pouvoir faire aucune espèce de changement, sous quelque prétexte que ce soit, à la destination des bâtiments, constatée par l'état des lieux*, sans la permission expresse et par écrit du bailleur ;

5° De veiller à ce que le colombier soit constamment peuplé, et faire qu'à la fin du bail il se trouve encore garni de . . . pigeons en état de produire ;

6° De bien et dûment labourer, fumer et ensemencer les terres par soles et saisons convenables, de manière à ne pas les détériorer ni épuiser, et de les rendre en bon état de terres labourables à la fin du bail ; (déterminer ici la proportion à laisser en jachère, en prairie artificielle, etc.)

7° De fumer, au besoin, les prairies ; de les entretenir à faux courante et en bonne nature de fauche ; d'entretenir aussi et regarnir les haies qui leur servent de clôture ;

8° De cultiver, façonner et provigner les vignes dans les temps et saisons convenables, et suivant l'usage des lieux, même de les replanter, si besoin est, de les garnir et de les rendre garnies d'échalas à la fin du bail ;

9° D'écheniller et soigner les arbres aux époques d'usage ou fixées par les règlements ; de labourer au pied, au moins une fois l'an, les arbres fruitiers, et d'élaguer à leur profit les arbres susceptibles de l'être, dans les temps et saisons convenables, sans les étêter ; mais, dans tous les cas, de n'élaguer ces arbres que dans le courant des années ci-après indiquées, savoir : les ormes, dans le courant des années. . . . . ; et les saules et peupliers dans le courant des années. . . . . . (ou : mais, dans tous les cas, de n'élaguer ces arbres que deux fois dans le cours du présent bail, en les laissant à la fin de la jouissance avec une pousse de deux ans) ; et encore de ne procéder à l'élagage des arbres plantés sur les grandes routes, qu'après avoir obtenu l'autorisation nécessaire. De détruire les gourmands ou rejetons que produiraient ces arbres ;

10°

BAIL

BAIL A FERME (suite)

10° De planter à leurs frais, pendant le cours du bail (ou d'ici à. . . . . ans) . . . . . pommiers et . . . . poiriers de belle espèce dans les terres joignant les chemins, à trois mètres d'iceux et à. . . . . mètres de distance entre eux ; de remplacer ceux qui viendraient à périr, afin de tenir au complet le nombre total de. . . . . arbres ;

11° De planter, en remplacement des arbres fruitiers qui viendraient à mourir, même dans les jardins, d'autres arbres fruitiers de pareilles et aussi bonnes espèces ; de planter de même, en remplacement des arbres à élagage qui viendraient à mourir, d'autres arbres susceptibles d'être élagués ; de faire ces plantations à titre de remplacement dès qu'il y aura lieu, sans néanmoins pouvoir arracher aucun arbre, quoique mort, si ce n'est avec le consentement écrit du bailleur ;

12° D'engranger dans les bâtiments de la ferme tous les grains, pailles et fourrages qui proviendront des récoltes des héritages affermés ;

13° De convertir en fumier toutes les pailles provenant des terres de la ferme, pour fumer et amender ces terres, ainsi que les prés, sans pouvoir autrement disposer de leur fumier ;

14° De laisser dans la ferme, lors de leur sortie, et sans indemnité, tous fumiers et pailles qui s'y trouveront ;

15° De curer et rafraîchir, pendant le cours du présent bail, les fossés et vidanges qui se trouvent autour des terres, prés et pâtures, même en faire de nouveaux, s'il est nécessaire, pour l'écoulement des eaux ou la défense des terres, et les rendre en bon état à la fin du bail ;

16° De veiller à ce qu'il ne soit commis aucune anticipation sur les terres et prés dépendant de la ferme, et avertir de suite le bailleur dans le cas où il en serait fait, sous peine d'être responsables de tout dommage à ce sujet ;

17° De maintenir des distinctions apparentes entre chaque pièce contiguë à celles présentement affermées, et entre celles qu'ils acquerraient ou prendraient à ferme de personnes autres que le bailleur ;

18° De ne pouvoir — M. F. . . . . . — chasser sur la propriété affermée : M. D. . . . . . se réservant expressément le droit de chasse ;

19° De ne pouvoir sous-louer, céder en tout ou en partie, leur droit au présent bail, sans le consentement écrit du bailleur — étant entendu, cependant, que cette interdiction cesserait d'exister à l'égard de la cession faite à l'un de leurs enfants par les preneurs, qui, en ce cas, seraient responsables envers le bailleur du prix et de l'entière exécution dudit bail (C. N. 1717) ;

20° De ne pouvoir non plus prétendre à aucune indemnité ni diminution du fermage, en cas de grêle, gelée ou coulure, inondation, sécheresse, stérilité, ou pour tous autres cas fortuits prévus ou non (C. N. 1779 et s.) ;

21° De faire annuellement, sans autre rétribution que celle de la nourriture des preneurs et de leurs chevaux, pour le bailleur et aux époques qui lui conviendront, pourvu que ce ne soit ni dans le temps des semailles ni lors de la récolte, ... journées de voitures à. . . . . chevaux, pour les corvées que ledit bailleur entendrait effectuer. Ces journées ne seront jamais reversibles sur les années suivantes ; c'est-à-dire que le bailleur n'y aura plus droit s'il ne les a requises dans l'année où elles seront dues ;

22° De fournir aussi chaque année, au bailleur, en son domicile et lors de sa demande, ... dindons, ... oies, ... chapons, ... canards ; le tout vif et marchant ;

23° D'assurer contre l'incendie, à leurs frais, tous les bâtiments compris en ce bail pendant la durée d'icelui, ainsi que les récoltes à provenir des terres affermées et de justifier au bailleur de la police de cette assurance ;

24° D'acquitter, à partir du 1er janvier 1871, toutes les contributions foncières et autres, ordinaires et extraordinaires, et toutes autres charges, de quelque nature qu'elles soient et sous quelque dénomination qu'elles puissent être établies, qui pourraient être imposées sur ladite ferme pendant la durée du présent bail, en sorte que le fermage ci-après stipulé soit délivré au bailleur franc et quitte ;

25° Et enfin, de payer les frais des présentes et le coût de la grosse qui en sera délivrée au bailleur.

PRIX.

Le présent bail est consenti moyennant un fermage annuel de . . . . . francs, que les preneurs s'obligent, sous la dite solidarité, de payer à M. D. . . . . , en sa demeure à. . . . . , le onze novembre de chaque année ; pour, le 1er terme, être acquitté le onze novembre 1871 ; (ou partie en blé ; partie en vin ou cidre ; et le surplus en argent).

CLAUSE DE RÉSILIATION A DÉFAUT DE PAIEMENT.

. . . .

ÉVALUATION DES CHARGES POUR L'ENREGISTREMENT.

. . . .

ÉLECTION DE DOMICILE.

. . . .

BAIL

BAIL PARTIAIRE A MOITIÉ FRUITS.

Pardevant Me. . . . .
     A COMPARU :
M. D. . . . .
Lequel a, par ces présentes, affermé à moitié fruits pour. . . années consécutives qui commenceront après la prochaine récolte,
     A M. B. . . et Mme. . ., son épouse. . . à ce présents et acceptant,
Les prés, vigne et terres ci-après désignés, sis en la commune de. . . savoir:

DÉSIGNATION DES PRÉS.

1°. . . . .

DÉSIGNATION DES VIGNES.

1°. . . . .

DÉSIGNATION DES TERRES.

1°. . . . .

ÉTAT DES HÉRITAGES.

. . . .

CHARGES ET CONDITIONS.

Le présent bail a lieu aux charges et conditions suivantes auxquelles les preneurs se soumettent solidairement :

1° De faire à leurs frais, tous les travaux de culture et d'exploitation: en conséquence, bien labourer, fumer et ensemencer les terres en temps et saisons convenables; façonner et provigner les vignes; fumer les prés, les tenir à faux courante et en bonne nature de fauche; le tout suivant l'usage local;

2° De ne pouvoir défricher aucune partie de vigne ou de pré sans le consentement du bailleur;

3° De planter en remplacement des arbres morts, les jeunes arbres que fournira le bailleur, sauf à profiter des branchages des arbres morts dont les troncs appartiendront audit bailleur;

4° D'élaguer les arbres et haies susceptibles de l'être; pour, le produit, être partagé par moitié entre le bailleur et les preneurs tenus de transporter où il l'indiquera la moitié revenant au bailleur; le tout après prélèvement sur cet élagage des bois nécessaires à l'échalassement des vignes.

5° D'entretenir et réparer les fossés et rigoles pour l'écoulement des eaux, ainsi que toutes haies et clôtures existant sur les biens affermés;

6° La moitié des semences nécessaires sera fournie par le bailleur, qui supportera aussi la moitié des contributions de toute nature auxquelles lesdits biens pourront être assujettis; mais il ne sera tenu à aucuns autres frais ni dépenses quelconques ;

7° L'autre moitié des semences sera fournie par les preneurs, qui acquitteront également la moitié des contributions ;

8° Les preneurs seront tenus de faire tous les travaux de moisson, de récolte et de vendange. En conséquence, ils devront faucher et lier les fourrages, scier et lier les blés, avoines et autres grains, cueillir les fruits et raisins;

9° Les fruits et récoltes seront partagés sur champ, par moitié, entre le bailleur et les preneurs. — La portion revenant au bailleur sera transportée par les preneurs, immédiatement après le lotissement, dans les lieux qu'il aura désignés.

Toutefois, si le bailleur le préfère, les preneurs seront tenus d'engranger avec les leurs les gerbes composant son lot, et de battre et vanner en temps convenable les blés, seigles et autres grains, comme aussi de cribler les blés. Mais, dans ce cas, toutes les pailles appartiendront aux preneurs, qui devront toujours transporter à. . . les grains appartenant au bailleur;

10° M. B. . . aura le droit de chasser sur les héritages affermés, sans pouvoir cependant le céder à d'autres. Le bailleur fait réserve expresse du même droit de chasse, pour en user par lui-même, ou par toutes personnes auxquelles il lui plaira de le conférer;

11° Les preneurs ne pourront céder leur droit au présent bail, ni sous-louer, en tout ou en partie, sans le consentement exprès et par écrit du bailleur;

12° Ils ne pourront prétendre à aucune indemnité pour cause de guerre, grêle, gelée, inondation, ou tous autres cas fortuits, prévus et imprévus ;

13° Enfin, ils acquitteront tous les droits et honoraires auxquels ces présentes donneront ouverture, y compris le coût de la grosse à délivrer, au bailleur (1).

ÉVALUATION DE LA MOITIÉ DU BAILLEUR.

Les parties évaluent la portion à revenir annuellement au bailleur, dans les différents produits des biens affermés, à la somme totale de. . . (ou bien: à telle quantité de blé, telle quantité de seigle, etc., etc.)

ÉLECTION DE DOMICILE.

. . . .

Dont acte.
Fait et passé. . . . .

BAIL D'USINE (MOULIN)

. . . .
Un moulin à eau appelé. . . situé sur la rivière ou le ruisseau de. . . commune de. . . garni de. . . paires de meules montées à l'anglaise, et de tous ses virants, tournants, travaillants, bluteaux, vannes et ustensiles;
     Ou:

1° Le moulin à vent dit de la Croix-Rouge, sis commune de. . ., faisant farine, garni de ses meules, tournants, virants, travaillants, volants, toiles et ustensiles.

2° La maison destinée à l'habitation du meunier, ensemble les autres bâtiments, la cour et le jardin dépendant de ce moulin;
Ainsi que le tout, parfaitement connu du preneur, ainsi qu'il le déclare, se trouve exister, sans aucune exception ni réserve.

---

(1) Prendre au bail précédent les autres conditions que le propriétaire entendrait imposer ici au fermier.
Des formulaires ont introduit cette clause dans le bail à ferme :
« Dans le cas de décès de l'un ou de l'autre des preneurs, le droit au présent bail appartiendra en entier au survivant d'eux pour le temps qui en restera
« alors à courir, sans que les héritiers du prédécédé puissent y rien prétendre, à quelque titre que ce soit. »

BAIL

BAIL D'USINE (MOULIN) (SUITE)

PRINCIPALES CHARGES ET CONDITIONS (POUR UN MOULIN A EAU).

1° De prendre le moulin et ses accessoires dans l'état où ils se trouveront au. . . ., et sur l'état estimatif qui en sera alors dressé par experts nommés, soit par les parties, soit d'office par le juge de paix du canton, pour la partie qui, à cette époque, n'aurait pas fait connaître son choix ;

2° D'entretenir de réparations le dit moulin ainsi que la reillère, les vannes, chaussées et déversoirs; et de faire en sorte, à cet égard, qu'il n'y ait aucune déperdition ni aucun refluement d'eau, et que le bailleur ne soit inquiété ni recherché, soit par les voisins, soit par les usagers de l'eau, ou par l'autorité publique; de faire le curage de la rivière (ou du ruisseau) pour toutes les parties à l'égard desquelles le curage serait à la charge du moulin ;

3° D'entretenir des réparations locatives la maison d'habitation et les autres bâtiments loués, et de souffrir les grosses réparations qui seraient à faire à la maison et aux bâtiments; (C. N. 1724, 1734)

4° De ne prétendre à aucune indemnité ou diminution de loyer pour raison de chômage causé par inondation ou sécheresses ;

5° De ne pouvoir céder son droit au présent bail en tout ou en partie, sans le consentement écrit du bailleur; (C. N. 1717.)

6° De rendre ledit moulin conformément à la prisée à faire, sauf à payer la moins-value ou à recevoir la plus-value qui serait constatée, le cas échéant, par une nouvelle prisée à l'expiration du bail; — différence exigible de part et d'autre dans les trois mois de ladite prisée que feraient les experts nommés comme pour la première.

. . . .

BAIL A CHEPTEL.
(Code Napoléon, art. 1800 à 1803.)
§ 1er. — CHEPTEL SIMPLE. (C. N. 1804 à 1817.)

PARDEVANT Me. . . . .

A COMPARU :

M. D . . . .

LEQUEL A, par ces présentes, DONNÉ A CHEPTEL simple, pour. . . années consécutives, qui ont commencé à courir le. . .

A M P. . . . . . , à ce présent et acceptant ,

UN FONDS DE BÉTAIL, composé ainsi qu'il suit:

1° Cinquante têtes de moutons dont. . . béliers et. . . brebis, de race. . . et marqués des lettres. . . estimés, à raison de. . . par tête, pour les béliers, et de. . . pour les brebis à la somme totale de. . ., ci. . . . . . .

2° Douze vaches laitières, dont cinq sous poil rouge et blanc, de l'âge d'environ quatre ans, et cinq de l'âge d'environ trois ans; deux sous poil rouge et les trois autres sous poil noir et blanc, estimées : les cinq premières, à raison de. . . par tête, et les autres, à raison de. . ., aussi par tête à la somme de. . . » »

3° Cinq génisses, de l'âge de dix à quinze mois; l'une sous poil entièrement noir, et les trois autres sont sous poil rouge et blanc, estimées ensemble la somme de. . . . . » »

Valeur dudit fonds de bétail, la somme de. . . . .

(Au lieu de la désignation portée au bail, on annexe quelquefois un état représenté par les parties: alors l'acte s'exprime ainsi):
Un fonds de bétail de la valeur de. . ., tel qu'il est désigné en un état estimatif dressé par les parties, et qui est demeuré ci-annexé pour être enregistré avec ces présentes, après avoir été, des comparants, certifié véritable, signé et paraphé en présence des notaires soussignés.

Duquel fonds de bétail, ainsi composé, M. P. . . . se reconnaît en possession.

CONDITIONS.

Le présent bail est fait aux charges et conditions suivantes:

1° Le preneur sera tenu de nourrir ces bestiaux, de les garder, soigner et héberger convenablement, et veiller à leur conservation, le tout à ses frais ;

2° Il profitera seul du laitage, du fumier et du travail des animaux, mais les laines et le croît seront partagés par moitié entre lui et M. D. . .;

3° Le preneur ne pourra faire aucune tonte sans en prévenir le bailleur ;

4° Il ne pourra disposer d'aucune bête du troupeau, soit du fonds, soit du croît, sans le consentement du bailleur, qui ne pourra lui-même en disposer sans le consentement du preneur ;

5° Si, par la faute ou la négligence du preneur, l'un ou plusieurs des chefs de cheptel périssent ou se perdent, il sera tenu de les remplacer à ses frais ; si la perte arrive par cas fortuit et sans la faute du preneur, il sera toujours tenu de rendre compte des peaux des bêtes mortes;

6° A l'expiration du présent bail, ou lors de sa résolution, s'il y a lieu, par le défaut d'accomplissement, de la part du preneur, des obligations qui lui sont imposées, il sera fait une nouvelle estimation du cheptel par deux experts choisis par les parties, et, à leur défaut, nommés d'office par le juge de paix du canton de. . ., avec faculté de s'adjoindre un tiers expert pour les départager, en cas de désaccord.

Le bailleur prélèvera des bêtes de chaque espèce, à son choix, jusqu'à concurrence de la somme de. . ., estimation donnée au fonds du cheptel ; l'excédant sera partagé par moitié entre les parties.

S'il n'existe pas assez de bêtes pour remplir la première estimation, le bailleur prendra ce qui en restera, et le preneur devra lui payer, dans le délai de. . ., la moitié de la perte;

7° Tous les frais des présentes et d'une grosse pour le bailleur seront à la charge du preneur.

(Si le cheptel est donné au fermier d'autrui, et si les bestiaux ne sont pas en la possession du preneur lors du bail, on peut ajouter) :
Pour que M. . ., propriétaire de la ferme exploitée par le sieur. . ., ne puisse exercer son privilége sur le fonds de bétail donné à cheptel, ces présentes lui seront notifiées à la requête de M. . ., mais aux frais du sieur. . ., avant l'entrée des bestiaux dans les bâtiments de la ferme; avec déclaration de l'objet de cette notification. (C. N. 1813.)

ÉVALUATION POUR L'ENREGISTREMENT.

Les parties évaluent, mais pour la perception du droit d'enregistrement seulement, la portion revenant à M. D. . ., dans le produit du cheptel à la somme de. . ., par année.

ÉLECTION DE DOMICILE.

. . . .

BAIL

BAIL A CHEPTEL (SUITE)

§ 2. — CHEPTEL A MOITIÉ (C. N. 1818 à 1820). (1)

Ont comparu :

M. M. . . . . d'une part;
Et M. R. . . . . d'autre part ;
Tous deux propriétaires des bestiaux ci-après désignés, savoir:
M. M : 1° Une vache. . . estimée . . . .
       2° . . . . estimée . . . .
                                          Total. . . .

Et M. R :
     1° . . . .
     2° . . . .
                                       Total . . . .

Lesquels ont dit et arrété ce qui suit:

M. R. . . a reconnu avoir reçu de M. M. . . . les bestiaux ci-dessus désignés pour être et demeurer réunis à partir de ce jour, durant. . . années consécutives, à titre de cheptel à moitié, à ceux dudit sieur R. . . . et ne former qu'un seul fonds de bétail commun aux parties.

M. R. . . . sera seul chargé de garder, nourrir et soigner ces bestiaux; et, en dédommagement de cette charge, il profitera seul du laitage, du fumier et du travail desdits bestiaux ;

Les laines et le croît seront partagés (2) par portions égales entre les parties ;

Aucune tonte ne pourra être faite que M. M. . . . n'en ait été prévenu à l'avance ;

Une partie ne pourra disposer, pendant la durée du cheptel, d'aucun des chefs de bétail, ni d'aucun des croîts, sans le consentement par écrit de l'autre partie, à peine de résiliation des présentes, si bon semble à celle-ci, et de tous dommages-intérêts ;

Si, par faute ou négligence de la part du sieur R. . . . des chefs du cheptel périssent ou se perdent, il sera tenu de les remplacer à ses frais ;

A l'expiration des. . . années du présent cheptel, il sera, par des experts nommés, soit par les deux parties, soit d'office par le juge de paix du canton, pour celle qui refuserait, procédé à l'estimation du fonds du cheptel;

Il sera ensuite composé de ce fonds 2 lots que les parties tireront au sort.

Le produit annuel du bailleur est évalué pour le fisc à la somme de. . .

§ 3. — CHEPTEL DE FER. (C. N. 1821 et suiv.)

(Ce cheptel ne se fait point par acte spécial : il est stipulé, dans le bail à ferme, par l'indication du fonds de bétail qui se fait en terminant la désignation des biens affermés, et la condition imposée au preneur de remettre un pareil fonds. V. *Bail à ferme.*)

L'indication du fonds de bétail peut être faite en ces termes :

« A l'exploitation duquel domaine est attaché un fonds de bétail de cent brebis, deux béliers et six vaches, dont il sera dressé état estimatif par experts, lors de l'entrée en jouissance du preneur, qui le recevra comme cheptel de fer. »

La clause de restitution, qui se place après celle relative aux réparations bâtiments, est ainsi conçue :

« De remettre au bailleur, à l'expiration des. . . années, un fonds de cheptel de même nature et de pareille valeur que celui reçu lors de l'entrée en jouissance. »

---

(1) Denisart, procureur au Châtelet de Paris, dans son recueil de jurisprudence, 7ᵉ édition, 1771, rapporte ce qui suit, au sujet des baux à cheptel:

« Ces sortes de baux sont très en usage dans les provinces de Nivernois, Bourbonnois, Berry, Auvergne, etc., et comme ils peuvent servir de prétexte « pour frauder les droits du Roi, un réglement fait en la Cour des Aides, le 17 mai 1596, un arrêt du Conseil du 11 mars 1690, et l'art. 17 de l'édit du mois d'oc- « tobre 1713, registré le 1ᵉʳ décembre suivant, ordonnant *qu'il sera passé des contrats ou baux devant notaire, de tous les bestiaux qui seront donnés à chetel. croît ou autre profit, lesquels contiendront le nombre, l'âge et le poil desdits bestiaux, seront signés des parties, si elles sçavent écrire, sinon de deux témoins et du notaire, contrôlés dans la quinzaine, publiés au prône de la paroisse des preneurs, et registrés sans frais aux greffes des élections dont elles ressortissent, dans deux mois du jour de leurs dates.*

« . . . . . . Quand ces formalités sont remplies, les collecteurs de tailles *ne peuvent faire saisir et vendre qu'un cinquième des bestiaux donnés à chetel pour la colle et imposition des cheteliers seulement.* On ne peut faire de pareilles saisies et ventes en conséquence de *solidités* jugées et rejets ordonnés sur les paroisses, ni même à la requête des Receveurs des gabelles et des collecteurs de l'impôt du sel. . . .

« . . . . . Il y a des auteurs qui pensent que l'estimation fixée par le bail des bestiaux donnés à chetel, forme une espèce de vente qui en transfère la propriété au chetelier; mais cette opinion est combattue par les plus célèbres jurisconsultes, et ceux-ci ont pour eux la jurisprudence des arrêts. Voyez Revel sur les usages et statuts de Bresse; le code du président Faure; Coquille sur la coutume du Nivernois ; Auroux, sur celle du Bourbonnois; il est vrai que le bailleur à chetel ne perd pas la propriété de ses bestiaux, qu'il peut les revendiquer, quand ils sont saisis sur le chetelier. . . . . . .

(2) *Cas où les mises sont inégales :*

« Les laines et le croît seront partagés en quatre lots (*ou en trois lots*) : l'un de ces lots écherra au sieur R. . . . ; les trois autres lots seront la propriété de M. M. . Aucune tonte, etc. »

BAIL

BAIL DE BOIS.

Pardevant Mᵉ. . . . .
   A comparu :

M. D. . . . .
Lequel a, par ces présentes, donné a bail, pour. . . . années consécutives qui commenceront par l'exploitation de l'ordinaire de 18. ., pour finir par celle de l'ordinaire de 18. ,
  A M. L. . . . ., à ce présent et acceptant,
  Tous les bois appartenant au bailleur, situés commune de. . . ., canton de. . . ., formant. . . pièces figurées au plan dressé par. . . sur. . . feuilles au timbre de. . . certifié véritable et signé en présence de Mᵉ. . . et qui sera soumis à l'enregistrement en même temps que ces présentes auxquelles il sera annexé. (Ou: au plan annexé au bail passé devant Mᵉ. . . , notaire à. . . , le. . . ., dont le preneur déclare avoir pris connaissance.)
  Ou bien :
  Le bois appelé. . . ., situé commune de. . . ., canton de. . . ., tenant. . . et borné suivant acte. . . au procès-verbal. . . . .
  Ou encore :
  Les parcelles de bois que le bailleur possède dans le canton de. . . et dont le détail suit :

DÉSIGNATION.

Commune de . . . . :

  1ᵉ. . . hectares. . . ares. . . centiares. . . suivant le titre et les bornes, au lieu dit. . . ., confiné au nord par le bois de M. . . ., au sud par le pré de Mᵐᵉ. . . ., à l'est. . . et à l'ouest. . . . .
  2ᵉ. . . . .

RÉSERVE.

M. D. . . se réserve :
  Les arbres anciens et madriers qui se trouvent dans les bois présentement affermés, pour les faire abattre et en disposer lors de l'exploitation des taillis ;
  Et. . . baliveaux de l'âge du taillis par chaque hectare de bois en coupe, au choix dudit bailleur qui les fera rouanner avant l'exploitation.

CHARGES ET CONDITIONS.

  Le présent bail est fait aux charges et conditions suivantes que le preneur s'oblige à exécuter :
  1° De prendre les bois affermés dans leur état actuel, sans pouvoir exercer aucune répétition contre M. D. . . ., à raison du défaut de mesure qui pourrait exister, le plus ou le moins devant tourner au profit ou à la perte du preneur ;
  2° De se conformer, pour l'ordre des coupes, à l'aménagement établi, sans pouvoir, en aucun temps, les anticiper ni retarder, et de n'en faire aucune sans en avoir donné avis au bailleur ;
  3° De procéder à l'abattage des bois à la cognée, à fleur de terre, sans écuisser ni éclater, et de façon que la chute des arbres ait lieu dans la vente sans endommager les arbres réservés ;
  4° De faire la traite du bois à brûler, dans chaque exploitation, par les chemins et routes ordinaires, et de la terminer annuellement avant la mi-novembre ;
  5° D'exécuter la vidange des coupes pour le 1ᵉʳ décembre de l'année d'exploitation ;
  6° De ne pouvoir établir de fourneaux et de loges que dans les lieux qui seront désignés par le bailleur, et de ne déposer le bois à brûler que dans les endroits aussi désignés par lui ;
  7° De réparer chaque année les dégradations occasionnées par la traite des bois et la vidange des coupes ;
  8° De supporter tous les frais de gardes et autres, lors du martelage et du récolement ;
  9° De payer au bailleur, à titre de dommages-intérêts, pour les dommages que commettrait le preneur aux pieds corniers, parois, lisières et baliveaux, les outre-passes et autres infractions, les amendes ou indemnités prononcées pour les mêmes cas à l'égard des bois de l'État, lors des ventes qui en sont faites ;
  10° De demeurer garant et responsable de tous les délits qui pourraient être commis dans les bois, s'il n'en fait connaître les auteurs ;
  11° De curer et d'entretenir en bon état les fossés qui entourent partie des bois loués : ces fossés auront toujours un mètre soixante-trois centimètres de profondeur, et un mètre trente centimètres de largeur ;
  12° De satisfaire aux lois, règlements et ordonnances sur les forêts, comme le bailleur pourrait en être lui-même tenu, et de manière qu'il ne soit point inquiété ni recherché à ce sujet ;
  13° Enfin, d'acquitter tous les frais et honoraires auxquels ces présentes pourront donner ouverture, y compris la grosse pour le bailleur.

PRIX.

  Le présent bail est fait moyennant. . . de fermage annuel, que M. L. . . s'oblige à payer à M. D. . . ., en sa demeure à. . ., ou, pour lui, au porteur de ses titres et pouvoirs, moitié le. . . et moitié le. . . ., pour ainsi continuer de six en six mois jusqu'à l'expiration du bail.
  Il est bien entendu qu'à défaut de paiement, à son échéance, d'un seul terme de fermage, et quinze jours après un simple commandement resté sans effet, le présent bail serait résilié de plein droit, si bon semble au bailleur, et sans qu'il ait à remplir aucune formalité judiciaire ; et, qu'en ce cas les fermages payés d'avance par M. L. . . appartiendront au bailleur à titre d'indemnité.
  Pour faciliter à M. D. . . la disposition des fermages du présent bail, M. L. . . a souscrit à son ordre. . . billets. . . de. . . fr. chacun, et payables, en la demeure de M. D. . . de six en six mois, la première échéance arrivant le. . .
  Ces billets ne feront qu'une seule et même chose avec ces présentes, et ils libéreront valablement M. L. . .
  En recevant ces billets, M. D. . . entend conserver tous les droits, priviléges et actions qu'il peut avoir en sa qualité de bailleur pour le paiement des fermages, sans aucune novation ni dérogation.
  Reconnaît, M. D. . . que le preneur lui a payé à l'instant la somme de. . . ., pour six mois d'avance des fermages imputables sur les six derniers mois de jouissance.

. . . .
. . . .

BAIL

§ 1er. — SOUS-BAIL. (C. N. 1717 à 1753.)

Pardevant M^e. . . . .

A comparu :

Melle G. . . . .

Principale locataire d'une maison sise à: . . . qui lui a été louée pour six années dont les trois premières expireront le 24 juin prochain, par M. . . ., suivant bail sous seings privés en date du. . . . portant à la marge cette mention :

« Enregistré à. . . ., le. . . ., etc. »

Laquelle a, par ces présentes, sous-loué, sous la garantie de droit, pour les trois années restant à courir du bail sus-énoncé, à partir du vingt quatre juin prochain,

A M. Y. . . . . . ., à ce présent et acceptant,

L'appartement ci-après détaillé formant le deuxième étage de ladite maison savoir : Un salon, une chambre à coucher, une salle à manger, le tout avec cheminées, une cuisine, un office et un cabinet de toilette;

Plus une petite cave située. . . . .

Ainsi que ces lieux, que le preneur a déclaré bien connaître, se poursuivent et comportent, sans aucune exception ni réserve.

Le présent bail est consenti à la charge par M. Y. . . . qui s'oblige :

1° D'exécuter exactement les conditions du bail principal dont le notaire soussigné lui a donné lecture;

(*Ou bien :* rappeler ici ces conditions.)

2° De payer à Melle G. . . ., en sa demeure à. . . ., un loyer annuel de quatre cents francs, à commencer au 24 juin 1870;

3° D'acquitter le coût des présentes.

§ 2. — TRANSPORT DE BAIL.

A comparu :

M. W. . . . .

Lequel a, par ces présentes, cédé et transporté, sous la seule garantie de ses faits et promesses, (ou sans autre garantie que celle de son droit au bail ci-après énoncé)

A M. P. . . . ., à ce présent et acceptant,

L'effet du bail (ou : tous les droits au bail) consenti au cédant par M. O. . . . pour. . . années ayant commencé le. . . aux termes d'un acte passé devant M^e. . . ., notaire à. . . ., le. . . ., d'un chatelet (ou : d'un pavillon, etc.) situé à. . . composé de. . . et que le preneur a déclaré bien connaître.

Cette cession a été faite à la charge par M. P. . . . qui s'y est obligé :

1° (Comme au sous-bail qui précède) ;

2° De payer, à partir du. . . et en l'acquit du cédant, à M. V. . . ., en sa demeure à. . . ., le loyer annuel de. . . qui lui est dû pour le prix du bail ci-dessus relaté.

Quand il y a prix ou pot de vin pour le transport :

En outre le présent transport de bail a eu lieu moyennant la somme de. . . que M. W. . . . a reconnu avoir reçue (ou : a payé à la vue du notaire) dont quittance — (ou que le cessionnaire s'engage à payer à M. W. . . .).

Quand il y a remboursement d'avance de loyer :

M. W. . . . a reconnu avoir reçu de M. P. . . . le remboursement de la somme de. . . par lui payée à M. O. . . . pour une avance de six mois de loyer, imputable sur les six derniers mois de jouissance, ainsi que le constate le bail cédé.

De son côté, M. P. . . . a reconnu que M. W. . . . lui a remis :

1° Une expédition dudit bail;

2° L'état de lieux fait avec le propriétaire;

3° Et le consentement donné par celui-ci pour le présent transport;

Si ce consentement est nécessaire, et qu'il ne soit pas donné avant l'acte ou par l'acte même, on dit :

M. W. . . . s'oblige à rapporter à M. P. . . . avant un mois de ce jour, le consentement de M. O. . . . au présent transport de bail.

Consentement du propriétaire par intervention : (C. N. 1690.)

A ces présentes est intervenu :

M. O. . .

Lequel, après avoir entendu la lecture à lui faite par le notaire soussigné, du transport du bail qui précède, a déclaré se le tenir pour signifié et consentir à son exécution, à la charge par le cédant qui s'y est soumis, de rester répondant solidaire de M. P. . . . tant de l'exécution des conditions du bail du. . . . que du paiement du loyer y stipulé.

BAIL

RÉSOLUTION OU RÉSILIATION.

(Code Napoléon, art. 1741 et suiv.)

---

§ 1er. — RÉSILIATION PURE ET SIMPLE.

Pardevant M° . . . .

      Ont comparu :

M. . . . et Mme. . . , son épouse, qu'il autorise, demeurant ensemble à . . . . d'une part;

M. D. . . . et Mme . . . . son épouse, qu'il autorise, demeurant ensemble à. . . . . d'autre part.

Lesquels sont convenus de résilier, comme de fait ils résilient purement et simplement, par ces présentes, à partir du 1er avril prochain, sans indemnité de part ni d'autre, le bail fait par les sieur et dame A. . . . aux sieur et dame D. . . , pour neuf années, à partir du 1er janvier dernier, d'une maison, sise à. . . . . , moyennant un loyer annuel de deux mille francs par an, outre les charges, aux termes d'un acte passé devant M°. . . . , notaire à. . . . .

En conséquence, les sieur et dame D. . . . devront rendre cette maison en bon état de réparations locatives, remettre les clés, et payer le terme à échoir de leurs loyers le 1er avril 1825.

Les frais des présentes seront supportés par . . . . . .

      Dont acte.

Fait et passé. . . . . .

§ 2. — RÉSILIATION AVEC INDEMNITÉ.

Pardevant M°. . . . . . .

      Ont comparu :

M. . . . et Mme . . . . d'une part ;

M. . . . et Mme. . . . . : . . d'autre part.

Lesquels sont convenus de résilier, comme de fait ils résilient par ces présentes, à partir du . . . . . , le bail fait par les sieur et dame. . . . . , aux sieur et dame. . . . . , pour trois, six ou neuf années, au choix respectif des parties, en s'avertissant six mois avant l'expiration des trois ou six premières années de ce bail, qui a commencé à courir le. . . . . , d'une ferme sise à. . . . , moyennant cinq mille francs de fermages annuels, outre les charges, aux termes d'un acte passé devant M°. . . . et son collègue, notaires à. . . . . , le. . . . .

En conséquence, lesdits sieur et dame *(les fermiers)* s'obligent à quitter cette ferme, à en remettre les bâtiments en bon état de réparations locatives et les terres bien fumées (*ou* marnées), à l'époque du. . . . . , et à payer les fermages alors dus.

Cette résiliation a lieu à la charge par les sieur et dame. . . . . *(le nom de ceux qui paient l'indemnité)* de payer aux sieur et dame *(le nom de ceux qui y ont droit)* une indemnité de quatre mille francs dans un délai de. . . . , sans intérêts *(ou :* avec intérêts à cinq pour cent par an, à partir du. . . .

(S'il y a d'autres charges, on les insère ici.)

Les frais des présentes seront payés par. . . .

      Dont acte.

Fait et passé. . . . .

(S'il avait été payé des loyers ou fermages d'avance, ce qui est plus ordinaire pour les baux à loyer, on pourrait compenser ce qui aurait été payé d'avance avec l'indemnité, jusqu'à due concurrence. Si l'indemnité était due par les fermiers ou locataires, on rédigerait ainsi) :

Cette indemnité demeure compensée avec pareille somme *(si l'indemnité est de la même somme)* de. . . . qui a été payée pour loyers d'avance, au terme du bail dudit jour. . . . , au moyen de quoi les parties demeurent réciproquement quittes à cet égard.

Si les loyers payés étaient supérieurs à l'indemnité, on dirait :

Cette indemnité demeure compensée, jusqu'à due concurrence, avec les loyers payés d'avance, montant à. . . . . Et le surplus qui était de. . . . . , a été à l'instant remis par M. . . . . *(le propriétaire)* à M. . . . . *(le fermier ou locataire)*, qui le reconnaissent.

(Si les loyers étaient inférieurs à l'indemnité, on compenserait d'autant.

Pour peu que les baux à résilier comportent de détails, il est préférable de commencer l'acte de résiliation par un exposé : c'est plus limpide.)

PRÊT

(Code Napoléon, art. 1892 à 1907.)

(V. *Obligation*, Tablettes 14, 15, 16, lesquelles devaient se trouver ici et indiquer les art. ci-dessus.)

CONSTITUTION DE RENTE

(Code Napoléon, art. 1909 à 1914 — 1968 à 1983.)

---

§ 1ᵉʳ. — RENTE VIAGÈRE SUR UNE TÊTE.

Pardevant Mᵉ. . . . .

Ont comparu :

. M. D. . . . . . et Madame . . . ., son épouse de lui autorisée, demeurant ensemble à. . . .,

Lesquels ont, par ces présentes, constitué, (ou *créé et constitué*) au profit et sur la tête de M. N. . . . .,né à. . . .,
le. . . ., — présent et acceptant,

Une rente annuelle et viagère de . . . . francs qu'ils se sont obligés solidairement à servir à M. N. . . . ., en sa
demeure à. . . . . , de six en six mois *(ou :* de trois en trois mois) à partir du. . . . , jusqu'à son décès.

CONDITIONS.

Il est convenu :

1° Que M. N. . . , tant qu'il demeurera à. . . ou dans le même canton, sera dispensé de fournir un certificat de vie.

2° Qu'à défaut de paiement de deux termes consécutifs des arrérages de cette rente et. . . . jours *(ou* mois) après un
simple commandement resté infructueux, le capital de la rente deviendra, si bon semble à M. N. . . . , exigible de plein
droit, c'est-à-dire sans décision judiciaire; et que tous les arrérages payés jusqu'au remboursement seront acquis, à titre
d'indemnité, audit sieur N. . . , dispensé de toute restitution.

3° Que les sieur et dame D . . . , — ayant au contraire servi la rente jusqu'au décès du crédi-rentier, — ne seront pas
tenus de payer à ses héritiers le terme dans lequel aura lieu ce décès, ni même les arrérages non acquittés et pour lesquels il
n'aurait pas été exercé de poursuite.

4° Que les inscriptions de l'hypothèque qui va suivre deviendront nulles par le seul fait du décès de M. N. . . . ; que
M. le conservateur pourra et devra les radier sur la représentation de l'acte de ce décès ; et qu'en le faisant, il sera valablement déchargé.

5° Et que le coût des présentes, y compris nécessairement une grosse pour M. N. . . ., sera à la charge des débi-rentiers.

HYPOTHÈQUE.

A la sûreté du service exact de la rente et du remboursement du capital, le cas échéant, M. et Mᵐᵉ D. . . . ont affecté
spécialement. . . . . (— *Désignation des immeubles ; — établissement de l'origine de propriété, au moins en la personne des
débi-rentiers ; — déclaration par ces derniers sur leur état civil et sur la situation hypothécaire.)*

PRIX.

La présente constitution a pour prix la somme de. . . . . francs que M. N. . . . . a comptée à M. et Mᵐᵉ D. . . . .,
à la vue de Mᵉ. . . . , l'un des notaires soussignés, *(ou :* que M. et Mᵐᵉ D. . . . , reconnaissent avoir reçue de M. N. . .)

ÉLECTION DE DOMICILE.

. . . .

§ 2. — RENTE VIAGÈRE SUR DEUX TÊTES, AVEC OU SANS RÉDUCTION.

. . . .

Lequel a, par ces présentes, constitué,

Au profit et sur la tête — de M. A. . . . , né à. . . ., le. . . ., — et de Mᵐᵉ. . . , son épouse, de lui autorisée, née à. . . , le. . . ., demeurant ensemble à. . . ., — présents et ce acceptant,

Une rente annuelle et viagère de. . . francs qu'il s'est obligé à servir à M. et Mᵐᵉ A. . . ., en leur demeure à. . . ,
de six en six mois, à partir du. . . ., jusqu'au décès du survivant et sans aucune réduction à celui du prémourant, mais au
contraire avec accroissement, au profit dudit survivant, de la portion des arrérages pouvant se trouver dus à la mort de son
conjoint, sans que les héritiers de celui-ci puissent y prétendre.

(Ou bien:. . qu'il s'est obligé à servir à M. et Mᵐᵉ A. . . etc. . . . . . pendant la vie et jusqu'au décès du premier
mourant. — A cette époque elle sera réduite à. . . . francs, mais à la condition que le survivant aura droit à tous les
arrérages qui seront dus lors du décès de son conjoint.)

§ 3. — RENTE VIAGÈRE SUR LA TÊTE D'UN TIERS. (1)

. . . .

Lequel a, par ces présentes, constitué,

Au profit de Mˡˡᵉ M. . . , — présente et ce acceptant,

Sur la tête et pendant la vie de M. M. . . ., son frère, né à. . . , le. . . .,

Une rente annuelle et viagère de. . . . francs qu'il s'est obligé à servir exactement à Mˡˡᵉ M. . . . ., en sa demeure
à. . . ., ou à ses héritiers, en. . . . termes, etc. . . . jusqu'au décès de M. M. . . . et sur la production du certificat
de vie en due forme dudit sieur M.

Il a été convenu que le débi-rentier ne sera pas tenu de payer aux héritiers de Mˡˡᵉ M. . . . le terme dans lequel sera
décédé M. M. . . . , ni les arrérages qui n'auraient pas été acquittés et pour lesquels aucune poursuite n'aurait eu lieu . . .

---

(1) L'indication du tiers n'a d'autre motif que la durée de la rente basée sur la durée de sa vie : ce tiers peut donc être incapable de contracter et
choisi indifféremment.

MANDAT

(Code Napoléon, art. 1984 à 2010.)

PROCURATION GÉNÉRALE.

Pardevant Mᵉ . . . .

       A comparu :

M. H . . . .

Lequel, en prévision d'un long voyage, (*ou :* à raison de son état de santé, etc.)

A, par ces présentes, constitué pour sa mandataire générale et spéciale,

Mᵉˡˡᵉ J. . . , sa sœur, rentière, demeurant avec lui, présente et acceptant ce mandat,

A laquelle il donne pouvoir de — pour lui et en son nom — gérer tous ses biens et affaires présents et à venir,

En conséquence :

Louer ou affermer par écrit ou verbalement, pour le temps et aux prix, charges et conditions que la mandataire avisera, tout ou partie des biens meubles et immeubles appartenant au constituant ; — passer, proroger et renouveler tous baux, les résilier avec ou sans indemnité ; faire dresser tous états de lieux et récolements ; les approuver ; donner et accepter tous congés ;

Prendre à loyer tous appartements, pour le temps et aux prix, charges et conditions que la mandataire avisera ;

Faire toutes réparations, constructions et embellissements ; à ce sujet, arrêter tous devis et marchés ; régler tous mémoires d'entrepreneurs et ouvriers, les acquitter ; — exiger des locataires et fermiers les réparations à leur charge ;

Faire procéder à tous arpentages et délimitations ; s'opposer à toutes usurpations, imposer aux fermiers l'obligation de les signaler ;

Faire ou vendre toute coupe de bois et toutes récoltes ;

Acquitter tous impôts et contributions ; faire toutes demandes en dégrèvement ou diminution ;

Toucher tous loyers, fermages, intérêts de capitaux, arrérages de rentes, et autres revenus échus et à échoir, même tous remboursements offerts ou exigibles, et généralement toutes les sommes qui sont et pourront être dues audit sieur H. . . . et pour quelque cause que ce soit ;

Payer généralement celles dont il est ou pourra être débiteur envers qui que ce soit, tant en principaux qu'intérêts, arrérages, frais et accessoires ;

Effectuer tous placements de fonds, soit sur l'État, soit en actions industrielles, soit sur particuliers par obligations, transports, billets, rentes perpétuelles ou viagères ; — demander titres nouvels et accorder prorogations pour créances antérieures ;

Emprunter sous quelque forme que ce soit ; obliger le constituant au remboursement du capital et au service des intérêts, hypothéquer ses immeubles à la sûreté du tout ; faire emploi de deniers, donner toutes autres garanties ;

Acquérir tous biens meubles et immeubles, droits successifs, rentes et créances, servitudes, usufruits et jouissances ; faire échanges ; le tout dans les formes et moyennant les prix et conditions que la mandataire jugera convenables ; enchérir ou surenchérir tous immeubles ; fournir toutes cautions ; prendre possession ; exiger toutes traditions ; obliger le constituant au paiement du prix des acquisitions ou échanges ; consentir tous priviléges sur les immeubles acquis et même en hypothéquer d'autres ; remplir toutes formalités de transcription, de purge légale et autres ; retirer tous états d'inscriptions ; faire toutes dénonciations, notifications, offres et consignations ; provoquer tous ordres ; payer le prix des acquisitions et les soultes ; poursuivre en main-levée et radiation ;

Vendre tout ou partie des meubles et immeubles qui appartiennent et appartiendront par la suite audit sieur H. . . également dans les formes, à tels prix et conditions que la mandataire avisera ; obliger le constituant à toutes garanties, et justifications, à tous rapports de mains-levées, remettre les titres de propriété, requérir toutes transcriptions et inscriptions, consentir mains-levées et radiations. — Transférer toutes rentes sur l'État, vendre et négocier les actions. Transférer les créances avec ou sans garantie. — Recevoir les prix des diverses aliénations.

Continuer et faire toutes les opérations du commerce du constituant ; acheter et vendre toutes marchandises, se charger de toutes commissions, les exécuter ; faire tous chargements ; fréter tous navires ; prendre toutes assurances ; souscrire tous billets à ordre, effets de commerce et autres engagements ; tirer et accepter toutes traites et lettres de change ; signer tous endossements et avals ; passer tous marchés ; recevoir et payer ; arrêter tous comptes courants et autres de commerce ; faire tous protêts, dénonciations, comptes de retour ; exercer tous recours en garantie ; signer la correspondance ; retirer tous paquets et lettres, chargés ou non, des postes, chemins de fer et messageries ;

S'intéresser dans les entreprises et établissements ; contracter et dissoudre toutes sociétés ;

Suivre toutes liquidations, tant de sociétés de commerce que de créances et autres intérêts ; se présenter partout où besoin sera ; faire toutes demandes, pétitions et réclamations ; se faire délivrer tous bons, mandats, lettres d'avis, ordonnances de paiement ; en toucher le montant en numéraire ou toutes autres valeurs qui pourront être données en paiement ; vendre, céder et transférer lesdites valeurs ou même lesdites créances avant ou après liquidation ; signer tous transferts, émargements et acquits, comme aussi faire et accepter tous transports, transferts, cessions et délégations de créances, ou rentes sur l'État ou sur particuliers, avec ou sans garantie ; toucher le prix desdits transferts, cessions et transports ;

Intervenir dans les transports et délégations qui pourraient être faits sur le sieur M. . . les accepter et tenir pour signifiés, faire toutes déclarations affirmatives et autres.

(*La fin à la tablette suivante.*)

MANDAT (SUITE)

PROCURATION GÉNÉRALE (SUITE.)

Recueillir toutes successions et legs, échus ou qui pourront échoir au constituant. *(S'il y a quelque donation faite en faveur du constituant, il faut donner ce pouvoir : « accepter toutes donations. » Mais la procuration doit alors avoir été faite en la présence réelle du notaire en second ou des deux témoins)* ; requérir toutes appositions et levées des scellés, ou s'y opposer ; faire procéder à tous inventaires et ventes de meubles, choisir tous officiers publics ; dans le cours de ces opérations, faire tous dires, réquisitions, déclarations, protestations et réserves, prendre connaissance des forces et charges des successions et legs, les accepter purement et simplement ou sous bénéfice d'inventaire, même y renoncer ; faire à tous greffes qu'il appartiendra toutes déclarations et affirmations nécessaires ; prendre aussi connaissance de tous testaments, codicilles et autres actes de libéralité ; en consentir ou contester l'exécution ; faire et accepter la délivrance de tous legs. — Faire toutes déclarations et acquitter les droits de mutation ;

Faire procéder, à l'amiable ou en justice, à tous comptes, liquidations et partages de biens meubles et immeubles ; choisir tous experts, composer les masses, faire et exiger tous rapports, consentir et exercer tous prélèvements, former les lots, les tirer au sort, ou les distribuer à l'amiable, fixer toutes soultes, les payer ou recevoir, faire et accepter tous abonnements, cessions et transports ; laisser tous objets en commun, donner tous pouvoirs pour les administrer ou en suivre le recouvrement ; faire procéder à toutes licitations d'immeubles indivis, ou y défendre ; enchérir et se rendre adjudicataire de tout ou partie de ces biens ; prendre part à tous arrangements de famille, ainsi qu'à toutes transactions ;

Entendre, débattre, clore et arrêter tous comptes avec tous créanciers, débiteurs et dépositaires, en fixer les reliquats, les payer ou recevoir ;

En cas de faillite ou de déconfiture de quelque débiteur, prendre part à toutes assemblées et délibérations de créanciers, nommer tous syndics et agents, signer tous concordats et contrats d'union et d'atermoiement, s'y opposer, produire tous titres et pièces, affirmer la sincérité des créances du constituant, contester ou admettre celles des autres créanciers, faire toutes remises, recevoir tous dividendes ;

Assister à toutes assemblées de conseils de famille, pour nomination de tuteurs, subrogés tuteurs ou curateurs, à des mineurs ou interdits ; donner ou refuser toutes autorisations demandées, accepter celles desdites fonctions qui seraient conférées au constituant et agir pour lui dans la qualité qui lui sera conférée.

En cas de difficultés quelconques ou à défaut de paiement, exercer toutes les poursuites, contraintes et diligences nécessaires : citer et comparaître devant tous juges de paix ; traiter, transiger, compromettre, se concilier, et, à défaut de conciliation, assigner et défendre devant tous tribunaux et cours compétents ; constituer tous avoués et défenseurs, les révoquer et remplacer ; obtenir tous jugements et arrêts, les faire mettre à exécution par les voies et moyens de droit, ou s'en désister ; interjeter appel et s'en désister, poursuivre toutes saisies mobilières et immobilières, jusqu'à leur entière exécution, requérir toutes inscriptions, produire à tous ordres et contributions, affirmer toutes créances, retirer tous mandements de collation, en toucher le montant.

De toutes sommes reçues et payées, donner et retirer toutes quittances et décharges, consentir mentions et subrogations avec ou sans garantie, faire main-levée, et consentir la radiation de toutes inscriptions, saisies, oppositions et autres empêchements quelconques, avant ou après paiement ;

Remettre et exiger tous titres et pièces ; en retirer et donner décharge.

Aux effets ci-dessus, passer et signer tous actes et procès-verbaux ; élire domicile, substituer, en tout ou en partie des présents pouvoirs, une ou plusieurs personnes, les révoquer, en substituer d'autres ; — révoquer tous pouvoirs donnés précédemment par le constituant ; — et généralement faire, quoique non prévu ici, ce que les circonstances exigeront dans l'intérêt de M. M. . . . qui promet avoir le tout pour agréable et le ratifier au besoin.

DONT ACTE.

MANDAT (SUITE)

PROCURATION SPÉCIALE.

§ 1er. — POUR LOUER ET AFFERMER; RECEVOIR LES LOYERS ET FERMAGES.

. . . .

Louer et affermer, soit verbalement, par actes notariés ou sous seings privés, aux personnes, pour le temps, et aux prix, charges et conditions, que le mandataire jugera convenables, en tout ou partie, les immeubles du constituant; renouveler et résilier tous baux, même ceux déjà existants; faire tous états de lieux, arpentages et bornages; adhérer à toutes cessions de baux et sous-locations; exiger ou accorder toutes indemnités, en recevoir ou payer le montant; faire procéder à tous recolements; faire faire toutes réparations; arrêter tous devis et marchés, en payer le montant; s'opposer à toutes usurpations et envahissements;

Toucher et recevoir tous loyers et fermages échus et à échoir;

Payer toutes impositions; faire toutes réclamations en dégrèvement ou réduction;

De toutes sommes reçues ou payées donner ou retirer quittances;

A défaut de paiement, etc. (V. *la procuration générale*.)

Aux effets ci-dessus, passer et signer tous actes, élire domicile, etc.

. . . .

§ 2. — POUR TOUCHER UNE CRÉANCE.

Recevoir de M. . . . , ou de tous autres qu'il appartiendra, la somme de. . . . , montant d'une obligation souscrite au profit du constituant par ledit sieur. . . . , suivant acte passé devant M^e. . . . , notaire à. . . . , le. . . . . , (*ou :* montant du prix de la vente. . . . ou autre cause); recevoir également tous intérêts échus et à échoir;

Donner quittance; consentir toutes mentions et subrogations, sans garantie; donner mainlevée et consentir la radiation de toutes inscriptions *(Pour un prix de vente ajouter : se désister de tous droits et privilége)* ; remettre tous titres et pièces;

A défaut de paiement ou en cas de contestation, etc.

Elire domicile, substituer, passer et signer tous actes et faire tout ce qui sera nécessaire pour le recouvrement de ladite créance.

. . . .

§ 3. — POUR TRANSPORTER UNE CRÉANCE.

. . . .

Céder et transporter, sous la simple garantie des faits et promesses du constituant, à telles personnes que le mandataire jugera convenables, et en une ou plusieurs parties, la somme de. . . . , due au constituant par M. . . . , suivant obligation, etc.; transporter également tous intérêts échus et à échoir de cette créance; toucher le prix des transports, en donner quittances; consentir toutes mentions et subrogations, sous la simple garantie sus exprimée, remettre tous titres et pièces ;

Elire domicile (etc., comme au § 2).

. . . .

§ 4. — POUR RETIRER UN CAUTIONNEMENT.

. . . .

Recevoir de tous payeurs et caissiers la somme de. . . , montant du cautionnement versé par le constituant au Trésor en qualité de. . . . , et inscrit à son nom. . . . ; toucher également tous intérêts échus et à échoir; produire tous titres et pièces; faire toutes demandes, déclarations et affirmations; donner toutes quittances et décharges; signer tous registres.

(Si le cautionnement a été fourni par un bailleur de fonds :)

Recevoir de tous payeurs et caissiers la somme de. . . . . , montant du cautionnement versé par le comparant au Trésor pour le compte de M. . . . , en qualité de. . . . , et inscrit au nom du constituant, comme bailleur de fonds, sous. . . . , etc.

. . . .

§ 5. — POUR TOUCHER TRAITEMENTS OU PENSIONS.

. . . .

Recevoir de tous payeurs, caissiers, trésoriers et autres, les arrérages échus et à échoir d'une pension (militaire *ou* civile) de la somme annuelle de. . . . , dont le comparant jouit sur l'État, et pour laquelle il est inscrit. . . . . .

(Ou bien :)

Recevoir de tous payeurs, etc. . . . . , les termes et arrérages échus et à échoir de tous traitements et pensions dont le constituant jouit actuellement sur l'État, et qui peuvent lui être accordés par la suite, à quelque titre et sous quelque dénomination que ce soit.

Produire et remettre tous titres, pièces et certificats de vie, faire toutes déclarations et affirmations, donner toutes quittances et décharges, signer et émarger tous registres et feuilles de paiement.

. . . .

MANDAT (SUITE)

PROCURATION SPÉCIALE.

---

§ 6. — POUR TRANSFÉRER DES RENTES SUR L'ÉTAT.

. . . .

Céder et transférer au cours que le mandataire jugera convenable, tout ou partie des inscriptions au nom du constituant, sur le grand-livre de la dette publique, ... °/. *(ou bien :* une inscription de. . . . . francs de rente, au nom du constituant, sur le grand-livre, etc.*)* ; commettre à cet effet tous agents de change; signer tous transferts, en recevoir le prix; donner toutes quittances et décharges; signer tous acquits et émargements; faire toutes déclarations et affirmations.

. . . .

§ 7. — POUR TRANSFÉRER DES ACTIONS DE LA BANQUE DE FRANCE.

. . . .

Transférer. . . . actions de la Banque de France inscrites sur le registre. . . . folio. . . . ainsi que celles qui pourront appartenir par la suite au constituant; faire ces transferts au cours de la Bourse le plus avantageux et par l'intermédiaire des agents de change que choisira le mandataire; fixer les époques de jouissance; recevoir les prix de ces transferts; donner acquits et émargements; faire toutes déclarations et affirmations.

. . . .

§ 8. — POUR AGIR DANS UNE FAILLITE.

. . . .

Le représenter à la faillite du sieur. . . . , son débiteur, d'une somme de. . . . *(Énoncer la créance)* ;

Requérir toutes appositions, reconnaissances et levées de scellés, procéder à tous inventaires et récolements; faire tous dires, réquisitions, protestations et réserves ;

Prendre communication de tous livres, registres et autres titres et pièces propres à constater la situation active et passive du débiteur;

Comparaître à toutes assemblées de créanciers; prendre part aux délibérations; vérifier, admettre ou rejeter tous titres qui seraient produits; faire vérifier la créance du constituant, l'affirmer sincère et véritable, ainsi qu'il l'a affirmée entre les mains des notaires soussignés ;

Traiter, composer, transiger, faire toutes remises; signer tous contrats d'union, d'atermoiement et concordat; nommer tous syndics, gérants et séquestres, les révoquer s'il y a lieu et en nommer d'autres;

Accepter cessions, transports, délégations et abandons des biens meubles et immeubles ;

S'il y a lieu, introduire tous référés; former toutes plaintes; s'inscrire en faux; poursuivre devant tous tribunaux; constituer avoués, les révoquer, en constituer d'autres; s'opposer; appeler; obtenir jugements et arrêts, les faire mettre à exécution; exercer toutes poursuites et contraintes, poursuivre toutes ventes de biens appartenant au failli; former toutes oppositions et saisies-arrêts; introduire tous ordres et contributions;

Toucher toutes les sommes qui reviendront au constituant, d'après les répartitions et par suite des ordres et contributions; de toutes sommes reçues donner quittances et décharges valables;

Donner main-levée et consentir la radiation de toutes oppositions, saisies et inscriptions; donner tous désistements; remettre tous titres et pièces ;

Elire domicile, substituer, passer et signer tous actes et faire dans l'intérêt du constituant tout ce que commanderont les circonstances.

§ 9. — POUR RENDRE COMPTE A UN MANDATAIRE.

. . . .

Demander et faire rendre à M. N. . . . . , compte du mandat que lui a conféré le constituant par acte passé devant M^e. . . . ;

Entendre, débattre et arrêter les comptes présentés par led. Sr N. . . ., exiger tous titres et pièces de justification; les admettre ou rejeter; fixer le reliquat, le recevoir ou payer; donner ou retirer quittances et décharges.

En cas de difficultés ou à défaut de paiement, etc. (V. *Les pouvoirs judiciaires à la procuration générale.*)

§ 10. — POUR SE RENDRE CAUTION.

. . . .

Rendre le constituant simple caution et répondant *(ou :* caution et répondant solidaire) de M. J. . . , envers M. O. . . , du paiement de la somme de. . . , qu'il doit à ce dernier en vertu *(énoncer le titre)*.

Affecter à la sûreté de ce cautionnement *(désigner l'immeuble)*.

A ces fins faire toutes déclarations d'état civil et de situation hypothécaire, passer et signer tous actes, élire domicile.

§ 11. — POUR LA NOMINATION D'UN TUTEUR ET SUBROGÉ-TUTEUR.

(V. *Formule de pouvoir à la 8e Tablette de ce formulaire.*)

MANDAT (SUITE)

PROCURATION SPÉCIALE.

§ 12. — POUR GÉRER UNE MAISON DE COMMERCE.

Continuer et faire toutes les opérations de commerce du constituant; acheter et vendre toutes marchandises; se charger de toutes commissions et passer tous marchés, les exécuter; *faire tous chargements; fréter tous navires; prendre toutes assurances;* souscrire billets à ordre, effets de commerce, et autres engagements; tirer et accepter traites et lettres de change; signer tous endossements et avals; arrêter tous comptes courants et autres de commerce; faire tous protêts, dénonciations, comptes de retour; former tous mandats sur correspondants, négociants, particuliers, et sur toutes caisses, notamment sur la Banque de France.

Traiter avec tous créanciers, débiteurs ou simples comptables; entendre, débattre, clore et arrêter tous comptes, en fixer les reliquats; les payer ou recevoir, en donner ou retirer quittance.

Retirer de toutes administrations des postes, des messageries, roulages et autres, tous paquets et lettres, chargés ou non, a l'adresse du constituant; agir dans les faillites ou déconfitures dans lesquelles le constituant aura des intérêts à discuter; requérir toutes appositions, etc. (V. *les pouvoirs pour agir dans une faillite.*)

Recevoir toutes les sommes qui peuvent et pourront être dues au constituant, à quel titre et pour telle cause que ce soit; Payer celles dont il est et pourra être débiteur.

De toutes sommes reçues et payées donner ou retirer quittances; consentir, sans garantie, toutes mentions et subrogations remettre ou obtenir tous titres et pièces.

En cas de difficultés quelconques ou à défaut de paiement, (V. *pouvoirs judiciaires à la* PROCURATION GÉNÉRALE.)

§ 13. — POUR ACCEPTER OU RÉPUDIER UNE SUCCESSION.

Déclarer au greffe du tribunal de. . . que le constituant n'entend accepter que sous bénéfice d'inventaire la succession de M. L. . . , dont il est habile à se porter héritier pour un tiers.

(*Ou bien :*)

Déclarer que le constituant renonce purement et simplement à la succession de M. L. . . , dont il est, etc.

Affirmer, ainsi que ledit constituant l'affirme entre les mains du notaire soussigné, qu'il n'a fait aucun acte d'héritier; — faire toutes autres affirmations et déclarations.

Passer et signer tous actes.

§ 14. — POUR RECUEILLIR UNE SUCCESSION.

Recueillir la succession de M. . . , échue au constituant.

Requérir toutes appositions de scellés ou s'y opposer; demander la levée, avec ou sans description, de ceux qui pourraient être apposés; faire procéder à l'inventaire des biens dépendant tant de la communauté d'entre M. R. . . et sa femme, que de la succession de ce dernier; faire, dans le cours de ces opérations, tous dires, réquisitions, déclarations, protestations et réserves; choisir les officiers, gardiens et dépositaires; signer tous procès-verbaux et vacations, introduire tous référés; demander autorisation pour agir sans attribution de qualité.

Prendre connaissance des forces et charges desdites communauté et succession, ainsi que des titres et papiers inventoriés et de toutes dispositions entre-vifs et testamentaires. — Demander ou consentir la délivrance de tous legs. — Accepter ladite succession purement et simplement ou sous bénéfice d'inventaire, même y renoncer; faire à cet effet les déclarations et affirmations nécessaires.

Faire procéder à la vente du mobilier, avec ou sans attribution de qualité; choisir l'officier public; — recevoir et payer les sommes dues, en principal et accessoires, — entendre, débattre, et arrêter tous comptes, notamment celui de l'officier vendeur, en fixer les reliquats, les recevoir ou solder.

Faire toutes déclarations de successions et affirmations requises; acquitter les droits de mutation.

Consentir ou provoquer la vente, soit à l'amiable et moyennant le prix que le mandataire jugera convenable, soit par licitation ou autrement, des immeubles dépendant de ladite succession. — Toucher ou payer le prix desdites vente ou adjudication.

Procéder à tous comptes, liquidation et partage des biens provenant desdites communauté et succession, à l'amiable ou judiciairement; nommer ou faire nommer tous experts pour les estimations; composer les masses; y faire et exiger tous rapports; faire et consentir tous prélèvements; former les lots, les tirer au sort, ou les distribuer à l'amiable; fixer toutes soultes, les recevoir ou payer; faire et accepter tous abandonnements; laisser tous objets en commun; donner ou accepter tous pouvoirs pour les administrer ou en suivre le recouvrement.

De toutes sommes reçues ou payées, donner ou retirer quittances; consentir mentions et subrogations, avec ou sans garantie; — remettre ou recevoir tous titres et espèces, en donner ou retirer décharge.

En cas de difficultés et à défaut de paiement, etc.

MANDAT (SUITE)

PROCURATION SPÉCIALE.

§ 15. — POUR ACCEPTER UNE DONATION.

. . . .

Accepter la donation entre-vifs que lui a faite M. E. . . , aux termes d'un acte passé devant M°. . . , de. . . . *(énoncer l'objet de la donation.)*

Obliger le constituant à l'exécution des charges et conditions qui lui ont été imposées par le donateur;

Requérir la transcription de ladite donation et remplir, si le mandataire le juge utile, les formalités de purge légale.

Passer et signer tous actes; — élire domicile.

. . . .

§ 16. — POUR FAIRE UNE DONATION. (1)

. . . .

Pour faire donation entre-vifs et irrévocable, — à M. D. . . , —des immeubles ci-après désignés:

1° . . . .

2° . . . .

Immeubles appartenant au constituant, savoir:

. . . .

Fixer au. . . . l'entrée en jouissance desdits biens;

Obliger le donataire à supporter les charges pouvant les gréver et à payer les sommes dues par le constituant et dont le détail suit:

(C. N. 945). A M . . . .

A M. . . . .

Obliger le constituant: 1° au rapport des mains-levées de toutes inscriptions autres que celles qui viennent d'être énoncées; 2° et à la remise des baux et titres de propriété.

Déclarer qu'il n'a jamais rempli de fonctions pouvant emporter hypothèque légale contre lui.

Passer et signer tous actes, élire domicile.

§ 17. — POUR ACQUÉRIR.

. . . .

Acquérir de M. . . , aux prix, charges et conditions que le mandataire jugera convenables (*ou moyennant la somme de* . . .) une vigne située à. . . ; obliger le comparant au paiement du prix, en principal et intérêts, lors du terme stipulé ainsi qu'à l'exécution de toutes les charges de la vente; exiger toutes justifications, se faire remettre tous titres et pièces, en donner décharge; signer tous contrats de vente et procès-verbaux d'adjudication, accepter toutes déclarations de command.

Faire faire toutes transcriptions, dénonciations, notifications et offres de paiement, provoquer tous ordres, y produire, payer le prix de ladite acquisition, soit entre les mains du vendeur, soit en celles des créanciers inscrits, délégataires ou colloqués; faire toutes consignations, former toutes demandes et exercer toutes actions, pour l'exécution de ladite acquisition; constituer tous avoués.

. . . .

§ 18. — POUR VENDRE.

. . . .

Vendre, à l'amiable ou aux enchères, etc.

Vendre, soit de gré à gré, soit aux enchères, en tout ou en partie, et par lots, aux personnes et aux prix, charges et conditions que le mandataire avisera. . . (*indication des biens*), dont les constituants sont propriétaires; obliger ces derniers, solidairement entre eux, à toutes garanties et au rapport de toutes justifications, mains-levées et certificats de radiation; fixer les époques d'entrée en jouissance et de paiement des prix.

Toucher ces prix en capitaux et intérêts.

A défaut de paiement ou en cas de difficultés, exercer les poursuites nécessaires, former toutes demandes en résolution de vente, citer et comparaître devant tous juges et tribunaux, se concilier, sinon obtenir tous jugements et arrêts, les faire mettre à exécution par les moyens de droit, ou s'en désister, produire à tous ordres et contributions, obtenir bordereaux et mandement de colloration, en toucher le montant.

De toutes sommes reçues donner quittances, consentir mentions et subrogations, sans garantie; faire main-levée et consentir radiation de toutes inscriptions d'offices et autres, avec ou sans paiement; se désister de tout privilége et action résolutoire; remettre tous titres et pièces, ou obliger les constituants solidairement à leur remise.

Passer et signer tous actes, etc.

---

(1) Il est rappelé que cette procuration doit être faite en la présence réelle du notaire en second ou des témoins instrumentaires.

MANDAT (SUITE)

PROCURATION SPÉCIALE.

§ 19. — POUR EMPRUNTER.

. . . .

Emprunter jusqu'à concurrence de la somme de. . . . . , en une ou plusieurs parties, d'une ou de plusieurs personnes, pour le temps et aux conditions que le mandataire jugera convenables; obliger les constituants, solidairement entre eux, au remboursement du capital et au service des intérêts, aux époques et de la manière convenues.

Affecter, à la sûreté des obligations, (*tels ou tels immeubles.* . . . . .)

Céder et transporter aux prêteurs les reprises et créances que la dame constituante peut et pourra avoir à exercer contre son mari, et les subroger dans son hypothèque légale contre lui, mais seulement en ce qu'elle grève lesdits immeubles, par préférence à ladite dame, et jusqu'à concurrence des sommes prêtées et de leurs intérêts, accepter ce transport au nom du constituant.

Céder et transporter aux prêteurs, pour plus de garantie, également par préférence aux constituants et jusqu'à due concurrence, l'indemnité à laquelle ils auraient droit au cas d'incendie de ladite maison, si elle est assurée, ou s'obliger à la faire assurer.

Déclarer pour les comparants, sous les peines de droit, comme ils l'ont affirmé par ces présentes :

1° Qu'ils n'ont pas contracté d'autre mariage que celui qui les unit ;

2° Qu'ils sont mariés sous le régime de la communauté, aux termes de leur contrat de mariage passé devant Mᵉ. . . . . , notaire à. . . . , le. . . . ;

3° Qu'ils n'ont jamais été chargés d'aucune tutelle ni curatelle ;

4° Que les héritages à hypothéquer sont d'une valeur d'environ. . . . . etc. ;

5° Et qu'ils ne sont grevés d'aucune charge privilégiée ou hypothécaire (*s'il en existe, les préciser*).

(*Si la somme est destinée à un emploi, ajouter :*)

Déclarer que la somme empruntée est destinée à être employée en entier (*ou* jusqu'à concurrence de. . . .) au paiement de partie du prix moyennant lequel les constituants ont acquis lesdits immeubles (*ou :* au paiement de tel des immeubles en question) suivant contrat passé devant Mᵉ. . . . , notaire à. . . . . , le . . . . — Obliger les constituants à effectuer cet emploi dans le délai qui sera fixé, déclarer dans la quittance l'origine des deniers, afin d'acquérir toutes subrogations au profit des prêteurs.

A l'effet de ce que dessus, élire domicile, passer et signer tous actes, etc.

: . . . .

§ 20. — POUR FAIRE DES ACTES RESPECTUEUX.

Pardevant Mᵉ . . . .

      A comparu :

M. . . . .

Lequel a, par ces présentes, constitué pour son mandataire spécial,

M. . . . .

A qui il donne pouvoir de — pour lui et en son nom,

Se présenter, avec un notaire ou un notaire et deux témoins, au domicile de M. . . . , et de Madame. . . . , ses père et mère, demeurant ensemble à. . . . ;

Leur demander respectueusement qu'ils veuillent bien consentir au mariage que le comparant (*ou* la comparante) se propose de contracter avec Mˡˡᵉ . . . , fille de M. . . . et de Madame . . . (*ou :* avec M. . . . , fils de M. . . et de Madame. . . .) ;

Et — dans le cas où les père et mère du constituant (*ou* de la constituante) n'accorderaient pas le consentement qu'il (*ou* qu'elle) les supplie de lui donner, — faire dresser et notifier un acte respectueux dans toutes les formes légales.

Aux fins ci-dessus, passer et signer tous actes; élire domicile. . . . .

. . . .

MANDAT (SUITE)

VARIANTES.

POUVOIRS JUDICIAIRES (1).

En cas de difficulté et à défaut de paiement de la part des débiteurs, exercer toutes poursuites, contraintes et diligences nécessaires; faire tous commandements et sommations; citer et comparaître tant en demandant qu'en défendant devant les tribunaux de paix; se concilier, si faire se peut; prendre tous arrangements; faire toutes remises; accorder termes et délais; traiter, composer, transiger, compromettre, en tout état de cause; nommer tous experts, arbitres et amiables compositeurs; leur donner tous pouvoirs et autorisations; s'en rapporter à leurs décisions ou les contester; renoncer à tous appels et recours en cassation; à défaut de conciliation, se pourvoir devant les tribunaux compétents; y former toutes demandes; défendre à celles intentées; constituer tous avoués et avocats, les révoquer, en constituer d'autres; plaider, opposer, intervenir, dans toutes instances; se pourvoir en garantie; appeler, défendre sur tous appels intentés; se pourvoir et défendre en cassation; faire toutes consignations; s'opposer à celles qui seraient demandées; obtenir tous jugements et arrêts, les faire lever, signifier et exécuter, par les voies de droit; faire tous actes conservatoires; interrompre toutes prescriptions ou les opposer; former toutes oppositions; prendre toutes inscriptions hypothécaires, les renouveler; faire procéder à toutes saisies, vente de meubles, et à toutes expropriations forcées; convertir toutes saisies immobilières en ventes sur publications volontaires; provoquer tous ordres et contributions, y produire; contester; faire toutes affirmations; obtenir bordereaux et mandements de collocations, en toucher le montant; consentir mains-levées et radiations; donner tous acquiescements et désistements. . . . .

PROCURATION PAR UN MARI A SA FEMME.

Pardevant M^e. . . . .

    A comparu :

M. . . . .

Lequel a constitué pour sa mandataire. . . . .

Madame. . . . , son épouse qu'il autorise à l'effet de tout ce qu'elle fera en vertu et dans les limites des présentes,

Et a laquelle il donne pouvoir de . . . .

PAR UNE FEMME A SON MARI (2).

  Pardevant M^e . . . .

    A comparu :

Madame. . . . , épouse de M. . . . . , avec qui elle demeure à . . . .

Laquelle, — assistée et autorisée de son mari,

l'a constitué pour son mandataire et lui a donné pouvoir de :

. . . .

PAR UN MINEUR ÉMANCIPÉ, ASSISTÉ DE SON CURATEUR.

. . . .

M. . . . .

Fils mineur de M. . . . , et de Dame . . . , son épouse, décédés; émancipé en vertu de la délibération de son conseil de famille et de la déclaration faite en conséquence par le juge de paix du canton de. . . . , le tout suivant procès-verbal en date du. . . , dont expédition a été représentée aux notaires soussignés.

Ledit mineur procédant sous l'assistance de M. . . . , son curateur à ce présent, nommé à cette fonction, qu'il a acceptée, aux termes de la délibération sus-énoncée ;

Lequel a constitué pour son mandataire . . . .

<table>
<tr><td>

PAR UN TUTEUR LÉGAL

PAR UN TUTEUR DATIF.

PAR UN SUBROGÉ TUTEUR.

</td><td>

(V. *l'énonciation de ces qualités à la 3e tablette du formulaire.*)

</td></tr>
</table>

Lequel a constitué par son mandataire. . . . .

---

(1) Les pouvoirs judiciaires sont reproduits à part pour les natures de procurations dont l'objet comporte une procédure plus compliquée. — L'élève doit y prendre avec discernement ce qui s'applique au mandat conféré. Il en est de même de diverses formules toujours étendues à dessein, c'est-à-dire prévoyant des cas plus ou moins rares.

(2) Ce pouvoir doit toujours être spécial.

MANDAT (SUITE)

VARIANTES.

PAR UN PÈRE ADMINISTRATEUR LÉGAL DES BIENS DE SES ENFANTS.

(*Voir à la* 4ᵐᵉ *tablette.*)

Lᴇǫᴜᴇʟ a constitué pour son mandataire . . . .

PAR UNE VEUVE COMMUNE EN BIENS ET TUTRICE.

Agissant tant en son nom personnel, à cause de la communauté de biens d'entr'elle et son mari, et encore comme créancière de la succession de ce dernier; le tout aux termes de son contrat de mariage, passé devant Mᵉ . . , notaire à. . , le. . . . . , qu'au nom et comme tutrice naturelle et légale de M. L. . . , son enfant mineur, issu d'elle et du feu sieur son mari.

Lᴀǫᴜᴇʟʟᴇ a constitué, pour son mandataire . . . .

PAR UN CESSIONNAIRE.

Cessionnaire de M. . . , suivant le transport qu'il lui en a consenti par acte passé devant Mᵉ . . . . , notaire à. . . , le. . . .

Lᴇǫᴜᴇʟ a constitué pour son mandataire. . . . .

PAR UN HÉRITIER.

. . . .

PAR UN LÉGATAIRE.

. . . .

(V. *l'énonciation de ces qualités à la* 4ᵐᵉ *tablette du formulaire.*)

Lᴇǫᴜᴇʟ a constitué pour son mandataire.

PAR UN EXÉCUTEUR TESTAMENTAIRE.

Agissant comme exécuteur testamentaire et ayant la saisine des biens de M. . . . , décédé à. . . , le . . . , aux termes de son testament reçu par Mᵉ . . .

Lᴇǫᴜᴇʟ a constitué pour son mandatataire . . . .

PAR UN NÉGOCIANT POUR SA MAISON DE COMMERCE.

Agissant comme associé dans la maison de commerce établie à . . . , sous la raison . . . . (*ou :* ainsi qu'il résulte de l'acte de société passé devant Mᵉ . . , et dont une expédition représentée par le comparant lui a été à l'instant rendue, ou fait sous signatures privées le. . . , portant cette mention : enregistré, etc. . . , et dont l'un des originaux, représenté par le comparant, lui a été à l'instant rendu).

Lᴇǫᴜᴇʟ — en ladite qualité — a constitué pour mandataire . . . .

PAR LES SYNDICS D'UNE FAILLITE.

Agissant comme syndics de la faillite de M. N. . . , nommés aux termes du jugement déclaratif de ladite faillite, rendu le . . . , par le Tribunal de commerce de . . .

Lᴇsǫᴜᴇʟs — en cette qualité — ont constitué pour mandataire. . . . .

PROCURATION A DEUX MANDATAIRES.

Pᴀʀᴅᴇᴠᴀɴᴛ Mᵉ. . . . .

A ᴄᴏᴍᴘᴀʀᴜ :

M. . . . .

Lᴇǫᴜᴇʟ ᴀ, par ces présentes, ᴄᴏɴsᴛɪᴛᴜᴇ pour ses mandataires, devant agir soit conjointement, soit séparément en absence l'un de l'autre,

M. . . . .

Eᴛ M. . . . .

Leur donnant pouvoir de — pour lui et en son nom :

. . . .

MANDAT (SUITE)

SUBSTITUTION GÉNÉRALE.

PARDEVANT Mᵉ . . . .
> A COMPARU :

M. E. . . . .

LEQUEL, — en vertu de la faculté de substituer, contenue en la procuration que lui a donnée M. F. . . . , par acte passé . . . , et dont le brevet original, certifié véritable et signé par le comparant, en présence des notaires, est demeuré ci-joint,

A DÉCLARÉ SUBSTITUER, en son lieu et place,

M. G. . . . .

A qui il a transmis tous les pouvoirs à lui conférés par cette procuration.

> DONT ACTE.

SUBSTITUTION PARTIELLE.

A qui il a transmis les pouvoirs suivants faisant partie de ceux à lui conférés par ladite procuration, savoir :
(Enoncer littéralement les pouvoirs que le mandataire substituant entend donner.)

. . . .

RÉVOCATION SPÉCIALE DE PROCURATION.

PARDEVANT Mᵉ . . . .
> A COMPARU :

M. L. . . . .

LEQUEL A, par ces présentes, RÉVOQUÉ la procuration par lui donnée à M. V. . . . , suivant acte passé en brevet (ou en minute) devant Mᵉ. . . . , notaire à. . . . , le. . . . ; — entendant que ledit sieur V. . . . , ne puisse plus faire pour lui, comparant, aucun acte, aucune démarche, et que ce qui aurait lieu en vertu de ce mandat, à partir de la signification des présentes, soit nul et sans effet.

> DONT ACTE.

RÉVOCATION GÉNÉRALE.

. . . .

LEQUEL A, par ces présentes, RÉVOQUÉ tous les pouvoirs qu'il peut avoir donnés à M. O. . . . , dans telle forme que ce soit ; — entendant que ce dernier ne puisse, pour lui, comparant, toucher aucune somme, ni s'immiscer dans ses affaires en aucune manière, et que tous les actes qu'il ferait en son nom, à partir de la signification des présentes, se trouvent nuls et sans effet.

> FAIT ET PASSÉ . . . .

RÉVOCATION AVEC CONSTITUTION D'UN NOUVEAU MANDATAIRE.

. . . .

LEQUEL — en révoquant la procuration par lui donnée à M. F. . . . , suivant acte passé en brevet (*ou en minute*) devant Mᵉ. . . . , notaire à. . . . , le. . . . ,

(*Ou bien :* — en révoquant tous pouvoirs quelconques par lui donnés à telle personne que ce soit.)

A, par ces présentes, CONSTITUÉ pour son mandataire. . . . , etc.

DÉCHARGE DE MANDAT.

PARDEVANT Mᵉ . . . .
> A COMPARU :

M. R. . . . .

LEQUEL A, par ces présentes, RECONNU que M. K. . . . , lui a remis précédemment (*ou :* tant précédemment qu'aujourd'hui) toutes les sommes qu'il a touchées pour son compte en vertu de la procuration du comparant, passée devant Mᵉ. . . . , notaire à. . . . , le. . . .

Déclarant en conséquence M. R. . . . tenir quitte M. K. . . . et lui donner décharge sans réserve de toutes choses relatives à l'exécution dudit mandat. . . .

> FAIT ET PASSÉ. . . . .

CAUTIONNEMENT

(Code Napoléon, art. 2011 et suiv.)

§ 1er. — CAUTIONNEMENT SIMPLE.

PARDEVANT Mᵉ. . . . .

    A COMPARU :

M. C. . . . .

LEQUEL — après avoir entendu (ou pris) lecture de l'obligation consentie devant le notaire soussigné, le. . . , par M. Z. . . . . à Mˡˡᵉ. . ., de la somme de. . . stipulée, remboursable le. . ., et productive d'intérêts à cinq pour cent, payables annuellement le. . . . ;

A, par ces présentes, DÉCLARÉ se rendre caution de M. Z. . . , envers Mˡˡᵉ O. . . , à ce présente et acceptant, et s'obliger au paiement de ladite somme de. . . . , en principal et intérêts, aux époques fixées en l'obligation ; et ce pour le cas où M. Z. . . . ne remplirait point son engagement ; — mais à la condition que la créancière n'accordera à M. Z. . . aucune prorogation de délai sans le consentement de M. C. . . . sous peine de perdre tout recours contre lui.

Pour garantir le remboursement en capital et accessoires, le comparant hypothèque . . . (V. affectation hypothécaire 58ᵐᵉ tablette.)

    DONT ACTE.

§ 2. — CAUTIONNEMENT AVEC RENONCIATION AU BÉNÉFICE DE DISCUSSION. (C. N. 2021.)

(On ajoute à la formule ci-dessus, après le mot engagement :) . . . . renonçant même au bénéfice de discussion.

§ 3. — CAUTIONNEMENT SOLIDAIRE. (C. N. 1202.)

(Au cas d'un bail à loyer.)

. . . . . A, par ces présentes, DÉCLARÉ se rendre caution de M. . . , envers M. . . , à ce présent et acceptant, et s'obliger solidairement avec le premier au paiement exact du loyer et à l'exécution des charges, aux échéances et de la manière stipulées audit bail.

A la sûreté de ce cautionnement, le comparant a affecté, etc. . . . .

§ 4. — CAUTIONNEMENT PAR PLUSIEURS. (C. N. 2025.)

. . . . . LESQUELS ONT, par ces présentes, DÉCLARÉ se rendre cautions de M. . . et Mᵐᵉ . . . envers M. . . . , à ce présent et acceptant, et s'obliger tous quatre solidairement avec ceux-ci, au paiement du montant, en principal et intérêts, de l'obligation sus-énoncée, et ce aux époques y déterminées.

A la sûreté, etc. . . . .

§ 5. — CAUTIONNEMENT PARTIEL.

. . . . . LEQUEL A, par ces présentes, DÉCLARÉ se rendre caution de M. . . , envers M. . . , à ce présent et acceptant, mais seulement jusqu'à concurrence de la somme de mille francs ; et il s'est obligé solidairement avec le débiteur au paiement de la dite somme de mille francs, aux époques et de la manière déterminées en l'acte sus-énoncé.

A la sûreté, etc . . . .

§ 6. — CERTIFICAT DE CAUTION. (C. N. 2014.)

. . . . . LEQUEL — après avoir entendu (ou pris) lecture : — 1º de l'obligation consentie devant le notaire soussigné le. . . , par M. V. . . . à M. L. . . . , de la somme de . . . . stipulée remboursable le. . . . , et productive d'intérêts à cinq pour cent payables. . . . . ; — 2º et d'un acte passé devant le même notaire le. . . . , contenant cautionnement de M. V. . . , pour ladite somme de. . . , et de ses intérêts, de la part de M. R. . . ,

A, par ces présentes, DÉCLARÉ certifier à M. L. . . , à ce présent et acceptant, la solvabilité de M. R. . . , et se rendre sa caution solidaire pour le cautionnement qu'a lui-même fourni ce dernier, s'obligeant comme lui au paiement du capital et des intérêts de ladite somme de. . . , aux époques d'exigibilité stipulées.

§ 7. — DÉCHARGE DE CAUTIONNEMENT.

LEQUEL *(le créancier)* par suite du paiement que lui a fait M. . . , de la somme de. . . , suivant quittance passée devant le notaire soussigné, le. . . , à compte sur le montant de l'obligation suivante à son profit, par ce dernier, devant Mᵉ. . . , notaire à . . . , le. . . ,

A, par ces présentes, DÉCHARGÉ M. . . , du cautionnement par lui consenti aux termes de ladite obligation, et donné main-levée de l'inscription prise contre lui au bureau des hypothèques de. . . , le. . . , vol. . . . , nº. . . . ; — entendant que le conservateur, en rayant définitivement cette inscription, soit et demeure valablement déchargé ; — mais sous la réserve, par le comparant, de ses droits et actions contre le débiteur pour raison de la somme qui reste due.

MENTION, etc. . . . .

AFFECTATION HYPOTHÉCAIRE

(Code Napoléon, art. 2124 et suiv.)

---

§ 1er — AFFECTATION SIMPLE.

Pardevant Me . . . .
      A comparu :

M. . . . .
Lequel, afin de garantir le remboursement de la somme de. . . montant de l'obligation par lui souscrite à Madame. . .
veuve de. . ., suivant acte passé devant Me. . ., notaire à. . ., le. . ., aux termes duquel ladite somme a été stipulée exigible le. . . et productive d'intérêts à cinq pour cent l'an,

A, par ces présentes, affecté et hypothéqué spécialement,

Au profit de ladite dame veuve. . ., à ce présente et acceptant,

(Désignation des immeubles;

Établissement sommaire de l'origine de propriété;

Situation hypothécaire. — État civil.)
      Dont acte.

§ 2. — AFFECTATION PAR UN TIERS, AVEC PROROGATION.

      Ont comparu :

M. D . . . .

M. U . . . .

Et M. Z . . . .

Lesquels ont dit et fait ce qui suit:

Le *(date)* M. D. . . a souscrit à M. U. . . trois billets à ordre de chacun mille francs, tous échus, protestés et conséquemment enregistrés ;

Le montant de ces billets s'élève aujourd'hui, en principal, intérêts et frais, à la somme de. . . ;

Pour en assurer le paiement, M. Z. . . ., frère du débiteur, a, par ces présentes, affecté et hypothéqué au profit de M. . .
ce acceptant,

(Désignation des immeubles ;

Établissement sommaire de l'origine de propriété;

Situation hypothécaire. — État civil.)

Et, en considération de cette garantie, M. U. . . accorde à M. D. . ., sur sa demande et pour sa libération, un délai de
trois ans à compter de ce jour, — sous la condition que cette somme continuera à produire intérêts à cinq pour cent, payables
de six mois en six mois, le tout à compter de ce jour.

§ 3. — AFFECTATION AU CAS DE CHANGEMENT D'HYPOTHÈQUE.

      Ont comparu :

M. C. . . et Mme. . . . son épouse qu'il autorise . . . .

Et M. V . . . .

Lesquels ont exposé qu'une obligation de huit mille francs a été consentie à M. V. . . par M. et Mme C. . .
suivant acte passé devant Me. . ., notaire à. . ., le. . ., avec stipulation que ce capital serait remboursé le . . .
et productif d'intérêts à quatre pour cent payables le. . . de chaque année; — que les emprunteurs ont hypothéqué en garantie un pré sis. . . sur lequel M. V. . . a pris inscription au bureau des hypothèques de. . ., le. . ., vol. . ., no ;
— que lesdits emprunteurs ont aliéné cet immeuble aux termes d'un procès-verbal d'adjudication volontaire dressé par le
notaire soussigné, le. . .

Cela dit, M. et Mme C. . . ont demandé à M. V. . . la main-levée de son hypothèque et inscription sur ledit pré, en
lui offrant d'hypothéquer d'autres héritages de valeur égale et libre de toutes charges ainsi qu'ils en ont justifié ; — ce à quoi
M. V. . . a déclaré consentir.

En conséquence, M. et Mme V. . . ont affecté, pour sûreté de la créance dont il s'agit, cinq pièces de terres situées commune de. . . etc.

(Désignation — Établissement de l'origine de propriété.)

Par suite, M. V. . . a déclaré renoncer à la première constitution hypothécaire et donner main-levée de son inscription
sus-énoncée, de laquelle il consent radiation définitive; autorisant le conservateur à l'opérer, mais sur le vu d'un certificat constatant que l'inscription à requérir en vertu des présentes est la seule existante sur les immeubles hypothéqués à nouveau.

MAIN-LEVÉE

HYPOTHÉCAIRE (1).

(Code Napoléon, art. 2157, 2158, 2180.)

§ 1er. — MAIN-LEVÉE SIMPLE ET ENTIÈRE.

Pardevant Me. . . . .

A comparu :

M. . . . .

Lequel a donné main-levée et consenti la radiation définitive de l'inscription prise à son profit contre Mlle. . ., au bureau des hypothèques de. . ., le. . , vol. . ., n°. . .

— Renonçant à l'hypothèque qui résulte du titre énoncé en ladite inscription.

Et il autorise le conservateur à effectuer entièrement cette radiation.

Dont acte.

§ 2. — MAIN-LEVÉE SIMPLE ET PARTIELLE (2).

Ont comparu :

M. . . et Mme. . ., son épouse, qu'il autorise. . . . . ;

Lesquels ont déclaré renoncer à l'hypothèque à eux conférée par M. . ., suivant acte passé devant le notaire soussigné, le. . . ; — mais seulement en ce qu'elle grève (indiquer la propriété ou l'héritage) ; — réservant expressément l'effet de ladite hypothèque sur les autres immeubles.

Et ils ont autorisé le conservateur à rayer en ce sens l'inscription requise à leur profit au bureau des hypothèques de. . ., le. . .

§ 3. — MAIN-LEVÉE DE SUBROGATION.

. . . . Lequel a donné main-levée et consenti la radiation définitive :

1° De l'inscription prise au bureau des hypothèques de. . ., le. . ., vol. . ., n°. . ., au profit de M. . . entre M. . . ;

2° Et de la subrogation mentionnée à son profit dans l'effet et en marge de ladite inscription, à la date du. . .

Entendant que le conservateur, en opérant la radiation du tout, soit et demeure valablement déchargé.

Il a renoncé, en outre, au droit d'hypothèque résultant du titre énoncé en ladite inscription.

§ 4. — MAIN-LEVÉE D'INSCRIPTION D'OFFICE, AVEC DÉSISTEMENT DE PRIVILÉGE.

. . . . Lequel a déclaré se désister purement et simplement du privilége résultant à son profit de la vente par lui consentie à M. T. . ., d'une propriété dite. . ., sise à. . ., moyennant. . ., suivant contrat passé devant Me. . ., notaire à. . ., le. . .

Par suite il a donné main-levée et consenti la radiation définitive de l'inscription d'office née de la transcription dudit contrat de vente faite au bureau des hypothèques de. . ., le. . ., vol. . ., n°. . ., contre le dit sieur T. . .

Autorisant le conservateur à effectuer entièrement cette radiation.

§ 5. — RÉDUCTION D'INSCRIPTION.

. . . . Lequel a déclaré consentir à ce que l'hypothèque — inscrite à son profit contre M. . ., au bureau des hypothèques de. . ., le. . ., vol. . ., n°. . ., pour sûreté de la somme de. . ., montant de l'obligation passée devant Me. . ., notaire à. . ., le. . ., — soit réduite en ce sens qu'elle ne frappera plus que pour la somme de. . .

Entendant que l'inscription sus-énoncée se trouve réduite dans cette proportion, et que le conservateur, en la rayant jusqu'à due concurrence, soit et demeure valablement déchargé.

---

(1) V. *Quittance*, mains-levées par suite de paiement.

(2) Elle a ordinairement pour objet le dégrèvement d'un immeuble vendu par le débiteur qui en a hypothéqué plusieurs à la sûreté de son obligation, en ce cas, on énonce le contrat de vente pour d'autant mieux préciser l'héritage affranchi.

TITRE NOUVEL

(Code Napoléon, art. 1337, 2262, 2263.)

---

§ 1er. — RENTE PERPÉTUELLE — DÉBITEUR ORIGINAIRE.

PARDEVANT M^e. . . . .

ONT COMPARU :

M L . . . . d'une part;

ET M. B. . . . . d'autre part ;

LESQUELS, pour l'intelligence du titre nouvel, objet des présentes, ONT EXPOSÉ ce qui suit :

Par contrat passé devant M^e. . . , notaire à. . . , le. . . , M. L. . . a constitué au profit de M. B. . . une rente annuelle et perpétuelle de. . . francs, payable. . . , exempte de retenue, au capital de. . . francs (*ou : de*. . . livres; rente sujette à la retenue du cinquième et conséquemment réduite à. . . livres qui ne représentent aujourd'hui que. . . francs),

A la sûreté du capital et des arrérages, M. L. . . a hypothéqué une maison sise à. . . sur laquelle M. B. . . a pris au bureau des hypothèques de. . . , le. . . , une inscription renouvelée en dernier lieu le. . . , vol. . . , n°. . .

(Énoncer, dans leur ordre, les autres faits et actes qui ont pu se produire jusqu'au jour du titre nouvel.)

CELA DIT, et le titre primitif ayant plus de vingt-huit ans de date, M. L. . . a demandé, pour en prévenir la prescription, qu'il lui soit passé titre nouvel de la rente dont il s'agit ;

En conséquence, M. B. . . s'est reconnu débiteur envers M. L. . . de ladite rente annuelle et perpétuelle de. . . (*la rappeler et caractériser entièrement dans son importance et ses échéances. Bien observer le 2e § de l'art. 1337 C. N.).* . . .; le tout de la manière et ainsi qu'il est stipulé au contrat originaire sus-énoncé, auquel il n'est aucunement dérogé. (*Ou :* lequel portait : « . . . *(Reproduire les termes du titre constitutif. — Ce soin, non obligatoire ni usité ordinairement du moins, serait bon.)*

A la garantie du service et remboursement de laquelle rente, la maison de M. B. . . reste hypothéquée spécialement, et l'inscription maintenue dans tout son effet.

Le coût des présentes sera acquitté, comme de droit, par M. B. . . y compris une grosse pour le crédi-rentier.

Pour leur exécution, les parties élisent domicile en l'étude du notaire soussigné.

DONT ACTE.

§ 2. — RENTE VIAGÈRE — HÉRITIERS DU DÉBITEUR.

. . . .

Depuis, M. N. . . *(le débiteur originaire)* est décédé à. . . , le. . . , laissant comme seuls héritiers, pour chacun moitié, MM. S. . . comparants ainsi que le constate l'intitulé de l'inventaire. . . (*ou :* l'acte de notoriété. . .); qualité acceptée sous bénéfice d'inventaire seulement, suivant la déclaration par eux faite au greffe du tribunal de. . . , le. . .

EN L'ÉTAT, et pour satisfaire à la demande par Mme veuve N. . . d'un titre nouvel interruptif de la prescription du contrat primordial,

MM. S. . . , es-dites qualités, SE SONT RECONNUS DÉBITEURS personnellement pour chacun un tiers, et hypothécairement pour le tout, euvers Mme veuve N. . . de ladite rente annuelle et perpétuelle de. . . francs, au capital de. . . ; — S'obligeant en conséquence à en continuer le service à ladite Dame, en sa demeure à. . . , en quatre termes trimestriels et égaux, c'est-à-dire :. . . francs, le. . . ; — . . . francs, le. . . ; — . . . francs, le. . . ; — et. . . francs, le. . . conformément au contrat de constitution qui est maintenu dans ses termes et son entier effet.

A la garantie etc., *comme au § 1er*.

§ 3. — RENTE VIAGÈRE — TIERS-DÉTENTEUR.

LEQUEL A, par ces présentes, DÉCLARÉ et reconnu que, comme détenteur des maison, jardin et dépendances, sis à. . . , dont il a fait l'acquisition de M. L. . . par contrat passé devant M^e. . . et son collègue, notaire à. . . , le. . . ,

Il est tenu hypothécairement, sur ces immeubles envers M. T. . . pour une rente annuelle et viagère de 600 fr., exempte de retenue, payable en quatre portions égales : les 1ers janvier, avril, juillet et octobre, et constitué au profit de ce dernier par led. sieur L. . . avec hypothèque sur les immeubles vendus au comparant, hypothèque dont il a été pris inscription au bureau des hypothèques de. . . , en dernier lieu, le. . . , vol. . . , n°. . .

Consentant, ledit comparant, que l'effet de cette hypothèque subsiste contre lui, en sa qualité de tiers-détenteur, tant que sera due la rente.

Mention des présentes, etc.

(Si l'acquéreur a retenu sur le prix le capital nécessaire au service de la rente, il s'y engage personnellement par ce titre nouvel, comme le font au § 2 ci-dessus les héritiers du débiteur.)

DÉPOT DE PIÈCES [1]

(Loi du 25 ventôse an XI. — Arg. des art. 20 et suivants.)

§ 1er. — DÉPOT SIMPLE D'UN SOUS SEING PRIVÉ.

AUJOURD'HUI. . . . .

      À COMPARU :

M . . . .

LEQUEL A, par ces présentes, DÉPOSÉ à M^e. . . , l'un des notaires soussignés, pour être mis au rang de ses minutes, l'un des originaux d'un acte sous seing privé fait double à. . , le. . , et contenant vente au profit du comparant par M. . . , de (tel immeuble) moyennant la somme de. . . , stipulée payable le. . . (*ou* bail au comparant, par M. . . , pour. . . années, d'une maison. . . , moyennant un loyer annuel de. . . , payable. . . , (*ou* toute autre convention à rappeler en substance).

Ledit acte écrit sur. . . . feuilles au timbre de. . . , contient. . . pages entières et. . . lignes, sans renvois ni mots nuls (*ou* bien : avec. . . renvois et. . . mots nuls); il porte en marge (*ou* ensuite) cette mention : « Enregistré à. . . etc. »

FAIT ET PASSÉ ledit jour.

Et a, le comparant, signé avec le notaire, après lecture.

§ 2. — S. S. P. AVEC RECONNAISSANCE D'ÉCRITURE (2).

PARDEVANT M^e. . . . .

      ONT COMPARU :

LESQUELS ONT, par ces présentes, DÉPOSÉ. . . contenant échange entr'eux (énoncer la substance).

Le dit acte écrit de la main de M. . . l'un des déposants, sur. . .

Reconnaissant, les comparants, la sincérité du contenu de cet acte ainsi que de leurs signatures y apposées;

Et ladite pièce, certifiée véritable et signée par eux en présence des notaires, est demeurée annexée à ces présentes.

FAIT ET PASSÉ. . . . .

§ 3. — DÉPOT D'UN TESTAMENT OLOGRAPHE (C. N. 1007).

AUJOURD'HUI. . . . .

M^e. . . , notaire à la résidence de. . . , soussigné,

A mis au rang de ses minutes :

1° L'expédition de l'ordonnance rendue le. . . , par M. le Président du Tribunal civil de. . . , par laquelle le notaire soussigné a été désigné pour recevoir le dépôt du testament olographe ci-après énoncé;

2° L'original du testament olographe, en date à Trouville, du. . . , de M. . . , en son vivant brocanteur, demeurant en ladite ville; — Lequel original a été enregistré à. . . , le. . . , f°. . . , v°. . . , c°. . .; et porte la mention, faite et signée par M. le Président, de son ordonnance sus-datée qui contient la description dudit testament.

En conséquence ces deux pièces ont été annexées au présent acte.

FAIT ET PASSÉ. . . . .

§ 4. — RAPPORT POUR MINUTE.

PARDEVANT M^e. . . . .

      À COMPARU :

M. . . . .

LEQUEL A, par ces présentes, RAPPORTÉ pour minute à M^e. . . , notaire soussigné, le brevet original d'une procuration passée devant ledit M^e. . . , le. . . , et donnée par le comparant à M. . .

En conséquence et après avoir été certifié véritable et signé par ce dernier, en présence des témoins, ledit brevet est demeuré annexé à ces présentes.

FAIT ET PASSÉ. . . . .

---

(1) Le dépôt a évidemment pour objet la conservation de l'acte et la faculté d'en retirer des grosses ou expéditions authentiques. — Toutes pièces peuvent faire l'objet d'un dépôt. En sont seules exceptées, conformément au droit commun, celles contraires aux lois ou aux bonnes mœurs.

(2) En ce cas, la pièce déposée doit être bien décrite dans sa forme extérieure pour parer à toute méfiance d'altération ou de modification.

DÉPOT DE PIÈCES (SUITE)

§ 5. — DÉPOT DE PIÈCES CONSTATANT UNE PURGE.
(C. N. 2193 et suiv.)

Pardevant Mᵉ. . . . .

    A comparu :

M. N. . . . . (1)

Lequel, en vue du dépôt ci-après, a exposé ce qui suit :

Par contrat passé devant Mᵉ. . . , notaire à. . . , le. . . , M. et Mᵐᵉ. . . , son épouse, ont vendu au comparant un bois-futaie, situé à. . .

Une expédition de ce contrat a été transcrite au bureau des hypothèques de. . . , le. . . , vol. . . , nᵒ. . , à la charge, outre l'inscription formée d'office le même jour, vol. . . , nᵒ. . . , pour sûreté dudit prix, de sept inscriptions rapportées en un état délivré sur ladite transcription, le. . . ; inscriptions radiées (ou rayées) depuis, ainsi que le constatent deux certificats délivrés par le même conservateur, le. . . .

Il n'est survenu, dans le délai légal, aucune inscription, ainsi qu'il résulte d'un autre certificat en date du. . .

Sur cette acquisition, M. N. . . a fait remplir les formalités voulues afin de parvenir à la purge des hypothèques légales; formalités accomplies sans qu'il se soit produit aucune inscription pour cause d'hypothèques de cette nature.

Cela dit, le comparant a déposé au notaire soussigné et l'a requis de mettre au rang de ses minutes, pour en être délivré tous extraits ou expéditions au besoin :

1° L'expédition transcrite du contrat de vente ;

2° L'état d'inscription et le certificat délivrés sur cette transcription ;

3° Les deux certificats de radiation des inscriptions révélées par ledit état;

4° L'extrait des minutes du greffe du Tribunal de première instance de. . . , constatant le dépôt fait à ce greffe d'une copie collationnée (ou d'une expédition) dudit contrat de vente, suivant acte en date du. . . ;

5° L'original d'un exploit de Mᵉ. . . , huissier à. . . , en date du. . . , enregistré, constatant la notification de ce dépôt. tant à M. le Procureur impérial près ledit Tribunal, au regard des personnes inconnues du chef desquelles il aurait pu être formé des inscriptions d'hypothèques légales, qu'à Mᵐᵉ. . . , (la femme du vendeur); avec sommation de prendre et faire connaître, dans le délai de la loi, les inscriptions d'hypothèques légales affectant les immeubles acquis ;

6° Un exemplaire du journal d'annonces judiciaires, nᵒ. du. . . , contenant l'insertion de la notification qui vient d'être énoncée ; — ledit exemplaire signé de l'imprimeur, légalisé par le maire, et portant cette mention : « Enregistré. . . ; »

7° Un extrait délivré par le greffier du Tribunal de l'acte du. . . , constatant que la copie du contrat de vente est demeuré exposée dans l'auditoire dudit Tribunal depuis ledit jour jusqu'au. . . ;

8° Et un certificat délivré par M. le Conservateur le. . . , constatant que depuis la transcription de la vente dont il s'agit jusqu'à la date dudit certificat, il n'est parvenu aucune inscription pour cause d'hypothèques légales.

Toutes lesquelles pièces, à la réquisition de M. N. . . , ont été ci-annexées, mention préalablement faite sur chacune par le notaire soussigné.

    Dont acte.

Fait et passé . . . .

---

(1) En province, ce dépôt n'a lieu ordinairement que quand les formalités de purge ont eu lieu dans l'intérêt de plusieurs acquéreurs, lesquels on retrouvent ainsi la justification.

Au cas d'un seul acquéreur ayant purgé, on se borne à réunir ces pièces à l'expédition de la vente.

LETTRE DE CHANGE [1]
(Code de commerce, art. 110 et suiv.)

PARDEVANT M° . . . .
      A COMPARU:
M. . . . .
LEQUEL — en déclarant ne savoir écrire ni signer, — A REQUIS M°. . ., notaire, de rédiger la lettre de change suivante:
Nice, le 1er février 1868.
Le premier mai prochain, il vous plaira payer, par cette première de change, à l'ordre de M. . ., la somme de. . ., valeur reçue en marchandises; sans autre avis de M. . . (le comparant).
A Monsieur L. . . négociant à Cette.
Entendant, le comparant, que cette lettre de change produise le même effet que si elle était souscrite selon l'usage général.
      DONT ACTE.

ACCEPTATION [2]
(Code de commerce, art. 118 et suiv.)

PARDEVANT M° . . . .
      A COMPARU:
M . . . . ,
LEQUEL A DÉCLARÉ accepter la lettre de change (ci-dessus ou ci-contre) pour la somme de. . . et à l'échéance du. . .
FAIT ET PASSÉ. . . . .

BILLET A ORDRE
(Code de commerce, art. 187 et 188.)

PARDEVANT M° . . . .
      A COMPARU :
M. . . . .
LEQUEL S'EST OBLIGÉ, par ces présentes, à payer à M. . . ., ou à son ordre, la somme de. . ., valeur reçue en espèces d'argent.
      DONT ACTE.

ENDOSSEMENT
(Code de commerce, art. 136 et suiv.)

PARDEVANT M° . . . .
      A COMPARU:
M . . . .
LEQUEL A DÉCLARÉ passer à l'ordre de M. . . . le billet (ou la lettre de change) ci-dessus (ou ci-contre), valeur reçue comptant (ou en marchandises, ou autrement).
FAIT ET PASSÉ. . . . .

AVAL
(Code de commerce, art. 141 et 142.)

PARDEVANT M° . . . .
      A COMPARU:
M . . . .
LEQUEL A DÉCLARÉ donner son aval de garantie pour le paiement de la lettre de change (ou du billet) dont la teneur suit (transcrire entièrement et littéralement.)
FAIT ET PASSÉ . . . .

---

(1) Quoique la lettre de change constitue un acte essentiellement commercial, elle est employée souvent entre non-commerçants illettrés pour faciliter des réglements et comme passible du moindre droit proportionnel, à la condition d'être tirée d'un lieu sur un autre : ce qui la caractérise.

Elle ne présentera plus le danger de la contrainte par corps, à l'avenir.

(2) L'acceptation lie l'accepteur, elle l'oblige au paiement.

IV

PLAN D'ÉTUDE

ET BIBLIOGRAPHIE

La science, en général, consiste, non pas à savoir beaucoup, mais à bien savoir ce qu'on sait et ce qu'on doit savoir dans son état.

(LE PÈRE BUFFIER.)

NOTE

Aucun ouvrage n'a donné les deux points, objet de cette quatrième partie, non plus que le tableau des jurisconsultes de notre pays.

M⁰ SERIEYS, notaire-auteur, praticien d'un demi-siècle, disait que les livres sur le notariat étaient du nombre de ceux qui ne sont jamais finis à cause des fréquents changements dans la législation et la jurisprudence. — Mais si le renouvellement des livres est une nécessité ainsi justifiée, leur multiplicité est une manifestation du progrès, et c'est à ce titre que nous avons cru de quelqu'utilité cette nomenclature chronologique et annotée : elle est une indication de toutes les sources et ressources de l'étude, présentant dans leur ensemble les divers aspects de la science professionnelle dont il s'agit ; elle démontre les tendances de modifications dans l'institution notariale.

Les premiers ouvrages mentionnés remontent à l'origine de l'Imprimerie ; il a fallu, pour les découvrir, de longues et difficiles recherches. — Le nombre total des publications, durant ces quatre siècles, est de trois-cent vingt-cinq, sauf les omissions inévitables.

Livres traitant de l'institution, des statuts et du personnel **128**
—   —   des actes notariés, des tarifs et de la comptabilité. **144**
—   —   plus ou moins directement du droit relatif **53**

                       Total égal **325**

Les plus intéressants doivent être ceux de 1662 et 1717.

Les principaux formulaires raisonnés sont les suivants :

        CLAUDE-FERRIÈRE, — en 1682.

        GARNIER-DESCHÊNES — 1807.

        MASSÉ . . . . — 1823.

        AUGAN . . . . — 1846.

        ED. CLERC . . . — — 1852 — 186..,

FORMULAIRE POCKET de l'administration du journal des Notaires — dernier tirage.

PLAN D'ÉTUDE [1]

PREMIÈRE PARTIE — LÉGISLATION

CODES

CODE NAPOLÉON (2) — — — décrété le 5 mars 1803, — contenant 2,281 articles

CODE DE PROCÉDURE CIVILE (3) — — 14 avril 1806 — — — 1,042

CODE DE COMMERCE (4) — — — — — 10 sept. 1807 — — — 648

Ces trois principaux Codes à étudier entièrement avec les lois additionnelles et modificatives qui se trouvent à l'excellent Code général Durand et Paultre — comme la loi du 2 juin 1841, sur les ventes judiciaires d'immeubles (4 bis), et celle du 10 juillet 1850, sur les contrats de mariage

CODE D'INSTRUCTION CRIMINELLE, — décrété le 17 novembre 1808, — contenant 643 articles

En ce qui peut être relatif au Notariat, spécialement les articles 29, — 448 à 464

CODE PÉNAL, — décrété le 12 février 1810, — contenant 484 articles.

En ce qui peut être relatif au Notariat, spécialement les art. 123 et suiv., 142, 143, 145, 146, 173, 174, 175, 196, 197, 209 et suivants 224, 254, 255, 258, 378, 412.

BULLETIN DES LOIS — { ou le supplément annuel au Code général Durand et Paultre pour les dispositions nouvelles sur le Droit civil et le Notariat

PRINCIPALES LOIS PROFESSIONNELLES ET RÉGLEMENTAIRES

Loi organique du 25 ventôse an 11 (16 mars 1803) — avec le Commentaire Dalloz, dans Ed. Clerc

Lois { 15 janvier 1805 / 18 septembre 1806 } sur { les cautionnements, leur affectation aux faits de charge / le privilège de second ordre et le mode de remboursement

Loi | 25 nivôse an 13 / D. { 28 août 1808 / 23 décembre 1812 } déterminant les formalités et déclarations pour le privilège de second ordre des cautionnements en faveur des bailleurs de fonds

Loi 28 avril 1816 { fixant le montant actuel des cautionnements / conférant aux titulaires le droit de présenter leurs successeurs (5)

Loi 25 juin 1841 | sur la forme des traités d'offices

Ord. 4 janvier 1843 | sur l'organisation des Chambres et de la discipline (avec le Traité de A. Dalloz, dans Ed. Clerc)

Loi 21 juin 1843 | sur la forme des actes notariés | (V. tableau des actes et contrats)

D. { 16 février 1807 / 18 juin 1811 } portant tarif { des frais et dépens pour les actes contentieux à vacations / en matière criminelle, pour communication { d'actes et de pièces

Loi 28 avril 1816 / 2 Ord. 3 juillet 1816 / D. 1er mai 1851 } sur la Caisse des Dépôts et Consignations (particulièrement en ce qui touche les notaires et les dépôts à effectuer par eux)

D. 5 juin 1851 | sur les ventes publiques volontaires { de fruits et de récoltes pendant par racines et des coupes de bois taillis

D. 28 février 1852 { sur le Crédit foncier — (et les dispositions modificatives annotées aux codes) — notamment art. 14 (6)

D. 17 juin 1852 | sur la correspondance télégraphique privée — art. 5

Lois { 8 juin 1850 / 31 mai 1854 } sur la dégradation civique et l'interdiction légale { (V. Code pénal, art. 28, 29, 30, 34, 123, et tous ceux desquels il résulte une interdiction de contracter — V. C. N. art. 22 et s.)

DANS LES ÉCOLES DE DROIT

les matières des études sont, — d'après l'ordonnance du 4 octobre 1820 :

le droit naturel (comprenant le droit des gens) — et le droit public général
les Instituts du Droit romain. — L'histoire du Droit romain et français
le cours de Code Napoléon — et de procédure civile
le droit — commercial — criminel — administratif } (7)

---

(1) *La science du Notariat est l'application du Droit à la réduction des actes (Massé).*

(2) *Le Code Napoléon a été fondé sur les lois romaines, appelées la Raison écrite ; et rédigé par MM. Cambacérès, de Malleville, Tronchet, Portalis, Bigot de Préameneu. — Chef-d'œuvre de méthode et de précision, « c'est le Code civil le plus parfait qui soit sorti de la main des hommes, » a dit la Cour suprême.*

(3) *Le Code de procédure a remplacé l'ordonnance de 1667. — Loin d'être parfait et réclamant de salutaires modifications, surtout sous le rapport de la célérité, il a pourtant abrégé les procès qui, autrefois, duraient assez communément jusqu'à 100 ans.*

(4) *Le Code de Commerce a été basé sur l'ordonnance de Commerce de 1673 et sur celle de la Marine de 1681.*

(4 bis) *On sait qu'un nouveau projet sur cette matière a été déposé au Corps législatif pour la cession de 1868. (V. Bibliographie année 1867, ouvrage de M. Molineau à ce sujet. — Si la loi est promulguée cette année 1868 avant l'achèvement de nos résumés, nous fournirons un extrait.*

(5) *La vénalité et l'hérédité des offices ont été abolies par la loi du 29 septembre 1791.*

(6) *V. le Traité du Crédit foncier, par M. Josseau, ouvrage très-complet.*

(7) *Le tout divisé — dans quatre années — selon les grades — M. A. de Fontaine de Resbecq a fait sur l'enseignement dans les écoles de droit un intéressant guide pour les étudiants — in-8°, 3e édition 1861.*

Il existe 9 facultés de droit — ce sont celles de : Paris, Dijon, Grenoble, Aix, Toulouse, Poitiers, Rennes, Caen et Strasbourg.

PLAN D'ÉTUDE [1]

PRINCIPALES LOIS FISCALES :

Timbre

Loi 13 brumaire an 7 (ou 3 novembre 1798) portant { établissement / fixation / application } des droits

Lois { 28 avril 1816 / 16 juin 1824 / 5 juin 1850 } contenant les plus importantes { additions et modifications } de la loi de brumaire

Loi 8 juillet 1852 sur l'abonnement pour les lettres de gage du Crédit foncier (art. 29)

Enregistrement

22 frimaire an 7 (12 décembre 1798) — contenant les bases et règles de perception
6 prairial an 7 (25 mai 1799) — imposant le décime ou subvention de guerre
22 pluviôse an 7 (10 février 1799) — sur les ventes publiques d'objets mobiliers
27 ventôse an 9 (18 mars 1801) — relative à la perception des droits

Lois

28 avril 1816 / 15 mai 1818 — contenant diverses dispositions
16 juin 1824 — portant réduction des amendes, etc.
21 avril 1832 — sur les donations entre-vifs et les mutations

25 juin 1841 / 18 mai 1850 / 22 février 1851 / 28 février 1852 / 5 mai 1855 sur les { mutations d'offices / partages anticipés, dons manuels et mutations / contrats d'apprentissage / lettres de gage du Crédit foncier / actes d'obligation et de libération de somme }

Hypoth.

Loi organique du 21 ventôse an 7 (11 mars 1799)
Lois { additionnelles et modificatives } des { 6 messidor an 7, 24 mars 1806, 28 avril 1816 / 16 juin 1824, 18 avril 1831, 23 mars 1855 }

Greffe

Loi établissant les droits de Greffe — du 21 ventôse an 7
Lois { additionnelles et modificatives } des { 22 prairial an 7 / 12 juillet 1808 et 23 juillet 1820 }

Le tout en ce qui a rapport aux actes des Notaires

Lire le commentaire de M. Armand Dalloz dans Ed. Clerc

DEUXIÈME PARTIE — DOCTRINE [2]

Cours de Code Napoléon	par M. C. Demolombe, — ouvrage supérieur
Cours élémentaire du Code Napoléon	par MM. Pigeau ou Berriat Saint-Prix.
Explication théorique et pratique du Code Napoléon / analyse critique des auteurs et de la Jurisprudence	— — Marcadé et Pont.
— ou le Droit civil	— — Toullier et Troplong
Explication élémentaire du Code Napoléon	— — Delsol — 2e édition
Dictionnaire du Notariat	— L'administration du J. N. — 4e édition
Traité de la Responsabilité des Notaires	— MM. Vergé (au Manuel Ed. Clerc).
Théorie pour servir aux Examens	— — Edouard Clerc.
Traité de l'Admission au Notariat	— — Favier-Coulomb.
Commentaire de la Loi du 23 mars 1855	— — Mourlon

TROISIÈME PARTIE — JURISPRUDENCE

Journal mensuel des Notaires et des Avocats — à lire régulièrement, en faisant exactement les annotations au Dictionnaire

QUATRIÈME PARTIE — RÉDACTION DES ACTES

Manuel théorique et pratique. . . . . — Edouard Clerc.
Formulaire Pocket (dernier tirage) . . — de l'Administration du Journal des Notaires.

(1) *Les plus grandes difficultés de l'étude du Droit sont dans les distinctions à faire sur chaque point.*
Pour bien étudier, il faut se fixer solidement sur les principes et les textes, ne jamais les perdre de vue ; et, afin d'éviter toute confusion, diviser chaque matière, en ne l'accompagnant que des exceptions et dispositions accessoires qui lui sont exclusivement propres ; puis s'expliquer tout l'ensemble ; — s'habituer à juger par soi-même de l'intention et des conséquences de la loi, afin de se soustraire, autant qu'il se peut, aux contradictions des doctrines. — Pour bien savoir les motifs, le but, l'application des lois, il faut méditer les rapports et discussions qui les ont déterminées. A cette fin, c'est surtout à l'immense ouvrage de Dulloz que l'on doit recourir. — Il est deux recueils essentiels à consulter et dont l'acquisition est accessible à tous : la Conférence du Code civil, Firmin Didot, à Paris, 1805. — 8 vol. in-16 ; — et le Code Napoléon, avec l'exposé des motifs, présenté par les orateurs du gouvernement ; chez le même éditeur, 1808, 10 vol. in-16. — Ceux qui, doués d'un bon jugement, étudient à cette source, arrivent à une capacité solide.
Les art. de loi et les décisions de jurisprudence, dont la connaissance est directement nécessaire au Notariat, sont dans leur généralité au nombre d'environ six mille.
Afin de ne point se charger inutilement l'esprit et de ne pas se fausser le jugement, il suffit de ne remarquer et retenir dans les nombreuses décisions des Cours et Tribunaux, que ce qui regarde particulièrement le Notariat, et seulement ce qui lève ou éclaire des doutes sérieux, — sans s'arrêter aux solutions rendues, par simple confirmation des articles des Codes, ou qui concernent les subtilités si variables des questions d'enregistrement.
Pour les termes de droit, que les élèves doivent connaître avant tout, — il faut en lire attentivement les définitions dans le Dictionnaire du Notariat, — et il est bon de les réunir toutes sur un même cahier. — Il y a un Dictionnaire spécial des termes de droit et de pratique : Le Ferrière moderne, par M. Boulet, un vol. in-8° — 1840.
Les réunions et conférences bien organisées et suivies, entre clercs, pour leur mutuelle instruction, facilitent agréablement l'étude et la rendent beaucoup plus profitable.

BIBLIOGRAPHIE DU NOTARIAT

1470. Formulaire ou Protocole pour les notaires. — Sans nom d'auteur.

1482. Priviléges des notaires et secrétaires du Roi, et ampliation d'iceux par le roi Louis XI, en 1482. — Confirmés et étendus par Charles VIII en 1484 ; par François Ier en 1518, 1519, 1537, 1540 et 1543 ; et par Henri II en 1547. — 1 vol. in-4º (1).

1500. Rolandini, Patavini, Ars Notaria. — Lugduni — (sans date mais imprimé avant l'an 1500) à Lyon (2).

1515. Ars Notariatus, perutilis non solum, utriusque juristam civilis quam canonici scholasticis, seditiam ipsis simplicibus praticis, tabellionibus, etc.; notariis admodum necessaria. — 1 vol. in-8º (3).

1534. Formulare instrumentorum, addità arte notariatûs (4).

1550. Artis Notariatus, sive tabellionum, tomus primus in qua quidquid ad scientiam et cognitionem et horum jurium pertinet, quæ circa officium atque exercitium tabellionus jus consistunt, quam exactissime præscribitus. Huic additi sunt, quæstionum sive clausularum quibus tabelliones quotidie in instrumentis utantur ; libelli.— Lugduni, Joannes Frellenius.

— Jacobus Gohorius, de arte notariâ (5).

— Doctrinale Florum artis notariæ, seu formularium instrumentorum cum allegationibus utriusque juris, canonici et civilis, addites per magistrum *Joannes de Gradibus*, utriusque juris professorem. Ut cognoscant artis hujus professores auctorem nostrum vera scripsisse, ides que fideliter in instrumentis conficieutis ejus doctrinam imitentur. — Lugduni, Gilbertus de Villers. — in-8º.

1553. Le Prothocolle, l'art et stille des tabellions, notaires, secrétaires, greffiers, sergents, scelleurs et autres personnes publiques ; pour apprendre à rédiger par escript tous contratz, instrumens, rapportz et autres exploits de justice. — Nouvellement veu, corrigé et angmenté, oultre les précédentes impressions, ainsi qu'il apparoistra par la lecture d'iceluy ; avec les cinquante canons et reigles des notaires et tabellions, extraits tant de droict que des ordonnances royales ; auquel sont adjoutez tous les bénéfices de droict auxquels on peut renoncer spécialement, et autres auxquels on ne peut renoncer en manière quelconque. — Très-nécessaire à sçavoir à tous notaires et tabellions. — Par Galliat du Pré. — in-8º.

1568. Instrument du premier notaire (contenant la manière d'acquérir selon la loy) — Trias judiciel, du second notaire (contenant la manière de conserver selon la police universelle).— Les secrets du troisième et dernier notaire (contenant la manière d'acquérir et retenir par authorité, bienfait et libéralité du Prince souverain). — Par Jehan Papon, conseiller du Roi et lieutenant général au bailliage de Forest. 3 vol. in-fol. (3 éditions imprimées à Lyon de 1568 à 1585).

1574. Le stile et protocole des notaires. — 1 vol. in-8º (sans nom d'auteur).

1582. Pratique de l'art des notaires, contenant les formes de minuter et grossoyer toutes sortes de contracts, tant ès-matières ecclesiastiques que temporelles, traduites du latin en français et succinctement adaptées aux ordonnances royaux. — Par Pardoux du Prat, docteur ès-droit ; revue et augmentée avec un traicté de la disposition judiciaire. — 1 vol. in-12.

1587. Recueils de plusieurs édits, règlements et arrêts du mois de juillet 1679 ; 28 janvier 1681 ; juin, 7 septembre, 11 et 15 décembre 1685 ; 9 mars, mai et 26 novembre 1686, concernant la création et établissement des offices de notaires, gardes-notes royaux, en la province de Normandie, aux droits, fonctions, exercices, émoluments, pouvoirs, facultez, priviléges et exemptions y spécifiés. — 1 vol. in-4º (imprimé à Paris chez Thomas Charpentier).

1589. Théorique de l'art des Notaires, pour cognoistre la nature de tous les contracts et de tous les points de droict qni concernent l'estat et office des notaires. — Nouvellement traduicte du latin en français et succinctement adaptée aux ordonnances royaux.— Par Pardoux du Prat, docteur ès-droict ; et depuis revue et augmentée par ledit auteur. — 1 vol. in-12.

1599. Traité du Notariat. — Par Samson Hersog. — 1 vol. in-folio (6).

1605. De affinitate Notariorum, secretariorum, etc. — Joannis Brouet, advocati, etc. — Libellus notariatûs, artem continens. — 1 vol. in-8º.

— Le vray et parfait instructif de la théorie et pratique générale des Notaires de Paris. — Par C. de Beaune, praticien, natif de Montfort-Lamaury (Seine-et-Oise), — nouvelle édition corrigée et augmentée de contracts avec la clause de réméré, de baux emphythéotiques ; quantités d'autres concernant les matières bénéficiales et plusieurs autres expéditions. — Par L. de L., de Paris. — 1 vol. in-8º.

1610. Remontrance au Roi (Henri IV), pour le résoudre à ôter aux faux notaires les moyens qu'ils ont d'antidater et de varier, d'altérer et de supposer les feuillets de leurs livres.— Par Jean de Crozet.—1 vol. in-8º, imprimé à Lyon.

1619. Chartres, lettres et tiltres des pouvoirs et facultez attribuez aux notaires-gardes-notes, au Chastelet de Paris, arrêts du Parlement et sentences de Monsieur le prévost de Paris, pour la fondation de leurs offices. — Jean Sara. — in-4º (7).

1627. La théorique et pratique des Notaires. — Par Philippe Cothereau, notaire au Chastelet de Paris, in-8º.—(réimprimé à Paris, chez Mathurin Hénault, en 1632, pour la quatrième édition).

1633. Recueil des Edits de création des offices de notaires, tabellions et garde-notes héréditaires ; ensemble les déclarations, arrêts, règlements en conséquence, etc. 1 vol. in-8º.

1635. Parfait notaire. — Par Claude Berguère, conseiller d'Etat, premier sénateur de Savoie.

1644. Le vraiy style et protocole des Notaires royaux, contenant toutes obligations, contrats, quittances et autres actes.— Par Rochette.— 1 vol. in-8º.

1650. Discours pour montrer qu'un gentilhomme ne déroge pas à sa noblesse par la charge de notaire au Chastelet de Paris.—Par le sieur Pageau. — 1 vol. in 4º, imprimé vers 1650.

---

(1) *Magnifique manuscrit présenté à Henri II, relié en velours, orné de riches miniatures et d'initiales peintes rehaussées d'or et en couleurs ; acquis en 1853, à la vente de M. Gendarme (Chenest) de la Cassine, par M. F. Didot, moyennant la somme de 396 francs.*

(2) *Rolandino, dit le Grammairien, le plus célèbre des auteurs anciens qui aient écrit sur le Notariat, né à Padoue en 1200, mort en cette ville le 12 février 1276. — Son livre Ars Notaria a été imprimé pour la première fois à Turin en 1479, sans nom d'imprimeur.*

(3) *Il y eut six éditions de ce livre avant 1500. — Imprimé à Rome et à Cologne ; réimprimé à Lyon en 1562, in-4º.*

(4) *Imprimé avant 1500 à Rome, Spire, Cologne et Memmingues.*

(5) *Traducteur, poète, historien et alchimiste, J. Gohory, né à Paris, y mourut le 13 mars 1576.*

(6) *Imprimé à Strasbourg en langue allemande.*

(7) *On y voit que la confrérie des Notaires de Paris fut agréée par ordonnance de Philippe-le-Bel, datée de Fontainebleau l'an 1308.*

BIBLIOGRAPHIE DU NOTARIAT

1662. Chartres, lettres, titres et arrests de l'antiquité. — Droits, fonctions, pouvoirs, etc., des notaires et gardes-notes au Chastelet de Paris, recueillis par Guillaume Levesque, notaire audit Chastelet.— in-4°.

1665. L'office et practique des Notaires, — par Estienne Carrosset, notaire au Chastelet de Paris. — 1 vol. in-8° (1658), — 2° et dernière édition du même ouvrage, augmentée d'une seconde partie contenant plusieurs transactions sur différentes et notables questions.— in-8° imprimé à Paris en 1665.

1672. Le nouveau et parfait Notaire françois, réformé suivant les nouvelles ordonnances, contenant toutes sortes de contrats et actes les plus fréquents, avec l'instruction de ce qui doit être fait pour l'exécution d'iceux, et le stile pour mettre tous lesdits contrats en grosse et forme exécutoire; corrigé et augmenté de plusieurs actes et d'un formulaire des preuves de noblesse des chevaliers de Malthe. — par Jean Cassan, praticien. — 1 vol. in-8°.

— Nouveau style général des Notaires apostoliques, — 2° édition. — 1 vol. in-4° (première édition in-8° en 1654).

1674. Les Edits et déclarations du Roi et arrêts du Conseil d'Etat, concernant les offices de conseillers, notaires, gardes-notes de Sa Majesté, en son Chastelet de Paris. — 1 vol. in-8°.

1682. La science parfaite des notaires, ou le moyen de faire un parfait notaire, contenant les ordonnances, arrêts et règlements rendus, touchant les fonctions des notaires, avec une instruction pour dresser toutes sortes d'actes, etc. — Par Claude Ferrière, avocat au Parlement.— 1 vol. in-4°, — (autres éditions, dont la 7° en 1734.)

1698. Recueil des Edits, etc., concernant la suppression des offices de gardes-scels, et création de vingt offices de notaires. — In-4°.

— Le Jurisconsulte cartulaire, ou explication sommaire des principales clauses des actes. — Par E. B., avocat au Parlement.— 1 vol. in-12 (autre édition en 1701).

XVIII° Les instructions et ordonnances des Tabellionaiges, et seaulx des **siècle.** contrats royaux d'Augier, Saumur et Baugé et des cours subalternes des greffes du pays d'Anjou, conformes aux anciennes ordonnances. — 1 vol. in-8° du 18° siècle, mais sans millésime.

1711. Statuts et Règlements de la communauté des conseillers du Roi, notaires, gardes-notes au Chastelet de Paris, et les articles de la bourse commune ; avec les annotations, changements et augmentations. — in-4° (1).

1717. Diverses observations de droit, divisées en cinq livres : le premier desquels contient plusieurs recherches des offices des notaires et tabellions royaux, protonotaires, secrétaires du Roi, greffiers et autres semblables. Les quatre livres suivants traitent des matières contractuelles et testamentaires ; enrichies de l'histoire et des antiquités romaines. — Par M. Maurice Bernard, conseiller du Roi én la sénéchaussée du Puy-en-Velay. — 1 vol. in-4°.

1728. Supplément au nouveau et parfait Notaire de Jean Cassan, contenant de nouveaux modèles de contrats et actes dressés sur le style des plus habiles notaires et dans les termes les plus usités. — Par F.-B. de Vismes. — 1 vol. in-8°.

1730. Le parfait Notaire apostolique et procureur des officialités, contenant les règles et formalités de toutes sortes d'actes ecclésiastiques. — Par J.-L. Brunet. — 2 vol. in-4°.

1738. Traité des droits, priviléges et fonctions des Conseillers du Roi, notaires, garde-notes et garde-scels de S. M. au Chastelet de Paris ; avec le recueil de leurs chartres et titres. — Par Langlois, notaire à Paris. — 1 vol. in-4° (2).

1749. Le nouveau et parfait Notaire. — par Jean Cassan. — 1 vol. in-4°, nouvelle édition mise en forme de dictionnaire. Par J.-B. de Vismes.

1768. Mémoire en forme de réfutation de ce qui est dit de l'origine des notaires, de leurs fonctions et de leurs prérogatives dans la collection des décisions nouvelles de M. Denisart, procureur au Chastelet de Paris. — Par Renaud. — 1 vol. in-4°.

1770. El. Stober, de Notarus inventoria conficientibus, secundum statuta argentinensia *argentorati*. — Imprimé à Strasbourg.

1788. Traité des connaissances nécessaires à un notaire, contenant des principes sûrs pour rédiger avec intelligence toutes sortes d'actes et de contrats avec des formules dressées sur ces mêmes principes. — Par Blondela.— 6 vol. in-12 (publié en deux éditions, de 1774 à 1790.

1799. Code des Notaires publics, ou recueil des décrets intéressant les notaires, avec de nouvelles formules, suivies d'instructions sommaires. — Par M. Guichard. — 3 vol. in-12 (seconde édition en 1803.— 4 vol.)

An XI. Organisation du Notariat, contenant la loi du 25 ventôse an 11, les **(1803.)** motifs et le rapport fait au Tribunal. — Par Favard de Langlade. — in-12.

— Jury Notarial, où recueil des principes qui règlent les devoirs des notaires, la nature et la formalité de leurs actes. — Par Carla, notaire à Cahors. — in-12.

— Nouveau style des notaires de Paris, contenant des explications sur les divers contrats, avec des formules. — Par M. Commailles, avocat. — 6 vol. in-8°.

— Considérations sur le Notariat. — Par M. Bonnomet, notaire à Paris. — in-8°.

1805. Tableau des notaires de l'Empire français. — Par Delepierre, employé au ministère du grand-juge, ministre de la justice. — in-8°.

1807. Traité élémentaire du Notariat.— Par M. Garnier-Deschesnes, notaire honoraire à Paris.—in-4° et in-8°.— 2° édition en 1808.— Formules d'actes à joindre au traité, — par le même, 1812, in-4°.

— Eléments de la science notariale, avec commentaire de la loi organisatrice. — Par Loret. — 3 vol. in-4°.

1809. Répertoire général, par ordre alphabétique, des dispositions législatives, organiques et réglementaires du Notariat. — Par J.-C. Tiphaine. — in-8°. (Il y eut une première édition en 1802).

1810. Essai sur les obligations que les lois imposent aux notaires et sur les règles soit générales, soit particulières des actes notariés. — Par M. Fouquet, avocat à la Cour royale de Paris.

---

(1) *Toutes les Compagnies des notaires de province ont aussi leurs statuts et réglements établis sans doute sur ceux de Paris, qui sont les plus anciens comme les plus nombreux.*

Chaque Chambre a également son tarif particulier, dont les bases et le taux, différant partout sur beaucoup de points, sont souvent mal entendus, et plus ou moins avantageux. (V. la 2° observation de la... tablette.)

(2) *Continuation de ce Traité, par M. Eugène-Louis Regnault, notaire à Paris. — Manuscrit in-4°, daté de 1784, et déposé à la Bibliothèque des notaires de cette ville.*

BIBLIOGRAPHIE DU NOTARIAT [1]

1811. Manuel du Notaire, ou instruction par demandes et par réponses, sur les contrats, donations et testaments, avec des modèles d'actes conformes aux dispositions tant de la loi du 25 ventôse an 11, que des Codes civil, de procédure et de commerce. — Par P. A. Choux, notaire à Agen. — 1 vol. in-8° (4e édition du même ouvrage, suivi d'une table de calculs, en 1818.)

— Formulario dei Notari, del Impero Francese de departementi aldi qua delle Alpi regno d'Italia e del dottore Pasquale Cecchi, notare imperiale à Firenze. — in-8° (tiré à 1,000 exemplaires).

— Code Notarial, ou recueil chronologique des lois, arrêtés du Gouvernement, décrets impériaux, avis du Conseil d'Etat, arrêts des cours et instructions ministérielles concernant le Notariat. — Par le secrétaire de la Chambre de discipline de Riom. — 1 vol. in-8°.

1812. Traité du Notariat. — Par J. Van de Liden. — 4 vol. in-8° (imprimé à Amsterdam).

— Éléments de la science notariale, avec formules. — Par J.-B. Loret, — traduits en Holl. et arrangés dans un nouvel ordre, par Van der Aa, avocat. — in-8°.

— Formulaire des notaires, contenant : 1° des formules de tous les actes qui se passent pardevant notaires, rédigées d'après les Codes; 2° la définition de ces actes d'après les meilleurs auteurs. — Par M. Ripert jeune. — in-8°.

1813. Recueil des lois, décrets, décisions ministérielles, règles et principes sur les émoluments des notaires, etc. — Par L. Remy, notaire. — in-8°.

— Manuel pratique du Notariat. — Par M. Fleury, notaire à Paris. — in-8°.

1814. Manuel des contraventions et nullités relatives au Notariat. — Par C. Roy, inspecteur des domaines à Chaumont. — in-8°. — Il existe un supplément pour 1824, même format.

1815. De la nécessité d'ériger en titres d'offices les fonctions de notaire, avoué, greffier et huissier; suivi d'un projet de loi sur cette matière, avec un appendice contenant des observations sur le Notariat, et le projet d'une nouvelle organisation. — Par M. Fouquet, avocat à la Cour royale de Paris. — in-8°.

— Histoire du Notariat, suivie de considérations générales sur l'état actuel de cette institution. — Par E. D. Berge, notaire. — in-12.

— Du droit de présentation. — Par Roll. de Villargues.

1816. Tarif des notaires, ou instructions sur la perception des émoluments des notaires. — Par Renaud, avocat et notaire à Besançon. — in-8°.

1817. Annuaire des notaires. — Par P. Launay, notaire. — in-12.

— Almanach des notaires de l'arrondissement de Troyes, pour l'an 1817, — in-12, rédigé par les soins de la Chambre.

1818. Nouveau Manuel des Notaires, ou traité théorique et pratique, contenant les principes généraux des contrats ou obligations conventionnelles, des donations et des testaments, etc. — Par deux avocats; reproduit en 1828, sous le titre de Nouveau parfait Notaire. — 2 vol. in-8° (La deuxième édition datait de 1822).

— Mémorial des Notaires et des employés de l'enregistrement, ou Traité des devoirs et obligations des notaires. — Par F.-B. Perthuis, receveur. — in-12.

1819. Manuel des clercs de notaires. — Sans nom d'auteur. — in-12.

— Almanach de MM. les notaires et avoués du royaume de France, avec leurs adresses et l'indication des bureaux de poste par lesquels sont servies les communes de leurs résidences; suivi d'un grand nombre de lois, etc. — Par Maugeret, ancien avocat à Paris. — in-12.

1820. Précis alphabétique de la science notariale, contenant la définition des mots, la formule de tous les actes notariés et la solution d'environ 4,000 questions de droit. — Par P. Delmas de Terregaye, notaire. — 1 vol. in-8°.

— Introduction au Notariat. — Par N.-A.-J. Lequien, ancien praticien. — in-12.

— Essai sur le Notariat, dédié à M. Massé, notaire honoraire à Paris. — N.-A.-Dupin. — in-8°.

1822. Analyse raisonnée et Conférence des opinions des commentateurs et des arrêts sur la loi organisatrice du Notariat. — Par M. H. G., professeur du cours de Droit appliqué au Notariat, établi à Fontenay. — in-8°.

— Manuel portatif des notaires, augmenté d'un supplément. — Par P. L. Launay, notaire. — in-12.

1823. Statuts et règlements pour les notaires de l'arrondissement de Gray (Haute-Saône), contenant : 1° le texte de la loi du 25 ventôse an 11, de l'arrêté du Gouvernement du 2 nivôse an 12, etc.; — 2° sous chaque article, le rapprochement des lois nouvelles, avis du Conseil d'État, décrets, ordonnances, arrêts, décisions ministérielles, instructions et délibérations de la Régie, et opinions des auteurs. — Ouvrage utile à MM. les notaires de toute la France. — Par Me P. J. Cornet, notaire à Gray et président de la Chambre. — 1 vol. in-8°.

— Jurisprudence et style du notaire, contenant : 1° la jurisprudence des arrêts; 2° les dispositions législatives ; 3° le style ou formulaire. — Par A. J. Massé, notaire honoraire à Paris, ancien professeur de Notariat à l'Académie de Législation, et A. J. Lherbette, docteur en droit et magistrat. — 9 vol. in-8°. — Il y a une édition de 1830.

— Le Pothier des Notaires, ou abrégé de ses divers Traités. — Par Ledru. — 2 vol. in-8°.

1824. Loi du 25 ventôse an 11, sur le Notariat, annotée et conférée avec les lois antérieures et postérieures, etc. — Par Fabre, notaire. — in-8°.

— Le Vade Mecum du notaire et du praticien, ou Dictionnaire de poche du Notariat. — Par L. E. R. O. S. — in-8°.

— Essai sur le Notariat. — Par Pierre-Théophile Cormier, avocat et notaire. — in-8°.

---

(1) *Les meilleurs ouvrages sont de notre siècle ; les plus nombreux datent surtout du commencement : ce qui s'explique par les bienfaits et l'application de la loi organique et des Codes.*

Les notaires des bourgs et villages, privés de tous conseils et des conversations fortifiantes qu'ont si aisément leurs confrères des villes, avec les avocats, avoués et préposés de la Régie, devraient posséder de bonnes bibliothèques; et ce sont eux, au contraire, qui se trouvent ordinairement le plus mal pourvus à cet égard.

Aujourd'hui, un excellent choix de livres, en notariat, parfaitement complet, quoique aussi restreint que possible, nous paraît être celui-ci :

Pour la législation : *Durand et Paultre, dernière édition, contenant toute la législation française, et le supplément annuel. Bulletin des lois annoté, dans un ordre chronologique, publié par Paul Dupont.*

Pour la doctrine et la pratique : *Demolombe, cours de Code Napoléon. — Grosse (ou Troplong) Commentaire sur la nouvelle loi de transcription. Le manuel de M. Edouard Clerc, 5e édition. — Théorie du Notariat, par le même. Le Dictionnaire du Notariat, 4e édition. — Formulaire Pocket, du J. N., dernière édition.*

Pour la jurisprudence : *La Table générale de la collection du J. N. — analysant toutes les propositions depuis sa fondation en 1808 jusqu'en 1866. Tous les volumes du même Journal ; mais il suffit de consulter les 20 dernières années. Et les cahiers mensuels qui doivent se collectionner annuellement comme le surplus.*

BIBLIOGRAPHIE DU NOTARIAT [1]

1825. La Clé du Notariat, ou exposition méthodique des connaissances nécessaires à un notaire, contenant des principes sûrs, puisés dans les meilleurs auteurs, pour rédiger avec intelligence toutes sortes d'actes et de contrats. — Par Ledru, ancien principal clerc de notaire. — in-8°, 2e édition. — Il y a une 4e édition de 1838.

— Cours de Notariat, suivi d'un tarif alphabétique et résumé des droits d'enregistrement et d'hypothèques. — Par J.-B. Augan, notaire à Agen, ancien principal clerc à Paris. — in-8°. — Il y a une 2e édition en 1829.

1826. Du Notariat dans l'intérêt de la Société. — Sans nom d'auteur. — in-12.

1827. Répertoire de la Jurisprudence du Notariat. — Par une société de magistrats, de jurisconsultes et de notaires, — sous la direction de M. Rolland de Villargues, conseiller à la Cour royale de Paris. — 7 vol. in-8° (1827 à 1831). — Il y a une 2e édition en 9 vol. même format de 1843.

1828. Nouveau Répertoire de la Jurisprudence et de la science du Notariat, depuis son organisation jusqu'à présent. — Par J.-J. Serieys, notaire à Aurillac. — in-8° (2).

— Le Parfait Notaire, ou la science des notaires. — Par A.-J. Massé, notaire à Paris. — 3 vol. in-4°, 6e édition.

— Nouveau Formulaire du Notariat. — Par les auteurs du Dictionnaire du Notariat. — in-8°.

1829. Du Tarif des Notaires, ouvrage au moyen duquel chaque notaire peut se procurer un tarif approprié à la localité qu'il habite, connaître ses droits et ses devoirs pour la taxe et le paiement de ses actes et vacations, et trouver, sous une division commode et facile, toutes les lois, décrets, décisions ministérielles, règles et principes qui régissent la matière. — Par E. L. Vernet, notaire. — in-8°.

— Tarif général des émoluments, honoraires et salaires que les notaires, les avoués, les huissiers, etc., sont autorisés à percevoir, etc. — Par C.-C. Courgibet, homme de loi. — in 8°.

— Opinion de M. Dupin aîné, député, émise dans le comité secret du 24 avril 1829, sur une proposition relative au Notariat et dont l'objet était de soumettre les honoraires des notaires à un tarif. — in-8°.

— Plaintes et mémoires sur plusieurs contraventions à la loi organique du 25 ventôse an 11. — Par P.-A. Rodier. — in-4°.

— Dissertation sur cette question : « Est-il nécessaire, sous peine de faux et de nullité, que le second notaire ou les témoins instrumentaires soient présents à la rédaction des actes. » — par Emmanuel Lieunec, notaire à Nantes. — in-8°.

— Exposé des motifs de la loi du 25 ventôse an 11, relative à l'organisation du Notariat. — Par le conseiller d'Etat Réal. — in-8°.

1830. Tractatus Theologicus de Justitia et contractibus, ad leges nunc vigentes accommodatus ; auctore domino. — in-12.

— Dictionnaire des contraventions et nullités relatives au Notariat, ou Table générale du manuel et des suppléments, jusques et y compris celui de 1829. — Par C. Roy. — in-8°.

1831. Recherches historiques sur l'origine du Notariat dans le ci-devant duché de Lorraine, et réflexions sur les droits, les devoirs et les prérogatives des notaires actuels, avec un règlement et un tarif de tous les actes de leur ministère. — Par M. Noël, notaire et avocat. — in-8°.

1832. La Philosophie du Notariat, ou lettres sur la profession de notaire, adressées à M. Chardel, conseiller à la Cour de cassation. — Par M. H. Cellier, notaire à Rouen. — in-8°.

— École spéciale de Notariat appliqué, instituée à Strasbourg par décision ministérielle, approbative d'une délibération du conseil royal de l'instruction publique, sous la direction de M. A.-E. Amand, ancien clerc de notaire, avocat et professeur. — in-4°.

1833. Analyse du Cours du Notariat professé à Rouen, par M. Cellier, notaire. — in-8° (1).

— Les souvenirs d'un vieux clerc de notaire, suivis d'un grand nombre de remarques neuves et intéressantes sur toutes sortes de sujets et de questions de droit civil. — in-8°.

— Le Notaire des gens de la campagne, ou traité contenant les devoirs des notaires, la taxe de tous leurs actes, le mode de procéder à cette taxe, etc. ; l'énumération de tous les actes qui peuvent avoir lieu sous seing-privé, etc. — J.-B. Chenu. — in-8°.

— Régulateur des Notaires, présentant le tarif général de tous les actes que les notaires peuvent ou doivent recevoir, basé sur la loi du 22 frimaire an 7, et le tarif des frais et dépens du 16 février 1807. — in-plano.

1834. Annuaire général de la Magistrature française, du Notariat et des officiers ministériels. — par M. Joye, chef du bureau du Notariat au ministère de la Justice. — in-8°.

— Proposition de l'établissement d'un Comité de correspondance notariale dans chaque arrondissement. — in-8°.

— Mémoire sur la responsabilité des notaires en second, présenté à la chambre des députés, le 20 mars 1834, par Me Trioullier, notaire à Arles (Puy-de-Dôme). — in-8°.

— Commentaire de la loi du 25 ventôse an 11, sur l'organisation du Notariat, 2 vol. in-8°, au bureau du *Mémorial*. — Par Gagnereaux.

---

(1) *Toutes les matières du Notariat ont été traitées. — Institution; propriété et produit des offices; devoirs, périls et prérogatives de la profession; enseignement théorique et pratique; mesures d'ordre et de réussite; considérations diverses. — On a tout démontré, tout dit par ces laborieuses productions qui méritent la plus grande reconnaissance pour la facilité admirable qu'y trouvent étudiants et praticiens. — Les moyens d'instruction dont étaient privés nos anciens, abondent aujourd'hui. — Les notions en affaires se vulgarisent, et maintes personnes qui y sont étrangères en approfondissent les principaux points. Aussi, n'est-il plus permis aux aspirants d'apporter, ni surtout aux Chambres de souffrir un savoir imparfait dont les conséquences nuiraient à la fois aux intérêts des clients et à la considération du Corps.*

(2) *On doit d'autres travaux à l'honorable M. Serieys. Nommé notaire en 1810, il a dû l'être au moins un demi-siècle. — A ce propos, nous ferons remarquer que nos recherches pour connaître le doyen actuel des notaires de France n'ont pu réussir, étant réduit, en fin de compte, à l'obligation de recourir aux 371 chambres, moyen non abandonné mais différé jusqu'à ce qu'il nous soit facilité. Toutefois, nous avons appris: par M. Casimir Gisclard, notaire à Ambialet, arrondissement d'Albi (Tarn), que son père, Morin Gisclard, décédé le 1er juin 1860 et à qui il a succédé le 23 octobre 1858 exerça durant 54 ans (nous voyons, en effet, à une autre source, que Morin Gisclard fut investi le 15 thermidor an 12, correspondant au 3 août 1804) ; — et par l'honoré M. Jean Garnier, lui-même, que, né en mars 1785, il fut nommé notaire à Auxonne (Côte-d'Or), le 22 juillet 1810 et occupa ces fonctions jusqu'en janvier 1863, époque depuis laquelle il est remplacé aussi par son fils, Pierre-Philippe. — La Chambre de Dijon le proclama doyen de France. M. Garnier est encore suppléant de juge de paix depuis 38 ans et conseiller d'arrondissement en vertu d'une 5e élection, celle de 1865.*

Après M. Garnier, venaient, comme plus anciens en exercice : M. Desprez, notaire à Paris, nommé le 9 avril 1812, et M. Gilles, notaire à Eyragnes, canton de Château-Renard (Bouches-du-Rhône), nommé le 3 avril 1812 ; mais tous deux sont morts avant 1863.

BIBLIOGRAPHIE DU NOTARIAT

1834. Les Contrats sans notaires; jurisprudence et formules des actes sous seing privé. — L. Ch. et Cyrille Hébert. — in-8°.

— Discours préliminaire prononcé par Mᵉ Rigaud, notaire honoraire, à l'ouverture d'un cours de droit appliqué au Notariat, dont il a institué l'école à Toulouse. — in-4°.

— Quelques mots à propos d'un projet d'association possible entre les notaires de Rouen, pour la mise en commun de leurs bénéfices; projet considéré comme moyen à employer dans l'intérêt du public, des notaires eux-mêmes et de la science notariale. — in-8°.

1835. Lettre à M. de Rancé, député de l'Eure, sur l'organisation légale des cours publics de Notariat. — Par H. Cellier, notaire, à Rouen. — in-8° (réimprimé la même année dans le format in-8°. (1)
Recueil pour les notaires de l'arrondissement de Gap. — in-8°.
Mémoire adressé à M. le Garde-des-Sceaux, par les notaires de Rouen. — in-4°.

1836. Nouveau Dictionnaire des notaires et des préposés de l'Enregistrement et des Domaines, précédé d'un recueil de législation spéciale. — Par les notaires, les anciens préposés de l'administration de l'enregistrement et les jurisconsultes, rédacteurs du journal *Le Conseil des Notaires et des conservateurs des hypothèques*. — 4 vol. in-8°.

— Observations confidentielles sur un projet de règlement disciplinaire pour les notaires. — in-8°.

— La taxe du Notariat, ou le tarif du 16 février 1807, expliqué dans son chapitre 7, suivi de l'enregistrement de tous les actes rangés par ordre alphabétique, et du mode de procéder à leur taxe. — J.-B. Chanu. — in-8°.

— Du Notaire en second et de la nécessité de modifier l'art. 9 de la loi du 25 ventôse an 11. — Ch. Drion, juge. — in-8°.

— Code du Notariat et des droits de timbre, d'enregistrement, d'hypothèque et de greffe. — Par M. Rolland de Villargues. — 2 vol. in-8°.

— Du droit des officiers ministériels de présenter leurs successeurs à l'agrément de Sa Majesté. — in-8°. — Par Dard.

1837. Répertoire de la Législation du Notariat. — Par M. Favard de Langlade. — 2 vol. in-4°.

— Annuaire du Notariat, publié par les administrateurs du journal *Le Notaire*. — in-8°.

— Considérations sur le Notariat et la Législation. — N. H. Cellier. — in-8°.

— Le Formulaire des actes les plus usités. — J.-B. Chanu. — in-8°.

1838. Traité des officiers désignés dans l'art. 91 de la loi du 28 avril 1816, concernant les avocats à la Cour de cassation, les notaires, les avoués, les greffiers, les huissiers, les commissaires-priseurs, les agents de change et les courtiers. — Par le chevalier Dard, ancien professeur de droit. — 1 vol. in-8°.

— Vénalité des charges. — Bavoux. — in-8°.

1838. Observations relatives au Notariat, sur les questions suivantes : le Notariat peut-il être supprimé? le nombre des notaires peut-il être illimité? le nombre des notaires doit-il être augmenté ? — in-8°.

— Observations soumises aux Chambres législatives, sur les charges de notaires et d'avoués. — Par A. P..., ancien magistrat. — in-8°.

1839. Réflexions sur la création et la transmission des offices et charges de notaires, avoués, etc., présentées à la commission chargée par M. le ministre de la justice d'examiner ces questions. — Par F. Dumons (de la Gironde). — in-8°.

— Rapport sur deux pétitions relatives à la transmission des offices, à la limitation de leur nombre ; à la révision du Code de procédure ; à la demande d'un tarif unique pour les actes des officiers ministériels, etc. — Par M. le vicomte de Villiers du Terrage, conseiller d'État, pair de France. — in-8°.

— Réflexions sur la vénalité des offices. — Sans nom d'auteur. — in-4°.

— Réforme nécessaire du Notariat en France. — E. Péclet. — in-8° (2).

— Réflexions sur l'application de l'art. 41 de la loi du 25 ventôse an 11. — Par M. J. Delacour, notaire. — in-8°.

— Question sur la transmission des offices, résolues d'après la jurisprudence et les décisions ministérielles. — Par Joye, ancien chef de bureau du Notariat. — in-8°.

— Opinion sur la vénalité des offices ministériels. — Par M. J. Sarget. in-8°.

— Le Notaire. — Par Delacodre, notaire honoraire à Caen. — in-18.

— Observations sur le droit de propriété et de transmission des offices, — présentées par les notaires de l'arrondissement de Besançon, et rédigées par M. Edouard Clerc. — in-8°.

— Du monopole des professions lucratives en France, ou du privilége et de la vénalité des offices et de leur suppression moyennant une indemnité. — Par Morel Fatio. — in-8°.

— Mémoire présenté à S. E. M. le Garde-des-Sceaux et à MM. les membres de la commission chargée de l'examen des questions concernant la transmission de tous les offices et la création d'offices nouveaux; sur la nécessité de créer un certain nombre d'études nouvelles de notaires dans quelques villes et principalement à Rouen. — in-8°.

1840. Le Ferrière moderne. — Dictionnaire spécial des termes de droit et de pratique. — Par M. Boulet. — 1 vol. in-8°.

— Lettre à M. Desjobert, député, sur la position des officiers ministériels en France. — Ch. Gaillard. — in-8°.

— Les vendeurs chassés du Temple. — Conseils au Gouvernement sur la nécessité d'abolir promptement la vénalité des charges. — Sans nom d'auteur. — in-4°.

— Ecole théorique et pratique du Notariat. — Par M. L. Feuilleret. — 4 vol. in-8° (3).

---

(1) *Un volume in-8°, de M. Cellier, porte pour titre : Cours de rédaction notariale ; — volume qui paraît indépendant de cette analyse.*

(2) *V. J. N. art. 13421, rapport d'une pétition pour la création d'Ecoles Notariales dans chaque département ; — et la modification du stage. — Un ancien notaire de Paris avait légué à la Chambre de cette ville une somme importante destinée à la création d'une chaire de Notariat à l'Ecole de Droit de Paris. — On refusa le legs par diverses considérations. — Dans la Faculté de Droit de Belgique, il existe un cours de Notariat.*

Jusqu'ici il n'existe que trois écoles de Notariat en France : celle de Paris, ayant pour directeur M. Ganthier, ancien notaire, fondateur du journal l'Étude et l'un des premiers rédacteurs; celle de Bordeaux, ayant pour directeur M. Seignat et une à Toulouse, depuis trois ou quatre ans, dirigée par M. Cléry Malige. — Il avait été question en 1866 d'une 4ᵉ à Orléans, mais ce projet n'a pas été exécuté.

(3) *V. J. N. art. 13421, une pétition du même auteur présentée à l'Assemblée nationale en 1848 pour la création d'Ecoles Notariales dans chaque département ou au moins dans les principales villes.*

BIBLIOGRAPHIE DU NOTARIAT [1]

1840. De la transmission des offices, des contre-lettres et des poursuites disciplinaires auxquelles elles peuvent donner lieu. — Par Adolphe T..., avocat. — in-8°.

— Discours sur la profession de notaire. — Par J.-C. Serret, notaire royal à Aubenas (Ardèche). — in-8°.

— Du droit de propriété et de transmission des offices ministériels, de ses précédents historiques, de son principe actuel et de ses conséquences. — Par Ch. Bataillard. — in-8°.

— De la nécessité de maintenir la limitation du nombre des officiers ministériels, la vénalité et l'hérédité de leurs offices ; et de l'inutilité d'une loi particulière sur le mode de transmission. — E. Bouriaud. — in-8°.

— Considérations sur les états privilégiés, et projet de loi organique du Notariat. — in-8°.

— Réforme notariale et vénalité des offices. — Cellier. — in-8°. 2° édition.

1841. Vade-Mecum des officiers ministériels. — Sans nom d'auteur. — in-4°.

— Réponse à la brochure sur le Notariat, de M. L. Feuilleret, ancien notaire, reçu par la Chambre des notaires de Paris, professeur de Notariat. — Lejeune, clerc de notaire. — in-8°.

— Projet d'organisation du Notariat. — Émile Leroy. — in-8°.

— Opuscule sur le Notariat, pour la solution des graves et importantes questions qui s'y rattachent. — Par M. P... — in-8°.

— Essais d'histoire et de jurisprudence sur le Notariat. — Par M. Tojan. — in-8°.

— De la liberté professionnelle, et de l'abolition de la vénalité des offices et des priviléges. — Mesure d'intérêt public, etc. — Par M. F. Dumons (de la Gironde). — in-18.

— Propriété et transmission des offices ministériels. — Par Bataillard. — 1 vol. in-8°.

— Formules d'actes et cours de rédaction notariale. — Par Cellier. — in-8°.

— Tenue des livres à l'usage des Notaires. — Par L. Garnier. — in-8°.

1842. Procuration encyclopédique, ou projet de procuration générale. — in-4°.

— Mémoire sur cette question : Des moyens d'abolir la vénalité des offices ministériels, tout en ménageant les intérêts privés des titulaires actuels de ces offices. — Par un ancien notaire. — in-8°.

— Tenue des livres des notaires. — Par Louis Garnier. — in-8°.

— Rapport présenté à la conférence des notaires des départements de France. — Par Mᵉ Joannest-St-Hilaire. — in-4°.

— Opuscule sur le Notariat en l'an 1842. — A.-M. Rousset. — in-8°.

— Nouveau formulaire des actes des notaires. — Par les auteurs du nouveau Dictionnaire des notaires et conservateurs. — in-8°.

— Analyse des observations et propositions adressées par les compagnies des notaires, à la commission centrale instituée par la conférence de 1841. — Présentée au nom de cette commission à la conférence de 1842. — Par Fouin. — in-4°.

1843. Petit opuscule sur une affaire du Notariat. — in-4°.

— Opuscule sur la réforme à apporter à la législation du Notariat. — in-8°.

— Traité de législation nouvelle du Notariat. — Par Gand. — in-8°.

— De la responsabilité des notaires. — Par A. Pagès. — in-8° (2).

1844. Manuel du Notariat en Alsace, ou notice sur la composition de toutes les études de cette ancienne province (Haut et Bas-Rhin, partie des Vosges et de la Bavière Rhénane) ; précédées d'une histoire du Notariat, etc. — Par J.-P. Lobstein, avocat. — in-8°.

— Manuel alphabétique des notaires et des aspirants au Notariat. — Par M. A. Gaillard, notaire. — in-8°.

— Manuel des notaires de l'arrondissement de Châlons-sur-Marne. — in-8°.

— Lois et règlements sur le Notariat. — in-8°.

— Généalogie de tous les offices de notaires de l'arrondissement de Marseille. — in-4°.

— Annuaire du Notariat pour 1844. — Publié par M. de Milleville. — in-16.

— Traité de l'admission au Notariat. — Par M. Favier-Coulomb, avocat à la Cour impériale de Paris. — 1 vol. in-8° (3).

1845. Demande à M. le Garde-des-Sceaux, ministre de la justice, par les notaires des cantons ruraux du département de la Seine ; et consultation sur la réformation des règlements proposés par la Chambre de discipline, dans les dispositions relatives au partage des honoraires. — in-4°.

— Traité des formalités hypothécaires. — Par Baudot. — 2 vol. in-8°.

— Des notaires au moyen-âge. — in-8°.

(1) Mᵉ Suin, notaire à Soissons, membre de la Société archéologique de cette ville, s'est consacré à un ouvrage de genre tout nouveau : c'est le dépouillement et l'analyse des anciennes minutes conservées dans les études de Soissons, pour en tirer un résumé historique sur les habitants, les mœurs, les rues et carrefours, les établissements, le commerce, l'industrie et l'administration de Soissons, à la fin du 16° siècle et au commencement du 17°. — Mᵉ Suin, donnant l'exemple aux grands travailleurs, engage ses confrères de la province à faire, pendant leurs loisirs, de semblables extraits qui, donnant des renseignements sur les principaux faits, la situation des classes bourgeoises et populaires, les changements d'usages, le mouvement des idées et des lois dans les périodes les plus intéressantes, seraient, dit-il, autant de pierres pour le grand monument que veulent élever les érudits modernes : L'histoire du tiers-état, l'histoire du peuple ; celle des citoyens, celle de la civilisation ; c'est-à-dire l'histoire des sujets après celle des souverains, des princes et des divers personnages dont on s'est occupé presqu'exclusivement jusqu'à nos jours. — V. ....ᵐᵉ tablette.

N'ont pu être classés, à défaut de leur découverte : — Le Traité des offices, par Loyseau ; — La Théorie et pratique du Notaire, par Cothereau ; — et un précis sur la garantie en matière de vente, appliquée au Notariat, par M. Savy.

(2) Il y a aussi une dissertation sur la Responsabilité des Notaires. — Par M. Paul Pont. — in-8°.

(3) Législation du Notariat. Recueil annoté des lois, ordonnances, etc., concernant spécialement le Notariat. — Par le même auteur. — 1 vol. in-8°. — 18...

BIBLIOGRAPHIE DU NOTARIAT

1846. Vénalité des offices. — Sans nom d'auteur. — in-18.

— Lois des commissaires-priseurs et des courtiers, notaires, greffiers et huissiers, en qualité d'officiers-vendeurs de meubles et de marchandises. — Par M. J.-L. Jay. — in-12.

— Considérations sur l'état présent du Notariat, et sa réponse. — Par M. Adrien Moras. — in-8°.

— De la forme des actes au point de vue de l'intérêt des tiers ou de la société, etc. — Par Allard. — 1 vol. in-8°.

— Nouveau formulaire du Notariat. — Par les rédacteurs du *journal des Notaires et des Avocats.* — 2 vol. in-8°.

— Manuel du Notariat, ou recueil de formules. — Par Bavoux. — 1 vol. in-32.

— Cours du Notariat, — Par Augan, — Nouvelle édition. — 2 vol. in-8°.

1847. Essai sur l'institution du Notariat. — Par M. J.-P. Rochon du Verdier, notaire à Billom (Puy-de-Dôme). — in-32. — Il y a une nouvelle édition en 1856.

— Du privilége des vendeurs d'offices sur les sommes fixées par la Chancellerie, et imposées aux successeurs des titulaires destitués. — in-8°. — Sans nom d'auteur.

1848. Un mot sur la vénalité des offices et sur la hiérarchie des clercs. — Par le citoyen Houdin. — in-8°.

— Traité sur la vénalité et propriété des offices, ouvrage dédié à MM. les officiers ministériels. — Par Paul Bonnet, avocat. — in-8°.

— Quelques mots sur les offices. — Sans nom d'auteur. — in-4°.

— Le Notariat considéré dans ses rapports intimes et journaliers avec la morale. — Par Rainguet. — in-8°.

— Impôt sur les offices, ou leur réforme appliquée au Notariat, procurant immédiatement à l'État un revenu annuel de plus de cent cinquante millions, sans diminuer en rien les émoluments des notaires et sans bouleverser la loi fondamentale du Notariat, mais en l'améliorant. — Par Henri Oudin. — in-8°.

— Essai sur la transmission des offices ministériels. — Par un magistrat. — in-8°.

— Des offices et des officiers ministériels et particulièrement du Notariat et des Notaires. — Par J.-A. Gueroult, notaire à Rouen. — in-8°.

— De la vénalité des offices relativement au Notariat, ouvrage dans lequel on démontre : 1° la nécessité d'un prompt rachat de la propriété des offices de notaire ; 2° la nécessité de l'abolition de la vénalité de ces offices ; 3° les moyens à employer pour faire ce rachat sans causer de préjudice aux titulaires, ni à l'État, ni aux particuliers, — suivi d'un projet de loi sur le Notariat. — Par un notaire. — in-8° (1).

— De la vénalité des offices et de la possibilité de son extinction par une nouvelle organisation donnant un mode de remboursement progressif et intégral, et conciliant les intérêts des titulaires et de leurs clercs ou employés. — Par A. Frapé. — in-8°.

— De la vénalité des offices. — Par Gilardeau. — in-8°.

— De la transmission des offices. — Berrurier, huissier à Paris. — in-8°.

— Aperçu sur un projet d'association mutuelle entre tous les officiers ministériels de la France, pour garantir leurs clients de tous les risques et périls, provenant des faits soit d'incendie, soit de déconfiture. — in-4° (2).

— De la vénalité des charges. — Par P.-F. Fédix. — in-8°.

— Mémoire sur la propriété des offices de notaires. — E. Maseré. — in-8°.

— De la situation et de l'avenir des offices ministériels. — Par Henri Cauvain, avocat à la Cour de Paris. — in-8°.

1849. De l'origine et de l'institution du Notariat, précis historique. — Par Euryale Fabre, notaire à Clermont-Ferrand, licencié en droit, membre de l'académie de cette ville. — in-8° (3).

— Discours sur les devoirs du notaire, et réflexions critiques sur divers abus à supprimer. — Par Mᵉ Bastide, notaire à Épinal. — in-8°.

— Un mot sur les questions des offices ministériels. — Par A. Roger, avoué d'appel à Caen. — in-8°.

— Observations présentées à la Commission du budget de l'Assemblée Législative, — par les délégués du Notariat des départements, — au sujet du projet de loi sur les patentes. — in-8°.

1850. Réquisitoire de M. Dupin, procureur général à la Cour de cassation, dans la question des clauses compromissoires appliquées aux ventes et à la fixation du prix des offices, et du pouvoir des chambres de discipline en cette matière, avec l'arrêt de la Cour (audience du 30 juillet). — in-8°.

— Précis sur la réforme du régime hypothécaire, délibéré par la Chambre des notaires de l'arrondissement de Compiègne (séance du 3 avril). — in-8°.

— Observations présentées à l'Assemblée nationale sur le projet de loi relatif au régime hypothécaire, — par les délégués des notaires des départements. — in-8°.

— Offices et officiers ministériels. — Par M. Victor Bellet, docteur en droit, avocat, etc. — in-8°.

— La vénalité des offices. — in-4° (4).

— Le taxateur des notaires, ou tarif légal et raisonné de tous les actes que les notaires peuvent et doivent recevoir, etc. — Par T. Courgibet et Buchoz-Hilton. — in-8°.

— Du Crédit foncier et de la réforme hypothécaire, mémoire délibéré par la compagnie des notaires de l'arrondissement de Châlons-sur-Marne, sur le rapport de M. Caquot. — in-8°.

— Chambre des Notaires de Paris. — Examen de la clause de voie parée. — in-4°.

(1) *L'avant-propos est signé : C..., notaire.*

(2) *Ouvrage signé : L. Hébert d'Avenay ; F. du Tertre de Veleuil.*

(3) *Il existe une brochure du même auteur sur la réforme hypothécaire, de 1845.*

(4) *Écrit signé : Buchoz-Hilton.*

BIBLIOGRAPHIE DU NOTARIAT

1851. De la purge des hypothèques légales non inscrites et de son application au prêt hypothécaire. — Projet soumis à l'Assemblée nationale législative, par les délégués des notaires des départements, avant la troisième lecture de la loi sur les priviléges et hypothèques. — in-8°.

— Cours élémentaire du Notariat français. — Vélain. — 1 vol. in-8°.

1852. Tableau des notaires de l'arrondissement de Lille, depuis le premier mai 1671 jusqu'au premier mai 1852, dédié à la Chambre des notaires. — Par Edmond Brun, ancien conservateur des archives du Tabellion. — Avec notice historique. — in-folio.

— Sur la fermeture des études de notaires le dimanche. — in-4°. — Ouvrage signé Joubert, principal clerc de notaire, à Ablis.

— Projet de suppression de la vénalité des offices de notaires. — Par F. Stenfort, notaire à Pacé (Ille-et-Vilaine). — in-8°.

— Note présentée par la Chambre des Notaires de Paris, sur la proposition d'un tarif des droits et émoluments des actes notariés. — in-4°.

— Examen des droits des officiers ministériels à la propriété de leurs offices; état de la législation jusqu'à la révolution de 1848. — in-4°.

— Théorie du Notariat, pour servir aux examens de capacité. — Par Edouard Clerc. — 1 vol. in-8°. (Il y a une 1re édition de 1846.)

— Nouveau Dictionnaire des notaires et des préposés de l'Enregistrement et des Domaines. — Par une société de jurisconsultes, de notaires et d'anciens employés de l'Enregistrement. — 5 vol. in-8°. — (Ce dictionnaire doit être le même que celui qui a pour titre : *Dictionnaire général et spécial des Notaires*, par l'administration du Journal du Notariat et des offices ministériels).

1853. Tablettes à l'usage des clercs de notaires. — Par un clerc de notaire. — Volume-album. — in-folio.

— Projet de réorganisation du Notariat. — Par M. Gardey de Clarac, ancien notaire. — in-8°. — il y a une 2e édition en 1854, augmentée du tableau comparatif des droits d'enregistrement.

Il a paru à la suite de cet ouvrage une brochure contenant la discussion du projet.

— Régime dotal et communauté d'acquêts, sous la forme de commentaire. — Par Bellot des Minières, avocat. — 4 vol. in-8°.

1854. Esquisse d'un projet de transformation du Notariat en magistrature. — Par E.-V. Leroy. — 1 vol. in-8°.

— Esprit, législation et jurisprudence du Notariat, ou Guide théorique et pratique des personnes qui en exercent les fonctions ou s'y destinent, et de toutes celles qui ont occasion de recourir aux lois sur la matière ; traité sur un plan nouveau. — Par C. Sosthène Berthellot, avocat, ancien notaire. — in-8°.

— Éléments de comptabilité et de tenue des études de notaires, des tarifs d'honoraires et des prix de cessions des offices de notaires. — Par Charles Fournier, ancien premier clerc de notaire à Paris, président de la Chambre des notaires de l'arrondissement de La Rochelle. — 1 vol. in-8°.

— Nouveau manuel des aspirants aux fonctions de notaire. — Par Combes. — in-8°.

— Manuel du clerc de notaire, ou précis des connaissances nécessaires aux aspirants au Notariat, suivi d'un traité pratique de comptabilité notariale. — Par Lefèbre-Bisson, avocat à la Cour impériale de Paris, et Armand Dorville, ancien clerc de notaire. — 1 fort vol. format charpentier.

1855. Le Contrat de mariage considéré en lui-même. — Par Bellot des Minières. — in-8°.

— Transcription hypothécaire. — Commentaire sur la loi du 23 mars 1855. — Par Bourne, juge de paix. — in-8°.

— Commentaire du titre des donations et testaments. — Par Coin-Delisle. — in-4°.

1856. Commentaire de la loi du 23 mars 1855, pour la pratique notariale. — Par M. Grosse, ancien notaire. — 1 vol. in-8° (1).

— Etudes historiques sur les clercs de la Bazoche. — Par M. Adolphe Fabre, avoué. — 1 vol. in-8° (2).

— Guide pratique du clerc de notaire, contenant : 1° un essai historique sur la cléricature sous les Hébreux, Egyptiens, Athéniens, Grecs, Romains, Gaulois, Francs et jusqu'à l'an XI ; — 2° la Législation cléricale postérieure à l'an XI, suivie de projets réformistes ; — 3° et l'énumération des règles devant précéder tout traité d'étude, et des pièces et formalités exigées jusqu'à l'installation de l'aspirant comme notaire. — Par Hugues Méténier, ancien premier clerc de notaire. — 2e édition, in-8°.

L'auteur traite des lois et de la jurisprudence cléricales, trace les règles des inscriptions des clercs, dirige l'aspirant dans le choix et l'achat des offices et énumère les formalités d'admission comme notaire.

Il indique également quelques institutions ou réformes, comme la création de chambres composées des clercs de chaque arrondissement, l'obligation de se rendre à des conférences particulières où les clercs s'instruiraient et prendraient l'habitude de parler et traiter les affaires.

---

(1) *Il y a, sur l'application de la même loi, une excellente brochure de M. Ducruet, notaire à Lyon, président de la Chambre ; — une circulaire publiée le 17 avril 1856 par les délégués des notaires ; — et les avis des Chambres notariales de Paris, Lyon, Strasbourg, rapportés dans les archives du Notariat, art. 2251.*

(2) *Ce livre et le suivant comblent une lacune que l'on regrettait au souvenir des anciens clercs-étudiants.*
M° Fabre établit l'origine des clercs, rappelle les usages, jeux et cérémonies de leurs corporations qui, dit-il, formaient trois ordres à Paris :
  Le Royaume de la Bazoche, — comprenant les clercs des procureurs au Parlement ;
  L'Empire de Galilée, — se composant des clercs de procureurs à la Cour des comptes ;
  La Bazoche du Châtelet, — formée principalement des clercs de notaires ou tabellions. — Celle-ci s'intitulait aussi : Bazoche régnante en tiltre et triomphe d'honneur, et prétendait à l'antériorité de sa confrérie qui datait de 1278. (Nous ne pensons pas qu'elle remontait si haut.)
Les communautés bazochiennes de Paris étaient les plus anciennes comme les plus importantes, mais, par imitation, il s'en était créé d'autres en province, notamment auprès des juridictions de Lyon, Marseille, Aix, Toulouse, Poitiers, Tours, Loches, Moulins, Orléans, Chartres, Verneuil (Eure), Rouen, Chaumont.
V. Législation, 7e tablette, notre petit aperçu touchant la Basoche.

BIBLIOGRAPHIE DU NOTARIAT

1857. Théorie et pratique des obligations. — Par Larombière, président de la Cour de Limoges. — 5 vol. grand in-8°.

1858. Du notariat et des offices. — Par Jeannest-Saint-Hilaire. — 1 vol. in-8°.

— Des substitutions et des majorats. — Par Boissard, avocat. — in-8°.

1859. De la capacité civile des congrégations religieuses non autorisées, au point de vue de la faculté d'acquérir, soit à titre gratuit, soit à titre onéreux. — Par Lapierre, avocat. — in-8°.

— Formulaire pour contrats de mariage. — Par de Madre, notaire à Paris. 3ᵉ édition. — 1 vol. in-4°.

1855-60. Dictionnaire du notariat, par les Notaires et Jurisconsultes, rédacteurs du Journal des Notaires et des Avocats. — 4ᵉ édition. — 13 vol. in-8°.

1860. De l'institution contractuelle dans l'ancien droit français et d'après le Code Napoléon. — Par Anouilh, avocat, — in-8°.

— Comptabilité des notaires. — Par Oudin. — 1 vol. grand in-4°.

— La comptabilité des notaires en partie double. — Par Lejeay. — 1 vol. in-8°.

— Du remboursement du prix des offices et de la suppression de leur vénalité. — Par Traye, notaire. — 1 vol. grand in-8°.

— Du droit de transmission des offices. — Par Vuatiné. — 1 vol. in-8°.

— Des dispositions par contrat de mariage et des dispositions entr'époux. — Par..... — 3 vol. in-8°.

1861. Mémoire au Sénat sur la réforme notariale. — Par Horten et Gaulier. — in 8°.

— Formulaire pour inventaires. — Par de Madre, notaire à Paris. — 2ᵉ édition. — 1 vol. in-4°.

1862. Guide pratique pour la rédaction des actes des notaires. — Par Michaux. — in-18.

— De la quotité disponible entr'époux. — par Lautk, avocat. — in-8°.

— Formulaire général à l'usage des notaires, etc. — Par Mourlon. — 1 vol. in-8°.

— Traité théorique et pratique de la transcription et des innovations introduites pour la loi du 23 mars 1855. — Par Mourlon. — 2 vol. in-8°.

1863. Des donations entre-vifs et des testaments, commentaire du titre II du livre III du Code Napoléon. — Par M. Troplong. — 2ᵉ édition. — 4 vol. in-8°.

— Des sociétés à responsabilité limitée. Formulaire avec commentaire en notes, de la loi du 5 mai 1863. — Par M. Vavasseur, avocat. — in-8°.

— Traité formulaire de l'inventaire. — Par Defrénois et Vavasseur. — grand in-8°.

— De l'emploi et du remploi en rentes sur l'État. — Par Alph. Lefebvre, avocat à la Cour de cassation, docteur en droit. — 1 vol. in-8°.

— Traité pratique et théorique des radiations hypothécaires. — Par Boulanger. — in-8°.

— Des honoraires sur les ventes de meubles. — Par M. Grosse. — in-8°.

— Un tarif des actes notariés. — Par Beautemps-Beaupré, Procureur impérial. — in-8°.

— Du calcul de la quotité disponible, au cas de l'art. 845 du C. N. — — Par Demante, professeur à la faculté de Droit de Paris. — in-8°.

— Traité pratique et formulaire général du notariat. — Par Defrénois et Vavasseur. — 4 vol. grand in-8°.

— De la responsabilité des notaires. — Par Eloy. — 2 vol. in-8°.

— Formulaire portatif du notariat contenant toutes les formules usitées, classées dans l'ordre alphabétique des matières (mises en corrélation avec les ouvrages de M. Ed. CLERC), et suivies d'une indication succincte des droits d'enregistrement, avec un TRAITÉ SUR LES SUCCESSIONS AU POINT DE VUE FISCAL, par un ancien receveur de l'enregistrement. — Par A. Michaux. — 1 vol. in-4°.

— Memento du notaire, indiquant ce qui forme la substance des actes et contrats d'après les dispositions législatives et la jurisprudence. — Par Alp. Rousset, notaire. — 4ᵉ édition. — 1 vol. in-18.

— Manuel des Notaires, contenant un nouveau Dictionnaire des formules de tous les actes des notaires et un Commentaire; ouvrage suivi d'un supplément jusqu'au 1ᵉʳ janvier 1863; avec le *Cours du notariat.* — 5 vol. in-4°. — Par F. M. Sellier, avocat, ancien notaire.

— Table d'annotations contenant l'analyse sommaire des articles insérés dans le *Journal des Notaires et des Avocats,* depuis la publication de la 4ᵉ édit. du Dictionnaire jusqu'à ce jour. — in-8°.

BIBLIOGRAPHIE DU NOTARIAT

1863. Des offices considérés au point de vue des transactions privées et des intérêts de l'État. — Par E. Durand. — 1 vol. in-8°.

— Des liquidations judiciaires, spécialement de celles qui intéressent les mineurs et autres incapables en matière de succession, et de communauté de biens entr'époux. — 2ᵉ édition. — Par Mollot, conseiller à la Cour impériale de Paris. — 1 vol. in 8°.

1864. Des contraventions notariales sur la loi du 25 ventôse an XI. — Par Molineau. 2ᵉ édition. — in-8°.

— Traité théorique et pratique de la subrogation à l'hypothèque des femmes mariées. — Par Bertauld. — 2ᵉ édition. — 1 vol. in-8°.

1861-63-64. Théorie et pratique du Notariat. — 4 vol. in-8°. — Par Ed. Clerc.

1ʳᵉ Partie. — Théorie du Notariat, pour servir aux Examens de capacité, contenant par demandes et par réponses, les matières sur lesquelles les candidats doivent être interrogés : 1° lois organiques du notariat ; 2° droit civil ; 3° enregistrement, timbre et hypothèques. 3ᵉ édit. 1 vol. in-8°. 1861. 8 fr.

2ᵉ Partie. — Manuel théorique et pratique et Formulaire général et complet du Notariat, contenant : 1° des explications développées de droit et de pratique sur chacun des actes qui peuvent être passés devant notaire ; 2° les formules variées de ces actes ; 3° un résumé des règles et de la jurisprudence en matière d'enregistrement placé à la suite de chaque espèce d'acte ; Suivi du *Code des notaires expliqué*, contenant : 1° le commentaire de la loi du 25 ventôse an XI sur le Notariat et des lois relatives aux droits d'enregistrement, de timbre, d'hypothèque, de transcription et de greffe ; 2° un traité abrégé de la discipline et des chambres des notaires ; 3° une collection des lois et règlements usuels du Notariat ; 4° le Commentaire de la loi du 23 mars 1855 sur la transcription hypothécaire ; par M. A. Dalloz ; et d'un *Traité abrégé de la Responsabilité des Notaires*, par M. Vergé, Docteur en droit, Avocat à la Cour impériale de Paris. 5ᵉ éd. augmentée et mise au courant des lois nouvelles et de la jurisprudence. 1863. 2 forts vol. in-8°.

3ᵉ Partie. — Le Code-Formulaire portatif du Notariat ou texte complet du Code Napoléon annoté (article par article) de toutes les formules des actes notariés résultant de son application, suivi d'un appendice contenant les Formules tirées des articles des Codes de procédure, de commerce, d'instruction criminelle, des lois, décrets et ordonnances, donnant lieu à des actes notariés ; avec une table alphabétique des matières ; par MM. A. Michaux et Victor C***. 1 vol. in-4° (dimension du papier timbré à 1 fr. 50). 1864. (1)

1865. Recueil de Jurisprudence Notariale, par Chotteau. — 1 vol. in-8°.

— Traité formulaire du Contrat de mariage. — Par Defrénois et Vavasseur. — Grand in-8°.

— Recueil de Jurisprudence notariale, avec un résumé de la doctrine des principaux auteurs ; précédé d'un aperçu historique sur l'institution du Notariat. — Par Chotteau. — 1 vol. in-8°.

— Des cessions et des suppressions des offices. — Par E. Greffier. — 2ᵉ édition. — 1 vol. in-8°.

— Déclarations de successions. — Manuel des droits de mutation par décès. — Par Molineau, ancien notaire. — 2ᵉ édition. — 1 vol. in-8°.

— Manuel de généalogie ou manière de calculer les degrés de parenté dans les partages des successions, utile à MM. les notaires, avocats et avoués. — Par Grugnou-Lacoste, ancien notaire. — 1 vol. in-8°.

1866. Formulaire Pocket des actes des notaires avec des annotations, suivi du texte du Code Napoléon et du Code de procédure civile. — Par l'administration du Journal des notaires et des avocats. — 1 vol. in-18. — 4ᵉ édition, 10ᵉ tirage.

— Table analytique et alphabétique du Journal des notaires et des avocats et du Dictionnaire du Notariat (4ᵉ édition), de 1808 à 1865, 4 vol. in-8°.

— Supplément à la 2ᵉ édition du Manuel des déclarations de succession. — Par Molineau. — In-8°.

1867. Revue sur le privilége du cautionnement des officiers ministériels et sur le privilége du vendeur des officiers ministériels. — Par J. Audier, juge à Valence.

— Revue sur la transcription hypothécaire, suivie des lois, décrets sur la matière, etc. — Par le même auteur.

— Des effets de la loi du 23 mars 1855 sur les hypothèques légales de la femme, du mineur et de l'interdit. — Par le même.

— Code des distributions et des ordres, interprété par les documents législatifs, la doctrine et la jurisprudence. — Par le même auteur.

— Quelques réformes à propos de l'enquête agricole. — Par Chatot, notaire.

---

(1) *Il y a une autre et nouvelle division du même ouvrage, dont la dernière partie n'est pas encore achevée.*

BIBLIOGRAPHIE DU NOTARIAT

1867. Cours élémentaire de Notariat, suivant l'ordre : 1° des articles du Code Napoléon et du Code de Commerce; 2° de la vie civile; avec explication de chaque acte par ses motifs, et concordance des actes entr'eux. — Par Haroel Delanoe, notaire. — 2 vol. in-8°. — Ouvrage honoré d'une souscription de S. Exc. M. le Ministre de l'Intérieur.

— Réflexions sur la Législation française par Émile d'Hordain, notaire.— Brochure grand in-8°.

— Le droit de tester, au triple point de vue du droit, du devoir et des exigences de la société actuelle. —Par l'abbé J. A. Labadens, curé desservant d'Ardizas. — in-8°.

— Partage d'ascendants, estimation des biens pour vérifier la lésion, réforme législative. — Par Béquier, Président de chambre à la Cour Impériale d'Agen. — in-8°.

— De la révision du Code de procédure, étude sur les projets soumis au Conseil d'État. — Par T. Campenon, avocat. — in-8°.

— Le père de famille ou de l'effet de l'assurance sur la vie dans les successions. — Par Louis Pouget, avocat. — in-8°.

— Code des privilèges. — Par M. Lecomte, notaire. — in-8°.

— Étude sur le régime hypothécaire et les améliorations dont il paraît susceptible. — Par Théophile Huc, professeur. —in-8°.

— Manuel des contrats de mariage des commerçants en France et en Belgique. Obligations des notaires relativement à la publication des extraits de ces contrats de mariage. — Indication des professions pour lesquelles le dépôt du contrat doit être effectué, d'après les décisions judiciaires des deux pays, rendues jusqu'à ce jour et prescrivant la formalité du dépôt.—Par Molineau, ancien notaire.

— Explication élémentaire du Code Napoléon, mise en rapport avec la doctrine et la jurisprudence. — Par Delsol, docteur en droit, élève de la Faculté de Paris, avocat à la Cour Impériale de Paris. — 2e édition, 8 vol. in-8°.

— Question de Code Napoléon, comprenant les substitutions, les nullités des contrats de mariage le régime dotal.—Par Bertauld, Professeur à la Faculté de droit de Caen. — 1 vol. in-8°.

1868. Étude sur la réforme du Code de procédure civile. — Par M. J. Michot, notaire à Coulommiers.

1re Partie. — De l'administration immobilière des biens de mineurs;

2e Partie. — Législation comparée. — Brochure in-8°.

— Ventes judiciaires, partages et purges. — Introduction au décret de présentation. — Par Molineau, ancien notaire. — in-4°.

SANS DATE:

— Précis sur la garantie en matière de vente et de transport, appliquée au Notariat pratique. — Par Savy. — in-8°.

— Précis alphabétique de la science notariale. — Par Delmas de Terregaye. — in-8°.

— Vénalité des officiers ministériels. — Par Couturier de Vienne. — 1 vol. in-8°.

— De la concurrence des huissiers, des greffiers, avec les notaires en fait de ventes publiques de meubles à crédit et des récoltes et arbres sur pied. — Par Houyvet. — 1 vol. in-8°.

— Arbre généalogique, par Clayette, clerc de notaire.—1 feuille grand aigle.

— Tableau résumant tous les principes du droit sur la dévolution des successions. — Même auteur, même format.

— Le Notariat étranger. — Par Becker, avocat. — Brochure in-8°.

— Les notaires dans leurs rapports avec les payeurs du trésor public. — Par Fasquel, payeur en retraite. — 1 vol. in-8°.

— Tableau des déchéances et prescriptions des privilèges et hypothèques et des actions résolutoires et rescisoires. — Par Rouzet, employé à la troisième conservation des hypothèques de Paris.—in-f° double.

BIBLIOGRAPHIE DU NOTARIAT

PUBLICATIONS PÉRIODIQUES

1799. Guide des notaires et des employés de l'Enregistrement, contenant : 1° des modèles d'actes des meilleurs notaires de Paris ; 2° leurs effets civils d'après la jurisprudence nouvelle ; 3° le modèle d'enregistrement ; 4° et la liquidation des droits qu'ils opèrent. — An VII (1799) et années suivantes. — Cet ouvrage se publiait par douze cahiers formant 2 volumes l'an ; en tout 6 volumes. — Il y a une seconde édition de 1806, en 5 volumes.

1803. Annales de la législation et de jurisprudence du Notariat, par une société de jurisconsultes et de notaires. — Editeur, M. Loret, et plus tard d'autres avocats. Un cahier in-8° par chaque mois. — Cet ouvrage, qui a commencé à paraître le 21 avril 1803, époque de la promulgation de la loi organique du 25 ventôse an II, et s'est arrêté en 1827, forme une collection de 27 volumes. — Il fut entrepris d'après une autorisation du Grand-Juge, ministre de la Justice, agréé et encouragé par Sa Grandeur le chancelier de France et par Son Excellence le Garde-des-Sceaux.

1808. Journal des Notaires et des Avocats, — publié par une société de notaires et de jurisconsultes, et paraissant dans la première quinzaine de chaque mois en un cahier in-8°. — La collection de ce journal, du premier janvier 1808, date de sa fondation, au premier janvier 1868, forme 98 vol. in-8°. — Un autre volume du même format contient la table générale du journal, de 1808 à 1833 inclusivement, c'est-à-dire pour la première période de 25 ans. (V. 1866 table générale en 4 vol.)

1809. Journal du Notariat, des hypothèques et de l'enregistrement. — 1809 et années suivantes. — Sans noms d'auteurs.

1819. Le Contrôleur de l'Enregistrement, recueil du Notariat, contenant toutes les décisions administratives et judiciaires sur l'enregistrement, le timbre, les hypothèques et le notariat. — Par MM. Rigaud, Leroux et Camps, avocats à Paris, et plusieurs jurisconsultes. — Le Contrôleur paraît mensuellement avec régularité par livraison de trois feuilles in-8°. — Il a été fondé en 1819. — Il y a aussi, par M. Camps, un Dictionnaire des Droits d'Enregistrement, de timbre, d'hypothèques, de greffe et des contraventions aux lois sur le Notariat, à l'usage des notaires et des officiers ministériels. — 1 vol. in-8°, de 185...

1825. Jurisprudence du Notariat. — Par les auteurs du Dictionnaire du Notariat ; — journal paraissant à compter du premier janvier 1825, en un cahier de quatre feuilles par mois.

1826. Mémorial du Notariat et de l'Enregistrement, journal paraissant en un cahier par mois, à partir de 1826. — Fondé par M. Gagneraux et continué par ses collaborateurs.

1828. Jurisprudence du Notariat. Recueil mensuel fondé par M. Rolland de Villargues, magistrat. — Ce recueil, de 1828 à 1865, forme 35 volumes in-8°.

1834. Revue du Notariat et de l'Enregistrement, journal paraissant en un cahier par mois, à compter du premier janvier 1834. — Par plusieurs avocats et jurisconsultes. — in-8°.

1835. Le Conseil des Notaires et des Conservateurs des hypothèques. — Journal du Notariat, de l'enregistrement, des hypothèques et du timbre. — Par une société de jurisconsultes, de notaires et d'anciens employés de l'administration de l'Enregistrement et des Domaines. — Paraissant à partir du premier janvier 1835, en un cahier in-8° de 4 feuilles par mois.

1839. Journal du Notariat et des offices ministériels. — Paraissant les mercredi et samedi de chaque semaine, depuis 1829. — Sous la direction de M. de Lagarnie.

1844. Archives du Notariat. — Par les rédacteurs du Journal du Notariat et des offices ministériels. — Cahier de jurisprudence, in-8°, paraissant à la fin de chaque mois, depuis le premier janvier 1844.

1845. Journal des Conservateurs des hypothèques, des Notaires et des Avoués Recueil mensuel de législation, de jurisprudence et de doctrine sur les privilèges et hypothèques et sur les poursuites en matière d'ordre, de saisie immobilière et de surenchère. — Paraissant depuis le 1ᵉʳ janvier 1845. — Sans indication d'auteur. — in-8°.

1847. Agenda et Annuaire de la Magistrature, du Barreau et des officiers publics, contenant le tarif des droits de timbre, enregistrement, hypothèque et greffe, la taxe des actes judiciaires et divers renseignements et comptes-faits. — Par l'administration du Journal des notaires et des avocats. — Paraissant depuis 1847.

1849. Journal du Manuel de notaires ou Recueil de jurisprudence et de doctrine. — Par M. F. Cellier, avocat, ancien notaire, professeur titulaire de Notariat à Paris, auteur du Manuel des notaires et directeur du bureau des offices. — Un cahier par mois de 25 articles environ, format in-4°, faisant la suite et le complément du Manuel des notaires. — Publication datant du premier janvier 1849. Dans la collection de 1849 à 1853 de ce journal, se trouve en entier le *Cours de Notariat*, contenant le commentaire de la loi du 25 ventôse an XI, par le même auteur.

1853. L'Officier Ministériel, recueil spécial des lois, décrets, arrêts et décisions judiciaires à l'usage de MM. les avoués, notaires, greffiers, huissiers, commissaires-priseurs, etc., etc. — Sous la direction de M. Dusser, ancien magistrat. — Livraison mensuelle, in-8°, qui paraît avoir commencé en 1853.

— Le Courrier du Notariat. — Journal spécial de la réorganisation. — Directeur, M. Gardey de Clarac. — in-4°. — Paraissant le jeudi de chaque semaine, à partir de 1853 ; le premier numéro est daté du 7 avril.

— Le Moniteur du Notariat, recueil mensuel de jurisprudence, — encore par M. Gardey de Clarac, — faisant, comme le journal, suite à sa brochure sur la Réforme du Notariat, et tendant au même but. — Cette livraison paraît tombée : on y citait des lettres portant adhésion de divers notaires.

1857. Annuaire des clercs de notaire pour 1857 (première année), suivi d'un formulaire pratique des principaux actes du Notariat, publié avec le concours d'une réunion de principaux clercs.

1861. Revue du notariat et de l'enregistrement, rédigée par M. Paul Pont, Edouard Clerc, Pautre, Durand, I. Alauzet, etc., etc. — Ce journal paraît tous les mois par cahier de 5 feuilles gr. in-8°, soit 80 pages.

1864. L'Étude, Journal des Clercs de Notaire. — Théorie, Pratique, Doctrine et Jurisprudence. Recueil hebdomadaire. — in-4°. — Directeur Gérant: M. Le Boucher Jeune, Éditeur ; Principaux rédacteurs: MM. Tripier, docteur en droit, auteur des codes français annotés, etc ; Ganthier, ancien notaire, Directeur de l'École de Notariat de Paris ; Joseph Morin, principal clerc de notaire ; Dumas et Molineau, anciens notaires, auteurs de plusieurs ouvrages ; et L. Bruno.